KB153981

미지의
마르크스를
향하여

미지의 마르크스를 향하여
Towards an Unknown Marx : A commentary on the manuscript of 1861-63

지은이	엔리케 두셀
옮긴이	염인수
펴낸이	조정환
책임운영	신은주
편집	김정연
디자인	조문영
홍보	김하은
프리뷰	강길모 · 김상혁
총서 분류	카이로스총서 76 Mens
도서 분류	1. 정치철학 2. 철학 3. 사회학
	4. 정치경제학 5. 사회사상
ISBN	9788961952668 93300
값	25,000원
초판 인쇄	2021년 6월 25일
초판 발행	2021년 7월 3일
종이	화인페이퍼
인쇄	예원프린팅
라미네이팅	금성산업
제본	정원제책
펴낸곳	도서출판 갈무리
등록일	1994. 3. 3.
등록번호	제17-0161호
주소	서울 마포구 동교로18길 9-13
전화/팩스	02-325-1485/070-4275-0674
웹사이트	galmuri.co.kr
이메일	galmuri94@gmail.com

일러두기

1. 이 책은 엔리케 두셀 Enrique Dussel의 1988년 저서 *Hacia un Marx desconocido. Un comentario de los Manuscritos del 61-63*의 영어 번역본인 *Towards an Unknown Marx: A commentary on the manuscript of 1861-63*을 완역한 것이다.

2. *Towards an Unknown Marx: A commentary on the manuscript of 1861-63*는 Fred Moseley가 편집 했고, Yolanda Angulo가 번역했다.

3. 영어로 번역하는 과정에서 원전의 제1장과 제2장이 빠지게 되어, 5부 15장 구성에서 4부 13 장 구성으로 되었다.

4. 마르크스 텍스트의 인용, 강조, 표기된 숫자 등의 오류나 본문의 명백한 오역을 영어본에서 발견한 경우 *Hacia un Marx desconocido. Un comentario de los Manuscritos del 61-63*와 대조하여 스페인어본을 기준 삼아 번역했다.

5. 영어판 서문을 제외하고, 마르크스 인용문의 주요 개념어는 독일어로 병기하고 두셀 본문의 주요 개념어는 스페인어로 병기했으며, 두셀 자신이 본문에서 독일어를 병기한 경우는 스페 인어와 구별하기 위해 괄호 속에 넣어 병기했다.

6. 번역 과정에서 옮긴이가 추가한 문구는 [ ] 속에 넣었다. 저자 대괄호는 〔 〕를 사용했다.

7. 지은이 주석과 옮긴이 주석은 같은 일련번호를 가지며, 옮긴이 주석은 * 표시하였다.

8. 표와 그림, 마르크스의 초고, 마르크스의 노트에는 홑화살괄호(〈 〉)를 사용했다. 마르크스의 정치경제학 비판 기획에는 겹화살괄호(《 》)를 사용했다.

9. 인용된 모든 책들의 페이지 표시는 '쪽'으로 지칭하였고, 마르크스의 수고 〈노트〉의 페이지 표시만 '면'으로 지칭하였다.

차례

제3부 | 새로운 발견　　238

제4부 | 새 이행

부록

:: 표와 그림 차례

"비판은 희생자의 부정성에서 시작한다."

— 엔리케 두셀

근년에 밝혀진바 마르크스는 일반적으로 생각되었던 바와 같이 두 편의 초안(『정치경제학 비판 요강』과 『자본』[1])만을 집필했던 것이 아니라, 『자본』에 대해 네 편의 초안을 집필하였다. 『요강』과 『자본』 사이 기간에 마르크스는 『자본』 전 3권의 제법 완전한 초안에 해당할 두 편을 — ⟨1861~63년 초고⟩와 ⟨1864~65년 초고⟩를 — 썼다(『자본』의 네 편의 초안에 대한 더 깊은 논의를 위해서는 두셀 2001 및 모즐리 2001a를 참조하라).

초안 중 두 번째인 ⟨1861~63년 초고⟩는 특히 흥미롭다. 이 초안은 잘 알려진 『잉여가치론』[2]에 더하여 『자본』 제1권(제2편~제4편[3])에 대한 (『요강』 이후) 두 번째 초안과, 『자본』 제3권 대부분에 대한 최초 안을 포함하며, 둘 다 최근에 처음 출판되었다.[4] 이 초고는 몹시나 풍부하고 계시적이며, 『자본』 전 3권의 논리적

---

1. * 마르크스는 1857~58년 사이에 『정치경제학 비판 요강』(이하 『요강』)을 집필했다. 생전에 출판한 것은 『자본』 전 3권 중 제1권만이며(1867년), 제2권과 제3권은 엥겔스의 책임 편집하에 출판되었으므로, 마르크스의 《정치경제학 비판》의 전체 기획 안에서 보면 『자본』 제1권도 일종의 초안이라 해야 할 것이다.
2. * 마르크스와 엥겔스 사후 따로 편집 출판된 책으로, 우리에게는 『잉여가치학설사』로 번역된 것을 말한다. 잉여가치에 대한 마르크스 이전 경제학자들의 이론을 정리한 것이기 때문에 "학설사"라는 제목으로 번역되긴 했지만, 우리 책 제2부에서 두셀 자신이 언급하듯 이 내용은 이론의 역사를 다룬 것도 아니고 그 자체로 잉여가치에 대한 이론인 것도 아니다. 우리 책에서는 ⟨1861~63년 초고⟩의 한국어판 번역을 따라 『잉여가치론』이라고 옮기고, 본문 중에 해당 내용을 따로 지칭하는 경우는 큰따옴표를 사용했다. 다만 과거 출판된 번역서를 가리킬 때는 『잉여가치학설사』라는 제목을 그대로 사용하였다.
3. * 『자본』 제1권 제2편은 "화폐의 자본으로의 전화"를, 제3편은 절대적 잉여가치를, 제4편은 상대적 잉여가치를 다룬다.

구조를, 그리고 특히 『자본』 제3권이 어떻게 이 전반적 구조에 딱 들어맞는지를 통찰할 분별력을 가져다준다. 이 초고는 『요강』보다 훨씬 분명하고 더 낫게 정돈되어 있으며, "대중화된" 최종 판본(즉 『자본』의 출판본)보다 마르크스 자신의 논리적 방법을 더 명료하게 언급한 내용을 포함한다.

엔리케 두셀은 마르크스의 ⟨1861~63년 초고⟩에 관한 선구적인 책을 스페인어로 써서 『미지의 마르크스를 향하여 : ⟨1861~63년 초고⟩ 해설』이라는 제목으로 1988년에 출판하였다. 이 책은 그 번역본이다. 두셀의 책은 마르크스의 경제학 초고 전체에 관한 두셀의 삼부작 중 두 번째 책이며, 나머지 둘은 『요강』에 관해 쓴 『마르크스의 이론 생산』(1985)과 나머지 경제학 초고에 관해 쓴 『최종적 마르크스와 라틴아메리카의 해방』(1990)이다.

두셀은 오늘날 세계에서 가장 흥미로운 마르크스주의 철학자 중 한 사람이다. 그는 (오스트리아계) 아르헨티나인으로서 1970년대 아르헨티나 군부의 탄압 기간에 필사적으로 몸을 피해야만 했고, 당시부터 줄곧 멕시코시티에 살고 있다. 그는 [2020년] 현재 멕시코 메트로폴리탄 자치대학UAM 이스타팔라파 캠퍼스 철학과의 교수이다. 두셀은 마흔 권이 넘는 책을 (스페인어로) 썼으며, 이 중 네 권은 영어 및 다른 언어들(독일어, 프랑스어, 이탈리아어)로 번역된 바 있다. 『해방철학』(1980, 1985), 『윤리와 공동체』(1988, 1993), 『아메리카들이라는 날조』(1995), 『모더니티의 안쪽』(1996)이 그 넷이다.[5]

---

4. ⟨1861~63년 초고⟩는 MEGA로 약칭되는 Marx-Engels Gesamtausgabe에 그 전체가 포함되어 1976~82년에 독일어로 최초 출판되었다. 그 영어 번역본은 인터내셔널 출판사(International Publishers)가 간행한 50권 분량의 『마르크스 엥겔스 선집』(*Marx-Engels Collected Works*, MECW) 중 제30권~제34권으로 1988~1994년에 출판되었다. [이후로 ⟨1861~63년 초고⟩는 가독성을 위해 ⟨초고⟩라고 줄여 쓴 경우가 있음을 밝혀 둔다. ⟨1861~63년 초고⟩의 한국어 번역본은 2021년 6월 현재 MEGA판 6분책 중 1, 2분책까지만 출판되었으므로, 우리 책에서는 마르크스 ⟨초고⟩의 출처를 MECW 기준으로 표기하고 참조를 위해 MEGA판 페이지를 병기하되, 한국어판 2분책까지의 해당 쪽을 병기했다. 그 밖에 ⟨초고⟩의 상당 부분을 차지하는 "잉여가치론"의 한국어 번역(『잉여가치학설사』 1부, 2부)이 불완전하나마 존재하므로 이를 표기한 경우가 있다. 여러 언어 판본 사이 페이지 관계의 상세한 정보에 대해서는 우리 책의 「부록 1」을 참조하라.]

5. * 모즐리가 이 서문을 썼던 때(2001년) 이후로 두셀의 저서는 더 많이 영어로 번역되었다. 그중 주요한 저서는 2013년 번역된 『해방윤리』와 2007, 2009년에 각각 번역된 『해방정치 I』, 『해방정치

마르크스의 초고들에 관한 두셀의 삼부작은 1980년대에 멕시코 국립자치대학UNAM 대학원 학생들과 함께 마르크스 경제학 초고들의 독일어 원전을 연대순으로 통독했던 일을 바탕으로 발전해 나왔다. 당시 이 중 몇몇 초고들은 독일어로도 출판되지 않았기 때문에 두셀은 ─마르크스의 끔찍한 악필로 된!─ 초고 원본을 읽기 위해 베를린 및 암스테르담까지 여행했다. 나는 마르크스의 경제학 초고 전체를 그토록 두루 체계적으로 읽어낸 사람을 누구도 알지 못한다.

나는 두셀의 삼부작이 마르크스학의 역사에서 가장 중요한 작업 중 하나임이 밝혀질 것이라고 생각한다. 내가 보기에 두셀의 책은 로만 로스돌스키의『마르크스의 자본론의 형성』(1977)[6]보다 더 중요하다. 물론 그 책도 상당한 영향을 주었지만 말이다. 로스돌스키의 책은『요강』에만 관한 것이고 두셀의 삼부작보다 철학적으로 훨씬 덜 정교하다. 두셀이 둘도 없이 기여한 바는, 그가 마르크스의 경제학 초고들에 대해 아주 높은 수준의 철학적 이해를 쏟아붓는다는 데 있다. 특히 경제학 이론 구축에서 마르크스가 채용한 논리적 방법에 대해, 마르크스의 사고가 (또한 그의 개념들이) 다양한 초고들을 통해 어떻게 전개되었는지에 대해, 헤겔의 계속된 영향력 등에 대해 그렇다. 로스돌스키가 이런 주제들을 다루려고 시도했지만 그는 이를 잘 수행할 만큼 철학과 헤겔에 관해 능숙하진 못했다. 이뿐만 아니라 그는『요강』이후의 마르크스 초고들을 이용할 수 없었다.

두셀의 주해 방법은 마르크스의 초고를 그(마르크스) 자신의 어휘를 통해 전반적으로 자세히 소개하면서, 이하에서 우리가 보게 될 다양한 주제들을 강조하는 것이다. 두셀의 주해는 마르크스의 초고를 처음의 직관, 우회, 탈선에 이르기까지(이들 중 몇몇은 꽤 중요한 것으로 밝혀지는데) 각 부분을 연대순으로 따라가면서, 마르크스의 발견 및 이론적 진전을 그가 처한 혼란 및 어려움과 더불어 밝혀낸다. 이런 식으로 두셀은 마르크스의 사고가『자본』의 여러 다양한 초안에 관해 작업하던 중에 몇몇 핵심 논점에 관련해서 어떻게 발전하고 또 명료해졌

Ⅱ』이겠다.
6. * 로만 로스돌스키,『마르크스의 자본론의 형성』1, 2, 양희석 옮김, 백의, 2003.

는지 해설한다. 그 결과는 마르크스의 초고들에 대해 지극히 귀중한 "독자 안내서"로서, 이것은 마르크스의 초고가 품은 의미와 중요성을 우리가 이해하는 데 커다란 편의를 제공한다.

이 서문에서는 〈1861~63년 초고〉와 이 원고들에 대한 두셀 주석의 주요 주제들을 간략히 개괄하겠다. 초고의 주요 부분은 다음과 같다. (1) 『자본』 제1권의 2편~4편,[7] (2) "잉여가치론", (3) 제3권 대부분에 대한 첫 번째 초안, (4) 제1권 초안의 마무리. (마르크스가 초고에서 작업한 주제들을 순차적으로 자세히 기록한 표는 본서 「부록 1」을 참조하라.)

1. 『자본』 제1권의 2~4편에 대한 두 번째 초안 (〈노트I〉 ~ 〈노트V〉)

(MECW.30:9~346)[8]

〈1861~63년 초고〉는 『자본』 제1권, 2편~4편에 대한 두 번째 초안으로 시작한다. 제1권의 이 두 번째 초안은 몹시 흥미로우며, 『요강』에 실린 거칠고 탐색적인 첫 번째 초안보다 훨씬 명료하게 전개되어 있다. 이때쯤 마르크스는 1권을 총괄하는 논리 구조에 대해 (적어도 1859년 초부터[9]) 아주 명료한 착상을 갖고 있었으며, 따라서 이 장들을 거의 완결되고 조리 있는 형태로 집필할 수 있었다.

이 제1권 두 번째 초안은 제1편 "상품과 화폐"가 아니라 제2편 "화폐의 자본으로의 전화"부터 시작한다. 두셀의 2001년 논문[10]은 마르크스가 제1권에 대한 마지막 세 초안 모두를, 1867년의 최종 출판용 판본을 포함하여, 제2편으로부터 시작했다는 점을 지적한다(제1편은 출판 바로 직전 집필하게 된 마지막 부분이었

---

7. * 『자본』 편찬의 용어체계는 강신준 번역본을 저본으로 삼아 각각을 다음과 같이 옮겼다. Volume : 권, Part : 편, Chapter : 장, Section : 절.

8. "MECW.30:9~346"은 『마르크스 엥겔스 선집』 제30권 9~346쪽을 뜻하며, 이 표기법은 이 책 전체에서 사용될 것이다.

9. MECW.29:511~517을 보라.

10. * 두셀의 논문 "The four drafts of Capital : towards a new interpretation of the dialectical thought of Marx"를 가리킨다. 상세 서지는 영어판 편집자 서문 후주를 참조할 것.

다). 두셀이 주장하기를, 마르크스가 제2편으로부터 시작한 이유는 이 부분이야 말로 마르크스 이론의 진정한 개념상의 출발점 ─ 화폐로서의 자본과 산 노동 사이의 "마주 보는 만남" ─ 이기 때문이다. 제1편은 그저 서두로서, 화폐가 산 노동과 직면함을 통해 자본으로 전화되는 것을 해명하기 이전에 화폐란 무엇인지를 (즉 노동의 현상형태임을) 설명하는 데 필요한 내용이다.

두셀은 강조하기를, 마르크스의 이론에 따르면 산 노동은 자본의 가치를 증식시키는 잉여가치를 포함, 모든 가치를 생산하는 "창조적 원천"이다. 산 노동이 없이 자본은 저 자신을 증식시킬 수 없다. 자본 단독은 잉여가치의 원천이 아니다. 자본은 이윤의 모습을 띠고 잉여가치의 원천인 것으로 나타나지만, 이 외양 appearance은 그저 물신적 착각illusion이다. 잉여가치를 생산하기 위해서는, 자본은 산 노동(저 "창조적 원천")을 바깥으로부터 즉 두셀이 "외재성"exterioridad이라고 부르는 것으로부터 저 자신 속으로 포섭해야 한다. 산 노동은 자본과 만나기 이전부터 "외재" 중에 있되 (노동 조건들로부터 분리된) "절대적 빈곤" 상태로 현존한다. 하지만 이 박탈당한 노동자는 또한 모든 가치와 잉여가치의 "창조적 원천"이기도 하다. 이 창조적 원천이 자본에 함입되고 나면 이는 자본을 위해 잉여가치를 생산한다.

두셀의 1997년 발표문[11]은 잉여가치의 "창조적 원천"인 산 노동에 대한 마르크스의 강조가 셸링의 헤겔 비판에 기초한다고 주장한다. 헤겔에 따르면 "존재"Being가 "본질"Essence에 이르는 것은 저 자신의 자기전개의 결과이며, 그 어떤 외부적 요소도 이 전개에 필요치 않다. 반면에 셸링에 따르면 존재의 "창조적 원천"은 존재보다 먼저 그 외부에 현존한다. 존재는 이 "창조적 원천"의 효과로서 설명된다. 이와 유사하게 두셀이 주장하기를, 마르크스에게 산 노동은 경제상의 "창조적 원천"이며, 이것은 또한 자본 바깥에 그보다 선차적으로 현존한다. 자본은 잉여가치를 저 자신의 "자기전개"의 결과로서 생산할 수는 없다. 두셀에 따르

---

11. * Enrique D. Dussel, "Hegel, Marx, and Schelling", 1997 Conference of International Working Group on Value Theory(IWGVT) 발표문, http://copejournal.com/wp-content/uploads/2015/12/Dussel-Hegel-Schelling-and-Surplus-Value-Time-and-Capital-1997.pdf.

자면, 이것이야말로 헤겔 논리학에 대한 마르크스의 "전도"이다. 자본의 서로 다른 개별적 형태 전부는 산 노동의 효과로서 다시 말해 자본의 "외재성"으로부터 산 노동의 현상형태로서 설명된다. (마르크스의 사유에서 "외재성" 개념에 관한 본서의 「부록2」를 참조하라.)

두셀은 조르죄 루카치와 카렐 코지크의 생각을 비판한다. 이들이 마르크스 이론의 핵심 개념을 총체성으로서 즉 자본이 그 자체로 자족적이라는 내용을 제시하는 것으로서 사고했다는 이유에서다. 하지만 두셀에 따르면 마르크스의 "잉여가치론"은 자본이 자족적 총체성이 아님을 예증한다. 자본은 저 자신의 바깥으로부터 "외재" 중인 산 노동을 함입함으로써만 존재할 (즉 잉여가치를 생산할) 수 있다. 따라서 마르크스 이론의 핵심 개념은 외재성(산 노동이 있는 영역)이지, 총체성이 아니다. 마이클 레보비츠의 1992년 저서[12]의 제3장 또한 두셀과 흡사한 방식으로, 자본이 헤겔식 자족성이라는 의미의 총체성이 아니며 자본은 그 현존의 조건으로서 산 노동을 요구한다고 주장했다.

또 두셀은 『자본』 제1권에서 마르크스의 잉여가치 이론이 개별 회사나 개별 산업에 대해서가 아니라, 자본주의 경제 전체에 즉 자본가 계급 전체와 노동자 계급 전체에 적용된다는 점을 강조한다. 마르크스 이론의 목표는 단일한 회사나 산업에서 생산된 잉여가치를 해명하는 게 아니라 자본주의 경제 전체에서 생산된 총잉여가치를 해명하는 것이다. 마르크스 잉여가치 이론의 이런 "거시경제적" 본성은 이 초안의 몇몇 핵심 장들에서 특히 명료하다. 나중에 제1권 5장("자본의 일반적 정식의 모순")[13]이 된 내용의 초안은 자본가 계급 전체의 잉여가치가 유통행위 단독을 통해서는 증가할 수 없으며 이는 설령 개별 자본가의 이윤이 [유

---

12. * Michael Lebowitz, *Beyond 'Capital': The Political Economy of the Working Class*, New York, St. Martin's Press, 1992. [마이클 리보위츠, 『자본론을 넘어서』, 홍기빈 옮김, 백의, 1999.]

13. * 한국에 번역된 두 『자본』 즉 독일어판(『마르크스 엥겔스 저작집』, 이하 "MEW"라고 표기)을 저본으로 삼은 강신준 번역의 『자본』과 영어판을 저본으로 삼은 김수행 번역의 『자본론』은 저본이 다른 만큼 장별 체제도 서로 다르다. 『자본론』에서 5장은 "자본의 일반공식의 모순"이고 『자본』에서 이 부분은 4장의 2절 "일반적 정식의 모순"이다. 이 「영어판 편집자 서문」에서 프레드 모슬리가 참조한 책은 김수행 번역의 『자본론』과 같다. 이후 우리 책의 본문에서 두셀이 참조한 책은 MEW판이므로 『자본』의 장별 체제를 따랐음을 미리 밝혀 둔다.

통 과정에서] 다른 자본가들을 희생하여 증가할 수 있다고 하더라도 그렇다는 논변을 담고 있다. 10장("노동일")의 초안에서, 노동일의 길이는 자본가 계급 전체와 노동자 계급 전체 사이 계급투쟁이 결정한다(그러니 노동일의 길이란 신고전주의 이론에서 그러하듯 개별 노동자들이 일과 여가에 대한 상대적 선호에 기초하여 자발적으로 선택해 결정하는 일이 분명 아니다). 그리고 이와 흡사하게 12장("상대적 잉여가치의 개념")[14]의 초안에서는, 노동일이 고정될 때 자본가 계급 전체의 잉여가치가 증가할 경우란 노동자의 생활수단을 생산하는 산업에서 노동생산성을 증가시키는 기술적 변동 과정을 거쳐 필요노동이 축소될 때뿐이라는 논변이 담겼다.

2. 잉여가치론 — 마르크스의 "비판적 대면"(〈노트VI〉 ~ 〈노트XV〉)

(MECW. 30 : 347~32 : 541)

마르크스는 상대적 잉여가치에 관한 『자본』 제1권 제4편 초안을 작업하던 중 갑작스레 이를 중단하고 새로운 노트를 집필하기 시작했으며, 이것에 "잉여가치론"이라는 제목을 붙였다. 아마도 마르크스의 본래 의도는 그가 당시에 막 제시했던 이론[15]에 이어서 고전 경제학자들의 잉여가치에 관한 이전 이론들에 대한 비판적 요지를 덧붙이는 것이었으리라. 그가 가치 이론과 화폐 이론에 대해 『정치경제학 비판을 위하여』의 서문에서 수행했던 것과 비슷한 방식으로 말이다.[16] 어쨌든 잉여가치 이론에 관한 마르크스의 작업은 금세 엄청나게 확장되어

---

14. * 강신준 번역의 『자본』 즉 MEW판 기준으로 "노동일"은 제8장이고, "상대적 잉여가치의 개념"은 제4편 제10장이다.

15. * 이는 1861~63년 초고의 〈노트I〉에서 〈노트V〉까지 전개된 내용을 가리킨다. 주된 내용은 자본의 생산과정에 대한 것이며 여기에서 절대적 잉여가치와 상대적 잉여가치 개념이 간략히 다뤄졌다.

16. * 마르크스는 1857~58년 동안에 잉여가치 이론과 화폐론에 관해 연구를 수행한 후(『정치경제학 비판 요강』[I~III권, 김호균 옮김, 그린비, 2007]이라는 제목으로 묶인 초고), 1859년에 출판까지 이른 『정치경제학 비판을 위하여』의 서문에서 그가 생각하는 유물론적 역사 이론을 짧게 요약해서 제시한다. "나에게 분명해지고, 일단 획득되자 내 연구의 길잡이로 쓰였던 일반적 결론은 다음과 같이 간략하게 표현될 수 있다."(김호균 옮김, 7쪽).

서 뒤이은 몇 년간 막대한 창작 에너지의 폭발로 나타났다.

두셀은 "잉여가치론"이 이전의 잉여가치 혹은 이윤 이론에 대한 역사적 개관으로 의도된 것이 아니라고 주장한다. 외려 그 초안은 이러한 이전 이론들과 마르크스 이론 사이의 "비판적 대면"이었다. 그 초안은 이 다른 이론들에 반해서 마르크스가 발전시키는 중인 이론의 논리적이고 경험적인 "검증" 같은 것이었다. 즉 어느 쪽 이론이 잉여가치라는 몹시도 중요한 현상을 가장 잘 해명하는가를 묻는 것이었다. 이에 더해 두셀은 마르크스가 이와 같은 "비판적 대면"을 통해서 자기 이론의 새로운 범주들을 발전시키기 시작했다고 주장한다. 이 범주들은 이전보다 더 구체적인 현상, 즉 마르크스가 『요강』에서는 거의 논의하지 못했으며 마르크스의 사고가 그에 관해서는 아직 완전히 전개되지 않았던 (그러나 이후의 몇 개월 동안 초고 작성 작업을 하는 동안 빠르게 전개될 것인) 현상을 해명하는 데에 필요한 것이었다. 아래에서는, 두셀이 강조했던바, 마르크스가 다른 이론들과의 "비판적 대면"을 통해서 그 자신의 이론과 그 자신의 범주들을 어떻게 발전시켰는지를 보여줄 가장 중요한 두 사례를 논의한다.

2.a 마르크스의 재생산 도식과 "스미스의 교의"[17]

첫 번째 사례는 이후에 (『자본』 제2권 제3편["사회적 총자본의 재생산과 유통"]의) "재생산 도식"으로 알려지게 될 내용에 관한 마르크스의 초기 작업과 관련이 있다. 마르크스는 "사회적 총자본의 재생산" 문제에 대한 최초의 상세한 연구를 아담 스미스와의, 특히 마르크스 자신이 "스미스의 교의"라고 부른 것과의 "비판적 대면" 과정에서 시작하였다.[18] "스미스의 교의"에 따르면, 연간 생산물의 총가

---

17. * 아담 스미스가 사회생산물의 총가치를 소득(재생산을 위해 축적되는 가치를 제외한 처분가능 가치만을 가리킴)에 귀속시킨 것을 가리킨다(『잉여가치학설사』 편집자 미주). "한 나라 모든 주민들의 총소득은 그들의 토지와 노동의 연간 총생산물로 파악된다."(『자본』 제2권 451쪽에서 재인용), "스미스의 교의, 즉 모든 개별 상품(따라서 사회의 연간 생산물을 구성하는 모든 상품의 합계(그는 언제나 자본주의적 생산을 당연한 것으로 전제한다)]의 가격(혹은 교환가치)은 세 가지 구성성분으로 이루어진다(혹은 임금, 이윤, 지대로 분해된다)는 그 교의"(『자본』 제2권, 459쪽).
18. MECW.30 : 402~451 ; TSV.1 : 97~150 [『잉여가치학설사』 제1부 92~168쪽]. "TSV.1 : 97~150"은 『잉여가치론』 제1권 97~150쪽을 뜻하며, 이 표기법은 이 책 전체에서 사용될 것이다.

격은 불변자본을 위해 추가되어야 할 구성성분은 하나도 없이, 서로 다른 수입 revenue 형태(임금 + 이윤 + 지대)로 완전히 분해될 수 있다. 마르크스는 이 "교의"를 "이제까지 정치경제학 전체의 중심 기둥" 중 하나라고 간주했으며(1868년 4월 30일 엥겔스에게 보낸 편지, 강조는 원문[19]), 고전 경제학의 이 "중심 기둥"을 파괴하는 일에 이후 몇 년간 상당한 에너지를 쏟았다.

마르크스는 〈1861~63년 초고〉에서 "스미스의 교의"에 관해 작업하던 중에, 비판은 중농주의자들이 『경제표』에서 제시한 것과 유사하게 수행될 사회적 총자본의 유통 흐름에 대한 분석을 요청한다는 점을 깨닫기 시작했다. 그래서 그는 중농주의자들의 "표"(스미스의 교의와 대면하기 이전, 중농주의자들에 대해 처음 간략히 논의할 때에 마르크스는 "표"를 전혀 언급한 적이 없었다)를 연구하기 위해 이후에 몇 번이나 이 초고를 재작업한다.[20] 마르크스는 중농주의자들의 "표"를 자신의 이론과 목적에 맞게 조정했으며, 사회적 총자본의 재생산에 대한 이런 분석을 이용해서 스미스 및 그 후계자들과는 반대로 연간 생산물의 총가격이 수입들로 완전히 분해될 수 없다는 점을 예증했다. 연간 생산물의 총가격이 수입들로 완전히 분해되는 게 아니라, 총가격은 생산수단으로부터 이전된 가치와 동등한 또 다른 구성성분을 포함하며, 이 구성성분으로부터 복구한 자본은 지난 순환기에 소모된 생산수단을 재구매하는 데 이용되어야 한다. ("스미스의 교의"에 대한 비판으로서 마르크스의 재생산 도식을 더 자세히 논의한 내용으로는 모즐리의 글〔1998〕을 보라.)

그러므로 우리는 마르크스가 스미스의 교의와 "비판적으로 대면"한 것이 그를 『자본』 제1권 및 "잉여가치론"의 한계를 넘어서, 『자본』 제2권 및 자본 유통에 관련된 논점들로 인도했음을 이해할 수 있다. 이뿐만 아니라 두셀은 마르크스 이후 자본주의 경제의 위기나 "붕괴" 가능성을 분석하기 위해 재생산 표식을 이용하려는 오토 바우어, 로자 룩셈부르크 등의 시도가 스미스의 교의를 비판하려는 마르크스 자신의 목적과는 몹시 동떨어져 있다는 점을 강조한다.

---

19. MECW.42 : 25 ; MEW.32 : 75.
20. MECW.31 : 204~245, 34 : 238~247 ; TSV.1 : 308~344.

2.b 잉여가치 배분에 대한 마르크스 이론의 시작

마르크스가 어떻게 이 초고에서 이전 [고전 경제학] 이론들과 "비판적으로 대면"함으로써 마르크스 자신의 이론을 발전시켰는지를 보여줄 가장 중요한 사례는 — 그리고 이 초고를 규정짓는 특성임이 분명한 것은 — 마르크스가 잉여가치 배분(평균이윤, 지대, 생산비용, 상인이윤, 이자 등으로의 배분)에 대한 자기 이론을 처음 발전시키기 시작했다는 점에도 있다. 잉여가치 배분 이론은 이후 『자본』 제3권에서 제시될 것으로서, 제1권의 주제인 잉여가치 생산(잉여가치 총량의 결정)과는 구별되어야 할 것이었다.

잉여가치 배분에 대한 마르크스 이론의 발전은 어느 면에선 예기치 않게 시작되었던 것으로 나타난다. 본래 마르크스는 스미스에 대한 논의에 뒤이어 리카도의 잉여가치 이론을 다룰 계획이었고,[21] 이는 ("잉여가치론"에 대한 논의라는 점에서) 주제상으로나 또 연대순으로나 납득할 만한 것이었다. 그런데 이렇게 하는 대신에 마르크스는 (1851년에 출판된) 더 가깝고 덜 중요한 요한 로트베르투스의 작업을 [스미스와 그에 이어진 몇몇 군소 이론가] 다음 차례에 논한다. 로트베르투스는 리카도가 해명할 수 없었던 절대지대(최열등지에 부가된 지대)를 해명할 수 있도록 리카도 지대 이론의 발전을 시도했던 사람이다. 이 주제는 연대순으로나 논리적으로나 어긋난 자리에 놓였는데, 왜냐하면 그것이 잉여가치의 생산이라기보다는 잉여가치의 배분 측면이 되는 지대를 다루기 때문이다. 마르크스는 초고의 이 부분에다 "탈선"Digression이라는 표지를 붙였다.

이 갑작스러운 전환의 직접적인 이유는 대체로 현실적이고 우발적이었던 것 같다. 그 전해에 라살레가 마르크스에게 로트베르투스의 책 한 권을 빌려주었고 [마르크스가 이 초고를 작성하던] 당시에 자기 책을 돌려받고 싶다는 내용의 편지를 썼다.[22] 이랬기 때문에 마르크스는 로트베르투스의 책을 기회가 생긴 동안 연구하게 되었다. 그 책은 마르크스의 예상보다 더 흥미로운 것으로 드러났고 지대에 관한 그리고 잉여가치의 배분 일반에 관한 마르크스의 사고를 자극했던 것 같

---

21. MECW.31:583~584, 주석 2.
22. MECW.31:593, 주석 99.

다. 마르크스는 그 책을 통해 거의 1년간 몹시 창조적인 이론적 외유를 개시했으며, 이 사이 그는 이후 『자본』 제3권에서 제시될 잉여가치 배분에 대한 자기 이론의 세부를 생각해내기 시작했다. 이 새로운 출발은 로트베르투스와의 "비판적 대면"에서 영감을 얻었으며, 두셀은 이야말로 "〈1861~63년 초고〉 전체의 중심적 순간"이어야 한다고 간주한다. (이후 수개월 동안 이 초고에 관한 마르크스의 작업이 어떻게 『자본』 제3권의 주제들과 잉여가치의 배분 문제로 확장되었는지에 대한 연대순의 개괄을 위해서는 〈표 1〉을 참조할 것. 또한 이 초고 및 기타에서 잉여가치 배분에 대한 마르크스 이론의 발전을 다룬 더 심화된 논의를 위해서는 모즐리의 논문들〔1997, 2001b〕을 참조할 것.)

로트베르투스에 관한 내용 초반에서 마르크스가 깨닫기 시작한 것은, 절대지대를 해명할 수 있기 위해서는 우선 생산가격23들을 (혹은 마르크스가 이 초고에서는 "평균가격" 혹은 "비용가격"이라고 불렀던 것을) 해명할 필요가 있다는 점이었다. 따라서 마르크스는 "평균가격"에 대한 자기 이론의 세부를 처음으로 구상해내기 시작한다.24 마르크스는 로트베르투스의 지대 이론에 대한 논의에 뒤이어 리카도와 스미스의 지대 이론을 논했고, 리카도와 스미스의 "비용가격" 이론에 대한 심화된 논의를 덧붙였다. 후자에 대한 마르크스의 주된 비판은 리카도와 스미스가 비용가격과 가치를 구별하는 데 실패했다는 것, 다시 말해 그들이 가치와는 구별될 비용가격(여러 산업들 사이에서 이윤율을 균등화하는 가격) [『자본』 제3권의 "생산가격"]에 대한 이론을 실은 제공하지 않았다는 것이었다.

리카도의 차액지대 이론에 관해 작업하는 동안에 마르크스는 또한 시장가치와 개별가치라는 범주들을 처음으로 발전시키기 시작한다. 이는 이윤율을 균등화하는 [업종이 다른] 산업간의 경쟁과는 구별되는 것으로서 [업종이 같은] 산업내의

---

23. * "생산가격"이란, "서로 다른 생산영역의 각기 다른 이윤율로부터 평균이윤을 도출하고 이 평균이윤을 각 생산영역의 비용가격에 더해서 만들어진 가격"이다. 생산가격이 성립하기 이전에 이미 "일반이윤율이 전제되어야 하고, 이 일반이윤율은 다시 각 생산영역의 개별 이윤율들이 한데 합쳐져서, 이미 똑같은 평균이윤율로 환원되어 있다는 것을 전제로 한다."(강신준 번역, 『자본』 제3-1권, 215쪽), "생산가격"과 "비용가격" 등 범주의 창안이 〈1861~63년 초고〉 작업에서 갖는 중요성에 대해서는 이후 우리 책 제2부 7장의 논의를 참조할 것.

24. MECW.31 : 260~264, 297~305 ; TSV.2 : 27~30, 64~71.

경쟁과 관계되어야 할 것이다.[25] 이 범주들을 더 완전히 전개한 논의는 『자본』 제 3권 10장에 들어 있다. 본서 제13장에서는 산업내의 경쟁과 관련된 이 범주들이 두셀의 "종속" 이론 즉 마르크스의 잉여가치 배분 이론에 기초를 둔 두셀 이론에 서 핵심적임을 보게 될 것이다.

마르크스는 리카도 이론의 다양한 측면들을 훨씬 더 상세히 (잉여가치, 이윤, 축적의 세부까지) 고찰하고 나서야, 리카도 이후의 다양한 리카도 학파 경제학자 들(맬서스, 토런스, 베일리 등)과 몇몇 "리카도파 사회주의자들"(레이븐스톤, 호 지스킨 등)에 관해 논의했다. 호지스킨에 관해 쓰던 중에 마르크스는 다시금 이 를 중단하고 "수입과 그 원천"이라는 제목을 붙여 완전히 새로운 부분에 착수했 다. 이는 후에 같은 제목으로 『자본』 제3권을 최종적으로 결론짓는 제7편이 될 내용의 첫 번째 초안에 해당한다.[26] 이 부분은 마르크스가 "자본주의적 생산관 계의 최고로 물신적인 표현"이라고 불렀던 "삼위일체 정식"에 대한 논의로부터 시 작한다. 다음으로 마르크스는 잉여가치 배분의 또 다른 형태인 이자(이는 이후에 『자본』 제3권 5편의 주제가 될 것인데)에 관해 논의하는 것으로 나아갔으며, 이 자는 (살아 있는 노동과는 아무런 관계도 맺지 않은 채 자본 그 자체로부터 기 원하는 것으로 나타난다는 점에서) 마르크스가 "가장 완전한 물신"이라고 불렀 던 것이다. 이 부분에는 또한 이자 낳는 자본과 상거래 자본에 대해 ― 이 역시 최 초로 ― 다룬 흥미로운 논의가 들어 있다. 이 자본들은 산업자본이라는 기초적 형 태(잉여가치의 원천)의 "파생 형태들"인 것으로 서술된다. 이 밖에도 다소 주목할 만한 페이지들이 있는데, 여기에서 마르크스는 『자본』 제3권의 잉여가치 배분에 대한 이론의 결국엔 주된 결론이 될 내용을 최초로 뚜렷이 구성한다. 요컨대 잉 여가치의 이 모든 상이한 형태들이 기저를 이루는 동일한 실체 즉 노동자들의 잉

---

25. MECW.31:428~435;TSV.2:203~211. [같은 업종 내에서, 어떤 업체가 더 우월한 기술학이나 더 고도의 유기적 구성 등의 요인으로 시장가치보다 더 낮은 개별가치로 상품을 생산할 수 있다 면, 그 업체는 다른 업체와 동일한 시장가치에 판매하더라도 잉여가치를 더 붙일 수 있으므로 특 별잉여가치 혹은 초과이윤을 얻을 수 있다.]
26. MECW.32:440~541;TSV.3:453~540.

여노동의 필연적 현상형태라는 것이다.[27] 잉여가치의 이러한 각 형태들은, 자본가들과 부르주아 경제학자들에게는 그 자체의 분리되고 독립적인 원천을 가진 것으로 (이자의 원천인 자본, 지대의 원천인 토지 등으로) 나타나지만 이런 외양은 그저 물신적 착각에 불과하다.

익숙하다시피 "수입과 그 원천"에 관한 초고의 이 내용은 출판된 『잉여가치론』의 맨 끝에 있다. 하지만 이 부분이 마르크스 초고의 끝은 아니다. 마르크스의 초고는 계속 이어지되, 잉여가치가 배분되는 서로 다른 형태들에 대해 동일한 일반적 질문을 뒤쫓으며 진행된다. 다행스럽게도 최근에 전체 초고가 출판되었기 때문에, 이제 우리는 이 초고의 몹시 흥미롭고도 중요한 나머지 부분들을, 다시 말해 마르크스가 로트베르투스와 리카도 및 다른 학자들과 "비판적으로 대면"함으로써 영감을 얻은 잉여가치 배분에 대한 이론을 그가 계속해서 발전시켜 나간 양상들을 연구할 수 있게 되었다.

3. 잉여가치 배분을 포괄하는 『자본』 제3권의 확장 (〈노트XVI〉 ~ 〈노트XIX〉) (MECW.33:9~371)

이 초고의 계속된 내용에서 마르크스가 처음으로 고찰하기 시작했던 잉여가치의 다음 개별적 형태는 상업이윤commercial profit이었다(초고의 이 부분에서 그는 이를 상인이윤mercantile profit이라고 불렀다).[28] 물론 마르크스에게 상업이윤에 대한 문제의식은 "수입과 그 원천"에 관한 앞서의 부분에서 상업자본을 논의함으로써 떠오른 것이었다. 두셀은 주장하기를, 마르크스는 상업이윤 그리고 상인의 구매가격과 판매가격 사이 차이에 대한 자신의 서술을 생각해 내는 과정에서, 산업들 사이에서 이윤율을 균등화하는 가격에 대해 최종적으로 또 결정적으로 "생산가격"이라는 용어에 안착했다고 한다(우리가 보았다시피, 초고의 더 앞부분에선 "평균가격"과 "비용가격"이라는 용어를 사용했다). 이는 개념상의 명료

---

27. MECW.32:471~503; TSV.3:473~503.
28. MECW.33:9~68.

성에서 의미심장한 진전이었다.

상업이윤에 관해 작업하던 중에 마르크스는 당시 그가 "자본과 이윤"에 관한 "III장"이라고 부르고 있던 내용의 초안을 쓰기로 결정했다.[29] (I장과 II장은 각각 "자본의 생산과정"과 "자본의 유통과정"을 다룬 [『자본』] 제1권과 제2권으로 지금 우리가 알고 있는 내용이었다.[30]) 마르크스의 본래 착상이자 분명 이 초안을 쓰던 당시에도 그의 착상이었던 것은, 이 "III장"이 다만 "자본 일반"과 관련되어야만 하며 "경쟁"을 포함하거나 자신이 그전 몇 달 동안 작업하고 있던 잉여가치 배분의 다양한 형태들을 포함해서는 안 된다는 점이었다. 따라서 "III장"에 대한 이 초안의 주요 관심사는 우리가 『자본』 제3권 제1편(비용가격, 이윤)["잉여가치의 이윤으로의 전화와 잉여가치율의 이윤율로의 전화"] 및 제3편("이윤율 저하의 일반 법칙"에 관한 내용)으로 알고 있는 것과 관계된 범주들이다. 그는 생산가격의 결정을 간략히 논의했지만(이후 제3권 제2편["이윤의 평균이윤으로의 전화"]), "이 지점의 보다 상세한 조사는 경쟁에 관한 장에 귀속된다."라고 수차례나 언명한다.[31] 그런데 마르크스의 "III장"을 위한 계획은 몇 주 뒤 급격히 변했다.

마르크스는 "III장"에 대한 이 초안을 마무리한 후, 상업자본(혹은 "상거래자본")으로 되돌아갔고, 그러고는 호지스킨에 대한 논의로 돌아갔으며(앞서 보았다시피 마르크스는 세 달 전 "수입과 그 원천"에 관한 부분을 집필하기 위해 바로 이 지점에서 중단했었다), 마지막으로는 (주로 이윤율 저하와 관계해서) 램지, 셰르불리에, 존스에 대한 논의로 이어간다. 마르크스는 셰르불리에에 관해 작업하던 중 멈추고서는, 우리가 제3권 제2편으로 알고 있으며 당시의 마르크스 자신은 "'자본과 이윤'에 관한 3편의 두 번째 장으로서 일반이윤율의 형성이 다뤄질 것"이라고 불렀던 내용[32]의 몹시도 명확하고 상세한 개요를 쓰게 된다. 이 개요로부터 우리는 "III장"이 "3편"이 되었으며, 이제 이 부분이 일반이윤율과 생산가격에

---

29. MECW.33:69~153.
30. * 이후 본서 제10장 5절에서 기획안 전반에 대한 두셀의 논의를 통해 밝혀지겠지만, 이 I장, II장, III장은 모두 "상품"과 "화폐"에 뒤이어 "자본 일반"을 다룬 III챕터에 속한 내용이다.
31. MECW.33:88, 94, 101.
32. MECW.33:299.

22 미지의 마르크스를 향하여

관한 II장을 포괄함을 볼 수 있다. "II장"의 이 최초 개요는 『자본』 제3권 제2편의 최종 판본에 아주 가깝다.

초고 기준으로 30면 뒤에, 존스에 관해 작업하다가 마르크스는 다시 중단하고 "자본의 생산"에 관한 "I편"과 "자본과 이윤"에 관한 "III편" 모두의 일반적 개요를 쓴다.[33] "3편" 개요의 항목 2는 일반이윤율의 형성이므로, 마르크스는 30면 이전 상세 개요를 쓰던 때에 이미 일반적 개요를 염두에 두고 있었던 것이 틀림없다. 그런데 이 개요에서 가장 주목할 만한 점은 "자본과 이윤"에 관한 "III편"이 엄청나게 확장되었다는 사실이다. III편은 이제 몇 주 전의 초고에 포함되었던 자본 일반의 측면은 물론이고, 로트베르투스와 대면한 이래로 그 전해[1862년] 전반에 거쳐 마르크스가 작업해 왔던 잉여가치 배분의 개별적 형태들 전체, 즉 평균이윤율, 지대, 이자, 상업이윤도 포괄하게 된다. 잉여가치의 이런 개별적 형태들은 자본 일반의 층위를 넘어 경쟁에 대한 분석 층위에 있다. 그전 한 해 동안 이 여러 주제에 대해 이루어진 마르크스의 작업은 그로 하여금 이 내용들이 "자본과 이윤"에 관한 "제3분절"에 포함되어야 한다는 확신을 갖게 만들었으리라. 더 이후의 연구, 다시 말해 (마르크스가 이때쯤에는 자신이 결코 쓰지 못할지도 모르겠다는 사실을 틀림없이 깨달았을) 경쟁에 관한 별도의 한 권을 기다리기보다는 말이다. (오클리의 논의[34]도, 마르크스가 "자본과 이윤"의 내용을 확장하여 자본 일반의 측면만이 아니라 경쟁과 잉여가치 배분 측면을 포함하기에 이르렀다는 점을 강조한다.)

두셀은 『자본』 제3권에서 해명된 잉여가치의 개별적 형태들이 경쟁 분석을 샅샅이 다룬 게 아니라고 주장한다. 경쟁의 더 구체적인 다른 많은 측면들이 제3권 이후로도 분석의 대상인 채 남아 있다(예를 들어 시장가격, 독점, 신용, 국민 간 경쟁 등등). 따라서 두셀이 결론짓길, 마르크스의 논리적 구조에는 두 층위의 경쟁이 있다. 하나는 제3권에 실린 대로 일반적이고 추상적인 경쟁이고, 또 하나는 제3권 이후에 분석될 수 있었을 경쟁의 더 구체적인 측면들이다.

---

33. MECW.33 : 346~347.
34. * 오클리, 1983 : 82~110.

두셀은 제3권에 대한 이 개요, 즉 근본적으로 확장된 내용을 담고 처음으로 결정적 명료성을 띠게 된 개요의 중요성을 강조한다. 어떤 의미에서 이 개요는 그 전해 동안 마르크스가 연구한 잉여가치 배분 이론에 관해 그 자신이 몹시 생산적으로 해명한 작업의 주요 결과물이다.[35] 이 개요는 마르크스가 그다음 두 해 동안(1864~1865년) 집필했던 제3권의 최종 판본에 아주 가깝다. 〈1861~63년 초고〉에 관한 마르크스의 작업이 이러한 논점들에 관한 그의 사고를 명료하게 만들어서 마르크스로 하여금 이제 제3권을 쓸 준비가 되어 있을 정도까지 되게 했다는 사실은 명백하다. 『자본』 제3권에 대한 1864~65년의 이 초안이 비록 출판을 위해 다듬어지지 않았던 것은 확실하지만 출판이 가능할 정도로 명확하고 완전하다는 사실은, 마르크스가 이 〈1861~63년 초고〉를 작업하던 중에 성취했던 명료함에 대한 더 심화된 증거이다.

잉여가치 배분에 대한 마르크스 이론의 주된 결론은 이렇게 상이한 잉여가치 형태들 모두가 동일한 기저 원천 즉 노동자들의 잉여노동을 가진다는 점임을 두셀은 강조한다. 부르주아 경제학자들에게 이 상이한 잉여가치 형태들은 그 자체의 분리되고 독립적인 원천을 가진 것으로 나타나지만, 이는 저 학자들의 자본주의적 시야에서 필연적으로 도출되는 물신이다. 마르크스의 이론은 상이한 잉여가치 형태들 모두가 실상은 노동자들의 잉여노동으로부터 파생된 것임을 예증한다. 이 일반적 결론[상이한 잉여가치 형태들의 원천이 잉여노동임]은 지금까지 우리가 살펴보았듯 〈1861~63년 초고〉의 "수입과 그 원천" 부분에서 처음으로 윤곽 잡혔으며, 이후 『자본』 제3권의 마무리 부분, 같은 제목의 제7편에서 그보다 더 충분히 상술되었다.

---

35. 불행하게도, 이 중요한 개요는 『잉여가치론』에 잘못 놓여 있고, 이런 점은 그 중요성을 모호하게 만든다. 이 개요는 『잉여가치론』 제1권 끝에, (개요와 관련이 없는) 스미스에 대한 논의 뒷부분이자 로트베르투스와의 조우 및 잉여가치 배분에 대한 마르크스 이론의 몇 년에 걸친 발전의 앞부분에 놓여 있다. 이 때문에 독자들은 이 개요가 〈1861~63년 초고〉의 끝에 위치한 것이지 시작 부분에 놓여 있는 것이 아니라는 점을, 또 이 개요야말로 이 초고에 들인 모든 작업의 주요 결과물이라는 점을 깨닫지 못한다.

〈표 1〉 마르크스의 〈1861~63년 초고〉

	『자본』 제1권	『자본』 제3권	MECW
1861년 8월	제2편 ~ 제4편		30:9~346
1862년 3월	『잉여가치학설사』 제1권		30:347~31:250
	스미스 등		
1862년 6월		『잉여가치학설사』 제2권	31:250~32:208
		지대	
		평균가격	
1862년 10월	『잉여가치학설사』 제3권		32:209~249
	리카도 학파의 해체		
1862년 11월		『잉여가치학설사』 제3권	32:449~541
		이자	
		수입	
		상업이윤	33:9~68
1862년 12월		제1편, 제3편	33:69~153
1863년 1월		상거래자본	33:154~252
		화폐 환류	
		『잉여가치학설사』 제3권	33:253~371
		램지 등	
		첫 번째 개요	33:299, 346~347
		(『잉여가치학설사』 끝)	
1863년 3월	제4편~제8편		33:373~34:354

주: 고딕강조체는 최근에 최초로 출판된 내용을 가리킴.
주의: 『자본』 제3권의 전체 초안은 〈1864~65년 초고〉에서 집필됨.

4. 제1권 초안의 완비 (〈노트XX〉 ~ 〈노트XXIII〉)

(MECW.33:372 ~ 34:354)

마르크스는 존스에 관해 끝낸 후, 10개월 전에 그가 "잉여가치론"을 시작하려고 중단했던 지점인 『자본』 제1권 잉여가치 이론에 대한 초안으로 되돌아갔다. 그는 자신이 떠났던 자리 즉 상대적 잉여가치(와 상대적 잉여가치의 상이한 형태들)에 관한 제1권 제4편으로 되돌아갔으며, 이어서 (절대적 잉여가치와 상대적 잉여가치의 결합에 관한) 제5편, (나중엔 제7편이 될 자본의 축적에 관한) 제6편, (제8편이 될 "본원적 축적"에 관한) 간략한 제7편으로 계속 나아갔다.[36] 상대적 잉여가치와 관련해서 두셀은 자본주의의 "기술학적 진리"technological truth란 수공업 작업장이 기계화된 공장으로 이행한 데 있으며, 이 이행으로부터 노동이 자본 아래로 실제적으로 포섭되는real subsumption [37] 결과가 나타난다는 점을 강조한다. 노동자는 자본가들의 통제(이는 형식적 포섭formal subsumption이다) 아래에서 노동해야만 할 뿐 아니라, 나날의 공장 노동에서 노동자는 기계장치의 한낱 부속품으로 되고, 생산의 기술적 구조에 완전히 지배당한다. 달리 말하면, 산 노동은 죽은 노동에 실제로 또 현실적으로 지배당한다.

두셀은 산 노동에 대한 죽은 노동의 지배라는 이 동일한 주제를 그가 축적에 관해 논하는 부분에서 강조한다. 축적과 더불어, 지배는 더 높은 정도로 끌어올려진다. 축적을 통하여, 노동자의 노동력 구매에 사용되는 자본은 다른 게 아니라 과거의 비지불unpaid 잉여노동(도둑질한 노동)의 결과물이다. 노동자는 이제 그 자신의 과거 생산물에 의해 즉 다른 자의 낯선 소유물the alien property of another에 의해 착취당하며, 이는 소외alienation의 최종적인 모습이다. 과거의 대상화된

---

36. * 이 글에서 참조하는 MECW판(영어판) 『자본』과 MEW판(독일어판 ; 강신준 번역본) 『자본』의 체제가 약간 다르기 때문에 부기하면 이렇다. 제5편과 제7편의 주요 내용은 다르지 않지만, MEW판엔 제8편("이른바 본원적 축적")이 없고, 이 내용은 제24장으로서 제7편("자본의 축적과정")에 포괄되어 있다.

37. * 두셀이 이 책 제11장 주석에서 밝힌 대로, 마르크스가 사용한 독일어 Subsumtion은 어원상 헤겔의 "지양"(Aufheben)의 의미와 깊이 관련된다. 두셀은 Subsumtion을 Aufheben과 관련지어 풀이하기 때문에 두셀의 해석을 적극적으로 드러낼 수 있는 번역어로 "보존"의 뜻이 강한 "포괄"을 선택하려 했으나, "형식적 포섭"과 "실제적 포섭"이라는 기존 마르크스주의 용어 번역을 존중하여 "포섭"으로 옮겼다. 다만 이 〈초고〉의 노동-자본 관계 논의의 중심 범주로 기능하는 "포섭"을 두셀의 해석에 따라 읽을 때, 이 관념은 자본의 총체성 너머에 있는 산 노동의 외재성과 노동-자본 관계의 "초변증법"적 함의를 암시하는 것임을 기억해 주기 바란다. 두셀의 초변증법을 간략히 소개한 글로 송상기, 「엔리케 두셀의 해방철학과 전지구화 시대의 비판윤리」(『이베로아메리카』 제10권 1호, 1~31, 2008)를 참고할 것.

낯선 잉여노동[38]은 산 잉여노동을 더 많이 전유하기 위한 수단으로 된다. 마르크스의 선명하고 생생한 은유를 가져오자면, 노동자들은 저 자신을 결박할 "황금 쇠사슬"을 만든다.

5. 마르크스의 과학[39] 개념

두셀 책의 마지막 부분은 [앞의 장들보다] 진정 더 해석적인 경향을 띤 두 개장으로 구성된다. 둘 중 앞의 장("〈1861~63년 초고〉와 해방철학")은 마르크스의 과학 개념, 즉 마르크스가 자본주의에 대한 이론을 구축하면서 사용한 논리적 방법에 대한 두셀의 해석을 요약적으로 제시한다. 두셀이 마르크스의 논리적 방법에서 강조하는 두 가지 주된 측면이 있다. 첫 번째 측면은 "외양에 대한 비판"과 "본질로의 이행"이며 이는 마르크스가 자본주의에 대한 자기 이론을 시작하기 전에 필요했던 예비적 작업과 관련이 있다. "외양에 대한 비판"이란 물신론 fetishism[40]에 대한 비판, 다시 말해 화폐와 가격과 수입에 대한 저 모든 시장적 현상을 산 노동과 관련짓는 데 실패한 것에 대한 비판이다. "본질로의 이행"이란 산 노동이야말로 마르크스 이론의 "근본적인 출발점"이라고 식별하는 것이다. 본질은 산 노동이다. 노동은 모든 가치 및 잉여가치를 생산하는 "창조적 원천"이다. 가

---

38. * 단순한 예로, 현재 작동 중인 노동수단으로서 "기계"는 노동자의 노동능력이 투여되어 "과거에" 생산된 것이며, 그 노동능력이 "대상화된" 생산물이고, 그러나 생산한 노동자의 것이 아니라 자본의 소유이므로 "낯선" 것이며, 자본의 축적은 항상 "잉여"가치의 재투자이기 때문에, "기계"란 "과거의 대상화된 낯선 잉여노동"이라 할 수 있겠다.

39. * 여기에서 "과학"이라고 옮긴 science는 독일어 Wissenschaft의 영어 번역어이다. 해당 독일어에 대해 "학"이라는 번역어도 있으나, "학"을 마르크스주의의 용어로 그대로 쓰기 어색하다고 판단해서 "과학"이라고 옮겼음을 밝혀 둔다. 다만 이 번역서에서 일컫는 마르크스의 "과학" 개념이 오늘날 흔히 생각하는 "자연과학"이라는 뜻보다는 "학문"이나 혹은 더 포괄적인 "지식"이라는 뜻을 강하게 갖고 있다는 점에 유의해 주길 바란다.

40. * 이 번역서 전반에서, 스페인어 fetishismo(영어 fetishism)는 "물신" 혹은 "물신론"으로 옮겼다. 일반적으로는 "물신주의"라고 번역되지만, 이 책에서 두셀이 (애초에 마르크스가) 강조하는 바는 물신적 성격이 자본주의 생산양식의 경제 현상 수준에서, 또 그와 같은 현상을 다루는 경제 이론 수준에서 강한 의미로 본질을 왜곡하기 위해서가 아니라 약한 의미로 본질이 왜곡되기 때문에 발생한다는 것이므로, 강한 의미의 "주의"가 아니라 약한 의미의 "론"을 붙이는 정도로 번역했음을 밝혀 둔다.

치와 잉여가치를 생산하는 다른 원천이란 없다. 화폐, 가격 등 다른 모든 경제 범주들은 이렇게든 저렇게든 산 노동으로부터 파생된다.

두셀에 의하면, 산 노동이라는 출발점에 도달한 이후에, 마르크스의 논리적 방법에서 두 번째 주요 측면은 산 노동이라는 출발점으로부터 화폐, 가격, 수익income이라는 시장 현상phenomena을 해명하는 일, 그러니까 이 현상들을 산 노동의 "필연적 현상형태"라고 해명하는 일이다. 마르크스의 이론은 논리적으로 차근차근 진행한다. 모든 경제 범주들을 앞선 범주들로부터 또 궁극적으로는 산 노동으로부터 논리적 "간극"이나 "도약" 없이 이끌어내기 때문이다. 이런 것이야말로 두셀이 산 노동 "개념의 전개" 혹은 산 노동 개념의 "범주들의 편성"이라고 부르는 것이다.

범주들을 엄밀하게 이끌어내는 마르크스의 논리적 방법을 보여주는 중요 사례는 생산가격이라는 핵심 범주다. 마르크스의 이론에 따르면 생산가격은 부분적으로 일반이윤율에 의존한다. 그다음으로, 일반이윤율은 전체로서 자본주의 경제에서 생산된 총잉여가치와 총투하자본에 의존한다. 총잉여가치와 총투하자본 자체는 자본 일반에 대한 제1권의 분석에서 결정되는 것이며, 그러고 나서 엄밀한 논리적 순서에 따라 일반이윤율과 생산가격을 결정하는 데 이용된다. 이런 식으로 자본 일반(총잉여가치)에 대한 제1권의 분석은 제3권의 생산가격 해명에 (마르크스가 종종 말했듯이) 필수적인 "매개 고리"이다. 마르크스는 리카도의 이론이 실패한 일차적 이유는 그가 이런 논리적 방법을 따르지 않았기 때문이라고 주장했다. 대신에 리카도는 일반이윤율을 주어진 것으로 단순 상정했다. 일반이윤율 결정에 대한 해명을 제시하지 않고서 즉 필수적인 "매개 고리들"을 제시하지 않고서 말이다. 이 실패는 리카도 이론에 커다란 논리적 "간극"을 남겨놓았으며 이것이 수많은 여타 문제들을 낳게 되었다.

마르크스의 논리적 방법과 리카도 논리의 불충분함을 보여줄 관련 사례는 절대지대 범주다. 앞서 우리는 마르크스가 〈1861~63년 초고〉 초반부에서 로트베르투스와 "비판적으로 대면"하던 중에, 절대지대를 해명하기 위해서는 먼저 생산가격을 해명해야만 한다는 사실을 발견했음을 살펴보았다. 제3권에서 마르크스가 따랐던 논리적 절차가 그렇다. 먼저 생산가격은 (자본 일반에 대한 제1권의 선행 분석으로부터 이끌려 나와서) [제3권] 제2편에서 도출되고, 이후 지대는 절대지대와 차액지대 둘 다가 생산가격에 대한 제2편의 선행 이론을 기초로 삼아 제6편에서 도출된다. 다시 한번 마르크스는 리카도가 필수적인 "매개 고리들"을 제시하지 않았기 때문에 절대지대 해명에 실패했다고 주장했다. 이 경우에서 리카도는 생산가격의 결정을 해명하지 않았고 그 의미는 그가 절대지대를 해명할 수 없었다는 것이었다.

두셀은 강조하기를, 마르크스가 취한 "개념의 전개"라는 논리적 방법, 변증법 논리를 통해 기저의 본질(또는 "실체")로부터 필연적 현상형태를 도출해내는 논리적 방법은 헤겔의 영향을 강하게 받은 것이었다. 이런 면에서 알튀세르는 완전히 틀렸다고 – "청년 마르크스"와 "만년의 마르크스" 사이에 헤겔에 대한 "인식론적 단절"은 하나도 없었다고 – 두셀은 주장한다. 만년의 마르크스는 헤겔을 거부하지 않았다. 오히려 만년의 마르크스는 청년 마르크스만큼이나 헤겔주의자로 남아 있었다. 그때보다 더하지는 않았겠지만 말이다. 틀림없이, 우리가 앞서 보았다시피, 두셀은 마르크스가 헤겔을 "전도"하는 데 셸링을 이용했다고 주장한다. 그렇지만 『자본』에서 마르크스의 논리는 헤겔로부터 계속 깊은 영향을 받았다. 마르크스 이론의 논리적 기초 구조는 『요강』에 있는 첫 번째 초안부터 『자본』 제1권의 최종 출판본에 이르기까지 『자본』의 네 개 초안을 관통하여 본질적으로 똑같았다. 『자본』의 이 네 개 초안에 "인식론적 단절"의 증거는 하나도 없다. 물론 알튀세르는 이 네 개 초안 모두를 접할 수 없었으니, 그의 실수는 어쩌면 이해 가능할지도 모르겠다. 그러나 오늘날의 알튀세르주의자들에게 이와 같은 핑곗거리는 없다.

두셀이 또 강조하는 것은 『자본』이 자본주의의 이론을 제시할 뿐만 아니라 자본주의에 대해 정초적인 윤리적 비판을 제공한다는 사실이다. 마르크스의 자본주의 비판은 자본주의 사회의 지배 도덕prevailing morality에 도전하기 때문에 "윤리적"이다. "도덕"이란, 두셀에 의하면, 이데올로기들의 전체집합을 의미하며, 이는 지금 있는 현상태status quo를 곧 주어진 모든 경제적·사회적 체제를 정당화한다. 일례로 자본주의 도덕에 따르자면 자본가와 노동자 사이 관계는 양쪽 편 모두에게 상호 이득인 자유롭고 평등한 교환 관계다. 노동자들은 그들이 생산에 기여한 바와 동등한 임금을 얻고 자본가들은 그들이 생산에 기여하거나 그들 소유의 기계가 기여한 바와 동등한 이윤을 얻는다. 이런 자본주의 평등 세상에서는 모든 것이 공정하다. 자본주의적 "도덕"의 시야로 보면 그렇다.

마르크스의 이론은 이와 같은 자본주의 지배 도덕에 정초적 측면의 도전을 제기한다. 마르크스의 이론은 노동자의 임금이 그들이 생산한 가치의 한 부분에 불과함을, 그들이 생산한 가치의 다른 부분은 잉여가치로서 자본가들에게 전유됨을 보여준다. 잉여가치의 상이한 형태들(이윤, 이자, 지대 등)은 부르주아 경제학자들에게 저들 자신의 자본주의적 시야를 반영하여 분리되고 독립적인 원천의 결과물로서 나타난다. 하지만 마르크스의 이론은 잉여가치의 이 모든 서로 다른 형태들이 실은 노동자의 잉여노동으로부터 도출된 것임을 예증한다.

마르크스의 이론에 따르자면, 모든 사람이 자유롭고 평등하게 나타나는 시장에서 자본가와 노동자 사이 교환은 이 두 경제적 계급 사이 관계의 마지막이 아니다. 다만 시작일 따름이다. 시장에서 교환이 일어난 후에, 저 두 계급 사이 관계는 "비밀스러운 생산의 장소"에서 계속되며 그 안에서 노동자들은 자본가들을 위해 잉여노동을 수행한다. 달리 말해, 자본주의에서 노동자들은 봉건제에서 농노나 노예제에서 노예들이나 꼭 마찬가지로 착취당한다. 바로 이것이 자본주의에 대한 마르크스 이론이 제시하는 심원한 윤리적 비판이다. 잉여가치는 "강탈", "절도", "도둑질한 삶"이다.

라틴아메리카 해방철학은 마르크스로부터 많은 것을 배워야 할 것이고, 마르크스의 비판적 과학 방법을 통합incorporate해야 하고, 라틴아메리카와 전체 세계의 가난하고 착취당하는 자들의 해방을 위한 필수 조건을 이해하기 위해 이 방법을 적용하고 연장해야 한다고 주장함으로써, 두셀은 제12장을 끝맺는다.

6. "종속"과 마르크스의 잉여가치 배분 이론

이 책 마지막 장은 "종속"에 대한 두셀의 몹시 획기적이고 중요한 이론을 제시한다. 두셀의 이론은 마르크스가 우리가 앞서 보았듯 〈1861~63년 초고〉에서 전개하기 시작한 경쟁 이론과 잉여가치 배분 이론에 기초를 둔 것이다. 두셀은 『자본』에서 마르크스의 이론이 몹시 추상적이고 전혀 완결되어 있지 않다고 주장한다. (두셀은 마르크스가 자신의 전체 이론 기획안의 72분의 1만을 끝낼 수 있었다고 추산한다!) 따라서 우리 자신에게는 마르크스 이론을 보다 구체적인 수준까지, 동시대 자본주의를 더 잘 이해하는 데까지 더욱 발전시킬 과업이 있다. 제13장은 그 자체가 동시대 자본주의 현실의 중요한 측면들을 해명하기 위해 마르크스 이론을 이런 식으로 창의성 있게 발전시킨 탁월한 사례를 제시한다.

두셀은 보다 더 발전한 중심부 국가들에 대한 저발전 주변부 국가들의 "종속"이 마르크스의 이론 내부에서는 경쟁의 수준에 위치한다고, 즉 잉여가치 배분과 관련되어야 한다고 주장한다. 앞서 살펴본 바와 같이, 이 부분은 마르크스가 자신의 이론 영역 중 정확히 〈1861~63년 초고〉에서 대부분을 작업하고 전개했던 영역이다. 마르크스의 논의는 아주 고도의 추상 수준에 머물러 있으며, 잉여가치의 국민간 배분같이 더 구체적인 요인들을 고려하지 않는다. 두셀은 마르크스의 이론을 국제적 차원에 이르기까지, 그리고 동시대 자본주의의 "종속"이라는 결정적 질문에 이르기까지 연장한다.

특수하게는, "종속"은 우선 산업내의 경쟁과 관련되고, 시장가치, 개별가치, 초과이윤, 이윤손실의 개념들과 관련된다. 보았다시피 이 개념들은 마르크스가 〈1861~63년 초고〉에서 리카도의 차액지대 이론과 "비판적으로 대면"하면서 전개하기 시작했다. 산업내의 경쟁은 주어진 산업 내부에서 서로 다른 기술 수준과 생산력을 가진 상이한 생산자들 사이에 벌어지는 경쟁이다. 이와 같은 생산성 차이에도 불구하고(그러니까 생산된 상품들의 상이한 개별가치에도 불구하고), 주어진 상품은 시장에서 단일한 하나의 가격을 형성하는 경향이 있다. 이 경우 주어진 상품의 가격은 이 부류 모든 상품들의 평균가치에 따라 혹은 마르크스가 생산자들 각각의 상품이 갖는 개별가치에 대립하여 시장가치라고 불렀던 것에 따라 결정된다. 평균 이상의 생산성을 띤 생산자들에게 그들 상품들의 개별가치는 시장가치보다 더 낮다. 따라서 이렇게 생산성이 높은 생산자들은 자기네 상품이 시장가치대로 팔릴 때 "초과이윤"을 얻을 것이다. 거꾸로 평균 이하 생산성을 띤 생산자들에게 이들 상품의 개별가치는 시장가치보다 더 높다. 따라서 이렇게 생산성이 낮은 생산자들은 자기네 상품이 시장가치대로 팔릴 때 이윤손실을 겪을 것이다. 달리 말해 생산성이 낮은 생산자들로부터 생산성이 높은 생산자들에게로 가는 잉여가치 이전이 있으며, 이는 자본주의 경제에서 산업내 경쟁의 정상적 기제의 결과물이다.

두셀은 산업내의 경쟁과 시장가치에 대한 마르크스 이론을 "종속"이라는 결정적 질문에 이르기까지 연장한다. 오늘날의 전지구적 자본주의 경제에서 생산성이 낮은 생산자들은 저발전 주변부 나라들에 있고, 생산성이 높은 생산자들은 중심부 나라들에 있다.[41] 따라서 주변부 나라들로부터 중심부 나라들에게로 가는 잉여가치의 이전이 있다. 즉 중심부 나라들에는 초과이윤이 있고 주변부 나라들에는 이윤손실이 있다. 두셀은 "종속의 본질은 덜 발전한 곳들로부터 더 발전한 나라들로 가는 잉여가치 이전"이라고 주장한다. 중심부 나라들이 가진 여러 유형의 독점 권력은 중심부 나라들로 이전되는 잉여가치를 증가시킬 것이지만, 두셀의 주장으로는 독점 권력이 없다고 하더라도 세계 자본주의 경제의 정상적 경쟁 기제는 가난한 나라들로부터 부유한 나라들로의 잉여가치 이전으로 귀결되며, 이에 따라 당연히 가난한 나라들은 더 궁핍해지고 그 "종속" 문제는 계속적으로 악화한다.

마르크스의 경쟁 이론과 잉여가치 배분 이론에 기초한 두셀의 "종속" 이론이 시사하는 바는 참으로 심오하다. 두셀의 이론은 가난한 나라들이 기술과 생산성에서 부유한 나라들보다 뒤처진 채인 한, 가난한 나라들로부터 부유한 나라들로의 잉여가치 이전과 "종속" 상황은 계속될 것이라는 점을 시사한다. 이것은 아

---

41. * 이 번역서에서 país(country), nación(nation), estado(state)는 각각 "나라", "국민", "국가"로 번역하였음을 밝혀 둔다. "네이션"의 번역어 선택과 관련해서는 진태원 「어떤 상상의 공동체? 민족, 국민 그리고 그 너머」(『역사비평』 96호, 169~201쪽)를 참조할 것. 그리고 이에 따라 internacional(international)의 경우 가능한 한 "국민간의"로 번역했으며 부득이한 경우 "국제"라고 번역하였다.

주 오랜 시간 계속될 듯이 여겨진다. 더 나아가 두셀의 이론이 제시하는 바는 종속의 문제가 부유한 나라들의 다양한 독점적 특권을 제거하는 것으로 극복될 수 없다는 점이다. 이 이론은 또한 저발전 나라들 내부의 계급투쟁 하나만으로는 노동자들에 대한 착취를 끝장내기에 충분치 않다는 점을 제시한다. "종속"의 문제, 즉 저발전 나라들의 노동자들이 생산한 잉여가치가 발전한 나라들의 자본가들에게로 이전되는 문제를 극복하기 위해서는 국민 해방National Liberation이 ["내부의 계급투쟁과"] 마찬가지로 필요하다.

두셀은 다시 한번, 라틴아메리카 해방철학의 긴급한 과업이란 마르크스 이론을 더욱 발전시키는 것이라고, 또한 "국민적 해방이라는 인민의 프락시스praxis을 기초로 삼으며 '다수의 논리'(다만 해방의 역사의 주체인 다수의 논리)를 기초로 삼아 마르크스의 이론 속에서 새로운 가능성들을 발견하는" 것이라고 결론짓는다.

7. 결론

이 책에서 두셀은 마르크스적Marxian 학자들에게는 그리고 특히 라틴아메리카 해방철학에는 마르크스 이론을 더 낫게 또 두루 이해할 긴급한 과업이 있다고 주장한다. 이 이론을 더욱 발전시킴으로써 이를 오늘날 전지구적 자본주의 경제의 광범하고 절박한 사회적 필요와 문제들에 적용할 수 있기 위해서다. 마르크스적 이론은 세계 전반에 계속적으로 만연한 빈곤에 대해 가장 유용한 해명을 제시한다. 현재 우리는 우리에게 유용한 마르크스의 초고 거의 전부를 (적어도 독일어로는, 또 이 중 대부분을 영어로 번역하여) 처음으로 갖고 있다. 두셀은 이런 정세가 마르크스학의 새로운 시대를 표시한다고 주장하면서 이를 "마르크스의 두 번째 세기second century"[42]라고 부른다. 두셀이 제안하기를, 우리는 "젊은 시절의 열정"을 갖고서 마르크스의 텍스트들로 돌아가야만 하며, 마르크스 이론

---

42. * 본서 「영어판 저자 서문」 37쪽 참조.

을 더욱 발전시키기 위해 우리의 이해를 심화시켜야 하며, 이 이론을 라틴아메리카와 나머지 세계의 해방을 위해 이용해야 한다. 두셀에 의하면 마르크스 이론이 가장 중요하게 기여할 자리는 미래에 놓여 있다. 마르크스의 두 번째 세기는 첫 세기보다 훨씬 나을 것이다.

또한 두셀은 마르크스적 이론에서 더욱 진전된 내용들이 발전된 나라들로부터가 아니라 세계 자본주의 경제의 저발전 주변부로부터 나올 가능성이 더 높다고 주장한다. 마르크스적 이론의 필요성이 궁핍화된 주변부에서 훨씬 더 크기 때문이다. 두셀이 주장하기를, 비판 이론은 굶주림("먹고 싶은 욕망")에 잇따르는 법이다(이 서문의 첫머리 문구를 참조해 주시길).

두셀의 작업은 그 자체가 전지구적 자본주의의 저개발 주변부로부터 나온 마르크스적 이론의 새롭고도 중요한 발전을 보여줄 탁월한 사례가 된다. 희망컨대 마르크스의 경제학 초고들에 관한 두셀의 삼부작 중 나머지 두 권도 곧 번역되어야 하겠다. 두셀의 책들이 마르크스의 경제학 초고들 및 경제 이론에 관한 최종적 언급이야 아니겠지만, 이 책들은 앞으로 내디딘 중요한 한 걸음을 대표함이 분명하며, 이것들은 마르크스의 경제학 초고들에서 『자본』에 대한 네 개 초안 모두를 훨씬 더 깊이 연구하고 논의하는 경향을 자극할 수 있을 것이다.

프레드 모즐리[43]

알림 : 편집자와 출판사는 MECW 30~34권 : 〈1861~63년 초고〉에서 인용해 쓰는 것을 허락하여 준 데 대해 로런스 앤 위샤르트 출판사에 감사한다.

---

43. 프레드 모즐리는 미국 매사추세츠에 있는 마운트 홀리요크 대학 경제학 교수이며, 마르크스주의 경제학 전문가로 활동해 왔다. 주요 저서로 *The Falling Rate of Profit in the Post-war United States Economy* (1992)가 있으며, *Marx's Methods in 'Capital' : A Reexamination* (1993), *Heterodox Economics Theories : True or False?* (1995), *Marx's Theory of Money : Modern Appraisals* (2005), *Hegel's Logic and Marx's Capital* (2013)을 편집했다.

:: 참고문헌

Dussel, Enrique. (1985). *La produccion teorica de Marx, un comentario a los 'Grundrisse'*. México : Siglo XXI.

_____. (1988). *Hacia un Marx desconocido, un comentario de los Manuscritos del 1861-63*. México : Siglo XXI. [엔리케 두셀, 『미지의 마르크스를 향하여』, 염인수 옮김, 갈무리, 2021.]

_____. (1990). *El ultimo Marx (1863-1882), y la liberacion latinamericana*. México : Siglo XXI.

_____. (1997). 'Hegel, Marx, and Schelling', paper presented at the 1997 Conference of International Working Group on Value Theory (IWGVT) ; available at the IWGVT website : www.greenwich. ac.uk/~fa03/iwgvt.

_____. (2001). 'The four drafts of Capital : towards a new interpretation of the dialectical thought of Marx'. *Rethinking Marxism*.

Lebowitz, Michael. (1992). *Beyond 'Capital' : The Political Economy of the Working Class*. New York : St. Martin's Press. [마이클 리보위츠, 『자본론을 넘어서』, 홍기빈 옮김, 백의, 1999.]

Marx, Karl and Engels, Friedrich. (1963~71). *Theories of Surplus Value, Volumes 1-3*. Moscow : Progress Publishers. [칼 마르크스, 『잉여가치학설사 : 『자본론』 제4권』 제1부, 백의, 1989 ; 제2부, 이성과현실, 1989.]

_____. (1988~1994). *Marx-Engels Collected Works*, Volumes 30~34. New York : International Publishers.

Moseley, Fred. (1997). 'The development of Marx's theory of the distribution of surplus value', in Moseley, F. and Campbell, M. (eds). *New Investigations of Marx's Method*. New Jersey : Humanities Press.

_____. (1998). 'Marx's reproduction schemes and "Smith's dogma" ', in Arthur, C. and Reuten, G. (eds). *The Circulation of Capital : Essays on Volume Two of 'Capital'*. London : Macmillan.

_____. (2001a). 'Introduction to Dussel : the four drafts of Capital'. *Rethinking Marxism*.

_____. (2001b). 'Hostile brothers : Marx's theory of the distribution of surplus value in Volume 3 of Capital', in Reuten, G. and Campbell, M. (eds). *The Culmination of Capital : Essays on Volume 3 of 'Capital'*. London : Macmillan.

Oakley, Allen. (1983). *The Making of Marx's Critical Theory : A Bibliographical Analysis*. London : Routledge and Kegan Paul.

1932년.『1844년의 경제학 철학 초고』가 − 더불어 헤르베르트 마르쿠제의 유명한 고찰[1]이 − 출판되면서 소비에트 마르크스주의의 극단적 경제주의와 천진난만한 유물론에 대한 반동으로서 마르크스의 사유에 대한 검토가 시작되었다. 1939년에『요강』이 출판되었지만 제2차 세계대전 탓에 주목을 받지 못한 채 지나갔다.『요강』제2판이 1954년에 나왔으나 이것도 사태를 크게 개선하지 못했다. 1968년에 와서야 로만 로스돌스키의『마르크스의 자본론의 형성』이 출판되면서 마르크스의 창조적 사유의 사적史的 진화과정에 대한 재발견이 이루어졌다.

우리 책의 주제인 〈1861~63년 초고〉는『자본』의 (1857~58년의『요강』에 뒤이은) 두 번째 초안이다. 〈1861~63년 초고〉가 독일어로 처음 출판된 것은 1976년부터 1982년에 걸쳐서다.[2] 이 초고는『잉여가치론』이라고 이전에 알려졌고 지금은 [같은 제목의] 비판적 편집판으로 나온 세 권 분량의 내용을 포함한다.[3]

『자본』의 세 번째 초안은 1988년에 〈1863~1865년 초고〉로서(MEGA, II, 4, 1분책 ; MECW.34에 일부 수록)[4] 출판되었다. 이 초고는『자본』제1권의 1864년부터의 유명한 "미출간된 제VI장"["직접적 생산과정의 결과들"]과 당시까지는 전혀 알려지지 않았던『자본』제2권의 "초고 I"을 포함한다. 그 뒤[1992년]에 제3권의 "초고 I"이 출간되었는데(MEGA, II, 4, 2분책) 이는『자본』의 세 번째 초안이 처음으로 [모두에게] 알려졌다는 사실을 의미했다.

나아가 1988년을 전후하여 −『자본』[전체 출판 계획]의 네 번째 초안일 −『자본』제1권의 새 비판적 판본이 나왔다. 각각 1867년의 제1판(MEGA, II, 5)과 1873년의 제2판(MEGA, II, 6)의 비판적 판본들이다.

오늘날엔 우리가 "포스트마르크스주의" 시기에 처해 있다고 생각하는 게 유행이다. [그런데] 특히 라틴아메리카에서 − 유럽과 미국에서도 마찬가지겠지만 − 우리는 "포스트마르크스주의" 시기에 있다기보다는, 마르크스 그 자신과 진지하고 신중하고measured 심오하게 다시 조우할 시간 속에 있다고 나는 생각한다. 마르크스주의의 "두 번째 세기" ─ [마르크스가 사망한] 1883년부터 1993년까지를 첫 세기라고 간주한다면 ─ 동안에, 우리는 전지구화된 자본주의 비판을 위해 19세기 때보다도 오늘날 더 많이 이용할 수 있는 과학적 사고의 원천을 마르크스에게서 재발견하게 될 것이다.

I

1861년 8월부터 1863년 7월 사이 마르크스는 23권의 노트를 썼다. 이 노트들은 1976년부터 1982년 사이에 독일어로 처음 출판되었다. 이 원자료는 『자본』의 소위 제2권, 제3권, 제4권을 출판하기 위해 엥겔스와 카우츠키가 찾아놓았던 것이다. 그 이후의 마르크스주의 전통에 알려지지 않았던 이 노트들은 초고 페이지로는 1,472면, 독일어로 출판된 판본은 더 늘어나 2,384페이지,[5] 영어 판본으로는 5권[6]으로 이루어진다. 이 거대한 원자료 뭉치는, 엥겔스가 『자본』 제2권 서문에서 간략히 묘사했다시피, 1857~58년의 『요강』[7]과 〈1863~65년 초고〉 및 (1867년에 출판된) 『자본』 제1권에 대해 쓴 것들 사이를 잇는 중간 단계에 있다.[8] 지금[1988년]까지 나는 아직 〈1861~63년 초고〉 전체를 온전하게in extenso 다룬 책을 찾지 못했다. 비탈리 비고츠키(1978, 1965), 만프레드 뮐러(1978), 발터 투흐시어러(1968), "프로직그루프"(1975)의 논의 등 몇몇 부분적인 작업이 있기는 해도 그렇다. 마지막으로 다양한 저자들의 최근 연구가 또 있는데, 이들 중에는 〈1861~63년 초고〉를 출판한 사람들도 있다(볼프강, 뮐러, 1983).[9]

(마르크스가 43~5세 사이였던) 만 2년 ─ 1861년 8월부터 1863년 7월까지 ─ 동안 그는 런던 그래프턴 테라스 9번지, 아름다운 햄스테드 히스(마르크스가 묻힌 하이게이트 묘지 근처, 할 수 있을 때마다 산책하기를 그가 좋아했던 공원)에서 그리 멀지 않은 곳에 살고 있었다. 당시에 마르크스와 가족은 몹시 힘겨웠다. (거의 곤궁 수준의) 가난, 질병, (국제노동자협회가 1864년에 설립되었으니) 고립까지,

독일에서 추방당하고 그때까지 무시당하기만 했던 런던 거주 망명객에게는 이런 것들이 끊임없는 걱정거리였다.

1862년 2월 25일 엥겔스에게 보낸 편지에서 마르크스는 "모든 면에서 보아 이렇게 비참한 생활을 하는 건 하나도 의미 없는 짓일세."라고 말했다.[10] 그리고 6월 18일에 마르크스는 친구에게 다시 알렸다. "매일같이 아내는 무덤에서만큼은 자기와 아이들이 편안하면 좋겠다고 말하네만, 나는 도저히 그녀를 비난할 순 없네. 이런 상황에서 견뎌내어야 할 형언할 수 없는 굴욕과 고통과 공포를 두고서 말일세."[11] 궁지에 몰린 마르크스는 그해 11월엔 자기 연구를 포기하고 가족을 먹여 살리는 일에 전념할까도 고려했었다. 이 목적을 위해서 그는 런던의 철도 관계 회사에서 피고용자로 일할 작정이었다. 그러나 마르크스는 입사 시험에 떨어졌는데 이는 그의 악필 때문이었다.

몇 년이 지나, 1867년 4월 30일에 그는 [지그프리트 마이어에게 보낸 편지에서] 이 어두웠던 시기에 관해 다음과 같이 썼다. "책을 완성하기 위해 나는 작업할 수 있는 모든 순간순간을 이용해야만 했소. 그것을 위해 건강과 행복과 가족을 희생했지요…황소가 되기를 바라는 사람이 있다면, 당연히 그는 인류의 고통을 외면하고 제 몸의 안전만을 돌볼 것이오. 그런데 나는 내 책을, 최소한 초고 형태로라도 최종적으로 완성하지 못하고 쓰러진다면 나 자신이 서툴고 비현실적이라고 정말로 생각할 수밖에 없었소."[12] 훨씬 나쁜 것은, 1860년에 마르크스가 포크트를 상대할 자기 변호문의 초고를 쓰기 위해 시간과 에너지를 잃어야 했다는 사실이다. 마르크스가 그 초고를 쓴 이유는 고독과 곤란 속에서 포크트가 자신에게 가한 그런 공격이 자기 미래의 정치적 가능성과 인격적 가능성조차 말살할지도 모른다고 생각했기 때문이었다.[13] 당시 현실에서 이 자기 변호는 시간 낭비였지만 모함에 빠진 마르크스에게는 아니었다. 1859년 2월 23일, 마르크스는 『정치경제학 비판을 위하여』의 「서문」에다 일종의 연구경력서curriculum vitae를 썼다. 그러니 여기에 쓴 내용에서 우리는 당시까지 마르크스에게 가장 중요한 작업물이 무엇이었는지를 알아내게 된다. 삼림 도벌과 모젤의 토지 소유 분할에 관해 『라인 신문』에 쓴 기사들, 프랑스 사회주의와 공산주의에 대한 자신의 비판을 정당화하며 쓴 것들(지금 나는 1970년대에 마르크스주의를 비판했던 것을 기억한다. 그런데 내가 비판했던 것은 "알튀세르적" 마르크스주의였다. 당시 어떤 사람들은 내가 마르크스 본인을 비판한다고 생각했었지만 말이다), 헤겔 『법철학』에 대한 비판, 『선언』, 『철학의 빈곤』, 「임금」에 관한 짧은 글과 『라인 신문』의 두 번째 발행 시기 동안 그가 쓴 논설 전부[14]가 이에 해당한다. 또한 「서문」에서 마르크스는 자신이 1850년부터 이용하기 시작했던 영국박물관을 언급했다. 「서문」을 끝맺을 때 마르크스는 "정치경제학 분야에서 나의 연구 경과를 개괄한 것은…내 견해들이 여러 해에 걸친 양심적 연구의 결과물임을 보여주기 위해서"라고 썼다.[15]

기나긴 해에 걸친 고된 이론적 작업이 실제로 마르크스의 나날의 삶을 채웠다. 그의 작업 "기예"técnica는 빈곤으로 인해 중단되고 제한되었으나(영국박물관에서 발췌록들로 이루어진 〈노트〉를 쓰도록 빈곤이 마르크스에게 요구했다.) 확고한 끈기를 통해 유지되었으며, 이 작업술은 빈곤하고 억압받고 착취당하는 사람들의 고통에 대한 연민conmiseración에서 출발한 윤리적 열정에서 세워진 것이었다. 우리는 이 과정을 〈그림 1〉에서 볼 수 있다.

〈그림 1〉 〈1861~63년 초고〉 연구 및 집필 양상

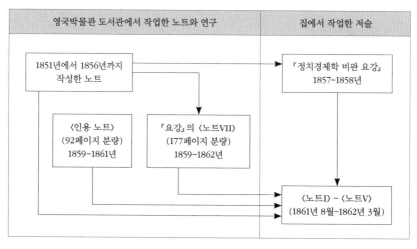

영국박물관 도서관에서 작업한 노트와 연구	집에서 작업한 저술

출전 : 뮐러 1977, 비고츠키 1982.

마르크스는 아마 고워 스트리트 쪽으로부터 영국박물관 도서관에 다다랐을

것이다. 그 도서관은 1857년 — 마르크스가 『요강』 작업을 시작했던 바로 그때 — 이래로 커다랗고 채광이 좋은 돔 모양 열람실을 갖추고 있었다. "O-7"번(아무도 확실히 모르는 번호) 독서대에서 그는 자기 작업에다 인용한 수백 권의 책을 읽었다. 낮 동안에 마르크스는 박물관에서 〈인용 노트〉(Citatenheft) 16를 준비했는데, 그는 〈1861~63년 초고〉를 구성하는 23권의 〈노트〉 집필에 이것을 이용했다. 그런데 이 밖에도 그는 박물관에서 채록하는 일에 『요강』의 〈노트VII〉도 이용했다. 『요강』의 63b~192쪽이 이에 해당한다.

마르크스가 집에서 대개는 밤에 집필할 때 이용했던 것은 그 이전 몇 년간 (1851~1856년)의 수없이 많은 〈노트〉들이었다. 또 『요강』을 명백히 참고했거나 베끼기까지 한 몇몇 경우들도 있다.

마르크스의 실존적 괴로움과 조사 "기예"의 한계 — 소유한 책이 많지 않았기에 — 를 이해할 때, 그토록 많은 역경을 극복하려는 그의 재능은 그야말로 압도적이다. 마르크스의 텍스트는 명확하고, 조리 있고, 심오하다. 하지만 그는 이것에 만족하지 않았다. 〈1861~63년 초고〉는 출판할 준비가 아직 안 되어 있던 것이다. 그의 눈에 이 작업은 예술적 전체인 듯 나타나긴 하지만, 그 속에 예술가가 표현되는 느낌은 아니었고, 그 결과 여타의 많은 작업과 더불어 이것을 "쥐들의 비판"에 맡겨둘 터였다.[17]

『요강』의 경우에서 그렇듯 우리는 마르크스 자신의 "실험실"로 들어가야 할 것이며, 그가 개념들을 어떻게 전개하는지, 범주들을 어떻게 구축하는지를 보아야 할 것이다. 『요강』과 관련해서 진전이 있는 곳을 살피게 되겠지만, 이 초고를 『자본』과 비교할 때 우리는 그의 미숙함을 알아차리게도 될 것이다.

II

마르크스는 영감과 펜에 내용을 내맡긴 아포리즘을 쓰곤 했던 니체 같지 않았다. 그와는 반대로 마르크스는 자신의 — 19세기 세계사의 토대들을 움직이게 될 — 미래 작업의 "안"을 계획할 필요가 있었다. 1868년 4월 30일에 이르면 적어도

19개쯤의 기획안이 있었다. 내 이전 작업에서 그중 앞의 10개 기획안을 이미 논의했었다.[18] 지금은 1859년 1월 13일 엥겔스에게 보낸 편지로부터 개시해보자.

> 이 초고[19]는 (셋으로 분할된) 출판용지 12장가량이며 — 여기에 놀라지는 말게 — "자본 일반"이라는 제목이 붙어 있긴 하지만, 각 분할분은 자본이라는 주제에 관해 아직은 아무것도 담고 있지 않네. 다만 (1) 상품, (2) 화폐 혹은 단순유통이라는 두 챕터만을 담고 있을 뿐이네. (MECW.40:368;MEW.29:383)

마르크스는 정치경제학 비판 작업의 제I부를 네 개의 편으로 착안했다. 이 중 제1편은 "자본"에 관한 것이었다(그 밖의 세 편은 (2) 경쟁, (3) 신용, (4) 주식 자본이 될 것이었다). 마르크스는 이러한 제I부를 여섯 개 분책 중 첫 책으로 계획하던 중이었다(나머지는 II부 지대, III부 임금, IV부 국가, V부 국제관계, VI부 세계시장에 관한 내용이다). 당시 제1편 "자본"에 관한 부문엔 세 챕터 즉 상품, 화폐, 자본 자체의 챕터가 있었다.[20] 마르크스는 1858년의 이른바 원천텍스트(Urtext)에서 자본에 관한 챕터를 집필하려는 자신의 시도에 실패했다.[21] 이런 이유로 〈1861~63년 초고〉는 "III챕터"로 시작한다.

> 정치경제학 비판을 위하여〔이 표제는 〈1861~63년 초고〉의 첫 번째 〈노트〉 표지에 고지되어 있다〕. III챕터. 자본 일반. A. 1861년 8월. III챕터, 자본 일반.[22] (MECW.30:5~6;MEGA:3~4[〈초고〉 1분책[23]:31~32])

따라서 〈1861~63년 초고〉 전부는 "III챕터"에 속한 부분으로 간주해야 한다. 그러나 현실적으로 그리고 바로 금세 마르크스는 이것이 하나의 장으로서는 너무 방대한 원자료가 됨을 이해했다. 자신의 탐구 결과로서, 초창기 기획안은 다수의 분절들로 확장되었다. 마르크스는 1859년 2월 1일 날짜로 비더마이어에게 보내는 편지에서 『정치경제학 비판을 위하여』의 개요를 (차이점은 있지만) 상세하게 짚는다. 당시엔 마르크스의 미래 작업이 I부~VI부의 여섯 책으로 구성될 것이었다. 이 중 첫 번째 책은 네 편part으로 나뉘고, 첫 번째 편은 세 챕터-상품, 화폐, 자본-로 나뉜다. 같은 패턴이『정치경제학 비판을 위하여』의 서문 첫 줄에서 되풀이된다.[24] 당시에 마르크스는『정치경제학 비판을 위하여』의 집필을 끝냈고, 출판업자에 분할 원고로 약속했던 "III챕터"를 시작하기를 예정하던 중으로서, 자본 자체에 관한 이론적 작업에 착수하였다. 말하자면 해당 주제에 관한 분석적 기획안 준비를 시작한 것이다. 이런 목적을 위해 그는 먼저 "나 자신의 〈노트〉에 대한 리뷰"를 작성하기로 결심했다.-1859년 2월 그는 〈노트M〉, 〈노트I~VII〉, 〈노트B′〉, 〈노트B″〉를 바탕으로 스스로『요강』의 요지를 썼다.[25] 〈1861~63년 초고〉를 읽어내기 위해서는 이 "리뷰"를 기억하는 게 몹시 중요하다. 여기에서 우리는 여전히『요강』에 귀속될 해당 주제들에 대한 마르크스의 인식percepción을 볼 수 있기 때문이다. 아래에서 이 문제로 되돌아올 것이다.

동년 2월이나 3월, 아마 더 지나서일 수도 있는데, 마르크스는 "III챕터"의 기획안-끝내 출판되지 않은 원고-을 가다듬었음이 확실하다. 이 기획안은 (〈그림 1〉에 나온 마르크스의 작업 형태를 보여주는)『요강』에 대한 "리뷰"와 동시적인 것으로서, 여기에는 〈1861~63년 초고〉에 포함된 〈노트I〉~〈노트V〉의 계획이 약간만 바뀐 채 거의 동일하게 드러난다.

이 기획안과 〈1861~63년 초고〉의 집필 내용으로 생각되는 계획이 굉장히 유사하므로 누군가는 마르크스가 자신의 노트들을 집필할 때 실은 1859년 2~3월의 기획 초안 혹은 1861년 여름의 기획 초안을 손에 쥐고 있었다고 상정해볼 수 있다. 어휘들은 물론이고 개념조차 같다. 다른 한편 이 기획안의 유용성은 마르크스가 언급 중인 게 정확히『요강』속 어떤 텍스트인지를 우리가 알 수 있도록 한다는 사실에 있다. 기획안을 명시하면 아래와 같다.

I. 자본의 생산과정

　1 화폐의 자본으로의 전화

　　a) 이행[26]

　　b) 자본과 노동력 사이 교환

c)노동과정

d) 가치증식과정

2 절대적 잉여가치

3 상대적 잉여가치

a) 단순 협업

b) 노동 분업

c) 기계장치

4 본원적 축적

5 임금노동과 자본

상품들의 단순 유통에서 전유 법칙의 선포. 이 법칙의 전도.

(MECW.29:511~517)

〈1861~63년 초고〉에 관해 보자면, 1859년 3월부터 1861년 8월 사이에 그의 사유 성숙이 일어났음을 알려주는 작은 차이점만 있다. 일례로 1859년에 그는 I.1의 b) 항에서 "자본과 노동력 사이 교환"에 대해 말하는데, 반면 1861년 8월엔 "자본"을 "화폐"로 바꿔 쓴다. 달리 말해 1859년에 마르크스는 첫 대면이 "자본"이 아직 아닌 "화폐"와의 대면이라는 점을 분명히 알지 못했다.

이 기획안은 "자본의 유통 과정"(미래에 『자본』의 제2권이 될 내용)에 관한 두 번째 부분과, 본서 10장에서 논의할 "자본과 이윤"에 관한 세 번째 부분을 여전히 담고 있다.[27]

적당할 때 우리는 마르크스가 쿠겔만에게 보낸 1862년 12월 28일 자 편지를,[28] 그 밖에 지금 논급한 바와 같은 〈1861~63년 초고〉의 이론적 진전 모두를 보여 줄 1863년의 기획 총체를 분석해야 할 것이다.[29]

그러나 주된 문제는 저 계획들에 관해서만이 아니라 개념들의 발전과 범주들의 편성에 관해서도 명료한 인식에 도달하는 것이다. 마르크스에게 부르주아 정치경제학 비판의 **변증법적** 담론은 후자["개념들의 발전과 범주들의 편성"]과 관련해서 구성되어야 했다. 새로운 체계와 더불어, 또 (계획들에서 보이는) 범주들의 새로운 질서가 가능할 조건과 더불어, 새로운 범주들이 필요했다. 따라서 우리는 〈1861~63년 초고〉에 포함된 이론적 "실험실" 작업을 고찰할 때 일반적으로 다음과 같은 점을 지적할 수 있겠다. 이 작업이 『요강』에서보다 더 진전된 분석이지만(이는 각각의 경우에서 예증되어야 한다), 〈1863~65년 초고〉 및 『자본』에서만큼 발전하진 않았다는 것이다(이도 마찬가지로 명시되어야 하겠지만 말이다).[30]

〈1861~63년 초고〉의 이론적 진전이란 무엇일까? 그 진전은 어느 정도로 명백하고 분명하게 나타날까? 장별로 진행하며 우리의 주석을 전개하면서 이 모든 질문을 살피고자 한다. 하지만 우선 우리는 몇 가지 핵심적 의제를 강조하는 게 좋겠다.

일차적으로, 〈1861~63년 초고〉가 저술과 주제에서 세 단계를 포괄한다는 사실을 떠올려 보자.[31]

1. 1861년 8월부터 1862년 3월까지, 마르크스는 〈노트I〉 ~ 〈노트V〉를 썼다. 이 부분은 나중에 나올 『자본』 제1권의 주제 내용으로 이뤄지는데, 상대적 잉여가치 주제까지만이다. 마르크스는 여기에서 저술을 중단했다. 마르크스 자신에 앞서 이미 성취된 논점들을 확실히 하기 위해서였다(본서 제1장~제3장).[32]

2. 1862년 3월부터 동년 11월까지, 마르크스는 〈노트VI〉 ~ 〈노트XV〉(초고에 매긴 숫자로 944면까지)를 썼다. 마르크스는 새로운 범주들을 구축했으며, 『잉여가치론』이라고 불린 노트들에 담긴 다양한 역사적 시야들로부터 잉여가치라는 주제에 대한 그 자신의 구성을 심화시켰다(본서 제4장~제9장).[33]

3. 1862년 11월부터 1863년 7월까지, 〈노트XV〉 ~ 〈노트XXIII〉에서 마르크스는 『자본』 제2권과 제3권의 내용에 해당할 몇 가지 주제를 발전시켰다. 그는 이 마지막 부분에서 〈노트I〉 ~ 〈노트V〉를 보충하는 의제들로 되돌아갔지만, 나중에 나올 『자본』 제2권(재생산)과 제3권(이윤, 생산가격 등)에 속한 주제들도 논의한다(본서 제10장~제11장).[34]

〈1861~63년 초고〉를 작성하고 나서, 마르크스는 〈1863~65년 초고〉를 썼다(현재까지 이 〈초고〉에 대해서는 오직 "미출간된 제VI장"이라고 불리는 것 하나만 알려져 있다).[35] 〈1863~65년 초고〉는 나중의 『자본』 제2권의 초안과 (엥겔스

가 1894년에 『자본』 제3권을 출판하기 위해 이용했던) 제3권의 유일한 초안을 포함한 것이었다.[36]

이제 우리 주제로 되돌아오되 안내가 될 사례 하나로 시작해보자.[37] 잉여가치는 복잡한 범주다. 다시 말해, 잉여가치라는 범주는 그 구축(이론의 생산적 "전개"의 결과물)을 위해 이보다 단순한 여타의 "범주" 여럿을 전제한다. 잉여가치 범주를 구축하기 위해서 적어도 잉여시간 즉 잉여노동이라는 "범주"가 요청되었다. 또 이 범주[잉여노동시간]을 편성하기 위해 필요시간이라는 범주가 필요했다. 뒤의 범주[필요노동시간]은 한편으로 노동능력이라는 범주를 요청하고, 이제 노동능력 범주는 그 자체로는 가치가 없는 "가치의 창조적 원천"으로서의 산 노동이라는 범주를 요청하고, 또 산 노동 범주는 저 자신과 반대되는 "대상화된 과거" 노동이라는 범주를 요청한다. 노동력 가치의 지불인 임금이라고 표현된 화폐로서 다시 말해 가변자본으로서 대상화된 과거 노동의 범주를 요청하는 것이다. 다른 한편으로 산 노동이 대상화된 과거 노동(화폐, 자본)과 대립하는 것에 더하여, 산 노동 안에서 (사용가치를 생산하는) 구체적 노동과 (교환가치를 결정하는) 추상적 노동이 또한 구별되어야만 하며, 이로부터 가치라는 범주가 획득될 것이다. 이처럼 앞서 있는 모든 매개를 통해서야 "잉여가치"라는 복잡한 "범주"가 구축될 수 있다.

〈그림 2〉 개념의 전개 및 단순한 범주와 복잡한 범주의 편성

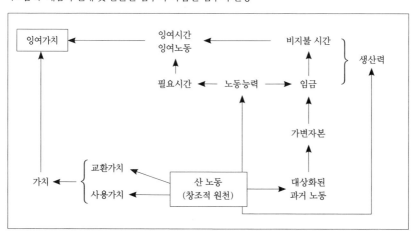

(화살표의 방향은 단순한 범주들로부터 복잡한 범주들로 개념이 "전개"하는 운동을 나타낸다.)

〈1861~63년 초고〉에서 마르크스는 변증법적 담론이 요구하는 새로운 범주들을 편성했다. 변증법적 담론은 현실에 즉 현실의 본질적 구조에 진입하여 저자신의 개념을 전개하는 담론이며, 따라서 새로운 해석 도구를 필요로 한다. 우리 편에서 이 범주들의 "필연성"을 발견하는 것은 그야말로 마르크스를 이해하는 것이며, 즉 그의 범주들의 내용과 질서를, 그의 방법을 발견하는 것이다. 이러한 작업은, 마르크스가 그렇게 했듯이, 라틴아메리카의 철학자들과 경제학자들이 우리의 독특하고 독자적인 현실이(이 "독자적임"은 철학이 아니라 현실과 이어져야 할 표현인데) 요청하는 새로운 범주들을 "전개"할 수 있게 해주리라.

다른 한편, 자본에 대한 개념의 "전개"와 범주들의 "편성"은 현실 그 자체와의 관계를 설립하는 하나의 과정으로서, 현실이라는 것도 구체적 역사의 과정 바로 그것이다. 엥겔스는 다음과 같이 분명히 썼다. "사태(Sache)의 개념(Begriff)과 사태의 현실성(Wirklichkeit)은 두 점근선처럼 나란히 나아간다. 즉 항상 서로 근접하되 결코 두 선분이 만나지 않는다."[38] 개념과 현실 사이, 개념과 그 현상 즉 그 "나타남"(Erscheinung) 사이 불일치는 — 같은 편지에서 엥겔스가 말한 — "본질적인 무한과정"인 것이다. 〈1861~63년 초고〉의 〈노트VI〉~〈노트VIII〉에서 몇 쪽을 가져와 보자. 우선 마르크스는 "직관"과 "개념" 사이를 구별한다("페티의 저술 중 한 단락에서는, 그가 지대 형태로만 잉여가치를 다루긴 하지만, 잉여가치의 본성에 대한 직관(Ahnung)을 볼 수 있다."[39]). "직관"은 (퍼스의 용어로 "짐작"이거나 "가설추론"[40]으로서) 모호하고, 일차적인 "개념파악"(개념화 즉 개념의 형성)이다.

"개념"은 뚜렷한 표상이지만, "잘못된" 개념파악이 될 수도 있다. (중농주의자들은 "잘못된(falschen) 개념파악", "잘못된 표상"(Vorsteellung)에서, 혹은 "혼동" — 부르주아 정치경제학의 필연적 실수를 묘사하기 위해 마르크스가 선호했던 용어 — 에서 출발했다.[41] 참된 "개념파악"이나 "개념"은 명확하며, 이를 편성하는 규정들은 혼란스럽지 않다. 이것들은 판명하다. "직관"이란 모호하고 일차적이며, 잘못된 개념은 혼란스럽다. 반면에 참된 "개념"은 잘 한정된 규정을 갖는다. 개념에 편성적인 "규정들"은 "개념의 내용을 규정"한다. 그리고 "다양한 대상적인 구성요소들"(gegenständliche Bestandtheile)[42]은 추상적 규정들[43] 속에서 따로따로 분리되며,

개념은 이 추상적 규정들과 함께 전개된다. "개념"에 대해 말하자면, 이것은 "일반적 추상형태"(본질) 속에 자리 잡을 수도 있고, 혹은 저 자신을 (표면상의) "현상형태"로서 표명할 수도 있다. 이에 더하여 개념은 단순한 "경험적 외양"(empirischer Schein)과는 구별되어야 한다.[44]

하지만 "범주"는 "개념"이 아니다. "개념"이란 (합리적 파악의 결과물이라는 바로 그 이름에 따르자면) 운동 중인 전국全局적 내용을 지칭한다(예를 들어 자본 개념처럼, 개념은 개념화 작용의 "총체"다). 반면에 "범주들"은 저 개념의 한 계기 un momento를 가리키는 것으로서, "표상적 이해"(이것은 분석적 계기로서, 개념화 작용이 변증법적 계기인 점과 대조된다)에 의해 편성되어 어떤 체계를, 기획안을, 즉 변증법적 담론을 개념의 질서에 맞게 해석하는 도구가 된다. 개념과 관련되는 것은 총체적이고 변증법적으로 운동하는 규정들의 구조다. 반면에 범주들과 관련되는 것은 전체 중의 일부인 여타 범주들이다(이는 과학적, 체계적 담론의 "부분들"이다). 그러니까 마르크스는 "직관"으로부터 "개념"을 향해 움직이며, 이 전개 desarrollo 가운데 그는 "범주들"을 편성한다. 마르크스는 잘못되고 혼란스러운 계기들을 지나서, 현실이 요구하는 체계적 질서에 맞는 명확하고 판명한 계기들로 나아간다. 이에 더해 그는 저 개념과 범주들을 "명명한다."("(그)아담 스미스의 공적은…추상적 범주들을 고정시킨 데에, 중농주의자들이 저 자신들의 분석에서 도출한 구별 지점에 그가 세례명을 줌으로써 더 큰 정합성을 가졌다는 데에 한정된다.")[45] 물론 (부르주아 정치경제학에서 취해 온) 그런 이름들은 몹시 빈번히 여러 변이형을 갖고 상이한 의미를 띤다. 마르크스의 사유 속엔 내용과 명명들의 진화, 개념상의 그리고 범주상의 의미 변동이 있다. 그리고 이런 점이야말로 우리 작업의 중심 가설이리라. 일례로 〈1861~63년 초고〉의 〈노트XV〉에 이르기까지, "비용가격"은 대개 "생산가격"을 의미한다. 따라서 마르크스의 범주들이 편성되는 데에는 일종의 발생론적 진화evolución genética가 있다. 그렇다면 저 텍스트는 아주 조심스럽게, 끊임없는 "인식론적 주의"atención epistemológica를 갖고 읽어야만 한다. 명칭의, 개념의, 범주의 수준에서 비非동종적 진화가 있기 때문이다. 마르크스는 〈1861~63년 초고〉라는 "실험실"에서 현존하는 부르주아 정치경제학의 잘못되고 혼란스러운 이름, 개념, 범주들로부터 출발하여 새로운 개념과 범주들에 맞는 새로운 이름들을 애써 만들었으며, 이에 더하여 이 이름들을 (이전에도 이후에도) 새로운 체계적 질서 가운데, (심오한 본질, 피상적 외양이라는) 서로 다른 층위의 구조 가운데 위치시킨다. 나는 현 단계에서 언급한 이런 내용을 본서 제9장과 12장에서 주의 깊게 분석할 것이다.

마치면서, 나는 이 책을 영어로 번역할 생각을 가져 준 프레드 모즐리(매사추세츠 마운트홀리요크 대학) 교수에게 감사한다. 그의 관여, 수정, 우정이 없었다면 이 책의 영어판은 불가능했을 것이다.

멕시코 메트로폴리탄 자치대학 이스타팔라파 캠퍼스 철학과

E. D.

2000년 1월[46]

제1부

"III챕터 : 자본 일반"의
핵심 〈노트〉
─ 자본의 생산과정

〈1861~63년 초고〉의 첫 5개 〈노트〉들은 1861년 8월부터 1862년 3월 사이에 완전히 구축된 담론으로 집필되었고, 논리적 연속성과 더불어 그 나름의 결정적 형태를 성취하였다. 우리가 "그 나름"이라고 말한 이유는 『자본』(제1권의 제2편에서 제4편까지) 내용에 상응할 이 텍스트가 이후에 변화할 것이라서다. 제1장에서 우리가 논의할 주제 내용은 어떤 면에서 『자본』에서의 주제 내용보다 더 발전한 것이지만, 제4장과 제5장에서 논의할 주제 내용은 그렇지 않다. 이 초고는 『요강』[1]에 비해서 다소 진보했지만, 1857년 11월 이래로 마르크스가 논의해온 주제의 상당수를 다루지 않는다.[2]

우리 책의 제1부에서는 화폐로부터 자본으로의 "이행"이 성취된다. "화폐"라는 추상적인 "것"ente("총체"의 부분 또는 규정)으로부터 이제 "본질적인 구체적 총체"로의 즉 자본으로의 상승이 이루어졌다. 역설적이지만 변증법적 "상승"이야말로 마르크스주의 전통에서 충분히 연구된 바 없다. 이 〈1861~63년 초고〉는 우리가 『요강』에서 이미 발견했던 생각을 강화한다. 우리는 마르크스주의 전통에서 새로운 몇몇 측면들을 의식적으로 보여줄 텐데, "총체성" 범주는 화폐로부터 자본으로의 이런 이행을 해명하지 않는다. 암묵적이되 마르크스가 흔히 이용했던 "외재성"[Äusserlichkeit]이라는 범주 ─ 우리가 여타 작업에서 이렇게 불렀던 범주 ─ 만이 마르크스 담론의 총체성totalidad에 관한 새로운 시야를 가능케 할 해석의 약호를 제공한다. 우리는 제1장에서 외재성 범주를 논의할 것이고, 우리의 해석 작업에서 이 범주에 특별한 중요성을 부여할 것이다.

1861~62년 당시 마르크스의 작업 기획안은 다음과 같았다.

1. 화폐의 자본으로의 전화

2. 절대적 잉여가치

3. 상대적 잉여가치

4. 이 자리에 축적 문제가 들어가야 했을 것이다. 그런데 추후 마르크스는 바로 이 항 자리에서 "절대적" 잉여가치와 "상대적" 잉여가치의 "결합"에 대해 말한다.[3]

5. 잉여가치론

1863년 1월에 이를 때까지 이 원안은 존중되었으나 점차 여러 가지 조정이 이루어졌다.

제1장

화폐가 자본이 됨—외재성으로부터 총체성으로

1861년 8월 시작 〈노트I〉 및 〈노트II〉 1~88면[1]

대상화된 **노동**인 화폐(혹은 가치 일반)에 대립해서 산 주체의 능력인 노동능력 Arbeitvermögen이 나타난다. 전자는 과거의 노동이자 이미 수행된 노동이며, 후 자는 미래의 노동이자 그 현존이 오직 산 활동 즉 산 주체 자신의 지금 현존하 는 활동일 수만 있는 노동이다. ⋯ 가치 그 자체를 대표하는 자본가에 대해 노동 자는 순전한 노동능력으로서 즉 노동자 일반으로서 대면하며, 이럼으로써 스 스로 가치증식하는 가치 즉 스스로 가치증식하는 대상화된 노동과, 가치를 창 조하는werthschaffenden 산 노동능력 사이 반정립이 해당 관계의 요점과 실질적 내용을 형성한다. 이 둘은 자본과 노동으로서 즉 자본가와 노동자로서 서로를 대면한다. (MECW.30:41; MEGA:36 [〈초고〉 1분책[2]:65~66])

카렐 코지크는 "총체성 범주는 ⋯ 독일 고전 철학에서 핵심 개념으로서 ⋯ 정교히 다듬어졌다. 유물론 철학에서 구체적 총체성이라는 범주는 최우선적으로 "현실 이란 무엇인가"라는 질문에 대해 답한다."라고 쓴다.[3] 그보다 수십 년 전에 죄르지 루카치는 "구체적 총체성은 이제 현실의 정초적 범주다."라고 썼다.[4] 그리고 그는 마 르크스주의 존재론에 대해 말하면서 "마르크스는 사회적 존재를 조사하므로, 총 체성 범주가 존재론적으로 중심에 자리한다는 것은 자연을 철학적으로 조사하는 경우보다 훨씬 더 명시적이다. … 사회에서 총체성은 언제나 무매개적 형식으로 주어져 있기 때문이다."[5]라고 쓴다. 우리가 분석할 텍스트는 이어지는 초안 중 세 번째 것이다. (1)『요강』으로부터 나온 초안,[6] (2)『요강』의 후반부 즉 이른바 〈원천텍스트〉로부터 나온 초안,[7] (3) 지금 논급 중인 것으로서 〈1861~63년 초고〉 〈노트I〉의 시작 부분 초안, (4)『자본』 제1권의 제2편. 이렇게 이어진 네 개 텍스트는 우리로 하여금 다음을 확언케 한다. 그러니까 "이미 주어진" 자본의 분석에서 "총체성"이 정초적 범주라는 게 참이라 해도, 사람들은 오로지 "외재성"의 범주로부터만 — 코지크의 의견과는 반하겠으나 자본 너머 "산 노동"의 현실로부터만 — 자본의 원천적 전개와 부르주아 정치경제학 비판의 가능성을 이해할 수 있다는 것이다. 자본이 있게 된 후에야 "총체성"은 존재론의 최고par excellence 범주로서 기능한다. 화폐가 자본으로 "현상"하고 "생성" "되는" 변증법적 과정이야말로 자본과 저 비판이 "거기로부터" 출현한다고 할 때 "거기"의 정확한 자리이다. 존재론이 (존재의) "총체성"을 다루는 것이라면, 형이상학(또는 초월존재론transontologia)은 총체성이 "외재성"으로부터 다시 말해 (마르크스가 좋아했고 동어반복이 아닌 표현으로) 실제적 현실(wirkliche Wirklichkeit)로부터 편성되는 양상을 그려낸다.

1.1 새로운 삼단논법 : G-W-G

(MECW.30 : 9~33 ; MEGA : 5~28)

당시 마르크스는 우선 화폐에서 자본으로의 초월론적 "이행"이라는 논점을 제기한다. 애초에,『요강』에서 그려진 대로, 상품들이 화폐로 "된다." 이제 근본적 전위tránsito가 이루어졌다. 이는 진정 형이상학적 도약이다. 1858년 6월에 — "일곱 노트를 위한 색인"[8]에서 — 마르크스는 "화폐에서 자본으로의 전위"라는 문제를 이미 분명히 고려했고, 이를 헤겔『논리학』에서 "존재에서 본질로"의 "이행"과 체계상 같은 지위에 놓았던 것으로 여겨진다. 이런 이유로 1859년 2월이나 3월(또는 몇몇 저자들에 따르자면 그 이후 1861년)에 작성된 "1859 프로젝트 초안"에는 이 주제에 관해『요강』에 저술된 단락들에 대한 참조가 보인다.[9]

마르크스의 담론 속에서 "이행"이라는 논점은 세 개의 선행 계기를 갖는다. ─ 이 계기들은 〈원천텍스트〉, 지금 보는 중인 〈노트I〉에 반영되어 있고, 또이 계기들은 『요강』과 『자본』에도 마찬가지로 반영되어 있다. 본 절에서는 이 중앞의 두 계기 즉 "자본의 일반 공식으로서 G-W-G"과 "가치의 본성으로부터 도출되는 난제들"을 살펴보자.

요약하자면 저 담론은 다음과 같은 경로를 따른다. 우리는 구매하기 위해 판매하는 단순유통(상품W-화폐G-상품W)으로부터 시작한다. 여기에서 화폐는 단지 교환 수단 혹은 유통 수단에 불과하다("외양" 혹은 "현상"의 수준). 하지만 유통의 피상적인 외양 "이면에서" 새로운 공식 다시 말해 새롭고 심오한 "운동"인 화폐G-상품W-화폐G가 전개된다. 여기에서 발견되는 것은 양면적 주체의 영속성의현존이다. 대상적으로는 동일 가치는 영속되면서도 양적으로만 증가한다는 점,주관적으로는 자본가가 한 인격으로서 저 증가하는 가치를 전유하는 영속적 주체라는 점이 바로 양면적 주체다.

출발점은 한 "인격" 다시 말해 화폐 소유자이다.[10] 즉,

화폐 소유자야말로 ⋯ G-W-G 〔화폐1-상품1-상품2-화폐2〕 과정을 통과함으로써 화폐를, 다시 말해 화폐형태로 그가 소유하는 가치를 벌어들인다. 이 운동은그의 활동의 내용이며 따라서 그는 이런 식으로 규정되어 인격화한Personnification 자본으로만 즉 자본가로서만 나타난다. 그의 인격Person이 (또는 차라리 그의 주머니가) G의 출발점이자 귀착점이다. 그는 의식적으로 이 과정을 매개하는담당자이다. 과정의 결과물이 가치의 보존과 증가인 것과 꼭 마찬가지로, 저 운동의 내용을 형성하는 가치의 자기가치증식은 그에게 의식적인 목적으로 나타난다. ⋯ 자본가〔는〕 G-W-G 운동의 의식적 주체bewusstes Subjets이다. (MECW. 30:19;MEGA:16〔〈초고〉 1분책:44〕)

마르크스는 이 정식이 W-G-W 정식과 다른 점을 나타내고자 한다. 후자의 경우 수많은 주체가 판매자로서 유통에 진입하여 소비자로서 빠져나간다. 그대로

〈그림 1.1〉 화폐 및 상품의 "진입"과 "진출". 인격주체(자본가)[주체1]과 가치주체[가치]의 "영속성"

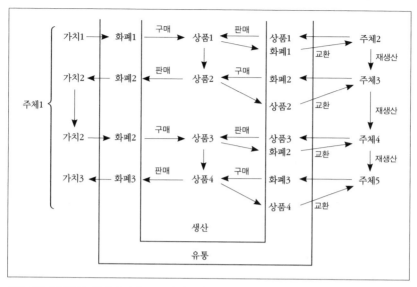

설명 : 자본가(주체1)는 화폐1을 가지고 모종의 상품1을 그 소유자(주체2)로부터 구매하며, 이 소유자[주체2]는 상품1을 판매한다. 이제 자본가는 상품1을 가지고 상품2를 생산하여, 이것을 소비하는 소비자들(주체3 이하)에게 판매함으로써 이전(화폐1)보다 더 많은 양의 화폐(화폐2)를 취득한다. 그 가치1은 [가치2로] 증가했다.

남거나 성장하거나 하는 것은 실제 아무것도 없다. 오직 화폐만이 목적으로서가 아니라 수단으로서 언제나 유통되며, 유통이란 교환이 이루어지는 장소이다. 반면 G-W-G 정식은 다르다. 요컨대,

> 가치는 화폐 속에서 독립적으로 된다(우리가 가치라는 단어를 쓸 때 이를 더 면밀히 규정하지 않는다면, 이 단어는 항상 교환가치로 이해되어야만 한다[11]). 요컨대 가치는 유통에서 비롯하여[가치2] 유통으로 진입하고[화폐2] 그 속에 머무르다가[상품3] 배가되어 유통으로부터 되돌아온다(이전보다 더 많은 양의 가치로 되돌아온다)[가치3]. (MECW.30 : 11 ; MEGA : 9 [〈초고〉 1분책 : 36])

유통으로 진입한 화폐(화폐1)는 유통으로부터 나온 화폐(화폐2)보다 적다. 다시 말해 화폐 형태를 띠고 유통하는 가치(가치1)는 자본가 자신(주체1)의 손안에서 증가한다.

가치는 처음에 화폐로서 현존하고〔가치1 = 가치2〕, 그러고 나서는 상품으로서〔상품1〕, 그리고 또 화폐로서〔화폐2〕 현존한다. … 이러한 형태 변환은 그러므로 그 자체의 과정으로 나타난다. 혹은 다른 말로 하여, 여기서 저 자신을 현시하는 가치는 과정 중의 가치이자, 과정의 주체이다. 화폐와 상품 각각은 가치 현존의 특수 형태로서만 나타난다. … 요컨대 화폐와 상품은 과정 중의 가치 또는 자본의 현존 형태로서 나타난다. (MECW.30 : 12~13 ; MEGA : 10 〔〈초고〉 1분책 : 37〕)

이 지점에서, 심오한 "어려움"(『자본』에서는 "모순"이라는 표제로 나타나는 어려움)이 떠오른다. 각 과정의 끝에 생겨난 잉여가치는 어디에서 비롯한 것인가? 어떻게 해서 화폐 형태(화폐1)를 띤 가치가 끝에 가서는 (가치2의 화폐2 형태로) 더욱 커지는가? 마르크스가 서로 다른 여러 방식으로 주장하고 보여주는 바는 실은 "상품들이 그 가치대로 구매되고 판매된다."[12]라는 사실이다. "자본가 계급 전체"[13]는 상품 판매를 통해 잉여가치를 생산할 수는 없는데, 이 계급 자신이 주요 구매자로서 처신하기 때문이다. 이 경우 잉여가치는 없을 것이고, 그 계급 구성원들 사이에서 몇 가지 방식으로 분배되는 그 크기가 같은 가치만 있을 것이다. 이자 형태의 이윤 또는 상업이윤은 "잉여가치 바로 그것의 현존"을 "전제한다."[14] 가치를 "창조하는" 것은 화폐도 아니고 상업도 아니다.

이상의 이유에 따라, 화폐와 다른 것인 자본은 유통을 전제하며 또한 항상 화폐로서 유통을 통과한다. 하지만 유통만으로 새 가치가 생겨날 수는 없다.

1.2 화폐 소유자와 노동 소유자의 직접 대면. 창조적 외재성

(MECW.30 : 33~50 및 기타 텍스트)[15]

노동으로부터 자본으로 매개 없이 "지나갈" 수는 없고, 세 번째 계기 즉 가치의 매개작용이 요청되어야 하겠다. 대상화된 노동이 가치를 정립하고 그 가치가 자본이 될 때, 그러한 "이행"이 이루어진다. 화폐와 자본 사이의, 그리고 이 양자와 노동 사이의 전환가능성과 통약가능성과 교환가능성은 그렇다면 가치의 매개작용을 통해야만 성립한다. 하지만 이런 이행이 가능하다고 해도, 화폐와 자본은 가치이므로, 자본을 자본으로 창조하는 것은 "산 노동"(여기에 이르기까지 사용한 적 없는 새로운 개념)의 절대적으로 특별한 개입이다.

⒜ "자본 아닌 것"으로부터 오는 "가치의 창조적 원천"의 외재성

화폐와 노동 사이 교환(〈그림 1.1〉에서 자본가인 주체1과 노동자인 주체2 사이 교환)에 대한 분석에서, 마르크스는 "자본 아닌 것(Nicht-Kapital), 원료 아닌 것, 노동 도구 아닌 것, 생산물 아닌 것, 생활수단 아닌 것, 화폐 아닌 것"[16]으로부터 시작한다. 이런 부정성 전부가 이미 언명하는 바는, 부정성들이 있는 그 영역 ámbito이 자본의 존재 너머에 위치하며, 그러면서도 가치를 "창조하는" 바로 그 현실성 — 이것을 가치가 단순히 "부여"된 것과 다시 말해 자본으로서의 자본과 혼동해서는 안 된다 — 이라는 사실이다. 파르메니데스가 "있는 것은 있고, 없는 것은 없다[존재는 있고, 존재 아닌 것은 없다]."라고 말했다면, 그와 대조적으로 마르크스는 — 그리고 해방철학은 여기에 동의하는데 — "자본의 존재는 가치로 있고, 존재 아닌 것(가치 아닌 것)이 현실로 있다."고 언명한다. 외재성을 확언함(존재 아닌 것의 현실성을 확언함)에 따라 형이상학은 존재론(존재의 단순한 확언)을 초월한다.

『요강』에 속한 텍스트를 마땅히 고려하되 이를 조정하면서(그리고 이 조정 가운데 개념들의 중요한 수정이 있는데), 마르크스는 다음과 같이 쓴다.

> 노동으로부터 소유[재산]의 분리는 자본과 노동 사이 교환의 필연적 법칙으로 나타난다〔여기에 이르기까지 『요강』과 차이는 단지 하나뿐이었지만, 이 지점부터 마르크스는 중요한 수정을 가하기 시작한다〕. 노동능력은 **자본 아닌 것, 대상화된 노동이 아닌 것**으로서 나타난다.[17] (1)**부정적 측면**에서, 원료 아닌 것, 노동 도구가 아닌 것, 생산물 아닌 것, 생활수단 아닌 것, 화폐 아닌 것으로서, **노동**은 모든 노동수단 및 생활수단들로부터, 그것들의 대상성 일체로부터 분리되었고 단지 가능성Möglichkeit으로서 [있다]. 노동의 가능성은 이렇게 완전히 벌거벗은 것, 모든 대상성이 결여되어 있는 것이다. 노동능력은 절대적 빈곤으로서[18] 다시 말해 대상

적 부에 대한 완전한 배제로서 [있다]. 노동능력이 소유한 유일한 대상성은 노동자 자신의 신체적 현존Leiblichkeit 즉 그 자신의 대상성뿐이다. (2) 긍정적 측면에서, [노동능력은] 대상화되지 않은 노동, 대상적이지 않고 주체적인 노동의 현존 자체[로 나타난다]. 대상으로서가 아니라 활동으로서 노동, 가치의 산 원천lebendige Quelle으로서 노동. 일반적 부의 현실성인 자본과 대조되는, 부의 일반적 가능성인 노동은 활동 속에서 저 자신을 주장한다. 노동은 한편으로 대상으로서 절대적 빈곤이다. 〔다른 한편〕 노동은 주체이자 활동으로서 부의 일반적 가능성이다. 노동이란 이러하니, 자본의 반정립이자 대상적 현존으로서 자본이 노동을 전제하는 만큼이나, 노동은 자신 편에서 이제 자본을 전제하게 된다. 〔마르크스는 『요강』으로부터 베끼는 것을 여기서 끝낸다.〕 (MECW.30 : 170~171 ; MEGA : 147~148 [〈초고〉 1분책 : 186])

지금에 이르기까지 마르크스는 구체적이든 추상적이든 대상화된 노동을 논해왔다. 바로 여기에서 그는 새로운 범주를 구축하기 시작한다. "산 노동"(lebendige Arbeit)이 그것이다. "상품과 화폐뿐만 아니라 자본조차도 가치 즉 대상화된 노동이다. 반대로 산 노동은 가치가 아니라 가치의 창조자(Wertschaffend)다." 마르크스에 따르면, 가치"인 것", 가치를 "부여하는 것", 가치를 "창조하는 것"은 서로 완전히 다른 세 개념이다.

대상화된 노동의 유일한 반정립은 대상화되지 않은, 산 노동이다. 전자는 공간에 현존하고 후자는 시간에 현존하며, 전자는 과거 속에 있고 후자는 현재 속에 있으며, 전자는 사용가치 속에 이미 구현되어 있고 후자는 과정 중의 인간활동으로서 자기 대상화 과정에 지금 참여하는 상태이며, 전자는 가치이고 후자는 … 가치를 창조하는 활동werthschaffenden Thätigkeit이다. (MECW.30 : 35 ; MEGA : 30 [〈초고〉 1분책 : 60])

이렇다면 노동자는 그가 아직 자본에 포섭되지(혹은 본질적이고 본래적인 시작점으로 화폐와 교환되지) 않았을 때엔 가치가 아니고, 화폐가 아니고, 자본이 아니다. 그러면 자본의 총체성과 관련해서 이것은 무엇인가? 여기에서 루카치나 코지크와 논쟁을 시작해보자. "산 노동"이 현실로서 또 범주로서 "임금노동" 혹은 자본의 총체성 내부에 이미 포섭된 노동과 동일하다고 말할 수 있는가? [노동이 자본에] 포섭될 적에, 그것은 자본 내부의 규정이 되며, 따라서 자본의 총체성에 근거를 둔다. 하지만 그것이 아직 총체화되지 않은 동안, 산 노동은 현실성(마르크스에게 가장 절대적인 현실이자 자본의 총체성 속의 모든 탈실현desrealización의 규준)이며, 외부에 있다. 노동자가 육신성corporalidad(벌거벗은 몸의 가난하고 육체적인 현존)으로서, 인격으로서, 자본 아닌 존재로서 자리 잡은 이런 형이상학적 위치(존재 너머의 위치거나 존재론적 반성의 위치)에 대해, 우리는 이 위치를 "외재성"이라고 즉 자본에 대한 타자의 타자성alteridad이라고 불러 왔다. 자본의 총체성에 "타자"로 있다는 것은 늘 외재성에 머무른다는 것이다. 다른 한편, 마르크스의 이론적 비판이 시작하는 곳은 ─ 아래의 주석들에서 우리가 종종 접하게 될 터 ─ 이 외재적 타자성으로부터다.

자본 너머에 산 노동이라는 "외재성"이 존재하는 게 아니라면, 자본은 존재하지 않을 것이다. 산 노동이라는 "외재성"이 없는 경우 자본의 가치는 어디에서 비롯될 것인가? 요컨대 자본으로부터(총체성이라는 토대 ─ 그룬트Grund ─ 로부터) 가치를 "정립"(setzen)하는 일은, 자본 아닌 것 즉 자본의 비존재로부터, 가치 아닌 것으로부터, 아무것도 아님nada(마르크스는 『1844년의 경제학 철학 초고』에서부터 『자본』 제3권 말미 자본의 물신성을 다룬 텍스트들에 이르기까지, 이 말을 즐겨 썼다)으로부터 가치에 현존을 부여하는 일과 같지 않다. 무로부터의 창조create ex nihilo는 근본적 범주이자, 제일의 것, 가장 원천적인 것이며, 마르크스가 자신의 담론 전부의 전개를 개시할 출발점이다. 내가 틀렸고 따라서 루카치와 코지크 및 다른 사람들이 옳을 수 있겠으나, 행여 저들이 틀렸다면 마르크스의 전체 모습을 다른 식으로 해석해야 할 것이다.

우리는 『요강』, 지금의 이 〈1861~63년 초고〉, 『자본』 세 권 다 자세히 읽었으나, 여기서 논의 중인 "창조" 개념에서 그 어떤 모순도 찾아내지 못했다.

자본의 "총체성"과 관련한 산 노동의 "외재성"은 마르크스의 담론을 총체적으로 이해하기 위한 필수적 제약 조건conditio sine qua non이다. 지금 순간부터 많은 경우에 나는 "산 노동"을 언급하게 될 것이다. 그런데 이는 마르크스의 논변 전부의 부득이한 영역이자 근본적radical 장소로서, "부르주아적 시야"를 넘어서 있는 곳이 될 것이다. 산 노동이 갖는, 노동자의 육신의 현실성이 갖는, 혹은 다른 말로 노동자의 인격 또는 주체성이 갖는 절대적 지위(마르크스의 사유의 총체성에서 유일한 실제 절대성이자 마르크스의 윤리적 판단 전체의 윤리적 준칙)를 이해하지 못하기에, 부르주아 경제학(과 "지배철학"으로서 부르주아 철학)은 필연적인 해석 오류에 빠지고 만다. 마르크스가 수행한 분석의 진리는 자본과는 상이한 타자의 "실제적 현실"(wirkliche Wirklichkeit)에 달려 있으며, 이로부터 출발한다. 여기서 자본과 다른 타자란, 현실성으로서의 산 노동이며, 가치의 창조자로서의 즉 자본주의적인 것만 아니라 인간의 모든 부 일반의 원천으로서의 산 노동이다.

(b) 가능성 또는 "노동능력"

마르크스주의 전통에서는 대개 "노동력" 또는 "생산력"이라는 용어가 사용된다. 마르크스는 『요강』과 이 〈초고〉에서 (이후 〈1863~65년 초고〉에서도) "생산력"fuerza productiva과 "노동능력"capacidad de trabajo을 명확히 구분했다.

> 이제 노동능력Arbeitsvermögen을, 화폐 형태로 이와 대면하는 상품에 대해 노동능력이 취하는 반정립 속에서 살펴보도록 하자. 혹은 화폐 소유자나 자본가에게서 인격화된personnificiert 대상화된 노동 즉 가치에 대해 노동능력이 취하는 반정립 속에서 이것을 살펴보자. … 노동능력은 한편으로 절대적 빈곤으로 나타나며, … 이러함으로써, 개념상으로 말하자면 그[노동자]는 극빈자이고, 그는 노동능력의 인격화이자 저장소인데, 이 능력은 저 자신의 대상성으로부터 고립되어 이것 홀로für sich 존재한다. 다른 한편, … 이러한 부의 사회적 형태인 교환가치란, 사용가치들 속에 담긴 대상화된 노동의 특수한 사회적 형태에 지나지 않는다. (MECW,30:39~40; MEGA:34~35 [〈초고〉 1분책:64~65])

마르크스에게 "잠재"^{potencia}로서 산 노동이라는 "외재성"은 화폐와 (혹은 이미 대상화된 과거의 노동에 지나지 않는 자본과) 직면한다. 그런데 잠재란 미래에 "가능한" 무엇이면서 또한 대상들을 생산하는 "힘" 혹은 활동인 잠재이다.

> 그(노동자)가 제공해야 할 즉 판매해야 할 유일한 상품은 정확히 말해 그 자신의 산 육신 속에 현시된 그의 산 노동능력이다. (여기에서 능력은 포르투나 즉 재산으로 파악해서는 절대적으로 안 되며 잠재, 뒤나미스δύναμις로 파악해야만 한다.)(그리스어는 마르크스 자신의 표기.)(MECW.30:37;MEGA:32 [⟨초고⟩ 1분책:62])

"산 노동"이 저 자신의 육신성 가운데서 화폐(대상화된 과거 노동의 소유주)와 직면하는 이유는 산 노동이 노동을 "할 수 있기" 때문이다(현실적, 실제적인 "능력"을 갖고 있기 때문이고, 다시 말해 노동을 현실화할 수 있기 때문이다). 이와 같은 능력은 자본의 "총체성"의 "외재성"에 머무르는 것으로서, 이 능력이 사용가치의 담지자이자 교환가치의 잠재적 창조자이다. 따라서,

> 사용가치로서 노동능력은 여타 모든 상품의 사용가치와 특정하게 구별된다. … 이것이 교환가치 그 자체를 창조하는 실체^{schöpferische Substanz}이기 때문이다. 노동능력의 현실적 이용 즉 이것의 소모가 교환가치를 정립한다^{setzen}. 노동능력의 종별적 사용가치는 이것이 교환가치를 창조한다는^{schffen} 점이다. (MECW. 30:42;MEGA:37 [⟨초고⟩ 1분책:67])

자본이 "노동능력"을 ("생산력"으로서) 소모할 때, 자본은 자본 그 자체의 중심에서 이것이 교환가치를 정립하도록 강제한다. 하지만 이럼으로써 "산 노동"은 (아무것도 아닌 자본으로부터) 가치를 창조한다. 이것은 어떤 효과 곧 가치를 생산하는 원인이므로 (헤겔적 의미에서) "실체"이다.

"노동 그 자체"와 "노동능력" ─ 상품과 화폐의 이론에 속한 새로운 두 범주 ─ 사

이 구별은 마르크스의 담론 전체가 이후 전개되는 데에 절대적으로 본질적이다. 실상,

> 노동 그 자체는 직접적 상품이 아니다. 상품은 반드시 모종의 사용가치로 작업된, 대상화된 노동이기 때문이다. 리카도는 노동자가 판매하는 상품 즉 일정한 교환가치를 가진 사용가치로서 노동능력과, 이 능력을 실제로in actu 이용하는 것에 불과할 노동을 구별하지 않는다. 그러므로 리카도가 할 수 없는 일은… 어떻게 잉여가치가 출현할 수 있는지를 예증하는 것, 어떻게 자본가가 노동자에게 임금으로서 지급한 노동의 양과, 자본가가 이만큼의 대상화된 노동을 대가로 구매한 산 노동의 양이 말하자면 불균등한지를 예증하는 것이다. (MECW.30 : 48 ; MEGA : 42 [〈초고〉 1분책 : 72])

만약 자본가가 산 노동에게 생산된 가치 총량을 지불한다면, 임금은 생산물 가치와 균등할 것이고 그 어떤 이윤도 없을 것이다. 이윤(잉여가치라는 토대의 피상적 현상)의 원천을 설명하기 위해서는 다음 두 항목 사이의 절단이 즉 근본적 분리가 이루어져야만 한다. 첫째, 그 어떤 가치도 갖지 않은 (따라서 아무 가격도 매겨질 수 없는) 창조 활동으로서 노동과 둘째, "잠재" 또는 가능성(능력)으로서 노동. "일할 수 있기" 위해서는 먹고, 입고, 자고, 교육받고, 아이들(다음 세대의 미래 노동능력)을 낳을 필요가 있다. 달리 말해 "생활수단"(Lebensmittel)을 가져야 할 필요가 있다. "최저 임금" 혹은 "평균 임금" ─ 나라에 따라, 역사적 조건에 따라, 나아가 "문화적 조건"(Kulturzuständen) 19에 따라 다양한 ─ 은20 단지 미래의 일에 필요한 완력을 가질 가능성에 불과하다. 노동일의 "0"시에, 노동자는 일할 "준비"를 한다. 그는 쉬고, 먹고, 즐기고, 입고 … "일할 수 있게 된다". 달리 말해 임금은 자동차가 제공하는 서비스에 대한 지불 같은 것이지 자동차 그 자체에 지불한 금액 같은 게 아니다(임금은 노동자의 서비스에 대해 지불하는 금액이지만 서비스뿐만 아니라 노동자 주체 및 노동 그 자체를 공짜로 얻는다).

앞서 논의한 대로, "노동능력 가치"21의 규정으로 즉 임금으로 나타난 노동능

력의 가격은 본질적인 오류를 감춘다. 현실에서는 노동능력의 가치만 지불될 때, 노동의 가치가 지불된다고 사람들이 생각하기 때문이다. "노동능력"은 노동자의 육신이 가치를 띤 상품들(생활수단)을 상정, 소비, 함입했기 때문에 가치를 갖는다. 노동자가 그의 임금으로 시장에서 구매한 상품들의 가치는 이제 그 자신의 "노동능력"의 가치이다. 어떤 면에서 보자면, 임금이 함입incorporación된 것으로서 "노동능력"은 이제 대상화된 노동의 결과물이기도 하다 — 따라서 노동능력은 화폐로 통약, 교환, 판매 가능해질 것이다. 노동능력과 화폐 양자가 공히 대상화된 과거의 노동일 것이라는 점에서다. 하지만 "산 노동"은 결코 가치를 갖지 못할 것이며, 이것의 비非가치는 규정될 수 없을 것이며, 이것은 가격을 갖지도 않고 임금을 받을 수도 없을 것인데… 왜냐하면 산 노동이 "가치를 창조하는 원천"이기 때문이다.

(c) 교환 전의 대면

교환의 합의가 이루어지기 전에 잠깐만 멈추자. 지고한suprema 인간 경험 가운데 담론을 멈춰 보자. 자본가 즉 화폐 소유주가(과거의 대상화된 노동 소유주의 "총체"인 이 계급이), 가난한 노동자 즉 "산 노동"의 소유주 (모든 가치를 창조하지만, 부정적으로, 빈곤과 철저한 벌거벗음 가운데, "외부"에서 그렇게 하는 활동의 소유주인 이 계급) 앞에 있는 저 순수 현존에서 멈추자.

이 두 계급 사이 "모순"은 대립 또는 전면 대치다. 이 순간은 노동자가 아직 "상호대면"하면서, 저 자신으로, 타자로, "낯선 힘" 앞에 자유롭게 있는 최후의 순간이다. 낯설기만 한 게 아니라 "소외시키는"enajenante 22 (그/그녀를 이질적이게 만드는, 그/그녀를 물화시키는, 그/그녀를 지배하는, 그/그녀를 포섭하는 다른 무엇을 이 타자 자신을 써서 만들어내는) 힘으로부터 자유로운 최후 순간인 것이다. 요컨대,

자신의 노동능력을 판매를 위한 상품으로 내어놓는 노동자가 화폐와 대면한다는 사실은 다음과 같은 의미를 품는다. (1) 노동의 조건 즉 노동의 대상적 조

건이 낯선fremde 힘들로서, 소외된entfremdete 조건들로서 노동자와 대치한다는 점. 낯선 소유[로서 대치한다는 점]. 또 이는 무엇보다 대지마저도 토지 소유임을 뜻하며, 대지가 낯선 소유로서 노동자와 대치한다는 점을 함의한다. [노동자는] **벌거벗은 노동능력**[이다]. (2) 노동자는 저 자신으로부터 외화되어버린 노동의 조건 및 저 자신의 노동능력 양쪽 모두와 인격Person으로서 관련된다는 점.⋯[노동자는] **자유로운 노동자**[이다]. (3) 그의 노동의 대상적 조건 그 자체가 단지 대상화된 **노동**으로서, 즉 가치로서, 화폐이자 상품으로서 노동자와 대치한다는 점. (MECW.30:131 ; MEGA:116 [⟨초고⟩ 1분책:151])

이 자리에서 우리는 — 몸 파는 이처럼 — 벌거벗고 가난한 육신으로 선 노동자를 만난다. 그/그녀는 자신의 순수 노동능력을 자본가의 차갑고 죽은, 무감각한 신체cuerpo 앞에 가져다 바친다! 자본가의 얼굴은 화폐로, 상품으로, 기계로만 드러난다. 노동자의 살갗은 (아물지 않은 상처 자국인 채로) "그의 가죽을 무두질할" 칼날 앞에 있다. — 마르크스가 『자본』에서 쓴 대로 말이다.[23]

1.3 교환. 노동과정과 가치증식과정
(MECW.30:50~103)

여느 상품과 마찬가지로(⟨그림 1.1⟩에서 노동자 주체2과 이어진 상품1), "노동능력"은 필요(이 경우에서는 자본가의 필요)를 충족하는 사용가치를 지니며 "노동시간 일반이 대상화된 것으로서"[24] 교환가치도 지닌다. 노동능력이 교환가치를 지니므로, 이 가치는 화폐로 표현될 수 있을 것이다. 다시 말해 그것은 가격을 가진다. 노동능력의 가격은 (특정 사회에서 역사적·문화적으로 결정되는 최저 또는 평균) 임금이다. 가치로서, 노동능력이야말로 자본가의 화폐와 교환될 수 있는 대상이다. 이것이 가능한 교환이기 때문에 교환이 한 번 이루어지고 나면, 이제 우리는 새로운 상황으로 넘어가게 된다. 즉 화폐는 자신의 내부로 함입된 산 노동 다시 말해 총체화되고 포섭된 산 노동의 매개로 인해 자본으로 처음 전화되는 것이다.

> 노동능력의 실제 사용은 노동이다. 하지만 이것은 능력으로서, 노동자가 작업
> 을 수행하기 전의 단지 가능성으로서, 단지 어떤 힘으로서Kraft 판매되며, 노동
> 능력의 현실적 표명Äusserung은 오직 그 구매자에게 이것이 양도Entäusserung된
> 후에야 이루어진다. 여기에서 사용가치의 형식상 양도와 사용가치를 실제로 건
> 네는 일은 동시에 발생하지 않으며, 이 교환에서 구매자의 화폐는 대부분 지불
> 수단으로 기능한다.[25] (MECW,30 : 52 ; MEGA : 46 [〈초고〉 1분책 : 77])

"노동능력"은 교환 전의 대면에서는 그 사용가치(노동 자체)를 발휘할 가능성이
다. 교환의 결과, 화폐 소유주는 이 "능력"의 발휘 또는 현실성을 사용한 데 대해
미래에(일일, 주간, 반월간 또는 월간 작업이 완료되었을 때에) 지불하기로 약속한
다(주체1은 화폐1을 건네기로 약속한다). 노동자는 이 제안을 받아들이고 자신의
능력을 건넨다(그는 소유주인 주체로부터, 고유성propiedad [26]으로부터 다른 것으
로 바뀐다). 다시 말해 그의 능력을 양도하고, 판매한다(〈그림 1.1〉에서 주체2는
상품1을 판매한다). 법적으로, 공식적으로, 그러한 "능력"은 이제 화폐 소유주에
게 속한다. 그리고… 이제 이 화폐는, 이전엔 아니었고 오직 이제 와서만 자본인데 왜
냐하면 이것이 "산 노동"을 포섭하고, 동화하고, 함입하고, 총체화했기 때문이다.

이 존재론적 행위acto는, "산 노동"의 "외재성"이 부정됨으로써(그리고 "산 노
동"이 총체에 편입되거나 포섭됨으로써) 이루어지는, 노동자의 "소외"alienación이
다. 또 이 작용은 (자본과는 상이한) 타자를 부정한 것이면서 산 노동을 "임금노
동"으로 구성한 것이다.

자본의 윤리적 비틀림은 이 순간에, 저 구매 즉 양도alienación가 효과를 발휘
하기 전부터 완성된다. 타자인 한 남성/여성이, 자유롭고, 의식 있고, 자율적인 그
이가 한낱 사물로, 도구로, 자본의 매개물로 전화된다. 이 순간부터는 **총체성** 범
주가 그 해석적 기능을 완수하기 시작하지만, 이전부터 그런 것은 아니며, 총체성
은 결코 마르크스의 본래적 범주일 수도 근본적 범주일 수도 없다.

자본에 외화되고, 포섭되고, 그 내부로 총체화되고 나면, 노동 "능력" 또는 "가능성"은 그것의 행위로, 그것의 "현실성"으로, 그것의 효과적 사용으로 넘어간다. 잠재는 구현^{acto}으로 된다. 오직 이 순간에만 "능력"은 "힘"이 된다. 따라서 노동 능력은 이제 "노동력"[27]이다. 이렇다면 이 새롭고 구별되는 범주는 노동 자체가 이제 효과적 현실화로 이행했음을, 전엔 아니었지만 지금은 효과를 낳는 생산력이 되었음을 표기한다.

노동이 자본의 본질적 규정으로서(주체2는 자본이 생산 중인 순간에 상품1과 동일하다) 다시 말해 자본인 노동으로서 외화되어버리고 나면, 이제 외화된 노동은 새로운 상품을 생산하는 조물주로서의^{demiúrgica} 과업을 시작한다(주체1로부터 주체2로의 "이행").

> 화폐 소유자가 노동능력을 구매한 뒤에 … 그는 이것을 사용가치로서 쓰고, 이것을 소비한다. 그런데 노동능력의 실현, 이것의 현실적 이용이야말로 산 노동 바로 그것이다. 이 특정 상품의 소비과정은 … **노동과정**^{Arbeitsprozess} 자체다 … . 상품의 사용가치 그 자체에 대한 탐구가 상업지식에 속하는 것과 꼭 마찬가지로, 현실의 노동과정에 대한 탐구는 기술학^{Technologie}에 속한다. (MECW.30 : 54~55 ; MEGA : 48 [〈초고〉 1분책 : 80])[28]

> 노동과정 자체는 그 일반적 형식 가운데 드러나며, 따라서 아직은 어떤 특정한 경제적 규정 가운데 나타나는 것이 아니다. (MECW.30 : 63 ; MEGA : 56 [〈초고〉 1분책 : 87])

그렇다면 이는 물질적, 구체적, 기술적 노동 활동에 관한 것이다. 원료를 이용하고, 금형을 찍어내고, 필요에 따른 상품을 생산하고, 노동자의 육체적, 생물학적 기력을, 이뿐만 아니라 정신적 기력을 쓰는 것이 실제 일상 노동이다. 이는 역사적 고찰 전부로부터, "사회구성체"$^{fomación social}$와의 관련 전부로부터 추상한 것이다. 사용가치(부의 "물질적 내용"〔stofflichen Inhalt〕)로써 그 현실적 형태에서, 상품을 생산하는 일에 물질적으로 사용되는 것, 포섭되고 구매되고 외화되면서 작업 과정에 자본으로서 사용되는 것은 "산 노동"이다.

그런데 형식적, 경제적으로 — 말하자면, 인격 대 인격의 관계 또는 사회적 관계에서 실질적, 윤리적으로 — (물질적) 작업 과정은 또한 "가치증식과정"(Verwerthungs-prozess) 속에 포섭된다. 구체적 노동은 시대와 사회구성체에 상관없이 이제 "사회적 노동"이다 — 자본주의적 의미에서 보자면, 사회적 노동은 사용가치를 띤 생산물을 물질적으로 생산하는 데 그치는 게 아니라, 잉여가치를 정립하는 것이기도 하다. 마르크스에 따르면 "더 많은" 가치, "새로운" 가치를 정립한다는 것 즉 "가치증식하는 것"(verwerten)은 가치를 부여하는 일과는 다르다. 가치를 증식하는 노동은 특정 유형의, "사회적" 노동이다(그리고 우리가 이미 말했듯이, 이것은 "공동체적"comunitario 노동도 아니고, "산" 노동 그 자체도 아니다).

마르크스는 〈노트I〉의 "화폐의 자본으로의 전화" 부분에서 세 층위의 질문을 제기한다. 첫째, (형식상의 의미에서) 가치를 생산하는 추상적 유형의 노동, 둘째, 더 많은 가치 또는 새로운 가치의 창조(가치증식과정), 셋째, 작업 과정과 가치증식과정의 "통일", 노동 과정이 가치증식과정에 형식상 포섭되는 속에서, 이는 이제 바로 말해 자본주의적 생산이다.

애초에 가치증식과정은 가치를 정립하는 "사회적" 추상 노동을 전제한다.

첫째로, 그 실체에 맞게 볼 때, 방적 일은 가치를 생산하되, 실을 잣는 이 구체적이고 특정하고 물질적으로 규정된 노동으로서 그렇게 하는 게 아니라, 노동 일반으로서 다시 말해 추상적이고 동등하고 사회적인 노동으로서 그렇게 한다. 요컨대 방적 일은 면사로 대상화된 한에서가 아니라. 이것이 사회적 노동 일반의 마테리아투르(물질화)인 한에서, 다시 말해 일반적 등가물로 대상화되는 한에서 가치를 창출한다. (MECW. 30:77 ; MEGA:68 [〈초고〉 1분책:101])

어떤 작업이든 간에 특수한, 규정된, 구체적인, 물질적인, 유용한, 목적을 띤, 질적인, 종별적인 등등의 작업이며, 그렇다면 이것은 노동 "일반", 추상적인, 동등한

(gleich), 양적인, 평균적인, 사회적인 등등의 노동과 대립한다. 후자는 가치를 "고립된" 개인의 노동시간이 대상화된 것으로 정립한다. (작업장의 노동 분할에서나 구매자로서 시장에서나) 고립된 이 개인이 "사회적"이 되는 것은 자본 덕분이다.

이 이후에 마르크스는 "가치" 분석을 시작하는데, 이제 가치를 (노동이라는) 그 실체로부터 또는 그 생산의 원인으로부터 분석하는 게 아니라, (가치로부터 가격으로 옮겨 가는, 비용들과 관련한) 유통으로부터 분석한다.[29] 노동은 (토대는) 유통이라는 표면에서 임금으로 (노동의 드러난 가격으로) 현상한다. 여기에서 마르크스에게는 다시 한번 또 다른 범주가 필요하다. 정초적이고 본질적인 층위에서 그가 노동 그 자체("산 노동")와 "노동능력"을 구별해야만 했던 것처럼, 이제 표면적 층위 혹은 유통 층위에서 그는 "전체 노동일"("산 노동"이 작업을 실제 수행한 시간)과 노동자의 "노동능력"을 재생산하는 데에 "필요한 시간" 사이를 구별한다.

> 애초에 우리가 **노동능력**을, 이 자체가 이미 대상화된 노동이었기 때문에, 화폐로써 측정할 수 있었고, 따라서 자본가들이 이를 구매할 수 있었던 것은 맞다. 하지만 우리는 노동 자체를 직접 측정할 수는 없었다. 이것은 있는 그대로의 활동이기에 측정을 위해 마련한 우리의 기준을 빠져나갔기 때문이다. 그랬지만, 이제 노동능력이 노동과정 중에 그 실제 발현 즉 노동[행위]까지 나아가는 정도에 맞게, 노동은 실현되고 생산물 속에 대상화된 노동시간으로 스스로를 나타낸다. (MECW.30:83; MEGA:74 [〈초고〉 1분책:107])

달리 말해, 생산물의 총가치는 "산 노동"이 실제로 창조한 가치이다. 산 노동은 아무런 가치도 갖지 않지만, 우리는 이것이 가치를 얼마만큼 창조했는지 산정할 수 있다. 따라서,

> 자신의 노동능력[의 재생산]에 함입된 노동량을 초과하는 **잉여노동**Mehrarbeit 전부는 **잉여가치**Mehrwerth를 형성할 것인데, 이것이 더 많은 노동이 대상화

된··· 잉여노동이기 때문이다. (MECW.30:86;MEGA:76 [〈초고〉 1분책:109])

임금 가치를 생산하는 "필요노동시간"은 노동이 생산하는 가치 총체보다 적다. 〈그림 1.1〉의 상품2는 상품1보다 더 많은 가치를 가진다. 이게 바로 잉여가치 문제이다. 그런데 역설적이게도 "이 과정은 단순하지만, 이제까지는 거의 이해되지 않았"으며,[30] 모든 이들이 이 결정적인 문제에 관해서는 잘못을 저질렀다.

〔부르주아〕 경제학자들은 그들 자신이 상정했던 등가법칙과 잉여가치를 결코 화해시킬 수 없었다. 사회주의자들은 언제나 이 모순에 매달려 왔고 되풀이 해서 이를 떠들어 왔다. 이 상품 즉 노동능력의 종별적 본성, 다시 말해 교환가치를 창조하는 활동이 바로 그것의 사용가치라는 본성을 이해하지 않은 채로. (MECW.30:89;MEGA:79 [〈초고〉 1분책:113])

마르크스는 『요강』 작업에서 아주 많은 것을 명료하게 진전시켰다. 이제 그는 작업 과정이 가치증식과정에 형식적으로 포섭되는 양상을 해명하고, 따라서 정확한 의미에서 "자본주의의 생산과정"이 나타난다.

자본주의의 생산 내부에서, 노동과정과 가치증식과정 사이 관계는 후자가 목적으로 나타나고 전자가 수단으로 나타나는 관계이다. (MECW.30:97;MEGA:86 [〈초고〉 1분책:120])

노동과정의 이 같은 형식적 포섭Subsumiren, 자본이 노동과정을 통제한다는 생각Nehmen은 노동자가 노동자로서 감독에 좌우되고 따라서 자본 또는 자본가의 명령에 좌우되는 것으로 이루어진다. (MECW.30:93;MEGA:83 [〈초고〉 1분책:116])

포섭되고, 외화되고, 총체 내화된intratotalizado 노동은 이제 자본의 일개 규정이다. 노동 과정과 가치증식과정의 "통일"은, 이제 노동자가 작업 중일 때에 그는 자본을 위해 생산물에 가치를 정립하는 사실, 다시 말해 노동자가 자본을 위해 잉여가치 곧 새로운 가치를 창조한다는 사실에 상응한다. 그의 물질적 작업 과정은 아무것도 아닌 자본으로부터 잉여가치를 창조하는 과정의 한 계기이다. "산노동"(외화되거나 총체 내화되었으나 내내 초월적, "외부적"인 외재성)의 "소비과정"(Consumptionsprocess) 31은 구매품(상품1)이 판매품(상품2)으로 탈바꿈하는 일의 창조자이다. 가치는 저 자신을 증식하고, 자본은 "생산적 자본"이다.

마르크스는 "생산비용"(Productionskosten) 32에 대한 성찰로 마무리한다. 이는 생산물(불변자본, 가변자본, 잉여가치)을 생산하기 위해 전체 노동시간에서 필요한 "비용"일 수도 있고, 아니면 이는 자본가가 썼거나 투자한 것(잉여가치를 뺀 생산물 가치)에 불과할 수도 있다. 당분간, 전자는 "실제 생산비용"이라고, 후자는 자본 입장의 생산비용이라고 불릴 것이다. 그런데 이뿐만 아니라 노동능력의 "생산비용"도 있고, 이는 완전히 다른 의미를 지닌다.

1.4 자본의 두 가지 구성 요소

(MECW. 30 : 105~135)

『요강』에서 마르크스는 자본의 "구성성분"(Bestandteile)이라는 문제를, 발견의 논리 가운데서 아주 천천히, 거듭 주저하면서 찾아내었다. 현재 우리는 "서술 순서"에서 약간의 진전만을 본다. 따라서 이후 『자본』에서 진전될 내용이 더 있을 것이다. 문제가 결정적으로 해소된 게 아직 아니기 때문이다.

더 특정해서, 마르크스는 노동능력(여기에서 상품1은 노동자 즉 주체2이다) 구매에 약정된 돈(화폐1)의 문제로 다가간다. 이 지점에서 그는 생산수단에 관해 거의 아무것도 언급하지 않으며, "가변자본"에 관해 — 그 내용을 논하긴 하지만 아직 이를 명명하지는 않았다 — 전혀 말하지 않는다.

생산과정Productionprocess 33이 자본 아래에 포섭되거나 또는 생산과정이 자본과 임노동Lohnarbeit 34 관계에 기초하는 생산양식, 따라서 당연히 이렇게 [자본이] 규정하고 지배하는 생산양식Productionsweise 35, 이러한 생산의 사회적 양식36을 우리는 **자본주의적 생산**capitalistische Production이라고 부른다. (MECW.30 : 135 ; MEGA : 120 [⟨초고⟩ 1분책 : 155])

이 시기 이후 마르크스의 담론과 언어에 길든 사람들에게, 이 표현 전부의 의미는 당연해 보일 법하다. 하지만 ⟨1861~63년 초고⟩를 적확하게 읽을 때, 여기에는 개념, 범주, 심지어 명명의 쇄신이 있다.

실제로 마르크스는 이 페이지들에서 "임금에 들이는 자본 구성요소"37의 기능을, 말하자면 (⟨그림 1.1⟩의) 화폐1-상품1 구매의 관계를 밝히는 데 관심을 둔다. 두 번째 질문을 제기할 때 마르크스는 문제를 약간 더 복잡하게 만든다. 즉, 이 계기들 각각은 어느 정도나 "생산적"인가? 무엇보다 먼저 이 화폐는 지출로서 유통에 들어간다. 이차적으로, 이 비용은 (가치 및 잉여가치) 생산과정에 들어가는 상품들 – 공식적으로 가치로서 생산물로 "건너가는" 상품들 – 에 대해 치른 것인데, 그렇다면 그 비용은 "생산적"인가 아닌가? "노동능력", "작업 과정"은 자본주의적 ("생산양식"의) "생산과정" 속 "생산력"으로 전화할 것이다. 임금 그 자체는 비록 노동자에게 그의 "노동능력"을 재생산하기 위한 일정량의 소비를 허용하긴 하지만, 직접 생산적이진 않다. "생산적"이라는 말은 어떤 생산물을 제조하기 위한 물질적 기술적 과정으로 이해되어야 할 것이 아니라, 잉여가치를 정립하는 과정으로, 자본주의적 생산의 방식이거나 과정 또는 가치증식과정으로 이해되어야 한다.

이하의 모든 명칭, 즉 "생산력", "생산과정", (자본주의 총체 혹은 추상적 자본의 총체가 아닌) "생산양식" 및 "임금노동" 같은 것들은 자본에 속한 범주와 규정들의 이름이다. 자본 속에 설립되고, 총체 내화된 범주들인 것이다. 이와는 대조적으로, "산 노동" 같은 범주들은 자본 속 외재성의 지속적 현존을 가리킨다. 이들을 혼동하고 통일하는 것은 마르크스가 외재성에 부여했던 의미를 잃어버린다는 뜻이며, 이후 마르크스주의 전통의 대부분이 그랬다. 모든 범주는 종종 총체화되며, "현실에 존재하는 사회주의" 건설에 요청되었던 범주들조차 그러했다. "산 노동"

은 사회주의 나라들에서 "생산력"과 관련한 (그런데 사회주의에서 "생산력"이라는 말이 성립할까?) 외재성의 여전한 결정적 계기였고, 이 나라들은 역사적, 구체적, 실제적 결정 가운데 "산 노동"을 여전히 포섭했고, 이런 결정은, 설령 자본주의 방식은 아니라고 할지라도 산 노동을 제한하면서limitar 모종의 방식으로 소외시켰다.

(자본가의) 화폐는 노동을 하나의 상품으로 구매한다(첫 번째 계기). 이후에 화폐는 노동을 이용하고, 소모하며, 오직 이런 계기에서만 "생산관계"(Productions-verhältniss) 38 즉 잉여가치 생산이 존재한다. 다시 말해 오직 이런 식으로만 "노동능력"은 "생산력"으로 된다.

> 산 노동〔총체 내 외재성의 현존〕은 따라서 대상화된 노동을 보존하고 증가시키는 수단으로 된다. 노동자가 부를 창조하는 만큼, 산 노동은 자본의 힘으로 된다. 이와 유사하게, 노동의 모든 생산력 발전은 자본의 생산력 발전이다. (MECW.30 : 112 ; MEGA : 99 〔〈초고〉 1분책 : 134〕)

자본의 생산력으로서, 그리고 임금으로 지불받으면서, (항상 현실적으로 외재적인) "산 노동"은 "임금노동"으로 다시 말해 "자본주의적 생산에서 노동의 필연적인 사회적 형식"39으로 된다. "임금노동"이라는 명칭은, 노동("노동능력")의 구매를 위해 자본이 일부 화폐를 지출함으로써 "산 노동"이 총체화된 자본 규정으로 외화되었다는 사실을 가리킨다.

따라서 임금(혹은 노동을 구매하는 데 바친 일부의 화폐 자본)은 "자본 형성을 위해 필수적인 조건이며, 자본주의적 생산의 영속적, 필연적 전제(Vorausset-zung)로 머문다."40 자본의 가치증식이라는 "전제"는 노동자의 생활의 "재생산"을 "전제"하는 것이기도 하다. 자본은, 다시 말해 "노동 아닌 것"(Nicht-Arbeit) 41은, 노동자가 나날의 생활수단을 (소규모 유통 속에서) 구매하는 데 자기 임금을 사용하는 상황 이외의 존립 가능성 전부를 없애 버린다. 그렇지만 임금 그 자체는 생산적이지 않다. 임금은 생산과정에 직접 관련되지 않기 때문이다.

더 나아가 마르크스는 "생산물 총가치"(Gesammtwerth)에서 "필요노동시간"[42]과 관련된 "가치의 구성성분"[43]이 임금과 관련이 있으며 이 임금은 "노동능력의 가격"[44] — 마르크스는 외재성에 초점을 맞추기 위해 "…산 노동능력"을 두 번이나[45] 강조한다 — 에 대한 대가일 뿐이라는 사실을 고려하기 시작한다. 그런데 이 밖에도 생산물 가치의 구성성분이 둘 더 있다. 생산수단 구매에 선대한 몫이 있고, 본래 화폐 지출을 넘어서는 세 번째이자 신비한 구성성분이 있다. 잉여가치가 바로 이것이며 다음 장에서 이를 설명할 것이다.

우리는 화폐가 어떻게 해서 자본으로 되는지를 보아 왔다. 화폐는 대상화된 과거 노동일뿐이다. 이러한 것으로서 화폐는 무한히 구매하고 판매한다고 하더라도 새로운 가치를 "창조"할 수는 없다. 자본은 상업 교환을 통해 기존에 생산된 가치는 무엇이든 전유할 수 있다. 화폐가 저 자신을 부정하고 "산 노동" 상품과 교환될 때만, 화폐가 노동자라는 산 외재성을 어떻게든 총체 내화할 때만, 화폐가 그 혹은 그녀의 "노동능력"에 대해 노동자 생활의 재생산에 필요한 생활수단을 지불할 때만, 오직 이러해야만 화폐는 자본 자체로 되고 "이행"(Übergang)을 이룬다. 한낱 "노동능력"이 "생산력"으로 전화되는데, 생산력은 "산 노동"의 외재성이 자본의 총체성 속에 외화되어 생겨난 현실성이다. 산 노동 다시 말해 절대적인 "자본 아닌 것"은 (자본의 존재 속 자본, 즉 이미 주어진 가치 다시 말해 "임금노동"을 전제한 위에) 설립된 "것"ente으로 된다. 이제 『1844년 초고』에 담긴 신탁oráculo을 이해할 수 있다. "노동하는 인간〔이제는 "산 노동"〕"은 자신의 "무"(Nichts)〔"자본 아닌 것" 즉 아님nada으로서의 산 노동〕 전부를 나날이 "절대적 무"로 즉 "임금노동"(위엄에 찬 인간이 아니라 도구에 불과한 사물)의 존재로 전화시킨다.[46]

루카치, 코지크, 알튀세르는 아주 근본적인 이 주제에 관해 어떻게 사유했던가? 라틴아메리카가, 주로 비인간이자 비존재로 (다수의 유럽인과 미국인에게 철학적으로도) 야만으로 재현되었던 이곳이 뭔가 새로운 것을 말하는 일은 가능하지 않을까? 외재성이란 이전에 사유되었던 것보다 훨씬 더 중요한 범주인 게 아닐까?

제2장

절대적 잉여가치

1861년 8월 이후 〈노트Ⅲ〉, 95~124면[1]

생산과정의 끝에서 자본은 잉여가치를 가지며, 교환가치의 일반 개념에 따라 표현할 때 그 의미는 다음과 같다. 즉 생산물에 대상화된 노동시간(또는 생산물에 함유된 노동의 양)은 본래의 자본 다시 말해 생산과정 동안에 선대된 자본에 함유된 노동시간보다 더 많다는 것이다. 이것이 가능해지는 것은 (상품이 그 가치대로 팔린다고 가정할 때) 노동가격(임금)에 대상화된 노동시간이, 생산과정에서 이를 대체하는 산 노동시간보다 적기 때문이다. 자본의 편에서 잉여가치로 나타나는 것이, 노동자의 편에서는 **잉여노동**으로 나타난다. (MECW.30:172; MEGA:149 [〈초고〉 1분책:188])

『요강』에서와 같이,[2] 마르크스는 잉여가치의 핵심을 기술하며 시작한다. 마르크스는 〈1861~63년 초고〉에서 처음으로 이 주제의 체계적 서술을 의도한다 —『요강』의 서술은 몹시 어수선했다. 1863년부터 1865년 사이에 그는 이 주제를 세 번째로 (여기서 우리가 주석을 달게 될 내용보다 훨씬 정교한 해설인 "직접적 생산과정의 여러 결과" 초고[3]에서) 다룰 것이다. 네 번째이자 마지막 초안은『자본』제1권 제3편과 제4편에 포함된 것이었다.

중요하게 지적해야 할 내용은,『요강』의 "잉여가치 그 자체(überhaupt)"와 관련하여 볼 때 새로운 내용일 잉여가치 "일반"[4]을 처음으로 마르크스가 연구한다는 점이며, 이보다 더 구체적인 현존형태인 절대적 잉여가치는 바로 잉여가치 일반이 표명된 것manifestación이라는 점이다. 어쨌든 마르크스는 이 문제를 〈1861~63년 초고〉에서 분명히 전개하지는 않았다.

2.1 잉여가치 일반과 사회 계급

(MECW.30 : 172~179 ; MEGA : 149~157)

이 주제에 관한 직전 기획안에서 마르크스가 잉여가치 그 자체를 처음 "일반 적으로" 다루었다는 점을 생각하면 [그 시점과 연구 방식은] 흥미를 자아낸다.[5] 그 후에야 마르크스는 "절대적 잉여노동시간" 문제를 연구했었다. 이제 이 초고에서 마르크스는 잉여가치 "일반"의 문제를 재차 자세히 논의하고 그 후 절대적 잉여 가치의 양상을 정리한다.

〈그림 2.1〉 잉여가치 "일반"의 문제 이해에 필요한 범주와 층위

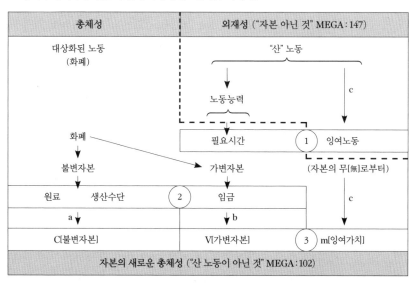

설명 : ① 노동일 / ② 자본의 구성 부분 / ③ 생산물 가치 / a = 가치를 보존함 / b = 가치를 재생산함 / c = 외재성 으로부터 새로운 가치를 창조함 / ━ ━ = 총체성의 경계선

〈1861~63년 초고〉의 〈노트III〉에서 마르크스는 위의 경로를 따른다. 그 노트는 이 장 첫머리에 인용한 저 텍스트로 시작한다. 보다시피 마르크스는 두 개 항목을 시간상에 고정한다. 화폐로서의 자본을 포괄하는 가치(〈그림 2.1〉의 화폐 즉 1장 〈그림 1.1〉의 화폐1)와, 생산과정의 끝에 있는 생산물의 가치(〈그림 2.1〉의 ③ 즉 C+V+m). 생산물(p)에는 더 많은[mehr] 가치가 있다. 이 가치는 자본의 "무로부터", "외재성"으로부터 나타난다. 여느 때와 마찬가지로, 두 유형의 노동 사이 변증법이 문제다. "대상화된" 과거 노동과 "산" 현재 노동이라는 둘. 자본(지불되지 않은 "노동"의 "구성성분"을 상정하고 포섭하는 자본의 총체)에 대해 "더 많은" 가치(잉여가치)는 노동자 곧 "산" 노동에 대해 "더 적은" 노동이다.[6]

"노동능력"은 특정 가치를 가진다. 따라서 "산" 노동의 이 구성성분은 자본에 의해 포섭되어(〈그림 2.1〉의 화살표b로 표현되듯 총체화되어), 자본에게는 가치 증식의 한 계기로 된다. 말하자면 산 노동(이것을 자본의 총체 내에 이미 포섭된 "노동력" 또는 "생산력"과 혼동해서는 절대 안 될 것이다)은 시간상에서 측정 가능한 두 개 구성성분으로 "쪼개진다."(gespalten)[7] 하나는 노동능력의 가치와 대체되거나 그 가치를 재생산하는 노동(시간상에서 측정되기로 "필요시간")이며, 또 하나는 어떤 임금으로도 지불되지 않는 노동(더 많은 노동, 잉여노동, 이미 대상화된 노동 즉 자본이 투자하지 않은 것)이다. 후자는 "새로 창조된 가치(neugeschaffnerWert) …"[8]이며, 자본이 아니었다. 앞 내용 전체에서 주로 두 측면을 강조해야겠다. "노동 계급"의 재생산으로서 "필요노동시간"이라는 측면, 그리고 —『요강』에서는 "노동 기금"이거나 그 밖의 술어로 불렸던 — "가변자본"에 대한 최초의 뚜렷한 정식화라는 측면.

첫눈에 보기에, "계급들"의 문제는 『자본』을 포함한 마르크스의 담론에 제시되지 않은 것 같다 — 이것이 엥겔스를 틀리게 이끌어 그로 하여금 이 주제에 관한 페이지를 『자본』 제III권 끝에 추가하도록 했으리라.[9] 계급들의 문제가 자본 "일반"의 본질적 수준 혹은 추상적 수준에, 자본 그 자체를 구성하는 "사회관계"의 정초적 계기로서 언제나 제시된다는 것은 진실이다. 아무튼 마르크스는 이 주제에 대해 〈1861~63년 초고〉에서도 자주, 명시적으로 언급한다.

마르크스는 여러 기회를 빌려 예컨대 "나라의 모든 자본가들,"[10] "하나의 전체로서 간주되는 자본가들의 계급,"[11] "자본가 계급의 전반적 이해관심,"[12] "노동계급과 대면하는 전체 자본가 계급"[13]에 대해 말한다. 어떤 때 마르크스는 "사회의 총자본 …"을 국민적 총자본으로 간주하는 듯 쓴다.[14] 다르게 말하자면, ["계급들의"] 문제는 마르크스의 담론 전체에서 암묵적으로 논의되는데, 세 가지 추상 수준에서 그렇다. 첫째, 자본의 "사회관계" 그 자체에 내포된 "계급" 일반("보편성"Allgemeinheit)의 수준, 둘째, 총자본가계급이나 총노동계급으로 있는, 특수성(Besonderheit)에서 사회적 "계급"[의 수준]. 그렇게 해서 한 계급은 다른 쪽이 생산한 잉여가치를 전유한다. 잉여가치는 전국적, 총체적 계급으로서 "막대한 덩어리masa"로 축적된다. 셋째 수준에서 우리는 저 계급의 개별 구성원들을 발견한다. 즉 단독성(Einzelheit)의 수준. (일례로 "개별(einzeln) 자본가 갑은 … 할 수 있다."[15]) 따라서 제기되는 논점은 "계급투쟁"의 의미를 아래와 같이 이해할 수도 있다는 것이다.

> 실제에서 그것은["상품이 그 가치보다 더 적은 가치로 팔리는지 더 많은 가치로 팔리는지는"] … 구매자와 판매자의 상대적 힘관계Machtverhältnis에 달려 있다는 것을 우리는 안다. … 하지만 현대 산업의 역사는 단독으로 고립된vereinszelt 노동자의 노력으로는 자본의 한정 없는 요구들을 결코 저지할 수 없다는 사실을 우리에게 가르쳐 준다. … [따라서] 투쟁은 그런 식이 아니라 계급투쟁Klassenkampf의 형식을 취해야만 했으며, 때문에 국가권력Staatsgewalt의 개입을 불러일으켜야만 했다. (MECW.30:184; MEGA:162 [〈초고〉 1분책:200~201])

위의 내용은 우리를 본래의 주제로, 말하자면 "노동능력 자체의 가치를 재생산하는(reproduzieren) 데 필요한 노동시간"[16]의 문제로 되돌려 놓는다. 잉여가치가 가능해지는 주된 이유는 (추상하여 일반적으로는) 자본과 노동 사이, (특수하게는) 자본가 계급과 노동 계급 사이, (단독적으로는) "바로 그" 자본가와 "바로 그" 노동자 사이 "사회적 관계"가 "재생산"되고, 항상 되풀이되기 때문이다. 요컨대 잉여가치는 저 관계의 본질 때문에, 그 본원적 폭력 때문에, 국가의 개입 때문에 가능하다. 이 테제에 해당하는 여러 논변이 〈1861~63년 초고〉에 나타난다.

우리가 강조하고 싶은 두 번째 문제는 "가변" 자본에 대한 것이다. 사실 마르크스는 처음엔 자본의 "세 가지 구성 부분"을 기술한다. "[첫째] 원료, [둘째] 생산 도구, 마지막으로 노동능력과 교환된 자본의 구성성분"[17]이다. "구성성분"(〈그림 2.1〉의 ② 수준)에서 앞의 둘에 투자된 것은 "불변"인 채로 남는다. 마르크스는 이 부분을 가리키기 위해 이미 "불변자본"[18]이라는 이름을 이따금 사용했다. 이것은 "재생산되는" 것이 아니라 동일한 크기로 생산물 가치 속에 다시 나타난다. 따라서 이 구성 부분은 그저 보존된다. 원료와 도구는 생산물 가운데 동일 가치로 저 자신들을 명시한다(③ 수준의 구성성분 C). 그런데 다른 구성성분["노동능력과 교환된 자본의 구성성분"]과 관련해서는 이렇게 되지 않는다.

> 따라서 우리가 〔마르크스는 이것이 "그 자신의" 명명이라는 점을 의식하고 있는데〕 불변자본에 들어 있는 노동시간을 C, 가변자본에 들어 있는 것을 V, 그리고 노동자가 필요노동시간을 넘겨 그보다 더 일해야만 하는 시간을 m이라고 부른다면, P 다시 말해 생산물 가치에 들어 있는 노동시간 = C + (V + m). (MECW.30:177; MEGA:155 [〈초고〉 1분책:193])

〈1861~63년 초고〉에서 우리는 "가변자본"이라는 (개념이 아니라) 명칭을 아마도 처음으로 발견하게 된다.[19] 다르게 말하자면, 화폐[즉 임금]에 대상화된 과거 노동의 바로 이 구성성분은 V(가변자본)로 재생산되었고, m(잉여가치)만큼 증가했다. 그리하여 화폐 즉 재생산되는 노동능력의 대가는 아무것도 아닌 자본으로부터 가치의 창조를 가능케 한다. 요컨대 (실제적 외재성인) "산" 노동은 그 잉여노동에 대해 지불받지 않은 채 자본을 위해 새로운 가치(잉여가치)를 창조해 왔다. 이것은 자본의 본질에 속한 뒤틀림perversidad(마르크스에게는 윤리적 악이 되는 성질)이다.

2.2 절대적 잉여가치

(MECW.30 : 179~193 ; MEGA : 157~167)

마르크스는 논의 주제들에 대한 간략한 기획안을 그리며 시작한다.

(1) 잉여노동의 척도. 잉여노동을 무한히 뽑아내려는 자본의 충동. (2) 잉여가치는 개별 노동자가 필요노동시간을 상회해서 일하는 시간의 숫자에 좌우될 뿐만 아니라, 동시적 노동일의 숫자 다시 말해 자본가가 고용한 노동자 숫자에도 좌우된다. (3) 잉여노동의 생산자인 자본에 속한 관계 : 필요한 것보다 더 많이 일하는 것. 자본의 문명화하는 성격, 노동시간과 자유로운 시간. 대립. 잉여노동과 잉여생산물. 이에 따라 최종적으로는 인구와 자본의 관계. (4) 프루동 씨의 명제….20 (5) 잉여가치의 이런 형태는 절대적 형태이다. 이런 형태는 한 계급이 생산 조건들의 소유자이고 다른 한 계급이 노동의 소유자인 두 계급 간의 대립 위에 세워진 생산양식들 모두에 존속한다. (MECW.30 : 179~180 ; MEGA : 157~158 [〈초고〉 1분책 : 195~196])

"일반적으로", 잉여가치는 시간이 결정하는 잉여노동의 결과물이다. 다시 말해 이것은 전체 노동일과(마르크스는 영어 단어인 "워킹 데이"를 사용하는데) 노동능력 재생산에 요구되는 시간 사이 관계이다. 그런데 "절대적 잉여노동"에 특정한 것, 즉 그것의 특수성은 노동 잉여시간을 "그 자연적 한계를 넘어… 비자연적으로"21 증가시킬 때 자본이 갖는 "충동"(Trieb)의 효과이다. 달리 말해, 한편으로 "평균적 필요노동시간"22이 있고, 다른 한편 "통상적 잉여시간"23이 있으며, 세 번째로 노동일로 나타나는 "전체 노동시간"이 있다. 노동자가 매일같이 "추가 잉여노동시간"만큼 더 일한다면 "잉여가치 총량(Masse)"이 증가한다.24 이렇게 되면 "노동일"의 양쪽 부분 사이 "수량적 비율"이 변할 텐데, 잉여시간이 증가했기 때문이다. 잉여노동 총량의 증가, 더 높은 "자본의 생산력,"25 생산과정에 포섭된 "노동능력"의 더욱 효과적인 현실화actualización는 점증하는 "가치증식"으로 나아간다.

잉여가치는 단일 노동자의 특별 노동 때문에 증가하는 것만이 아니라, "동시적 노동일"의 숫자가 더 커지기 때문에도 증가한다. 그렇다면 다시 한번, 총체로서 즉 인구로서 노동 계급이 정초적인 역할을 맡아 하는 셈이다. 필요노동에 대한 잉여노동 비율이 증가하지 않더라도, 잉여가치 총량은 노동 인구가 늘어남으로써 증가한다.

2.3 잉여가치의 본성과 "착취율"

(MECW.30 : 190~232 ; MEGA : 167~211)

이 부분에서 마르크스는 노동자 관점으로 본 자본의 본성을 분석한다.

노동자가 잉여노동을 수행하도록 그를 몰아세우는 관계란, 그의 노동의 조건들이 그 자신 너머에 그 자신과 맞서 자본으로서 현존하고 있다는 사실 바로 그것이다. 노동자는 어떤 외부적 강요에도 종속되어 있지 않고, 다만 상품들이 그 가치를 통해 결정되는 세계에서 살아가기 위해 하나의 상품인 저 자신의 노동능력을 판매하도록 몰리게 되는 것이며, 그에 반해 이 노동능력을 그 자체의 가치를 넘겨서 가치증식적으로 이용하는 것Verwertung은 자본에 속한 특권이다. 따라서 노동자의 잉여노동은 생산의 다양성을 늘리기도 하고 다른 자들을 위해 자유로운 시간을 창조하기도 한다. (MECW.30 : 204~205 ; MEGA : 180~183 [〈초고〉 1분책 : 222~223])

우리 책 1장의 〈그림 1.1〉에서는 주체 2, 3, 4, … 의 연속적 나타남을 "재생산" 화살표로써 재현하였다. 잘 보면 주체2는 판매자로 나타난다. 즉 그는 저 자신의 노동능력(상품1)을 상품으로 판매하고 임금(화폐1)을 받아서 이를 소모한다(교환으로). 실제로는 노동자가 자신의 임금을 (교환으로) 소모하는 것은 (이제 화폐2가 된 자신의 임금을 통해) 상품(상품2)을 구매하면서 (구매자인) 주체3으로 시장에 다시 나타나기 위해서이다. 그런데 (저 자신의 노동능력의 판매자가 이제는 그의 소비를 위해 상품들을 구매한다는, 즉 W-G-W인) 이 상황은 "재생산된다." 다시 말해 이 상황은 제도적인 것이 된다. 자본이 세계의 생산을 포섭했을 뿐만 아니라 유통과 소비의 상황 또한 포섭했기 때문이다. 다른 말로, 노동자는 전혀 빠져나갈 수 없도록 완전히 갇혀 있다. 즉,

> 이에 따라 자본주의 생산과정의 결과물은 그저 상품들과 잉여가치인 것만이 아니다. 바로 이 관계 자체의 재생산이다. (이후 보겠지만, 그 재생산Reproduction 규모는 계속 중대한다.) (MECW.30:115; MEGA:102 [〈초고〉1분책:137])

노동자는, 다시금 잉여가치를 "정립하기" 위해, 언제나 매일매일 구매자로서 나타나기 위해, 자기 판매를 재생산하도록 제도적으로 강제된다. 국가는 국가 편에서 이 재생산을 실질적으로 제도화하는 일에 정초적인 기능을 완수한다. 나아가 마르크스는 여기에서 "상부구조"(Überbau)라는 몹시 특별한 개념을 언급하기도 하는데, 노동자는 자신의 잉여노동을 통해 다른 계급들의 "자유로운 시간"을 가능케 할 잉여가치를 창조한다.

> 몇몇 사람들이 노동하지 않고…살아가는 그런 사회의 경우 노동자들의 잉여노동이 저 사회 상부구조 전체 현존의 조건이라는 점은 명확하다.… 게으름 때문이든 아니면 직접적으로 생산적이지 않은 (예를 들어 전쟁, 국정 같은) 활동을 수행하기 위해서든 혹은 직접적으로 실용적인 목적을 갖지 않는 (예술, 과학 같은) 인간 능력과 사회적 잠재력을 발전시키기 위해서든, 노동하지 않는 사람들이 마음대로 할 수 있는 자유시간은 노동자 대중의 잉여노동을 그 전제로 삼는다.…사회의 비노동 부분의 자유로운 시간은, 노동 부분의 잉여노동이나 초과노동, 즉 잉여노동시간에 기초한다. (MECW.30:190~191; MEGA:167~168 [〈초고〉1분책:208])

〈노트VI〉에 들어서 살펴보겠지만, 여기서 마르크스는 (소위 "잉여가치론"에 들어

갈) 생산적 노동과 비생산적 노동에 대한 문제를 사유하고 있다. 직접적으로 노동하지 않는 모든 계급은 (이 시점에서 마르크스는 계급 내 부문이나 분파라고 말하지는 않는데) 자신들의 (이데올로기적 의미로서만이 아니라 삶의 총체로서) "상부구조"가 발전할 가능성의 "기초"를 잉여생산물의 물질적 생산에 둔다. 요컨대,

> 사회는 모순적인 방식으로, 사회의 물질적 기초materielle Basis를 형성하는 노동자 대중의 발전부재상태Entwicklungslosigkeit를 통해 발전한다. … 필요노동시간과 동시에 잉여노동시간은 추가생산물 즉 잉여생산물에 물질화되며, 이런 잉여생산물은 노동하는 계급을 뺀 모든 계급의 현존, 사회의 상부구조Überbau 26의 현존을 위한 물질적 기초materielle Existenzbasis이다. … 절대적 잉여가치, 다시 말해 절대적 잉여노동은 이후에도 언제나 지배적 형태로 남는다. (MECW.30 : 191~192 ; MEGA : 168~169 [〈초고〉 1분책 : 208~209])

이 텍스트들에서 우리는 - 이 주제에 관한 내용은 『요강』엔 전혀 없고 이 〈1861~63년 초고〉의 나머지에도 몹시 적은데 - 기존에 『독일 이데올로기』에서 논했던 문제를 다시금 보게 된다. 다만 이제 저 문제는 응결되어 더한 구체성을 얻게 되었다. 물질적 생산은 이데올로기적 세계를 결정할 뿐만 아니라(물질적 생산 또한 결정되는 것이므로 결코 최종적으로 결정하는 것은 아니다), 사회의 모든 "상부구조적" 삶의 "물질적인 현존 조건"인 잉여가치를 창조하는 것이므로 이데올로기적 세계를 물질적으로 생산하기도 한다. 그런데 이 경우에서 "상부구조"란 직접 생산하지 않는 계급들의 물질적 삶까지가 된다. 알다시피 마르크스의 "유물론"은 관조적 유물론, (예를 들어 콘스탄티노프27식의) 지식 이론이 아니라, 생산적 유물론 다시 말해 사회적으로 결정되는 생산적 유물론이다. 포섭되어 자본의 계기로서 지배당하는 노동 계급은, 지배 계급들의 삶 전체를 허용하는 "잉여생산물"을 국가의 강압에 의해 생산하는 계급(또는 실질적 정치의práctico-político 계기)이기도 하다.

이 잉여노동은 한편으로 사회 자유시간의 기초이며, 그로 인해 다른 한편 사회의 전체 발전 및 문명 일반의 물질적 기초이다. 자본이 사회의 막대한 다수에게 그 직접적 필요를 뛰어넘는 이런 노동을 강제하려는 충동을 가지는 한, 자본은 문명을 창조하며 또 사회적이고도 역사적인 기능을 수행하는 것이다. … 28 이것 [지배계급이 잉여노동을 강제하는 상황]은 계급 적대 위에 존립한 사회에서라면, 그러니까 한쪽에 생산 조건들의 소유자 즉 지배하는 자들이 있고 다른 쪽에 생산 조건들의 소유권으로부터 배제된 무소유자들 즉 저 자신의 노동으로 일해서 자기 자신과 그 지배자들을 먹여 살려야만 하는 사람들이 있는 사회라면 어디에서나 진실이다. (MECW.30 : 196~197 : MEGA : 173 [〈초고〉 1분책 : 213~214])

더 나아가, 마르크스는 이 페이지들에서 교환가치의 무한한 증가를 추구하는 경우에, "강도"(Intensität) 29가 예상치 못한 한계에 도달한다는 사실을 보여주기도 한다. "인간 본성 발전의 법칙"이라는 것 때문에 같은 식으로 필수품들도 증가하지만, 이것들은 지배하는 계급들을 만족시킬 뿐이고 노동자들에게 그런 만족의 가능성은 부정된다.

그러나 잉여노동시간이 자유시간의 조건인 것과 꼭 마찬가지로, 필요범위와 그 만족 수단의 이런 확장은 노동자가 삶의 필수적 요구들에 구속된 상태를 그 조건으로 삼는다. (MECW.30 : 199 ; MEGA : 175 [〈초고〉 1분책 : 216])

이후 『자본』 제1권 제8장 "노동일" ─ 마르크스가 그를 정초한 윤리적 정념pathos에 압도당한 부분 ─ 에 들어갈 내용과 궤를 같이하는, 노동 계급의 구체적 조건에 관한 긴 논의30 뒤에, 『자본』 제1권 제9장에서 그렇듯 마르크스는 "잉여가치율"에 대한 분석으로 끝을 맺는다. 그런데 초고에서의 해명에서 그는, 우리가 이미 언급했다시피, 저 문제에 대한 윤리적 감각을 내비친다. 이윤율 ─ 이윤과 투하 자본 전체 사이 비율[m/c + v] ─ 은 착취를, 다시 말해 노동자에게 행사된 지배력이 어느 정도인지를 감춘다. "착취율"(Rate der Exploitation) 31은 임금으로 지불되지 않은 잉여가치와 임금에 지불된 가치 사이의 단순 비율[m/v]로 측정한다(이 비율 수치는 그냥 "이윤율"보다 훨씬 높다). 이 두 비율("착취"율과 "이윤"율)의 차이를 보여주는 일은 경제적 의미뿐만 아니라 정치적, 윤리적 의미를 띠는 문제인데, 착취당하는 계급에 "계급의 의식"[32]을 제공하도록 되기 때문이다(이는 마르크스 자신의 이론 생산 전체의 목적을 편성한다). 다시 말해,

> 생산물을 계산하되, 임금과 등가인 생산물 부분에 대한 잉여생산물 비율[잉여노동/필요노동]에 따라 계산하는 것이 아니라, 잉여생산물을 생산물 전체의 인수因數로 삼은 비율[잉여노동/전체노동]에 따라 계산한다면, 같은 오류가 발생할 것이다. 이 점은 잉여가치의 결정에 매우 중요할 뿐만 아니라, 이후에는 이윤율의 올바른 결정에도 결정적 중요성을 띠게 된다. (MECW.30:229; MEGA:207 [⟨초고⟩ 1분책:248])

실제로는, 마르크스는 경제학에만 관심을 가졌던 것이 아니라, 경제학의 비판에 주로 관심을 가졌다. 그는 본질적으로 이론만이 아니라 프락시스에 관심을 가졌다. 그는 자본, 자본가, 지배 계급에 의해 노동자, 산 노동이 고통을 겪는 저 소외 영역el dominio alienante에 관심을 가졌던 것이다. "착취율"이란 부정의 정도, 사악함의 정도를 나타낸다.

제3장

상대적 잉여가치

1862년 3월까지 〈노트 III, IV, V〉 125~211면[1]

여기에서는 노동능력의 가치가 하락하며, 따라서 필요노동시간도 하락한다. 이는 노동능력의 가격이 그 가치 아래로 하락했기 때문이 아니라 그것의 가치 자체가 하락했기 때문이다. 즉 노동능력에 더 적은 노동시간이 대상화되었기 때문에, 그러니까 노동능력의 재생산에 더 적은 노동시간이 요구되기 때문이다. 이 경우 필요노동시간이 줄어듦에 따라 잉여노동시간은 늘어난다. 전체 노동일 가운데 이전에는 필요노동시간을 위해 남겨졌던 일부가 이제는 자유롭게 풀려나서 잉여노동시간과 합쳐진다. 필요노동시간의 일부가 잉여노동시간으로 전환되고, 이에 따라 생산물 총가치Gesamtwerts 가운데 이전에는 임금으로 들어갔던 몫이 이제 잉여가치로 (자본가의 이득으로) 들어간다. (MECW.30：235~236；MEGA：213 [〈초고〉 1분책：255])

이번 경우 마르크스는 절대적 잉여가치의 해명에서보다 훨씬 더 체계적으로, 다수의 새 관념을 통해 첫머리를 서술한다. 1859년 2월이나 3월의 기획안에서 그는 "상대적 잉여가치"를 다루는 세 번째 부분을 집어넣었다.[2] 그는 이 주제를 (『요강』을 참조한) 일반적 도입부에 이어, (1) 협업, (2) 노동 분업, (3) 기계장치라는 세 절로 나눠 놓았다. 바로 이것이 〈노트III〉 ~ 〈노트V〉에서 마르크스가 이 주제에 접근하기 위해 이용했던 도식이다.

3.1 상대적 잉여가치의 "본질"

(MECW.30 : 233~255 ; MEGA : 211~220)

마르크스는 "상대적 잉여가치의 본질(Wesen)"3을 논의한다. 따라서, 우선은 상대적 잉여가치 일반의 본질을 기술할 필요가 있고, 그리고 이에 따라, 추상에서 구체의 순으로, 상대적 잉여가치가 구체화되는 특수한 방식들에 접근해야 한다.

마르크스는 종별적 차이점을 짚어내며 시작한다.

이제까지 고려했던 잉여가치 형태를 우리는 절대적 잉여가치라고 부르는데 … 이것 각각의 증가가, 창조된 가치(생산된 가치)의 절대적 증가와 동시에 이루어지기 때문이다. … 여기에서 표준노동일의 연장, 다시 말해 필요노동시간에 잉여노동시간을 합한 시간의 연장이야말로 잉여가치가 늘어나고wachsen, 불어나는 vergrößern 과정이다. (MECW.30 : 233 ; MEGA : 211 [〈초고〉 1분책 : 253])

노동일이 이미 물리적으로 넘어설 수 없는 최대치에 도달하였는데도 더 많은 잉여가치를 정립하려는 "자본의 경향"을 만족시키기 위해서, "필요노동시간의 단축 (Verkürzung)"4과 관련하여 유일하게 남은 것은 상대적 잉여가치뿐이다. 자본의 이런 본질적 경향의 목적이란, 생산력의 생산성을 증가시키는 것도 아니고 필요노동시간 자체를 줄이는 것도 아니며, 다만 잉여가치를 증가시키는 것이라는 점을 이해해야 한다. 생산성 증가와 필요노동시간 감축은 잉여가치 증가의 필요조건들이다.

더 낮은 임금을 지불함으로써 동일한 목적을 이룰 수 있다는 주장도 있겠으나, 방법론적으로 또 본질적으로, 마르크스는 상품들이 그 가치대로 팔린다는 것이 (추상적, 일반적인) 담론 전부에서 "전제되었음"을 상기시킨다.5 따라서 임금이 그 가치 이하 또는 이상의 가격을 가질 수 있다는 사실과 관련된 (표면적으로 나타난, 본질적이지 않은) "현상"은, 특히 임금을 다룰 예정인 이후의 연구서 tratado를 위해 도외시되었다. 노동일이 늘어날 수 없고 또 임금이 줄어들 수 없다 면, 잉여가치 증가에는 단 한 가지 방법만 있다.

> 노동의 생산성 증가를 통한 것, 즉 노동의 생산하는 힘Productivkräfte 6의 더 높은 발전 을 통한 것이다. (MECW.30:235;MEGA:213 [〈초고〉 1분책:253])

이렇다면, 이 장 첫머리에 인용된 텍스트는 이제 주의 깊게 읽혀야 한다. 본질적 이고 추상적인 수준에서, 혹은 사회와 계급들을 전全총체로서 고찰함으로써, 마 르크스는 노동의 생산성 증가가 생산물 총량을 증가시키지만, 이렇게 더 높아진 총량이 동일 가치를 지닌다는 점을 지적한다. 달리 말해 "이에 따라 개별 상품의 가치는 하락한다."7 이는 라틴아메리카의 "종속 문제"에 아주 중요하다. 주변부 저개발 나라들의 자본은 더 낮은 생산성을 띠므로, 이 나라들의 생산물은 생산 물 단위당 가치가 또는 단위당 필요노동시간 몫이 더 클 것이기 때문이다. [이 나 라들의 낮은 생산성으로 인해] 총잉여가치 생산[량]이 줄어든다고 하더라도 말이다. 다시 한번, 이제 마르크스는 범주들을 명료하게 만들기 위해 차이점을 서술한다.

> 요컨대 상대적 잉여가치는 절대적 잉여가치와 구별되며 그 내용은 이하와 같다. 양쪽 모두에서 잉여가치=잉여노동이다. 즉 잉여가치의 비율은 필요노동시간에 대한 잉여노동시간의 비율과 같다. 그런데 첫 번째 〔절대적 잉여가치〕 경우에서, 노동일은 그 제한을 넘어서 연장되고, 노동일이 제한을 넘어 연장된 정도에 비례 하여 잉여가치가 늘어난다(즉 잉여노동시간이 늘어난다). 두 번째 〔상대적 잉여 가치〕 경우에서 노동일은 주어져 있다. 여기서 잉여가치 즉 잉여노동시간은 임금 의 재생산을 위해 요구되었던 몫, 다시 말해 필요노동이었던 몫을 감소시킴에 따 라 증가한다. 첫째 경우에서 노동 생산성 수준은 주어진 것으로 전제된다. 둘째 경우에서 노동 생산성은 올라간다. 첫째 경우 총생산물의 인수 부분 가치[필요 노동 부분의 가치] 혹은 노동일의 부분 생산물[노동일 가운데 필요노동시간 부분

의 생산물]은 변하지 않은 채이다. 둘째 경우 이 부분 생산물의 가치가 변화한다. 그러나 그 생산물들의 양(수량)은 그 가치가 줄어드는 것과 동일 비례로 늘어난다. 생산물 또는 사용가치의 전체 총량이 증가했다고 할지라도, 총가치량은 변하지 않고 남는다. (MECW.30:242;MEGA:218~219 [〈초고〉 1분책:261])

이 긴 인용문은 같은 밀도의 또 다른 인용문으로 보충되어야 한다. (둘 사이 차이를 앎으로써) 마르크스가 절차 있게metódicamente 시행한 그의 범주 구축 형식을 이해하기 위해서이다.

잉여가치는 잉여노동과 정확히 동등하며, 잉여노동의 증가는 필요노동의 감소를 통해 적확하게 측정된다. 절대적 잉여가치의 경우에, 필요노동 감소는 상대적이다. 즉 필요노동은 초과노동Uberarbeit[잉여노동시간]이 직접적으로 증가함으로써 줄어든다. … 요컨대 여기서는 총노동시간, 따라서 잉여노동시간이 절대적으로 증가했기 때문에, 필요노동시간은 상대적으로 감소한다. 이 경우와 대조적으로, 표준노동일이 주어져 있고 또 생산하는 힘의 증대를 통해 상대적 잉여가치 증가가 일어난다면, 필요노동시간은 절대적으로 줄어들고 이에 따라 잉여가치는 생산물 가치의 증가 없이 절대적으로 또 상대적으로 증가한다. 그러므로 절대적 잉여가치 경우에서는 잉여가치의 절대적 성장과 비교할 때 임금 가치의 상대적 하락이 있으며, 상대적 잉여가치 경우에는 임금 가치의 절대적 하락이 있다. (MECW.30:251;MEGA: 318~319 [〈초고〉 1분책:364])[8]

이게 무엇에 관한 것인지 살펴보자. 마르크스는 하나의 전체("노동일")의 두 계기("필요시간"과 "잉여노동", 〈그림 2.1〉의 ①)를 항상 염두에 둔다. 잉여노동이 절대적으로 증대한다면, 노동일도 동일하게 증대한다. 절대적 잉여가치의 경우가 이러하다. 노동일이 증대하지 않고 변함이 없되 생산성이 더 커져서 필요시간이 줄어든다면, 잉여가치는 증대하며, 상대적 잉여가치의 경우가 이러하다. 그러므로 절대적 잉여가치의 경우, 필요시간의 감소는 잉여시간의 증대에 따라 상대적(혹은 비례적)이고, 잉여가치 증대는 그 자체로 절대적이다. 반면 상대적 잉여가치 경우엔 필요시간의 감소가 절대적이고, 잉여가치 증대는 (필요시간 감소에 따라) 상대적이면서 (그 자체로) 절대적이다.

이어서 마르크스는 논리적 (또 현실적) 가능성의 다양한 유형을 연구하는데, 이 중 다수가 불필요한 것으로 밝혀지지만 몇몇 유형은 본질적인 것으로 남는다. 그런 경우 중 하나는 생산성 증대가 생산물 가치 감소로 된다는 점을 보여주는 역설이다 ― 이는 가치하락desvalorización 과정인 자본주의가 갖는 본질적 위기 및 몰락의 토대다.9 절대적 잉여가치의 경우 노동일 지속에 한계가 있는 것처럼, 상대적 잉여가치 경우에도 생산성 증가분, 잉여가치 증가분, 총투하자본 증가분 사이 다양한 비례배분에 따라 정해지는 어떤 한계가 있다. 즉,

> 지출된 자본 총가치에 대한 잉여가치의 비율[즉 이윤율]은, 생산하는 힘의 증가를 통해 하락한 필요노동과 같은 비례로 증가하지 않는다. 이렇게 되지 않는 이유에는 두 가지가 있다. 첫째로, 노동의 생산하는 힘이 이전보다 더 발전함에 따라 필요노동이 줄어드는 것과 같은 비례로 잉여가치가 늘어나는 게 아니기 때문이다.10 둘째로, 이전보다 더 작은 비율로 성장하게 된 이 잉여가치가, 생산하는 힘이 높아진 것과 엇비슷한 비율로 그 가치를 증대시키게 된 자본에 맞춰 계산되기 때문이다. (MECW.30:248~249;MEGA:224~225 [〈초고〉 1분책:267])

이 논점은 바로 이윤율 저하에 대한 것, 혹은 잉여가치와 선대 자본 총액 사이 관계에 대한 것이다. 임금에 투하된 자본(가변자본)에 대해 잉여노동을 비교하면, 그 결과는 착취율(또는 잉여가치율)이며, 여기에는 불변자본이 포함되지 않는다. 그런데 생산성 증대는 더 많은 불변자본을 요구하기 때문에, 상대적 잉여가치에서는 총투하자본을 고려해야만 한다(총투하자본은 임금과 생산수단 양 부문에 투하된 자본이며, 후자는 생산하는 힘의 발전으로 인해 그 몫이 갈수록 훨씬 커진다). 이와 같은 맥락에서, 절대적 잉여가치 증대뿐만 아니라, 잉여가치와 총투하자본 사이 비율[즉 이윤율]을 증대시키는 일도 갈수록 어려워지는 것이다. 이 비

율은 불변자본 발전이 더해지는 정도와 같은 비례로 줄어든다.

다른 한편 생산성 증대로 인해 상품들의 가치가 줄어들기 때문에, 임금노동의 재생산이 갈수록 수월해지는 데 비례하여 노동능력의 가치(다시 말해 임금)역시 줄어들고 이에 따라 상대적 잉여가치는 증대한다. 최저생계비 또는 소비 재화에서 가치 하락은 리카도가 상정했듯 갈수록 비옥해지는 토양이 원인인 것만이 아니라, 자본에 의해서 — 또한 자본을 위해, 즉 상대적 잉여가치를 수단 삼은 자본의 가치증식을 위해 — 포섭된 노동의 생산하는 힘이 갈수록 막대해지기 때문이기도 하다.

3.2 포섭의 일반 형식 — 협업

(MECW.30 : 255~263 ; MEGA : 229~237)

상대적 잉여가치의 세 "형식" 혹은 현상, 다시 말해 자본이 포섭한 "노동의 생산하는 힘"을 증대시키는 현실적이고 구체적인 세 양태가 있다. 모든 "사회적 노동 생산성 증대"의 "일반적 형식"(allgemeine Form) 11 내지 "기초형식"(Grundform)은 협업이며, 이는 나머지 두 "형식"에서도 제시된다. 협업은 토대 형식으로서 나머지 형식들의 기초이자 전제이며, 여섯 가지 본질 규정을 갖는다.

그러므로 무엇보다 협업은, 다수 노동자가 동일 결과물 즉 동일 생산물과 동일 사용가치(혹은 유용성)를 생산하기 위해 수행하는 직접적 — 교환을 통해 매개되지 않은 — 공동 행위이다. (MECW.30 : 255 ; MEGA : 229~230 [〈초고〉 1분책 : 272])

이후에 이어질 생산성 증대의 모든 형식은 협업을 전제하고 포함하는데, 이것이 노동 행위 자체의 "사회적" 형식을 제공하기 때문이다. 수렵부터 전쟁까지, 인류는 이미 다종다양한 유형의 협업 노동을 이용했었다. 그랬지만 자본주의에서 노동의 사회성은 그 최고 발전 단계에 도달한다. 자본주의에서는 일상생활에서 고립된 각 노동자가 — 부정적 개념으로 — "사회적"이게 된다. 다시 말해, "개별자의 생산하는 힘이 노동의 **사회적**(gesellschaftlich) 형식을 통해 증대한다."12 그러나 이러한 "사회성"은 자본으로부터 편성되고 자본의 통제하에 남는다.

> 협업은 사회적 노동의 생산하는 힘이지만 노동의 것이 아니라 자본의 생산하는 힘으로 나타난다. … 노동자가 현실의 노동과정에 들어가고 나면, 그는 이미 노동능력이라는 자격으로qua 자본에 함입된 것이고, 이제 더는 자기 자신에게 속한 게 아니라 자본에 속한 것이고, 따라서 노동자가 일하며 마주치는 여러 조건도 오히려 자본이 일하며 마주치는 조건들이다. 그러나 노동자가 노동과정에 발을 들여놓기 이전에 저 자신의 노동능력이라는 한 상품의 개별적 소유자 혹은 판매자로서 그는 자본가와의 계약 관계에 들어간다. 그는 자신의 노동능력을 고립된 한 상품으로 판매한다.13 노동과정에 들어선 뒤에 이것은 곧 사회적으로 된다. 그의 노동능력이 겪는 전화Metamorphose는 이럼으로써 그에게 외부적인 무엇이며, 그가 관여하지 않더라도 전화는 그에게 이루어져 버린다. 자본가는 하나가 아니라 수많은 개별 노동능력들을 동시에 구매하는데, 이 모두를 고립되고unabhängig 상호 독립적인 상품 소유자에게 속한 고립된 상품으로 구매한다. 노동과정에 들어선 뒤엔, 노동자들은 이미 자본 속에 함입되며, 따라서 이들의 협업은 스스로가 자신들에게 부여한 관계가 아니라, 자본가가 이들에게 부여한 관계이다. … 이들의 상호연관과 이들의 통일은 자신들 내부에 놓인 게 아니라 자본에 놓인다. 즉 그곳으로부터 솟아오르는 이들 노동의 사회적 생산력은 [노동자가 아니라] 자본의 생산력이다. 개별 노동능력을 치환하기만 하는 게 아니라 그것 자체를 ─ 잉여노동으로서 ─ 증대시키는 저 힘이 자본의 능력으로 현상하는 것과 꼭 마찬가지로, 노동의 사회적 성격과 이로부터 솟아오르는 생산하는 힘 역시 자본의 능력으로 현상한다. 협업이야말로 노동의 자본 아래로의 포섭이 더는 다만 형식적 포섭으로 나타나지 않고, 생산양식 그 자체를 변동시킴으로써 자본주의적 생산양식이 종별적 생산양식spezifische Productionsweise이 되는 최초 단계이다. (MECW.30:260~262; MEGA:234~235 [〈초고〉 1분책:277~278])

이런 이유로 다음과 같은 점을 짚어볼 수 있겠다. 마르크스가 보기에, 자본이 노동을 저 자신의 통제 아래에서 협업하는 노동으로 조직한 바로 그 순간에, 포섭은 이제 더는 형식적이지 않고 더 심오하게 되며, 또한 그 순간에 생산과정의 양식은—물질적으로 일컫는 것이되 잉여가치 생산과 관련되는 이 양식은—기술적으로 변동하면서 (경제적) 가치 생산의 형식적 과정 가운데 합입된다. 여기까지 와서야만, 절대적 잉여가치 획득 양식이 노동시간을 늘린 경우처럼 되지 않음으로써, 저 생산양식은 정당하게 종별적인 자본주의적 생산양식이 된다. 달리 말해,

> 개별 노동자가 독립적인 상품 소유자로서 일하는 대신에 이제 자본가에게 속한 한 노동능력으로서 일하는 데 그칠 뿐이라면, [노동의 자본 아래로의 이러한] 포섭은 형식적formell이다. … [노동과 자본 사이] 이런 구분이 생산양식 Productionsweise에 즉 생산이 발생하는 사회적 제관계에 어떤 종류의 사소한 변화조차 유발하지 않고 존재할 수 있는 한에서, 그 구분은 형식적이다. (MECW.30:262;MEGA:235~236 [〈초고〉 1분책:278])

여기에서 마르크스는 노동 과정의 물질적, 기술적 변동에 대해 생각하고 있다. 어떤 면에서 보자면, 협업 이전에 노동자는 기술적 노동 과정의 양식 혹은 방법을 변동시키지 않는다. 반대로 이제 협업이 일어나면 그것은 각각이 고유한 노동 과정을 똑같은 "과정"으로 조직, 통제, 조정함으로써 물질적으로 변동시킨다. 이래야만 자본은 노동자를 형식적 포섭 이상으로 포섭하게 된다. 자본이 노동자의 생산 습관을 조정하고, 노동자 자신의 의식을 그로부터 벗겨내고, 물질 과정에 대한 통제권을 그로부터 빼앗는 것이다.

> [단순협업은] 노동의 사회적 성격이 자본의 사회적 성격으로, 사회적 노동의 생산하는 힘이 자본의 생산하는 힘으로 최초로 전치되는 것이며, 결국엔 [노동의] 자본 아래로의 형식적 포섭이 생산양식 자체의 실제적reale 변화로 최초로 전화하는 것이다. (MECW.30:263;MEGA:237 [〈초고〉 1분책:279])

우리는 다시금 "생산양식" 개념을 고려해야만 한다. 이것은 결코 자본의 총체성이 (심지어 추상적으로라도) 아니고, 또는 (알튀세르가 생각하듯) 자본주의 체제도 아니다. 반대로 "생산양식"은, 물질적이거나 기술적으로 말해, 노동 과정을 가치증식하는 가치 생산의 형식적 과정으로 삼는 방법이자, 양식이자, 노동 과정의 (공시적이고 통시적인) 특정한 배치disposición이다. 자본은 생산물(상품)을 제조하는 노동의 기술적, 물질적 과정을 변동시키는 일조차 (근본적으로) 행하며, 노동 과정은 가치증식과정에 구체적으로 포섭된다. 이런 것 전부가, 즉 자본의 기술적 힘을 발명하고 문명화하는 일이, 종별적으로 자본주의적인 "생산양식"이다.

3.3 포섭의 두 번째 양태 ─ "사회적" 노동의 "사회적" 분업
(MECW. 30 : 264~318 ; MEGA : 237~291)

마르크스에 따르면 ─ 이하에서 규정할 의미의 ─ "노동 분업"은 "정치경제학의 지고至高 범주"[14]이다. 이런 중요성의 이유를 바로 살펴보도록 하자. 가장 먼저 마르크스는, 스미스에 반대하여, "노동 분업"이 갖는 두 겹의 의미를 규정한다.

> 하나는 사회의 노동이 상이한 노동 부문들로 분할되는 것이며, 다른 하나는 한 상품의 매뉴팩처에서 일어나는 노동 분할인데, 이로부터 사회 내에서의 노동 분업이 아니라 하나의 동일 작업장에서의 노동의 사회적 분업이 나타난다. 후자의 의미로 노동 분업은 특수한 생산양식인 매뉴팩처에 맞는 것이다. (MECW.30 : 267~268 ; MEGA : 243 [〈초고〉 1분책 : 285])

마르크스에 따르면, 이렇다 할 때 노동 분업의 두 유형 사이에는 차이가 있다. 한편으로 "사회적 노동의 분업"[15]이 있다. 이는 "사회적 생산" 과정에서 상이한 생산물이나 상품들을 생산한다(누군가는 탁자를, 다른 누군가는 의자를, 또 다른 누구는 토마토를, 이렇게 각자가 각자의 물품을 생산한다. 화폐를 통해 생산물을 바꾸는 것은 물론이요, 물물교환조차 전제하기 때문이다). 이런 유형의 (상이한 상품들 사이) 분업은 다른 한편의 "노동의 사회적 분업"과 다르다. 이는 앞의 노동 분업을 상정하고서, 자본이 상품으로 생산하는 동일 대상에 대한 "다양한 작업 operaciones"를 분리한다(누군가는 다리를, 다른 누군가는 목재 상판을 생산하고, 또 다른 누구는 "탁자에 속한" 각 부분을 조립한다). 이러할 때,

> 첫 번째 노동 분업은, 노동의 특정 부문의 생산물이 특정한 상품으로서, 이것과 구별되는 독립적 상품들인 여타 모든 노동 부문 생산물과 마주한다는 사실 속에서 드러난다. 이와는 대조적으로 두 번째 노동 분업은, 특정 사용가치가 특정하고 독립적인 상품으로서 시장에 놓이고 유통에 들어서기 이전에, 그것이 생산될 때 발생한다. 첫 번째 경우 서로 다른 노동의 부류들이 상품들의 교환을 통해 각자를 보완한다. 두 번째 경우, 상품들의 교환을 통해 매개되는 것이 아니며 자본의 지휘 아래서 동일 사용가치를 제조한다는 목표를 띤, 서로 다른 종류 노동의 직접적 협업 행위가 있다. 첫 번째 노동 분업에서 생산자들은 독립적인 상품 소유자로서 또 특정한 노동 부문의 대표자로서 서로 만난다. 두 번째에서 생산자들은 외려 종속된 사람들로 나타나는데, 자신들의 협업을 통해서만 하나의 완전한 상품을 생산하는 데다가 애초에 그럼으로써만 상품을 생산할 수 있기 때문이며, 이들 각자는 특정한 노동을 대표하는 것이 아니라 특정 노동 속에서 조합되고 서로 만나는 개별적 작업들을 대표하는 반면에, 자본가로서 저 상품의 소유자 즉 완전한 상품의 생산자가 이 독립적 노동자들과 마주하기 때문이다. (MECW.30:266;MEGA:241~242 [〈초고〉 1분책:283~284])

다시 말해, 교환을 위해 서로 다른 생산물 또는 상품을 생산하는 노동 분업은 역사의 이른 시기로 거슬러 올라간다. 생산자들은 한 "공동체"의 일부일 수 있거나, 근대 부르주아 "사회"의 일부일 수 있다.[16] 자본주의 가운데 노동자는 (일하기 전과 후) 일상의 삶에서 언제나 – 공동체 없이 – "고립"되는데, 더하여 두 번째 유형의 노동 분업은 생산된 상품에 속한 "부분"들을 각각 특수한 직업들로 "갈라낸다." 상이한 각 과업은 더 적은 기술, 더 적은 특수성을 요구하며, 이윽고 아무

런 기술도 특수성도 요구하지 않게 된다. 즉 그것은 순수하게 추상적인 노동이다. 신석기 시대부터 줄곧, 생산물은 상품 생산자가 하나의 총체로서 (누군가는 탁자를, 다른 누구는 신발을 등등) 시장에 내놓았다. 이제 반대로 노동은 시장에 도달하기 이전에, 매뉴팩처 속 생산물의 "부분"에서 끝마친다. 어떤 노동자도 전체로서의 생산물 다시 말해 생산물 총체를 생산하지 않고 다만 분석적으로 갈라지는 추상적 몫만을 생산한다. 이 두 번째 경우에서, 그러한 "분리" — 개별 노동자로가 아닌 분리 — 를 전체로서의 자본이 결정하고 통제하는 한, 분업은 "사회적"이다. 또 이 경우는 특수한 노동자들이 (노동 이전 나날의 삶에서) 고립된 노동 능력으로부터 비롯되어, 자본의 통제 아래에서 동일 생산과정 동안 작업장 속의 추상적이고 외부적인 통일로 "사회성"을 얻게 되기 때문에, "사회적" 노동 분업이다.

> (1) 노동의 이런 분할이 노동의 사회적 분업을 전제하고 있다는 점은 명확하다. 상품 교환은 우선 사회의 노동을 차츰 분화시키고, 다음으로 갖가지 노동 부문이 서로 동떨어져서 각 특정 부문이 전문화된 노동으로 뒤바뀌고, 이제 이 전문화된 노동 내부의 분업 다시 말해 전문화된 노동 자체의 분해Analyse가 발생할 수 있다. (2) 그렇다면 두 번째 노동 분업이 — 첫 번째 분업으로 되돌아가는 반작용이자 — 틀림없이 첫 번째의 연장이라는 점도 마찬가지로 명확하다. … 17 [이차적으로는] 두 번째 분업에 특정한 점인데, 이것이 그 자체 분해Analyse하면서, 동일 사용가치의 상이한 구성요소들이 이제는 서로 간에 독립적인 상이한 상품들로 생산되는 방식으로, 쪼개어질 수 있는 한에서 그러하다 … .18 (MECW.30:267;MEGA:242 [〈초고〉 1분책:285])

특정한 일에 맡겨진 대상의 부분들을 분석적으로 나누는 이전의 기술적 진전 모두는, 형식적으로 자본의 지도하에 "가변자본을 더 생산적으로 응용하는 일"이 된다. 기술적 진전이란 "이것이 생산의 특수한 영역에 고용된 노동의 생산성을 직접적으로 상승시키는 정도를 의미하기 때문"이다.19

다른 한편 마르크스는, 각 노동자가 자신의 집에서 고립된 채 생산물을 생산했고 자본가가 이를 구매하여 판매했던 때에 자본가는 다만 상인으로 행동했을 뿐이었음을 지적한다. 말하자면 "생산양식 그 자체가 실은 자본주의적이지 않았다"는 것이다.[20] 아담 스미스는 동일 작업장 내 사회적(옳게 말해 자본주의적) 노동을 상정한 사회적 분업으로부터 발생하는 생산양식 그 자체의 변질을 전혀 이해하지 못했다. 요컨대 마르크스는 기술학 과정 바로 그것에 대한 세밀한 분석 덕분에,[21] 자본이 노동 과정 자체에 부과하게 되는 물질적 규정을 이해했다. 즉 자본은 임금 가치를 상대적으로 줄이기 위해 노동의 생산하는 힘을 증가시킬 필요가 있으므로, 노동 과정을 기술적 노동으로 변형시킨다.

작업장 내 노동자들은 이제 자신들 사이에서 또 자본가 밑에서con, 자본의 유기적 체내에서, "사회적 생산관계"[22]를 맺는다.

> 노동자 자신의 입장에선 활동들의 결합이 전혀 발생하지 않는다. 오히려 이 결합은 개별 노동자 혹은 몇몇 노동자들 전부를 집단별로 휘하에 포섭한 일면적 기능들의 결합이다. 노동자가 발휘하는 기능은 일면적, 추상적, 부분적이다. 이로부터 총체가 형성되나 그 기초는 정확히 그의 순전한 부분적 현존Teildasein과 그의 개개 기능에서의 고립Isolierung이다. … 노동자들은 결합을 축조할 구성요소를 이룬다. 그러나 저 결합은 노동자들에게 속한 관계도 아니며, 통일된 집단으로서의 노동자들 아래 포섭된 것도 아니다. … 자본 아래로의 노동자 포섭은 그저 형식적 사실에[23] 그치지 않는다. (MECW.30:278~279; MEGA:253 [〈초고〉 1분책:295])

그러므로 "노동 분업"은 범주 중의 범주이며, (생산 활동 그 자체 내에서) 노동이 사회적인 것으로 또 자본으로 규정되는 구조이다.

> 이에 따라 노동 분업 즉 노동의 이런 사회적 현존 양식Daseinweise으로부터 일어나는 생산하는 힘의 증가는 … [또한] 노동자들의 결합 노동이라는 사회적 형태는 노동자에게 대립하는 자본의 현존이다. … 노동자는 저 자신 순전한 세부로 되

고 만 것이다. (MECW.30:280; MEGA:254 [〈초고〉1분책:296])

여기에서부터 마르크스는 서구 사유의 전통을, 특정하자면 그리스인들 사이에서 또 상세히는 플라톤에게서 나타났던 노동 분업 개념의 사례들을 간단히 고찰한다. 물론 이런 경우 상당수에서 분업은 "공통 본질"Gemeinwesen[공동체]로부터 비롯하여 수행되며,24 자본주의에서는 이렇지 않다. 앤드류 유어(1778~1857), 특히 마르크스가 프랑스어 번역본으로 꽤 많이 이용했던 유어의 저술『매뉴팩처의 철학』(브뤼셀, 1836) 덕분에, 혹은 찰스 배비지(1792~1871)의 『기계장치 경제에 관하여』(런던, 1832) 덕분에, 그리고 마지막으로 프리데릭 스카르벡(1792~1866)의 『사회적 부의 이론』(파리, 1839) 덕분에, 마르크스가 도달한 것은 노동의 삼중 분업이다.

〔마르크스는 여기에서 스카르벡을 인용한다. 이를 통해 우리는 이제『자본』제1권 제12장 제4절("매뉴팩처 내 분업과 사회 내 분업" 주석에 인용된 스카르벡 텍스트)을 떠올린다.〕 일반적 분업이라고 불러야 할 첫 번째 분업은 생산자들을 농업가, 공업가, 상업가로 나눈다 … . 두 번째는 전문적spéciale 분업이라고 부를 수 있으며, 이는 위의 각 분야들을 특정하게 나눈다 … . 세 번째 노동 분업은 동일 작업장 내 과업의 분할이라고 지칭해야 할 것이다. [스카르벡 인용 끝] (MECW.30:317; MEGA:291 [〈초고〉1분책:334])

나아가 마르크스는 노동 분업이 다음과 같은 것들을 전제한다는 사실을 관찰한다. "어느 정도의 인구 밀도가 [분업에] 필요하기 때문에 발생하는 노동자들의 거대한 집적. … 노동 도구들의 집중. 노동 분업은 노동 수단으로 이용되는 도구들의 분화와 이에 따른 단순화를 이끈다. … 여타 노동 조건들이, 특수하게는 [집적된 노동자들의] 숙소 및 공장 건물들도, 불변자본의 새로운 부가물로 간주될 수 있다."25 언급한 이 모든 것들은 불변자본의 엄청난 증가를, 이제 공식적으로 자본주의적인 생산양식 즉 "자본의 특수한 역사 발전 단계에 상응하는 생산양식"26의 한층 더한 발전 정도를 시사한다.

이런 의미에서 볼 때, 여기서 왜 마르크스가 "생산적 노동"의 문제를 몇 페이지씩 다루고 있는지를 이해할 수 있다.[27] 그 이유는 노동이 형식적 포섭에 그치는 것보다 더 많이 노동 분업에 포섭되기 때문이며, 따라서 자본이 실제로 노동을 여러 생산과정 속에 함입하기 때문이다. 노동은, 노동 분업에 포섭되어 노동능력의 가치를 상대적으로 감소시킴으로써 잉여가치를 "정립할" 때, "생산적"이다. 생산적 노동이란 자본의 "생산하는 힘"이다. 생산적 노동에서 "노동의 외화(Entäusserung) 및 낯설게 됨(Entfremdung)의 과정"은 "자본이 어떻게 생산하는지뿐만 아니라 〔마르크스가 『요강』에서 표현했던 바와 같이〕 자본이 어떻게 그 자체로 생산되는지를 즉 자본 자체의 창세기를" 보여준다.[28] (〈그림 3.1〉을 보라.)

〈그림 3.1〉 노동의 성격과 노동의 포섭 정도

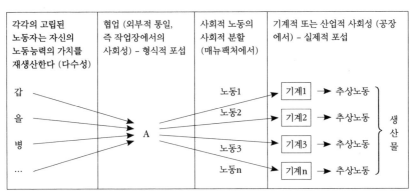

설명 : 갑, 을, 병, … = 노동자들의 고립된 삶 / A = 하나의 매뉴팩처(또는 공장) / 노동1 …… 노동n = (매뉴팩처에서) 종별적으로 상이한 [구체적] 노동 / 기계1 …… 기계n = 상이한 여러 기계 / 추상노동 : 실제적 포섭 후의 추상적 노동

더하여 마르크스는 현존하는 한계들을 극복한다는 점에서 노동 분업이 갖는 문명화의 특징을 전개해 간다.

자본주의적 생산은, 작업장 내의 규칙에 따른 노동 분업으로 인해, 사회 내의 자유로운 노동 분업을 직접적으로 증가시킨다. … 노동자 중 몇몇을 특히 더 효율적으로 만들고 따라서 노동력의 일정 부분을 새로운 종류의 고용을 위해 영속적으로 자유롭게 둠으로써, 또 이에 따라 지금껏 잠복해 있었거나 전혀 현시되지 않았던 욕구들Bedürfnisse과 이러한 욕구를 충족하기 위한 노동양식들을 동시적으로 발전시킴으로써. (MECW.30:314;MEGA:287 [〈초고〉 1분책:330])

3.4 포섭의 세 번째 양태 — 공장에서의 기계장치

(MECW. 30:318~345;MEGA:292~318)

이 〈노트V〉는 실은 〈노트XIX〉로 이행되는 내용이다. 마르크스는 1862년 3월, 확정이 안 된 초고 페이지에서 (아마도 초고의 211면일 것 같기는 하다. 여기에 1862년 11월을 가리키는 참조 표지가 있는데, 이는 이 페이지가 1863년 1월, 즉 그가 이 〈노트〉 집필을 재개했던 때 집필되었음을 보여주기 때문이다.) 〈노트V〉의 집필을 중단했다. 그는 몇 개월 후 상대적 잉여가치라는 주제를 이어나갔고 거기에서 기계장치를 언급한다. 이 주제는 절대적 잉여가치와 상대적 잉여가치 사이 비교에 뒤이어 기획안의 4항이었어야 할(그런데도 아무런 숫자도 매겨지지 않았던) 것으로서, (실제로 4를 매긴) 축적 문제와 더불어 결론을 내기 위한 것이었다(이 내용 전부가 〈노트XIX〉부터 시작한다). 말하자면, 이후 『자본』 제1권의 주요 내용은 바로 이 〈노트〉들에 있는 처방을 받아들인 것이며, 그 개요는 〈그림 3.2〉에 실린 대로다.

〈그림 3.2〉 초고의 〈노트〉들에서 『자본』 제1권 주제들의 위치

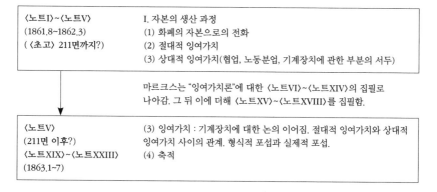

〈노트I〉~〈노트V〉 (1861.8~1862.3) (〈초고〉 211면까지?)	I. 자본의 생산 과정 (1) 화폐의 자본으로의 전화 (2) 절대적 잉여가치 (3) 상대적 잉여가치(협업, 노동분업, 기계장치에 관한 부분의 서두)
	마르크스는 "잉여가치론"에 대한 〈노트VI〉~〈노트XIV〉의 집필로 나아감. 그 뒤 이에 더해 〈노트XV〉~〈노트XVIII〉를 집필함.
〈노트V〉 (211면 이후?) 〈노트XIX〉~〈노트XXIII〉 (1863.1~7)	(3) 잉여가치 : 기계장치에 대한 논의 이어짐. 절대적 잉여가치와 상대적 잉여가치 사이의 관계. 형식적 포섭과 실제적 포섭. (4) 축적

이 〈노트V〉는 그 시작부터, 마치 〈노트VI〉~〈노트XIV〉에서 발견한 몇몇 내용이 이미 고려된 것같이, 이론적 밀도가 더해진 것처럼 보일 수 있겠다. "생산가격"(Productionskosten) 범주가 사용되고 있으며,[29] 그 담론은 유통(판매, 구매, 사회적 가치, 개별 가치, 상품 가격, 고정자본 등등)의 계기로 더 깊이 접어듦으로써, 우리로 하여금 마르크스가 "노동 분업"을 고찰한 후에 앞으로 살필 [여타 정치경제학 이론과의] 비판적 대면을 통해 그 자신의 잉여가치 이론을 캐내기 시작했다고 생각하게끔 이끈다. 따라서, 〈노트V〉 저술을 끝내고 〈노트XIX〉을 개시한 날인 1863년 1월 28일, 마르크스는 엥겔스에게 편지를 썼다.

> 기계장치를 다룬 부분에 어떤 내용을 끼워 넣는 중이네. 애초에 [1862년 3월이거나 『요강』을 집필하던 중에] 내가 다룰 수 없었던 몇몇 묘한 문제들이 있지. 이것들을 명확히 하려고 내 노트 전체를 [『요강』, 〈1851년의 기술학·역사 노트〉[30], 그 외 〈노트〉들을] 훑으면서 기술학에 관한 발췌문을 읽어 보았고, 월리스 교수가 개설한 노동자를 위한 실용적(순전히 실험적인) 강의에도 참석하고 있다네. (MECW.41:449; MEW.30:319)

이 "묘한 문제들"은, 특정하자면 노동 도구와 기계 사이 차이점에 관한 논의이며 〈노트XIX〉 전까지는 다루지 않았던 것이므로, 우리의 현재 고찰에서는 제외한다. 거꾸로 우리는 이제 〈노트V〉의 첫 번째 부분에서 다뤄진 주제를 검토할 것인데, 이것은 약간 동떨어진 ─ 그리고 명백히 다른 시간대에 저술된 ─ 주제다. 거기에는 "새로운" 범주 제시와 더불어 다양한 논증문líneas discursivas이 서로 겹쳐 나타나며, 이 글들은 무질서한 방식으로 (생산, 유통, 실현의) 다양한 층위를 통과해 간다. 일례로 첫 번째 페이지의 "인식론적 주목" 내용을 검토해보자. 마르크스는 아래와 같이 흥미를 내비친다.

> 그러므로 여기에서 그[자본가]에게 잉여가치는 판매로부터 비롯된 것으로 나타난다 ─ [그에게 잉여가치는] 그가 여타 상품 소유자의 약점을 이용한 것으로부터,

상품 가격이 그 가치보다 상승했다는 사실로부터 나오는 것이지, 필요노동시간을 줄이고 잉여노동시간을 늘림으로써 나오는 것이 아니게 보이는 것이다. 그런데 이 역시도 순전히 사태의 외양Schein에 불과하다. (MECW.30:319; MEGA: 293 [〈초고〉 1분책:337])

우리가 이를 통해 이해할 수 있다시피, 마르크스는 지금 자신을 실현의 층위(층위 3)에 두고 있다. "가격"을 말하기 때문이다. 그런데 이와 동시에, 일례로 "필요시간"을 보자면, 그는 생산(층위 1)에 대해서도 말한다. 마르크스는 매개 없이 한 층위에서 다른 층위로 뛰어넘는다. 더불어 그가 이후 『자본』 제1권의 서술과 상응하지 않는 자본의 실현을 앞당겨 다룰 때는 모종의 혼란이 있는 것 같다. 이 모든 양상이 그의 담론을 복잡하게 만든다. 때로 우리는 불변자본의 층위에 있는가 싶다가, 때로는 고정자본의 층위에, 때로는 상품 가치 실현의 층위에 있다. 당시 마르크스의 조사 순서는 후에 나올 그의 서술 순서가 아니다.

잉여가치가 생산이 아니라 유통의 과실이라는 잘못된 관념을 비판하기 위해, 마르크스는 범주 관련 담론을 시작한다. 여기에는 여러 새로운 내용이 담겨 있는데 〈노트IV〉 직후에 놓인 노트 하나에 담기는 지나치게 많다고 해야 할 것이다. 현실에서 기계장치는 "상품의 가치"를 감소시킨다.[31] 즉 기계장치는 유통 층위에서 가격("상품 가격")을 감소시키는데, 이는 그것이 "노동일"을 줄이지 않고도 (주체적 감각에서 또 대상적 생산 층위에서) "필요노동시간"을 감소시키며 또 이럼으로써 "잉여노동"을 증가시키기 때문이다. 여기에서는 인용 부호를 통해 마르크스의 범주에 붙은 이름들을 지칭한다.

기계장치 때문에 "숙련(geschickt)노동"은 버려지고 아동과 여성의 "단순(einfach)노동"이 그 자리를 채운다. 다시 말해 "사회적 필요노동시간"[32] 즉 상품 가치를 생산하는 데 필요한 객관적 시간은 감소한다. 한편으로 기계장치는 생산물의 "사회적 필요가치"를 감소시키기 위해 "평균시간" 또는 "평균노동"을 줄인다. 다른 한편, 평균노동시간의 감소로 인해 상품들의 "가격초과"(Überschuss des Preisses)라는 결과가 발생하는데, 이는 과거 상품들의 가치가 [평균노동시간 감소 이후의 가치에 맞게] 감소하기 때문에 즉 그 가격이 상품들의 "통상적(normalen) 잉여가치"를 초과하기 때문에 나타난다. "평균 임금"에 맞게 임금 총량이 감소하면서, 그 결과로 노동능력의 "생산가격"(Productionskosten)도 마찬가지로 줄어든다.[33] 요약하여 마르크스 자신의 어휘로 말하자면, 기계장치의 이용에는 그 이용을 정당화하는 원칙이 있다.

> 기계장치의 기본 원칙은 숙련노동을 단순노동으로 대체하는 것이며, 이에 따라 또한 임금 수준을 평균 임금으로 감소시키는 것 즉 노동자의 필요노동을 평균적 최소치로 감소시키며 그래서 노동능력의 생산비용을 단순 노동능력의 생산비용으로 감소시키는 것이다. (MECW.30:321;MEGA:294 [〈초고〉 1분책:338])

생산하는 힘의 증가라는 협업 또는 분업 경우에서의 무상 조정las gratuitas mediaciones과 다르게 기계장치는 불변자본이고 비용이 든다. 기계장치는 "생산된(produzierte) 생산력" 또는 "힘"(Kraft)이다.[34] 불변자본으로서 기계장치는 "생산물에다 기계 속에 이미 포함되었던 가치를 더한다."[35] 기계는 새로운 가치를 생산하지 않으나 그것 자체에 소모된 가치를 생산물에 이전한다. 알아채기는 어렵지만, 마르크스는 고정자본이라는 개념으로 넘어가기 시작한다 — 요컨대 생산에서의 불변자본 개념으로부터 유통에서의 고정자본으로 비약한다.

> 따라서 기계가 생산한 상품들이 저렴해지는 것은 단 하나의 정황에 의존한다. 기계장치 자체에 함유된 노동시간이 기계장치로 인해 대체되는 노동능력에 함유된 노동시간보다 적다는 정황, 따라서 상품에 들어가는 기계장치의 가치가 그로 인해 대체되는 노동의 가치보다 즉 노동시간보다 적다는 정황에 의존하는 것이다. (MECW.30:323;MEGA:296 [〈초고〉 1분책:340])

기계장치에는 비용이 든다. 다시 말해 기계장치는 노동 과정과 잉여가치 생산 과정의 산물이다. 또 이것은 자본주의적 상품이지만 [최종 상품을 생산할 때엔] 잉여가치를 생산하지 않고 다만 그 가치를 보존할 뿐이다. 생산과정에서 기계에 소모된 가치는 상실되는 것이 아니라 다시 나타나는 것이기 때문이다.

> 인간 노동을 대체하는 것이 기계의 사용가치인데, 이런 사용가치가 기계의 가치를 결정하는 것은 아니다. 그 가치는 기계 자체를 생산하는 데 필요한 노동이 결정한다. … 기계장치의 총가치는 노동 수단으로서 기계장치가 그 생산을 도왔던 상품들의 총체 속에 다시 나타날(wiedererscheint) 뿐이다. (MECW.30 : 329, 324 ; MEGA : 301, 297 [〈초고〉 1분책 : 345, 340])

즉 기계장치는 인간 노동의 생산물이며, 따라서 가치를 가진다. 이 생산물의 각 항목에서, 노동 과정이 진행되는 동안 그 가치의 일정 비례분이 생산물로 "이전" 된다. 그리고 "관념적인 평균 계산"[36]을 통해 기계장치 중 얼마 만큼의 인수因數 부분이 생산물 가치로 들어가는지 결정할 수 있게 된다.

> 노동 과정에 들어가는 기계가 재현하는 가치의 크기는 … 상품을 상대적으로 더 비싸게 만들지만, 그 영향은 크지 않고, 기계장치가 대체해 버린 손노동이 [상품의 가격을] 비싸게 만들었을 것보다는 훨씬 적다. (MECW.30 : 326 ; MEGA : 299 [〈초고〉 1분책 : 342])

이것이 의미하는 바는, 어떤 자본가가 기계장치 구매를 위해 선대한 자본이 "산 노동"에 대한 지불과 대비해서 얼마나 크게 보이든 간에, 개별 상품으로 넘어가는 기계장치의 가치는 임금에서 절약하는 가치에 비해 언제나 비율상 낮을 수밖에 없다는 사실이다. 다르게 말하자면, 기계장치는 그 가치를 상품으로 이전할 때 "가치저하"(entwertet)되지만, 자본 자체는 가치저하되지 않는다. 한편으로 자본은 임금을 훨씬 더 가치저하시키기 때문이다.[37] 실제에서 자본은 노동을 그 노동 능력에서 "덜 생산적인" 노동으로 또는 이에 상응하는 생산물 수량으로 변환시키는데, "노동의 몫으로 떨어지는 수량이 감소"[38]하기 때문이며, 이야말로 기계장치 도입의 첫 번째 결과이다.

　실제로 마르크스는 자본의 산업혁명 혹은 기계장치 혁명으로부터 귀결되는 여덟 가지 결과를 즉각 지칭한다. 첫 번째 결과물은, 역설적이게도, 기계장치가 (노동력 재생산을 위한) 필요시간을 비례적으로 감소시킴에도 불구하고 노동일의 절대적 시간은 그대로 같다는 것이다.[39] 이렇다면 초과착취가 생겨나는데, 이는 노동의 박자를 빠르게 만들기 [즉 노동 강도를 높이기] 때문이 아니라, 이전의 착취율을 유지하면서도 자본에 더 높은 노동 생산성을 합친 – 이전의 절대적 잉여가치에 더하여 기계장치 도입으로 획득한 상대적 잉여가치를 합친 – 결과로 발생한다. 달리 말해 자본은 [생산성이 높아졌으니] 노동시간을 줄이거나 임금을 늘리는 대신에, 노동의 생산하는 힘의 더 높아진 생산성을 흡수하는 것이다.

　하지만 기계장치의 가치저하 가능성은 가속화되기에, 자본은 가능한 한 최소 시간 내에 기계장치에 선대한 경비를 벌충하려고 한다.

> 필요노동시간의 이러한 단축은 물론 일시적이며, 기계장치가 이 부문에 일반적으로 도입됨으로써 [해당 부문의] 상품 가치가 다시금 상품에 함유된 노동시간으로 감소해버린다면 사라진다. … 따라서 오래된 기계장치 대부분은, 저 자신의 유통 기간을 통과하기도 전에 즉 그 전체 가치가 상품들의 가치 속에 모두 다시 나타나기도 전에, 그 가치의 일부를 상실하거나 완전히 쓸모없는 것이 되고 만다. (MECW.30:330, 332; MEGA:302, 305 [〈초고〉 1분책:346, 349])

이런 것이 기계장치 도입의 두 번째 효과 또는 귀결의 원인이다. 초과착취의 가속화가 일어나며, 필요시간이 감소하되 노동일은 유지될 뿐만 아니라, 기계의 가속적 가치저하 가능성에 신경 씀으로써 노동일의 절대적 시간 또한 증가한다.

> 기계장치가 자본주의적 방식으로 채용되자마자, … 기계장치가 노동자와 마주보는 자본의 한 형태로서 독립적 현존을 얻게 되자마자, 절대적 노동시간 즉 총노동일은 단축되는 게 아니라 연장된다는 사실은 일반적 경험이다. (MECW.30:

그런데 이와 같은 초과착취의 주된 원인은 고정(및 불변)자본의 증가로 인한 "이 윤율 하락"[40]이며, 자본은 즉각 노동의 절대 시간을 증가시켜 (기계에 의한 상대 적 잉여가치의 더 큰 증가 및 절대적으로 더 긴 노동일에 의한 절대적 잉여가치의 더 큰 증가를 통해) 이에 대응하거나 이를 벌충한다.

가치증식과정에 기계를 도입한 세 번째 결과는, 생산물 가격이 (개별 상품들 이 더 적은 가치를 함유하므로) 감소한다는 사실로 인해 임금 즉 "노동능력의 가 치 또는 노동능력 재생산을 위한 필요시간" 또한 감소한다는 사실이다. 같은 임 금을 지불하려고 자본은 노동 과정의 박자를 빨리한다.

> 이는 소위 **노동시간의 응축**을 통해 일어난다. 이렇게 응축된 노동시간 속에서는 시간의 전 부분이 그 노동 내용을 증가시키고, 노동 강도가 증대하고, … 일정 기 간 내에 수행되는 **노동의 양적 증대**가 있다. 노동의 압축을 통해 〔 … 즉〕 일정 기 간 내에 수행된 **노동의 압축**을 통해, 말하자면, 시간 여기저기에 뚫려 있던 구멍 들이 메워진다. (MECW. 30 : 355 ; MEGA. 307 〔〈초고〉 1분책 : 351〕)

이 경우 명백히 "노동능력은 동일한 노동시간 동안에 더욱 빨리 소모"[41]될 것이 다. 말하자면 초과착취는 노동자의 삶을 단축한다. 하지만 이와 동시에 이 경우 는 자본이 "절대적 노동시간의 단축"[42]을 어느 정도 성취하게끔 허용하는데, "상 대적 잉여노동시간을 연장하기 위한 수단들"[43]이 더 강해지기 때문이다(더 빠른, 더 정확한, 더 가벼운, 저비용의, 등등의 기계들).

자본의 기계 포섭의 네 번째 효과는 "단순 협업이 기계장치로 대체"[44]되는 것 이다. 그러니까, 매뉴팩처 자본주의 시대의 원시적 작업장에서는 노동을 시작하 기 전에 작업을 분명히 조직하는 게 필요했다. 기계들은 직접적 방식으로 노동자 들을 협동하게끔 조직한다.

다섯 번째 산물은 "파업 등에 대항하여 또 임금 인상 요구에 대항하여 기계장치를 발명하고 채용하는 것"⁴⁵이다. 이 지점에서 마르크스는 유어를 인용한다. "자본이 과학을 자기 봉사자 목록에 넣을 때, 노동자의 불량한 손길은 언제나 유순함을 배울 것이다."⁴⁶

그러나 여섯 번째로, 기계는 "노동자들이 자신들 노동의 생산성[증대의 결실]을 부분적으로 전유하기를 원하는 불손함"Anmaassung⁴⁷을 만든다.

일곱 번째로, 기계는 "노동을 더욱 연속적으로" 만들고, 나아가 낮은 비용으로 원료를 이용할 수 있게 한다.

마지막 여덟 번째, 기계는 필요노동의 감소 때문에 "노동 대체"⁴⁸를 만들어낸다. 시간 감소 곧 필요한 노동자들의 감소를, 말하자면 실업을 만들어내는 것이다. 따라서 기계는 곧 [기계 도입을 통한 상대적] 잉여가치 증가는 임금노동자를 "사실상의 극빈자"virtualiter pauper로 변환시킨다.⁴⁹

이런 다음에 "상품 가격과 임금"을 비교하는 단락이 이어진다. 여기에서 마르크스는 노동자가 상품 생산을 위해 받은 임금과 동일 가격으로는 상품들에 함유된 가치에 맞게 상품들을 구매하는 게 완전히 불가능하며, 이는 생산된 가치 중 일부, 예를 들어 100에서 80 정도만 노동자가 받기 때문이라고 쓴다. 즉 위기의 "가능성"이 있다.

이상의 여덟 가지와 그에 앞서 언급한 측면들은, 기계장치의 도입 덕분에 혹은 옳게 말해 매뉴팩처 자본이 산업 자본으로 변환됨으로 인해, 자본에 의해 또 자본 속에 노동이 ─ 형식적일 뿐만 아니라 ─ 실제적으로 포섭되는 양상의 구체적 규정들을 기술한다. 그런데 어쨌든 이 〈노트V〉는 또 다른 담론 곧 〈노트VI〉부터 계속될 다른 이론적 작업을 개시하기 위해 갑작스레 중단되었다.

제2부
범주들의 전체 체계의 비판적 대면
—이른바 "잉여가치론"

1862년 3월에 마르크스는, 적어도 그가 1862년 11월 26일 판 『타임』지를 인용한 211면까지 쓴 다음 〈노트V〉에서 손을 놓았다.[1] 〈노트V〉의 마지막 부분은 1863년 1월에 이어졌을 가능성이 있다. 이때 마르크스는 — 우리 책 제4부 11장에서 보게 될 — 〈노트XIX〉 집필을 시작했다. 어쨌든 1862년 3월에 마르크스는 〈노트VI〉을 시작했다. 〈노트XV〉까지 포괄할 정도로 〈1861~63년 초고〉 전체의 절반을 차지하는 이 내용엔 "잉여가치론"이라는 제목이 붙었다. "잉여가치론"에는 숫자 "5"가 붙었는데,[2] 이전의 기획안들에 따르자면 "4"항은 절대적 잉여가치와 상대적 잉여가치 사이 비교이거나 축적 문제여야 했기 때문이다.[3]

여기에서 마르크스가 명료하게 밝히려는 논지tesis는 분명 『요강』에서 이미 발견했던 것이며, 나아가 우리 책 제2부 전체 즉 "잉여가치론"을 지탱하는 이론적 시야로 기능하게 될 것이다. 그는 다음과 같이 썼다.

> 모든 경제학자는 잉여가치를 잉여가치 그 자체, 순수한 형태로가 아니라 이윤과 지대라는 특수한 형태로 검토한다는 오류를 공유한다. 이로부터 이론적 오류들이 필연적으로 발생할 수밖에 없다는 점은 III장[4]에서, 잉여가치가 이윤이라는 몹시 변화된 형태를 취한 것을 분석하면서 더 완전히 나타날 것이다. (MECW. 30:348; MEGA:333 [〈초고〉 2분책:49])

제2부를 전개하는 동안 잊지 말아야 할 정초적 문제는 다음과 같다. 첫째, 부르주아 경제학자들이 빠져들게 되는 "오류" 혹은 "혼동"들의 유형. 둘째, 자본주의 정치경제학이 일상생활의 "부르주아적 시야" 내부에 갇혀 있다고 간주할 때, 이러한 오류들이 갖는 "필연성"("필연적 발생"). — 달리 말해 경제의 과학[즉 경제학]은 그 원천 혹은 전제들에서부터 필연적인 기형의 이데올로기적 해석에 오염되어 있으며, 이런 해석을 피하거나 빠져나갈 수 없다.

〈노트VI〉부터 〈노트XV〉까지는 ("잉여가치론"은) 잉여가치에 대한 이론들의 역사가 아니다. 마르크스는 1867년 4월에서야 『자본』의 "제4권"으로서 이와 같은 "역사"에 관해 처음 말하며, 이 "제4권"에서는 이에 선행한 세 권[『자본』 제1권, 제2

권, 제3권의 논점들이 "역사적 형식"으로 되풀이될 것이었다.[5] 살펴보겠지만, 1862년 〈노트〉들의 목적은 역사를 구성하는 것이 아니었다. 잉여가치에 대한 이론인 것도 아니었는데, 마르크스 나름의 잉여가치에 대한 이론은 이미 (우리 책 1장부터 3장까지 살펴본) 〈노트V〉에 이르기까지 부분적으로 발전해 왔기 때문이다. 실제로는 마르크스가 자신의 이전 논의를 중단했던 것은 정확한 이론적 과업을 수행하기 위해서였다. 이 과업이란, 1862년 3월에 이르기까지의 마르크스 자신의 발견들, 즉 이미 비판적으로 구축된 범주들을 (특히 잉여가치를) 자기보다 이전의 가장 유관하고 중요한 부르주아 경제학자들의 범주 구조와 대면시키는 것이었다. 이는 두 패러다임 사이에서 빚어지는 발생론적genética 대면일 수도 있다. 최근에 발견되어 성장하는 범주들의 체계로서 마르크스 자신의 패러다임과, 지배적 경제 이론과 관련되는 고전적 경제학자 혹은 그 밖에 다른 사람들의 체계 사이의 대면 말이다. 이는 이전 경제학자들과 마르크스 사이 영향 관계의 "장부를 청산"하는 사안만은 아니었고 오히려 이것이 선차적인 사안이었다. 사실 이것은 "비판"이었다. 즉 자신의 가설을 맞춰 보고 시험하고 출범시키면서, 다른 경제학자들에게나 그 자신에게 답하고 또 시험대에 놓을 능력을 검증하는 문제였다. 거의 이론적 격투라 할 만한 이 대면을 통해, 마르크스는 이미 구축된 자기 범주들의 저항력 및 위력을 입증해야 했을 뿐만 아니라, 새로운 범주를 전개해야 할 처지에 놓였다. 이론들 즉 범주들의 이런 비판적 대면은 (따라서 이것은 잉여가치의 역사도 아니고 이론 그 자체도 아닌데) 마르크스의 지적 일대기에서 엄청난 중요성을 띤다. 그의 이론적 가설, 그의 해석 범주들의 구조, 그의 (본질적으로는 추상적인) 정치적이고도 경제적인 패러다임은 "승인"을, "시험"의 "합격증"을 얻어야만 했다. ― 이 시험은 확정적이고 설명적인 논변이 아니라 숙적의 공격을 버티는 비판적 "시험"이면서, 또한 여타의 범주적 패러다임에 대한 "비판"을 수행할 가능성으로 천천히 발전해가는 대면이다.

이런 유형의 비판적 대면은 마르크스가 전부터 몇 번이나 구사했었다. 『요강』에는 "잉여가치론"을 구성하는 열 개 노트의 진정한 예견이라 할 "소책자"[6]가 있다. 이 소책자는 제법 많은 쪽수로 구성되어 있고, 〈1861~63년 초고〉의 〈노트

VI~XV)에 들어간 다른 많은 내용처럼 시작한다.

경제학자들의 절대적 혼동…. (마르크스 1973:549;MECW.28:473 [『요강』 II:188])

그[리카도]에게 이윤과 잉여가치 사이 구별은 없음. 이는 그가 둘 중 어느 것 하나의 본성에 대해서도 명확하지klar 않다는 증거. (마르크스 1973:552;MECW. 28:475 [『요강』 II:191])

이 "소책자"7는 하나의 사례로서, 마르크스가 때때로 자신의 담론을 떠나거나 중단하고서는 일종의 "탈출"을, 비판적 대면이라는 예상치 못한 "여행"을 하기에 이른다는 점을 잘 보여준다. 이런 대면 내용은 천천히 서로 뒤얽혀서 앞선 담론 내부에서 독립적 저작을 편성한다. 『요강』의 이렇게 긴 주석 끝에, 그는 프랑스어로 "이제 우리의 본제로 돌아가자."라고 소리 높여 말했다.8 1862년에도 〈노트XIX〉 집필 전에 〈노트V〉로 몇 개월 지나 되돌아가면서 이렇게 말했을 법하다.

보다시피 『요강』에서나 〈1861~63년 초고〉의 첫 다섯 개 〈노트〉의 작업 소재 전체에서나, 마르크스는 우선 잉여가치와 이윤 사이 차이를 만들려고 했다. 하지만 이 두 항목 사이에는 실질적으로나 − 경제적 현실에서나 − 또 이론적으로나 − 엄청난 수의 범주가 명료해지거나 구성되어야 한다는 점에서나 − 거대한 공간이 입을 벌리고 있었고 그 속에서 이제 마르크스는 고전적 부르주아 경제학자들과 대면을 시작해야만 했다. 어떤 면에서 보자면, 생산 층위에 있는 잉여가치라는 깊숙한 범주를, 다시 말해 자본의 본질을 마르크스가 정치경제학 사상 최초로 발견한 후에, 이제는 이 범주의 관점으로부터 나아가서 혹은 이 관점을 넘어서서(übergehen) 이윤의 범주로 향할 필요가 있었다. 화폐라는 매개가 없이는 노동시간이나 가치로부터 직접 상품의 가치 측정으로 나아가거나 넘어설 수 없었던 것과 마찬가지로, 우리는 − 수많은 매개가 요청되기 때문에 − 잉여가치로부터 직접 시장가격 및 판매에서의 그 실현인 이윤으로 나아갈 수 없다. 만약 이 둘이 차별되지 않는다면 즉 이윤과 잉여가치가 같게 생각된다면, 엄청나게 많은 혼동이 나타날 것은 명백하다(두 항목은 동일하기 때문에 불명료함은 필연적 결과다). 매개들 사이 차이를 만들기 위해서는 그전에 이 관계의 두 항목 사이 차이가 먼저 만들어져야만 했다.

잉여가치로부터 이윤으로의 이행은 일종의 현현顯現이다(가치는 생산 속에서 가격으로 현상한다). 이윤으로부터 잉여가치로의 이행은 일종의 설립이다(가격은 유통 속에서 잉여가치로부터 설립된다). 부르주아 경제학자들은 이윤→생산이라는 이행에 절대적 우선성을 부여한다. 앞의 두 번째 이행, 잉여가치가 가격으로 되는 이른바 실현이라는 이행의 필요성은 마르크스가 부인할 수 없으나, 그는 이 필요성을 첫 번째 이행으로부터 뚜렷하게 구성해낸다. "생산가격"의 필연성을 해명할 이론이 필요함을 그가 부인할 수는 없다(부르주아 경제학자들은 모든 것을 자본의 "시야"에서 분석하므로, 이들의 눈에 생산가격은 유일한 정초적 문제다). 그러나 마르크스는 모든 것을 노동의 주체[의 시야]로부터, 말하자면 노동자로부터, 일하는 사람la persona humana으로부터 (이 관점이 도덕적일 뿐만 아니라 본질적으로 윤리적인 관점이기 때문에)[9] 분석하며, 가격을 가치라는 토대 위에 즉 인간의 대상화된 삶 위에, 잉여가치(도둑맞은 삶) 위에 설립하는 일에 관심이 있다. 따라서 그는 유통이라는 피상적이고 현상적인 층위를 생산이라는 심오하고 본질적인 층위보다 위쪽에 설립했다. 이러하므로 비판적 대면은 필연적인데, 자신의 발생론적으로 새로운 패러다임이, 부르주아의 과학적이고도 이데올로기적인 옛 패러다임이 가하는 공격에 저항할 수 있다는 사실을 저 자신에게 입증하기 위해서이다 — 모든 사회 과학은, 물론 마르크스의 과학조차도, 어떤 이데올로기적 구성요소를 항상 갖고 있으며, 따라서 "절대적 지식" 즉 이데올로기 없는 사회 과학임을 꾸며낼 수도 없고 그 본성상 그런 규정을 부인하기 때문이다.

이렇게, 마르크스는 열정적인 이론적 의욕을 갖고서, 1862년 3월부터 동년 11월까지 한 달에 거의 100면을 쓰는 속도로, 724면(〈노트VI〉 220면부터 〈노트 XV〉 944면까지)[10]에 이르는 작업을 힘들게 수행했다. 이제 그는 영국박물관 도서관에 의지할 수밖에 없었는데, 그곳에선 마르크스가 읽었던 것과 똑같은 저작을 오늘날까지도 우리가 참조할 수 있다.

심오한 "본질"은 잉여가치이며, 현현하는 "형태"가 이윤이다 — 앞으로 보겠지만, 지대는 잉여가치 그 자체로부터 파생된 "형태"이다. 문제는 잉여가치의 다양하고 필연적인 매개들을 현상적이거나 뚜렷한 층위에서 이어 맞추는 것이다. 이 문제는, 지나치게 미리 소개되는 것이긴 하지만 〈그림 4.1〉에 도해되어 있다.

〈그림 4.1〉 잉여가치와 이윤 사이의 몇몇 매개적 범주

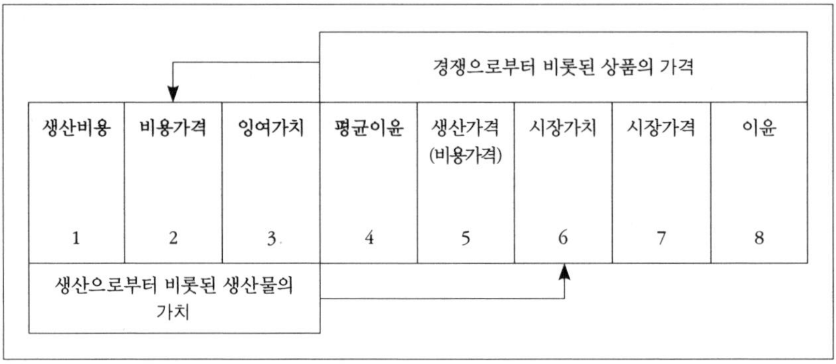

			경쟁으로부터 비롯된 상품의 가격				
생산비용	비용가격	잉여가치	평균이윤	생산가격 (비용가격)	시장가치	시장가격	이윤
1	2	3	4	5	6	7	8
생산으로부터 비롯된 생산물의 가치							

그러나 이 〈그림〉에 나타난 8개 층위의 심도를 해명하길 바라는 것은 아니다. 이는 마르크스가 부르주아 경제학자들과 비판적으로 대면한 결과일 것이기 때문이다. 다만 우리는 몇몇 측면만을 짚어보고자 하며, 이를 통해 마르크스가 〈노트VI〉부터 수행한 범주들의 명료화와 그 편성을 이해할 수 있겠다.

방법론상으로는 "추상으로부터 구체로" 넘어가야만 한다. 이 경우에서 가장 단순하고 추상적인 것은 잉여가치이며, 이윤은 좀 더 복잡하고 구체적이다. 비판적 입지점에서 보자면, 생산에서의 노동시간이 생산물과 그 가치를 결정한다(〈그림 4.1〉의 층위 1, 2, 3). 반면에 상품의 "가격"은 — 자본을 현실적으로, 다수 자본들로, "자본 일반"을 다루는 [1858년 4월 기획안의] 네 부분 중 두 번째 부분이어야 할 수요와 공급으로부터,[11] 다시 말해 "자본의 입지점으로부터"(der vom Standpunkt des Capitals) 고찰하지 않고, 자본 그 자체로만 고찰한다면 — 경쟁 "일반"으로부터 결정된다. 마르크스는 잉여가치로부터 이윤으로의 "이행"을, 두 가지 범주 덕분에 즉 이른바 "평균이윤"(Durchschnittsprofit)(층위 4)과 "비용가격"(Kostenpreis) 혹은 "생산가

격"(Productionspreis)(층위 5)12 덕분에 수행할 수 있다는 사실을 여기에서 언급해야만 하겠다. 유통이야말로 화폐의 여러 기능을 설립했던 운동 중의 존재론적 총체였듯이, 이제는 경쟁(Concurrenz)이, 비용가격 혹은 생산가격(이는 마르크스에게 〈1861~63년 초고〉 전반에서 혼동되었던 개념인데) 결정이 이루어지는 토대일 것이다.

마르크스에게 자신의 독창성은 고전적 정치경제학과는 대조적으로 잉여가치가 추상 층위에선 그 "본질"과 "총체성"상 이윤과 동등하다는 사실에 있다. 하지만 (자본들, 자본 부문들, 국민[적 자본]들 사이에서) 변동하는 구체적 항목을 해명하기 위해서는 다른 범주들이 요청된다. 이로부터 한편으로 잉여가치는 "평균이윤"보다 높거나 낮아질 수 있다. 다른 한편 "비용가격" 혹은 생산가격은 "시장가격"보다 높거나 낮아질 수 있다. 이런 내용에서 "종속 문제"의 중요한 결론들을 이끌어낼 수 있을 텐데, 중심부 나라들의 생산물 가격은 "특별이윤"을 허용하면서, 종속된 나라들의 더 낮은 이윤 및 가격과 대조되기 때문이다. 마찬가지로, 발전된 나라들에서 "평균이윤"은 해당 나라들의 잉여가치보다도 더 클 것이고 저발전 나라들에서는 반대의 상황일 것이다.

우리의 제2부 중심 내용에 접근하기 전에 마지막으로 한마디 해 두자. 누군가는 왜 마르크스가 "잉여가치론"이라는 표제 아래에 이토록 많은 논점들을 다루고 있는지를 물을 수 있겠다. 그런데 이 문제를 더 깊이 연구하다 보면, (연표 형식 같은) 외적 역사의 틀에서부터 마르크스가 (스튜어트, 중농주의자들, 아담 스미스에 대한 경우에서처럼) 잉여가치 문제에 관해, 혹은 (잉여가치를 생산하는) 생산적 노동에 관해, 혹은 (잉여가치가 분배되는) 지대나 그 밖의 것들에 관해, 비록 이따금 가볍기는 하나 (예비적 순서 없이) 수많은 주제에 대한 조사를 진전시킨다는 점을 깨달을 수 있다. 이런 식으로, 재생산이라는 예기치 않은 문제는13 비판적 대면 모두를 뚫고 진행된다. 어쨌든 잉여가치 개념의 전개는 이 〈노트〉들 전체를 통일하며, 또한 마르크스가 발견한 위대한 범주, 바로 이것을 무시했기 때문에 생겨났던 고전 경제학자들의 "오류" 및 "혼동"과 이제 비판적으로 대면하는 그런 범주를 편성한다. 고전 경제학자들은 저 자신의 맹목 때문에 필연적으로 이 범주를 무시할 수밖에 없었는데, 이들의 맹목은 "자본주의적 존재" 곧 스스로 가치증식하는 가치 위에 설립된 세계 — 헤겔적이면서 마르크스적 의미에서의 세계, 현상학적으로는 또한 헤겔에게 기대는 하이데거적 의미에서의 세계 — 내 부르주아적 시야의 총체성 속에 있는 그들의 입장에서 비롯된 것이다. 이런 [증식하는 가치인 자본주의적] "존재" 외부에서는 아무런 것도 의미가 없다. 마르크스가 그의 [비판적] 대면을 수행하는 일에 원천이 되는, 산 노동조차도 말이다.

제4장

제임스 스튜어트 및 중농주의자들과의 비판적 대면

1862년 3월부터 〈노트VI〉 220~243면[1]

하지만 중농주의자들에게 그것은 이런 형식[2]으로 나타나지 않았는데, 이들은 아직 가치 일반을 그 단순한 실체로 — 노동 혹은 노동시간의 수량으로 — 축소시키지 않았기 때문이다. 물론 이들의 서술방법Darstellungsweise은 가치의 본성에 대한 이들의 일반적 시각에 의해 필연적으로 좌우되었는데, 이들에게 가치는 인간 활동(노동)의 정해진 사회적 현존양식이 아니고, 물질적인 것들 — 토지, 자연, 그리고 이런 물질들의 다양한 변종들 — 로부터 구성되는 것이다. (MECW.30 : 354~355 ; MEGA : 341 [〈초고〉 2분책 : 55])

우리는 이 짧은 장을 통해 특히 "인식론적 주목"의 자세를 분명히 갖추고자 한다. 자본주의적 경제학자들과 대면하면서 마르크스가 이용한 방법을 그려내기 위해서이다. 이어질 장들에서는 이 주제를 상세히 신경 쓰지 못할 것이므로, 여기에서 마르크스 담론의 이 특정한 층위를 명료하게 만들어야 하겠다.

4.1 스튜어트의 경우

(MECW.30 : 348~352 ; MEGA : 333~337)

본원적으로, 제임스 스튜어트의 개념파악은 중상주의식이다.

중농주의자들 이전에 잉여가치Mehrwert — 즉 이윤, 이윤 형태의 잉여가치 — 는 순
전히 교환으로부터, 상품을 그 가치 이상으로 판매하는 것으로부터 설명되었다.
(MECW.30:348;MEGA:333〔〈초고〉2분책:49〕)

마르크스는 스튜어트가 이용한 범주들에 주목하기 시작했으며 그의 패러다임
의 정초적 구조를 발견했다. 판매하면서 ("양도를 통해") 획득하는 더 많은 가치
가 이윤이라는 것인데, 이것은 마르크스가 〈1861~63년 초고〉의 첫 번째 〈노트〉
에서 규정했던 대로의 "잉여가치"는 결코 아니다. 스튜어트의 관점에서 잉여가치
와 이윤은 동일하다. 곧 이 둘은 의미상 동일한 내용을 가진 두 개 명칭에 불과하
다(실제로 스튜어트에게서 명칭은 단 하나 이윤뿐이다). 결과적으로 "사회적 부"
를, "사용가치의 합계"를, "노동의 생산하는 힘이 발전한 결과 생산되는" 가치(잉여
가치 혹은 이윤)의 더욱 큰 수량을 증가시키거나 확장하는 것은 오로지 "실정적
이윤" 하나뿐이다.3 이렇게 해서 "실제 가치"(마르크스에게서는 "생산물의 가치")4
혹은 "새로운 부의 창조(Schöpfung)"5는 일정량의 노동의 결과물이며 이는 나라의
한 노동자가 정상적으로 수행할 수 있는, 평균적인 노동량이다.6 노동과 가치 사
이의 이런 관계양상은 적절하지만, 스튜어트는 "어떻게"(wie)해서 "새로운 가치", 더
많은 가치, 즉 잉여가치가 가능해지는지를 스스로에게 묻지 않는다. 그는 이 "특
수한"(einzeln) 자본주의적 잉여가치의 원천을 "해명"(erklären)하거나 밝힐 수가 없
다. 그런데 정말로 본질적인 문제, 마르크스가 관심을 두는 바로 그것은 이와 같
은 범주상의 구분 이후에 등장한다.

생산물이 상품으로 판매되고, "누군가의 손실"7을 표상하는 "상대적 이윤"이
획득될 때, 자본주의적 제조업자에게는 "실제 가치"를 넘어서는 일정한 특별잉여
즉 더 많은 무언가가 더해진다. 요컨대 "상품의 가격"은 — 스튜어트의 새로운 범주
는 — 판매가 이루어지는 동안에 "상대적 이윤"을 획득하므로, 그 "실제 가치"보다
더 크다. 바로 이것이 구매자에게는 손실이 되는 자본가의 이윤이다.

마르크스가 말하기를, 스튜어트는 "상대적 이윤"을 나눠 갖는 일이 지배 계급들과 관련된다는 사실을 잘 이해하고 있었다. 제조업자들에게는 이윤, 대부업자들에게는 이자, 토지소유자들에게는 지대. 또 그는 모든 이윤이 "실제 가격"을 넘어서는 "상품 가격"에 속한 잉여가치라는 사실을 명확히 이해했다. 어떻게 해서 "결정하는 계급의 소유물인 생산 조건들과 노동능력 사이 분리가 발생"[8]하는지를 스튜어트가 발견했을 때, 그는 자본에 대해 정확히 개념파악하기도 했다. 하지만 마르크스가 생각했던 것처럼, 스튜어트가 잉여가치 문제를 본질적으로 이해할 수는 전연 없었는데, 왜냐하면 그는 유통의 시야를 결코 넘어서지 못했기 때문이다.

실제로, 스튜어트가 "실제 가치"의 구성요소에 관해 자문할 때, 그는 노동의 수량, 생활수단의 가치, 원료의 가치, 이렇게 세 가지를 꼽는다.[9] 이 세 가지 (스튜어트가 "품목"article이라고 부르는) 구성요소는 마르크스적 의미의 잉여가치를 숨긴다. 혹은 잉여가치를 보여주지 않는다. "노동의 수량"은 노동자가 수행한 노동이다. 그런데 "생활수단(즉 마르크스가 말했다면 "노동능력"의 재생산을 위해 필요한 것)"은 사실상 "노동의 수량"에 속한 부분이다(노동량의 이 부분은 [마르크스 관점에서는 노동자 임금에 산입되므로] "잉여시간"에 수행되는 게 아니라 "필요시간"에 수행될 것이다).

요약하자면, 제임스 스튜어트와 대면함으로써 마르크스가 내린 결론은, 잉여가치가 그것 자체로 (대상화된 잉여노동시간으로) 발견되었던 것이 아니라 그 여러 현상 중 하나인 – 마르크스라면 이렇게 불렀을 – "외양적 형태"로, 즉 이윤으로서 발견되었다는 점이다. 하지만, 틀림없이, 정초적 오류 혹은 혼동은 중상주의와 다르지 않다. 이윤을 해명하기 위해서는 상품이 그 가치 이상으로 팔려야 한다고, 또 상품이 그 가치대로(스튜어트의 범주들로 표현하자면, 노동자의 생활수단의 재생산을 위한 필요 가치를 넘어서서 대상화된 노동시간의 수량인 잉여가치를 포함하는 실제 가치대로) 팔린다는 사실이 이해되지 않는다고 확언한다는 점에서 그렇다.

마르크스가 어떤 종류의 해석학적 과업을 수행했느냐고 당연히 물을 수 있을 것이다. 마르크스는 스튜어트의 중상주의적 패러다임 안에 있는 명칭들과 범주들을 고찰했고 이를 마르크스 자신의 명칭, 범주, 패러다임과 대면하도록 만들었다. 그 결과 스튜어트에게서 긍정적이고 재이용할 수 있는 측면들이 도출되었다. 여타의 것들은 혼동시키는 오류의 결과로서 거부되었지만 말이다.

제임스 스튜어트가 자리 잡은 "시야"에서 볼 때, 스튜어트 자신은 "중금주의 및 중상주의 체계의 합리적인(rationelle) 표현"이다.[10] 달리 말해, 그의 현실적이고 실용적이고 일상적인 "세계"에서 볼 때, 그가 표현하는 것과 다른 식의 합리적이고 정합성 있고 "과학적인" 표현[11]이란 결코 있을 수가 없다. 그의 표현은 완벽히 "합리적" 혹은 "과학적"일 수 있겠으나, 잘못되고 모호할 수도 있다. 다시 말해, 그의 표현은 자신의 "시야" – 유동자본을 본질이자 토대로 받아들이는 시야 – 내부에서는 정합적이며, 이러니 그의 실수들은 필연적이다.

4.2 중농주의자들과의 대면

(MECW.30 : 352~362 ; MEGA : 337~348)

반대로, 중농주의자들에게 생산물은 상품으로서 그 가치대로 판매된다. 그런데 이 가치는 생산수단에 투자된 가치 및 농업 노동자의 노동능력에 지불한 임금으로 투자된 가치를 뛰어넘는 "더 많은 가치"를 함유하고 있다. 이 더 많은 가치는 "자연으로부터의 선물"(Gabe der Natur)이다.[12] 그런 잉여가치는 토지소유자가 수령하는 지대다. 지대를 제외하고 다른 잉여가치는 없으며, 산업자본가의 이윤은 사업가를 위한 봉급인 것으로 끼워 맞춰져야interponer 한다. 중농주의자들이 중상주의를 넘어섰던 게 사실이긴 하지만, 또 이들이 "잉여가치의 원천에 대한 탐구를 유통의 영역으로부터 직접적 생산의 영역으로 옮겨 놓았다."[13]는 게 사실이긴 하지만, 이들에게도 수많은 혼동이 있었다.

우선은, 마르크스가 중농주의자들과 대면하던 중에는 필요한 범주 중 상당수를 아직 편성하지 않았었다는 점을 지적해야겠다. 그러니까 그는 『요강』에서 이미 분석했던 바와 마찬가지로, 예를 들어 지대가 엄밀히 말하자면 잉여가치라

는 점을 받아들인다.[14]

"부르주아적 시야"로부터 이해함에 따라, 중농주의자들은 자본을 편성하는 계기들을 "그 사회적 형식으로부터 독립적인 ─ 따라서 생산의 자본주의적 형식을 영원하고 자연적인 생산 형식으로 만드는"[15] ─ 것으로 식별하였다. 역사적 관점과 관련된 이런 오류는 이들로 하여금 "일정한 역사적 사회 단계의 물질적 법칙을…모든 사회 형식에 동등하게 지배력을 행사하는 추상적 법칙으로"[16] 생각하게끔 이끈다.

중농주의자들은, 노동자들의 상품인 "노동능력"이 마주 대하는 것이 그 자체 자본으로 편성된 노동 조건들이라는 점을, 노동능력의 가치는 "노동능력 재생산에 필요한 생활수단을 생산하는 데 요청되는 노동시간"[17]과 등가라는 점을 적절히 환기시킨다. 물론 이들이 [노동능력 재생산에 필요한] 최소한의 요구치를 "바뀔 수 없는 것"으로 간주할 때 ─ 동일한 노동능력이라도 그 재생산을 위해 수령하는 것의 내용은 변화에 맡겨진 문명의 역사적 발전의 효과이므로 ─ 실수를 범하기는 했지만 말이다. 그런데 더 큰 실수는 이들이 잉여가치를 형식적으로 이해하지 않고 다만 물질적으로 이해했다는 데 있었다.

> 농업 노동이 유일하게 생산적인〔잉여가치를 생산하는〕노동이며, 잉여가치를 창조하는 유일한 노동이기 때문에, 농업 노동을 그 밖의 모든 노동 부문들로부터 구별해주는 잉여가치 형태 즉 지대가 잉여가치의 일반 형태이다. (MECW.30:356; MEGA: 342 [〈초고〉 2분책:58])

중농주의자들은 "추상적 노동과 그 척도인 노동시간"이 아니라 "일정하고 구체적인 노동〔농업 노동〕"을 잉여가치의 창조자로 혹은 "가치의 실체"[18]로 받아들인다. "노동의 사회적 조건" 일반을 먼저 규정했을 때에만, 잉여가치 (즉 대상화된 사회적 잉여노동) 범주를 형식적으로 구축할 수 있었을 것이다. 하지만 중농주의자들은 이 중 무엇도 할 수 없었고, 그 결과 이들 자신의 전제들로부터 다수의 모순이 발생하기 시작했다.

첫 번째 모순은 이렇다. 이들은 농업과 토지소유자들에게 선차성을 부여했지만, 어째서 봉건 체계의 해소가 현행의 산업 자본에 선행하는지를, 어째서 동일한 토지소유자가 실제로는 소유자로서보다는 자본가로서 더 많이 나타나며 그러함으로써 잉여가치가 그에게 지대로서 배분되는지를 이해하지 못했다. 요약하자면,

이로부터 [중농주의자들의] 이 체계에 모순들이 나타난다. 처음에 이 체계는 타자의 노동의 전유를 통해 잉여가치를 해명하는 것이었다. … 그런데 이 체계는 가치 일반이 사회적 노동의 한 형태라는 점을, 또 잉여가치가 잉여노동이라는 점을 보지 못했다[해석학적으로 맹목이었다]. 반대로 이 체계는 가치를 그저 사용가치로, 물질적 실체로만 생각했고, 잉여가치를 그저 자연의 선물로 생각했다. (MECW.30:360;MEGA:346 [〈초고〉 2분책:62])

보다시피 마르크스는 자신의 개념들을, 자신의 궁극적 적수와 명료함을 통해 대면함으로써 — 마치 그리스의 수사법에서처럼 — 입증한다(스스로에게 자신의 해석 범주들의 저항력resistencia 혹은 타당성pertinencia을 입증한다). 하지만 이와 동시에, 잉여가치 문제와 관련해서, 명료해져야만 할 새로운 주제들이 떠오른다. 제임스 스튜어트와 대면할 때는 가치와 상품 가격 사이 차이(잉여가치가 이윤으로 실현)에 관한 것이 중요했다면, 이제 문제는 (잉여가치를 생산하는) "생산적 노동"과 복합적 주제인 "토지의 지대"에 관한 것이다.

4.3 그 밖의 부차적 모순들

(MECW.30:362~376;MEGA:348~363)

마르크스는 잉여가치 범주의 의미론적 내용을 계속 "보강한다"asegurar.

이렇게 중농주의자들은 잉여가치 생산을 자본주의적 생산의 본질Wesen이라

고 보았다. 이 현상Phänomen이야말로 이들이 해명해야 할 것이었다 … 이 최초의 개념파악에서 우리는 우선 잉여가치의 본질Wesen — 잉여가치란 판매 과정에서 실현되는 가치이되 판매자가 그것에 해당할 등가물을 건네주었던 적도 없고 그것을 구매하지도 않았던 가치, 즉 미지불 가치Unbezahlter Wert라는 사실 — 을 얻는다. (MECW.30:370, 363; MEGA:358, 349 [〈초고〉 2분책:73, 65])

그렇다면 잉여가치는 어느 곳에서 오는가? 다시 말해 자본은 어느 곳에서 오는가? … 중농주의자들은 물적 소재Stoffs의 증가를, 즉 농업 및 축산을 제조업과 구별시켜주는 식물 생장 및 동물 번식의 자연 과정에서 비롯된 것을, 교환가치의 증가와 혼동하는 오류에 빠졌다. (MECW.30:370; MEGA:358 [〈초고〉 2분책:74])

마르크스가 수행한 대면의 변증법적 반성reflexión 속에서 잉여가치의 "본질"은 몹시 명백해진다. 지금의 "현상"이며 외양(Erscheinung)이자 세워진 것은, 말하자면 이윤, 지대, 이자는 본질(동일성이자 기초(Grund))로부터 해명하고 명료화할 필요가 있다. 그러나 현상에서 본질 순서로는 아니다. 이에 더하여, 있을 법한 물질적 "현상" 때문에 잉여가치의 형식적 내용을 사용가치라고 보는 의미론적 실수를 저지름으로써, 중농주의자들이 "본질"에 관해 잘못되어 있다고 하면, 나머지 모든 내용도 잘못이며 혼동에 빠진다.

먼저, 프랑수아 케네(1694~1774)는 그의 『경제표 분석』에서 사회를 세 계급으로 나누었다. "생산적 계급(laboreurs agriculturels), 토지소유자, 비생산적 계급."19 외과의이자 경제학자인 이 프랑스인에 따르면, 오로지 "농업 노동자"만이 "잉여가치를 창조하는 계급"이다. 잉여가치는 상품의 가격에서 나타나는 게 아닌데,20 이유는 상품이 그 가치대로 팔리기 때문이다.

농민의 노동이 자기의 필요보다 더 많이 생산하자마자, 그는 … 자연이 순수한 선물로서 그에게 부여한 이 여유분을 이용하여 사회의 다른 구성원의 노동을 구매할 수 있게 된다. 이들은 농민에게 자기 노동을 판매하면서 오로지 자기네 생활을 위한 만큼을 얻을 뿐이지만, 반면에 농민은 자신의 생존을 넘어서는 부, 독립적이고 처분 가능하며, 그가 구매한 적이 없었지만 그가 판매하는 부를 모은다.[21] (MECW.30:362; MEGA:349 [〈초고〉 2분책:65])

따라서 케네는 질문을 옳게 제기하지만, 그 귀결들을 옳게 추론하지 않는다. 그는 농업에서의 "자본 및 임금노동"과 적절히 대면하고, 잉여가치의 원천을 발견한다. 하지만 그는 "자연의 선물"의 수령자가 노동의 소유자(노동자)이지, 토양의 소유자(자본가)가 아니라 사실을 이해하지 못한다. "다른 사람의 노동에 대한 등가물 없는 전유"[22]를 형식적으로 발견하지 못하므로, 케네는 "현상"을 규정할 뿐이지 그 정초적 "본질"을 알진 못한다. 그는 "외양"을 명백히 기술했지만, 이것을 "본질"과 연결하진 않았다. 요컨대, 케네는 잉여가치의 대가가 지불된 적이 없었다는 점을 알지만, 이 은전gratuidad을 "자연"에 돌릴 뿐 "사회적 관계"의 폭력적 강압에 귀속시키지 않는다. 말하자면 "이 잉여가치는 다시금 봉건적 방식으로 설명된다. 사회로부터가 아니라 자연으로부터, 인간의 사회적 관계가 아니라 인간이 토양과 맺는 관계로부터 잉여가치가 파생되었다는 설명이다."[23] 앞선 내용에서부터 있던 마르크스 담론의 윤리적 감각을 여기서도 이해할 수 있다(윤리적이라는 말로써 사람들 사이의 관계를 즉 실천적 관계이자 프락시스를 뜻하고, 생산하고 만드는poiética 관계 즉 세속적 인격 관계를 뜻하는 게 아니라면 말이다).

같은 방식으로, 안느 R.J. 튀르고(1727~1781)는 자신의 저작인 『부의 형성과 배분에 관한 성찰』에서, "지대가 유일한 잉여가치이며, 축적은 지대로부터만 발생"[24]하며, 지대는 노동의 대상적 조건(도구들, 종자 등 원료들)을 개선했다는 이유로 토지소유자에게 귀속되는 게 정당하다는 결론을 내린다.

페르디난도 파올레티(1717~1801)가 자신의 저작 『사회 행복의 진정한 수단』에서 줄곧 저지르는 실수는 "가치를 소재와 혼동"하고[25] 이에 따라 산업이 "아무것도 창조하지 않는다"고 생각하기 때문에 발생한다. 말하자면 파올레티는 정치경제학이 농업에서만 나타나는 물질적이고 현실적인 생산을 자신의 주된 연구 주제로 전제하고 또 이런 생산을 주로 탐구한다고 보는 것이다. 이런 경제적 "유물론"은 — 이를 복권한 현실사회주의가 어느 정도는 생산력주의productivism에 빠져 있긴 하지만 — 마르크스가 명확히 거부한다.

제롬 A. 블랑키(1798~1854)는 자신의 저작 『경제학의 역사』에서, 중농주의자들이 보기에 농업이 제공한 "초과 가치"는 토지소유자들에 의해 전유되어야 할 "순생산"이라 불리는 것이었다고 설명한다. 아담 스미스의 번역자인 제르맹 가르니에(1754~1821)는 [중농주의자이지만] 제조된 상품들의 경우엔 중상주의의 가르침을 적용해야만 한다는 사실을 보여준다. 그는 생산물이 그 가치 이상으로 판매된다고 확언하며, 바로 이 이유로 그가 발견한 사실은 절약으로부터 — 스미스의 제안처럼 — 이윤이 생겨난다는 것이 실제로는 중농주의적이라는 점이다.[26] 어찌되었든 간에 중농주의는 자본주의적 방식으로 이루어지는 농업에서의 착취를 이해하고 이를 (막대한 화폐, 도구, 대규모 토지로 이루어지는) "대농업"이라고, 요컨대 봉건주의의 종말을 의미한다고 생각하는 경향을 보였다.

마르크스의 윤리적 감각은 『정치적 회합의 자연적 및 본질적 질서』에 수록된 메르시에 드 라 리비에르(1720~1786)의 외침에서, "잉여가치란 최소한 매뉴팩처에서는 매뉴팩처 노동자들 자신과 어떤 관련이 있다"는 "직관"(Ahnung) [27]을 발견하게 된다. 마르크스는 드 라 리비에르를 인용한다.

> 눈을 뜨고 살펴보라. 이십 수를 일천 에퀴[28] 가치로 바꿔놓을 기술을 알고 있는 저 생산자들 가운데 얼마나 많은 사람이 비참한 상태거나 적어도 부족에 시달리며 살고 있는지를. (MECW.30:373; MEGA:360 [〈초고〉 2분책:77])

중농주의자들이 살펴본 방식대로 농업을 격상시키면서 지대를 잉여가치라고 고찰할 때, 이들은 토지소유자들의 무덤을 파고 있었다. 프랑스 대혁명은 새로운 가치를 창조했던 사람들에게 세금을 부과했고, 사실상 토지를 몰수하여 국가의 손에 건네주었다.

테오도어 A.H. 슈말츠(1760~1831)는 『경제학』에서 중농주의자들이 이전에 벌써 도달했던 입장을 되풀이하고 이를 속류적으로 만든다. 하지만 그 책에는 "평균 임금"[29]이라는 개념이 나타나며, 이 개념은 노동자들의 필요 품목의 평균적 소비와 어떤 관계성을 수립한다. 피에트로 베리(1728~1797)는 『경제학에 관한 성찰』에서 중농주의자들에 대한 비평을 다음과 같이 시작한다. "[제조업] 장인은 그가 받아내는 가격 속에서 자신의 소비 지출을 대체할 뿐만 아니라 이를 넘어서는 일정량의 액수도 얻는다. 그리고 이 액수는 연간 생산에서 새롭게 창조된 가치량이다."[30]

결론은 마르크스 스스로 표현하도록 두자.

> 중상주의의 체계에서는 잉여가치란 상대적일 뿐이다 — 한 사람이 따면 다른 사람은 잃게 되는, 양도에 의한 이윤이다. … 이러하므로 한 나라 안에서 총자본을 고찰할 때 잉여가치는 전혀 창조되지 않는다. … 이와 대립하여 … 중농주의자들은 절대적인 잉여가치 즉 순생산물을 해명하려고 한다. 그런데 이들의 머릿속에서는 순생산물이 사용가치로 고정되어 있기 때문에 [이들에게는] 농업만이 그 유일한 창조자이다. (MECW.30:374; MEGA:361 [〈초고〉 2분책:78])

중상주의 및 중농주의의 패러다임을, 저들 범주의 명칭을 — 의미론적으로는 마르크스의 범주를 주입했지만 — 때때로 존중하면서 이렇게 마르크스의 패러다임으로 번역해보면 최초 대면의 결론이 나온다. "중상주의의 체계는 실은 절대적인 잉여가치의 창조를 부인"[31]하며, 중농주의자들은 잉여가치를 유물론적으로 해석하지만 그 형식적 본질 — 추상적 잉여노동의 결과물임 — 을 무시한다.

제5장

아담 스미스의 당혹

1862년 3월부터 〈노트 VI, VII〉 243~299면[1]

따라서 아담 스미스 책에 포함된 사유의 기이한 궤적에 주의할 필요가 있다. 처음에 그는 상품의 가치를 검토하고 몇몇 단락에서는 정확히 규정하기도 한다 ─ 제법 정확히 규정되었기 때문에 그가 잉여가치 및 잉여가치의 특수한 형태의 원천을 일반적 형식으로 추적함으로써 이 가치로부터 임금과 이윤을 끌어내기까지 할 정도이다. 그런데 이후에 그는 대립 경로를 따라가서, 상품들의 가치를 (그는 이로부터 이미 임금과 이윤을 연역했었는데) 앞서와는 반대로 임금, 이윤, 지대의 자연가격들을 합침으로써 도출하려고 한다. (MECW.30:402; MEGA:387 [〈초고〉 2분책:107])

이 부분에서 마르크스는 방법론적 반성을 수행하기 위해 잠깐 집필을 멈추었다. 이후의 논의를 위해 염두에 두어야 할 몇몇 표현들을 검토해보자.

아담 스미스를 우유부단하고 확신 없이 만드는 것, 그의 발밑에서 단단한 기반을 도려내고 그로 하여금 부르주아 체계의 추상적이고 일반적인 토대에 대한 정합적이고 포괄적인 이론적 시각에 도달 불가능하게 막는 것은 바로 아담 스미스 자신의 이런 깊은 통찰이다. … 아담 스미스에게 그러했듯이 이후의 모든 부르주아 경제학자들에게, 경제적 관계의 서로 다른 형식들을 구별하는 데 필요한 이론적 이해의 결여는 이들이 경험적으로 얻은 자료empirischer Stoff에만 조잡하게 매달리고 이에만 관심을 두는 가운데 계속되는 규칙이 된다. (MECW.30 : 394, 398 ; MEGA : 380, 383~384 [〈초고〉 2분책 : 99, 103])

이미 마르크스는 자신의 방법을 완전한 통제 아래 두었고, 마찬가지로 그의 범주들의 구조 혹은 패러다임도 완전히 통제했으므로 — 전부가 그런 것은 아닌데, 이 〈노트〉들의 진행 경로에서 우리는 중대한 진전과 더불어 부정확함도 보게 될 것이기 때문이다 — 그에게는 스미스가 저 자신의 가설들과 모순에 빠져드는 때를 알아차리는 게 어렵지 않다. 때때로 스미스는 마치 무엇을 해야 할지 모르는 것처럼 "당혹스러워"(startled) 한다. 하지만 현존에 대한 "부르주아적 시야"에 몰두해 있기 때문에 그는 필연적으로 실수와 혼동에 빠져들 수밖에 없고, 이것이 "아담의 동요, 그의 모순과 이탈"[2]을 설명해준다.

5.1 자본과 노동의 교환에 관한 혼동들

(MECW.30 : 376~394 ; MEGA : 363~380)

스미스와 마르크스 사이의 첫 대면의 바탕에는 마르크스가 『요강』에서 명확히 발견하였고,[3] 〈노트1〉(본서 1장 2절 b)에서 이미 논의했던 구별, 즉 "산 노동"이 "노동능력"과 동등하지 않다는 구별이 놓여 있다. 산 노동은 노동자의 인간적 주체성 즉 가치의 창조적 원천이다. 노동능력은 주체성 속의 현실적 "가능성"일 뿐이다. 가령 열 시간을 일할 수 있는 가능성인 것이다. 임금은 다만 노동능력이라는 가치의 재생산에 지불되는 것이지(노동자는 이 능력을 "필요시간" 동안에 재생산한다), 전체 산 노동에 지불되는 게 아니다. 결과적으로,

노동과 노동 생산물을 동등하게 놓는 것은 사실상 여기에서, 상품에 함유된 노동의 양에 의한 상품 가치의 규정과, 상품들로 구매 가능한 산 노동의 양에 의

한 상품 가치의 규정 다시 말해 노동의 가치에 의한 상품가치의 규정 사이의 혼동에 대한 첫 번째 계기를 제공한다. (MECW.30 : 383 ; MEGA : 369 [〈초고〉 2분책 : 87])

이 첫 번째 경우에서, "노동"은 "노동능력"(이것에는 그 재생산을 위한 지불이 있다)인지 "산 노동"(이것은 사용되지만 완전히 지불되지 않는다)인지가 모호하다. 생산물의 가치가 "산 노동"에 의해 측정되고 ─ 이 내용은 스미스에게조차 옳은 것인데 ─ 단지 "노동능력"에 대해서만 지불된다면, "잉여가치" 즉 "이윤"이라고 간주되는 이것이 남는 이유는 무엇이겠는가? 이 "잉여가치"는 어디에서 비롯되겠는가? "산 노동"의 지불되지 않은 부분에서 온다. 그러나 스미스는 이런 사실을 알아차릴 수 없을 뿐만 아니라 이를 받아들일 수도 없다. 결과적으로 그는 당혹스러운 채 모순에 빠지게 된다. 따라서 이 길은 생산 충위에서의 노동 및 가치 관계를 포기하고 유통이라는 경험적, 피상적이고 명백한 충위로 들어서도록 그를 이끈다. 이러니 상품 가치는 "노동"을 통해서가 아니라 상품의 현상적 구성요소인 임금＋이윤＋지대를 통해 계산된다. 그는 생산으로부터 가치로 나아가는 게 아니라, 이제 가격과 화폐로부터 와서 가치를 향한다.

그런데 이어지는 설명으로부터 알아차릴 수 있는 점은, 완전히 이질적인 규정들의 이런 좌충우돌과 뒤범벅이 잉여가치의 본성과 원천에 대한 스미스의 조사에 하등 영향도 미치지 않는다는 사실이다. 왜냐하면 실제로 그의 분석 어느 곳에서나, 제대로 알지도 못하지만, 그는 상품의 교환가치에 대한 옳은 규정 ─ 요컨대 상품에 소비된 노동의 양 또는 노동시간을 통한 규정 ─ 을 굳건히 고수하기 때문이다. (MECW.30 : 378 ; MEGA : 365 [〈초고〉 2분책 : 82])

그래서 마르크스는 이런 대면 속에서 스미스의 위대한 공적mérito을 인정한다. 상품이란 그 속에 대상화된 "노동의 양"만큼 가치 있다. 그러나 스미스는 이 노동의 "본성"을 발견하진 못했다.

여기에서[4] 강조점은 노동 분업과 교환가치를 통해 나의 노동과 타인들의 노동이 등치된다는, 다시 말해 사회적gesellschaftlich 노동이 등치된다는 사실이다. (나의 노동 혹은 내 상품에 함유된 노동 역시도 이미 사회적으로 규정되어 있으며, 따라서 본질적으로wesentlich 그 성격을 변화시켰다는 사실을 아담은 간과하고 있다.) 반면 대상화된 노동과 산 노동 사이의 차이나, 이 둘 사이 교환이 가지는 특수한 법칙은 여기에서 전혀 강조되지 않는다. (MECW.30:382;MEGA:369 [〈초고〉 2분책:87])

스미스는 노동의 "사회적" 본성[5]도, 산 노동과 노동능력 사이 차이(전자는 가치를 갖고 있지 않되 모든 가치의 측정 기준인 데 비해, 후자는 가치를 갖고 있으며 화폐 즉 임금에 의해 측정되므로 교환 가능한 것이라는 차이)도 이해하지 못하기 때문에, 그가 제기한 모순 및 이 모순이 남긴 당혹과 더불어, 다음과 같은 내용의 결론을 내린다.

자본과 임금노동 사이, 대상화된 노동과 산 노동 사이 교환에서, 일반 법칙은 적용되기를 즉각 멈추고 상품은…그것이 대표하는 노동의 양에 비례하여 교환되지 않는다.[6] (MECW.30:379;MEGA:366 [〈초고〉 2분책:84])

말하자면, 스미스에게는 필요한 구별이 결여되어 있고 또 새로운 범주들이 구축되어 있지 않기 때문에, 그는 일반 법칙을 철회함으로써 즉 이 경우에 한해서만은 동등하지 않은 항목들이 교환될 수 있다고 함으로써 모순을 해결한다. 더 적은 "대상화된 노동(화폐)"이 더 많은 "산 노동"과 교환된다. 마르크스의 경우, 실제에서 동등하거나 등가인 항목은 "임금"과 (대상화된 노동 즉 화폐와) "노동능력"이다. 그런데 이렇게 임금과 노동능력을 등가로 놓으면 지불받지 않았거나 도둑맞은 "산 노동"의 몫을 발견할 수 있을 것이며, 이리하여 "그것[잉여가치]가 취한 이윤 및 지대라는 특정한 형태와 구별되는 것으로서 그 자체로 고유한 범주인 잉여가치"[7]가 밝혀질 수 있을 것이다. 잉여가치는 이윤 및 잉여가치를 모호하게 포괄하는 "일반적 범주"이기를 그치고 분명하고 독립적인 범주가 되어, "잉여가치 — 달리 말해 잉여노동, 즉 상품 가운데 지불된 노동에 상회하여 수행 및 실현된 초과 노동"[8]을 표현하게 된다.

5.2 잉여가치와 이윤의 동일시

(MECW.30:394~402; MEGA:380~387)

앞 절에서 살핀 부분에서는 "모순의 해소가 가능하지 않았다. 자본이 노동능력에 맞서 대립하는 게 아니라 직접 〔또 모호하게, 산〕 노동에 맞서 대립하는 한에서 그랬다."[9] 이제 같은 방식으로, 세계 속에서 즉 "부르주아적 시야" 속에서 규정된 "경험적 현상(empirischer Schein)과 일상적 표상"[10]에 밀접해지는 습관 때문에, 사람들은 또 다른 혼동을 수단 삼아 이 모순을 극복하려고 한다. 이들은 생산물 가치 속에 임금의 가치를 넘어서서 있는 "잉여가치"라는 모순(노동이 생산물 총가치의 원천이며, 따라서 생산물의 총가치는 임금으로 보상되어야 하므로 생겨나는 모순)을 극복하고자 하는데, 상품의 가치 혹은 가격의 구성 부분들(수익 [income]의 구체적, 경험적 형태들)을 "가치 창조의 원천"(이것은 노동밖엔 없다)과 동일시하고, 혼동하고, 모호하게 만들면서 그렇게 한다. 한편으로 잉여가치(추상적 일반적 형태이자, 생산 층위에서의 정초적 범주)는 이윤(경험적 층위의 파생된 구체적 형태)과 동일시되고 이 둘은 혼동된다. 또 다른 한편으로, "가치의 창조적 원천"(산 노동)도 "수입의 원천들"(노동, 자본, 토지 각각의 소유자들의 수익인 임금, 이윤, 지대)과 혼동된다. 이제 이런 내용을 간략히 개별적으로 논의해보자. 모든 것은 자본주의 전반의 정초적 혼동과 더불어 개시된다.

아담은 사실상 잉여가치를 논의하면서도 이것을 그 특별한 형태들로부터 구별되는 결정적 범주 형태로 명백히 제시하지 않기 때문에, 결과적으로는 이윤이라는 더 전개된 형태와 직접 뒤섞어버린다. 이런 오류는 리카도 및 리카도의 후계자들에게도 끈질기게 남아 있다. (MECW.30:395; MEGA:381 [〈초고〉 2분책:100])

스미스가 잉여가치를 (비지불 노동, 도둑질, 부정의로서) 발견했다면 그는 자본주의자이길 그만두었을지도 모른다. 이것은 본질상 윤리적 문제인 것이다! 이것은 경험적 가치판단 - 막스 베버가 그토록 비판했던 - 에 관한 것이다. 스미스는 그가 그랬던 대로 자본주의자이자 경제학자로서 잉여가치를 발견할 수 없었는데, "그가 이 잉여가치를 직접적인 이윤 형태로 생각했고 … 자본주의적 관계가 상정된 후에 이런 생각은 분명 옳기"[11] 때문이다. 자본이 "전제"(vorausgeselzl)되고 나면 (비지불 노동으로서) 잉여가치는, 이른바 자본의 이윤으로서 스스로 증식하는 가치라는 시야 바깥에서 규정될 수가 없다. (인간과 생산물 관계, 노동자와 가치 관계에 대한) 윤리적 혹은 인간학적 맹목은 자본주의적 시계(visión)에 따른 필연적 귀결이다. 이 "어처구니없는 아둔함"[12]은 마르크스에게 체계의 합리성 자체이다. "아담 스미스가 제기된 모순에 대해 약간의 의혹도 없이 그토록 순진한 무사유에 빠지게 된"[13] 것이야말로 비판자 마르크스의 관심을 끄는 대상이다. 실제에서는 "자본가적 이해관심"[14]이야말로 스미스의 이론을, 그의 과학을, 그의 패러다임과 범주들의 편성을 규정하는 것이다.

이에 따라 마르크스는 이 〈노트〉의 중심 부분에 도달한다. 첫째로, 잉여가치는 그렇게 순수하지 않다. 왜냐하면,

> 자본은 오직 관계로서만, 잉여노동을 수행하도록 강요함으로써 임금노동에 가해지는 강압적 위력인 한에서만 가치를 생산하게 된다. … 자본은 - 다른 모든 노동 조건과 마찬가지로 - … 결코 가치의 원천(Quelle)이 아니다. 자본은 새로운 가치를 전혀 창조하지(schafft) 않는다. 노동이 그 가치의 원천이다. (MECW.30 : 399; MEGA : 384 [〈초고〉 2분책 : 104])

이제 스미스는 그의 모순을 극복하기 위해, 우리가 언급했던 바와 같이 "가치의 창조적 원천"(노동)을 "임금, 이윤, 지대라는 수입의 원천들"과 "혼동"하거나 "동일시"하는 것에 의지할 수밖에 없다. "임금이, 아니 오히려 노동능력의 계속적 판매가 노동자에게 주어지는 수익의 원천이라고 하더라도, 교환 가능한 가치의 본래

적 원천이 임금이라고 말하는 것도 옳지 않다. 가치를 창조하는 것은 노동이지 노동자의 임금이 아니다."[15]라는 사실이 알려져야 했기 때문이다. 이 문제를 명료히 하기 위해 마르크스는 그때까지 충분히 명확하지 않았던 많은 범주를 이용한다. 예를 들어, 임금, 이윤, 지대, 상품의 "평균가격"[16], "시장가격," "자연 가격", "비용 가격"[17] 같은 것들과, "상품 가치", "생산물 가치", "이윤의 가치" 같은 것들이다. 우리가 보다시피 이 모든 범주야말로 〈1861~63년 초고〉의 나머지 부분에서 마르크스가 규정하게 될 것들 ─ 또한 엥겔스가 편집한 『자본』 제3권의 유명한 1장, 9장, 10장을 예비하는 것들 ─ 이다.

이후 우리는 이 모든 범주를 상세히 논의해야 할 것이다.

하지만 이 범주들의 모든 명칭 때문에 우리의 의도를 잊어서는 안 된다. 우리는 우리의 목적을 잊을 수 없다. "상품 가치"는 서로 다른 두 각도에서부터 접근할 수 있다(사실 여기에서 상품 가치는 "생산물 가치"와 같은 것을 의미하는데, 아래에서 살펴보겠지만 이것이 "시장가치"일 수 있기 때문이다). (a) 주체 즉 노동자(주관적이고 정초적인, 생산적 측면)에서부터. (b) 자본 및 유통(경험적이거나 현상적인, 피상적 측면)에서부터.

아담 스미스와 자본주의적 경제학자는 ─ 비록 이들이 화살표 (a)에 속한 관계를 발견하기는 했지만 ─ 화살표 (b)에 속한 관계에 선차성을 두었다(〈그림 5.1〉의 화살표 (b)는 자본의 이해관심을 "전제한다"). 이 시야로부터 이들은 잉여가치 그 자체(생산 층위에 있는, "산 노동과 가치" 사이 관계)를 결코 발견하지 못했다. 나는 이제야 우리가 이 장 첫머리에 놓인 텍스트를 이해할 수 있는 위치에 있다고 믿는다.

〈그림 5.1〉 잉여가치와 이윤. 가치의 창조적 원천과 수입의 원천들

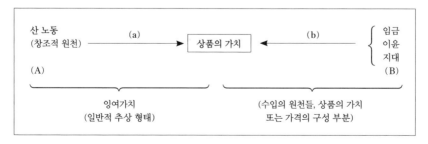

사실 스미스는 처음엔 가치를 노동으로부터, 일반적으로, ((그림 5.1)의 (A) 같은) 추상적 방식으로 규정한다. 하지만 그가 어떤 비등가관계를 찾아내고 나자, 즉 임금에 더하여 이윤이 상품의 가치 혹은 가격 가운데서 제시되어야만 한다는 사실을 발견하고 나자, 그는 그 자신과 모순에 빠지고 (가치 창조와 수입의) "원천들"을 혼동함으로써, (B)와 같이 상품의 가치를 임금, 이윤, 지대의 합계로부터 끌어낸다. 이런 것은 스미스 논의 속의 터무니없는 이데올로기적 비약이자 — 자본의 이해관심을 구해내기 위해 "요청되었던" 일종의 인식론적 모순이다.

5.3 재생산의 문제
(MECW.30 : 402~451 ; MEGA : 387~438)

이제 우리는 마르크스가 『요강』에서 논의를 시작했고, 이 초고에서 다시금 다루었으며 후에 엥겔스가 『자본』 제2권 출판을 위해 이용한 주제[18]로 들어선다. 〈노트X〉에 이를 때까지 다루어진 이 문제는, 케네의 『경제표』에서 5열에 불과한 표로 정리되어 마르크스가 감탄한 [내구재와 소비재의 재생산 관련] 내용, 즉 "참으로 탁월한 발상, 경제학의 역사에서 오늘날까지도 누구나 인정할 수 있는 가장 탁월한 발상"[19]을 해명한다. 마르크스는 "재생산과정"(Reproductionprocess) 문제를 명료히 밝힐 방법을 여러 가지 찾아보았는데, 그의 경로는 흔히 "이 몹시도 지루한 계산"[20]으로 끝나거나, 혹 그는 수십 장을 써 내려간 후에, "다른 방식으로 이 문제를 제기해야만 했다."[21]고 인정할 수밖에 없었다. 우리 입장으론, 『요강』을 보면서 그랬던 것처럼 상품의 가치 혹은 가격 속에 드러나는 불변자본의 재생산과정에 대한 조사에서 "얻은 것과 잃은 것"에 대한 본질적 결론들을 해명해야만 한다.

확실한 것은, 스미스가 상품 가격의 "네 번째 부분"에 관해, 즉 임금, 이윤, 지대와 더불어 생산수단(마르크스가 이미 명확하게 "불변자본"이라고 이름 붙인 것)의 소모에 관해 의구심을 갖기 때문에 이 모든 게 시작된다는 점이다.

길을 잃지 않기 위해서는, 스미스와 더불어 논의한 내용 전부에서 마르크스가 취한 근본적 입장을 잊지 않는 게 편하겠다. 읽어보자면 이렇다. "〔한 나라의〕 연간 총생산물 가치는 노동을 이 생산물들에 물질화한 노동시간의 양과 동등하다."[22] 다시 말해, "아마포〔생산물〕에 속한 모든 원소들은 노동량의 합계로 분해된다."[23] 스미스에게, 어떤 생산물이나 상품의 총가치나 총가격은 수입들(임금, 이윤, 또는 지대에 해당하는 화폐)의 합계였다. 마르크스에게는 가치 혹은 가격이란 항상 노동이다. 다시 말해 과거 노동 즉 전부터 있던 노동이거나, 현재 노동 즉 "최근에 더해진" 노동이다. 마르크스의 이론은 어떻게 해서 불변자본이 생산물 가치에 이전된 노동에 불과한지를 예증한다. 그런데 이런 양상은 "소비 가능 생산물"(consumables Produkt)을 생산하는 생산자의 불변자본에서만 나타나는 게 아니라 기계 또는 원료 생산자에게서도 나타난다.

요약하자면 마르크스에게 "최종생산물"(Schlussprodukt) 혹은 "소비재"의, 그러니까 이것을 불변자본으로 통합하는 또 다른 자본이 구매하는 게 아니라 개별 소비자가 구매하는 그런 생산물의 가치 혹은 가격은 두 개 "구성성분"을 갖는다. 첫 번째 구성성분은 "최근 더해진" "부가된" "새로운" 노동(가변자본과 관계를 설립하고, 생산에서 생산물로 순환되는circula 노동)이 생산하는 사용가치로 구성된다. 두 번째 구성성분이 좀 더 문제인데, 이것은 "가치구성부분들"(Werthbestandtheilen)[24]로 편성된다. "생산물 총가격"의 이러한 "가치구성부분"은 현실에서는 불변자본으로부터 소모되거나 마멸되는 가치 부분들, 즉 생산과정에 함입되는 전체 원료와 기계장치에서 소모되는 "비례적 부분" 양쪽 모두이다.[25] 여기에서 마르크스는 (불변자본이라는) 생산 층위로부터 (유통하는 자본이나 고정자본이라는) 유통 층위로 넘어가는데, 왜냐하면 저 "가치구성부분들"이 정확히는 고정자본에서 이미 유통을 거친 부분(유동자본)이거나, 생산물로 이전된 부분[고정자본의 마멸분]이기 때문이다. 이로부터 저 "가치구성부분들"은 불변자본의 재생산[이라는 생각]을 가능하게 만든다.

이에 더해 마르크스는 재생산이라는 주요 논점에 "생산 영역들"(Productions-sphären)[26]을 도입하는데, 이로써 그는 생산수단의 생산자들 사이에서 교환이 이루어진다는 사실(현실에서 이들은 서로 간에 "현물로"만 교환한다)을 분석할 수 있게 된다. 생산수단의 생산자들은 "최종"생산물 혹은 "소비재"의 생산자들과 관계를 맺음으로써 즉 교환을 수행함으로써, "저 자신이 새롭게 부가한 노동을 소비 가능 생산물 속에서 실현한다."[27] 다르게 말해보자. 생산수단의 생산자들과 소비재 생산자들은 저들 각각의 생산물(면화 및 기계이거나, 이용을 위한 면직물)에 대해 잉여가치를 획득한다. 그런데 생산수단(면화나 기계)의 생산자들은 이들 사이에서 생산물을 교환할 때 아직은 자신들의 잉여가치를 적절히 실현하지 않는다(이들의 잉여가치는 "생산물"인 채로, 생산물에 속한 가치인 채로 있다). 하지만 생산수단(면화나 기계)이 소비 재화의 생산자에게 (그의 불변자본으로서 다시 말해 면직물 생산자에게 소모되는 면화와 기계로서) 판매되고, 이 직물 생산자가 자신의 생산물(면직물)을 판매하고서야, 최종생산물의 총가격 속에 유통된 "가치구성부분"(다시 말해 면화와, 기계의 소모분으로서 면직물에 이전된 몫)이 생산수단 생산자들의 수익(임금 및 이윤)으로서 결과적으로 실현된다(〈그림 5.2〉를 보라).

> 따라서 최종 생산물은 — 소비 가능 생산물 전체를 대표하는 것으로서 아마포는 — 새롭게 더해진 노동과 불변자본으로 구성되며, 또한 이 소비 가능 생산물의 최종 생산자들은 [이들 자신의 생산과정에서] 가장 최근에 더해진 노동으로 구성된 부분, 이들의 임금 및 이윤 총액 즉 이들의 수입으로 구성된 부분만을 소모한다. 하지만 … 저들[생산수단의 생산자들]은 자신들이 부가한 전체 노동을, 저들 자신의 생산물에서가 아니라, 소비 가능 생산물에서 실현한다. (MECW.30: 446; MEGA: 433 [〈초고〉 2분책: 154~155])

불변자본으로 남아 생산물에 이전되지 않는 자본의 구성성분은 "생산의 조건"으로서 유지되는데, 결국 기계류도 마찬가지로 소비 가능 생산물 역할을 하므로 어쨌든 생산물에 이전되지 않는 불변자본의 구성성분 역시 산 노동을 포함한다. 따라서 다음과 같은 결론을 내릴 수 있겠다.

〈그림 5.2〉〈노트VII〉의 재생산 설명에 속한 몇몇 요인

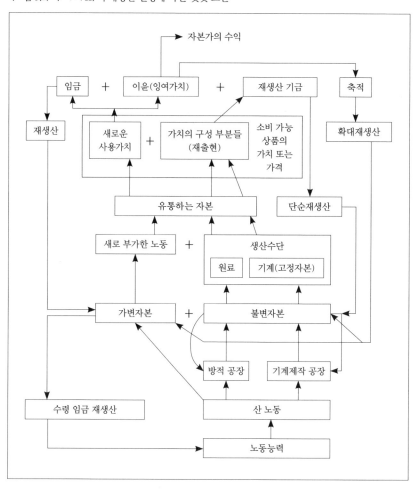

갖가지 자본은 동시에 불변자본과 가변자본으로 언제나 분할된다. 그리고 불변 부분이 가변 부분과 마찬가지로 계속해서 새로운 생산물로 교체될지라도, 그것 ["불변 부분"]은 생산이 동일 방식으로 지속되는 한 계속 동일 부류로서 현존한 다. (MECW.30 : 450 ; MEGA : 437 [〈초고〉 2분책 : 158])

마르크스는 끈질기게 잉여가치 문제를 조사한다. 스미스는 "임금, 이윤, 지대를 생산물의 교환 가능 가치 혹은 총가격을 편성하는 구성성분으로 만들어"[28] 버림

으로써 새로운 모순들에 빠졌다. 마르크스에게 그 성분들은 이렇지 않고, "새롭게 더해진" 노동과(이 노동은 임금만큼의 가치와 이윤 즉 처음에는 잉여가치였던 가치를 생산하는데), 불변자본으로부터 생산물로 이전되었던 ─ 그리고 생산수단 생산자들의 생산물로서 잉여가치를 이미 함입한 ─ "가치구성부분"이다. 다시금 모든 것은 자본 혹은 "수입의 원천"으로부터가 아니라, 노동으로부터 즉 "가치의 창조적 원천"으로부터 출발해서 생각된다.

요약해보자. "물질적으로" 모든 가치는 (불변자본이나 고정자본 및 유동자본, 새로운 가치나 가치구성부분 및 임금이나 가변자본을 위한 "기금"조차도, 그러니까 모든 것들이) 대상화되어 있는 노동 외의 아무것도 아니다. 말하자면 산 노동, 인간 활동[이 대상화된 것에 불과하]다. 모든 이윤은 "형태적으로" 단지 잉여가치, 말하자면 지불되지 않은 (근본 윤리적 입장에선 도둑질) 노동이다. 스미스가 도망칠 길은 어디에도 없다.

제6장

생산적 노동

1862년 4월과 5월 사이 〈노트Ⅶ~Ⅹ〉 299~444면[1]

자본주의적 생산이라는 의미에서 생산적 노동은 임금노동이다. 이 노동은 자본의 가변 부분(임금에 소용되는 자본 부분)과 교환되어, 자본의 이 부분을 (혹은 저 자신의 노동능력의 가치를) 재생산할 뿐만 아니라 그에 더하여 자본가를 위한 잉여가치를 생산하기도 한다. … 자본을 생산하는 오직 이 임금노동만이 생산적이다. … 결과적으로 저 자신보다 더 큰 가치를 생산하는 노동능력만이 생산적이다. (MECW.31:8; MEGA:439 [〈초고〉 2분책:162])

지난 5장에서 우리는 잉여가치를 노동 즉 잉여노동의 대상적 결과로 고찰했다. 이제 우리는 잉여가치의 주체적 측면을 고려해야만 한다. 즉 형식적으로 잉여가치를 창조하는, 정확히는 잉여가치를 부가하는 그런 노동 유형을 고찰하겠다. 더욱이 마르크스는 이 몇 개월 내내 그의 관심사였던 재생산 문제로 되돌아간다. 이것은 언제나 자본과 수익 사이 차이점과 관련되며, 케네의 『경제표』에 관한 몇몇 언급에서 특히 비롯된 것이다.

6.1 생산적 노동, 자본, 상품

(MECW.31:7~29; MEGA:438~459)

먼저 우리는 마르크스를 따라서 "생산적 노동"이라는 명칭이 세 가지 상이한 의미를 띤다는 점을 짚어보아야만 하겠다. 넓게는 그 "절대적" 의미에 관한 것("노동자를 살아 있도록 한다고, 다시 말해 **노동능력을 재생산한다고**"[2] 이해되는 것)이다. 두 번째로는, 추상적이고 물질적인, "진실로(wahrhaft) 생산적인 노동"[3] 즉 자본이 없더라도 (노동자들에게 어떤 잉여노동도 없더라도) 노동자를 위한 사용가치를 생산할 그런 노동을 의미한다. 이런 두 번째 의미에서, 노동은 자본주의를 지난 사회에서야 생산적일 수 있다. 하지만 이 절에서 "생산적 노동"이라는 술어의 의미는 "상대적 생산성"과 관계 맺고 있다.

> 이 생산성은 상대적 생산성 — 노동자가 낮은 가치를 대체할 뿐만 아니라 새로운 가치를 창조한다는 사실, 노동자가 저 자신을 한 사람의 노동자로서 현존하게 유지시키는 생산물 속에 대상화된 것보다 더 많은 노동시간을 그의 생산물에 대상화한다는 사실 — 에 기초를 둔다. (MECW.31:9; MEGA:440 [〈초고〉 2분책:162])

이 유형의 "생산적 노동" 가운데 "잉여가치의 원천 … 자본의 본질(Wesen)"[4]이 놓여 있다. 살펴보았다시피 중농주의자들에게는 오직 농업 노동만이 생산적이었는데, 왜냐하면 이 노동은 "순생산" 속에, 경험적으로 감촉할 수 있는 잉여가치 즉 사용가치 속에 대상화되기 때문이었다. 중상주의자들로 말하자면, 이들은 수출에 충당되는 상품들을 생산했고 그래서 투자한 것보다 더 많은 화폐를 제공하는 노동이라면 그 어떤 노동이라도 생산적이라고 규정했다. 이런 이유로 광산 노동은 생산적이라고 생각되었다. 화폐(금과 은)의 가치가 떨어짐에 따라 동일 비율로 임금이 하락하고, 이에 따라 매뉴팩처에서 더 많은 상대적 잉여가치를 획득했다는 점에서다. 이렇게 간략한 반성을 수행한 뒤에 마르크스는 아담 스미스로 되돌아간다.

분명히 스미스는 생산적 노동에 대해 "틀린 개념파악"을 하는데 왜냐하면 그는 오직 가치를 생산하는 노동만이 생산적이라고 믿고, 잉여가치를 생산하지 않고서도 가치를 생산하는 게 가능하다는 점을 알지 못하기 때문이다. 잉여가치를 창조하는 것과 가치를 생산하는 것은 서로 다른 규정이다. 가치를 생산하는 것은 물질적 활동(그 내용에 따른 규정)이다. 반면에 잉여가치를 창조하는 것은 형식적 규정이다.

> 그러므로 이러한 규정들은 노동의 물질적 성격으로부터 도출되는 것이 아니라 … 특정한 사회적 형식 즉 사회적 생산관계gesellschaftlichen Productionsverhält- nissen로부터 도출되며 노동은 이 관계 내부에서 실현된다. … 이는 그 내용이나 결과물로부터가 아니라 특정한 사회적 형식으로부터 도출되는 노동 규정이다. (MECW.31:13~14; MEGA:443~445 [〈초고〉 2분책:166~168])

서커스에서 일하는 광대는 서커스 소유자를 위한 잉여가치를 생산한다(그의 "익살"payasada은 생산적 노동이다). 어떤 기업가가 자신의 수익을 가지고 그 자신의 이용을 위해 지은 집을 쌓는 건축노동자는 비생산적 노동을 수행한다.[5] 이렇다면 노동은, 잉여가치를 생산할 때, 자본과 교환될 때, 형식적으로 자본주의적인 "사회적 관계" 속에 있을 때 생산적이다.

> 자본의 생산성이란, 노동의 자본 아래로의 형식적 포섭만을 고찰 중인 경우라도, 무엇보다 우선 잉여노동을 수행하라는 즉 개별자의 직접적 필요 이상으로 일하라는 강제로 이루어진다. 자본주의 생산양식은 이 강제를 이전 생산양식들과 공유하는데 … 생산에 더욱 유리한 방법으로 이것을 수행한다. (MECW.34:122; MEGA:2160~2161)

노동과 맺는 이 특수한 관계만이, 화폐나 상품을 자본으로 변환시킨다. … 생산적 노동이란, 자본주의적 생산과정에서 노동능력이 중심 부분으로 되는 저 관계 전체 및 저 방법을 축약한 말에 불과하다. 하지만 이런 노동과 여타 노동 종류를 구별하는 것이 가장 중요하기도 한데, 이 구별은 자본주의 생산양식 전체가 의존하는 특정한 노동 형식을 끌어내기 때문이다. … 그러므로 우리가 **생산적**

노동에 대해 말하는 경우 이는 사회적으로 규정된 노동을 말하는 것이다. (MEC W.34:131; MEGA:2168~2169)

"사회적으로" 규정된다는 것이 의미하는 바를 우리는 잊지 말아야 한다. 이는 출신 공동체에 속하지 못한 채 뿌리 뽑히고 고립되고 개별적 추상으로 있음을 의미하며, 다음으로는 작업장에서의 "사회적" 노동 분업으로 인해 동등하게 분할되고 고립됨을 의미하며, 마지막으로는, 화폐 약간의 추상적 소지자가 된 덕분에 시장에서 저 자신의 소외된 있음을 사회화한다는 것을, 즉 오직 자본의 상품들을 소비하는 일에나 좋을 뿐인 것을 의미한다. "사회적으로 규정된"(gesellschaftlich bestimmt) 노동이란, 노동이 자본에 포섭됨을 — 실제 포섭된 게 아니라고 해도 — 의미한다. 이런 "사회적 관계"에서 생산적 노동의 "두 번째 규정"이 생겨나는데, "생산적 노동에 대해 노동의 내용은 완전히 무관심한 문제이며, 또한 그것은 노동의 내용에 대해 독립적"[6]이라는 규정이다.

생산적 노동을 객관적으로 기술할 또 다른 방법은 이것이 잉여가치뿐만 아니라 상품을 생산한다는 사실에 의한 것이다 — 비록 이런 방법이 실제로는 다른 전거와 그저 같을 뿐일지라도 말이다.

그러나 자본이 저 자신에게 생산 전체를 복속시키는 것과 같은 식으로 … 생산적 노동자와 비생산적 노동자 사이 물질적 상이함도 점점 더 심화할 것임은 분명하다. 전자가 소수의 예외를 제한다면 두드러지게 상품들을 생산하는 반면에, 후자는 소수의 예외를 제한다면 인격적 서비스만을 수행하는 상황이 심해지는 만큼 그럴 것이다. 따라서 전자의 계급은 상품들로 이루어진 직접적이고 물질적인 부를 생산할 것이다. (MECW.31:16~17; MEGA:447 [〈초고〉 2분책:171])

자본이 상품 생산을 위해 노동을 포섭하는 데 이용된다면, 이 경우 노동은 생산적 노동이다. 수익은 (이윤이나 지대는 또 임금조차도) 노동과 교환될 수 있는데, 이 경우 노동은 개인적인 사소한 복리 즉 개인 이용을 위한 재화를 생산한다

(비생산적 노동). 스미스에게는 또다시 차이점이 분명치 않기 때문에, 그는 일련의 혼동에 시달린다. 마르크스는 "노동을 생산적이거나 비생산적으로 만드는 것이 반드시 특별한 종류의 노동이거나, 그 생산물의 외양 형태인 것은 아니"라는 점을 거듭 언급한다.[7] 동일 종류의, 이를테면 양복장이가 수행한 노동이, 잉여가치를 생산하면서 자본을 위해 상품들을 생산한다면 생산적일 수도 있고, 수익의 소지자를 위해 생산물을 생산한다면 − 직접적 소비를 위한 사용가치를 대상화한다면[8] − 비생산적일 수도 있다.

6.2 생산적 노동에 관한 논쟁들

(MECW.31 : 29~130 ; MEGA : 459~553)

이번 논쟁에서 마르크스는 네 저자 혹은 문제들과 대면한다. 첫째로 그는 G. 가르니에의 입장을 논의한다. 둘째로, 제임스 스튜어트 밀(1773~1836)의 아들이자, 『정치경제학의 몇 가지 미결정 문제들에 관한 에세이』(1844)를 저술한 존 스튜어트 밀(1806~1873)과 관련해서 근본적 문제들로 되돌아간다. 셋째로, 재생산에 대한 두 번째 내용이 또 약간 있다. 마지막으로 그는 샤를 가닐(1758~1836)이 『정치경제학 이론』(제I, II권, 파리, 1815)에서 제시한 명제와 대면한다. 마르크스는 이들 모두와 또 여타 몇몇 저자들에게서 그 성찰을 따라가 봄으로써, 이들과의 대면을 통해서는 생산적 노동과 관련된 잉여가치 문제를, 이들의 대상화를 통해서는 사용가치에 대한 논점과, 불변자본 즉 재생산에 대한 논점을 명료하게 드러내려고 한다.

많은 저자는 스미스와 대립한 채 이 스코틀랜드 출신 학자가 비생산적이라고 간주했던 몇몇 일을 생산적 노동으로 고찰한다. "고차원적 노동자들"(관료, 장교 등)은 자신들의 불모성으로부터 스스로를 변호했고, 다른 한편 과거에는 비생산적이라고 간주되었던 또 다른 사람들은 이제 생산적이라고 (무역업자로서 또는 지주조차도) 선언되었으며, 경제학자들로 말하자면, 이들은 "활동의 모든 영역이 물질적 부의 생산과 연결되었음을 보임으로써 자신들이 모든 활동을 찬양하고 정당화하는 중이라고 믿었다."9

마르크스는 MEGA판 기준 461~521쪽에서, 물론 시스몽디, 리카도, 페티 같은 다른 저자들도 언급하긴 하지만 주로 가르니에의 저작을 분석한다. 가르니에는 중농주의 입장에서 "사용가치를 생산"10하는 것이라면 어떤 노동이라도 생산적이라고 규정한다. 그에 따르면 사용가치를 보존하는 어떤 노동이라도 마찬가지로 생산적이다. 생산적 노동자를 위해, 교량 기술자 및 도로 기술자 등과 같은 국가 조직의 경영자들을 위해 노동을 아끼는 것도 마찬가지로 생산적이다. 이 점에 관해서 마르크스는, 비생산적 노동자가 모종의 생산물을 생산함을 스미스는 부인하지 않는다는 점을 지적하면서 스미스를 옹호한다. "생산하지 않는다면 그 사람은 노동자가 아닐 것이다."11 그러나 가르니에는 생산적 노동은 자본과 교환된 노동인 데 반해 비생산적 노동은 수입과 교환된 노동이라는 점을 이해하지 못했다.12 더 많은 비판이 있기는 하지만 분명한 것은 이 점이다.

샤를 다브낭(1656~1714)은 중상주의적 관점으로 쓴 「사람들을 무역 수지에서 소득을 얻는 자로 만들 가능한 방법에 관한 에세이」에서, 영국 사람들을 두 계급으로 나눈다. "왕국의 부를 증가시키는 2,675,000두頭"의 사람들과, "왕국의 부를 감소시키는 2,850,000두"의 사람들이다. 전자는 영주, 백작, 젠틀맨, 무역업자 등이며, 비생산적인 자들은 선원, 농민, 하인, 노동자들인데 이들은 "일함"을 통해 국민의 부를 증가시킬 어떤 초과분도 생산하는 일 없이, 저들 자신을 유지하기 때문이다. 그러나 우리는 이 사람이 순진하다고 생각해선 안 된다. 그의 저작 『공공 수입에 관한 논의』(런던, 1698)에서 그는 한 나라의 부를 편성하는 것이 금도 은도 아니고, "이들의 토지 혹은 노동 및 산업이 생산하는 것으로서, 한 나라의 자연적이거나 인위적인 생산물"13이라고 확언한다.

존 스튜어트 밀은 오롯이in extenso 특별한 취급의 대상이다. 생산적 노동 문제에 관해서만이 아니라, 잉여가치, 이윤, 불변자본의 "생산비용"(재생산 문제)에 대해서도 그렇다. 한편으로 그는 생산적 노동의 "노동능력"을 재생산하도록 의도된 어떤 노동이든 생산적이라고 간주하는데, 이는 잘못된 접근이거나 적어도 충분히 정확하지 않다. 그러나 "자본을 대체하는 것이란, 다만 고용된 노동의 임금을 대체하는 것에 불과하다."라는 밀의 표현이 마르크스를 떠밀어 중심주제로부터 벗어난 "샛길"[14]임을 자인한 긴 설명을 하게 만든다. "밀이 이윤으로부터 잉여가치를 구별하지 않기"[15] 때문이다. 따라서 그는 이윤율과 잉여가치율을 구별하지도 않는다. 같은 이유로 그는 "물건의 [실제][16] 생산비용과, 자본가가 생산비용 일부를 지불하지 않기 때문에 생겨나는 자본가 입장의 생산비용"[17] 사이에서 차이를 식별할 수 없다. 이럼으로써 마르크스는 계속 신경 써 왔던 문제로 다시 돌아가야 한다. 즉 이윤율을 (이것이 잉여가치와 총비용 사이 관계를 나타내기 때문에) 규정하는 불변자본의 문제로, 또 무엇보다 특히, "수입의 원천"(임금과 이윤)과 "가치의 창조적 원천" 사이의 혼동 문제로 말이다. 밀이 저지른 수많은 "틀린 짓"을 두고, 마르크스는 각각을 일일이 분석하면서 재생산 문제에 대한 자신의 성찰을 진전시킨다.[18] 문제는 아래와 같이 공식화된다.

> 이윤율로 계산될 때 잉여가치는 잉여가치를 실제로 창조하고 증가시키는 자본 부분 다시 말해 임금에 할애된 부분에 기초해서뿐만 아니라, 그 가치가 생산물에 다만 다시 나타날 뿐인 원료와 기계류의 가치에 기초해서도 계산된다. (MECW.31:54; MEGA:482 [〈초고〉 2분책:210])

두 항목 ― 잉여가치와 불변자본 ― 의 비교는 많은 가능성을 제공할 수 있다. 곧 불변자본이 증가할 때 잉여가치는 이윤율과 마찬가지로 하락한다, 등등. 더욱이 마르크스는 ― 재생산 도식을 다룬 문장들에서 ― 자본I[노동능력의 재생산에 이용되는 생산물 산업]과 자본II[불변자본이 되는 생산물 산업]의 경우를 분석한다. 그는 "임금의 생산비용이 증가함"이 주는 충격을 연구하기도 한다. 여기에서 새로운 가능성이 떠오르는데, 이 여러 가능성 중에서 우리는 예를 들어 "노동의 생산비용(임금)이 동일하게 유지되는데도 이윤율이 상승할 수 있다"[19]는 사실을 발견한다.

불변자본에는 이윤율에 가하는 영향만 있는 게 아니다.

불변자본 가치에서 나타난 변동이 어떻게 잉여가치에 소급적으로 영향을 줄 수 있나? 잉여가치가 일정한 것으로 정해지게 되면, 잉여노동에 대한 필요노동의 비율도 주어지고, 따라서 임금의 가치 다시 말해 임금의 생산비용도 주어진다. (MECW.31:60;MEGA:488 [〈초고〉2분책:216])

불변자본에서의 이 변동은 잉여가치에 직접 영향을 가할 수 있는 게 아니라 "잉여가치의 생산비용"[20]을 통해서 간접적으로만 가할 수 있다. 요컨대 "자본가 입장에서 잉여가치 생산비용이 늘어났기 때문에 이윤율은 하락할 것이다. 즉〔불변자본이 증가했다면〕자본가가 이전과 비교해서 더 많은 자본을 투입해야… 같은 양의 타인 노동시간을 전유하게 되기 때문에 이윤율은 하락할 것이다."[21] 마르크스는 "이 잉여가치를 획득하기 위해 선대한 자본의 총비용과 생산비용"에 관해 계속 이야기하며,[22] 자기 입장을 상술하되 이제는 (불변자본 및 가변자본으로 나눈 잉여가치 즉 s/C)인 이윤율과 (가변자본으로 나눈 잉여가치 즉 s/v)인 잉여가치율 사이 차이에 관해 확고한 명료성을 갖고 그렇게 한다.[23]

마르크스는 존 S. 밀이 끊임없이 혼동에 빠졌다고 확언하면서 끝을 맺는다. "자본에는 엄밀히 말해 어떤 생산력도 없다. 유일한 생산력은 노동의 것"[24]이라고 말할 때 밀은 옳지 않은데, 자본이란 노동을 "생산적"이도록 형식적으로 편성하는 것이기 때문이다. 하지만, 다른 한편, 밀이 자본의 생산력이란 자본가가 자기 자본을 수단 삼아 지휘할 수 있는 현실적 생산력의 수량을 의미할 뿐"[25]이라고 쓸 때, 그는 옳다.

그러고 나서 마르크스는 다시 한번 재생산 논점으로 되돌아간다. 이 문제구성에 붙잡혀 있었기 때문에, 그는 페이지들을 끝낼 때 "… 이에 해당하는 게 너무나도 많다."[26]라고 탄식한다.

문제는 이제 이렇게 된다.

연간 노동 생산물의 가치는 연간 노동 생산의 산물이 아니다. 연간 노동 생산물의 가치는 생산수단에 대상화된 과거 노동의 가치를 대체하기도 한다. 총생산 중 이 가치와 동등한 부분은 연간 노동 생산물의 일부가 아니라 과거 노동의 재

생산이다. (MECW, 31:84; MEGA:509 [〈초고〉 2분책:239])

다시 한번, 마르크스는 생산물 혹은 상품의 총가치에서 나타나는 차이를 지적하고 싶어 한다. 그러니까 "새로 더해진 노동"(잉여가치를 창조하는 것으로서 가변자본으로 지불된 노동)의 결과물에 해당할 생산물 가치의 일부분과, 생산물 내에서 생산수단에 대상화된 과거 노동의 재생산으로서 가치를 대체하기만 하는 일부분 사이 차이를 말이다. 생산물 가치에서 불변자본을 재현하는 가치 일부를 빼내고 나면, 생산물이 팔린 뒤엔 누군가의 특수한 소비를 위해 이용될 수 있는 수익[income]이 남는다. 과거 노동을 재현하는 생산물 가치의 일부는 "생산 (혹은 재생산) 과정에 속하면서" 다시금 생산수단으로 탈바꿈해야 한다. 즉 "불변자본의 〔생산 및 재생산〕 비용으로 변화해야 한다."27

다른 한편, 마르크스는 저 자신에게 다른 문제를 부과했다. 생산수단들을 생산하는 두 개 자본 사이 교환에 관한 (재생산 도식으로부터 언제나 시작되는) 문제다. 이 경우 "이들은 자기네 생산물 일부를 대체하는데, 생산물의 이런 일부는 수입을 이루지 않으며, 그러므로 현물로서든 혹은 불변자본과 자본의 교환을 통해서든 소비 가능 생산물로 교환될 수 없다."28

이런 점이 마르크스로 하여금 G. 가르니에의 확언을 인정할 수 없게 만든다. 가르니에는 "전체 자본이 종국엔 언제나 소비자의 수입에 의해 대체될 수 있다."라고 생각했지만, 이는 틀렸는데, "자본의 일부는 수입에 의해서가 아니라 자본에 의해 대체될 수 있기 때문이다."29

가닐의 경우, "부가 비롯되는 곳은 배타적으로 무역"30이라고 주장할 때 그는 중상주의에 빠져든다. "교환 없는 노동이 부르주아지의 부를 전혀 창조하지 않는다"는 견해는 맞지만, "생산물들에 그 가치크기(Werthgrösse)를 부여하는 것이 교환 그 자체인 것은 아니다. 생산물들은 교환에서 일반적인 사회적 노동으로 나타난다."31 가치는 교환으로부터 비롯된 결과가 아니라 오로지 교환에서 나타날 뿐이다. 하지만 마르크스가 – 이전에 우리가 언급했듯 – 진짜로 관심 있는 것은 또 다른 논점이다.

아담 스미스를 따라, 직접 자본과 교환되는 노동이 생산적이라고 한다면, 우리는 노동과 교환되는 저 자본의 소재적 구성성분stoffliche Bestandtheile 또한, 형태를 불문하고 고찰해야만 한다. (MECW.31:104;MEGA:527 [〈초고〉 2분책:260])

이 소재적 구성성분은, 본질적으로는 불변자본으로서, 보존되어야만 하거나 노동능력이 그러한 만큼 재생산되어야만 한다. 재생산되어야 할 성분은 "임금의 생산비용"[32]에 포괄되어야 하고, 보존되어야 할 성분은 또 다른 문제를 현시한다.

> 불변자본이 성장함에 따라, 불변자본의 재생산에 종사하는 노동이 총노동에서 비례적으로 차지하는 양 역시 늘어난다. … 고용된 총노동에서 상대적으로 더 큰 부분이 생산수단의 재생산에 종사하며 … 누구에게도 개별적으로 소비되지 않고 생산비용에 들어간다. … 이것은 노동 생산물인데 … 불변자본으로 변환되고 나면 … 이로부터 비롯되는 각 생산물은 이 과거 노동과 현재 노동의 생산물이다. (MECW.31:113~114;MEGA:535~536 [〈초고〉 2분책:269~270])

이 뒤로 마르크스는 여타 학자들과 대면하는 작업을 길게 계속한다 ― 장밥티스트 세(1767~1832) 같은 사람의 『경제학』(파리, 1817)과 대면하고, 리카도의 순생산물 학설과 대면하는데 ― 이에 대해서는 하나하나 따라가지 않을 것이다. 이제까지 말한 내용으로도 텍스트 이해엔 충분하기 때문이다.

6.3 논쟁의 끝을 향하여

(MECW.31:130~203;MEGA:553~624)

이 절에서 우리는 네 가지 문제를 특정하게 논의할 것이다. 첫째, 수입과 자본 사이 교환의 전체 문제구성, 둘째, 프랑수아 L.A. 페리에(1777~1861)의 저작 『상업과의 관계에서 고찰한 정부에 대하여』(파리, 1805)와 벌인 논쟁, 셋째, 앙투안 L.C. 데스튀 드 트라시(1754~1836)의 저작 『이데올로기 요론』(파리, 1826)[33]을 통해 본이윤의 원천 문제, 넷째, 이탈리아 사람 펠레그리노 로시(1787~1848)가 『경제학 강의』(브뤼셀, 1842)에서 다룬 경제 현상의 사회적 형태 문제가 그것이다. 이상의 대면 모두에서 아담 스미스는 전거가 되며, 종종 마르크스는 얄팍한 험담꾼들에 맞서 그를 옹호한다. 이렇다고 해도 마르크스는 이전 단락들과 마찬가지로 생산적 노동이라는 문제구성으로부터 나온 불변자본 문제로 되돌아간다. 생산적 노동은 상품 가치를 창조하므로, 또한 이 수익을 "분배"하고 싶을 때 상품들은 수입의 원천들(임금 및 이윤)에 의해 측정되므로, 불변자본을 재생산하는 데 필요한 비례적 부분이라는 논점이 다시금 출현한다. 이 모든 내용들은 케네에 대한 논의와 더불어 끝날 것이다.

마르크스가 무엇보다 먼저 제시하는 내용은 축적과 재생산 사이의 차이이다 ― 그리고 이것은 그의 염려를 낳는 문제이기도 하다. 축적 문제는 상대적 잉여가치 이후에 논의되어야만 하며, 그렇기에 여타의 문젯거리에 대한 이 모든 대면은 상대적 잉여가치에 대한 분석을 미루기 때문에 그렇다.

> 수입 중에서 새로운 자본으로 전화되는 부분은… 축적에 관한 편에 속한다.… 수입 중 생산에서 소모되는 자본과 교환되는 부분[이 있다]. 이 교환을 통해서는 새로운 자본이 형성되지 않고 옛날 자본이 대체되기만 한다 ― 한마디로, 옛날 자본은 보존된다. (MECW.31:130; MEGA:553 [〈초고〉 2분책:291])

마르크스는, 일부는 수입으로서 소모되고(지출) 다른 일부는 불변자본으로서 대체되는(재생산) "연간 생산물의 총 크기" 문제에 관심이 있다. 또 자본 재생산의 영구적 가능성이라는 조화적 입장 ― 로자 룩셈부르크에 대립했고[34] 반反포퓰리즘을 내세웠던 레닌이 어느 정도는 받아들이게 된 입장 ― 에 반대하면서, 마르크스는 위기 이론이라는 중심 문제를 제안한다.

소비 가능한 생산물들이 욕구에 상응한 비례량으로 생산된다면, 따라서 소비 가능 생산물들의 생산에 필요한 사회적 노동의 비례량이 알맞게 분배된다면 ― 그러나 이런 상황은 당연히 실제 경우와 다른데 왜냐하면 영속적인 편차와 불비례가 나타나고 이런 상황이 조율되어야 하기 때문이다. 조율을 향한 이런 식의 끊임없는 운동 자체가 부단한 불비례를 전제한다. … (MECW.31:131;MEGA:553~554 [〈초고〉 2분책:291])

잉여가치 생산이란 노동자에게 화폐의 손실을 의미한다는 (임금이 생산된 가치보다 낮다는) 사실, 다시 말해 노동자에게는 구매력의 손실이 있다는 사실을 마르크스는 너무도 잘 알았다. 자본가의 잉여가치에 상응하는 수입의 낭비는 잉여 생산을 구매할 시장의 불충분성을 부분적으로 보상할 것은 분명하다. 하지만 어쨌든 위기는 이 동일한 가치증식 구조에 본질적이며, 재생산은 불비례 없이는 결코 나타나지 않는다(오늘날, 주변부 나라들에서 이 불비례는 "중심부" 자본이 위기 중에 있을 때 구조적이고 막대하다. "종속 문제"에 대해 새로운 정세적 논점을 편성하는 것이 바로 이 점이다).

마르크스는, 노동능력 재생산의 "필요시간"이 경쟁 속에서 어떻게 경향적으로 감소하는지를, 또 상품들의 가치 생산에 필요한 "사회적 필요시간"도 어떻게 감소하는지를 고찰하고, 이것이 다른 자본이나 다른 산업부분과의 경쟁에서 더 낮은 가격으로 이어짐을 성찰한다. (주관적인 또 대상적인) "생산비용"은 축소된다. 그는 처음으로 "공급"과 "수요"를 언급한다.[35]

이렇다면 교환의 세 가지 가능성이 있다. "[첫째] 수입과 수입의 교환이거나, [둘째] 수입과 자본의 교환이거나, 마지막으로 자본과 자본의 교환" 가능성이다. 마르크스는 (소비 가능 재화를 생산하는) 자본 A와 (생산수단을 생산하는) 또 다른 자본 B 사이에서 앞의 가능한 교환들을 분석하기를 제안할 뿐이다. 첫 번째, 수입과 수입을 서로 교환하는 경우에서, 자본 A와 자본 B는 "누군가의 욕구 충족"(개별적 소비)에 바쳐진 재화와, 임금 및 누구 소유 자본의 이윤을 포괄하는 재화를 서로 교환한다.

다른 한편, 수입과 자본 사이 교환은 좀 더 복잡하다. 마르크스는 (MEGA판 574쪽 이하에서) 가능성 각각을 다룬다. [누군가 생산자의] 생산물의 일부 몫은 (예를 들어 아마포는) 바로 동일한 생산자에게 사용될 수 있고(이렇게 되면 수입이다), 다른 몫은 개별적 소비를 위한 생산물과 현물로 교환될 수 있을 텐데(이 역시 수입이다), "그의 생산물들 중 남은 것들과 관련해서" 이 나머지는 "부분들"로 분할된다. 이 중 한 부분은 생산수단(불변자본이며, 자본의 수입이다)을 생산하는 자본 B와 교환되어, 생산과정에서 "산업적으로 소모"될 것이다. 마르크스는 가능한 모든 교환들을 분석하기를 계속한다.

> 양측으로부터 이 관계에 주목할 때, 자본 A는 자신의 불변자본을 자본 B의 수입과 교환하고, B는 자신의 수입을 A의 불변자본과 교환한다. B의 수입은 A의 불변자본을 대체하고, A의 불변자본은 B의 수입을 대체한다. (MECW.31:137; MEGA:561[〈초고〉 2분책:299])

마르크스는 불변자본의 재생산이라는 문제에 관심이 있다. "첫째, 원료, ⋯ 둘째, 고정자본, ⋯ 세 번째로 도구용 재료들[36] ⋯."[37] 재생산 논점은 항상 현시된다.

> 소비 불가능 생산물의 생산자들은 소비 가능 생산물 생산자에 대해 불변자본의 생산자이다. 그런데 동시에 [각각 원료, 고정자본, 도구용 재료들 같은] 이들의 생산물은 저 자신들의 불변자본의 요소 혹은 요인으로서 서로에게 기여한다. 다시 말해, 이들은 서로의 생산물을 산업적으로 소비한다. (MECW.31:147; MEGA:570[〈초고〉 2분책:308])

이제 우리는 실제로 마르크스가 『요강』에서보다 훨씬 더 큰 노력을 들여서 이후 『자본』 제2권에 속할 주제들을 발전시키는 중이라는 사실을 알아채게 된다.

마르크스는 페리에를 공격함으로써 자신의 담론을 이어간다. 수입(이윤)과 임금 외에도, 연간 총생산에는 불변자본에 대상화된 과거 노동이 있다고 말함으로써 페리에를 비판하는 것이다(MEGA판 575쪽 이하 내용). 마찬가지로 마르크스는, 만약 가용한 노동이 존재하지 않는다면 실현된 이윤(비지불 노동)의 일부로서 가치(화폐)를 가지는 게 쓸모없을 수도 있다는 점을 언급한다.

> 그러나 아담 스미스는 가용 노동량이 증가하리라는 것을 안다. 부분적으로는
> (과거의 임금 수준으로도 이루어질 것이 가정되긴 하지만) 인구량의 연간 증가,
> 또 부분적으로는 미고용 극빈자들이나 반고용 상태의 노동자들 등등 〔덕분에〕.
> 잉여생산물의 용도를 변경함으로써 많은 수의 비생산적 노동자들 중의 일부가
> 생산적 노동자로 변환될 수 있다. (MECW.31 : 155~156 ; MEGA : 578 [〈초고〉 2분
> 책 : 317])

"대규모" 인민"masas" populares이 자본의 외부에 상대적으로 남는데, 이들을 생산적
노동자로서 가용하다고 할 때 그 의미가 이들이 저 자신의 삶을 자본 바깥에서
재생산할 능력 바로 그것을 자본이 파멸시켰다는 뜻이 되므로 그렇다. 다시 말
해 자본은 고대의 생산양식과 삶 양식을 해소해버렸고, 이들을 "가용한" 극빈자
로 변환시켜버렸다. 실제로는 자본에 포섭되지 않은 상태이지만, 이들은 (사회주
의적이거나 전자본주의적 생산양식에서 그러할 것같이) 절대적 외부에 있지는
않다.

마르크스는 스미스의 텍스트 중 생산적 노동 및 재생산 문제와 여하튼 관련
된 약간의 내용을 재독해하며 끝을 맺는다. 제임스 드 로더데일(1759~1839)의 『공
적 부의 본성과 원천에 대한 조사』(런던, 1804)나, 세의 논의에 할애된 몇 줄에 대
해서는 별로 언급할 게 없다. 다른 한편, 데스튀 드 트라시에게 할애된 약간의 페
이지들이 있는데, "나태한 계급"classs oisive(지주와 은행업자), "산업 자본가"(부의
생산자), "생산적 노동자" 즉 실제로는 부와 이윤을 생산하지 않고 다만 이들로부
터 자본가가 [소비 상품의 판매를 통해]"임금을 회수하는"("임금 회수"의 학설) 계급
에 관한 드 트라시의 학설에는 큰 중요성을 부여하지 않는다. 어쨌든 드 트라시
는 "이윤의 원천(Quelle)"이 무엇일 수 있는지에 관해 의혹을 품지 않는다.[38] 사실
그는 이윤의 "배분"이나 화폐의 "환류"에 관해 무언가 언급하긴 하지만, "이 총이
윤이 어디에서 나오는가"를 말하지 않는다.[39]

이후 스미스를 둘러싼 논쟁으로 되돌아가면서 마르크스는 생산 및 소비에 관해 적절한 통찰을 제시한다.

> 노동자의 소비는 평균하여 볼 때 다만 그의 [고용을 위한] 생산비용과만 동등할 뿐, 그의 산출물과 동등한 것이 아니다. 따라서 그는 전체 잉여를 타자들을 위해 생산하며, 그러므로 그의 생산 중의 이 부분 전체는 타자들을 위한 생산이다. 더욱이 이런 과잉생산을 하도록… 노동자를 내모는 산업 자본가는 저 홀로 잉여 생산을 직접 전유한다. … 한편의 이 과잉생산에는 다른 편의 과잉소비가 대립해 놓이지 않을 수 없으며, 생산을 위한 생산은 소비를 위한 소비와 대면하지 않을 수 없다. … 생산과 소비는 본성상an sich 분리될 수 없다. … 이 둘의 통일은 둘의 대립을 통해 — A가 B를 위해 생산해야만 한다면 B가 A를 위해 소비해야만 하므로 — 회복된다. … 한편에 생산을 위한 생산이 있으므로, 다른 편에 외래 생산품의 소비가 있다. (MECW.31 : 179~181 ; MEGA : 600~602 [〈초고〉 2분책 : 345~347])

국제적 수준에서, 중심부 나라들의 소비주의는 주변부 나라들의 빈곤에 상응하는 것이다. 노동자의 잉여 생산(비지불 잉여노동)은 노동자 자신에겐 소비의 상실이며, 달리 말해, 자본가의 잉여 전유는 자본가 자신을 불필요한 과잉 소비로 (수입을 비생산적 노동 및 사치품과 교환할 때) 이끈다. 가난한 자들의 빈곤은 부자의 사치스러운 과잉소비이다.

안드레이 슈토르흐(1776~1835)[40]의 『경제학 강의』(파리, 1823)에 관한 언급에서 마르크스는 "정신적(geistig) 생산"[41]에 관한 사유 약간을 전개할 기회를 얻는다. 마르크스는 『요강』 첫머리 혹은 『정치경제학 비판을 위하여』(1859) 이래 처음으로 이 이데올로기적 문젯거리에 네 페이지를 할애한다. "정신적 생산" 혹은 "이데올로기적 신분(ideologischer Stände)으로 이뤄진 상부구조(Superstructur)" — 내가 이 명명을 찾은 곳은 유일하게 여기뿐인데 — 라는 문제는 언제나 한정된 역사적 형태에서 사회의 일정한 구성 가운데 위치해야만 하며, 언제나 "자연에 대한 인간의 일정한 관계"를 참조해야만 즉 "물질적 생산"과 관계 맺어야만 한다.[42] 이럴 때 우리는 1845년 『독일 이데올로기』의 테제를 다시금 본다.

> 슈토르흐는 물질적 생산 자체를 역사적으로 파악하지 못하기 때문에, 즉 물질적
> 생산의 일정한 역사상의 발전이자 특정한 형태로서가 아니라 물질적 재화 일반
> 의 생산으로 이 생산을 파악하기 때문에, 이로써 그는 한편으로 지배계급의 이
> 데올로기적 구성부분과 또 한편 이 주어진 사회구성체의 자유로운 정신적 생산
> freie geistige Produktion을 이해할 수 있게 하는 유일한 기초에서 스스로 발을 빼버
> 렸다. (MECW.31 : 182 ; MEGA : 603~604 [〈초고〉 2분책 : 349])

지식사회학에 막대한 가치를 가질 이 페이지들에 관해 우리가 여기에서 언급할
수는 없다. 다만 마르크스가 "자유로운" 정신적 생산에 귀속시킨 중요성을 명시하
길 바랄 뿐이다. 이에 더하여, 우리는 이 개념을 『요강』과 『자본』에 있던 "자유시
간" 및 "자유의 왕국"과, 즉 예술, 시, 그 밖의 "정신적 노동"인 활동들과 관련지어
야만 하고, 그럼으로써 마르크스 이후의 속류 유물론과 아주 멀리 떨어져 있어
야 한다. 스미스가 살았던 "여전히 혁명적이었던 부르주아지"[43]의 시대에 정신적
노동은 비생산적이라고 여겨졌으나, 그 이후에는 유용한 우군으로 간주되었다.

> 물질적 생산에서의 여러 대립은 이데올로기적 신분으로 이루어진 상부구조를
> 필요하게 만들고, 이들의 활동은 − 좋거나 나쁘거나 − 필요하기 때문에 좋은 것
> 이 된다. … 모든 기능은 자본가에게 봉사하며, 자본가의 복리를 위해 수행된다.
> (MECW.31 : 184 ; MEGA : 605 [〈초고〉 2분책 : 350~351])

마르크스는 나소 W. 시니어(1790~1864)의 저작 『경제학의 근본 원리』(파리, 1836)
의 프랑스어 판본을 분석한다. 시니어는 새로운 것은 하나도 말하지 않는데, "생
산적 소비"나 "비생산적 소비"만이 예외다. 그러나 마르크스는 이 둘이 결국 같은
것임을 보여준다. "노동능력 자체를 재생산하거나 … 노동능력 구매에 소용되는
상품들의 가치를 재생산하는 노동을 고용하는 경우라면, 소비가 생산적일 것"[44]

이기 때문이다. 달리 말해, 스미스가 (노동은 생산 활동에 있을 때 생산적으로 소비되기 때문에) "생산적 혹은 산업적 소비"[45]라고 부르는 것 때문이다.

P. 로씨의 통찰을 해명하면서 마르크스는 잉여가치 문제의 새로운 정식에 도달한다.

> 모든 자본주의적 생산이 의지하는 바는 노동을 직접 구매한 후에 대가 지불 없이 생산과정에서 그 일부를 — 그러나 생산품 속에 판매되는 일부를 — 전유하려는 것이다. (MECW.31:190; MEGA:610 [〈초고〉 2분책:357])

로씨는 명백한 오류에 빠져 있다. 로씨에게 자본주의적 "생산 양식"과 이전 생산양식들 사이 차이는 없으며, 물질적 생산과 형식적 생산("사회적 생산양식")도 서로 같다.[46]

이 〈노트XI〉을 끝맺으면서 — 맬서스주의자 챌머스(1780~1847)나 자크 네케르(1732~1804)에 관해서는 언급할 만한 게 거의 없으므로 — 스미스를 긍정적으로, 앞서 말했듯 "여전히 혁명적이었던 부르주아지"의 대변자로서 고찰하자면, 이는 그를 옛 "이데올로기적 신분"의 총체에 대한 난폭한 비판자로 만든다. 이들[국왕, 법률가, 군인, 승려, 학자, 예술가 등]은 "생산의 부수적 비용[비생산적 비용]"으로 생각될 수밖에 없으므로 최소한도로 축소되어야 한다고 스미스가 비판하기 때문이다. 하지만 곧이어 "부르주아지가 … 국가를 장악하고" 나자 이들은 "이전 단계에서 자신들이 비판하고 대항해 싸웠던 바로 그것을 자기 자신의 견지로부터 경제적으로 정당화하려고 애쓴다."[47]

마지막으로 두 가지를 지적해야 하겠다. 첫째로 마르크스는 이전의 화폐 축장이었던 것이 이제는 자본 축적이되, 그 "실제적 형식"은 재생산임을 확인한다.[48] 둘째로 마르크스에게는, 이제 보겠지만 케네에서와는 달리, 재생산이 근본적으로 불변자본이라는 물질적 수준 즉 자본의 사용가치 수준에서 수행되는데, 형식적으로는 "화폐를 생산"하는 것으로 이루어진다.

이 구별[중금주의는 화폐 생산만을 생산적이라고 간주하고, 스미스는 화폐를 가져다 주는 상품 생산을 생산적이라고 간주하는 구별]은 부르주아적 생산의 본성 자체에 입각한 것인데, [부르주아적 생산에서는] 부가 사용가치의 등가물이 아니고 부가되는 것은 오로지 상품 즉 교환가치의 담당자로서의, 화폐로서의 사용가치만이기 때문이다. (MECW.31:200;MEGA:620[〈초고〉 2분책:369])

6.4 케네의 『경제표』

(MECW.31:204~250;MEGA:624~668)

〈노트X〉은 초고 422면부터 위대한 중농주의자의 재생산 도표와 함께 시작한다. 마르크스가 "여담"(Abschweifung)[49]이라고 일컫긴 하지만, 사실 이 도표는 생산적 노동에 대한 질문에서 수차례 출현했던 주제 즉 자본의 재생산에 관한 아이디어 몇 가지를 정돈해보려는 것이다. 우리 이목을 끄는 바는, 마르크스가 『요강』에서도 마찬가지로 잉여가치 범주를 발견한 뒤에, 또 여기에서처럼 중농주의자들과 스미스를 논의한 후에 "생산적 노동"[50] 및 노동을 언급하고, 이윤 및 지대에 대해 말한다는 것이다. 노동을 이미 다루고 나서 조금 뒤에 마르크스는 다음과 같이 의문을 품는다.

노동 재료와 노동 도구에서 실현된 자본의 여타 두 부분은 어찌 되는가? (마르크스 1973:324[『요강』 I:369])

마르크스는 즉각, 임금 및 이윤만으로 등가를 이룰 수 없는 "생산비용의 구성성분"에 대한 논점을 제기하고, 만약 전개한다면 재생산 도식이 만들어질 그런 사례를 제시한다(면화 50, 임금 40, 도구 10, 이윤 40 = 140탈러). 노동이 단지 80탈러(필요시간에서 40, 잉여시간에서 40)만을 생산하기 때문에, "생산수단"에 속한 나머지 60탈러를 노동이 재생산하지 않는다면 이 부분은 어떻게 회수되는가? 생산수단에 속한 "옛" 가치들을 노동은 보존하지만 이번에 이를 생산하는 것은 아니다.[51] 『요강』의 이 부분부터 다섯 항목으로 이루어진 첫 번째 재생산 도표에 이르기까지 마르크스는 그치지 않고ininterrumpidamente 이 주제를 다룬다 — 재생산 문제에 대한 적절한 해답은 없지만, 불변자본의 발견에 대한 답은 있다.[52]

그 해답은 오직 이 〈1861~63년 초고〉에서만 발견된다. 우리는 이를 지난 5장 3절, 이 장 2절, 3절에서 이미 살펴보았다.[53] 케네의 『표』에 관한 언급은 그 후에 나오며, 〈노트XXII〉에서 "축적" 문제를 다룰 때 마르크스는 최상의 "재생산 도식"을 증거로 남긴다.[54] 〈1863~1865년 초고〉로 이뤄진 (『요강』과 〈1861~63년 초고〉를 앞선 두 시기로 친다면) 세 번째 시기도, 해당 초고에서 마르크스가 축적 문제를 다뤘어야 했다는 점에서, 고찰할 필요가 있다.[55] 네 번째이자 결정적인 시기는 〈초고II〉(1865~1870) 및 〈초고VII〉(1877~1878)로 이루어지며, 이 초고들은 이후 엥겔스가 『자본』 제2권 제3편 제20장, 21장을 정리하는 데 이용했던 것 같다. 이 주제는 차후에 분석할 것이다.

이 모든 분석에서 마르크스는 "생산물 가치"가 편성된 것으로부터 출발하며, 그 "구성성분"(임금 "부분", 이윤 "부분", 불변자본을 재생산하는 "부분")을 분석한다. 그 대신 여기에서 그가 — 끊임없이 케네를 수정하면서 — 기술하는describe 대상은 생산에 속한 모종의 사회 관계인데, 중농주의자들이 말한 "계급"과 관련해서만이 아니라 더 나아가 — 그리고 핵심은 이것인데 — 마르크스는 정초적 관계 즉 "자본가와 노동자" 사이의 관계를 기술한다.[56] 이 주제는 마르크스가 명확히 표현하기 때문에, 우리의 주석은 아주 간략할 수 있을 것이다.

맨 처음 마르크스는 차지농과 지주 사이의 관계(〈그림 6.1〉의 a와 b)를 분석한다. 이 관계에서 그는, 나머지에서처럼, 자신의 성찰을 틀어놓는다(다시 말해 다른 자리에 둔다). 마르크스는 (순전히 형식적인) 화폐 유통의 영역과 더불어 시작해서, 상품 유통의 층위와 사용가치의 재생산을 (가치 재생산과정으로서 유통의 현실적이거나 물질적 층위를) 이어서 언급한다.

따라서 상품의 형태변화 중 또 하나 즉 화폐에서 상품으로 그것의 역전화Rück-verwandlung는, 이 경우엔 동시에 해당 상품의 현실적wirklich이며 단지 형식적인

<그림 6.1> 마르크스의 <표> 주석 속 유통 관계

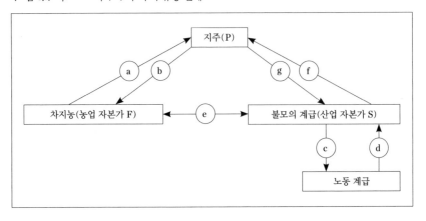

것에 그치지 않는 **형태변화**를 ─ 해당 상품의 재생산의 시작을, 저 자신의 생산 요소 들로 해당 상품의 재전화의 시작을 ─ 표현한다. 다시 말해 이 거래에는 동시에 자 본의 형태변화가 있다.[57] (MECW,31:226; MEGA:643 [<초고> 2분책:397])

그러하므로, 화살표 a가 가리키는 차지농(마르크스의 약어로 F[58])과 지주(마르 크스의 P[59]) 사이 관계는 화살표 b가 가리키는 그 역관계와 같지 않다.

화폐가 그 출발점으로 끊임없이 역류함Rückström은 여기에서 형태적 전환 즉 화 폐가 상품이 되고 상품이 화폐로 되는 것을 표현할 뿐만 아니라 … 이와 동시에 동일 생산자에 의한 상품의 계속적인 재생산을 표현하기도 한다. (MECW,31:20 8; MEGA:628[<초고> 2분책:377])

확실히 차지농-지주 관계(a)는 자본-수입 관계(G-W-G′)이며[60], 반면에 지주-차 지농 관계(b)는 일종의 소비-자본 관계(W-G-W)이다.[61]

케네가 논의하지 않지만 마르크스로서는 본질적이기에 지적하지 않을 수 없는 관계는 산업자본가(케네에게는 "불모의" 계급)와 노동자가 수립하는 것이 다(<그림 6.1>의 화살표 c와 d). 자본가-노동자 관계(화살표 c)는 단순히 "노동"

상품의 구매이다 ─ "노동능력"에 대해서만 지불이 이루어지기는 하지만 말이다.[62] 물론 그 불균등 관계는 숨겨진다. 이렇지 않다면 "잉여가치의 경제적 정당화(Rechtfertigung)"[63]는 망가질 것이다. 이런 점에서 "자기 노동을 판매하는 노동자의 우화"[64]는 라틴아메리카의 노동자 농민 운동의 기층에 퍼뜨릴 가치가 있어 보인다.

노동자–자본가 관계(〈그림 6.1〉의 화살표 d)는 소위 "소순환"[65]이며, 이해하기 어렵지 않다.

"이제 케네가 있던 곳으로 되돌아가자"고 마르크스는 외친다.[66] 저 프랑스 중농주의자는 (자본가–노동자의) 선차적 관계를 놓치고서는 그것이 논리적이었던 것처럼 굴었기 때문이다. 그러면 두 관계가 남는다. 하나는 지주(P)와 산업자본가(S) 사이의 관계이며, 나머지 하나는 산업자본가(S)와 차지농(F) 사이 관계이다. P와 S 사이의 관계는 소비자가 자본에 대해 갖는 관계이다. 〈그림 6.1〉의 화살표 f는 판매를 가리키고(〈그림 1.1〉에서 살펴본 대로라면, 화폐1–상품1–상품2–화폐2 공식 중 상품2→화폐2 단계), g는 구매를 가리킨다(〈그림 1.1〉의 상품1–화폐1–화폐2–상품2 공식 중 화폐2→상품2 단계).[67] 자본가(S)는 수입을 위해 교환하고 이윤을 획득한다. 지주(P)는 수익을 위해 교환하되 어떤 이윤도 받지 못하고 소비만 수행할 뿐이다.

차지농(F)과 산업자본가(S) 사이 관계는 자본–자본 유형의 관계이다. 이 관계에서 한쪽 자본은 기계를 구매하고 다른 쪽은 원료를 구매한다(현물 교환이다). 화폐 유통은 형식적으로 훨씬 복잡하여 관계들을 배가시키지만, 실제의 혹은 물질적 실체는 상품들의 유통이다.

이렇게 해서, 〈노트VI〉[68]부터 시작했던 아담 스미스와의 대면, "중농주의자들의 유산을 물려받아 그 재고품의 개별 항목들을 더 정확하게 분류하고 특정했던 사실상 유일한"[69] 사람이라고 마르크스가 말하는 이와의 대면이 끝난다. 그런데 이 대면을 통해 마르크스는 당시 몇 년간의 정초적 범주 중 하나에 대한 이론적 정확도를 진전시키게 되었다. 그 하나는 "재생산" 문제와 관련한, "생산비용"이다 ─ 역설적이게도 이러한 내용은 이것이 제기되는 게 논리적일 『자본』 제1권

〈그림 6.2〉 재생산 과정 전체의 경제표

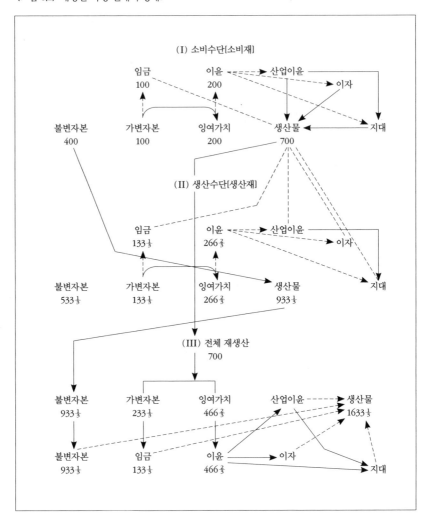

이 아니라 미래의 『자본』 제2권과 또 제3권 일부에 속한 문제들[70]이다.

관련 텍스트가 이론 전개에서 훨씬 더 진전된 단계에 있기 때문에 지금 이 자리는 적절하지 않겠으나, 그래도 우리는 마르크스가 그려낸 것들 중 가장 발전한 재생산 도표를 여기에서 언급하지 않을 수 없다. 이 도표는 〈노트XXII〉[71] 및 〈노트XXIII〉[72]에 위치하고, 1863년 7월 6일 자로 엥겔스에게 보낸 편지[73]에 있다. 63년 7월 즈음 마르크스는 축적에 관해 집필하던 중이었다. 그는 두 자본 즉 부류 I(소비수단) 자본 및 부류 II(생산수단) 자본과 직면한 재생산 문제에 대해, 또 이 둘의 합(도표의 III)에 대해 해명을 조직한다(〈그림 6.2〉). 마르크스는 자본들이 서로 간에 어떻게 교환되는지를 짚어내고자 한다. (엥겔스에게 보낸 편지에서 지칭한바) 범주 I의 소비 재화에 대해서는 생산수단을 생산하는 자본(범주 II)이 구매하는 반면, 범주 I은 범주 II로부터 불변자본을 사들인다(해당 사례의 요약은 MEGA판 2279쪽을 참조할 것). 이 도표와 같은 방식으로 마르크스는 생산수단 즉 고정자본(부류 I에서 400, 부류 II에서 533 1/3)이 생산물 가치에 그대로 "건네짐"을 보여준다. 이것은 생산물에 가치를 추가하지만 가치를 창조하진 않는다. 오직 가변자본만이 새로운 가치(부류 I에서 200, 부류 II에서 266 2/3)를 생산하며, 이 가변자본은 생산물의 실현된 가치 및 똑같이 산 노동이 이전에 대상화한 가치의 축적에서 재생산된다.

제7장

지대 이론

1862년 6월부터 8월까지 〈노트 X~XII〉 445~636면[1]

어떻게 해서 한 상품의 가격이 이윤과 마찬가지로 지대를 만들어내는지, 요컨대 일반적 가치 법칙Gesetz der Werthe을 명백히scheinbar 벗어나 그 상품에 내장된 잉여가치 이상으로 상품 가격을 올림으로써, 해당 자본에 일반이윤율보다 더한 몫을 부담하게 하는지 해명하는 것은 더는 문제가 아니다. 왜 이 특수한 상품은 상품들의 평균가격으로의 균등화 과정에서 자신의 내장된 잉여가치 대부분을 여타 상품들에 넘김으로써 다만 평균이윤Druchschnittsprofit을 만들어내어야 하는 상품이 아니라, 저 자신의 잉여가치 중에서 평균이윤을 상회하는 초과분을 형성함으로써 [이 상품 생산 영역에 자본을 투자한] 차지농farmer으로 하여금 [통상의 이윤뿐만 아니라 제삼자 즉 지주에게] 지불 가능한 몫을 실현할 수 있는 상품인지가 문제다. … 토지, 광산, 수원지 등에 대한 사적 소유권은 몇몇 사람들이 이윤(일반이윤율이 결정한 이윤율에 따른 평균이윤)을 상회하는 초과 잉여가치를 빼앗고, 가로채고, 장악할 수 있게 해준다. (MECW.31:271;MEGA:692)

먼저 우리는 마르크스가 왜 지대라는 주제에 관심을 가졌는지 논급하려고 한다. 정확히 말해 그것은 많은 이들에 의하자면 가치 법칙을 무효하게 만들었다는 (피상적 층위에서의) "현상"을 설명하는 문제였다.[2] 그래서 마르크스는 1862년 8월 9

일 날짜로 엥겔스에게 편지를 한 통 썼다.

> 내가 이론적으로 입증해야만 할 전부는 가치 법칙을 위배함이 없는 절대지대의 가능성일세. 중농주의자들의 시대부터 오늘날에 이르기까지 이론적 논쟁은 바로 이 지점을 둘러싸고 돌아갔네. 리카도는 저 가능성을 부인하네만, 나는 가능하다는 생각을 갖고 있네. 나는 또한 리카도의 부인이 스미스로부터 파생된 이론적으로 잘못된 교의 ― 비용가격과 상품 가치의 이른바 동일성 ― 에 의지하는 것이라고 생각한다네. (MECW.41:403;MEW.30:274)[3]

이 경우에서, 마르크스가 "가치 법칙"의 옹호에 관심을 기울이는 이유는 가치에 대상화된 노동 다시 말해 산 노동이자 인간 그 자체가 중요하기 때문이다. 이것은 정초적인 윤리 문제다. 지대가 가치 법칙의 예외가 아님은 물론이요, 모든 것(잉여가치, 가치, 가격, 이윤)은 최종적으로 산 노동, 인간 노동에 근거한다. 인간의 양도 불가능한 존엄성은 여전한 규율이다. 따라서 잉여가치로부터 지대를 파생시키는 것이 중요했고, 저 "현상"을 해명하기 위한 매개를 확립할 필수적 범주들을 축조하는 것이 중요했다. 절대지대 자체로는 그토록 광범위한 처방이 들어맞지 않을 수 있겠는데, 농업 분야에서 자본의 유기적 구성이 비농업 분야 산업에서와 동등해질 때엔 절대지대가 역사적으로 "사라질 수" 있기 때문이다.[4] 그러나 마르크스가 1862년 8월 2일 날짜로 엥겔스에게 보낸 편지에서 언급한바, 절대지대는 ― 이 시기 경쟁 및 독점의 시야에서 보기에 ― 당장의 문제인 잉여가치 이론을 "예증"하기에 좋은 사례이다.[5]

다른 한편 이 부분은 리카도와의 대면이 시작되는 곳이다. 스미스와의 대면 끝에서 마르크스는 재생산의 전체 문제구성에 파고들었던 바 있다. 생산으로부터, 물질적 층위에서, 자본-자본 관계에서 말이다. 지대는 이와 달리 수입의 세 번째 원천이며(자본-수입 관계), 그러므로 "생산비용"이라는 문제구성은 보다 더 피상적인 층위로, 말하자면 유통 영역 즉 "평균이윤"과 "생산가격"의 영역으로 향상하기 위해 포기된다. 이제 우리는 로트베르투스의 지대 문제 및 "리카도의 법칙"으로부터 시작하여(제7장 1절 및 2절), "비용가격" 문제를 다루고(3절), 리카도의 지대 문제(4절)와 스미스(5절)에게로 — 마르크스의 그침 없는 대화 상대들에게로 — 나아갈 것이다.

이 부분은 〈1861~63년 초고〉의 중심 지점이다. 요한 로트베르투스(1805~1875, 독일의 리카도파 사회주의자이며, 마르크스는 여기에서 그의 『폰 키르히만에게 보내는 공개서신 제3서신』과 대면한다) 덕분에, 또 프루동과 그의 화폐 이론 덕분에 마르크스는 자신의 가치 이론을 축조할 수 있었다. 이제 런던의 이 근면 성실한 학자는 진정한 불안과 곤궁의 한가운데에서 자신의 "평균이윤" 이론과 지대로부터 출발하는 "생산가격" 이론을 발견한다.

7.1 로트베르투스와의 대면을 통한 지대 이론의 공식화

(MECW.31:250~344; MEGA:673~765)

『요강』의 서두에서 프루동과 대면하던 것과 마찬가지로, 마르크스는 고정된 진로를 잡지 않고 이것저것 해보면서 "몸을 풀기" 시작한다. 그리고 그는 임금 문제로 "진입"하여,[6] "평균 임금"과 "평균가격" 같은 범주들을 이용한다. 농업에서 임금은 산업에서보다 낮을 것이었다 — 오스트리아를 영국과 비교한 것과 같이 말이다. 여기에서 마르크스는 심오한 질문을 제기한다. 이 질문은 토지의 갖가지 비옥도에 의한 게 아니라 더 심층적이고 노동에 기초한 무언가에 의해 생겨나는 차액지대의 발견에 관한 것이다.

> 토지 비옥도에 의한 지대 다양화와는 완전히 별개로, 지대 그 자체가 … 이미 가능하고 또 존재할 수 있는데, 농업 노동자의 평균 임금이 제조업 노동자의 평균 임금 아래에 있기 때문이다. (MECW.31:252; MEGA:674)

"가능성"[7]에 대해 말하는 것은 본질 즉 지대의 토대(Grund)를 추구하는 것이다. 상대적 잉여가치가 자본의 생산하는 힘의 생산성 증가로부터 이해될 수 있

는 ─ 따라서 절대적 잉여가치 같은 비지불 노동이 있는 문제를 피하는 ─ 것처럼, 같은
방식으로 마르크스는 지대를 그 가능성으로, 지대 일반으로, "절대" 지대로서, 즉
잉여가치(비지불 노동)로서 규정해야만 했다. 이로부터 이후에, 토지의 더 높은
생산성 및 여타 "자연적" 성격에 기초한 지대의 차이들(차액지대)을 발견하기 위
해서다. 이에 마르크스의 첫 번째 잠정적 해결책은 다음과 같다.

> 이렇다면 여기에서 우리는 이미 지대의 가능성Möglichkeit을 갖는데, 실제에서 농
> 업 노동자의 임금이 평균 임금과 같지 않기 때문이다. 지대에 대한 이런 가능성은,
> 생산물 가치와 동등한 생산물의 가격과는 전적으로 무관하다. (MECW.31 : 252 ;
> MEGA : 675)

아직까진 논변이 불완전하다. 그러나 우리는 로트베르투스 읽기가 마르크스에게
미친 영향을 즉시 볼 수 있는데, 그 읽기는 ─ 몇 가지 오류들에도 불구하고 ─ 마르
크스에게 그의 평생 처음으로 여기에서 성취한 저 문제의 해법을 제시해 주었다.

> 로트베르투스 씨는 경쟁Concurrenz이 통상 이윤Normalprofits 혹은 평균이윤
> Durchschnittsprofits을 〔마르크스는 이 개념을, 어떤 범주를 축조한다는 의식을 갖고
> 서 자신의 이론적 삶에서 처음으로 명명한다〕 불러낸다고 생각한 것 같다. (MEC
> W.31 : 260 ; MEGA : 681~682)

이제 우리는 또 다른 우주, 또 다른 "현상적" 층위로 들어선다. 앞서의 아홉 개
〈노트〉를 뒤로 하고 미래의 『자본』 제3권, 즉 "경쟁"의 층위로 들어선 것이다. 경
쟁이라는 지평 내에서 마르크스 사유의 본질적 범주 다수가 최초로 축조될 것이
다. "경쟁"은 자본 "일반"의 취급에서 마르크스 프로그램의 두 번째 부분이었다.[8]
"경쟁"은 자본 총체의 운동으로서, 이 속에서 여러 가격은 평준화, 균등화(ausglei-
chen)하고 따라서 모든 생산 분야에서 "평균적 수준"(Durchschnittsniveau)이 생산된
다. 바로 이 적확한 층위에 (로트베르투스 덕분일까?) 위치하여, 마르크스는 어떤

창조적 담론을 향해 움직이며 이를 통해 우리는 『요강』에서 그를 잉여가치 발견으로 이끌었던 순간을 떠올리게 된다.9 마르크스는 시작과 함께했던 "평균 임금" 문제를 뒤에 남겨둔 채로, 로트베르투스의 "상품 A의 가격은 그 가치 이상으로 오른다."10라는 제안을 이용한다. 마르크스가 자기 동포의 논변을 거부한다고 해도 그 사실은 중요하지 않으며, 진실은 저 "문제"가 바르게 자리했음을 그가 보았다는 점이다. 이런 이유에서 로트베르투스는 (프루동이 화폐 문제에서 그렇듯) 역사의 한 자리를 차지할 만하다.

우선 마르크스는 "평균가격이 가치와 동등하며, 따라서 어떤 특정 영역에서 평균이윤 또한 일반 이윤율〔과 동등하다〕"라는 착상을 거부한다. "평균가격"은 "가치"(또한 "평균이윤" 및 "잉여가치")와 달라질 수 있고, 따라서 생산의 한 분야 또는 영역의 "평균이윤율"이 모든 생산분야의 "일반적 평균이윤율"과 일치하지 않을 수도 있기 때문이다.

이제 이 모든 것은 "경쟁"으로부터 ─ "상품들의 세계"를 구축하는 존재론적 층위로부터 ─ 이해된다.11

자본 간의 경쟁은 각 자본을 총자본Gesamtcapital의 배분으로 취급하고자 하며 이에 따라 각 자본의 잉여가치 분유를 또 마찬가지로 이윤 분유를 규제하고자 한다. 경쟁은 자본들의 균등화Ausgleichungen를 수단 삼아 대체로plus ou moins 이 일에 성공하며 … 경쟁은 평균가격을 규제함으로써 이런 균등화를 성취한다. 그런데 이 평균가격 자체는 상품 가치보다 높거나 낮기 때문에 그 어떤 상품도 임의의 다른 상품보다 더 높은 이윤율을 만들어내지 않는다. 그러므로 자본 간의 경쟁이 상품들의 가격을 그 가치에 맞게 균등화함으로써 일반이윤율을 불러들인다고 말하는 것은 틀렸다. 이 말과 반대로, 경쟁은 상품들의 가치를 평균가격으로 변환하고 이 평균가격 속에서 잉여가치의 일부가 한 상품으로부터 다른 상품으로 이전됨으로써 일반이윤율을 불러들인다. (MECW.31:264;MEGA:685)12

하지만 마르크스는 생산 영역을 "경쟁"에 대한 걸림돌이 그 속에 있는 것으로 상상한다.[13] 그리고 이 때문에 "평균가격"은 – 이 경우 평균가격은 그 가치 이하로 될 텐데 – 존중받지 못하고 내재한 가치와 동등해지기까지 상승한다("로트베르투스의" 영향을 받은 이런 용어법은 마르크스에게 새로운 것이며, 명명에서의 "망설임" 즉 마르크스의 범주 담론에서의 창조적 순간을 보여준다).

세 가지 경우가 있을 수 있겠다. "평균가격"이 "내재한 가치"보다 우월한 경우, 열등한 경우, 동등한 경우. 절대지대의 경우는 두 번째 경우와 비슷한데, 그 경우 "내재하는 잉여가치(immanenter Mehrwert)가 평균가격에서 실현된 잉여가치보다 높기" 때문이다.[14] 이 장 서두에 놓인 텍스트를 주의 깊게 다시 읽어보자.

해명해야 할 두 가지 질문이 여전히 남는다. 첫째, 왜 농업 생산물의 가치는 산업의 경우보다 더 큰가? 둘째, 농업 자본가가 "일반적 평균이윤"을 넘어선 초과분을 실현함으로써 결국 자신의 잉여가치를 다른 상품들이나 분야들에 이전하지 않고도 그 전부를 회수하는 것이 어떻게 가능한가? (〈그림 7.1〉을 참조하라.)

〈그림 7.1〉 절대지대 : 평균이윤을 뛰어넘어 실현된 잉여가치

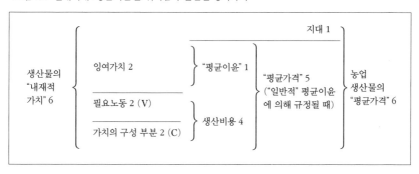

설명 : 1, 2, … 6이라는 숫자는 순전히 계시적 목적으로 설정된 가상의 가치량을 표시한다. 지금은 이후 마르크스가 더 정확해질 것을 예견하지도 그의 모호함을 명확히 하지도 않았고 다만 그가 붙인 명칭을 존중했다.

첫 번째 논점에 대해, 이제 마르크스는 그가 시작했던 것과 반대 방식으로 입증할 필요가 있다. 농업 임금이 [제조업 임금]보다 더 낮다면, 다만 같은 유기적 구성일 때, 생산물은 더 적은 가치를 가진다(이러므로 지대가 착출될 수 있다). 이제 마르크스는 농업에서는 "자본의 유기적 구성이 더 낮고" 따라서 농업 생산물이 (유기적 구성을 제외한) 동일 조건에서 생산된 산업 생산물보다 더 높은 가치

를 가질 것이라고 주장한다.

> [결론적으로, 첫째] 농업은 특수한 생산 영역에 속하고 그 상품 가치는 상품들의
> 평균가격 이상이라는 점을 … 입증할 필요가 있다〔마르크스는 아직 해소된 적 없
> 는 문제에 관한 것이라는 점을 의식하고 쓴다〕. 이 명제는 평균하여 농업에 적용
> 하기에 명백한 것으로 나타나는데,[15] 농업에서는 수작업이 상대적으로 여전히
> 지배적이며, 농업보다 제조업을 더 빠르게 발전시키는 것은 부르주아 생산양
> 식의 특징이기 때문이다. 그러나 이런 것은 사라질 수도 있는 역사적 차이이다.
> (MECW.31:326; MEGA:748)

둘째 논점에 대해, 마르크스는 "몇몇 사람들이 가진 토지, 광산, 수원지 등에 대
한 사적 소유권은 … 이들이 이윤(평균이윤)을 상회하는 초과 잉여가치를 빼앗고, 가로
채고, 장악할 수 있게 한다."[16]라고 진술함으로써 답한다. 그런데 차지농 혹은 농
업 자본가야말로 "생산비용을 넘어서 초과된 가격"[17]을 성취해야 하는 사람들이
며, 이들은 독점 – 당연히 토지의 사적 소유를 기초로 수립된 독점 – 을 통해 경쟁이
유예된 탓에 이런 가격을 붙인다. 따라서

> [둘째] 토지소유의 독점은 토지소유자로 하여금 항구적 초과 이윤을 형성할 저만
> 큼의 잉여가치[평균이윤을 초과한 잉여가치]를 자본가로부터 쥐어짜낼 수 있게 해
> 준다. 그런데 독점으로부터 지대를 도출해내는 사람들이 오류에 빠지는 것은,
> 독점이 토지소유자로 하여금 상품 가격을 그 가치 이상으로 강제할 수 있다고 상
> 상할 때이다. 이와는 반대로 독점은 상품 가치를 그 평균가격 이상으로 유지할 수
> 있게 하며, 즉 상품을 그 가치 이상으로가 아니라 그 가치대로 판매할 수 있게 한
> 다.[18] (MECW.31:326~327; MEGA:749)

이럴 때 핵심이 되는 문제는 절대지대의 현존을 정당화하는 것이었다. 절대지대
는 자본이 저 자신 앞에 현존하는 빈자를 요구하기 때문에[19] 말하자면 자본이 노

동자를 "누군가의 재산으로서" 대면하여 "그를 임금노동자로 만들기"[20]를 요구하기 때문에 필요하다. 자본은 농민들로부터 이들의 전통적 생활수단을 빼앗을 필요가 있다(그리고 "토지"는 이들의 생활 기초이다).

> 그것["자본"]의 유일한 요구사항은 토지가 공통의 재산소유common property가 되지 않아야 한다는 것이고, 노동계급을 자본에 속하지 않은 생산 조건으로서 대면해야 한다는 것이다. (MECW.31 : 278 ; MEGA : 700~701)

그렇다면 산업자본가 입장에서 지주는 보충적 필수요소로서, 산 노동에게서 그의 생활수단을 소유하지 못하도록 강제하는 자이다. "급진적 부르주아"라면 지주를 없애버리고 국가에 토지 소유를 부여할 것 같지만, 이렇게 하지 않는 이유는 "다른 형태"의 소유가 위험할 수 있기 때문이다.[21] 이것이 절대지대를 정당화하는 자본주의적 방식이다. 갖가지 토지 비옥도를 이유로 한 차액지대에 대해서는 리카도가 옳았던 것 같지만, 지대의 토대에 관해 그는 본질적으로 틀렸다.

> 위와 같이 [상품의 가치를 그 평균가격보다 높이 유지하는 게 가능하다고] 조정할 때 저 명제[지대는 초과 이윤으로부터 발생한다는 로트베르투스의 명제]는 옳다. 그 명제는 지대의 현존을 해명하는 반면에 리카도는 차액지대의 현존을 해명할 뿐으로, 토지 소유권에 아무런 경제적 효과도 현실적으로는 없다고 여긴다. (MECW.31 : 379 ; MEGA : 749)[22]

마르크스의 텍스트에서 논의되는 그 밖의 논점들은 별다른 해석의 어려움 없이 읽힐 수 있다.

방법론에 대한 일종의 제안으로 마르크스가 지적하는 것은, 로트베르투스가 잉여가치와 잉여가치의 특별 형태 사이의 차이를 직관적으로 "예감"(ahnt)하나, 지대에 대한 질문에서 "그는 애초에 특수한 현상(Phänomen)(토지 지대)의 해명에 관심을 가질 뿐 일반적 법칙의 수립에 관심이 없으므로 저 지점을 놓친다."[23]라는 사실이다. 말하자면, "직관"은 개념에 선행하는 것이고 "외양의 형식"은 현상인 것이지만, 필요한 것은 "본질" 즉 일반적 법칙을 현시의 또 다른 형식을 통해 발견하는 일이다. 잉여가치(본질)에서 비롯된 절대지대(현상)를 통해서 말이다.

7.2 방법론적 여담

우리는 마르크스 자신의 통시적 역사 담론으로부터 한 걸음 앞으로 나아가고 싶다. 〈1861~63년 초고〉의 독자들이 날카롭고, 정확하고, 분명한 인식론적 주의를 기울이도록 만들기 위해서다. 통상적으로 범주들의 "명칭"(명명)은 별로 중요하지 않았으며, 이것은 MEGA판의 편집자들도 범한 실수이다(이들은 7분책24에 실린 색인에서 이따금 독자를 오도할 내용을 언급한다). 이것에 가장 좋은 사례가 될 법한 범주가 있는데, 이 범주의 "개념" 혹은 "의미론적 내용"에 해당하는 값은 "생산비용" 혹은 "비용가격"(가변자본에 불변자본을 더한 구성 부분)과 평균이윤의 합계로 표현된다. 『자본』에서 이 범주는 "생산가격"(이 〈초고〉에서는 Productionspreiss[25])이라고 불릴 것이다. 그런데 마르크스는 주저했다. 그는 자기 범주들의 "명칭"에 관해 오랜 시간 확신을 가질 수 없었다. 이는 용어법상의 질문이 아니라 의미론상의 문제다. 사실 처음엔 마르크스에게 그 어떤 "개념적 명료함"도 없었다. 말하자면 그는 아직 지성적noético 내용을 분명히 분별하지 않았으며, 따라서 무슨 "명칭"을 저 "개념"의 각 계기 혹은 (라틴어 프레치데레praecidere 즉 구별하다, 자르다, 가르다라는 말에서 온) 정확한precisos 범주에 적용할지를 여전히 결정하지 않았다. 마지막 용어 혹은 단어가 분명하게 종별화된 개념을 명명하는 오직 이 순간에만, 모종의 범주가 최종적으로 구축되었다. 실제로, "비용가격"과 확실히 분별되는 "생산가격"(〈그림 7.2〉의 화살표 5)은 〈노트XV〉(우리책의 10장)에 처음으로 나타난다.

이윤은 — 그러니까 생산가격과 비용가격 사이 차이는 — 오직 그 자신의 상품에 대해서만 그에게 비용가격을 넘어선 잉여로서 나타난다.(MECW.33:37; MEGA:1750)[26]

이 순간에만 "생산가격"은 "생산비용"과 정확하게 구별된다. 이에 더해 새로운 범주들의 이름 즉 "시장가치", "시장가격" 같은 명칭들이 기존에 분석되었던 "평균이윤"에 더해 나타난다.

〈그림 7.2〉 몇몇 새로운 범주 사이에서 가능한 관계

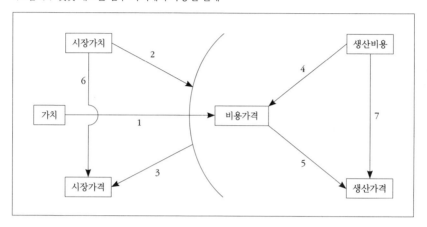

"생산비용"의 명명은 현재 〈초고〉의 서두에서부터 논의해 왔다. "비용가격"으로의 이행(〈그림 7.2〉의 화살표 4)은 이제 〈노트XI〉에서야 수행되지만,[27] 그 개념은 약간 더 앞에서 언명되었다.

> 여기에서 평균가격은 ─ 다시 말해 생산비용 + 평균이윤〔으로 형성되는 것〕은 생산물의 시장가격과 일치한다. (MECW.31:373; MEGA:798)

이와 같은 "인식론적 주목"에 비춰 볼 때, 우리는 아래 페이지에 새로운 범주들이 나타나는 것을 보게 될 것이다.

> 경쟁 가운데에는 균등화를 향한 운동이 구별되게 두 가지 있다. 같은 생산 영역 속의 자본들은 이 영역 속에서 상품들의 가격을 동일 시장가격에 맞춰 균등화한다. … 서로 상이한 생산 영역들 사이의 균등화가 없다면 평균 시장가격은 상품

의 가치와 동등해야만 한다. 이 상이한 영역들 사이에서 이루어짐으로써 경쟁은 가치들을 평균가격에 맞춰 균등화한다. 자본들 서로 간의 상호작용이 제3의 요소 — 토지소유권 등 — 에 의해 방해받거나 혼란스러워지지 않는 한에서 그렇다. (MECW.31:356; MEGA:777)

보다시피 "시장가격"이라는 새로운 범주가 — 이 범주가 처음 나타난 것은 한참 전이지만[28] — "평균가격"[29]이라는 훨씬 폭넓은 개념으로부터 서서히 구별되는데, "시장가격" 범주는 동일 분야 속에서, 더 피상적 층위에서, 더 구체적 가격으로 나타난다. 마르크스는 아직 "시장가치"라는 개념을 분명히 발견하지 않았지만, 몇십 페이지 뒤에서 우리는 이것이 분화되는 것을 보게 된다.

이 공통 가치는 해당 상품들의 시장가치이자, 상품들이 시장에서 나타내는 가치이다. 화폐로 표현되므로, 이 시장가치는 시장가격이다. … 현실적 시장가격은 이 시장가치보다 이제는 높고 저제는 낮으며 둘은 오직 우연에 의해서만 일치한다. … 현실적 시장가격의 평균값은 시장가치를 대표하는 시장가격이다라고 말할 수 있다. (MECW.31:429; MEGA:853)

자 이렇다면 "시장가치"가 "시장가격"에 관해 맺는 정초적 관계(《그림 7.2》의 화살표 6)는 이렇게 새로 구축된 범주 간의 많은 가능성 중 하나이다. 요컨대 우리는 이 읽기를 돕기 위해 저 새 범주 중 약간만을 짚어보았다. 이제 우리의 주석으로 되돌아가 보자.

7.3 "리카도의 지대 법칙"과 그 역사

(MECW.31:344~386; MEGA:765~813)

마르크스는 제임스 앤더슨(1739~1808)의 이론, 특히 이 사람의 저작 『농업 및 농촌 문제에 관한 논집』(I~III권, 에든버러, 1775~1796)과 대면하면서 시작하는데, 곡물 위기에 관련한 여타 저작들도 고찰하고 있다.[30] 우리의 철학자이자 경제학자는 이렇게 언급한다.

> 지대에 대해 옳은 개념파악이 이루어질 때 떠오를 첫 번째 요점은 당연히도 지대가 토지에 기원을 두는 것이 아니라 농업 생산물에 기원을 둔다는 사실이다. 다시 말해 지대는 노동으로부터, **노동 생산물의 가격으로부터**, … 농업 생산물의 가치로부터, 토지에 적용된 노동으로부터 기원하는 것이지 토지로부터 기원하는 것이 아니다. (MECW.31:372; MEGA:797)

마르크스는 "앤더슨이 전체 생산물의 가치라고 부르는 것은 생산물이 판매될 때의 시장가격을 그가 개념파악한 것과 다르지 않은 것이 명백하다."라고 말한다.[31] 그리고 결론 내리기를,

> 앤더슨에게 지대 = 생산물의 **평균가격**을 넘어선 그 시장가격의 **초과분**(MECW. 31:373; MEGA:798)

자신의 용어 중 하나("시장가격")에서 마르크스는 이미 그의 애초의 설명 — 이 장 1절에 나온, "평균가격"에 관련한 "내재한 가치" 같은 개념들을 보라 — 에서보다 더 명료함을 갖고 있지만, 여전히 모호한 "평균가격"도 있다(이것은 이후에 "생산가격"이 될 것이다).

마르크스가 앤더슨에 대해서는 긍정적으로 판단한다면, 이와 대조적으로 토머스 로버트 맬서스(1766~1834), 이번 경우 그의 『지대의 본성과 발전에 대한 조사』(런던, 1815)를 향해서는 지나치게 부정적이고 혹독하다. 마르크스는 맬서스를 리카도와 비교하는데, 마르크스에 의하자면 리카도는 진지했고 과학적이었고 정직했다. 인식론과 관련될 유명한 구절에서,

> 한 인간이 학문Wissenschaft을 (아무리 잘못이더라도) 학문 그 자체로부터 도출

한 관점이 아니라 [학문의] 바깥으로부터, 낯설고 외부적인 이해관심으로부터 도출한 관점에 끼워 맞추려고 애쓸 때, 나는 그를 "야비하다"gemein고 한다. (MECW. 31:349;MEGA:771)

여기의 탁월한 네 페이지[32]가 보여주는 바는 마르크스의 맬서스에 대한 혐오와 리카도에 대한 커다란 존중이다.

빌헬름 G.F. 로셔(1817~1894)의 『국부 이론』(슈투트가르트, 1858)과 대면하면서 마르크스는 다음과 같은 논점을 제기할 수 있게 되었다. 많은 경우에서 이론이란 그 표면 아래 "이해관계의 투쟁"(Interessenkampf)이 숨어 있는 외양이라는 것이다.[33] 마르크스는 학자와 계급 분파 사이의 동일성에 관해 매우 잘 안다. 맬서스나 로셔는 지주 귀족과 리카도는 산업 자본주의와 동일성을 띤다. 둘 중 하나를 선택해야 했다면 마르크스는 후자를 지지했을 것이다.

마르크스는 다시 한번 로트베르투스를 비판하고, 사실 이 학자가 리카도를 이해하지 못했음을 보여준다. 요컨대 리카도가 지대를 규정했다.

지대란 대지가 생산한 것 중 지주에게 지불되는 비례몫으로서 이것은 토양의 원천적이고 파괴할 수 없는 힘을 이용한 대가로 지불된다. … 사회가 발전하면서 이급 비옥도를 가진 토지가 경작 대상에 포함될 때, 지대는 일급 토지에 즉각 부과된다. 그러므로 지대의 양은 토지의 이런 두 부분[이급지와 일급지] 사이의 차이에 따르게 될 것이다. (리카도 1984[『정치경제학과 과세의 원리』]:33~35)

마르크스는 아래와 같이 반대한다.

리카도는 절대지대 문제를 도외시하는데, 틀린 가정으로부터 시작하기 때문에 이론에 기초해서 절대지대를 부정한다. 리카도는 만약 상품들의 가치를 노동시간이 결정한다면, 상품들의 평균가격[34]이 그 가치와 동등해야 한다고 (이것이 바로 그가 실제에 대해 잘못된 결론[35]에 도달한 이유인데) 상정했다. … 상품들의 가치가 상품들의 평균가격과 같다면 절대지대는… 불가능할 것이다. … 다른 한편. 평균가격과 가치가 같지 않고, 한 상품의 평균가격이 그것의 가치와 같거나 그 이상이거나 이하일 수 있음을 알 때, 의문은 없어지고 문제 자체가 사라지며, 이와 함께 문제 해소를 위해 제기된 가설[36] 또한 사라진다. (MECW.31 : 358~360 ; MEGA : 779~781)

여기에서 "평균가격"은 마르크스가 나중에 "생산가격"이라고 부르고, 잠깐은 ("평균이윤"을 포함할 때) "비용가격"이라고 부르는 것이다. 그런데 이것은 (지대를 포함할 때) "시장가격"이 될 수도 있다. 요컨대 이것은 모호한 개념으로서, 마르크스가 역사적, 계보학적, 발전적으로 이 개념을 가다듬거나 구축하는 중임을 보여준다. 몇 페이지 지나서 마르크스는 저 전前산업적 독일 포메라니아 사람(로트베르투스[37])을 다시금 비판한다. 로트베르투스는 스미스나 리카도를 이해할 수 없었는데, "리카도의 전체 개념파악은 자본주의 생산양식이 지배적이라는 전제에 적용될 뿐"[38]이기 때문이다. 또 우리는 로셔가 "자연 그 자체가 가치를 가진다."[39]라고 쓸 때 그의 입장을 이해한다. 이는 "토지의 가치"(Bondenwerth) 문제 전체에 대한 것이다.[40]

내용을 좀 넘겨서 "은밀한 수수께끼"(verborgnes Mysterium)[41]를 검토하도록 하자.

수입이라는 형태와 수입의 원천이야말로 자본주의적 생산 관계의 가장 물신적인 표현이다. 이것은 숨어 있는 연계 및 매개하며 연결하는 고리들로부터 단절된 채 표면에 나타나면서, 그것["자본주의적 생산 관계"]들의 현존 형태가 된다. 따라서 토지는 지대의 원천으로 되고, 자본은 이윤의 원천이, 노동은 임금의 원천이 된다. (MECW.32 : 449 ; MEGA : 1450~1453)

잉여가치의 일부인 지대는 이 정식에서 인간 노동에 독립적인, 특수한 자연 요소와 관련을 맺으며 재현된다. 또 이 정식에서는, 가치의 본성 자체가 지워져 있기 때문에 잉여가치의 본성이 지워질 뿐만 아니라, 지대의 원천이 토지로 나타나는 것과 마찬가지로 이제 이윤 자체도 생산의 특수한 물질적 도구인 자본 덕분에 존재하는 것으로 나타난다. (MECW.32:485;MEGA:1484)

이런 물신화에 관한 마르크스의 성찰은 이미 1844년에 시작했고, 『요강』에서도 보게 된다. 〈노트XI〉에서 우리가 읽을 수 있는 내용은 이렇다.

여기에서 우리는 토지의 "본래적" 힘original powers이라는 관념을 통해 토지가 인간의 산업 활동과는 독립해서 지니는 것들을 이해한다. 그런데 다른 한편으로, 인간의 산업을 통해 토지에 주어진 힘도, 자연 과정을 통해 주어진 힘만큼이나 토지의 본래적 힘처럼 되어버린다. (MECW.31:466;MEGA:888)

우리는 〈노트XV〉에서 이 주제에 대한 『자본』 이전 최상의 정의를 발견한다.

토지의 가치란 다만 자본화된 지대로서 지불되는 가격이다. (MECW.32:299;MEGA:1301)

달리 말해 토지 그 자체는 (이유는 다르나, 인간 노동 그 자체처럼) 아무 가치를 안 가진다. 하지만 이것을 자본이 산 노동이라는 비소유물처럼 획득하거나 포섭할 때, 토지에는 지대가 매겨진다. 지대의 장래 지불분인 — 말하자면 ("생산비용" 더하기 "평균이윤"을 넘어서는) 생산물 가격 속에 배분된 잉여가치에 비례하는 지불분인 — 교환가치가 토지에 허가되므로, 이를 우리는 외적인("허구적인") 것이라고 부를 수 있을 것이다. 고정자본의 경우 그런 것처럼 만약 지대가 존재하지 않는다면, 토지 구매에 투하된 가치는 생산물 가치에 여타의 [일례로 생산과정에 들어간 기계 가치의] 인수因數적 비례처럼 이전될 것이다. 그리고 이렇게 되는 이유는 토지가 가치를 갖기 때문이 아니라, 토지가 대상화된 노동 즉 화폐로써 구매되었기 때문일 것이다. "노동능력"과 토지 소유권에서의 "배타성"은 지불 대상이 되는데, "이것이 산업을 통해 장악되어야 할 사용가치의 저장고이기 때문이다."[42] 그러한 지불은 회수될 수 있다. 지대로든, 아니면 애초 투자된 불변자본이 생산물 속에 "다시 나타나는" 즉 재생산되는 식으로 "[구매에] 상응하는 가치를 구성할 비례몫"(〈그림 5.2〉를 보라)으로든 말이다.

이 페이지들에서 마르크스는 그 밖에도 세 가지 논점에 접근한다. 특정한 역사적 기간 동안의 밀 평균가격,[43] 그 사회적 지위 때문에 특별한 연구가 필요할 토머스 홉킨스(및 그의 책 『자본의 요구들에 반해 옹호되는 노동』, 런던 1825)에서의 절대지대와 차액지대 사이 차이,[44] 그리고 지금까지 언급했던 것 이후에야 이해될 수 있을 토양의 "개간 비용"[45]이 그 논점들이다.

7.4 리카도와 스미스에서의 "비용가격"

(MECW.31 : 387~457 ; MEGA : 813~880)

이 문제에 집중하기에 앞서 방법론상 주목할 점 몇 가지를 짚어보자. 마르크스는 다음과 같은 점을 지적한다.

리카도의 방법은 이렇다. 그는 노동시간에 의한 상품의 가치 크기 규정과 함께 시작해서, 여타의 경제적 관계들이 이런 가치 규정에 모순인지, 혹은 여타 관계들이 어느 정도로 이 규정을 수정하는지를 검토한다. … 이 불충분함은 (형식적 의미의) 제시 방법에서 드러날 뿐만 아니라, 그 제시 방법이 핵심 연결 고리를 생략한 채 경제적 범주들의 상호 조화Congruenz를 직접 증명하려 하므로, 잘못된 결과에 이르기도 한다. (MECW.31 : 390 ; MEGA : 816)

따라서 리카도는 지나치게 추상적이라는 이유로 비난을 당하지만, 정반대 이유로 비난해야 정당할 것이라는 점을 이해할 수 있을 것이다. 추상할 힘의 결여가 그 이유이며, 상품의 가치를 다룰 때 이윤을, 다시 말해 경쟁의 결과물로서 자신 앞에 떠오른 한낱 사실을 생각지 않을 능력이 없다는 것이 그 이유이다. (MECW.31 : 416 ; MEGA : 840)

요컨대 마르크스는, 가치로부터 시장가격으로 혹은 가치로부터 비용가격으로(이 것들은 항상 동일시되는데) 직접 넘어가지 않기 위해 필요한 모든 범주들을 고전 경제학자들이 구축하지 않았다는 이유로 이들을 비판한다. 그런데 이 실수는 이 데올로기적 토대에서 비롯된 것이다.

> 스미스는 자신을 경쟁의 한복판으로 곧바로 옮겨 놓기 때문에, 이 영역에 붙 들린 자본가의 괴이한eigenthümlich 논리와 직접 왈가왈부한다raisonnirt und deraisonnirt. (MECW.31:441; MEGA:864)

마르크스가 이전에 썼듯, "부르주아의 시야"로부터 즉 "유통의 영역(Sphäre)" 혹은 자본주의적 이해의 총체로부터는, 또 "자본주의적 생산의 대리자"의 일상 경험 으로부터는 "사태가 이 사람에게 프락시스(Praxis)에서 영향을 미침에 따라 그에 게 현상하고(erscheinen) 또 그에 의해 사유된다."[46] 지배 체계의 상식이 갖는 "순진 성"(Naivität)으로부터 말이다. 그의 실수와 혼동은 이데올로기적 필연이지만, 그의 "합리성"은 정합성을 띠고 따라서 그가 시사하는 바도 명백히 방법론적이다.

논리적이고 실존적인 이러한 한계 때문에 (말하자면, 그냥 자본주의자이기 에) 리카도가 범하는 실수와 혼동은, 지대와 관련해서 마르크스가 언급한 앞의 네 가지[47]는 제치더라도 이하와 같다. 가치 결정에 대한 불충분한 형식, "절대적" 잉여가치와 "상대적" 잉여가치 사이의 혼동, 불변자본과 고정자본 사이 및 가변 자본과 유통 중인 자본 사이 동일시, 가치와 비용가격 사이의 혼동. 마지막 혼동 은 시장가치의 형성 과정과 비용가격을 고찰할 때 비용가격을 가치라고 혼동하 면서 발생하는 실수이다. 이와 달리 스미스는 가치를 비용가격이라고 혼동한다. 스미스에게 가치는 노동으로부터 즉 생산으로부터가 아니라 수입의 원천들로부 터 ─ 경쟁으로부터 ─ 편성되는 것이기 때문이다. 마르크스의 비판이 체계적이라 는 점을 짚어야만 한다. 리카도의 경우 비판은 전반적으로 행해지며, 마르크스는 리카도의 『정치경제학과 과세의 원리』에서 비판이 적중할 단락들을 상세히 분 석한다. 스미스의 경우 마르크스는 『국부론』 I권의 VI장부터 XI장까지를 대상으로 동일한 작업을 수행한다. 각각의 세목에 관해 언급하기 위해 멈출 수는 없기 때문에 – 이루어져야 할 일이긴 하지만 – 우리는 독자가 마르크스의 텍스트를 직접 읽어나가는 데 도움을 주도록 몇 가지 핵심 지점만을 논의해야 하겠다.

스미스, 리카도, 마르크스는 중상주의자들에 반해 상품을 그 가치 이상으로 판매하는 데에서 이윤을 획득하는 것이 아님을 확언한다. 중농주의자들이 믿는 바와 같이 상품은 그 가치대로 판매된다는 것이다. 첫 번째 추상 수준에서 즉 (『요강』에서 밝힌 대로) 자본 일반의 수준에서 마르크스는 같은 내용을 확인하였다. 반면에 이제, 앞으로 우리는 〈노트XI〉에 집필된 대로 명명(명칭), 개념, 범주들의 수준에서 이야기할 것인데, 마르크스는 평균가격과 가치가 동일한 게 아니라고, 외려 "한 상품의 평균가격은 그 가치와 동등하거나, 가치보다 높거나 낮을 수 있다."[48]라고 말하게 될 것이다. 달리 말해 그는 "상품의 가치"가 즉 고전 경제학자들의 "자연 가격"이 "비용가격"과 등가가 아니라고 한다. 그런데 이에 더하여, "비용가격"은 "시장가격"과도 동등하지 않다(〈그림 7.3〉을 보라). 이 모든 명백한 모순들이 필요한 이유는 생산의 다양한 순간들에 잉여가치가 어떻게 배분되어 개별 상품의 시장가격이 구체적으로 결정되기에 이르는지를 예증하기 위해서다. (개별 상품의 시장가격 결정은 수요와 공급의 결과인데, 마르크스는 여기에서 이 측면을 논의하지 않는다. 이것은 자본 일반에 관한 분책 이후의 두 번째 분책 같

〈그림 7.3〉 범주들의 형성 과정과 필수적 매개들

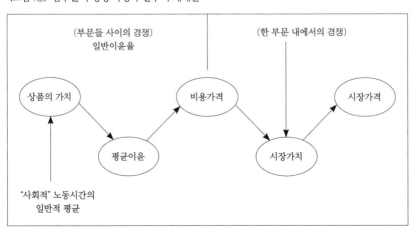

은, 구체적인 경쟁에 관한 책에서 특별히 다루어야 할 대상이었기 때문이다.)

첫째로, 가치의 결정은 언제나 노동시간에 의해 이루어진다. 그리고 이 점에서 리카도는 옳다. 하지만 그는 이 결정을 노동의 "사회적" 특성을 통해 "형식적으로" 규정할 수 없었기 때문에 실수를 범한다.

그 형태Gestalt를… 49 노동의 이 특성을 리카도는 검토하지 않는다. (MECW.31 : 389 ; MEGA : 816)

다른 한편 마르크스는 특수한 생산 영역의 사회적으로 결정된 노동 총량으로부터 "시장가치"의 결정이 이루어진다는 점을 발견한다.

따라서 … 경쟁으로 인해, 특수한 생산 영역의 각 개별 상품의 가치는 이 특수한 사회적 생산 영역의 모든 상품들의 총체가 요구하는 사회적 노동시간의 총량에 따라 결정된다. (MECW.31 : 430 ; MEGA : 853)

이 경우에서 각 상품들의 가치는 "이 특수한 사회적 생산 영역의 모든 상품들의 총체"와 비교되는 "사회적 노동의 총량"이 결정하는 것이지, 개별 노동시간이 결정하는 게 아니다.

둘째로, 마르크스는 경쟁 일반의 기능을 해명하면서 "상품의 가치"로부터 그 "비용가격"으로 이행한다. 실제로 "'상품의 가치'의 '비용가격'으로의 전환"50은 (경쟁이 평준화하는) "평균이윤"을 결정함으로써 성취된다. 그러므로 평균이윤이라는 범주는 가치로부터 비용가격으로 옮겨 가기 위해 요구되는 매개이다. 더 나아가 이 같은 내용을 통해 마르크스는 한편으로 잉여가치 총체가 총량으로는 이윤과 동일하지만, 다른 한편으로 특정한 역사적 계기 속에서(어떤 주변부 나라의 평균이윤율은, 가령 세계적 평균일까 아니면 국민적 평균일까?) 잉여가치는 평균이윤보다 높거나(특별 이윤), 동등하거나, 낮을(잉여가치의 이전) 수 있다고 확언하게 된다. 이 점은 마르크스로 하여금 잉여가치의 이전("상품의 가치" → "비용가격")을 해명할 수 있게 하며, 후에 우리로 하여금 종속 문제에 관해 모종의 가설("상품의 가치"→"비용가격"에서 "상품의 가치"가 저발전 주변부 나라의 상품 가치라 할 때, 잉여가치는 "중심부"로 이전되는 것이라는 가설)을 제기할 수 있게 한다.

셋째로, 마르크스는 "비용가격"으로부터 "시장가격"으로 옮겨 간다. 앞에서 보았지만, "시장가치" 범주의 매개 덕분에 이번 경우엔 경쟁이 개별적인 이윤들을 평균으로 평준화하지 않으며, 상품들의 가치 결정은 상품들의 전체 집적량(총량)을 생산의 종별적 분야에서 이루어지는 사회적 노동의 총량과 비교하여 이루어진다.

> 경쟁은 시장가치를 창조한다. 다시 말해, 동일 생산 영역의 상품들에 대해 동일 가치를 창조한다. (MECW.31:431;MEGA:853)

이런 정황 아래에서, 비용가격이 농업 생산물의 시장가치보다 더 낮을 때("비용가격"<"시장가치"), 농업 생산물은 지대를 포함하여 시장가격을 취할 수 있다("시장가치">"비용가격"이므로 "시장가치"="시장가격"="비용가격"+지대). 따라서 마르크스는 농업 생산물이 그 가치대로 팔린다고 해도("시장가치"="시장가격"), 농업 생산의 낮은 유기적 구성 때문에 그 시장가치는 일반적 평균가격 혹은 비용가격보다 더 크다고("시장가치">"비용가격") 주장할 수 있는 것이다. 그리고 농업 생산물의 시장가치가 일반적인 비용가격 이상이라는 이유야말로, 절대지대를 "특별 이윤"으로서 가능하게 만들어준다(절대지대="시장가치"–"비용가격").

마찬가지로 이 경우에서는 (특수한 생산 영역과 유사한) 저발전 나라들의 "주변부 시장가치"에 대해 생각해볼 수 있으며, 또한 그 특수한 시장가격이 국제적인 비용가격보다 더 크다는 이유에서, 잉여가치의 이전이 어떻게 가능해지는지를 보여 줄 수 있다.

우리가 믿기로 이러한 성찰로써 우리는 최소한의 이론적 틀을 구축했으며, 이 틀은 마르크스가 리카도 및 스미스와 비판적으로 대면한 것을 현재에 읽어낼 수 있게 만들어 줄 것이다.

7.5 리카도와 스미스의 지대론

(MECW.31 : 457~578 ; MEGA : 880~1001)

이 절에서는 "차액지대표"에 관한 〈노트XI〉 말미에서 〈노트XII〉까지의 내용[51]을 제외할 텐데, 이는 이 장 6절에서 설명할 것이다. [이 부분을 제외하고] 여기에 들어간 내용으로는, 마르크스가 두 고전 경제학자로부터 지대 문제를 분석하는 것이 있다. 〈초고〉에 대한 우리의 독해를 위해, 여기가 방법론적으로 최고의 사례 중 하나라는 점, 즉 우리가 〈노트VI〉에서 〈노트XV〉까지 10개 〈노트〉의 인식론상 지위를 발견할 수 있는 자리라는 점을 강조해야 하겠다. 여기에서 우리는 그 내용이 역사가 아님을 – 만약 그러하다면 각 저자의 입장을 기술해야 할 것인데, 이것이 체계적으로 이루어지지 않았으므로 – 알 수 있으며, 또한 잉여가치의 이론도 아님을 – 이후 보겠지만, 늘 간접적으로 관련 있기는 해도 이 논점은 거의 언급되지 않으므로 – 알 수 있다. 여기의 내용은 실은 마르크스의 적수가 내세운 이론들과의 비판적 대면이다. 나아가 이 비판적 대면의 목적이 단지 특정한 기초가설만을 시험해보는ejercitar 것은 아니다. 외려 이 비판적 대면의 과정에서 마르크스는 새로운 범주들을 발견 및 축조하고, 계속해서 개념들을 발전시키며, 따라서 이것들은 더 복잡하고, 심오하고, 상이한 가설들로 되어간다. 요컨대 여기에는 분석에서만이 아니라 시작 지점에서도 진보가 있다. 즉 틀 혹은 가설적 범주 체계에서 진전이 있는 것이며, 비판적 대면은 이로부터 수행된다. 이전 절에서 우리가 살펴보았다시피, 마르크스에게는 이제 새로운 범주들이 있으므로, 지금은 이를 사용할 때이다. 다르게 말해보자면, 그에게는 새로운 의문들이 있다. 마르크스의 이론적 생산물은 이 비판적 대면이 진전되는 과정에서 발생론적으로genéticamente 나타나고 있다.

이것의 최고 사례는 가장 중요한 범주인, "생산비용"과 "평균이윤"의 합계를 포괄하는 개념의 경우이다. 지금까지 마르크스는 이것을 "비용가격"이라고 명명해 왔다. 그런데 스미스와 대립하는 두터운 페이지에서, 마르크스는 이렇게 쓴다.

충분한 가격이란 상품이 시장에 나타나는 데 필요한 가격이며, 따라서 상품이 생산되기 위한 가격이므로, 즉 상품의 생산가격이다. 상품의 공급에 필요한 가격, 어떤 상품이 생겨나서 시장에 현상하기erscheinen 위해 필요한 가격이란 당연히 그것의 생산가격 또는 비용가격이기 때문이다. 이는 상품 현존Dasein의 필수조건 sine qua non이다. (MECW.31 : 559 ; MEGA : 978~979)

여기에서 우리는 의구심을 본다. 즉 명명에서, 이름을 붙이는 과정에서 어떤 주저함을 보게 되는 것이다. 마르크스는 몇 줄 내려가서 같은 개념을 다시금 – 이 장 2절에서 이미 인용했다시피 – 두 개 명명으로 부르는데, 이후로 그는 "생산가격"이라는 명칭을 잊으며, 이 명칭은 〈노트XV〉에서만 다시 나타날 것이다. 그러니까 마르크스는 계속해서 개념화와 명명을 바꾸는 중이다. 이 개념화와 명명의 두 과정은 동시적인 것이 아니지만, 어떤 범주를 "편성"하는 과정에서 그 일부를 형성한다.

리카도 및 스미스를 겨냥한 이 비판적 대면은 다음의 정초적 가설로부터 행해진다.

저 착오blunder는 비용가격을 가치와 혼동하는 것에서 비롯한다. (MECW.31 : 465 ; MEGA : 887)

두 개념의 혼동은 분명 다른 실수들로 이어지는데, 이는 그 필연적 귀결이다. 이 경우 비용가격이 시장가격보다 더 낮아질("비용가격"<"시장가격") 수 없고, 또 상품 가치가 시장가격과 동등해질("상품의 가치"="시장가격") 수 없기 때문이다. 상품 가치가 비용가격과 동등하다면("상품의 가치"="비용가격" 즉 "비용가격"="시장가격") 절대지대의 가능성은 전혀 없다. 절대지대는 둘 사이가 동등하지 않은 ("상품의 가치" 또는 "시장가격">"비용가격") 데에서 나온다. 마르크스의 풍부한 페이지들은, 우리야 관련 있는 몇 줄을 기술할 뿐이겠으나, 바로 이 단순한 범주적 시야로부터 완전하게 이해될 수 있다.

무엇보다 먼저, 마르크스는 리카도가 해소할 수 없는 모순에 빠져들어 있음을 보여준다. 리카도는 가치 결정이 노동시간으로부터 이루어진다는 사실을 부정해야 하거나, 절대지대를 부정해야 한다. 리카도는 앞의 사실을 — 스미스에 대립하여 — 지지하기 위해 절대지대를 없애지만, 다른 한편 새로운 모순에 빠져든다. 그가 토지 혹은 광산에 (즉 잠재태dynámei가 아닌 것에) 가치를 부여할 때, 그는 자신이 옹호하고자 하는 "가치 법칙"을 파괴하게 되기 때문이다.

바로 여기에서,[52] 영국이 독일과는 달리 "이런 점에서 … 세계에서 가장 혁명적인 나라"[53]라는 것이 처음으로 예증된다. 그러니까 영국은 자본을 모든 착취의 기초에 둘 방법을 발견한 자본주의 국가라는 것이다. 식민지에서의 — 선차적 소유권 없는 — 토지 점유[54]를 합리적racional 출발점으로 삼고, 이런 견해를 "세계사의 경로"에 옮겨 놓음으로써 "이들은 자본주의적 생산양식을 농업 일반의 선결조건(prius)으로 삼았다."[55] 영국 사람들은 "토지의 근대적 소유"를 가로막는 "전통적 관계들"에 대항하여 대륙 사람들만큼 투쟁하지 않아도 된다. 자본이 풍부하므로, 또 리카도는 소유를 독점과 구별하지 않기 때문에, 그는 단지 차액지대를 발견할 뿐이다. 리카도가 보기에 가장 나쁜 토지[최열등지]에서는, 가치가 비용가격과 동등하다("상품의 가치" = "비용가격")고 전제함으로써, 어떤 지대도 지불되지 않을 것이었다.[56] 반면에 가장 좋은 토지[최우등지]에서는, 생산물 가치가 더 낮을 때에, 지대를 위한 여유분이 있을 수 있다("상품의 가치" < "비용가격" = "상품의 가치" + 차액지대). 반면에 마르크스는 이 사실을 다른 방식으로 해명한다.

> [산업에 비해 농업에서 더 낮은] 이런 유기적 구성에 조응하여 모든 상품의 가치는 비용가격 이상이며, 이럼으로써 〔이 상품들에 소모된 노동이〕 상대적으로 덜 생산적이라는 점을 보인다. (MECW.31:464; MEGA:886)

그러면 이제 마르크스에게는, 앞에서 보았다시피 농업생산물의 가치가 비용가격보다 더 크다("상품의 가치" > "비용가격"). 그리고 이 내용을 통해 그는 절대지대를 설명할 수도 있다. 틀림없이, 가치를 비용가격과 동등하게 둠으로써 리카도는 생산물 가치에 가치를 추가하는 것 외에 절대지대를 획득할 수는 없다. 이럴 때 생산물은 그 가치 이상으로 판매될 것이고, 이는 "상품 가치가 요컨대 그 속에 함유된 노동량에 의해 결정되는 게 아닐지도 모른다."[57]라는 사실을 상정하는 것과 같다.[58] 다시 말해, 특별 영역인 농업 자본의 다른 영역들과 상이한 유기적 구성이 절대지대를 가능케 하며, 토지의 서로 상이한 비옥도가 차액지대를 가능케 한다. 경쟁은 농업의 시장가격을 평준화할 수 없는데, 지주가 토지를 독점적으로 소유하기 때문이다 — 이것이야말로 리카도가 자신의 성찰에 포함시키기를 잊어버렸던 사실이다. 이 모든 내용은 이미 우리가 논의했던 이 장 1절에서 명료해졌고, (마르크스가 MEGA판 887~891쪽에서 논의한) 토지의 비가치는 이 장 3절에 있었다.

이 문제를 다시 고찰하면서, 마르크스는 지대의 정초적 결정요소인 소유를 리카도가 망각했음을 다시금 보인다.[59] 지대가 현존하기 위해, 토지는 (헤겔식의 "현존재"ente처럼) "제한"되고[60], "전유"되어야만 하며, 이는 "비옥함"의 규정 정도를 통해(물론 절대지대가 의존하는 절대적 비옥도를 빠뜨릴 수야 없지만), 또한 "공간"에서의 위치를 통해(격오지 즉 "더 멀리 있는"(fernerer) 지역에 대한 질문은 종속 문제에 대한 또 다른 암시일 텐데) 이루어진다.[61]

차액지대가 가격(일례로 밀의 가격)을 높이지 않는다는 데에서 리카도는 맞았다. 전체 생산 영역처럼 농업의 시장가격은 경쟁에 의해 균등화하기 (서로 상이한 차액지대는 [각 토지 간에 나타나는] 더 큰 생산성 혹은 더 작은 생산물 가치로써 토지들의 초과분을 흡수하기) 때문이다. 그러나 리카도는 실수를 범하는데, 절대지대 단독으로 시장가격을 높이기 때문이며, 절대지대 없이는 시장가격이 더 낮아질 것이기 때문이다. 즉 "시장가격"=불변자본＋임금＋평균이윤＋지대＞"비용가격"이기 때문이다.[62] 아무런 지대도 지불되지 않는다면 시장가격이 비용가격과 동등할 것이므로, 절대지대는 시장가격을 높인다.

또 다른 혼동은 "자연 가격"을 시장가치와 동일시하는 데에 있다. 실제로는 "자연 가격"이란 비용가격이다.[63]

마찬가지로, 또 유기적 구성이라는 문제로 돌아가서, 마르크스는 리카도가

D("불변자본만이 줄어들고 가변자본은 동일하게 남아있을"[64]) 경우의 인과성에 관해 맞았음을 보여준다. 마르크스는 어쨌든 농업 내에선 생산물이 "그 비용가격보다" 더 높은 가치를 가지는데 왜냐하면 "농업에 채용된 자본의 구성이 농업이 아닌 산업에 채용된 자본의 평균 구성보다 더 낮기 때문"[65]이라고 결론을 내린다. 절대지대의 경우가 이러하다. 차액지대의 경우 농업이라는 특별 영역 내부의 경쟁은 시장가격을 균등화한다. 이에 따라, 비옥도가 증가하면서 지대는 상승하고, 비옥도가 감소하면서 지대는 하락한다. 절대지대와 더불어 생산물의 실제 가치 혹은 개별 가치와 시장가격 사이 간격은 벌어진다. 이제 마르크스는 새로운 개념인 "개별 가치"(individueller Wert)를 전개하기 시작한다.[66](〈그림 7.4〉를 참조할 것.)

〈그림 7.4〉 차액지대

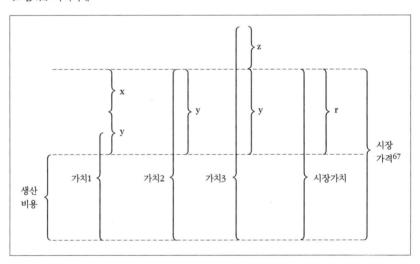

설명 : 가치1 = 최우등지 생산물의 개별 가치 / 가치3 = 최열등지 생산물의 개별 가치 / r = 실제 지대(혹은 총지대 = x+y) / y = 절대지대 / x = 차액지대 / z = 마이너스 차액지대

마르크스는 이미 다음과 같이 쓴 바 있다.

시장가치가 개별 가치〔〈그림 7.4〉의 "가치3"〕보다 작지만 비용가격보다는 크다면, 차액지대는 음의 수량이며, 따라서 총지대 = 절대지대 + 마이너스 차액지대이다.

즉 개별 가치가 시장가치를 초과한 만큼을 절대지대에서 **뺀다**. (MECW.31:508;
MEGA:926)

우리가 앞에서 논의했던 것 이후로는 마르크스의 스미스 비판에 새로운 내용이 많지 않다. 물론 방법론상으로는 마르크스가 이전의 비판적 대면(본서 제5장 내용)에서보다 더 많은 범주로 채비했다는 것을 지적할 수 있겠지만 말이다. 스미스는 상품 가치를 "임금, 이윤, 지대로 (불변자본은 내버려 둔 채)"[68] 분해한다. 그런데 스미스는 가치와 자연 가격("평균가격 … 혹은 비용가격")을 동일시하고, 후자를 임금과 이윤과 지대의 합계로 규정하는 반대 시각에 쉽사리 설득되고 만다. 이 부분 읽기의 어려움은 스미스의 명명법nomenclatura을 마르크스의 명명법과 비교할 능력에 있는데, 이런 의미에서 통용되는proverbial 몇몇 부분[69]이 있다. 간략히 하자면 마르크스는 스미스에 대해 범주 사용에서의 정확성 결여를, 그의 애매함을, 이뿐만 아니라 의미론적 회피deslizamiento(개념의 내용 변동)를 비판한다고 말할 수 있겠다. 둘을 비교하자면 스미스의 "자연 가격"은 (지대를 포함할 때) 마르크스의 "시장가격"과 흡사하고, "충분한 가격"은 "비용가격" 혹은 "생산가격"에 흡사할 수 있다 – 그리고 분명 "충분한 가격"에서 비롯된 명칭, 그 내용에서 변동을 거듭하는 "통상 가격"일 것이다.

스미스가 "지대는 **독점** 가격인데 … 왜냐하면 생산물이 비용가격 이상으로 즉 그 가치대로 팔릴 것 이상으로 판매될 수 있게 만들어주는 것이라고는 토지 소유의 개입밖에 없기 때문"[70]이라고 말할 때 그는 옳다. 하지만 실상 스미스는 농업 생산물이 그 가치대로 팔린다는 사실을 모르고, 그 반대라고 믿는다.

〔스미스의 견해에서〕 지대의 상승은 〔토지 생산물에 대한〕 수요가, 아무런 지대도 포함하지 않고 임금과 이윤을 포함할 뿐인 **충분한 가격**에서의 공급을 크게 넘어서는 데에서 비롯한다. … 아담 스미스의 실수는 〔토지〕 소유가 〔생산물들을〕 그 가치대로 판매한다고 해도 충분한 가격 이상으로 판매한다는 사실을 인식하는 데 실패한 것에 있다. (MECW.31:568;MEGA:988)

마르크스는 자신의 비판적 대면 상대를 평가하며 통렬히 말한다.

> 이런 환상적 방식으로, 가장 심오한 개념들이 극히 어리석은 개념들과 뒤섞여
> 있는데, 이러한 것은 상식적 의식gemeines Bewusstsein이 경쟁이라는 현상Erschei-
> nungen으로부터 추상하여 형성하는 것이다. (MECW.31:556;MEGA:975)

7.6 "지대표"

(MECW.31:470~521;MEGA:891~940)

가장 먼저, 마르크스가 자신의 연구들에서 그렸던 여러 도해나 표에 관해 방
법론적 성찰을 짧게 수행해 보자. 저 도해나 표들은 잘못된 해석을 불러일으켰
던 바 있다. 불가코프[71] 및 투간바라놉스키와 레닌 사이의 그 모든 논쟁에 더해,
우리는 부하린이나 로자 룩셈부르크, 카우츠키, 그로스만, 오토 바우어를 추가
해야 할 텐데 이들 역시 이 문제를 둘러싸고 모여 있다. 마르크스는 이렇게 해명
한다.

> 이제 표를 고찰할 때이다. 이 표는 일반 법칙이 아주 다양한 조합을 어떻게 해
> 명해주는지를 보여준다. 반면에 리카도는 지대의 일반 법칙을 잘못 개념파악했
> 기 때문에 차액지대를 일면적으로 인지했고, 따라서 무리한 추상을 통해 현상
> Erscheinung의 막대한 다양성을 단일 경우로 축소시키기를 원했다. 이 표의 의도
> 는 모든 조합을 다 보여주는 게 아니라, 특히 우리의 특정 목적에 가장 중요한
> 조합들만을 보여주는 것이다. (MECW.31:487;MEGA:908)

달리 말하자면, 연구 중인 현상을 구성하는 성분의 다양한 논리적 가능성을 비
교하는 표는 현상의 실제를 완벽하게 기술하는 것을 목표로 삼는 게 아니라, 다
만 어떤 구성 부분의 행동양태를 관찰하려는 것이다. 표의 의도는 논리-교육적,
구조-해설적이며, 구체적인 게 아니라 추상적이다. 이에 관해 로자 룩셈부르크가

다음과 같이 본 것은 정확하다. 재생산 혹은 축적의 문제와 이것들에 상응하는 여러 표는 "(객관적 실제의 표현인) 수학 공식들과는 아무런 관계가 없으며, 이런 공식 없이도 완전히 설명하고 이해할 수 있다. 마르크스가… 수학적 도표를… 채용할 때, 그는 그저 설명을 쉽고 명료하게 하려는 것이었다."[72]

만약 우리가 마르크스 표의 추상작용abstracciones을 실제적이고 구체적인 고찰로 받아들인다면 – "우리의 특정 목적"(unsren spezifischer Zweck) [73]과 관련해서 받아들이지 않는다면 – 완전히 무모한 결론에 도달할 수도 있다. 저 표는 언제나 "일반적" 층위, "추상적"이고 "본질적"인 층위에 위치하는 반면, 구체적 분석은 자신의 역사적 현실에 처한 자본의 복잡한 윤곽 가운데 위치한다. 표는 "본질적 관계들" 즉 추상적 관계들을 표현한다.

> 자본주의적 생산의 본질적wesentlich 관계들을 고찰함으로써 다음과 같은 점을 상정할 수 있다. (이 점은 갈수록 더 흔히 나타나는 경향을 띠고, 주된 목적이 될 뿐만 아니라, 바로 이 경우에서만 노동의 생산력이 최고도로 발전하게 되기 때문이다.) 그것은 상품들의 전체 세계 즉 물질적 생산의 모든 영역이 – 물질적 부의 생산이 – 자본주의적 생산양식에 (형식적으로든 실제로든) 복종하게 되었다는 사실이다. (MECW.34:143;MEGA:2181)

이 "상정" 혹은 "추정"은 추상작용의 분석적 계기이며, 현실에서 그렇게는(추상으로는) 현존하지 않지만, 현실의 "한" 측면으로는 실제로 현존한다. 이 추정은 『요강』[74]이나 〈1861~63년 초고〉[75] 그리고 『자본』[76]의 재생산 도표에서 고찰된다.[77]

이제 우리의 주석에 더욱 깊이 들어가기 위해서는, 지대 "총량"과 "지대율" 사이의 차이를 이해하는 것이 필요하다. 총량은 증대하지만 지대율은 그렇지 않을 수 있고, 지대율은 상승 혹은 하락하지만 총량은 그렇지 않을 수도 있다. 지대"율"이란 상품 가치와 비용가격 사이의 비율이다.

지대율은 비용가격과 상품 가치 사이의 차이가 줄어들 수 있기 때문에 하락할

수 있다 … 가치와 비용가격 사이 관계는 지대율을 결정하는 유일한 관계[이다]. (M
ECW.31 : 471~472 ; MEGA : 893)

이리하여 마르크스는 논리적, 추상적인 몇몇 사례(표A ~ 표E)[78]를 제시하며, 여
기에서 절대지대나 차액지대에 변동을 야기할 수 있는 요인들은 다종다양할 수
밖에 없다. 이 요인들은 이렇다.

자본, 총가치, 총생산, 톤당 시장가치, 개별 가치, 차액가치[79], 비용가격, 절대지대, 톤당
절대지대, 차액지대, 톤당 차액지대, 총지대, 그리고 각 표에서 모든 부류의 합계.
(MECW.31 : 480 ; MEGA : 900)

표들을 묶은 두 번째 그룹[80]에서 마르크스는 "유기적 구성"과 지대 사이 관계의
논리를 발견하려고 애쓰는 한편, 지대 논의에 새로운 요인들을 도입해야만 했다.
불변자본, 가변자본, 잉여가치, 이윤율 및 잉여가치율이 이에 해당한다.

여기[A~E까지의 표 분석]에서 지대율은 이윤율이 하락했기 때문에 상승했다.
이렇다면 이윤율은 자본의 유기적 구성에 변동이 있었기 때문에 하락했는
가? (MECW. 31 : 492 ; MEGA : 912)

마르크스의 논의를 하나하나 따라가는 것은 지나치게 긴 길이겠다 ― 게다가 위
에서 주어진 해명들 이후에는 이제 독해가 수월하기 때문에 별로 유용하지도
않다. 우리는 다만 논의의 주된 흐름만 짚으려 한다. 첫째, 표의 다양한 요인들
로써[81] 표를 구축한 것 자체가 해명된다. 둘째, 각각의 상품 가격이 어떻게 규정되
며, 잉여가치가 어떻게 각 상품에 함유되는지에 관한 흥미로운 논의가 있다.[82] 셋
째, 생산물의 개별 가치, 비용가격, 상품들의 시장가치가 설명되고, 이는 앞서 우
리가 보았듯 시장가격보다 더 큰 개별 가치가 가능한 사례를 포함한다.

[어떤 부류 생산물들의 개별 가치개] 시장가치를 상회한다면, 시장가치와 이것들의 비용가격 사이의 차이[〈그림 7.4〉의 r]는 그 개별 가치와 비용가격 사이의 차이[〈그림 7.4〉의 y+x]보다 작다. 그러나 절대지대는 상품들의 개별 가치와 그 비용가격 사이의 차이이므로, 이 경우 생산물들의 시장가치는 절대지대를 전혀 낳을 수가 없다. (MECW.31:485; MEGA:906)

넷째, 리카도에 반대하여 농업의 생산성이 떨어질 가능성이 논해진다.[83] 다음으로, 유기적 구성과 관련하여 지대율의 다양한 변형이 분석되는데, 이것은 이미 논의한 대로이다. 마지막으로 총지대와 시장가치 사이 관계의 다양한 변형이 논의된다.[84] 그리고 여기에는 우리가 위에서 이미 언급한바, 이들에 대한 정확한 정의와 이들 간에 가능한 관계들의 목록이 있다.

> 실질적 지대actuelle Rente = 시장가치와 비용가격 사이의 차이.
> 절대지대 = 개별 가치와 비용가격 사이의 차이.
> 차액지대 = 시장가치와 개별 가치 사이의 차이.
> 실질적 지대 또는 **총지대** = 절대지대 + 차액지대.
> (MECW.31:508; MEGA:926)

이것을 통해 마르크스는 아주 투명한 모종의 등식들을 형성할 수 있게 된다.

> 절대지대를 AR, 차액지대를 DR, 총지대를 GR, 시장가치를 MW, 개별 가치를 IW, 비용가격을 KP라고 하자. 그러면 우리는 다음과 같은 등식을 얻는다.
> 1 $AR = IW - KP = y$ [〈그림 7.4〉를 참고할 것.]
> 2 $DR = MW - IW = x$
> 3 $GR = AR + DR = MW - IW + (IW - KP) = y + x = MW - KP$
> (MECW.31:508; MEGA:929)

이 정초적인 등식들 뒤에 마르크스는 몇 가지 가능성을 분석하지만, 해독하기 쉬우므로 여기에서 논의하지는 않았다.

이렇게 해서 마르크스는 이 〈1861~63년 초고〉의 핵심적 순간이자, 아마도 가장 중요하고 창의적일 순간을 마무리했다. 이 모두는 그가 로트베르투스를 비판하면서 "평균이윤"이 의미하는 바를 발견하고, 이에 기대어 "비용가격" – 아직은 "생산가격" 범주처럼 완전한 명료성을 갖추지는 않았지만 – 이라는 범주와 "시장가격"이라는 범주를 세워낼 수 있었던 순간에서 유래했다.[85]

제8장

리카도에서의 잉여가치, 이윤, 축적, 위기

1862년 8월에서 11월 〈노트XII, XIII〉 636~752면[1]

위기를 통한 자본의 파괴를 말할 때에는 두 요인을 구별해야 한다. 첫째로 재생산과정이 정체되고 노동과정이 제한되거나 어떤 경우 완전히 멈추는 데에 이른다면, 실제적 자본은 파멸한다. 사용되지 않는 기계장치는 자본이 아니다. 착취되지 않는 노동은 생산의 손실이다. 미사용 상태인 원료는 자본이 아니다. 사용되지 않거나 미완공인 채 있는 건축물(뿐만 아니라 새로 설치된 기계장치), 창고에 사장된 상품들 ─ 이 모두는 자본의 파괴이다. 이 모든 것은 재생산과정이 정체됨을 의미하며, 현존하는 생산수단이 실제 생산수단으로 사용되지 않고 작업에 투입되지 않음을 의미한다. 따라서 이것들의 사용가치와 교환가치는 결딴나고 만다. 그런데 두 번째 요인으로, 위기를 통한 **자본의 파괴**는 가치하락을 뜻하며 이는 이후에 해당 가치가 자본으로서의 재생산과정을 동일 규모로 갱신할 수 없도록 만든다. (MECW.32:127; MEGA:1118~1119)

이번 장에서 우리는 지난 제5장 2절에 내버려 두었던 주제로 되돌아갈 것이다. 그 부분은 마르크스가 스미스의 잉여가치 문제를 연구했던 내용을 다루었다. 이런 사실은 마르크스의 이 〈노트〉들이 역사서술이 아닐 뿐만 아니라 "잉여가치의 이론"조차 아님을 보여준다. 이 〈노트〉들은 잉여가치라는 주제를 두고 (때로는 이 주제와의 거리가 몹시 멀지만) 이루어진 비판적 대면이다. 이제 우리는 리카도의 이론을 또렷이 분석할 텐데, 여기서는 이 책 초반에서보다 훨씬 더 복잡한 범주의 시야로부터 볼 것이다.

8.1 잉여가치와 이윤

(MECW.32:9~59; MEGA:1001~1049)

이윤과 임금 문제를 다룰 때 리카도는 불변자본에 결코 주의를 기울이지 않았다 — 이것은 스미스도 무시했던 "네 번째 부분"이다(5.3절의 내용을 떠올려 보라).

> 리카도는 이윤이 아니라 잉여가치를 고찰하므로 그러한 한에서 이제 그의 잉여가치 이론에 대해 말하는 게 가능하다. 반면에 그는 자신이 이윤 자체를 다루는 중이라고 생각하고, 실제로도 잉여가치가 아니라 이윤을 상정한 데에 기초한 시각이 끊임없이 끼어든다. 리카도는 자신이 잉여가치 법칙을 맞게 제시한 자리에서도 이 법칙을 이윤 법칙이라고 무매개적으로 표현함으로써 그것을 왜곡한다. 다른 한편 그는 이윤 법칙을 매개 고리 없이 직접 잉여가치 법칙으로 현시할 길을 찾는다. (MECW.32:10; MEGA:1002)

이 모든 혼동은 "리카도가 어디에서도 잉여가치를 그 특수한 형태들과 — 이윤(이자) 및 지대와 — 분리해서 독립적으로 고찰하지 않는"다는 사실로부터 따라 나온다. "이에 따라 그에게는 가치와 비용가격 사이 혼동, 틀린 지대 이론, 이윤율 등락의 원인에 관한 잘못된 법칙 등"[2]이 나타나는 것이다.

리카도가 잉여가치에 관해 말하는 것은 실은 이윤에 관해 말하는 것이며, 잉여가치에 관한 그의 말은 투하된 자본이 오직 가변자본일 때 우연히 짐작된 것에 불과한데, 왜냐하면 이 경우 잉여가치와 이윤은 (임금과 비지불 잉여노동 사이 관계를 표현한다는 점에서) 같은 것이기 때문이다.

마르크스는 두 가지 의문을 분석한다. 하나는 앞서 언급한 잉여가치와 이윤 및 지대 사이의 혼동이며,[3] 나머지 하나는 잉여가치 그 자체에 대한 것이다.[4]

잉여가치와 이윤의 관계와 관련해서는 불변자본을 무시했다는 점에 전체 문제가 놓여 있다. 이렇기 때문에

이에 더해 리카도는 이윤율이 잉여가치량에 의존하는 것이지, 결코 잉여가치율에 의존하는 게 아니라는 사실을 간과한다. … 잉여가치량은 자본의 유기적 구성에 의존한다. (MECW.32:12;MEGA:1004)

마르크스는 이미 『요강』에서 이 모든 것을 원리로서 분명히 발견했던 바 있다.[5] 우리가 이미 알다시피 잉여가치는 "필요노동시간"과 지불되지 않는 "잉여시간 노동" 사이에서 이뤄진 관계(가변자본과 잉여노동 관계)가 결정한다. 반면에 이윤은 "자본가 계급 전체의 자본이 고용한 노동 총량(불변자본을 포함하는 양)과 비지불 고용 노동"[6] 사이 관계에 의존한다.[7] 불변자본을 고찰하지 않기 때문이든 잉여가치와 이윤을 구별하지 않기 때문이든 리카도는 필연적으로 혼동에 빠지게 된다. 같은 이유로 그는 이윤율의 변동variación을 ─ 잉여가치율에서의 변동과 구별하여 ─ 이해할 수도 없다. 예를 들어,

잉여가치가 주어져 있다고〔불변이라고〕 전제할 때, "땅 위에서 얻은 원료 생산" 가격이 증대하면 가변자본에 비례한 불변자본의 가치를 상승시킬 것이고, 가변자본에 대한 불변자본의 비율을 증대시킬 것이며, 그렇기 때문에 이윤율을 감소시키고, 따라서 지대를 상승시키게 된다. (MECW.32:15;MEGA:1007)

그런데, 일례로 임금이 불변자본과 같은 비율로 상승하여 유기적 구성에 변동이 없고, 이런 경우인데 잉여가치 총 크기에 변동이 없다면, 잉여가치율과 이윤율은 떨어져야 할 것이다. 잉여가치 크기가 임금과 같은 비례로 증대한다면 잉여가치율과 이윤율은 이전과 같게 유지될 것이다. 또 불변자본의 비례량이 감소하는 경

우도 있는데, 이 경우는 잉여가치율을 같게 유지한 채 이윤율을 상승시킬 것이다. 마르크스는 이 모든 경우를 예시 수치를 넣은 표와 함께 보여준다.[8]

같은 이유에서, 리카도는 (노동이 결정하는) 상품 가치와 (시장의 경쟁이 결정하는) 비용가격을 필연적으로 혼동할 수밖에 없다(우리 책 제7장 2절 및 4절을 보라). 현재 페이지들[9]에서 마르크스의 논의는 "상품의 가치"(〈그림 7.3〉)에 관한 것이지 "시장가치"에 관한 것이 아니다.

리카도는 잉여가치와 이윤을 맞게 구별하지 않고 지대를 맞게 규정하지 않기 때문에, 그가 "일반 이윤율"과 "절대지대율"을 비교할 때[10] 혼동에 빠지는 것은 피할 수 없다.

"인식론적 주목"을 위해서는, 마르크스가 — 『자본』에서 사용할 것과 같은 "개념"에 관해서 — "생산가격"이라는 용어를 다시금 네 번 사용한다는 점을[11] 강조할 필요가 있다. 하지만 (바로 몇 줄 밑에 리카도를 인용하며 나온) "생산 비용"이라는 개념 사용은 마르크스로 하여금 그가 당시까지 사용해 온 명명으로 되돌아가도록 영향을 미쳤던 것 같다. 즉 "비용가격"[12] 말이다.

잉여가치 그 자체와 관련해서 마르크스는 자신의 이전 조사에서 이미 명료해졌던 질문들을 재검토한다.

> 상품 가치는 그 생산에 필요한 대상화된 (과거) 노동의 양과 산 (현재) 노동의 양이 동등하게 결정한다. 다르게 말하자면, 노동의 양에는 이 노동이 대상화된 것인지 산 것인지, 과거의 것인지 현재의(직접적인) 것인지 등으로부터 비롯된 형식적 차이가 전혀 영향을 미치지 않는다. 이 차이가 상품들의 가치 결정에 중요하지 않다면, 과거 노동(자본)이 산 노동에 대해 교환될 때 이것이 그토록 결정적이라고 상정할 이유가 무엇인가? 이런 경우에 이 차이가 가치 법칙을 무효화하는 이유는 무엇인가? 상품들의 경우에서 보이듯 형식적 차이 그 자체는 가치 결정에 아무런 영향을 미치지 못하는데 말이다. 리카도는 이런 질문에 답하지 못할 뿐만 아니라, 아예 이런 질문을 제기하지도 않는다. (MECW.32:36; MEGA:1024)

위 인용문에서 마르크스는 산 노동과 노동능력 사이 구분에 대한 자기 논의로 되돌아간다. 임금은 노동능력에 지불하는 것이지 산 노동(예를 들자면 토지와 마찬가지로 가치를 갖지 않는 것)에 지불하는 것이 아니다. 또 이런 점 때문에, 상품에 대상화된 노동의 양은 임금에 대상화된 (과거의) 노동의 양보다 더 커질 수 있는 것이다.

> 리카도는 노동 대신에 노동능력을 논의했어야 한다. … 그랬다면 즉각 자본은 특정한 사회적 관계임이 폭로될 수도 있었으리라. 요컨대 리카도는 "**축적된 노동**"으로서의 자본을 "**직접적인 노동**"과 다르게 구별하기만 했다. 리카도에게 노동은 순수하게 육체적인 무엇이고, 노동과정 속의 요소일 뿐이며, 이로부터는 노동자와 자본, 임금과 이윤 사이 관계가 결코 전개될 수가 없다. (MECW.32:36~37;MEGA:1025)

리카도는 상대적 잉여가치를 (형식적으로가 아니라 단지 물질적으로) 발견했을 뿐이다. 지대 문제에서처럼 그는 절대적 잉여가치를 발견하지 못했다(마찬가지로 절대지대도 발견 못 했다). 실은 "잉여가치의 원천이 분명하지 않기 때문에, … 따라서 잉여가치의 원천과 본성이 분명히 이해되지 않기 때문에, 잉여노동 + 필요노동, 줄여서 **총노동일**은 고정된 크기로 간주되고, … 자본의 생산성 즉 잉여노동을 수행하려는 **충동**은 … 인식되지 않고, 이렇기 때문에 자본에 대해 역사적으로 타당한 이유가 제시되지 않는다."[13]

8.2 이윤율

(MECW.32:60~103;MEGA:1049~1093)

이제 마르크스는 『요강』 이후에 도달한 결과물들로 나아간다. ─ 실제 앞 1절 내용에서는 〈1861~63년 초고〉에서 구축한 범주들을 이용하지 않았으니 말이다.

리카도는 … 잉여가치를 이윤과 그릇되게 동일시하는데 … 그는 연간 생산물의 총가치가 수입들로 분해된다는 스미스의 견해를 공유한 게 틀림없다. 이로부터 그는 가치를 비용가격과 혼동하기도 한다. (MECW.32:60;MEGA:1049)

"가치"와 "비용가격"에 대해 말하는 것은 『요강』에서는 가능하지 않았지만, 지금은 방법론적으로 가능하다. 또 방법을 언급하자면, 리카도는 "가치의 일반적 법칙"과 관련한 이론적 "매개 고리들"[14](혹은 매개에 필요한 범주들)를 갖지 못했기 때문에, 설득력 있는 결과들을 성취할 수 없었을 것이다.

리카도가 이 모든 착오를 범한 것은, 그가 터무니없는 추상작용을 수단 삼아 잉여가치율과 이윤율을 동일시하기를 추구하기 때문이다. … 리카도는 적절한 추상적 사고에 충분히 들어서지 않으며, 이렇기 때문에 잘못된 추상작용으로 달려가고 만다. (MECW.32:72;MEGA:1063)

이와 반대되는, 이윤율 "법칙"은 이렇다.

첫째, 우리가 이미 본 바와 같이 노동의 가치가 어떻게 변동되든 상관없이, 지대가 하락 또는 상승한 결과로 이윤율이 상승하거나 하락할 수 있다.
둘째, 이윤의 절대량 = 잉여가치의 절대량이며 … 이것은 고용된 노동자 수에 따라서도 결정된다. … 잉여가치율이 떨어지고 노동자 수가 늘어나든, 아니면 그 반대로 되든 이윤량은 동일할 수 있다. (MECW.32:60;MEGA:1049)

셋째는 이윤율의 정초적 법칙이고, 마르크스가 논의하는 넷째와 다섯째 법칙은 중요한 것 같지 않다. 진실은 우리의 비판이 보여주는 다음과 같은 사실, 즉 리카도가 잉여가치와 이윤의 동일시에서 출발하긴 했지만 실상 이 둘은 구별되며 어떤 경우나 사례들에서는 대립하기까지 한다는 사실에 있다. 리카도는 이윤율(잉여가치 : 총자본, m/C)이 잉여가치율(잉여가치 : 가변자본, m/v)과 동등하지 않다[15]는 점을 결코 명확히 이해하지 못했다. 이런 이유로 그가 "절대적 이윤"과 "이 윤율"을 언급할 때, 두 비례는 불균등하고 다양할 수 있다.

> 리카도는 절대적 이윤(=잉여가치)과 이윤율 사이를 구별하고, 또한 선대된 자본 가 치에서 변동이 일어난 결과로 이윤율이 떨어지는 정도가, 노동의 가치가 상승한 결 과로 절대적 이윤(잉여가치)이 떨어지는 정도보다 더 크다는 사실을 보여주기도 한 다. … 이 구절들에서 리카도는 잉여가치율과 이윤율의 그릇된 동일시에 기초한 자기의 이론을 그 스스로 내다 버린다. (MECW.32:63~64; MEGA:1052~1055)

잉여가치와 이윤의 동일시는 그러나 "일반이윤율의 형성(Bildung) 문제에서 이보 다 더한 모호성을 낳는다. 마르크스에 의하자면,

> 일반 이윤율의 출현, 현실화, 창조가 가치들의 비용가격으로의 전화 즉 이 가치들과 는 다른 것으로의 형태변환을 필요로 한다는 점은 분명하다. 반면에 리카도는 가 치들과 비용가격의 동일성을 상정한다. … 그는 이 이윤들의 비율을 선차적인 무 언가로, 따라서 심지어 자신의 가치 규정에 한 역할을 담당하는 것으로 받아들 인다. (MECW.32:69; MEGA:1058)

이 지점은 마르크스에게 매우 중요하다. 부르주아 정치경제학(리카도 것을 포함) 에서는 유통으로부터 즉 공급과 수요로부터 비롯하여 가격, 일반이윤율, 비용가 격(자연 가격), 심지어 상품 가치(비용가격과 동일시되는 개념)가 "형성" 혹은 편 성된다. 반대로 마르크스에게는 혼동된 것(confus) 다시 말해 그릇되게 동일시된 것을 서로 구별하기 위해 새로운 범주들을 창조하는 게 필요하다.

"경쟁"이 가격들을 (심지어 시장가치, 다시 말해 상품 가치가 아닌 것 – 본서 제7장 4절의 〈그림 7.3〉을 상기하라 – 을) 평준화하는 게 참이라면, "특별한 교환"이 이루어지는 몇몇 경우 – 농업에서와 같은 경우 – 에서는 "비용가격"이 "시장가격"보 다 작은 게, 그런데도 후자가 현실 가치를 표현하는 게 참일 수 있다.

경쟁이 상품들의 시장가치를 그 가치와 합치되게 만든다면, [이윤의 평균적] 수준이 설립된다. (MECW 32:69~70; MEGA:1061)

이러면 마르크스는 다음 둘 사이를 구별할 수 있다. 하나는 일반적 잉여가치율이다. 이것은 "비지불 노동"과 "지불 노동" 사이의 평균적 비례에 의해 편성되며,[16] 어떤 부문 상품들의 평균 가치 속으로 들어간다. 나머지 하나는 일반 이윤율이다. 이것은 앞서와 달리 "축적된 노동에 대해 고용된 산 노동의 양"이라는 관계에 의해 편성되며, "[특정 산업] 부문에서 자본의 구성이 평균이윤을 결정하는 평균적 구성에 한참 미치지 못할 때, 이 새로운 부문에서의 공급과 수요 관계는 그 산출물을 비용가격 이상으로 판매 가능하도록 만들 수 있다."[17] 잉여가치는 생산의 층위에서(필요시간 + 잉여시간) 결정되고, 상품의 평균 가치를 결정한다. 이윤은 시장의 유통의 층위에서 결정되는데, 왜냐하면 (마르크스가 여기에서 명명하는 것 같은) 비용가격이란, "선대 자본"[18] 즉 생산 이전에 소모된 자본 더하기 시장 경쟁에 따라 결정된 "평균이윤"이기 때문이다. 자본주의 체제의 총체로 보자면 잉여가치와 평균이윤은 동등할 것임에 틀림없다. 하지만 국가나 부문이나 특별 영역들 사이에서, 개별 자본들 등등의 사이에서, 잉여가치는 평균이윤보다 더 크거나 작은 그러한 방식으로 배분될 수도 있다. 이런 내용과 더불어 마르크스는 가치와 비용가격 혹은 "자연 가격" 사이에서 리카도에 의할 때의 "잃어버린 고리"를 발견했다. 가치와 비용가격 둘은 "가치 법칙"을 파괴하는 일 없이 서로 상이할 수 있다. 다시 말해, 한편으로 노동자의 인간됨, 그의 산 노동, 노동능력, 임금, 인간적 삶의 강도질인 잉여가치와, 다른 한편 이 빼앗긴 인간적 삶의 특정한 배분으로서의 평균이윤, 또 비용가격의 결정, 심지어는 비용가격보다 더 클 수 있으면서도 다만 상품 가치만을 표현하는 (또한 잉여가치 분배의 평균을 함유하기도 하는) 시장가격 사이에 있는 연속성을 살필 수 있다. 이는 마르크스가 윤리적으로 혹은 인간 노동에서 출발하여 범주들의 총체 및 자본주의 경제의 현실을 측정할 수 있다는 것을, 따라서 자본주의 경제의 현실에 대한 윤리적 비판을 ("윤리적"이라는 말로써 이것이 자본주의의 지배적이고 확립된 구조에 대한 비판이라는 점을 옳게 이해한다면) 만들어낼 수 있다는 것을 뜻한다.

지금 우리는 자본에 대한 "일반적" 고찰 가운데 있으므로 "식민지 문제"나, 이후에[19] 분석될 중심부-주변부의 "경쟁" 유형은 논의 중심에 들어오진 않는다. 그러나 훗날에 이를 보다 구체적이고 복잡한 수준에서 체계적으로 연구해야만 한다는 점은 결코 부인할 수 없다.

여타의 수많은 질문에서와 마찬가지로 리카도는 "이윤율 저하"[20]가 현존한다는 사실을 제시할 때 물질적으로 옳게 짐작한다. 하지만 이미 지적했던 대로 그의 모든 혼동 때문에 리카도는 이 "법칙"[21]의 원인을 결코 찾아낼 수 없었다.

마르크스는 아담 스미스와 리카도 사이의 차이점을 명시함으로써 자신의 비판을 시작한다.

> 아담 스미스는 자본가들 사이 경쟁이 심해지기 때문에 자본의 축적과 더불어 이윤율이 하락한다고 말한다. 리카도는 농업의 [생산 조건의] 감퇴deterioration(필수품 가격 증가)가 심해지기 때문에 그것이 하락한다고 말한다. (MECW.32:101;MEGA:1089)

마르크스는 스미스 논변의 취약함 때문에 그에 대해서는 거의 관심이 없다. 스미스는 "자의적 이윤"[22]을 축소시킨다는 이유로 가격(또 이윤)의 저하를 정당화하고자 하지만, 이런 일은 (총투하자본에 대한 잉여가치 축소로부터 비롯되는) 이윤율의 현실적 감소를 제시하지 않는다는 이유에서다.

스미스와 달리, 리카도는 경쟁이 이윤율을 평준화하지만 축소하지는 않음을 보여준다. 노동일에 변함이 없는 것으로 전제함으로써 리카도는 잉여가치율이 감소하기 때문에 이윤율이 감소한다고 주장할 수 있을 뿐이다. 여기에서 잉여가치율은 (필요시간에 대한 잉여시간의 관계이므로) 필요시간이 증가한다면 감소할 수 있다. 그리고 이런 상황은 "노동자가 자기 임금을 쓰는 대상인 생활수단"의 가치가 올라갈 때 가능하다.[23] 다시 말해,

이것은 농업이 덜 생산적으로 되기 때문에 일어난다. … 요컨대 (산업의) 여러 이윤에서의 계속되는 하락은 지대의 계속되는 상승과 결속되어 있다. 지대에 대한 리카도의 시각이 틀렸음을 나는 이미 보여준 바 있다. … 잉여가치율이 같게 유지되거나 상승한다고 해도 이윤율은 하락하는데, 노동의 생산력이 발전함과 더불어 불변자본에 대한 가변자본의 비율이 감소하기 때문이다. 따라서 이윤율은 노동이 덜 생산적으로 되기 때문이 아니라, 더 생산적으로 되기 때문에 하락한다. (MECW.32:73 ; MEGA:1064)

이 즉시 마르크스는 비교하는 표들의(이 표들은 여러 이론을 비교한 바를 차이들을 통해 보여주는데) 명확하게 종별적인 예시들로부터 출발함으로써 분석에 착수한다. 지대의 상승이 이윤율 하락의 원인이라는 리카도 논변의 오류를 보여주기 위해서다.[24] 마르크스의 논변을 하나하나 쫓아가는 길은 우리를 저 멀리 데려갈지도 모른다.[25]

어쨌든 마르크스는 지대를 이윤율이 떨어지도록 만드는 직접적 요인으로 삼는 관점으로부터 지대 문제를 분리시키고, 그런 관점에 대한 반대로서 "곡물 가격이 상승하는데도 이윤율이 상승하는" 사례를 보여준다.[26] 이런 경우가 다양한 구체적 요인들 때문에 일어난다는 것은 물론이다.

마르크스에게 이윤율 하락에 대한 질문은 "자본의 기술적 구성"[27]의 층위에 놓여야 하거나, "축적된 노동의 양과…산 노동의 양"[28] 사이의 기술적 구성에 놓여야 한다.

다른 한편으로, 잉여가치는 산업이윤(P'), 이자$^{(Zins)}$(Z), 지대(R) 사이에서 서로 다르게 배분될 수 있으므로[이윤$P = P' + Z + R$], 일례로 이자와 소득에 비교하여 산업이윤이 상승한다고 해도, 이윤율은 떨어질 수도 있다. 마르크스는 다음과 같이 계속한다.

P', Z, R의 상호적 상승은 서로 다른 인격들 사이에서 P가 배분되는 게 달랐음을 표상할 뿐이다. P의 이런 배분이 의존하나 P 자체의 상승과 하락과 일치하진

않는 여러 정황을 더 깊이 검토하는 일은 여기에 속하지 않으며, 자본들 사이 경쟁에 대한 고찰에 들어간다. (MECW.32:94; MEGA:1082)

이렇게 보면 마르크스는 우리가 그의 자본 "일반"에 관한 연구서의 네 부분 중 첫 번째에 머물러 있다 — 경쟁은 두 번째 부분의 주제일 것이므로 여기에서 다루지 말아야 한다 — 는 점을 유념한 셈이다.

8.3 축적과 재생산

(MECW.32:103~123, 164~177; MEGA:1093~1113, 1155~1169)

이윤을 고찰한 뒤에는, 논리적 담론을 계속할 때, 이윤이 회귀하는 순간 즉 현존하는 자본으로 "반성적으로" 되돌아오는 순간에 대한 고찰이 필요하다.[29] 이 경우 축적과 재생산은 물질적으로는 일치한다(하지만 형식적으로는 일치하지 않는다).

일반적 법칙은 이렇다. 생산물의 일부가, 그러므로 또한 잉여생산물(즉 잉여가치가 표시된 사용가치)의 일부이기도 한 것이 생산 조건으로서 — 노동 도구 또는 노동의 원료로서 — 생산 영역 속으로 재진입할 수 있다는 점에서 … [축적이란] 재생산의 조건으로서 생산과정 내부에 다시 들어가는 것이며 … 이렇게 됨으로써 축적과 확대된 규모에서의 재생산은 직접적으로 일치한다. 양자는 어디에서나 일치하지 않을 수 없으나, 반드시 이렇게 직접 일치하는 것은 아니다. (MECW.32:120; MEGA:1110)

축적은 이윤이 자본으로 전반적으로globalmente 전환되는 것으로서, 형식적으로는 단지 회귀를 통해 이루어지고, 현실적으로는 자본의 결과적 증가로 된다. 이와 달리 재생산은 형식적으로는 (그리고 간단히는) 소모되지 않은 것의 전환 혹은 생산 "조건들"의 단순한 재구매이되(본질적으로는 소모되는 불변자본에 해당하나,

거듭 고용되지 않을 수 없는 가변자본에도 해당), 현실적으로는 (생산 자본의 증대로서 또 여타 보충적 자본들과의 결합articulación으로서) 확대된 재생산이다.

그러면 가장 처음으로, 순수한 보존이 있다.

> **불변자본의 재생산**을 명확히 이해할 필요가 있다는 것이 최우선이다. 우리는 여기에서 연간재생산을 고찰하는 중이며, 각 해를 재생산과정의 시간 규준으로 본다. … 불변자본의 더 큰 부분은 … 소모되지 않고, 따라서 재생산될 필요가 없다. 〔이는〕불변자본의 순전히 형식적인 재생산(보전)일 것이다. (MECW.32:103~104; MEGA:1094)

그러나 불변자본의 또 다른 부분이 있으며, 이 부분은 (모두 사용가치로서 소모되면서) 사용될 뿐만 아니라 동시에 다른 자본들과 결합된다.

> 불변자본의 두 번째 부분은 상품들의 생산 중에 매년 마다 소모되고 따라서 이 부분도 재생산되어야 한다. 여기에는 가치증식과정에 매년 마다 들어가는 고정자본[기계 등]의 해당 부분 전체뿐만 아니라, 유동자본[원료 등]으로 구성되는 불변자본의 해당 부분 전체도 포함된다. … 불변자본으로서 이들 모두는 해당하는 연 동안 소모된다. 고정자본의 경우에서처럼 단지 그 가치들만 상품으로 들어가든, 유동자본처럼 그 사용가치도 역시 들어가든 말이다. (MECW.32:104; MEGA:1094~1097)

자본의 확대 재생산 일반은 이렇게 마르크스의 흥미를 잡아끄는데, 단지 어떤 하나의 자본으로서가 아니라, 전반적 자본 모두로서 그렇다.

다른 한편, 실현된 이윤 또는 잉여가치는 전반적으로는 잉여자본으로서 자본에 축적된다. 하지만 재생산과정으로서, 이 전반적 잉여자본은 "자본의 전제된 유기적 구성"에 따라 여러 자본 사이에서 비례적으로 배분된다.[30]

따라서 새로운 자본의 축적은 이미 현존하는 자본의 재생산이라는 동일 조건들 아래에서만 진행된다. (MECW.32:116;MEGA:1107)

가변자본보다 불변자본이 더 많이 있다면(그런데 위기를 논점으로 삼으며 보게 되겠지만, 생산성이 높아질 때 불변자본은 언제나 더 많이 증가한다), 이 중에서 더 큰 몫이 새로운 불변자본으로 축적될 것이다 — 이미 살펴보았듯 이는 이윤율의 저하를 낳게 된다.

여기에서 마르크스는 생산수단의 생산이라는 층위에서 여타 자본들과 연결된 확대 재생산 문제를 진술하는 일로 되돌아간다.

이런 문제가 남았다. 잉여생산물 일부가 자본(불변자본)으로 재변형될 수 있는 것은 생산자들 사이, 일례로 기계장치나 노동 도구 등의 생산자와 원료 즉 철, 석탄, 금속, 목재 등의 생산자 사이의 (매개적) 교환을 통해서, 다시 말해 불변자본의 다종다양한 구성성분의 교환을 통해서인가? ··· 저들은 자신들의 불변자본의 상호적인 구성 성분을 이렇게 교환함으로써 새로운 불변자본을 [이전 불변자본 자리에] 채워 넣거나 아니면 형성한다. (MECW.32:121;MEGA:1111)

마르크스는 스미스에 대한 자신의 비판에서 이 문제를 이미 다룬 바 있다.[31] 그러나 축적과 재생산은 아직 여러 어려움을 갖는다. 이어지는 절에서 검토하게 되겠지만, 위기는 이런 모순들을 겉으로 명시한다.

나아가 마르크스는 축적의 서로 다른 여러 종류와 그 경제적 결과들을 논의하는데, 리카도의 『정치경제학과 과세의 원리』 제8장, 7장, 20장, 9장, 22장(2회), 제5장과 제6장(2회), 또 제25장에서 축적과 그 결과라는 순서대로 여러 인용문을 가져와 검토한다.[32] 리카도는 축적이 오직 가변자본 증가만을 수반한다고 생각하기 때문에, 고정자본의 재생산을 고찰하지 않는데 이 문제는 그가 이해 불가능한 것이기도 하다.

이 부분들에서의 축적은 잉여가치율에 의해 − 직접적으로 − 규정되는 것이 아니라, 선대자본의 총량에 대한 잉여가치의 비율 즉 이윤율에 의해 규정된다. (MECW.32:170~171; MEGA:1162)

전술한 내용에 관해, 마르크스는 리카도에게 다음과 같은 점을 지적한다.

축적은 축적을 억누르려는 경향이 있으며, 이윤율 하락의 법칙은 − 산업이 발전하는 데 비해 농업은 상대적으로 덜 생산적이므로 − 부르주아적 생산의 위편에 불길하게 걸려 있다. (MECW.32:169; MEGA:1160)

어찌 되었든, 최종적으로 볼 때, 축적은 자본의 전적인 목적이다.

자본주의적 생산의 영속적인 목표는 최소한의 자본 지출액으로 최대한의 잉여가치 혹은 잉여생산물을 생산하는 것이다. … 이런 개념파악 속에서는 노동자들 그 자체도 자본주의적 생산 가운데 − 단순한 생산수단으로, 그 자체로 목적이 아니고 생산의 목표도 아니라, 단지 생산의 수단으로 − 있는 것으로 나타난다. (MECW.32:175; MEGA:1166)

이는 인격을 수단(Mittel)으로서가 아니라 그 자체 목적(Selbstzweck)의 자리에 가져다 놓으라는 칸트 공식에 대한 명백한 윤리적 참조이다.

8.4 위기의 "가능성"과 "현존"
(MECW.32:123~164, 177~208; MEGA:1113~1155, 1169~1199)

아마 여기는 〈노트XII〉라고 묶인 이 2절지들 중에서도 철학, 경제, 역사의 예기치 않은 결과들로 가장 많이 채워진 부분인지도 모른다. 『요강』에서의 "가치저하"라는 논점33은 이제 위기의 "가능성"34에 대한 질문이 된다. 꼭 덧붙여야 할

말로서, 이것은 위기의 현실성에 대한 질문이 아니다.

> 이제 잠재적 위기의 더 심화된 전개Entwicklung가 추적되어야 한다. — 실제적real 위기는 자본주의적 생산, 경쟁, 신용…의 실제 운동으로부터만 이끌려 나올 수 있다. (MECW.32:143; MEGA:1133)

> 일반적 위기가 생성된다. 이것은 다른 게 아니라 위기의 가능성이며 … 가능성은 이를 통해 현실성Wirklichkeit으로 전개할 수 있다. (MECW.32:142; MEGA:1133)

> 위기의 일반적, 추상적 가능성은 다른 게 아니라 위기의 가장 추상적인 형식을 지칭하며, 여기에는 내용도 없고 그럴싸한 추동 요인도 없다.… 그런데 하나로부터 다른 하나로의 [판매와 구매 간의] 이행은 매끄럽게 진행된다. 위기의 가장 추상적인 형식은 (따라서 위기의 형식적 가능성은) 그러므로 상품의 형태변환 자체이다. (MECW.32:140; MEGA:1131)[35]

이 페이지들에서 마르크스는 "가능성", "우연성"[36], "조건"[37]이라는 개념들을 거듭 사용한다. 우리는 정확히 헤겔 존재론의 핵심부에, 즉 한낱 "가능성"(추상적 잠재)인 본질[38]로부터 실존하는 것(Dasein)[39]의 "현실"까지 이르는 구절들 가운데 위치한다. 이 초고에서 마르크스는 가능성으로서의 본질이라는 추상적 층위 (즉 자본 "일반"의 층위)에 위치하며, 그가 기획한 작업에서 지금보다 더 구체적이고 실제적이고 복잡한 부분들은 미래(2부의 경쟁, 3부 및 4부의 신용과 주식자본 등)를 위해 남겨둔다. 염두에 두어야 할 점은, 마르크스가 상품들의 화폐로의 전환을 표현하기 위해 라틴어 단어 "실현"realización[40]을 선택하고, 한낱 "가능성"으로부터 "실제적 현존"으로 이행하는 가장 구체적인 계기(심지어 『자본』제3권보다도 이후가 될 순간)를 표현하기 위해서는 — 엄격한 헤겔적 의미의 — "현실성"(Wirklichkeit)이라는 단어를 사용한다는 점이다. 상이한 발전 수준에 있는 국민적 자본들 사이의 "종속"은, 위기(및 그 결론들 중 하나)에서와 동일한 방식으로, 그 "가능성"(또는 논리 순으로, 본질)에서 다뤄지든지 아니면 그 역사의, 구체적 정세의 (흔히는 애초부터 잘못 벌어진) "실제적 현존"에서 다뤄질 수 있다.[41]

그러나 우선, 이윤에 관한 리카도의 천진난만한 학설을 비판하며 상품은 항상 "실현되지"는 않는다고 할 때, 마르크스는 "과잉생산"에 대한 질문을 설립한다.

> … 그러나 리카도가 한 나라 안에서의 과잉생산이 불가능하다면서 아담 스미스를 반박하고자 할 때 그는 분명 틀렸다. … 과잉생산은 이윤의 지속적인 하락을 불러일으키는 것이 아니라, 지속해서 주기적이다. 그 후에는 **생산부족**Unterproduction 등이 잇따른다. 정확히 말해 과잉생산은 대규모 민중Volk이 **필수품의 평균량** 이상을 결코 소비할 수 없고, 따라서 이들의 소비가 노동 생산성에 상응해서 성장하지 않는다는 사실로부터 비롯하여 발생한다. (MECW.32 : 101~102 ; MEGA : 1089~1090)

생산과 소비 사이에 일치가 아니라 외려 모순과 불균등이 있다면 위기의 가능성은 이미 여기에 놓인다. 이것은 (불변자본의 축적이 늘어남으로써, 또한 축적과 필요시간의 저하로 인해 노동자들을 사용할 가능성이 줄어듦으로써 즉 더 낮은 임금과 더 적은 구매자 때문에) 생겨나는 증대한 생산과 줄어든 소비 사이의 "영속적인 불비례를 전제한다."[42] 이런 양상은 "판매자와 구매자의 형이상학적 균형 상태라는, 또 이로부터 도출된 〔결론인〕 수요는 오직 생산에 의해 규정된다든가 수요와 공여offer도 동일하다든가"[43]하는 자유주의적 교의를 없앤다.

이제 생산과 "필수품 소화"[44] 사이 불비례가 전제되고 나면, 문제는 이 장 서두에서 인용한 텍스트에 나온 것처럼 공식화될 수 있거나 아니면 다음의 공식처럼 정리될 수 있다.

> 과잉생산은 자본 생산의 일반 법칙이라는 조건에 특히 제약된다. 이 일반 법칙이란, 시장의 현실적 한계 또는 지불능력zahlungsfähigkeit이 보장된 수요를 고려하지 않고 생산력이 설정한 한계까지 생산하는(다시 말해 주어진 자본량으로 최

대한량의 노동을 착취하는) 것이다. 이것은 재생산과 축적의 부단한 확대를 통해 수행되고, 따라서 수입이 자본으로 영속적으로 재전환되는 반면에, 다른 한편 생산자들의 막대한 다수는 평균적 욕구 수준에 묶여 있으며 자본주의적 생산의 본성에 의거하여 이 수준에 묶여 있을 수밖에 없다. (MECW.32:163~164;MEGA:1153)

실로 결정적일 리카도의 실수는 애초에 그가 "자본의 모든 축적 = 가변자본에서의 증대로 상정하고, 따라서 노동에 대한 요구가 자본이 축적되는 것과 동일한 비례로 직접 증가한다고 상정"[45]한 데서 출발한다. 마르크스의 결론은 이렇다.

하지만 이렇게 상정한 것은 틀렸다. 자본의 축적과 더불어 그 유기적 구성에서 변동이 일어나고 자본의 불변 부분이 가변 부분보다 더 빠른 속도로 성장하기 때문이다. (MECW.32:188;MEGA:1179)

여기에 문제 전체가 걸려 있다. 생산이 증대하는 데 비례하여 필요시간 즉 임금이 저하할 때, 과잉생산일 때, 사람들은 "판매불능"(Unverkäuflichkeit)[46]에 빠져든다. 다시 말해, 상품으로부터 화폐로의 이행(W-G 곧 판매)을 만들어내는 게 불가능해지는 것이다.

생산 증대와 소비 부진 사이 균형상태의 이런 결여는 "인구의 자연적 증가"[47]로는 해소되지 않는다. 로자 룩셈부르크가 제기했다시피 막대한 인구가 있을지라도 이들이 "지불 가능" 상태(이들이 화폐 즉 임금을 가진 상태)여야만 하기 때문이다. 과잉생산, 자본의 "과다" 혹은 흘러넘침, 성장하는 축적 혹은 확대된 재생산, 잉여가치의 잉여자본으로의 실현 같은 것들은 "차이들의 통일"[48]에서 비롯된 다양한 "현상"[49]이며, 여기에서 사용가치/교환가치, 상품/화폐, 구매/판매, 생산/소비 등의 차이들은 "강제적으로 파괴"되어 있다.

생산하는 사람은 판매하는 것과 판매하지 않는 것 사이에서 선택할 수 없다. 그는 판매하지 않을 수 없으며, 위기 속에서 벌어지는 것은 다른 게 아니라 그가 판매할 수 없거나 아니면 "비용가격 이하로 또는 어쩌면 실질적 손실일지라도 판매"[50]할 뿐인 그런 상황이다.

상품이 화폐로 실현되지 않을 때, 자본의 "절멸" 또는 "파괴", 가치저하, 위기가 있다. 즉 "위기란 바로 재생산 과정이 동요하고 중단되는 국면"이다.[51] 그리고 이런 상황은 생산과 소비의 동일성 결여로 인해 언제나 벌어질 수 있다.

> 결국엔 과잉생산이 절대적 필요와 어떤 관련이 있는가? 과잉생산은 다만 지불
> 능력이 보장된 수요에 관한 것일 뿐이다. 이것은 절대적 필요 또는 상품들을 소
> 유하고자 하는 욕망과 관계된 절대적 과잉생산 자체의 문제가 아니다. (MECW.
> 32:137; MEGA:1128)

확실히, "위기의 가능성"의 본질적 계기는 절대적 필요(배가 고프다든지 빵을 원한다든지 하는 욕구)와 화폐 소유 즉 지불 가능하다는 것 사이의 비동일성이다. "필요"와 "화폐를 소지한 후의 욕구"는 같지 않다. 이것은 20세기 말 제3세계와 관련해서 자본이 가진 절대적 한계이다. 필요에 시달리는 그러나 지불 능력이 없는(실업 상태거나, 불완전 고용 상태거나, 형편없는 임금을 받거나, 빈곤하고 극빈pauper 상태이기 때문에 화폐가 없는) 다중이 있다. 절대적 필요를 절대적 생산과 동등하게 만들 때에만, 현존하는 생산물로써 "지불 가능한 필요들"을 (증대하는 생산 및 상대적 과잉생산의 없앰inexistencia을 통해) 만족시키는 완전한 고용(화폐로 지급되는 완전한 임금)이 이루어질 때에만, 한 체제는 정의로울 수 있을 것이다. 오직 이런 의미에서야 "부분적 과잉생산도 일반적 과잉생산도 없고, 전자는 후자에 대립하지 않는" 셈이다.[52] 이것이야말로 균형상태의 경제, 완전고용이 이루어지고 사회적 공동체적 생산이 증대되는 경제, 곧 사회주의다. (수출을 위한 경제로서) 제3세계에는 과잉생산이 있을 수 있다. 인구 대다수의 "미충족된 필요"[53]가 막대한 규모로 존재하기 때문이다. 따라서 우리는 이렇게 결론을 내릴 수 있겠다.

위기의 가능성에 대해, 우리는 다만 본질적으로 상호 보충적인 국면들의 파열과

분리가 [자본의 형태변환이라는] 이 형식 자체 안에 놓여 있다고 말할 뿐이다. (M ECW.32:139; MEGA:1130)

이렇다면 위기란, 가치가 자본의 한 본질적 규정으로부터 다른 규정으로 이행하는 일이 어떻게든 감퇴, 중단, 미실현되는 것이다. "상품의 형태변환"[54] 또는 가치의 형태변환 가운데에, 전체로서 자본의 본질적 이동성이 다음 계기로의 필수적 이행이 일어나지 않은 채 한 계기에 고정될 때, 위기는 있다. 이후의 국면이 부정되고 그 자체가 무로 되는 것이다.

전체로서 자본의 총체적 재생산과정인 유통 과정은 자본의 생산 국면과 유통 국면의 통일이다. … 여기["유통 과정"]에 위기의 한층 전개된 가능성이되 추상적인 형식이 놓여 있다. (MECW.32:143; MEGA:1134)[55]

그리고 마르크스는 "자본의 형태변환"에서 위기의 다양한 형태를 연구한다.[56] 우선은 화폐의 두 기능 속에 위기의 "가능성" 두 가지가 있다.

위기의 일반적 가능성은 자본 자체의 형태변환 과정에 주어지며, 두 가지 양상으로 이루어진다. 첫째 화폐가 유통 수단으로 기능하는 한에서 구매와 판매의 분리가 있으며, 둘째 화폐가 지불 수단으로 기능하는 한에서 화폐는 가치의 척도 또 가치의 실현이라는 상이한 두 측면에서 작동한다. (MECW.32:144; MEGA:1134)

첫 번째 경우의 위기에서 상품은 "판매 불가능"하다. 두 번째 위기는 "상품의 판매 불가능성"에 관한 게 아니라, "규정된 기간 동안의 판매에 기초한 지불의 전체 연속체가 실현되지 않은 상태(Nicht Realisierung), 즉 화폐 위기"에 관한 것이다.[57]

이처럼 위기는 "가격 변동" 또는 "가격 혁명"이 만들어질 때 가능하다. 어쨌든 "위기의 일반적 조건"은 위기 형태들과 구별되어야만 한다. 선행하는 조건 중 하나는 "화폐가 생산적 자본으로 재전환되는 것"[58], 축적 또는 재생산으로서 이윤의 재전환이 될 수 있을 것이다. 일례로 원료의 가치가 상승하면 "재생산은 동일 규모로 되풀이될 수 없고"[59], 위기가 발생한다. 마르크스는 이런 사례 같은 "불충 분함"이나 "불비례함"의 경우를 몇 개쯤 분석한다. 마르크스가 분석한 여러 사례 는 자본의 모든 계기가 자본 자체와 동일하고 시장 및 여타 자본들과도 동일하 다는 시각과 대립한다.

아무튼 마르크스는 위기의 본질적 모순으로 되돌아간다.

> 위기를 부정하려는 방편으로 자본주의 생산에서는 소비자(구매자)들과 생산자
> (판매자)들이 일치한다고 주장하는 것보다 괴상망측한 일은 없다. … 위기들을
> 부정한답시고 저들은 충돌과 모순이 있는 자리에서 통일을 주장하는 것이다.
> (MECW.32:148; MEGA:1140)

마무리하는 자리에서, 논변은 다음과 같이 구성된다.

> 임금노동자와 자본가의 관계 다만 그것이 수반하는 바는, 생산자 대다수들(노
> 동자들)이 자기네 생산물 중 상당히 많은 부분의 소비자가(구매자가) 아니라는
> 점이다. … 이들 노동자는 언제나 과잉생산자가 되어야 하며, 자신들의 필요를 뛰
> 어넘어 생산해야만 한다. (MECW.32:149; MEGA:1141)

다르게 말하자면, 자신의 필요시간 즉 자기의 임금과 자기의 노동능력을 재생산 하는 데 ― 자신이 살기 위해 필요한 것의 구매자 또는 소비자가 되기 위해 ― 필요한 시 간을 초과해 잉여생산물을 생산하므로, 노동자는 생산된 잉여생산물 전부를 구 매할 수는 없다. 이윤이나 과잉생산(잉여가치)은 같은 것이다. 이를 마르크스는 "불 비례적 생산"이라고 말한다. 여기로부터는 생산 확대와 시장 확대의 비동일성이 파생되기도 한다. 다시 말해 "시장은 생산보다 더 느리게 확장한다."[60]

마르크스는 멈출 수 없는 생산의 발전 가운데 나타나는 생산과 제한된 소비 사이 불비례로 다시금 되돌아가면서 중요한 분별을 만든다.

과잉생산이라는 단어는 그 자체 오류다. 사회의 더 큰 부분의 가장 다급한 필요가 만족되지 않거나 또는 오직 가장 직접적인 필요만 만족되는 데 그치는 한에서, 절대적으로는 생산물의 과잉생산을 당연히 말할 수 없다. ··· 반대로, 자본주의적 생산의 기초에는 영속적으로 이런 의미의 생산부족unterproducirt이 있다고 말해야만 한다. ··· 그런데 생산물의 과잉생산과 상품의 과잉생산은 완전히 상이한 두 가지 사태이다. (MECW.32 : 156 ; MEGA : 1148)

"생산물"은 인간의 욕구를 만족한다(욕구의 주체가, 가령 유토피아적 공동체에서처럼 화폐를 소지하지 않을 수 있거나, 사회주의 사회에서처럼 화폐가 필연적으로 없다고 해도 그렇다). 반면에 "상품"은 화폐와 교환해야만 한다. 즉 필요에 시달리는 사람이 화폐를 소지하지 않았다면, 그는 "지불 가능한 필요" 상태가 아니므로 소비자가 될 수 없다. 리카도에게 또 자본주의 경제학자 일반에게 "상품들의 과잉생산은 부정되지만, 자본의 과잉생산은 인정되는데"[61], 이들이 잉여가치 혹은 이윤을 인정하기 때문이며, 판매 불가능한 잉여생산물 형태로 더 많은 화폐가 생산되기 때문이다.

『사회의 노동계급 상태에 영향을 미치는 환경에 대한 논평』(런던, 1817)의 저자 존 바턴에게서 리카도가 영감을 얻었던 부분인 기계장치 문제를 분석하면서, 마찬가지로 마르크스가 보여주는 바는 노동 생산성을 증대하기 위해 더 좋은 생산수단을 함입하는 일이 생산과 소비 사이의 불비례를 증대시키기 때문에 위기의 요인을 편성한다는 점이다. 더 좋은 기계 속에는 그것이 대체하는 것보다 더 적은 노동이 대상화되어 있다.[62]

그런데 기계는 노동을 대체할 뿐만 아니라, 자본을 없애버리기도 한다.

기계식 직조기는 본래 수동 방직을 대체하였다. ··· 이 경우에는 노동자만이 대체된 것이 아니라 (리카도적 의미에서는) 그의 생산 도구도 자본이기를 멈춘 것이다. 이는 옛 자본의 전적인 혹은 완전한 가치저하이며 ··· 이 경우에 "옛 자본"이 이전과 같이 동일한 노동 수요를 계속해서 만들어낸다고 말하는 것은 터무니없다.

(MECW.32:182;MEGA:1174)

이전의 다른 문제 모두와 마찬가지로, 이 문제는 종속 이론에 몹시 중요하다─중심부 나라들의 더 앞선 자본이 만들어낸 더 발전한 기술의 합입은 저개발 자본을 없애버리기 때문이다.

바턴에게는 과잉인구 문제─라틴 아메리카의 현실 자체─와 관련해서 커다란 공적이 있다. 스미스는 인구가 자본과 더불어 증대한다고 생각했지만, 바턴은 다른 편에서 말한다.

> 노동에 대한 수요는 기계장치의 발전에 비례적으로 성장하지 않고, 외려 기계들 자체가 인구를 쓸모없게 만든다. 다시 말해 기계들 자체가 잉여 인구를 창조한다.
> (MECW.32:202;MEGA:1193)

그러나 다른 사람들처럼, 바턴은 물질적으로는 옳지만 형식적으로 옳은 것은 아니다. 바턴이 말하듯, 더 적은 "유동자본"이 있을 때 기계장치의 합입은 노동자의 고용을 저하시킨다. 그런데 다른 한편 마르크스의 해명에 따르면, 노동자들의 고용 저하는 [유통 과정이 아니라] "생산의 직접적 과정"에서, 노동자들의 잉여노동시간에 비해 필요시간이 줄어들 때 발생한다.[63]

마지막으로, 또 인구와 관련해 임금의 증가 또는 감소에 대한 바턴의 성찰에 대답하기 위해, 마르크스는 『요강』의 서두 이래 이제까지 논의하지 않았던 주제를 발전시킨다. 그는 인구와 더불어 시작할 수 없고, 다만 인구는 다수 규정의 통일인, 자본들의 구체적 총체로부터 (구체적 해명으로서) 설명되어야 한다고 말했다.[64] 〈1861~63년 초고〉의 이 주제에 해당하는 부분[65]은 그 탁월한 해명이다.

제9장

통속적, 옹호론적 경제학의 물신

1862년 10월 11월 〈노트XIII〉에서 〈노트XV〉까지 753~944면[1]

이런 분석에서 고전적 정치경제학은 이따금 저 자신과 모순된다. 이 학문은 종종 직접적으로, 매개 고리들은 생략해버린 채, 환원을 시도하거나 하나의 동일 근원으로부터 다종다양한 형태들을 입증하려고 한다. 하지만 이런 양상은 고전적 정치경제학의 분석 방법에 따른 필연적 결과로, 비판Kritik과 이해는 이와 더불어 시작해야 할 것이다. 고전 경제학은 다양한 형태들이 어떻게 생성하는지genetisch zu entwickeln를 상술하는 데엔 관심이 없고, 분석을 수단 삼아 이 형태들을 통일된 것으로 축소하고자 하는데, 그 이유는 이 학문이 그것들을 주어진 전제로 받아들인 채 출발하기 때문이다. 그러나 분석은 발생의 제시genetische Darstellung에 필수적 전제조건이자, 실제의 형성적 과정을 그 상이한 국면들에서 이해하는 데에 필수적 전제조건이다. 마지막으로, 고전적 정치경제학의 실패이자 결함은 이 학문이 **자본의 기초형식**Grundform 즉 여타 인민의 노동을 전유하고자 기획된 생산을 역사적 형식이라고 생각지 않고 사회적 생산의 자연 형식이라고 생각한다는 사실에 있다. (MECW.32:500;MEGA:1499)

이 〈노트〉들은 "잉여가치론"의 마지막 부분(그러나 한참 앞으로도 다른 문제들과 저자들이 다뤄지기 때문에 이를 끝낸 것은 아니다)[2]이지만, 그로부터 귀결될 문제들의 서두를 포함하기도 한다. 이 〈노트〉들은 간주곡 같으며, 따라서 "수익"에 관한 최종적 성찰들(이 장의 5절)은 본서 제4장부터 9장까지 이어지는 제2부에 일종의 결론을 마련할 수 있게 해준다. 다시 한번 말하건대, 우리는 마르크스 〈노트〉들의 순서를 존중하려고 해 왔으니 [〈노트XVIII〉부터] 이어지는 호지스킨, 램지, 셰르불리에, 존스에 대한 고찰은 다루고 싶지 않은데, 이후에 보겠지만 앞질러서는 안 될 뒷부분의 여러 발견이 있기 때문이다. 물신에 관한 성찰은 마르크스의 잉여가치 연구를 완벽하게 끝맺는다.

9.1 맬서스의 잉여가치

(MECW.32:209~258;1207~1259)

우리는 마르크스가 맬서스에 어떤 공감simpatía도 느끼지 못했다는 점을 잘 안다.[3] 그러나 그는 맬서스가 적어도 약간은 공적이 있다는 점을 인정한다. 맬서스는 리카도의 잉여가치 이론의 정초적 한계를 발견했던 것이다. 맬서스는 『정치경제학 원리』에서 이렇게 썼다.

분명한 사실은, 리카도 씨가 진술했던 것과는 본질적으로 다른 원리에 따라 이윤이 조절되어야 한다는 점이며, 이윤은 생산 상품의 일정 가치와 비교된 특정량의 고용 노동의 다양한varying 가치에 따라 규정되는 게 아니라, 특정량의 고용 노동의 일정 가치와 비교된 생산 상품의 다양한 가치에 따라 규정될 것이라는 점이다. (맬서스 1986:293)

이에 관해 마르크스는 다음과 같이 언급한다.

맬서스가 자신의 세 권 책에서 이룬 진정한 공헌은, 리카도의 경우엔 가치 법칙에 따른 (상품들에 구현된 노동시간에 따른) 상품들 사이의 교환이 어떻게 해서 자본과 산 노동lebendiger Arbeit 사이 불균등 교환을 일으키는지에 대해 실질적으로 해명entwickelt하지 않았던 반면, 맬서스는 주된 강조점을 자본과 임금노동 사이 불균등 교환에 두었다는 것이다. … 여기에서의 초과분excess이 잉여가치를 편성하며, 초과분의 크기는 가치증식의 비율을 결정한다. (MECW.32 : 210 ; MEGA : 1208)

그러나 맬서스는 "자본으로서의 화폐 또는 상품의 가치를 … 상품 그 자체의 가치로 혼동한다."[4] 다시 말해 그는 상품 가격이 비용보다 더 크다(즉 지불된 노동을 상회하는 잉여가 있다)는 사실을 인지하지만, 이 잉여를 구매자가 지불하는 더 높은 가격 탓으로 본다. 맬서스에 따르면 구매자가 [상품의 대가를] 노동으로(노동이 자신의 일의 결과물이든, 지대나 여타 수익이든) 지불하는 일이 현실에서 벌어진다. 상품이 함유한 잉여노동은 생산과정에서 현실화되는 것이 아니라, 판매 순간에 현실화된다. 구매하는 쪽이 상품에 대상화된 노동(상품의 가치)보다 더 큰 (화폐로) 물질화된 노동을 판매하는 쪽에 보내 준다.

이 결과 맬서스는, 우리가 보게 되듯 통화 체제를 어리석게 개념파악한 설명으로, 이윤을 강탈에 따른 것으로 보는 설명으로 후퇴하다가, 극도로 가망 없는 혼동 속에 완전히 뒤엉켜 든다. 요컨대 맬서스는 정치경제학을 리카도 너머로 진전시키는 대신에 이 학문을 리카도 이전에 있었던 자리, 심지어 아담 스미스와 중농주의자들 이전 자리로 끌어 되돌려 놓고자 한다. (MECW.32 : 211 ; MEGA : 1211)

리카도의 경우, 자본이 지출하는gastos 가치는 생산물의 가치보다 적다(자본 지출 E, 생산물 P일 때, E < P). 그런데 마르크스의 경우는 [잉여가치가 포함되므로 E < P인 것은 리카도와 같지만] 생산물의 가치와 상품 및 화폐의 가치는 다 동등하다(E < P = W = G). 다른 한편 맬서스의 경우는 비용과 생산물이 동일한 가치를 지니되, 상품은 이윤을 포함하고 이윤은 더 많이 축적되거나 더 많이 물질화된 노동으로 지불되기 때문에, 더 큰 가치를 지닌다(E = P < W = G). 마르크스는

다시금 중상주의자들에 대립하여 반대 의견을 제기할 수밖에 없다. 상품이 그 가치보다 더 비싸게 팔리고 구매자가 이윤을 지불하는 사람이라면, 구매자는 강도를 당하는 셈일 것이기 때문이다. 이런 논법에 따르자면, 생산물의 가치보다 더 큰 가치를 지불할 유일한 구매자는, 또 다시 "총체"로서 노동 계급일 것이다.

실제로 구매자로 가능한 세 부류가 있다. 첫째는 다른 자본가에게서 자본을 구매하는 자본가이다.

> 한 사람이 비지불 노동을 판매하면 다른 사람이 비지불 노동으로 구매한다. 양쪽 모두는 비지불 노동을 — 한쪽은 판매자로서, 다른 쪽은 구매자로서 — 실현한다. (MECW.32:213; MEGA:1213~1214)

두 번째 가능성은 "독립생산자"이다. 앞의 경우처럼 이 경우에도, 독립생산자인 구매자가 구매 시에 더 많이 지불한다면 그는 이 손실을 판매 시에 만회한다.

세 번째, 노동자의 경우에만, 노동자는 생산물의 판매자가 결코 아니고 다만 저 자신의 산 노동의 판매자이기 때문에, 유일하게 실제로 손해 보는 사람으로 나타난다. [그의 손실은] 맬서스에 따를 때 구매 가운데 있거나, 마르크스에 따를 때 생산과정 중에 있다.

> 노동자는 모든 상품에 대해 그 가치보다 높게 지불하는 유일한 존재이며, 이는 심지어 그가 상품들을 가치대로 구매할 경우에도 그러한데, 왜냐하면 노동자가 화폐를, 이른바 보편적 등가물을 자기 노동에 대한 가치보다 높게 지불하기 때문이다. (MECW.32:214; MEGA:1214)

이에 대해 마르크스는 자신의 범주적 시야로부터 맬서스를 비판하면서 이렇게 언급한다.

> [자본가의] 이윤은 — 노동자와 관련된 경우에 한에서는 — 그가 노동자에게 상품

을 그 가치보다 높게 판매했기 때문에가 아니라, 그가 노동자로부터 사전에, 사실은 생산과정에서, 이것을 그 가치보다 낮게 구매했기 때문에 발생한다. (MECW.32:214; MEGA:1214)

여러 계급을 각각 "총체"로 고찰하는 경우에만, 계급 사이 교환이 언제나 불평등함을 이해하게 된다. 다시 말해, 자본에 포섭된 노동계급의 산 노동의 총체는 임금으로 수령되는 화폐의 총체보다 그 생산된 가치로 볼 때 더 크다. 이에 따라 한편으로 노동계급의 화폐 총체는 자기 자신의 생산물 총체를 구매할 수 없고, 다른 한편 불충분한 화폐 때문에 즉 잉여생산에 대해서는 임금이 비지불되기 때문에 노동계급이 구매 불가능한 저 잉여는, 자본가 계급의 총체가 이윤으로 전유할 수 있다. 자본가 계급의 여러 분파 즉 생산적 산업 자본가들과 여타 비생산적 불로소득 생활자들은 자기네 사이에서 손실 없이 교환하는 수도 있다.

> 이럼으로써, 각자는 판매자일 때 얻은 것을 구매자일 때 잃는다. 유일한 예외는 노동계급Arbeiterklasse이다. 생산물 가격이 그 비용을 뛰어넘어 증가하므로 이들은 생산물의 한 부분만을 되살 수 있을 뿐이며, 따라서 생산물의 또 다른 부분 즉 생산물의 또 다른 부분의 가격은 자본가를 위한 이윤을 편성한다. (MECW.32:216; MEGA:1216)

"자본가 계급"은 노동자들이 구매할 수 없는 나머지를 "비판매 구매자들에게…따라서 지주, 연금생활자, 무위도식자sinecurists, 신부들의 필요품"으로 판매한다.[5] 이런 식으로 맬서스는 비생산적 노동을, 나태함에 빠져 잉여 생산이 이윤으로 실현될 수 있게 해주는 게으른 자들을 편들 변호론을 생산한다. 하지만 실상 이는 우스꽝스러운 소리인데, 비생산적 계급이 생산하는 계급들로부터 수령한 화폐는 새로 생겨난 가치가 아니라 이미 창조되었던 가치이기 때문이다. 이 가치는 어디로부터 오는가? 맬서스는 알지 못한다. 마르크스가 고집스레 주장하는 바는 이것이 오직 노동자의 "살아있고 생산적인(lebendiger productiver) 노동"[6]으로부터 비롯한다는 것이다. 따라서 맬서스는 "혼란스러운(confus) 방식으로, 옳은 예견(Ahnung)에 기초하고 있는데도 터무니없고 속류적인 개념파악에"7〔빠져든다〕. 즉,

> 달리 말해 이는 비용가격과 가치가 동일함을 의미하는 것에 불과하며, 아담 스미스의 경우와 또 그보다 더 심한 리카도의 경우에서 이들의 실제 분석과 모순을 이루는 혼동이지만, 이를 맬서스는 법칙으로 올려놓는다. (MECW.32 : 225 ; MEGA : 1224)

리카도에게는 가치 법칙에 대해 모순을 이루었던 것이 맬서스의 중상주의적 입장으로는 법칙으로 올라설 수 있었다. 자본이 지불한 비용들의 가치와, (이윤을 포함한) 상품의 가격이 서로 동등하지 않다는 점이 말이다.8

마르크스적 비판의 나머지 전부는 다음의 정식화 가운데 포획된다.

> 노동계급은, 인구 법칙에 따를 때 이 계급이 이용할 생활수단과 관련해서 언제나 과다하며, 생산부족Unterproduction으로부터 생겨난 과잉인구 상태에 있다. (MECW.32 : 244 ; MEGA : 1245)

여기에서 "생산부족"이란 "지불 가능한 필요가 아님"을 의미한다 — 다시 말해 총체로서 노동계급은 자신의 화폐보다 더 많은 필요를, 혹은 필요보다 더 적은 "구매 가능한" 생산물을 갖는다. 반면에

> 자본가 계급은 축적을 향한 충동에 따라 생산으로 뛰어든다. … 과잉생산을 피할 유일한 길은, 과잉생산이 과잉인구와 나란히 현존하는데도 … 비생산자와 게으른 자들에게 있다. 부를 향유하는 자들의 과잉소비를 수단으로 삼아 자본가들에 의해 행해지는 과잉생산으로부터 불비례는 생겨난다. (MECW.32 : 244 ; MEGA : 1245)

이런 내용은 케인즈가 맬서스에 대해 느꼈던 긍정적 감상을 해명해 준다. 1929년 위기에 대한 해법은 완전고용, 더 많은 낭비, 시장의 창조, 확고한 구매자들이었다.

9.2 리카도 학파의 와해

(MECW.32 : 258~371 ; MEGA : 1260~1370)[9]

이 절의 주제가 되는 내용을 시작하기 전에 방법론상의 두 성찰이 필요하다. 첫째로, 여기에는 마르크스의 모든 작업 중에서도 물신 문제에 관한 가장 심오한 논의 중 하나가 놓여 있으며, 마르크스는 이 문제를 "절대" 및 "실체" 개념과 관련해서 구성한다.[10] 실제로 사람들은 상품의, 혹은 화폐의, 혹은 자본의 물신에 관해 거듭 이야기하지만, 모든 물신이 존재론적으로는 가치 그 자체의 물신화 혹은 "자립화"autonomización[11]로부터 이어진 것이라는 점을 그 누구도 환기시켜주지 않는다.

> 저 만물박사님은[12] 가치를 절대적인absolut 무엇으로, "사물들의 [소유] 속성"a property of things으로 변형하는 데 그치고 말지, 가치를 상대적인relativ 무엇으로, 사회적gesellschaftlich 노동 즉 사적 교환에 기초한 사회적 노동[13]과 맺는 사물들의 관계로, 사물들을 자립적selbständig 실체가 아니라 다만 사회적 생산의 표현으로 규정하도록 만들어주는 그런 관계로 이해하지 못한다. (MECW.32 : 317 ; MEGA : 1317)[14]

마르크스의 논의를 이해하기 위해서는 이어지는 부분을 덧붙여야 한다.

> 자본의 전개는 상품들의 교환가치의 완전한 전개를 전제하며 결과적으로 화폐로서 상품들의 자립화Verselbstständigung를 전제한다. 자본의 생산과 유통 과정의 출발점은 저 자신을 유지하는 가치의 자립적 형태이며, 이것["가치의 자립적 형태"]이 증가하고 그 증가분을 측정하는 것이다. … 자본주의적 생산의 전반적이

고 결정적인 요인은 화폐에서와 같은 가치의 자립적 표현인 것만이 아니라 역동적인processirender 가치로서, 사용가치가 몹시 다양한 형태들을 통과해가는 과정 가운데서 저 자신을 유지하는 가치이다. 따라서 자본에서 가치의 자립적 현존은 화폐에서 그런 것보다 더 높은 힘을 가지는 데까지 끌어올려진다.(MECW. 32:318;MEGA:1318)

다음으로, 마르크스의 텍스트를 주석하기 전에 보아야 할 세 번째 인용문이 있다.

노동의 사회적 성격은 전도된 형태로 — 사물들의 "속성"으로 — "저 자신을 드러낸다." 그리고 사회적 관계는 사물들 사이의(생산물들, 사용되는 가치들values in use, 상품들 사이의) 관계로 나타나게 된다. 이런 외양Schein은 우리의 물신숭배자에게 실제의 무엇으로 받아들여지며, 그는 사물들의 교환가치가 그것들이 사물들로서 소유한 속성property에 따라 규정된다고 정말로 믿는다.(MECW.32:317;MEGA:1317)

우리의 현학자는 얼마나 깊이 물신에 빠져들었기에, 상대적인 것을 실정적인 positive 무엇으로 이토록 변형시키고 있는지!(MECW.32:316;MEGA:1316)

이제 우리는 마르크스의 중심 사유가 제시되는 자리에 있는데, 곧 가치가 그 모든 측면에서 상대적이라는 것이다.[15] (1) 산 노동이 그것의 창조적 원천이기 때문에, (2) 교환이 그것의 목적이기 때문에, (3) 그것 자체의 특성이 대상화되고 물질화된 사회적 노동이기 때문에 그렇다. 가치는 결코 상대성으로부터 "사면될"absuelto(절대적일absoluto) 수 없다. 가치의 본질은 "사회적 관계"이다. "절대화"하는 것은 자본이 그 자체로서, 가장 정초적으로 물신화되는 첫 번째 계기이다.

두 번째 ["방법론상의 성찰"] 문제는 마르크스가 분석한다. 그는 "생산비용"[16] 과 "비용가격"이라는 명명을 이후에 "생산가격"이 될 내용과 함께 종종 사용한다.

이것은 비용가격이고, 누군가가 생산비용에 대해 적절한 의미로 (경제적, 자본주의적 의미로) 이야기할 때, 해당 용어는 선대자본의 가치＋평균이윤율의 가치를 지칭한다. (MECW.32:272;MEGA:1274)

"생산비용"과 "비용가격" 명칭의 혼용에서 우리가 볼 수 있다시피, 마르크스는 아직 저 개념을 가리킬 결정적 명칭을 확정하지 않았다. 이 범주의 "발생론적 편성"(본서 제9장 4절, 제12장 4절을 보라)의 결론은 아직 나지 않았다.

이 절의 주제인 리카도 학파의 와해로 되돌아오자면, 첫째로 마르크스는 토런스의 이론과 대면하고 있는데, 다만 "리카도 학파" 전체에 관한 일반적 이론틀에서 대면한다.

리카도 학파에 대한 전체적 서술Darstellung은 이 학파가 두 지점에서 와해됨을 보여준다. (1) 가치 법칙에 따른 자본과 노동 사이의 교환과 관련된 지점, (2) 일반 이윤율의 형성. 잉여가치와 이윤의 동일시. 가치와 비용가격 사이 관계에 대한 오해와 관련된 지점. (MECW.32:373;MEGA:1370)

리카도에게 자본과 노동 사이 불평등 교환은 가치법칙에서 예외였다. 그런데도 리카도는 가치법칙을 부인하지 않았고 이 경우의 모순을 수용했다. 마르크스의 눈에, 리카도 학파의 몰락은 "현상에 대해 현상을 법칙으로"(das Phänomen als das Gesetz) 17 고찰한 데에 있다. 사람들은 이런 식으로 "고전 경제학"으로부터 "속류 경제학"으로 넘어가며, 이는 마치 일종의 "학술적 혼합과 원칙 없는 절충을 버무린 것"18 같다. 『부의 생산에 관한 에세이』(런던, 1821)에서 로버트 토런스는 저 모순을 알기는커녕, 그것을 인류의 발전에 기인한 일종의 사실로서 받아들인다. 모순은 "사회의 초기 단계"에서나 있었을 법하고, 자본의 현존은 모순을 뛰어넘었다는 것이다. 반면 마르크스가 보기엔 실상 퇴폐한 경제학자들의 속류적 분석이야말로 저 모순을 덮어 감춘다.

그[토런스]에 따르면, 상품들의 가치는 인간이 서로를 단순히 소유자와 재화의 교환자로서 대면하던 "이른 시기"엔 이것들에 체현된 노동시간에 의해 결정되었지만, 자본과 토지 소유가 발전해 온 때엔 그렇지 않다. 이것은… 저 법칙이 상품으로서의 상품들에 적용되는 것이지만, 이제 상품들이 자본으로 간주된 뒤에는 더는 상품들에 적용되지 않음을 의미한다. (MECW.32 : 264~265 ; MEGA : 1266)

저 모순적인 "현상"은 리카도에 의해 문제로서 "예견"(ahnt)되었는데, 이것이 "가치 법칙을 뒤흔들기" 때문이었다.[19] 이 모순적 현상은 리카도의 추종자들에게(비판자들임이 명백하지만) 사물들의 본성으로 변형되었다.

어쨌든 토런스에게는 "생산비용" 개념의 내용에 관한 논쟁을 출범시켰다는 공적이 있다.[20] 마르크스는 이 개념을 "비용가격", "가격", "상품 비용", "자연 가격", "시장가격" 등과 관련짓는다. 앞에서 우리가 말했다시피 마르크스가 아직은 결정적 입장을 상정하지 않고 있음을 이해할 수 있을 것이다.

『정치경제학 요론』(런던, 1821)에서 이미 제임스 밀은 리카도가 의지했던 현실로부터 훨씬 벗어난다.

[리카도 학파의 와해는 밀과 함께 시작한다. 그 스승에게서 새롭고 중요한 것은 모순적 현상으로부터 비롯된 모순들의 "거름"Dünger 위에서 활기차게 발전한다.] 발밑의 모순들이야말로 산 토대의 풍요로움을 증명하며, 리카도의 이론 자체는 이 토대로부터 전개되어 나오는 것이다. 이 점이 제자와 다르다. 제임스 밀의 원재료는 더 이상 현실Wirklichkeit이 아니라 그 스승이 현실을 승화시켰던 새 이론 형식 theoretische Form이다. 한편으로는 새 이론의 적수들에 대한 이론적 불화가, 다른 한편으로는 이 이론이 현실과 맺는 종종 모순적인 관계Verhältniss dieser Theorie zu der Realität가 밀로 하여금 적수들을 반박할 길을 찾아 현실로부터 벗어나 해명하게 만든다. … 밀은 부르주아 생산을 생산의 절대적 형태로 제시하기를 바라며, 따라서 그 실제적 모순들은 단지 드러나는 것에 불과하다는 점을 입증하려고 애쓴다. (MECW.32 : 274~275 ; MEGA : 1276~1277)

달리 말해, 마르크스가 명백히 밝히는 대로 모든 이론은 정직할^auténtica 때엔 현실의 표현이다. 이 때문에, 현실을 자기 이론의 지시대상이자 산 토대로 여전히 간직했던 리카도는 모순을 모순으로 분명히 발견했고 모순을 이례적 사실로 생각했다. 그의 제자들은 그런데 선생의 "새 이론 형식"을 자기네 이론의 "원재료"로 생각했고, 그것을 물신화했으며, 그것에서 모순들을 제거하고서는 그것을 현실 자체라고 판단했다. "단지 드러나는 것"(scheinbar)이 현실로 바뀐다. 그리고 리카도와 제임스 밀의 이론 작업의 기초가 "같은 역사적 이해관심(Interesse) — 토지 소유에 대항하는 산업 자본의 이해관심 — 이더라도, 전자에게서 그 이론 작업이 정직하고 진지한 사유의 적확한 표현이었던 반면, 후자에게서는 물신화되고 이데올로기로 되고 속류화되었다.

제임스 밀의 피상적 해명은 (본서 제1장에서 설명했듯) 마르크스가 자본과 산 노동 사이의 관계를 이해하도록 만들어 준다.[21] 나머지 모든 이들처럼 밀은 필요한 "매개 고리"(Mittelglieder)를, 현실 전개의 표현인 범주들을 발견하지 못했고, 다만 "구체를 추상에 직접 종속시켰다."[22] 또다시 마르크스는 (산) "노동"과 "노동 능력"[23] 사이를 명백히 구별한다 — 그러나 아직은 "노동하는 힘"이나 "잠재력"에 대해 이야기하지는 않는다. 요약하자면, 이 탁월한 페이지들에는 자본과 노동 사이 불평등^unequal 교환에 관한 마르크스주의적 입장이 요약되어 있다. 마르크스는 이렇게 결론을 내린다.

> 사실상 부르주아 사회는 이제까지 현존했던 사회가 그랬던 것처럼 이런 모순 속에서 발전하며, 이 모순은 필연적 법칙인 것으로 언표된다. 다시 말해 현상태가 이성에 절대적으로 부합한다고^absolut vernünftig 언표된다. (MECW.32:287; MEG A:1288)

마르크스의 "인식론적 주목"이 성장하는 것 같다. 방법에 관한, 경제학자들의 담론의 지위에 관한 반성이 점점 더 늘어날 때마다 말이다. 마르크스는 어떻게 그 자신의 담론을 "전개"할지에 대해 이전보다 훨씬 더 명석한 의식을 얻는 중인 것 같다. 비판적 대면은 이후 마르크스가 더욱 체계적인 조사를 계속할 인식론적 "확신"seguridad을 그에게 주었다.

마르크스에게 과학적인 것, 변증법적인 것, 옳은 것의 반대물은 물신화된 것이라는 점에 이제 우리는 주목해야 한다. 그러니까, 사람들이 현실적이라고 혹은 본질적이라고 생각하는 무언가는 다만 "드러나는 것"이자, "자본의 물신적 형태"(Fetischgestalt des Capitals)로부터 나타나는 것[24]이다. 대립은 "과학"과 "물신" 사이에 (알튀세르에게 그렇듯 "과학"과 "이데올로기" 사이가 아니라) 있다. 적어도 마르크스 자신에게는 그렇다.

마르크스는 밀에 관한 문제 둘을 더 다룬다. 우선 첫째, 절대지대와 관련해서 산업의 "비용가격"("선대자본의 가치 더하기 평균이윤")에 대한 몰이해 문제를 다루고,[25] 두 번째는 "수요와 공급의 직접적 동일시"의 입증에 대한 주장[26]을 다룬다. 결론 삼아 마르크스는 다음처럼 쓴다.

> 누군가는 그[제임스 밀]의 논리로부터, 우리가 앞서 분석했던 리카도의 몹시 비논리적인 구조unlogische Struktur를 그가 넘겨받았으며, 순진하게도 그것 전반을 "자연적 질서"로 간주한다는 결론을 내릴 수 있겠다. (MECW.32:293; MEGA:1295)

마르크스는 여덟 명의 저자를 더 연구한다. 첫 번째로, 『리카도 체계의 번역에 대한 몇 가지 관찰』(파리, 1825) — 마르크스는 이 책을 『고찰』Réflexions이라고 언급하는데 — 에서 기욤 프레보(1799~1883)는 제임스 밀에 기초하여 리카도를 해설한다. 우리 목적을 위해 [마르크스가 프레보를 주석한] 몇 줄은 인용할 가치가 있겠다.

> 단일한 나라 내부의 손실과 이득은 서로를 상쇄한다. 그러나 서로 다른 나라들 사이의 무역에서는 그렇지 않다. … 한 나라의 3노동일로 다른 나라의 1노동일을 교환할 수 있으며, 이것은 세가 짚지 않은 지점이다. 여기에서 가치 법칙은 핵심적essential 조정을 겪는다. 서로 다른 나라들의 노동일 사이 관계는 한 나라 안의 숙련되고 조합된 노동과 미숙련 단순 [노동] 사이에 현존하는 관계와 비슷할 수 있

다. 이런 경우 더 부유한 나라는 더 빈곤한ärmer 나라를 착취하며, 심지어 후자가 교환을 통해 이득을 얻는 자리에서도 그렇다. (MECW 32 : 294 ; MEGA : 1296)

논쟁적 저작인 『정치경제학의 몇 가지 입씨름에 관한 논평』(익명, 런던, 1821)에서는 다음과 같은 문제를 강조할 만하겠는데, 우리는 이 문제를 이미 (본서 제7장 3절에서) 부분적으로 언급했었다. 그 문제는 곧 산 노동에도 토지에도 그 어떤 가치도 없다는 것, 반면에 "노동능력"에 가치가 있고, 토지로 말하자면 지불 가격은 "자본화된 지대에 대해" ─ 즉 토지 소유로부터 비롯한 지대 청구권에 대해 ─ "지불되는 가격"[27]이라는 것이다.

『수요의 본성 및 최근 맬서스 씨가 옹호한 소비의 필요성에 관한 원리들의 탐구』(익명, 런던, 1821)로 말하자면, 마르크스는 한편으로 자신의 비판을 계속할 무한한 인내를 내보이기도 하지만, 다른 한편 "비판적 대면들"이 끝에 다다르고 있음을 이해한다 ─ 이제 그는 속류적인 것에서 옹호론적 내용으로 뒤바뀌는 저작들을 고찰 중이기 때문이다. 토머스 퀸시(1785~1859)의 저작, 그중에서도 『정치경제학의 논리』(에든버러, 1845)에 대해서도 똑같이 말할 수 있다.

그런데 사무엘 베일리(1791~1850)의 저작 『가치의 본성, 규준들 및 원인들에 관한 비판적 논문』(런던, 1825)에 관해서는 마르크스가 〈노트XIV〉의 25페이지 가까운 분량을 할애한다. 나중에 이 성찰은 『자본』 제1권에 나타나게 될 것이다. 베일리는 마르크스가 가치에 관한 저 자신의 관점을 탐사하게 만들고, "아는 체하는" 물신론의 투명한 입장을 비판할 수 있게 만드는데[28], 그 내용은 우리가 이 절 서두에서 분석한 바 있다. [베일리를 다룬] 이 텍스트는 『정치경제학 비판을 위하여』(1859)의 제1장에 표현된 성찰들과 『자본』 제1권 제1장의 첫 세 단락 사이에 놓여야 한다. 이것이 『정치경제학 비판을 위하여』에 비해 진전을 이룬 중간적 intermedio 텍스트이기 때문이다.

가치로서의, 이 [가치]통일체의 현존재Dasein [29]로서의 개별 상품 자체는 ─ 여타 상품들에서의 그 가치 표현Ausdruck과 구별되는 ─ 사용가치로서의, 객관적 사물Ding로

서의 저 자신과 서로 다르다. 노동시간의 현존재로서 가치로서의 개별 상품은 일반적으로 가치Werth überhaupt이며, 일정량의 노동시간의 현존재로서 이것은 일정한 가치크기|Werthgrösse이다. (MECW.32:315;MEGA:1316)

헤겔 『논리학』에 대한 참조는 명시적이고, 전문적técnicas이고, 계속적이다. 상품이라는 "사물"은 즉 현존재에 속한 개념의 더 전개되고 더 구체적인 수준은, "현존재"인 가치 즉 미규정된 질이되 "질적으로는 동일하며", "정도"나 "크기"인 규정된 양을 통해, "노동시간에 따라 … 오직 양적으로만 달라지는"[30] 것을 추상적으로 담고 있다.[31]

그러나 가치 크기가 그 자체로 규정될 수 있다고 해도 마르크스는 가치가 "절대적인" 것일 수 있다고 생각하는 데에서 멀찌감치 떨어져 있다.

이렇기 때문에 상품의 가치가 상대적인 무엇에서 절대적인 무엇으로 변형된다고 말한다면 이는 완전히 틀렸다. … 가치로서 그것은 그저 **정립된**Gesetztes 무엇, 그저 사회적으로 필요하고 동등하고 단순한 노동시간에 대한 그것의 관계Verhältniss에 의해 규정된 무엇으로 나타난다. 상품의 가치는 그 재생산을 위한 노동시간이 변동할 때 그 가치도 변동하는 만큼, 상대적이다. (MECW.32:316;MEGA:1316)

가치가 "정립"[32]된다는 것은 "존재"ser(무구별적이고 절대적인 것)의 대립물을 의미한다. 요컨대 "현존재"(사물)는 관계에 속한 용어이다. 또한 언제나 그렇듯이 『요강』과 『자본』에서 "양도된[외화된]entäussert 개별 노동"[33]이라는 "사회적" 조건의 문제는 물신의 문제와 관련된다. 요컨대 가치는 사람들의 존재ser와 관계 맺는 것이며, 가치는 사물들에서 즉 사물 그 자체나 사물들 서로의 관계에서 기인한다.

베일리는 가치를 (고립적으로 고찰된) 개별 사물의 속성이라고 생각하지는 않지만, 사물들이 서로 맺는 관계라고 간주한다는 점에서 물신론자이다. 그러나 가치는 그저 사물들에서의 재현Darstellung에 지나지 않는다. 가치는 사람들 사이의 관계의, 사회적 관계의, 사람들이 그들 상호 간의 생산 활동에 대해 갖는 관계의 객관적 표현일 뿐인 것이다. (MECW.32:334; MEGA:1332)

마르크스는 이 밖에도 여러 주제를 분석하는데, 그 내용은 읽기만 해도 이해하기 쉬우므로 다루지는 않을 것이다.

맥컬록에 관해 마르크스는 맬서스에 관해서 그런 것보다 훨씬 부정적인 판단을 내린다. 맥컬록이 "현상태"의 옹호론자였기[34] 때문만이 아니라, 지주들의 이해관심을 지원했기 때문이며 특히 노동계급에 대해 그가 내비친 멸시 때문이다. 이런 멸시에 비해 "궁핍한 자본가들에 대해 그가 그토록 상냥하게 염려하는 것은, 이윤율이 하락하는 경향을 생각해서다."[35] 하고많은 속류적, 우주론적 cosmológico(실증주의적 혹은 교조적) 유물론자들이 생각했던 바에 맞서, 마르크스는 그저 생리적이거나 동물적인 활동이 아니라 인간으로서의como humano 노동을 비호한다.

가증스러운 맥[컬록]은 리카도를 그 극단까지 몰고 갔으니, 이 자는 리카도의 이론을 이 이론에 대립하는 것들과 절충해서 **활용하려는** 자신의 무지한 노력 가운데서, 이 이론의 원리이자 모든 정치경제학의 원리를 ― 인간의 활동이자 사회적으로 규정된 인간의 활동인 **노동 그 자체를** ― 생리적인 이런저런 행위, 즉 상품들이 사용가치로서, 사물로서 소유하는 그런 행위와 **동일시한다.** 이 자가 포기한 것은 노동 자체의 개념이다! (MECW.32:366; MEGA:1361~1362)

이 과정에 직면한 마르크스는 다음과 같이 결론을 내릴 수밖에 없었다.

이런 식의 리카도 속류화는 리카도 이론의 가장 완전하고 가장 천박한 퇴락을 표상한다. (MECW.32:367; MEGA:1362)

에드워드 기번 웨이크필드(1796~1862)는 자신의 저작 『영국과 미국』(런던, 1833)에서 부분적으로 "과거 노동"과 "현재 노동" 사이 교환의 문제를 다루며, "임금이 노동의 가치에 상응한다면 이윤을 설명할 수는 없을 것"이라는 직관을 갖고 있다.[36]

『무역의 철학』(에든버러, 1846)에서 패트릭 제임스 스털링(1809~1891)은 아무것도 추가한 게 없는데, 그가 소박한 중상주의 이론으로의 속류적 회귀를 표상하기 때문이다.

뒤(이 장 4절)에서 보겠지만, 마르크스는 "고전학파"만이 중요하고 과학적이며 진지하다는 점을 차츰 이해한다. 나머지 사람들은 비과학적 데카당이다.

9.3 비판적 반작용
(MECW.32 : 373~449 ; MEGA : 1370~1450)

사회주의 비판가들을 제쳐둔 채 마르크스는 자본주의적 담론 자체의 중추에서 부상한 비판가들을 고찰한다. 그는 세 저작 혹은 저자를 다룬다.

첫 번째로, 익명 저자의 「국민적 어려움의 근원과 치료책」(런던, 1821)이라는 짧은 저작이 있다. 여기에서 마르크스가 무언가 새로운 것을 배운다고 말할 수는 없고, 심지어 이와의 대면[37]조차 마르크스를 새로운 문제로 데려가지 않는다. 이 저작은 곧 지루하게 되었으므로 남은 것들을 바로 끝내버릴 필요가 있겠다. 이 저작은 "직설적으로 묘사하길 잉여가치는 – 혹은 리카도가 부르듯 이윤(또 종종 부르듯 잉여생산물)은, 혹은 이 팸플릿의 저자가 부르듯 이자는 – 잉여노동 즉 노동자가 무상으로 수행하는 노동"[38]이라고 한다. 이것에 더하여 마르크스는 〈노트XIV〉에서 〈노트XVIII〉까지 2절지 232면가량 그를 이끌 이행을 시작하여, 축적, 이자, 상업자본, 이윤 등의 문제들로 서서히 파고든다. 이후에 그는 이 자리에서 연구 중인 세 저자로 되돌아오는데, 그때에는 더 적합한 제목을 붙인다. "리카도에 기초한 프롤레타리아적 반대론."[39] 이 제목이야말로 마르크스가 현재 고찰 중인 세 저자 혹은 저작의 입장이 된다.

확실히 마르크스는 이 저자들이, "어느 정도 경제적, 유토피아적, 비판적, 혁명적 형식"[40]하에서, "잉여생산물"[41]에 대한 관점으로부터 즉 "잉여노동"[42] 혹은 "자본의 비생산성"[43]으로부터 "노동이 전부"(Die Arbeit ist alles) [44]임을 이해한다는 사실을 안다.

헤겔에게 "진리는 전부"라고 한다면[45] — 다시 말해, 오직 "절대지"로 완전히 전개되는 경우에만 개념은 절대적이라고 한다면 — 마르크스에게 자본의 (또 정치경제학의) 진리는 "노동"이다.

우리의 익명 저자에게 되돌아갈 때, 우리는 마르크스가 이 저자의 한계를 명확히 이해한다는 점을 본다 — 마르크스의 "인식론상의 주목"이 성장하기 때문이다.

> 그 팸플릿은 이론적 논문이 전혀 아니다. 그것은 거짓된 논거들에 대한 항의다. … 결과적으로 그 팸플릿은 잉여가치를 잉여노동으로 개념파악한 것이 경제 범주들의 전체계Gesammtsystem에 대한 일반적 비판을 수반한다는 주장을 내세우지 않는다. … 저자는 외려 리카도적 토양 위에 서 있기에 한결같이 체계 자체가 내포한 결과 중 하나에 대해서만 진술할 뿐이고, 이것을 자본에 대립하는 노동계급의 이해관심 속에서 진전시킨다. … 그는 경제 범주들을 발견하면서 이 범주들에 사로잡힌 채 있다. (MECW.32:388; MEGA:1385)

어떤 면에서는, 여기서 마르크스는 "잉여가치론"에서 수행했던 작업을 묘사한다. 그것은 범주들의 전체 체계에 대한 일반적 비판이다. 마르크스는 이 비판을 어느 자리에서부터 수행했는가? 이 점은 나중에 살펴볼 것이다 — 이 질문은 우리에게, 즉 비혁명적 상황에서 21세기 초에 놓인 라틴아메리카 사람들에게 절대적으로 중심적, 실질적, 본질적이다.[46](우리 책 제12장 2절을 보라.)

저 익명 저자는 종종 옳다. 자본가에 대한 비판과 잉여가치에 대한 묘사에서 그러하고("자본가는 노동자들로부터 노동자가 생존 가능한 것을 넘어선 모든 시간의 노동 생산물을 받아낼 것이다."[47]), 자본가들의 수입을 "외국 사치 재화들" 속으로 흡수하여 "잉여생산물의 자본으로의 재전환"[48]을 방해하는 — 마르크스로 하여금 "축적" 문제에 신경 쓰도록 만든[49] — 외국 무역의 기능에 관해서도 그러하고, "자유로운 활동"을 위한 "여가 시간"[50] 및 그 밖의 것들에 관해서도 그러하다.

이제 논점은 잉여생산물이 자본으로서 축적된다는 것이다. 수입(이윤, 즉 실현된 잉여생산물)은 다음과 같은 이중의 경로를 따라갈 수 있다.

첫째, 현존 규모에서의 재생산, 둘째, 확대된 규모에서의 재생산 혹은 축적, 다시 말해 수입의 자본으로의 전환. (MECW.32 : 382 ; MEGA : 1379)

우리는 앞에서 논의했던 주제들[51]로 되돌아오게 된다. "재생산"과 관련해서, 마르크스가 견지하는 주장은 실현된 가치가 가변자본으로서만 아니라 불변자본으로도 회귀한다는 것이다. 한 부분은 임금을 재생산하고, 다른 부분은 불변자본의 가치를 보존한다. 이렇게 해서 "연간 추가된 노동은 임금과 이윤으로 분해될 수 있는 생산물 부분에 의해 완전히 재현되지 않는다."[52]

"축적" 또는 "확대된 규모의 재생산"에 관해 마르크스는 그 갖가지 가능성을 (가변자본의 축적이든 불변자본의 축적이든) 분석한다. 어느 경우든 "새로운 자본은 타자들에게서 전유한 노동으로만 이루어진다."[53]

「차입 정리법과 그 효과에 관한 생각」(런던, 1824)의 저자 퍼시 레이븐스톤[54]은 상대적 잉여가치라는 객관적 범주를 적절하게 진술한다. 이것은 앞의 경우에처럼 도달한 이론적 성취이며, 그 이유는 익명 저자나 레이븐스톤이 "프롤레타리아의 이해관심(proletarische Interesse)을 옹호하기"[55] 때문이다. "이해관심"은 ─ 토대로서 혹은 급진적 기획으로서 ─ 이론의 가능성을 개방한다.[56] 이들 모두에게 노동은, 엄격히 리카도적 의미에서, 가치 즉 잉여가치의 창조적 원천이다.

세 번째로, 토머스 호지스킨(1787~1869)은 그의 저작 『자본의 주장에 대항하여 노동을 옹호함』(런던, 1825)과 『인민의 정체경제학』(런던, 1827)을 통해 마르크스가 몇몇 인식론적 질문들을 다시금 정리할 수 있게 한다. 마르크스는 말하길, 경제학자들은

… 단지 자본주의적 생산에 몰두하고, 이것에 압도당하고, 이것에 관심을 빼앗

긴interessiert 실제 인간들의 관념을 이론적 용어로 표현할 뿐이다. (MECW.32:3
99;MEGA:1397)

자본주의적 생산에서 — 따라서 그 이론적 표현인 정치경제학에서 — 사람들이 과거
노동을 일종의 받침대 같은 것으로서, 노동 자신이 노동을 위해 창조한 것으로
서만 만난다면, 이토록 논란이 분분한 문제는 떠오르지 않을 것이다. 자본주의
적 생산의 이론에서만큼이나 그 현실 생활에서, 물질화된 노동이 저 자신 즉 산
노동에게 모순으로 나타나기 때문에만, 문제는 현존한다. (MECW.32:409;ME
GA:1410)

저 — 앞서 표현했던 — "부르주아적 시야"로부터 나온, 즉 결과적으로는 이해관심의
통제에 포획되고 압도당한 자본가 계급의 현실적 이해관심으로부터 나온 "이론"
은 특정 "표상들"만을 표현할 수 — 규정적 "범주들"을 편성할 수 — 있을 뿐 다른 것
들에 대해서는 그럴 수 없다. 이 때문에 "호지스킨 자신도 경제적으로 편협한 입
지점으로부터 출발한다." 그가 자본을 영구적 생산 관계라고" 간주하고, 자본을
"노동자의 기술과 지식(scientific power)의 축적"으로 축소시킬 때 바로 그렇다. 이것
은 "고결한 관념론"으로서, "엉성한 물질적 물신론" 혹은 맥컬록의 "야비한 욕구의
만족만을 가리키는 조야한 유물론"에 대립한다.[57]

마르크스는 축적이라는 주제에 관한 논의 전반에서 세 가지 수준을 구별
한다.

자본의 본원적 축적. 이는 노동 조건의 집중을 수반하며 … 이 역사적 행위는 자
본의 역사적 창세기이다.

자본의 축적. 이는 자본 자체에 기초하며, 따라서 자본과 임금노동의 관계에 기초
하며, 노동에 대립하여 분리된 … [물질적 부를] 재생산한다.

자본의 집중. 더 작은 자본들의 파괴를 통한 거대한 양의 자본 축적. 인력引力. 자
본과 노동 사이를 매개하는 고리들의 자본박탈. 이는 … 자본을 거대 자본가들

의 손에 집중한다. … 자본가들은 이런 사회적 생산과 동시에 이에 따른 생산력 발전을 가속화하는 과정의 청부업자인데, 사회를 대신하여 용익권usufruct을 향유하고 이 사회적 부의 소유자이자 사회적 노동의 지휘자로서 거만하게 구는 만큼 쓸모없게 된다. (MECW.32:449;MEGA:1450)

이러하므로, 자본주의의 끝으로서 세계화 시대는 그 자신의 "파괴"이자, "침몰"(Untergang)[58]일 수 있으며, 역사의 더 높은 계기로의 이행일 수 있다.

이 페이지들[59]에서 마르크스가 논의한 여러 논점 중 몇 가지를 다시 떠올려 보자recordar.

첫째로, 본원적 축적은 화폐의 단순한 소유(축장)가 아니다.

요컨대 본원적 축적은, 내가 이미 보인 바와 같이,[60] 다만 노동과 노동자가 생산 조건으로부터 분리되어 이렇게 분리된 생산 조건이 독립적인 힘으로 노동자와 마주함을 의미할 뿐이다. … 자본이 현존하고 나면, 자본주의적 생산양식 자체가 이처럼 바뀌게 되어, 역사적 반전이 발생할 때까지 끊임없이 증가하는 규모로 이 분리를 유지하고 재생산한다. (MECW.32:405;MEGA:1404)

둘째, 축적은[61] 살펴보았다시피 재생산을 통해 영구적 운동으로 변형한다.

이윤 즉 잉여생산물의 자본으로의 재전환Rückverwandlung을 통한 축적은 이제 끊임없는 과정이 된다. (MECW.32:405;MEGA:1404)

이로부터, 총체적으로 자본은 영속적 유통 속에서 저 자신에게로 회귀하는, "노동으로부터 소외된(entfremdet) … 힘"으로 되며, 이 때문에 "재생산의 박자는 가속한다."[62] 다른 한편, "축적된" 것은 "고정자본"(건물, 기계 등) 혹은 "원재료와 도구 재료", 비축 상품 같은 것이지만[63], 주되게는 "노동자의 숙련, 노동의 발전 정도"[64]이다. 마르크스는 이자가 축적될 수 있는 방식을 연구한다. 마지막으로, "착취율",

"이윤율", "자본의 축적"이라는 세 현상에 관한 성찰이 있는데, 이 셋 중 무언가는 나머지와 관계없이 증가하거나 감소할 수 있으므로 이 현상들은 독립적이다.

9.4 수입의 물신, "잉여가치론"에 대한 모종의 결론

(MECW.32:449~541 ; MEGA:1450~1538)

우리 작업의 제2부인 이 〈노트〉들을 통해, 마르크스는 자본주의 정치경제학의 다양한 대표자들과의 "비판적 대면" 속에서 이 저자들을 인식론적으로 "처리하는" 일에 대한 점진적 의식을 획득해오는 중이다. 이들 중 그 누구도 마르크스의 프로그램 같은 것을 기획으로 떠올릴 수 없다. 다시 말해 이들 모두는 우리가 앞 절에서 보았던 "경제 범주들의 전체 체계에 대한 일반적 비판"을 수행할 프로그램을 생각할 수 없다. 분명 이런 비판이야말로 마르크스가 이 〈노트〉들로 구성한 "잉여가치론"과 더불어 수행 중이라고 주장하는 내용이다. "잉여가치론"은 역사도 아니고 잉여가치 이론도 아니다. 외려 범주들을 창조하고 발생시키는 대면이며, 자본주의 경제에 대한 "일반적 비판"이다.

고전 경제학은 다양한 형태들이 어떻게 발생하는지genetisch zu entwickeln를[65] 상술하는 데엔 관심이 없고, 분석을 수단 삼아 이 형태들을 통일된 것으로 축소하고자 하는데, 그 이유는 이 학문이 그것들을 주어진 전제로 받아들인 채 출발하기 때문이다. 〔이 부분을 포함한 전체 인용문은 이 장 첫머리에서 읽을 것.〕

『요강』을 시작할 때, 마르크스는 범주들의 전개에서 모종의 질서를 변증법적으로 구축하는 것을 자신의 과업으로 삼았다.[66] 이제, 오직 지금, 이 수많은 "비판적" 대면들로 이루어진 이론적 경험의 끝에 와서야, 마르크스는 자신의 최초 기획proyecto을 명료하게 이해한다. 그것은 범주들의 "발생론적 전개", 저 "과학"의 새로운 체계의 "개념들"의 내용에 대한 "발생론적 설명" 혹은 "서술"이었다. 마르크스는 "과학"[67]이라는 관념을 조심스럽게 사용하되, 자신의 처리방법manejo을 자각한다.

> 그[프루동]의 비판은 모조리 초심자의 비판이며, 그는 자신이 비판하기를 의도
> 한 과학Wissenschaft의 제일원소들을 터득하지 않았다. (MECW.32:527; MEGA:
> 1522)

여기에서 상술하지는 않겠지만(이후 제12장을 보라) 우리가 다시 떠올리고 싶은
것은, 마르크스에게 "과학"의 대립물이 (알튀세르에게처럼 단순히 "이데올로기"가
아니라) "물신"이라는 점이며, 따라서 경제"과학"의 담론이 빠져들었던 물신화 정
도가 더 심해졌음을 마르크스가 점진적으로 이해했다는 측면에서 〈노트〉의 이
페이지들을 "잉여가치론"의 "결론"으로 간주할 법하다는 점이다. 마르크스가 보
기에, 경제학의 퇴락은 세 수준의 신비화 과정으로 진행되었다. 첫째, 고전적 경제
학으로부터 속류 경제학으로, 둘째, 속류 경제학으로부터 옹호론적 경제학으로,
셋째, 옹호론적 경제학으로부터 교수직 형태(Professoralform)로.

> 그러한 작업은 정치경제학이 과학으로서 가졌던 전망 끝에 도달했을 때에야 나
> 타나므로, 그 작업들은 동시에 이 과학의 묘실이다. (MECW.32:501; MEGA:1500)

이자 낳는 자본 문제는 마르크스가 이미 호지스킨을 통해 개시했었고 이번 페이
지들("수입과 그 원천")에서 중심주제가 되는 것으로서, 이자 낳는 자본이야말로
비과학에게 이상적인 이론적 장소다.

> 자본의 완전한 사물화, 전도, 발작은 이자 낳는 자본으로서, 이 자본은 "복리"復利를
> 산출한다. 이것은 세계 전체를 자신에게 속한 희생물로 요구하는 몰록처럼[68] 나
> 타나지만, 본성 자체로부터 나온 이 몰록의 합법적 요구는 절대 충족되지 않고
> 항상 신비로운 숙명에 좌절한다. (MECW.32:453; MEGA:1455)

이자 낳는 자본이 "신비하게" 물신화됨은 이것이 가치의 원천으로 나타난다는 사실에서 명시된다.

> 이자 낳는 자본의 형태에서는 자본이 아무런 노동도 소모함 없이 다른 사람들의 노동 결과물을 전유한다는 사실이 아주 명백해진다. 여기에서 이 자본은 생산과정 그 자체로부터 분리된 형태로 나타나기 때문이다. 그런데 이럴 수 있는 이유는 단지, 이 형태에서는 자본이 노동 없이 혼자서, 그 자체 가치를 창조하는… 지반인 노동과정에 분명히 들어서기 때문이다. 이 자본은 노동 없이 생산물 가치의 일부를 전유하는 한편으로, 노동 없이, 돈주머니로부터ex proprio sinu, 저 자신으로부터 가치를 창조하기도 한다. (MECW.32 : 502 ; MEGA : 1500)

자본이 "물신화"되고 나면, "속류 경제학자들은 가치의 서로 다른 부분들이 서로 대면하는 소외된(entfremdet) 형식 바로 그것에 완벽히 편안함을 느끼며, 마치 스콜라 철학자가 성부, 성자, 성령에 대해 친숙한 것과 꼭 마찬가지로 속류 경제학자들은 토지의 지대, 자본의 이자, 노동의 임금에 친숙하다."[69]

물신화(즉 비과학)의 과정은 "산 노동"으로부터의 점진적 분리이며, 이 과정에서는 "범주 체계"와 "산 노동" 사이 관계를 이해하는 것이 불가능하다. 반면에 마르크스는 경제과학la ciencia económica이 산 노동 개념의 "발생론적 전개"라고 생각하며, 이로부터 이미 편성된 범주 전부에 대한 "일반적 비판"을 수행할 뿐만 아니라, 그 자신의 범주들을 편성하면서 그중 몇 가지에 대해서는 비약도 가치 법칙의 위반도 없이 여타 범주들로부터 출발해서 해명한다. 이는 "산 노동"에서 출발한―외부에서 혹은 비자본에서 유발한―"비판"으로부터 비롯된 자본 개념의 "전개"에 관한 것이다. 추후 이 지점으로 돌아오겠다.[70]

점진적인 비과학적 물신의 인식론상 층위들은 다음과 같다.

> 고전적 정치경제학은 다양하게 고정되고 상호 간에 낯선 부의 여러 형태를 분석을 통해 그 내적 통일로 축소시키고자 하며, 이것들이 서로 독립적으로 나란히

현존하는 형태를 박탈하고자 한다. … [그것은 외양적 형태들의 다양성과 대비될 내적 연계를 파악하고자 한다.] 이렇기 때문에 고전적 정치경제학은 지대를 잉여 이윤으로 환원하며, 이에 따라 지대는 종별적이고 분리된 형태이기를 그치고 그것이 나타난 원천인 토지로부터 떨어져 나온다. (MECW.32:499;MEGA:1498)

마르크스는 고전 경제학을 존중했다. 비록 이윤과 잉여가치를 동일시하거나 "역사적 형식"(자본주의)을 마치 "자연적 형식"인 양 혼동하긴 하지만, 이 학문은 자본주의의 여러 모순을 의식하고 있으며, "속류 경제학"이 물신화의 첫 번째 수준에 빠져버린 데 비해 적어도 저 모순들을 언명하기 때문이다.

정치경제학이 발전의 특정 단계에 이르러서 정돈된 형식들을 상정했을 때에야 ― 즉 스미스 이후에야 ― 그저 이 형식들의 반영으로 현상에 대한 관념을 이룰 뿐인 그런 원소가 분리되어 나오고, 다시 말해 저 단계의 속류적 지반이 정치경제학의 특별한 한 측면이 된다. 이러하므로 세는 아담 스미스의 작업에 나타나는 속류적 관념들을 분리하여 별도의 결정화된 형식 속에 밀어 넣는 것이다. (MECW.32:500;MEGA:1499)

자본주의 경제학은 만연한 자본주의 체제의 명시적 옹호자로 변형할 때 한발 더 나아간다.

속류적 정치경제학은 일부러 차츰 옹호적으로 되어가며, [자본주의 체제의] 모순들을 담은 아이디어가 현존할 수 없도록 말하는 일에 열성을 다한다. (MECW.32:501;MEGA:1500)

그런데 이 과학에 속한 남은 하나의 "피상적" 층위가 있다.

마지막은 교수직 형태이다. 이것은 역사적으로 진행되고 현명하게 조율됨으로써 모든 원천에서 최고만을 수집하므로, 이렇게 하는 중에 모순들은 문제가 되지 않으며 반대로 관건은 "완벽함"Vollständigkeit이다. … (교수들이 똑같이 우위에 선 태도로 사회주의적 환상들을 낮춰본다는 점을 굳이 강조할 필요는 없겠다.) (MECW.32:501; MEGA:1500)

이 "과학자들"에게 "실제 현실"은 허구적 현실이 되었다. "물신화된 형식"[71]이 실제의 자리를 차지한다.

> 이것은 일종의 환상 없는 허구이자, 속세의 종교다. 사실 속류 경제학자가 ─ 우리가 비판해 왔던 경제 탐구자들Forschern과 이들을 혼동해선 결코 안 될 것인데 ─ 번역하는 대상은 자본주의적 생산 체제에 사로잡혀서 이 체제의 피상적 외양만이 그 의식에 반영되는 자본주의적 생산의 대표자들이 지닌 개념 및 동기 등이다. 속류 경제학자는 이런 것들을 공론적doctrinaire 언어로 번역하되, 지배 분파 즉 자본주의자들의 관점에서 그렇게 하며, 따라서 이들의 처방은 고지식하고, 객관적인 게 아니라 옹호론적이다. (MECW.32:450; MEGA:1453)

이자 낳는 자본, 상업자본, 이자, 상업이윤, 지대는 산업자본 혹은 산업이윤의 이차적 형태이지만, 결국 이것들은 겉으로 드러난 형태로서 그 속에 숨겨진 것이 명시하는 바는 곧 배후의 "잉여가치, 비지불 노동"[72]이다.

> 따라서 자본주의적 생산의 참여자들은 마법 걸린 세계에 살고 있으며, 이들에게 저 자신들의 관계는 사물들이 소유한 속성으로, 생산의 물질적 원소들이 소유한 속성으로 나타난다. (MECW.32:514; MEGA:1511)

모든 것이 "부조리하게"irrationale [73] 바뀌었다.

제3부
새로운 발견

이 세 번째 부분에서 우리는 1862년 11월에서 1863년 7월 사이에 작성된 〈노트XV〉(초고 원본의 944면)부터 〈노트XVIII〉(1472면)까지를 검토할 것이다. 이 텍스트들 대부분은 이제까지 그 어떤 로망스어로도 번역된 적 없다.[1] 상기한 〈노트〉들은 구분이 명확한 두 부분으로 이루어져 있으며, 나는 이를 제10장과 제11장으로 나눌 것이다. 제10장은 『자본』 제2권과 제3권(보게 되겠지만 여기에서는 여전히 "II장(Capitel)"과 "III장"[2]이라고 불린다)에 관련되며, 초고의 1157면[3]까지 이어지는 주제들을 다룬다. 제11장은 초고의 남은 부분을 다루는데, 여기에서 마르크스는 〈노트V〉에서 내버려 두었던 『자본』 제1권의 초안에 이어지는 내용으로, 즉 상대적 잉여가치와 기계장치에 관한 내용으로 돌아온다.[4]

이제 우리는 〈1861~63년 초고〉의 마지막에 이르렀다. 여기에서 마르크스는 확고한 방식으로 "생산비용"을 분석한 덕분에 "생산가격" 개념을 명백하게 만드는데, 이 개념은 바로 지금에 와서야 자립적 범주categoría autónoma로서 "비용가격"과 구별된다.

제10장

"II장 : 자본의 유통과정"과
"III장 : 자본과 이윤의 통일"을 향해

1862년 11월부터 1863년 1월까지 〈노트 XV~XVIII〉 944~1157면[1]

각각의 특수한 생산 영역의 개별 자본에 속한 잉여가치가 이윤의 ─ 이것이 잉여가치의 전환 형태에 불과하다는 점에서 ─ 절대적 크기의 척도이듯, 총자본Gesammtcapital 곧 자본가 계급 전체가 생산한 **총잉여가치**Gesammtmehrwerth도 마찬가지로 **총자본의 총이윤**Gesammtprofits의 절대적 척도이므로, 여기에서 이윤은 잉여가치의 모든 형태 즉 지대, 이자 등을 포함한다고 이해해야 한다. … 따라서 가치의 절대 크기야말로 (또한 절대적 **잉여생산물**Surplusproduce 즉 상품들의 수량이야말로) 자본가 계급이 그 구성원 간에 다양한 표제 아래 나눌 수 있는 대상이다. 이렇기 때문에 경험적인 이윤 또는 평균이윤은, 각각의 특수한 생산 영역의 개별 자본 사이에서 균등한 비례로 이루어지는 총이윤(및 총이윤이 대표하는 총잉여가치, 혹은 표상된 총잉여노동)의 분배와 다르지 않을 것이다. … 이런 [분배의] 계산을 수행하는 중개자agency는 자본들 서로 간의 **경쟁**Concurrenz이다. (MECW.33 : 99~100 ; MEGA : 1627~1628)

마르크스는 생산과정으로부터 유통과정으로, 또 유통과정으로부터 "생산과 유통의 통일(Einheit)"[2]로 서서히 옮겨 간다. 다르게 말하자면, 그는 점진적으로 미래의 『자본』 제2권 및 제3권에서 다룰 주제이자, 이 순간에는 여전히 "II장" 및 "III

장"[3]이라 일컬어지는 내용으로 이동한다. 전체적인 범주 모음은 전개되어야만 한다. 『요강』에서는 범주들에 대해 논의한 게 거의 없었으니 말이다.[4]

10.1 상업자본

(MECW.33 : 9~68, 154~170, 239~252 ; MEGA : 1545~1591, 1682~1701, 1761~1773)

마르크스는 네 수준에서 상업자본을 논한다. (1) 자본 자체의 존재보다 선행하던 수준, (2) 자본이 처음 출현한 순간의 모순적 수준, (3) 산업자본 자체의 내적 기능으로 포섭된 수준, 마지막 (4) 결과적으로 상거래자본 혹은 신용자본으로서 상대적 자율성을 획득한 수준. 잠시간 마르크스는 용어상의 여러 변형을 통해 이 과업을 수행하며, 이는 범주들의 편성이 여전히 계속되는 과정임을 입증한다.

말했다시피, "잉여가치론" 말미에 마르크스는 이자 낳는 자본 주제를 전개하기 시작했다.[5] 이 자본은 네 번째 수준일 수 있을 것이다. "자본이 유통과정에 진입할" 때(말하자면 생산물이 상품으로 될 때), 그 "기능"(Function)[6]은 세 번째 수준에서 분석된 것인 산업자본으로부터 파생된다.

확실히, 첫 번째 수준에서, "상거래의 부와 이자 낳는 부"(commercielle und Zinsform)[7]는 산업자본에 선행하고 독립적이다. 이 두 부는 고대적 형태로서, 인도나 로마제국에서도 나타날 수 있었다. 그러나 두 번째 수준에서, 또 17세기 이래로,

> 일단 두 자본[상거래자본과 이자 낳는 자본] 모두는 독립적 형태로서는 파괴되고 산업자본에 종속되어야 한다. 이자 낳는 자본에 대해서는 (국가) 폭력이 사용되는데 그 수단은 이자율의 강제적 축소이며, 이럼으로써 이자 낳는 자본은 이제 산업자본에 대해 조건terms을 지시할 수 없게 된다. (MECW.32 : 464~465 ; MEGA : 1466)

이 두 번째 수준은 대면이 이루어지는 시기다. 세 번째 수준은 자본 그 자체의 화폐적(G-W) 혹은 상업적(W-G) "기능"의 시기이고, 네 번째 수준은 산업자본이

자신에 속한 형식을 창조할 시기, 즉 독립적이고 자율적이되 산업자본에 종속된 "신용 체계"[8]를 창조할 시기이다.

마르크스는 "수입과 그 원천"에 관한 부분에서 이자 낳는 자본 즉 자본의 최고도로 물신화된 형태 – 이것이 "산 노동"과는 아무런 관계도 맺지 않는 것처럼 나타난다는 점에서 – 를 논했다. 마르크스에게 이자는 잉여가치 배분의 일부이나, 여기에서는 잉여노동 및 산 노동과 맺는 관계가 전혀 없는 것처럼 보인다.[9]

마르크스는 다양한 용어들을 사용한다. 그는 "상거래(commerciell) 자본"[10]을 언급하고, 독일어 어원에 따라 "Handelscapital"(거래자본, "Handel"에는 거래라는 뜻이 있다)을 언급하거나[11], 더 강한 형태로 적절히 "Kaufmannscapital" 즉 "상인자본"이라고 일컫기도 한다("Kaufmann"은 상업에 종사하는 사람을 가리킨다).[12] 이 모든 형식은 "상업자본" 혹은 "상품자본"(Warencapital)과 구별되어야 하고, "화폐자본"(Geldcapital)과 구별되어야 하며, 심지어 "상품거래자본"(Warenhandelscapital) 혹은 "화폐거래자본"(Geldhandelscapital)과도 구별되어야 한다. 정확성에 관한 기대는 마르크스도 채워주지 않았으므로, 아래 도표(〈그림 10.1〉)를 참조하자. 이것은 마르크스의 (『자본』에서도 사용된) 결정적definitiva 용어법을 표현한다.

이 〈노트XV〉에서, 카우츠키의 손에 편집되지 않은 미출판 부분[13]부터 시작함으로써, 우리는 마르크스의 이론적 일생에서 처음으로 이 문제구성을 포괄적으로 연구한 내용을 보게 된다. 우리가 하던 대로, 엄격히 날짜 순서를 따라갈 것이며, 이후 전개를[14] 예견하지는 않을 것이다.

상업자본 개념의 "전개"는 자본이 아직 아닌 무엇으로 시작해서 잉여가치가 배분되거나 이전되는("잉여가치로 말미암은 이전"(ein Transfer von dem Mehrwerth)[15]) "자율적" 형태로 끝난다. 산업자본(잉여가치가 생산되는 유일한 층위)의 "기능"으로가 아니라, 상거래자본 혹은 이자 낳는 자본으로 끝나는 것이다.

첫 번째로, 마르크스는 자본에 선차적인 형태들을 기술한다. 전자본주의적 고리대금업자 또는 "돈놀이꾼"(Wucherer) 같은 노예제 사회나 봉건제에 이미 현존하던 이자 포함 대부의 첫 번째 형태와, 상인(Kaufmann)같이 상품들을 구매가격보

<그림 10.1> 자본 물신화의 진행: 심층에서 표면으로

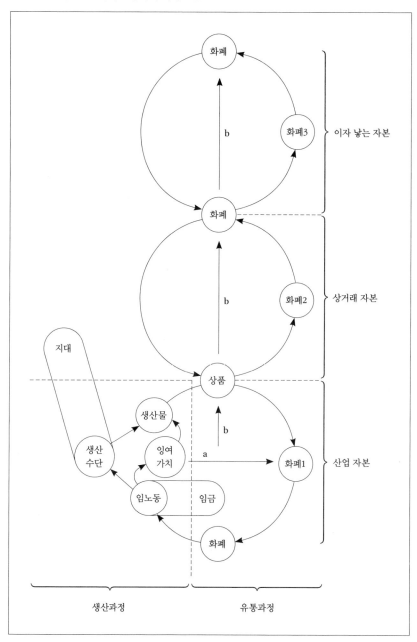

설명 : 화폐1 = 산업 이윤을 수반한 화폐 / 화폐2 = 상업 이윤을 수반한 화폐 / 화폐3 = 이자를 수반한 화폐 / 화살
표 a = 생산과정에서 유통과정으로 진행되는 물신화 / 화살표 b = 산업자본에서 이자 낳는 자본으로 진행되는 물
신화

다 더 비싸게 판매함으로써 이윤을 얻는 자가 이 형태들에 해당한다.

그 속에서 자본이 생산양식을 통제하지 못하고 이에 따라 오직 형식적으로만 자본인 이런 고리대금업 형태는 전前부르주아적 생산양식이 우세함을 상정한다. 그러나 이 형태는 부르주아 사회에서 종속적인 분야들 가운데서 다시금 재생산된다. (MECW.33:10;MEGA:1546)

상인 또는 고리대금업자가 얻는 화폐이윤은 진정한 자본이 아니다. 이 이윤은 유통으로부터 나오는 것이지[16] 생산으로부터 출현하는 것이 아니기 때문이다. 이 이윤은 화폐와 상품을 전제하나 이것들을 생산하거나 창조하는 것이 아니며, 화폐와 상품은 "자신이 지배하지도 전제하지도 않고, 창조한(schafft) 것도 아닌 극점들(Extremen) 사이를 매개하는 운동"[17]이다. 화폐와 상품은 화폐거래든 (Geldhandel)[18] 상품거래든(Warenhandel) 서로 "거래"하는 두 형태지만, 이것들이 자본은 아니다. 이 둘은 〈그림 10.2〉의 (a)와 (b)에 각각 해당한다.

두 번째로, 마르크스는 전자본주의적 "부르주아 산업 및 소규모 농업"을 논한다.[19] 그런데 이 사업들은 "구매 수단 혹은 지불 수단으로서의 화폐"[20]를 필요로 한다. 화폐는 이보다 앞서 물신으로서 나타난다.

화폐는 절대적이고, 더없이 중요하다. 또 화폐의 이런 총괄적 권력Macht은 고리대금업자의 권력이다. (MECW.33:18;MEGA:1553)

이뿐만 아니라 마르크스는 (이미 그가 "잉여가치론"에서[21] 암시했듯) 자본의 전자본주의적, 중상주의적, 심지어 식민지적 형태도 연구한다.

세 번째로, 이와 같은 본원적 형태들이 본래적 의미에서의 자본에 포섭되는 것을 해명한다.[22] "화폐로서의 화폐"(Geld als Geld) 또는 "상품으로서의 상품"(Waare als Waare)[23]이 자본으로 전개한다.

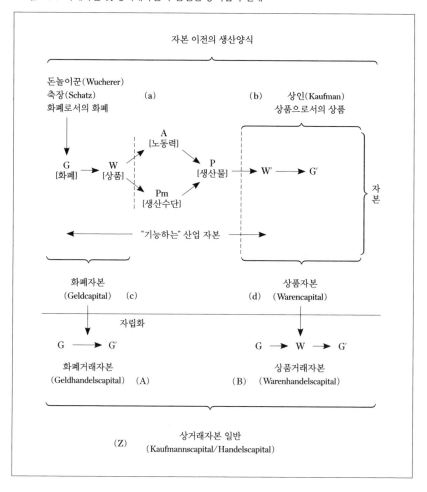

상인의 부로 나타날 때의 거래자본(Haadelscapital) 혹은 화폐는 자본의 최초 형태, 다시 말해 특별히 유통으로부터(교환으로부터) 기인하여 자기 내부에서 저 자신을 보존하고, 재생산하고, 증대시키는 가치이다. 요컨대 이 운동의 배타적 목적은 교환가치이다. (MECW.33:13; MEGA:1549)

자본은 하위inferior 형태들을 포섭하면서도, 동시에 경쟁을 수단으로 또 정치 권력을 통해 이런 형태들을 강압적으로("die zwangsweise…") 파괴한다.[24]

네 번째 자리에 와서야 "화폐로서의 자본"(Capital als Geld) 25이 나타난다고 말할 수 있겠다. 그리고 우리는 이것이 산 노동을 생산력으로서 포섭했고 이에 따라 잉여가치를 축적했기 때문에 자본이라는 사실을 안다. 〈그림 10.2〉의 (c)가 이 것인데, "상품자본"에 대립하는 것이다.

> 따라서 (적어도 외양상으로는) 이중화가 생겨난다. 한편에서 상품자본commercial capital ; Waarencapita 26과 화폐자본moneyed capital ; Geldcapital은 생산적 자본의 일반적 형식규정[Formbestimmtheiten]27이며, 생산적 자본이 상품거래commercial capital ; Waarenhandel이자 화폐거래moneyed Capital ; Geldhandel로서 통과하는 특수한 운동은 생산적 자본이 [화폐와 상품의] 양쪽 형태로 그 재생산과정에서 수행하는 특수한 기능이다. … 생산적 자본 일반의 특수한 형태로서, 이것들은 또한 특수한 자본들의 영역, 즉 자본의 가치증식의 특수한 영역이 된다. (MECW.33 : 48 ; MEGA : 1579)

이 내용은 완전히 미래의 『자본』 제2권에 속할 중심 주제이다. 고리대금업자의 단순한 "화폐거래"(Geldhandel)는 "화폐자본"(Geldcapital)과 동등하지 않다. 마찬가지로, 상인의 "상품거래"(Warenhandel)는 "상품자본"(Warencapital)이라고 불리는 생산적 자본의 계기, 기능, 국면 혹은 무대가 아니다. 이 두 가지 전자본주의적 계기들은 자본에 포섭됨을 통해 자본 그 자체의 계기 혹은 규정으로서 발전한다.

자본의 첫 번째 계기는 구매(G-W)이고, 두 번째 계기는 판매(W-G)이다. 양계기 모두는 넓은 의미에서 상업자본 혹은 상거래자본이다. 이것이 우리가 논의해야 할 다섯 번째 측면이 되겠다. 그리고 여기에서야말로 마르크스는 자신의 주된 범주들을 편성하는 쪽으로 나아간다. 생산물(P)로부터 상품(W)으로의 이 이행은 논리상 특정한 문제들을 제기하는데, 잉여가치로부터 이윤으로의 이행, 잉여가치율과 이윤율, 이윤율 하락 등과 같은 것이 그것이다. 그러나 지금 우리가 얻은 것은 핵심적 논점과 관련된 새로운 명료함이다.

한 상품의 산업적 생산가격은 항상 다른 상품의 비용가격에 들어간다. 심지어 공장주가 상인들의 중재 없이 직접 교환을 수행한다고 해도 그렇다. … 그[직조업자]가 자신의 상품의 생산가격에 들어가는 여타 모든 상품과 관련해서, 이것들의 비용가격, 따라서 그의 생산에 들어가는 비용들은 생산가격을 통해 규정되는 것으로 그에게는 나타나며, 그러므로 이윤은 생산으로부터 생겨나는 결과물로서가 아니라, 생산가격에 들어가는 한 요소로서 나타난다. (MECW.33 : 36~37 ; MEGA : 1569~70)

보다시피 우리는 상업자본 개념 전개의 또 다른 계기로 옮겨왔다. 이제 이 계기는 (비용가격 및 잉여가치를 수반하는) 생산물로부터 (비용 이전을 포함해 상품의 생산가격을 수반하는) 상품으로의 이행에 관한 것이 아니라, 산업자본의 상품이 또 다른 상품으로 (여타 산업자본이나 상품자본으로) 이행하는 경우에 관한 것이며, 이는 여섯 번째 질문을 편성할 것이다.

분명 여기에서 마르크스는 "생산가격" 범주와 관련하여 더 확실한 명료함에 도달한다. 그가 이 범주를, 더는 산업자본의 기능이나 국면이 아니라 특수한 상업자본 혹은 상거래자본〔〈그림 10.2〉의 계기 (B)〕인 "자율적"이거나 "자립적"(selbständig)인 자본[28]과 비교해야 하기 때문이다. 이런 경우 아래와 같은 상황이 부각될 수 있다.

상인의 구매 가격(생산자의 판매 가격)과 상인의 판매 가격(소비자의 구매 가격) 사이에는 크기 차이가 … 일반이윤율이 주어지기 때문에 … 규정된다. … 따라서 우리가 최종 가격을 – 공장 가격과는 다른 상품 가격을 – 받아들인다면 그 이유는 오직 상품 가격에서만 재화의 생산가격이 완전히 표현되기 때문이다. (MECW.33 : 156 ; MEGA : 1686)[29]

실은 여기에서 우리는 구매 가격(또는 생산하는 자본가에게는 이와 동일한, 비용가격)과 판매 가격 (혹은 생산가격) 사이의 차이만을 본다. (MECW.33 : 251 ; MEGA : 1772)

다르게 말하자면, 잉여가치는 산업자본과 상업자본의 이윤들로 배분된다. 생산가격은 최종 상인의 판매 가격이며, 상인은 상품들을 구매할 때 상업이윤이 포함된 상품 가격보다 더 적은 가치를 생산자에게 지불한다. 이제 이 유형의 교환관계는 마르크스로 하여금 산업의 "비용가격"(상업이윤이 더해질 상인의 구매 가격)과 "생산가격"(최종적인 가격) 사이의 차이를 이해할 가능성을 높인다.

〈그림 10.1〉에서, 산업자본의 "상품"에는 생산자가 판매하는 가격(〈그림 10.3〉의 "생산자 판매가격")이 붙고, 이는 상인이 구매하는 가격이다. 상인이 얻게 되는 이윤(〈그림 10.1〉의 "화폐2" 즉 "상업이윤"(〈그림 10.3〉의 "상업이윤")은 생산자에게 비용의 하나로서 고려되어야만 한다. 다시 말해 이것은 배분을 통해 얻어낸 잉여가치이다. 이런 내용은 마르크스에 의해 결정적 방식으로는 여기서 최초로 명료해진다. 이것은 (산업적) 잉여가치를 생산하는 자본의 변증법적 "이행"으로서, 이 자본은 산업 잉여가치의 이전을 통해 이윤을 얻는 상업자본으로 이행한다.

이렇기 때문에 상업자본은 가치도 잉여가치도 창조하지 않는다. 다시 말해 직접적으로 창조하지 않는다. … 따라서 상업자본이 가져오는 이윤은 단지 잉여가치의

〈그림 10.3〉 비용가격과 생산가격

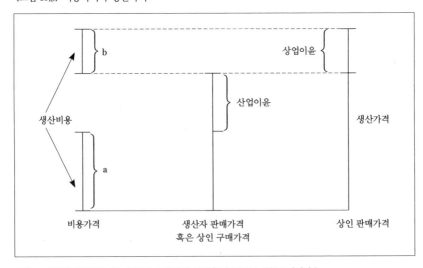

설명 : a = 직접적 생산비용 / b = "비용으로 생산에 들어가는"(MEGA : 1687) 상업이윤

일부이며, 이것은 생산적 자본의 총체가 창조한 것이다. … 상업자본은 실질적 생산과정에서 기능하는 것이 아니라, 상품의 재생산과정 즉 유통의 과정이 그 자체 부문을 형성하는 그런 과정 속에서 기능한다. 산업 자본가가 자본주의적 생산의 대리자이거나 인격화된 생산적 자본인 것과 꼭 마찬가지로, 상인은 자본주의적 유통의 대리자이며, 유통자본의 사실상의 인격화이다. (MECW.33:62~63; MEGA:1593~1595)

아직 일곱 번째 질문이 남아 있다. 이자 낳는 자본에 대한, 혹은 수전노의 "축장"이 "자본으로" 발전한 것에 대한 질문이다. 다시 말해 "화폐로 거래하는 자본"(Geldhandelscapital)으로 발전한 "화폐자본"(Geldcapital)에 대한 질문 말이다(〈그림 10.2〉의 계기 (A), 또는 화폐로부터 이윤을 얻는 〈그림 10.1〉의 "화폐3" "이자 낳는 자본"). 이 자본은 수전노의 축장도 아니고, (판매W-G로서가 아니라 구매G-W로서) 화폐로 거래하는 자본도 아니며, 다만 "지불 수단으로서 화폐의 더욱 발전한"[30] 형태로, 곧 "유통 시간"[31]을 단축하기 위해 총자본의 재생산 내부에서 활동하는 "신용체계"(Creditsystem)로 자립한 자본이다.

화폐거래Geldhandel에 이용된 자본은 상품거래Warenhandel에 이용된 자본과 나란히 특수한 종류의 상거래자본이다. 한쪽이 상품자본의 전개라면 다른 쪽은 화폐자본의 전개이고, 혹은 한쪽이 상품으로서 자본의 전개라면 다른 쪽은 화폐로서의 자본의 전개이다. 둘 모두는 유통과정 중에 있는 생산적 자본의 자립적 형태이자 현존양식에 불과하다. (MECW.33:166;MEGA:1697)

이것이 이자 낳는 자본이다. 여기에서 이자는 다만 산업자본의 잉여가치가 분배된 것이며, 따라서 산업자본의 생산비용에 마찬가지로 추가되어야 한다.

마지막으로 마르크스는 자본의 회전 즉 자본 축적과 재생산과정에 대해서도 논한다. 이런 의미에서 사람들은 "유통과정이 재생산의 총과정의 한 국면"[32]이라고 말한다. 이 주제에 대해서는 이후 논의하겠다.

보다시피 마르크스는 이 부분에서 미래의 『자본』 제1권(본원적 축적), 제2권 (화폐자본, 상품자본, 재생산), 제3권(비용가격, 생산비용, 상거래자본 및 이자 낳는 자본)에 속한 문제들을 연구하되, 이 문제들의 "상거래적"mercantlie 측면에 방점을 찍었다.

10.2 자본과 이윤 - "III장"을 향하여
(MECW.33:69~153; MEGA:1598~1682)

이제 우리는 III챕터의 세 번째 분절[33](미래의 『자본』 제3권)까지 왔다.

> 그 총체성(전체성)에서 고찰할 때 (혹은 완전히 고찰할 때) (혹은 그 완전성ihrer Vollständigkeit에서 고찰할 때) 자본의 운동은 생산과정과 유통과정의 통일이다. (MECW.33:69; MEGA:1598)[34]

헤겔의 『논리학』에서처럼, "현실성"realidad은 본질esencia과 실존existencia의 통일이다.[35] "실존"이 존재의 피상적 층위 혹은 현상적 계기(인 유통)이라고 할 때, 이것과 "본질"(생산) 사이의 통일은 이것을 현실로 정립한다. 자본의 현실성 혹은 자본의 "실현"은 판매 즉 상품 그 자체의 부정이며, 이윤을 띤 화폐로의 이행이다. 이런 의미에서 본질적 층위(잉여가치)는 이윤에서 현상적 현실성을 획득한다.

> 자본가들은 자본의 본질Wesen에 대해 아무것도 아는 게 없고, 잉여가치는 오직 이윤의 형태 즉 잉여가치의 전환 형태로만 자본가의 의식Bewusstsein 속에 있다. … 실로 자본가 자신은 자본을 저절로 작동하는 자동인형으로 간주한다. [자본가의 생각에] 자본은 관계로서가 아니라 자본의 물질적 현존 가운데서 그것 자체를 증대하고 증가분을 불러들이는 성질을 띤다. (MECW.33:71; MEGA:1602)

마르크스는 의식의 은폐 놀이juego에, 즉 본질을 "알지 못한다"고 하면서 잉여가 치라는 원천적 "비밀"(Geheimniss)을 "완전히 신비화(Mystification)"36하는 의식의 작용에 주목한다. 마르크스에게 모든 것은 최종적으로는 근본적 모순으로 축소된다. 여기에서 물신은 제거되고, 여기로부터 "과학"이 시작한다.

> 잉여가치 그 자체에서는, 자본이 전유하는 노동에 대해 자본이 맺는 관계가 영속적으로 표현된다. 이윤에 대한 자본의 관계에서는, 자본이 관계 맺는 대상은 노동이 아니라 자본 자신이다. (MECW.33:70; MEGA:1601)

전체 마르크스는 잉여가치의 원천으로서 산 노동이라는 창조적 외부의 발견으로 요약되며,37 따라서 대상화된 노동 혹은 과거 노동이 저 자신으로부터 가치를 창조할 수 있다고 강변하는 자본의 물신적 주장을 고발하는 것으로 요약된다.

> 그 결과는 잉여가치라는 원천적 본성에 대한 기억의 완전한 소멸이거나, 또는 이 원천적 본성이 의식에 절대로 명확히 들어서지 않고 다만 자본의 원천적 본성의 독립적 유통으로부터 비롯된 계기들과 기껏해야 동등하게 유효한 계기로서, 즉 자본의 노동에 대한 관계와는 독립적으로 자본에 귀속되는 운동의 한 계기로서 나타나는 것이다. 분명 유통의 이러한 현상들 자체는 여타 경제학자들…에 의해 그 물질적 형상에서 자본이 — 이것을 자본으로 만들어 주는 생산의 사회적 관계들과 상관없이 — 노동과 나란히 또 노동으로부터 독립해서 잉여가치의 독립적 원천이 된다는 증거로서 직접적으로 제시된다. (MECW.33:73; MEGA:1604)

과학으로서 마르크스의 담론의 모든 "전개"는 "산 노동"을 지배하는 "과거 노동"(vergangne Arbeit)이라는 근본 모순으로부터 시작한다. 과거 노동의 "사물적(sachlich) 실존"은 산 노동을 부정하며, 바로 여기로부터 "자본의 본질"이 출현한다.38 이는 "물신화이자, 위아래가 뒤집힌 세계"39로서, 여기에서 대상적인 것은 주체적인 것을 물신적으로 소외시킨다.

마르크스는 일곱 가지 측면을 분석하지만, 실제로는 두 측면에만 더 큰 중요성을 부여한다. 여섯 번째인 "생산비용"과 일곱 번째인 이윤율 하락이 그것이다. 두 주제 모두를 검토해보자.

둘 중 먼저인 생산비용이라는 주제는 "생산가격" 개념의 이제는 결정적인 규정에서 핵심적이다. 상업자본에 대한 연구가 마르크스를 나아가게 해주긴 했지만, 어쨌든 그는 "비용들"에 대해 처음으로 명백히 언명한 이후에야 "비용가격"과 "생산가격"을 서로 구별할 수 있게 되었다.

요는 "선대한 자본 가치를 넘어서는 생산물 가치의 초과분"[40]이 갖는 본성을 명확히 이해하는 것이다. 이로부터 다음 문장이 나온다.

> 생산비용은 모든 것, 즉 자본가가 이미 지불을 끝낸 생산물의 모든 구성성분을 의미한다. (MECW.33:81; MEGA:1611)

생산비용은 불변자본과 가본자본의 합계 혹은 "선대한 화폐"의 총체이다.

> 이에 따라, 잉여가치는, 곧 잉여가치의 다른 형태에 불과한 한에서는 이윤도 또한, 상품을 판매하는 자본가의 생산비용에 들어가지 않는다. … 그의 이윤은 정확히 자신이 지불하지 않았던 것인데도 판매할 무언가를 그가 갖고 있다는 사실로부터 비롯한다. 그에게 이윤은 상품의 생산비용을 넘어서는 상품 가치(가격)의 초과분으로 구성된다. (MECW.33:82; MEGA:1612)

이런 방식으로, "생산비용을 넘어서는 어떤 초과분이 실현되는 한, 이윤은 항상 실현"되며[41], 이로부터 마르크스는 다음과 같은 결론을 내린다.

> 이 법칙, 자본가는 자신의 상품을 심지어 그 가치 이하로도 이윤을 붙여 판매할 수 있다는 법칙이야말로 경쟁 현상의 몇몇 측면을 명료하게 만드는 데 몹시 중요하다. (MECW.33:83; MEGA:1613)[42]

잉여가치로부터 이윤으로의 변증법적 "이행"은 직접적인 게 아니다. 수많은 매개가 있고, 이 때문에 각종 범주가 필요하다. 이런 변증법적 이행을 규제하는 법칙은 "경쟁"(Concurrenz)이다. 자본의 총체를 (나라들 사이 종속의 경우 세계적으로) 고려한다든지, 전체 자본가 계급을 고려한다면, 잉여가치와 실현된 이윤은 동등하다. 여기에서 마르크스는 "평균 잉여가치"(Durchschnittsmehrwerth)라고까지 말한다 — 이 명칭은 통상적이지도 않고 필요하지도 않다.[43]

다른 한편, 생산비용들 및 "산 노동"의 최소화가 "일반적 경향"을 구성하는데[44], 이는 후에 보겠지만 이윤율의 하락을 낳는다. 그러나 지금 우리의 흥미를 끄는 바는 경쟁이 언제나 잉여가치를, 생산의 개별 영역들 사이, 혹은 각 영역의 개별 자본들 사이, 혹은 나라들 사이에서 배분되는 "평균이윤"과 관련시킴으로써 이윤을 평준화한다는 점이다. 우리에게 중요한 문제는 세계 수준에서, 중심부와 주변부 자본 사이의, "세계적 평균이윤율"로서 잉여가치의 배분이다. 종속 이론 문제를 명료하게 만들기 위해서이다.

제10장 서두에 인용했던 텍스트를 생각해 보자. 경쟁은 잉여가치를 계산하고, 평준화하고, 배분한다. 따라서 추상적인 가정에 의해, 혹은 애초 일반적으로는 모든 상품이 그 가치대로 팔린다고 (잉여가치와 이윤이 같다고) 상정할 때, 이제 더 구체적으로는 그 가치대로 팔리는 상품이 (예외를 제한다면) 실상 전혀 없다고 (잉여가치는 이윤과 같지 않다고) 말할 수 있을 것이다. 그러나 모든 자본의 구체적 총체성에서 (세계에 실제로 현존하는 자본들의 총합에서) 잉여가치는 다시금 이윤과 같아지게 된다.

"경험적"(empirisch) 평균이윤[45]은 "잉여가치 총량"을 개별적, 생산 영역별, 나라별 자본들 사이에서 분할함으로써 연역된다. 각각의 자본에 상응하는 이윤은 실제로 이 자본들 각각이 창조한 잉여가치가 아니다(이윤과 잉여가치 사이에 더하거나 덜한 크기 차이가 있을 수 있다). 누군가 자신의 잉여가치보다 더 적게 얻는다면, 그는 잉여가치 중 일부를 다른 자본들에 이전하는 것이다. 반대로 누군가 더 많이 얻는다면, 그는 "특별 이윤"을 획득한다. 요컨대,

이윤과 잉여가치 사이에서든 상품 가격과 상품 가치 사이에서든 두 항 사이의 본질적 차이가 두드러진다. … 이 지점에 대한 더욱 상세한 조사는 경쟁에 관한 장에 속한다. (MECW.33:101;MEGA:1630)[46]

"생산비용"과 관련해서 이러한 구분이 이루어진 후에야 마르크스는 다음과 같이 쓸 수 있었다.

자본주의적 생산 내에서 비용가격은 결코 〔생산물의〕 가치와 같지 않다. 반면에 생산가격은 〔생산물의〕 가치와 같아질 수 있다.[47] (MECW.33:232;MEGA:1755)

이 내용은 이미 제7장에서 지대 이론과 관련해 살펴보았다. 그러나 거기에서는 – 고전 경제학자들로부터 전염된 용어법으로 – "비용가격"은 명명되었으나 "생산가격"은 그렇지 않았다. 상업자본에 대한 (생산물로부터 상품으로의 "이행"에서, 옳게 말해 산업자본이 상거래 자본에 해당 상품을 판매하는 것에 대한) 연구 덕분에야, 그리고 "생산비용"에 대한 해명 덕분에야, 총비용 즉 소모되거나 선대된 자본(불변자본과 가변자본)으로부터 생산가격이 최초로 결정적이게 구별된다. 생산의 비용은, 즉 비용가격 더하기 평균이윤은 경쟁에 의해 규정되는 것으로서, 소비자의 구매 가격인 생산의 최종 가격을 가리킨다. 따라서 "상품의 생산가격=상품의 가치"일 수 있다.[48] 마르크스는 이 새로운 범주들을 명확히 편성하기 위해 수많은 페이지와 긴 시간의 연구를 할애했으나, 많은 마르크스주의자의 독해는 마르크스 자신의 발견들로 향하는 이 험난하고 구불구불한 길에 주목하지 않았던 것 같다![49] 그러나 마르크스는 이때엔 아직 "생산가격"과 최종 가격 (시장 – 구체적인 경쟁 – 에서의 수요과 공급 효과 이후의 가격) 사이의 정확한 차이는 알지 못했다.

마지막으로 ((초고)의 이 부분의 "7번째" 측면에서) 마르크스는 이윤율 하락을 연구한다. 우리는 이미 착취율 즉 잉여가치율과 피상적인 이윤율 사이의 본질적이고 유기적인 차이를[50] 알고, 이뿐만 아니라 불변자본의 비례적 증가로부터 연역된 법칙을 안다.

이 법칙은, 정치경제학에서 가장 중요한 법칙으로서, 이윤율은 자본주의적 생산의 진보와 더불어 하락하는 경향이 있다는 것이다. (MECW.33:104;MEGA:1632)

"산 노동"에 대한 "대상화된 노동"의 비례량 증가, "생산력의 발전", "고정자본의 발전", "생산수단들의 집중" 등51은 위기의 원인이며("여기에 위기가"Hinc Crisis 52라고 마르크스는 외친다), 따라서 "더 높은 생산양식"의 가능성은 자본의 본질에 새겨져 있다.

사회적 노동의 생산력 발전은 역사적 과업이자 자본의 자격Berechtigung이다. 정확히 바로 이것을 수행함으로써 자본은 더 높은 생산양식을 위한 물적 조건을 무의식적으로 창조한다. … 리카도는 단지 의혹을 품을 뿐이다. 여기에서 순전히 경제적인 방식으로, 자본주의적 생산 그 자체의 입지점으로부터 드러나는 것은 그 제한Schranke이다 — 즉 자본주의적 생산의 상대성, 이것이 절대적인 게 아니라, 특정하게 속박된 발전 시기에 속한 생산의 물적 조건에 상응하는, 한낱 역사적인 생산양식일 뿐이라는 사실이다. (MECW.33:114;MEGA:1641)

흔히 그렇듯 마르크스는 잉여가치와 가변자본 사이(잉여가치율)에서, 이윤과 총선대자본 사이(이윤율)에서 나타날 비례 관계 및 여러 상이한 가능성을, 또 이윤율 하락의 여러 가능한 원인을 정밀하게 연구한다.53 그리고 마르크스의 결론은 이렇다.

그렇게 자본 자체의 힘이 성장한다. 생산 조건의 실제 창조자와 직면하여 생산의 사회적 조건이 얻어낸 독립적 지위는, 자본가에게서 대표되는 것처럼, 그렇게 점점 더 명백하게 된다. 자본은 저 자신을 더한 사회적 힘으로서 드러내되 (자본가는 그저 직원functionary에 불과하므로, 이제는 한 개인의 노동이 창조하거나 창조할 수 있는 것과 아무 관련도 나타내지 않으며), 소외된 사회적 힘으로서 독립적으로 되어 버렸기에, 사물로서 — 또한 이런 사물을 통해 개별 자본가의 힘으로서 — 사회와 마주 선다. 자본으로 형성한 일반적인 사회적 힘과, 생산의 이러한 사회적 조건 위에 선 개별 자본가의 사적인 힘 사이의 모순은 갈수록 현저하면서도 이 관계의 해소를 시사하는데, 왜냐하면 이와 동시에 저 모순이 시사하는 바가 물질적 생산조건이 일반적인, 따라서 공통 사회적인gemeinschaftlichen geselschaftliehen 생산조건으로 발전한다는 점이기 때문이다. (MECW.33 : 144 ; MEGA : 1672~1675)

세계화 시대 가운데서, 이런 관찰의 현실성은 명확해진다. 다시 한번 마르크스는 자본주의 너머의 더 발전한 "생산양식"을, 산 노동의 조건들에 대한 집합적 소유이자 자본보다는 인류의 이득을 위한 생산이라는 목표를 띤 것으로서 일별한다.

10.3. 자본주의적 재생산에서 화폐의 환류

(MECW.33 : 171~239 ; MEGA : 1701~1760)

이제 마르크스는 화폐 운동의 문제, 즉 어떻게 화폐가 상품들을 생산한 자본가 손으로 되돌아오는지(환류하는지)의 문제를 분석한다. 이 목적을 위해 그는 다섯 개의 관련항을 이용한다(이 항목들로부터는 마르크스가 순서 없이, 그러나 그 전반을 서술하는 열네 개 관계가 성립할 수 있다).

마르크스는 다음과 같은 식으로 분석을 시작한다(〈그림 10.4〉를 보라).

첫째로 생산적 자본가〔"I"〕[54]와 상점주〔"상점주"〕와 노동자〔"노동"〕사이의 유통을 생각해 보자. 상점주는 노동자의 소비로 들어가는 생활수단의 판매자 모두를 대표한다고 하자. 화폐는 자본가가 노동자에게 임금〔"화폐1"〕으로 지불하고, 노동자는 유통 수단인 이 화폐〔"화폐2"〕를 내줌으로써 상점주로부터 상품〔"상품2"〕들을 구매하며, 상점주는 이 화폐〔"화폐3"〕로써 상점주 자신의 재고품stock을

〈그림 10.4〉 자본주의적 재생산에서 화폐의 환류

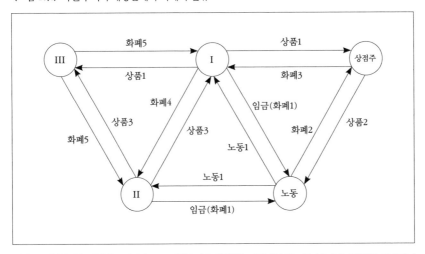

설명 : I = 생활수단을 생산하는 자본가 / II = 생산수단을 생산하는 자본가 / III = 금이나 은을 생산하는 자본가 / 화폐2 = 생활수단 구매에 사용된 화폐 / 화폐3 = 화폐의 환류 / 화폐4 = 생산수단 구매에 사용된 화폐 / 화폐5 = 금이나 은 / 노동1 = 판매된 산 노동 / 상품1 = 산업자본의 상품, 생활수단 / 상품2 = 소비에 들어가는 상품 자체 / 상품3 = 생산수단(불변자본) 상품

자본가로부터 즉 우리로서는 생활수단(“상품1”)을 생산한다고 상정해야 할 사람으로부터 채워 넣는다. (MECW.33 : 171 ; MEGA : 1701)

여기에서 우리는 여섯 개의 관계를 (“노동”은 판매된 노동이며 이로부터 I과 II 둘 다와 관련해서, 심지어 〈그림 10.4〉에는 포함되지 않았지만 III과도 관련해서 잉여가치가 획득된다는 점은 언급할 만할 텐데) 가진 첫째 삼각형을 우선 지적했다. 마르크스는 이러한 관계들의 여러 측면을, 특히 생산적 자본(“I”)의 잉여가치가 상점주(“상점주”)에게 배분되는 방식 측면을 분석한다. 상점주의 이윤은 생산적 자본의 생산비용이자, 이윤으로 실현되지 않은 잉여가치이다.

실제로 자본가(“I”)는 상점주(“상점주”)에 대한 판매에서 이 상품들(“상품1”)의 가치 전체를 ─ 이 상품들의 생산가격을 ─ 실현하는 게 아니라, 이 장사치épicier로 하여금 가치의 1/11을 실현하도록 남겨 둔다. (MECW.33 : 173 ; MEGA : 1703)

생산가격은 소비자에게 판매하는 가격이 되는 화폐의 크기(= "화폐2")이며, 반면에 산업 측에서 상점주에게 판매하는 가격("화폐3")은 생산비용 혹은 비용가격 더하기 평균이윤 빼기 상점주의 이윤(즉 산업자본으로부터 상업자본으로 이전된 잉여가치)과 같다.

재생산과정에서 이윤 일부가 축적되고 다른 일부가 소득으로 소비된다는 점, 사실 노동자가 그 가치로는 노동("노동")보다 늘 적은 자신의 임금 화폐("화폐2")를 쓸 때 실현하는 수입을 실제로는 자본("I")이 소비한다는 점은 명백하다. 그러므로 결국 마르크스가 관심을 가진 문제는 이렇다.

> 요컨대, 여기에서 관건인 것은 이 잉여가치가 어떻게 유통에서 실현되느냐는 물음이다. … 잉여분은 어떻게 화폐로 실현되는가? 잉여가치는 어떻게 잉여분의 화폐 형태를 상정하는가? (MECW.33 : 189 ; MEGA : 1716~1717)

이제 "재생산의 유통(Kreislauf)"은 더 넓어지는데[55], 노동자가 유일한 구매자인 것이 아니라, 또 다른 자본("II") 역시 구매자이기 때문이다.[56] 이에 더하여, 더 많은 화폐가 더 많은 가치(잉여가치) 구매를 위해 필요하고, 여기에서 마르크스는 "화폐"의 문제 즉 금이나 은의 "생산자" 문제에 관심을 기울인다(〈그림 10.4〉의 자본 "III").[57]

이렇다 할 때, 마르크스가 제시하는 것은 제I부류(생활수단) 자본이 제II부류(생산수단) 자본과 맺는 관계를 담은 "재생산 도식"의 최초 해설 중 하나가 된다. 이 페이지들은 『자본』 제2권의 중심 주제를 고고학적으로 기술하는 일에 몹시 중요하다.

그런데 "이 〔자본의〕 부류들과 더불어, 화폐로서 기능하는 상품들의 생산자, 즉 귀금속 생산자가 독특한sui generis 범주를 형성한다."[58] 이 경우에서 그 생산자의 생산물("화폐5")〔귀금속〕은 무매개적으로 실현되고, 생산과정 자체에서 출현하자마자 잉여가치를 가진다 ─ 이 생산물의 실현에는 여타 상품들이 필요로 하는 것 같은 교환〔상점주와 노동을 매개로 한 노동과의 교환〕이 필요 없기 때문이다.[59]

이 생산물은 실현되기 위해 자본 I의 생활수단("상품1")이나 자본 II의 생산수단("상품3")과 교환되어야 한다.[60]

이상의 내용을 통해서 우리는, 마르크스가 고른 다섯 항목 사이에서 이루어진 화폐의 유동과 환류 관계들을 짚어보았을 뿐이다.

10.4 "잉여가치론"의 결말

(MECW.33 : 253~371 ; MEGA : 1773~1888)

이전에 부과된 과업을 끝내기 위해 마르크스는 이제 "I장"의 지점으로, 그중에서도 "〔4〕호지스킨"에게로 되돌아간다. 이 부분에서 마르크스는 "리카도에 기초한 프롤레타리아적 반대론"에 해당할 다섯 명의 저자들과 비판적으로 대면한다.

우리는 지금 1863년 1월, 〈노트XVIII〉에 있다. "수입과 그 원천"의 문제(우리 책의 제9장 4절)와 함께 시작했던 중심 내용은 마무리되었으므로, 여기로부터는 역사적 중심 내용으로 되돌아갈 필요가 있다.

토머스 호지스킨의 『인민의 정체경제학』(런던, 1827)과 『자연적 소유권과 인위적 소유권의 대비』(런던, 1832)로부터, 또 존 프랜시스 브레이(1809~1895)의 『노동의 잘못과 노동의 치료』(리즈, 1839)로부터 마르크스는 찬성하는 어조를 띠되 약간의 주석을 붙여 노트를 작성한다.

이와 달리 조지 램지(1800~1871)의 『부의 분배에 관하여』(에딘버러, 1836)에 대해 마르크스는 더 많은 페이지를 할애하고 큰 존중을 보인다 ─ 비록 램지가 맬서스나 리처드 존스처럼 성공회 성직자였긴 했지만 말이다. 마르크스가 연구하는 수많은 논점으로부터는 언급할 만한 것들이 꽤 있다. 무엇보다 우선 램지의 공적은 불변자본과 가변자본 사이를 명확히 구별한 데 있고, 이를 통해 그는 "이 자율의 정확한 이해에 근접할" 수 있었다.[61] 다른 한편 램지를 비판적으로 고찰하면서 마르크스는 "대상화된 노동과 산 노동" 사이 주요 모순[62]을 텍스트 가운데서 여러 번 다시 지칭한다. 이 과정을 통해 마르크스는, 램지가 맬서스와 대립해 내놓은 "총이익의 일반 비율에 영향을 미칠 수 있는 유일한 경쟁은 고용하는 자본가와 노동자들 사이의 경쟁"[63]이라는 생각에 찬사를 보내게 된다.

또 한편으로, 마르크스는 최근에 명료하게 만든 범주들을 더 자유롭게 구사하기 시작한다. 이제 그는 "가치의 생산가격으로의 전환" 혹은 변증법적 이행이라는 범주를 적확하게 사용한다. 그는 "생산가격"이라는 개념(및 이에 대한 결정적 명명)을 세 번 사용한다.[64] "생산비용"에 대해서도 마찬가지로 말할 수 있겠다.[65]

이런 비판들을 통해 마르크스는 축적, 재생산, 잉여가치, 이윤율 등의 몇몇 측면을 해명하게 된다.

앙투완 E. 셰르불리에(1797~1869)의 저작 『부 혹은 궁핍 — 사회적 부의 현실적 분배의 원인과 결과』(파리, 1840)는 상세한 연구 대상이 되는데, 특히 "노동과정 중에 자본으로 현시되는 물적 요소들"[66]과 관련해서 그가 이것을 자본 일반과 혼동하고 있다는 점에서 그렇다. 이 저작에 대한 비판에서 마르크스는 자신의 발견을 진전시킨다.

> 이는[셰르불리에가 사용한 대수학 공식은] 이윤율 = 자본에 대한 이윤의 비율이며, 이윤 = 생산물의 비용가격을 뛰어넘는 생산물의 가치 초과분이라는 점을 의미할 뿐이다. (MECW.33 : 297 ; MEGA : 1814)

더하여, 셰르불리에의 텍스트에 대해 마르크스는 이렇게 논급한다.

> [셰르불리에가 자본들 사이의 이윤 분배 문제를 다룬] 이 부분은 몹시 훌륭하다. 단지 그 결론 문장에만, 말하자면 일반 이윤율의 형성이 상품들의 가치와 가격(이것은 생산가격이어야 한다)을 규정한다는 내용에만 잘못이 있다. 이 결론과는 반대로, 가치 규정은 이윤율 및 생산가격 성립의 일차적 요인prius이자, 그에 선행하는 것이다. (MECW.33 : 300 ; MEGA : 1817)

그리고 바로 전 페이지에서, 마르크스는 "가치에서 생산가격으로의 전환, 즉 가치, 비용가격, 생산가격 사이 차이" 문제를 " '자본과 이윤'에 관한 제III편(Theils)의 두

번째 장(Capitel)"67에서 명료하게 만들 필요가 있겠다고 썼다.68

셰르불리에가 제시한 전유의 법칙69을 언급할 때, 마르크스는 자기 사유의 고유한 원리를 표명했다. 이 원리는 "우주론적 변증법" 혹은 단순한ingenuo 변증법을 단호히 거부하며, 또 공동체에서의 대면 윤리적 관계에 앞선 어떤 것인 인간-자연 관계에서의 생산주의까지도 단호히 거부한다.

> 사라지지 않는 것은 다음과 같은 착각이다. 본래 사람은 단지 상품 소유자로서만 서로를 대하며, 이에 따라 다만 노동자인 한에서 소유권자Eigenthümer라는 착각이 그것이다. 언명했던 바와 같이, 이 "본래"라는 것은 자본주의적 생산의 표면적 외양으로부터 떠오른 망상이며 결코 역사적으로 실존했던 적이 없다. 일반적으로 인간은 (고립적으로든 사회적으로든) 노동자로 나타나기 이전에 항상 소유권자로서 나타난다. 그가 이 소유Eigenthum를 비유기적 자연으로부터 스스로 입수한 것에 지나지 않을지라도 그렇다(또는 그가 가족, 종족, 공동체 조직의 구성원으로서 부분적으로는 자연으로부터 입수하고 부분적으로는 이미 공통으로 생산했던 생산수단으로부터 입수한 것에 지나지 않을지라도 그렇다). 최초의 동물적 상태로부터 떠나오자마자 자연에 관한 인간의 소유Eigenthum는 공동체, 가족, 종족 등의 구성원으로서의 실존을 통해, 즉 다른 인간에 대한 자신의 관계를 통해 매개되며, 이는 자연에 대한 그의 관계를 규정한다. "근본 원리"로서 "소유 없는 노동자"Eigenthumlose Arbeiter란 외려 문명의 창조물이며, 역사적 단계로는 "자본주의적 생산"의 창조물이다. 이것은 "수탈"expropriation의 법칙이지, "전유"의 법칙이 아니다. (MECW.33:301;MEGA:1818)

아무런 소유 없는 자유로운 노동자가 있다는 것은 "자본주의적 생산의 순전한 외양(Schein)으로부터 비롯된 착각이며, 아무런 역사적 기초도 없는 착각"이다. 이는 다시금 물신의 문제로서, 여기에서 기만적 "현실"은 상품 유통의 "순전한 외양"으로부터 비롯된다.70 셰르불리에는 생산수단을 물신화하고 이를 자본 자체와 동일시함으로써, "생산물은 이것이 노동과정에서 노동의 조건 즉 생산 조건으로,

다시 말해 노동의 대상이자 수단으로 기능하는 한에서 물리적으로 자본으로 전환되며, … 다른 한편〔생산〕과정 이전에 전유된 노동능력은 노동 조건으로 또 잉여가치로 전환됨으로써 과정이 진행되는 속에서 직접 자본으로 바뀐다."[71]는 점을 망각한다. 다시 말해, 산 노동은 자본으로서의 (잉여가치의 창조자로서의) 자본의 궁극적 원천이지, 불변자본이 아니다.

리처드 존스(1790~1855)는 그의 세 저작 『부의 분배에 관하여』(런던, 1831), 『정치경제학 입문 강의』(런던, 1833), 『국가들의 정치경제학에 관한 강의 교과서』(런던, 1852)를 통해 마르크스에게 크게 인정받는데, 그가 "생산양식들의 역사적 차이"[72]를 알아채고 있기 때문이다. "리카도와 여타 경제학자들이 토지 소유의 영원한 형태로 간주하는 대상이 그 부르주아적 형태라는 사실을 존스는 보여준다."[73] 그러므로 "자본주의적 생산이 우세해진(herrschend) 순간, 이 생산이 다만 우발적으로 있는 게 아니라 사회의 생산양식을 바로 자기 아래 복종시킨 순간"[74]을 사태의 본성이라고 혼동하지 않아야 하겠다.

또 존스는 "자본의 핵심적 특성은 사회적으로 규정된 자본의 형태"[75]라는 사실을 발견했다. 이로부터 마르크스는 존스에 관해 이야기하던 중에 문득 외친다.

존스와 램지 두 사람 모두가 국교회 사제였다는 점이 참 묘하다.[76] 성공회 사제들은 대륙의 성직자 형제들보다 더 잘 사유하는 것 같다. (MECW.33:345; MEGA:1859)

마르크스가 인용한바, 실제로 존스는〔자본주의적 관계의 사회적 특성을 강조하며〕다음과 같이 쓴다.

"이 이후에야 어떤 형세A state of things가 현존할 수 있을 것이며, 노동자들과 축적된 상품의 소유자들이 같아질지도 모를 그런 형세에 세계의 어떤 부분들이 가까이 갈 수 있을 것이다. … 노동자들과 자본가들이 같아지는 현상태가 바람직하지 않을 수도 있겠으나, 우리는 이를 산업 행진 과정의 한 단계를 편성하는 것으로 받아들여야

만 한다." (MECW.33 : 345 ; MEGA : 1859~1860)

그리고 마르크스의 논급은 이렇다.

> 존스는 헤일리베리의 경제학 교수였고 맬서스의 후계자였다. 우리는 여기에서 정
> 치경제학의 진정한wirklich 과학이, 부르주아적 생산관계를 단지 역사적인 것으
> 로 간주함을 통해, 또 이 생산관계를 그 관계의 기초인 적대가 해소되는 더 높
> 은 관계로 이끎으로써 그 끝에 도달하는 과정을 볼 수 있다.… 이런 분석이 (심
> 지어 리카도에게서도) 멀리 나아감에 따라 부의 독립적인 물적 형태는 사라지고
> 부는 단순한 인간 활동으로 보이게 된다. 인간 활동의 즉 노동의 결과물이 아닌
> 모든 것은 자연이며, 이러함으로써 사회적 부가 아니다. … 그런데 부르주아적인
> 생산양식과 이에 조응하는 생산과 분배의 조건들이 역사적인 것으로 인식되는 순
> 간부터, 이 조건들을 생산의 자연법칙으로 간주하던 망상은 흩어져 사라지고,
> 어떤 새로운 사회에 대한, 즉 부르주아적 생산양식이 단지 이를 향한 이행이 될
> 〔새로운〕 사회적 경제구성체에 대한 전망이 열린다. (MECW.33 : 345~346 ; MEG
> A : 1860~1861)

이 지점에, 즉 초고의 1139~1140면에 마르크스는 순서가 뒤집힌 두 개 기획안을
집어넣는다. 하나는 III장에 대한 것이고, 나머지는 I장에 대한 것이다. 이것은 이
장에서 우리가 연구하고 싶은 또 다른 중요 주제이다.

10.5 미래 저작을 위한 새 기획안들

 (MECW. 33 : 346~347 ; MEGA : 1861~1862)

우리는 본서 서문에서 1859년까지의 (다른 저자들에게는 1861년 여름까지
의)77 기획안들이 가진 문제를 이미 언급한 바 있다. 1862년 12월 28일에 쿠겔만
에게 보낸 편지에서부터 시작하자. 마르크스는 우리가 이 장에서 주석을 단 내용

에 열중하던 중이었다. 최초로, 마르크스는 미래의 자기 책에 이름을 붙인다.

두 번째 묶음은 드디어 마치려는 중이오. … 이것은 I묶음[78]에 이어지는 것인데, 『자본』이라는 표제로 나올 것이고 〈정치경제학 비판을 위하여〉는 그저 부제에 그친다오. 사실 이게 구성하는 전체 내용은 첫 번째 편의 세 번째 챕터로, 이름하여 "자본 일반"이라는 챕터로 만들고자 했던 것이었소. 그러니 자본들 사이의 경쟁이나 신용 체계는 여기에 들어가지 않는다오. … 이 묶음은 (I묶음과 더불어) 정수를 이루며, 후속 작업의 발전은 (아마 국가의 다양한 형태와 사회의 다양한 경제 구조 사이의 관계 외엔) 이 묶음이 제공하는 기초 위에서 다른 사람들이 손쉽게 뒤따라 할 수 있을 거요. (MECW.41:435; MEW.30:639)

이 짧은 언급에서 많은 것을 배울 수 있겠다. 마르크스는 여전히 자본 "일반"에 관한 부분을 『자본』이라는 표제하에 집필할 계획이었다는 점. III챕터가 (상품에 관한 I챕터와 화폐에 관한 II챕터[79]에 이어지는 챕터가) 핵심이라는 점. 실제 이 내용은 시간이 흐름에 따라 『자본』 제1권으로 변형될 것이었다. 혹자는 이후에 [마르크스가] 이 작업을 계속하기를 확실히 꺼리고 있음을 알아챌 수도 있다. "다른 사람들"이 손쉽게 이 작업을 계속할 수 있으리라고 – 잉여가치 문제, 생산의 문제를 다룬 제1권에 토대가 표현되었으므로 – 되어 있으니 말이다. 우리는 경쟁, 신용자본 등의 주제들로 이 작업을 계속할 의도가 있다는 것을 또한 배운다. 말하자면 이 순간에, 지금까지 〈1861~63년 초고〉에서 이미 집필된 내용을 합쳐서, 마르크스는 자신의 미래 작업을 위해 다음과 같은 기획안을 갖고 있었다.

I[부] 자본
　　1[편] 자본 일반
　　　　A. 상품 [I챕터]
　　　　B. 화폐 [II챕터]
　　　　C. 자본 (일반) [III챕터]

마르크스는 쿠겔만에게 보낸 편지의 말미에서 이렇게 강조한다exclamar.

> 과학에 혁명을 일으키려는 학문적 시도는 절대 실제로 민중적일 수 없소. 그러나
> 한 번 과학적 토대가 놓이고 나면 민중화Popularisieren는 쉬울 것이오. (MECW.4
> 1:436; MEW.30:640)

어쨌든 1863년 1월의 기획안은, "생산가격" 문제의 결정적 명료화가 1862년 11월
에서 1863년 1월 사이에야 이루어졌으므로 그전까지는 불가능했다. 우리는 1862
년 8월 2일 엥겔스에게 보낸 편지에서 마르크스가 여전히 "생산가격" 대신 "비용
가격"(Kostenpreis)에 대해 이야기하는 것을[81] (두 용어가 같은 의미이긴 하지만) 볼

수 있다.

> 이렇게 규제된 가격 = 자본에 소모된 비용 + 평균이윤이며, 스미스는 이를 자연
> 가격, 비용가격이라고 불렀네. … 리카도는 가치를 비용가격과 혼동하고 있는 것이
> 지. (MECW.41:396; MEW.30:263~268)

상업자본에 대한 연구 덕분에 산업자본과 상거래자본 사이의 구매 및 판매 가
격 문제, 또 생산물(및 생산물의 생산비용과 비용가격)의 상품(과 그 생산가격)으
로의 이행 문제를 깊이 파고든 이후에야[즉 〈노트XVIII〉까지의 연구 뒤에야], 마르
크스는 이 논점들에 대해 **최초로** 총괄적 명료함을 얻는다. 로트베르투스와의 비
판적 대면 과정에서 발견한 "평균이윤" 범주 덕분에 모든 것이 가능해졌다는 점
은 분명하지만, 마르크스는 오직 지금에 와서야 〈1861~63년 초고〉를 시작하게
만든 근본적 조사가 마무리되었다고 받아들일 수 있었다. 범주들의 편성에 개재
한 이 진화 혹은 이 고고학은 심지어 〈초고〉의 독일어판 편집자들조차 눈치채지
못했다.[82]

그러면 미래의 I"분절"(Abschnitt)과 III"분절"에 대한 기획안을 살펴보자. 이제
부터 우리는 용어상 변동이 있다는 점을 유의해야 할 것이다. 애초에 이 절들은
III"챕터"(자본에 관한 챕터)의 일부였는데, 이후에는 짧게 독립된 III"장"이 되었
고, 지금은 III"절"이다가, 더 이후에는 III"분책"이 되었다. 실은 이 작업은 점점
증대해 왔다(〈그림 10.5〉를 보라).

이제 1863년 1월의 기획안을 고찰하자. 첫 번째 "분절"의 개요에는 주목할 만
한 새로운 내용이 약간 있을 뿐이다. 기억해두기 위해 요약해보자.

> 첫 번째 분절Abschnitt인 자본의 생산과정은 다음과 같이 구획.
>
> (1) 서론. 상품. 화폐.
>
> (2) 화폐가 자본으로 형태변환
>
> (3) 절대적 잉여가치

a 노동과정과 가치증식과정

b 불변자본과 가변자본

c 절대적 잉여가치

d 표준노동일을 위한 투쟁

e 동시적 노동일 … 잉여가치량과 잉여가치율

(4) 상대적 잉여가치 … 83

(5) 절대적 잉여가치와 상대적 잉여가치의 결합. 임금노동과 잉여가치 사이의 (비례) 관계. 자본 아래로 노동의 형식적 포섭과 실제적 포섭. 자본의 생산성. 생산적 노동과 비생산적 노동.

(6) 잉여가치가 자본으로 재전환. 본원적 축적. 웨이크필드의 식민 이론

(7) 생산과정의 결과 …

(8) 잉여가치론

(9) 생산적 노동과 비생산적 노동의 제이론

(MECW.33:347; MEGA:1861~1862)[84]

3항까지는 새로운 게 없다. 여기에서는 〈1861~63년 초고〉의 〈노트III〉(우리 책의 제2장)에서 논의했던 절대적 잉여가치 부분에 비하더라도 재료들이 더 잘 정돈되어 있다. 4항은 〈노트III〉에서 〈노트V〉까지 전개되었던 내용과 같다. 다른 한편 〈노트III〉(본서 제3장 5절)에서 논의했던 5항 관련 재료들은 그때와 다르게 정리되어 있다 ― 그리고 이 내용은 『자본』 제1권의 제5절과 제6절이 될 것이다.

기획안들 사이를, (특히 1863년 1월 기획안의 5항에) 더 새로운 내용이 있는 세부 지점들 사이를 서로 비교해보자.

우리는 마르크스가 [〈그림 10.5〉의 1859~61년 기획안에서] 4항으로 삼은 축적이라는 주제를 〈노트XX〉에서 연구하고 있다는 사실을 관찰할 수 있다 ― 이는 〈1861~63년 초고〉의 서두에서부터 예견되었던 것과 같다. 그런데 [〈그림 10.5〉의 1863년 1월 기획안에서는] 이 주제가 (불변자본 및 재생산 문제와 관련해서[85]) 상대적 잉여가치에 대한 주제에 계속되는 것으로 나타난다. 그리고 마르크스는 1863

〈그림 10.5〉『자본』 제1권 각 편 결정안의 절합 과정

1859~61년 기획안	1863년 1월 기획안	〈노트XIX〉~ 〈노트XXII〉	『자본』 제1권의 각 편 (1872년)
3. 상대적 잉여가치	(4) 상대적 잉여가치	3. 상대적 잉여가치 (MEGA :1910~)	제4편 상대적 잉여가치의 생산
4. 축적	–	축적 (2039~)	–
	(5) 절대적·상대적 잉여가치의 결합	(h) 절대적·상대적 잉여가치의 결합 (2090~)	제5편 절대적·상대적 잉여가치의 생산
	임금노동과 잉여가치	임금노동과 잉여가치 (2092~)	제6편 임금
	형식적 포섭과 실제적 포섭	(i) 형식적 포섭과 실제적 포섭 (2126~)	미출간된 제VI장?
	생산적 노동과 비생산적 노동	(k) 생산적 노동과 비생산적 노동 (2159~)	미출간된 제VI장?
	(6) 잉여가치가 자본으로 재전환	(4) 잉여가치의 재전환 (2214~)	제7편 자본의 축적 과정
	(7) 생산과정의 결과	–	미출간된 제VI장?

년 1월의 새 기획안에 따라 작업을 시작한다(기획안의 새로운 5항이 〈노트〉의 작업 순서로는 "h"인 "상대적 잉여가치와 절대적 잉여가치의 결합"[86]이 된다). 그리고 더 독특하게는, 우리가 임금에 대한 문제로 − 임금과 잉여가치 간의 관계, 노동능력의 가치 및 노동의 가격 문제[87]로 − 천천히 나아간다는 점과, 이 범주가 그 최종적인 자리(『자본』 제1권의 제6편) 순서에 최초로 나타난다는 점이 있다.

1863년 1월의 기획안에 따르면, [5항 아래에] i. 형식적 포섭과 실제적 포섭[88], k. 생산적 노동과 비생산적 노동[89]이라는 주요 주제들이 있는데, 이는 뒤에 나올, 잉여가치가 자본으로 "재전환됨"(1월 기획안에서는 "6"항이었으나 〈노트XXII〉에 가서는 그보다 앞인 숫자 "4"를 붙인 항목)을 해명하기 위한 것이다. 흥미로운 점은, 더 뒤의 〈1863~65년 초고〉에서는 "미출간된 제VI장"이 형식적 포섭과 실제적 포섭의 문제를, 또 생산적 노동의 문제를 직접적으로 언급한다는 것이다. 실제로는 이 "VI장"이 [1월 기획안에서] "생산과정의 결과"라는 제목이 붙은 "7"항이 아니

라, "5"항의 "i"와 "k"인 게 아닐까?[90]

[1월 기획안의] "6"항, 즉 〈1861~63년 초고〉 〈노트XXII〉의 항목 "4"[91]에 대해서는 뒤의 제11장 3절에서 논의할 것이다. "7"항의 경우 이 초고에서는 논의한 바 없었고 (1863년 8월부터 1865년 12월까지 집필한) 소위 〈1863~65년 초고〉에서 논의할 것이다.[92]

알아챌 수 있다시피, 지금 시점에서 "잉여가치론"은 여전히 이 분책의 "8"항이었고, 또 이 항목은 초고에서 상당한 페이지가 할애되었던 "비생산적 노동과 생산적 노동에 대한 제이론"(우리 책 제6장의 내용)과 구별되었다.

『자본』의 결정된 제1권과 관련해서 중요한 논점은, 임금 문제가 ("자본 일반" 및 "지대" 이후의) "제III부"로서 놓이거나[93], 세 번째 분절 맨 끝 "12"항에 속한 "자본과 임노동"[94]으로 위치하는 게 아니라, 『자본』 제1권의 "제6편"으로 놓인다는 것이다. 마르크스는 왜 자기의 기획안을 바꾸었을까? 이것은 우리가 또 다른 작업에서 『자본』의 이런 측면을 연구할 때 탐사할 대상 중 하나가 될 것이다.[95]

그런데 마르크스가 두 번째 분절(Abschnitt)에 대한 기획안을 포함하지 않았다는 점은 주목할 만하다. 실제로 그는 유통의 문제(화폐 자본, 생산적 자본, 상거래 자본, 회전 기간과 비용, 운송, 고정자본과 유동자본)에 대해 깊이 연구했고, 특히 자본의 재생산(이 〈초고〉를 이루는 많은 〈노트〉들, 그중에서도 〈노트 VI〉 ― 본서 제5장 4절 ― 이후에서 근본적인 질문)을 파고들었다. 그렇지만 마르크스가 아직 이 문제를 명확히 알지 못했다는 점은 분명하다. 이 문제는 〈1863~65년 초고〉에서, 심지어는 1870년 이후에 ―『자본』 제2권에 대한 〈초고II〉와 〈초고 VIII〉(후자는 1878년)[96]에서 ― 연구하기를 기다려야만 한다.

이 1863년 1월의 기획안에서 가장 독창적인 부분은 "제3분절"에서 발견된다는 점은 분명하다. 이 분절은 여기야말로 마르크스가 실제 최대로 전진한 수준임을 보여준다.

세 번째 분절Abschnitt, 자본과 이윤은 다음과 같이 구획될 것이다.

(1) 잉여가치가 이윤으로 전화Verwandlung. 잉여가치율과 구별되는 것인 이윤율.

(2) 이윤이 평균이윤으로 전화. 일반이윤율의 형성. 가치들이 생산가격으로 전형.

(3) 이윤과 생산가격에 관한 아담 스미스와 리카도의 이론들.

(4) 지대. (가치와 생산가격 사이의 차이에 대한 예증)

(5) 소위 리카도적 지대 법칙의 역사

(6) 이윤율 하락의 법칙. …

(7) 이윤의 제이론. …

(8) 이윤이 산업이윤과 이자로 분할. 상업자본. 화폐자본

(9) 수입과 그 원천. …

(10) 자본주의적 생산의 총과정에서 화폐의 환류 운동.

(11) 속류 경제학

(12) 결론. 자본과 임노동.

(MECW.33 : 346~347 ; MEGA : 1861)

보다시피, 앞서 베껴 썼던 첫 번째 분절(미래의 『자본』 제1권)의 "8"항과 "9"항에서처럼, 여기에서도 "잉여가치론"에 속할 다수의 역사 관련 주제들(3항, 5항, 7항, 11항에 들어간 주제들)이 나타난다. 이 순간까지도 마르크스는 자신의 비판적 대면들이 갖는 이점에 대해 생각 중이었으며, 따라서 이런 대면을 기획안에 포함시켰다. 여기에 윤곽 잡은 주제 전부는 이런저런 방식으로 〈1861~63년 초고〉에서 연구되었던 것이다.

　다른 한편, 이 기획안 전체의 심장이자 진수meollo는 "2"항에서 찾을 수 있다. 마르크스는 이것을 "['자본과 이윤에 관한'] 제3편 제2장(Capitel)"97이라고 불렀는데, 다시 말해 이 "항"들이 마르크스에게는 "장"으로서의 지위를 얻는 중이었다는 뜻이다. 두 번째 항에서는 가치가 생산가격으로 "전형됨"이 연구된다. 이 연구대상은 〈1861~63년 초고〉 전체의 정초적인 질문이자 『자본』 제3권의 선행 항이다.98

　역사와 더 관련된 연구에 적합한 항들(앞서 언급한 3, 5, 7, 11항)을 없애면 엥겔스가 『자본』 제3권 출판본에서 존중했던 절들에 속한 주요 주제에 근접할 것이다. 엥겔스[가 편집한 제3권]의 제3편은 "6"항, 제4편은 "8"항인데 이 항이 제5편

의 주제도 포함하며, 제6편은 "4"항[99], 제7편은 "9"항이다. 여기에 나타난 진전은 『요강』과 비교할 때 어마어마하다.

그런데 1863년 8월 15일 엥겔스에게 보낸 편지에서 마르크스는 이미 "역사 관련 묶음"이 필요함을 이야기한다.[100] 다시 말해 그는 저 기획안으로부터 "잉여가치론"에 해당할 모든 원재료를 들어낼 일을 생각하기 시작한 것이다. 하지만 그는 1865년 7월 31일에 가서야 처음으로 역사적 내용을 담은 〈제4권〉의 필요성을 말한다.[101] 이런 사실은 카우츠키만이 아니라 마르크스주의 전통의 막대한 부분을 차지하는 사람들도 〈1861~63년 초고〉의 〈노트VI〉부터 〈노트XV〉까지 내용의 인식론적 지위에 관해 혼동하도록 만들었다. 『자본』 제4권의 가능성이란 매우 다른 부류의 질문이며, 이 〈노트〉들은 ["잉여가치 학설사"라는 제목이 가리키는] 그런 역사가 아니었다. 실제로, 또 "과학"의 핵심적 계기인 것으로서, 저 〈노트〉들은 역사적인 설명도 아니고 잉여가치에 대한 한 이론(혹은 이론들)인 것도 아니다. 외려 저 〈노트〉들이 편성하는 것은 마르크스가 경제 범주들의 전체 체계에 대한 일반적 비판을 수행했던 자리로서 비판적 대면의 장이다(본서 제9장 3절을 참조하라).

1866년 10월 13일 쿠겔만에게 보낸 편지에서 마르크스는 이렇게 말한다.

> 지금 와서 보니 아마 세 분책이 될 것 같소. 전체 작업은 다음과 같은 부분들로 나뉘게 되오.
> 제1권. 자본의 생산과정 [1분책][102]
> 제2권. 자본의 유통과정
> 제3권. 과정의 전체 구조 [2분책]
> 제4권. 경제이론의 역사에 대하여 [3분책]
> (MECW,42:328; MEW,31:534)

잘 알려진 대로, 마르크스는 출판을 위해 제1권을 집필했을 뿐이다. 따라서 제1권 이외의 다른 책 전부는 존재하지 않는 것으로 방법론상 고려되어야 하며, 미래에는 마르크스의 〈초고〉들 자체만을 배타적으로 참고해야 하겠다. 엥겔스의 판본과 카우츠키의 판본은 (19세기에 편집된 『자본』 제2권 및 제3권과, 『잉여가치학설사』 구판본은) 이 두 저자의 사유를 알기 위해 연구해야 할 것이지, 마르크스 자신의 사유를 위해 연구해서는 안 된다.

제11장

"I장 : 자본의 생산과정"에 대한 새로운 명료화

1861년 1월부터 7월 〈노트V〉 211~219면, 〈노트XIX~XXIII〉 1159~1472면[1]

여기에서도 과거 노동은 — 이것에 의해 움직이는 자동장치와 기계류 속에서 — [산 — MECW 편집자] 노동으로부터 명백히 독립해 행동하는 것으로 전면에 나선다. 또 이것은 노동에 포섭되는 대신에 노동을 포섭하며, 쇠로 된 인간이 되어 피와 살로 이루어진 인간에 맞선다.[2] 인간 노동의 자본 아래로의 포섭은 — 자본에 의한 인간 노동의 흡수는 — 자본주의적 생산의 본성에 놓인 것으로서, 여기에서는 기술학적 사실technologisches Factum로 나타난다. 홍예문의 종석Frontstein이 아물린다. 죽은todt 노동은 움직임을 부여받았고, 산 노동은 죽은 노동의 의식 있는 기관들 중 하나로서만 계속 현시될 따름이다. 여기에서 전체 작업장의 산 연계lebendige Zusammenhang는 더 이상 협업으로 이어지지 않는다. 대신에 원동기로 움직이며 전체 작업장을 차지하는 기계 체제가 통일체를 형성하고, 산 작업장이 일꾼들로 이루어지는 한에서 산 작업장은 저 통일체에 종속된다. (MECW.34 : 30 ; MEGA : 2058)

1863년 1월에 마르크스는 다시금 기술학 문제를 다뤘다. 그는 자신의 〈1851년의 기술학·역사 노트〉[3]를, 자신이 이전에 『요강』에 썼던 것[4]을, 또 "3"번 항목 아래에 그가 작업해 왔고 우리가 이미 본서 제3장 4절에서 논의했던 상대적 잉여가치에 관한 모든 내용을 다시 읽었다("4"항은 축적에 대한 논점을 포괄할 것인데 이에 대해서는 이 장 3절에서 논의할 것이다). 우리가 독자들에게 이미 논의했음을 언급한 이유는 〈노트V〉에서의 중단을 상기시키기 위해서인데, 이 중단이 발생한 지점은, 우리가 앞서 지적했듯 1862년 11월 26일의 『타임』지가 인용되었으므로,5 〈초고〉 기준으로 211면에서다.

우리는 XIX권에서 XXIII권까지의 이 마지막 〈노트〉들을 〈1861~63년 초고〉 집필의 네 번째 부분으로 생각할 수 있겠는데, 여기에서는 네 가지 중심 주제가 논해진다. 첫째, 상대적 잉여가치 착출에서의 기술학 문제(이 장 1절), 둘째, 축적, 재생산, 또 화폐의 자본으로의 복귀와 관련된 내용들(2절), 셋째, 임금에 대한, 또 노동 포섭 및 노동 생산성에 대한 논점들(3절), 넷째, 곳곳에 나타나는, 페티 시대로부터 출발한 65명 이상 저자들에 대한 사적史的 연구(4절). 이런 내용은 마르크스가 자기 〈노트〉들의 서두에 베껴 두는 그의 기획안에서 (〈노트〉들의 내용과 관련해 마르크스는 기획안을 따르지 않을 때가 있으므로 기획안이란 그저 색인에 지나지 않지만) 볼 수 있다. 일례로 〈노트XXII〉에서 그는 "식민화의 체제"라고 쓰지만,6 이 문제를 다루진 않는다. 〈노트XXIII〉 서두의, 65명 저자들로부터 발췌한 내용의 긴 목록이 논의된 중심 주제를 가리키는 지표 역할을 하기는 하나, 마르크스는 더 많은 저자를 연구하는 데다가 지칭된 순서를 지키지도 않는다.

일반적으로 여기에서 마르크스는 미래의 『자본』 제1권과 관련된 질문들을 다룬다고 ─ 이것들만 다루지는 않지만 ─ 말할 수 있겠다. 어쨌든 마르크스는 자신의 "책"에 생명을 부여할 ─ 이것은 엥겔스가 그에게 몹시 강하게 요구했던 일인데 ─ 필요로 인해 근심하면서, 23권의 〈노트〉들을 마무리한다. 저 책은 거의 준비되었다고 약속한 것이지만 … 끝내기는 한참 멀었다는 사실을 그는 완벽히 안다. 비록 그가 편지에 적기로 이제 곧 "저것[책]을 독일로" 가져가겠다고는 하지만.7

11.1 상대적 잉여가치, "생산양식"의 혁명 혹은 "기술학적 진실"

  (MECW. 33:372~MECW. 34:11 ; MEGA:1895~2039)

여기에서 (우주론적인 게 아니라 생산적인) 마르크스의 "유물론"[8]은 그 기능을 전부 발휘한다. 주제는 "생산양식"인데, 이것은 근래 몹시 나쁜 취급을 받고 있다. 본서 제3장에서 우리는 상대적 잉여가치라는 주제와, 기계의 생산과정으로의 포섭이라는 문제를 논했지만, 거기에서는 (각 상품의 가치가 감소하더라도 잉여가치율은 증가한다는 식이었으므로) 더 형식적이거나 경제학적 방식으로 취급했다. 그런데 여기에서 마르크스는 층위를 바꿔 오히려 물질적이고 기술학적인 시야로부터 저 문제를 분석하며, 덕분에 그는 이 물질적 층위에서 "도구"(Werkzeug)와 기계 사이의 차이를 발견한다. 종별적으로 둘 사이의 차이는 기술학의tecnológica 문제이지만, 또한 이 차이는 "생산양식"(Produktionsweise)의 경제적 혁명을 규정하게 될 것이다.

『요강』에서 마르크스는 "소비양식", "분배양식", "교환양식"에 대해, 그리고 "생산양식"에 대해서도 이야기했다. 후자는 노동하는 "양식"이자 생산하는 "양식"이며, "노동과정"의 방법 혹은 기술técnica이다. 물질적 계기야말로 (노동의 생산물 혹은 노동의 결과물을 성취하거나 현실로 만드는 일과 관련해서) 기술과, 즉 기술학과, 즉 제조물artefacto의 사용가치 생산과정에 선행하는 것들과 언제나 연계되어야 한다. "생산양식"을 (알튀세르가 그렇게 하듯)[9] 자본주의 체제의 구조적 총체와 동일시하거나, 아니면 이런 입장에 따라 다양한 [경제적, 정치적, 이데올로기적] "심급들"로 편성된 자본 그 자체와 동일시하는 것은 몹시 해로웠다(경제적, 정치적, 이데올로기적 심급? 마르크스에게 그토록 핵심적이었던 기술학적 심급은 어디에 있나? 이 구조주의는 반反유물론적, 반기술적, 반기술학적 관념론인 걸까?). 마르크스에게는 이런 종류의 것이 하나도 없다. 마르크스는 "생산양식"을, 비록 이 개념이 자주 뒤틀리기는 해 왔지만[10] 정확한 방법으로 고려했다. 1842년에 그는 벌써 이렇게 썼다.

특정한 **생활 양식**Weise des Lebens의 동일자는 특정 본성[자연]의 삶의 **방법**Lebensweise이다. (MEW.1:69)

1845년 『독일 이데올로기』에서는 이렇게 썼다.

> 인간은 자신들의 **생활수단**을 생산하기Lebensmittel zu produzieren 시작하자마자
> 자신들을 동물과 구별하기 시작한다. … 사람이 생활수단을 생산하게 되는 양
> 식은 무엇보다 먼저 생활수단의 본성에 의지한다. … 이런 생산의 양식Weise der
> Produktion은 〔최초로 이 명명이 나타난다〕 … 사람들의 생활을 객관화하는 특정
> 한 양식이자, 특정한 삶의 **방법**Lebensweise이다. (MECW.5:31 [『독일 이데올로기』 1
> 권[11]:49~50])

> 이로부터 연역되는 사실은, 특정한 생산양식Produktionsweise〔이제 마르크스는 결
> 정적 개념 명칭을 적는다〕 또는 산업적 단계가 항상 특정한 분업 방식 또는 사회
> 적 단계와 결합한다는 점이다. (MECW.5:43 [『독일 이데올로기』 1권:66])

『철학의 빈곤』(1847)에서 마르크스는 이 주제[12]로 돌아왔다.

> 기계는 〔그 자체 경제적 범주가 아니라〕 생산력일 뿐이다. 기계사용에 기초한 현대
> 의 작업장은 **사회적 생산관계**gesellschaftliches Produktionsverhältnis이고, 이것이 경
> 제적 범주다. (MECW.6:183 [『철학의 곤궁』[13]:165])

심지어 『공산당 선언』에서도 그는 이 주제를 언급한다.

> 광범위한 기계사용과 노동 분업 탓에, 프롤레타리아의 작업은 개별적 성격
> 을 모두 잃었으며 이 결과 일하는 사람에게 전혀 매력적이지 않도록 되었다.
> (MECW.6:490 [『저작선집』 1권[14]:407])

그 사회적 형태에도 불구하고, 작업 과정은 인간과 자연 사이의 직접적 관계이자
탁월한 물질적 활동이다. 자본으로서의 작업 과정은 자본에 포섭됨으로써 잉여가

치를 생산한다. 즉, 이 이중의 계기가 "자본주의적 생산 양식"을 편성한다. 지금의 〈노트V〉, 〈노트XIX〉, 〈노트XX〉을 통해 마르크스는 "생산양식"에서의 물질적 변화를, 특히 "이 불변자본 부분에서의 혁명"[15]을 분석하는데, 이 혁명은 다른 한편 "생산 관계에서의 … 혁명"을 생산하기도 한다.[16] 설명에 질서를 부여하기 위해 우리는 "물질적 기초" 혹은 "기술학적 기초"[17]의 변화라는 논점을 "수공 작업장", "매뉴팩처", "대공업"(대공업은 "기계 작업장"과 "자동 작업장"으로 나눌 수 있다)이라는 세 가지 계기에서 논할 것이다. 이것을 부분별로 살펴보되, 중심적 가설로부터 논의해보자.

> 무엇보다 먼저, 여기에서 다뤄지는 것이 기술학상의 정확한 분별이 아니라 생산양식Produktionsweise을 바꾸고 따라서 생산관계들을 변형시키기 위해 채용된 노동수단에서의 이러한 혁명이라는 점을 짚어야 하겠다. 요컨대 여기에서 자본주의적 생산양식이 그 특수한 성격을 가진다. (MECW.33:389;MEGA:1915)

이 문장들을 쓰는 동안 마르크스는 도구에서 기계로의 이행에 관해 생각한다. 다시 말해 기술학 혁명(과 결과적인 과학 혁명)은 "생산양식" 수준에서의 혁명과 직접 관계된다.[18] 실제 "수공 작업장"(Handwerksbetrieb) 즉 "수공업 생산"은[19] 중세 도시의 동업조합들에서처럼 수공예 기술에 기초한다.

> 여기에서 알아낼 만한 내용은, 동업조합과 길드 체제가 황제 권력과 봉건 권력에 맞서는 투쟁에서 끊임없이 차질을 겪었기에, 그에 맞서 끊임없이 저 자신을 재천명한다는 사실이다. 물질적 기반이 ― 조직화의 기술학적 기반이 ― 우세하기를 그쳤을 때에야, 이에 따라 이 기반이 그 혁명적이고 상승하는 특성을 잃었을 때에야, 즉 이 기반이 시대에 걸맞기를 멈추고 한편으로는 매뉴팩처와 이후 또 한편 대공업과 충돌에 접어들었을 때에야, 반동적 정부들 및 이들과 결탁한 신분들은 이 기반을 반동적 요소로서 보호하기 시작한다. (MECW.33:444; MEGA:1975)

그런데 매뉴팩처는 이행기이다(〈그림 11.1〉을 보라).

〈그림 11.1〉 수공 작업장으로부터 매뉴팩처와 대공장으로의 변증법적 형태변화

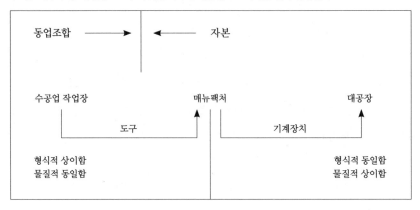

매뉴팩처에서 ─ 이를 전체로서 고찰할 때 ─ 개별 노동자는 전체로서의 기계에 부속된 산 부품을 형성한다. 다시 말해 작업장 그 자체가 인간으로 이루어진 기계장치이다. (MECW.33 : 488~489 ; MEGA : 2022)

매뉴팩처에서 과업은 도구들을 사용하기 위해 무엇이 필요한지에 따라, 또 도구 사용에 요구되는 기술에 숙련되기 쉬운지 어려운지에 따라 능력과 완력의 위계로 분할된다. (MECW.33 : 487 ; MEGA : 2020)

수공 작업장(직인과 도제의 작업장)과 자본주의적 매뉴팩처 사이의 형식적 차이는 후자가 잉여가치를 생산한다는 점에 있다. 그러나 물질적으로는, 도구나 생산수단과 관련해서 두 작업장 사이 차이는 없다. 자본주의적 매뉴팩처에서 "단순협업"이 (필요시간을 줄임으로써 잉여가치를 증대시키기 위해) 생산을 재조직한다고 하더라도 그렇다. 그런데 현재 〈노트〉에서 마르크스의 관심사는 매뉴팩처로부터 "기계 작업장"으로의 즉 온당히 자본주의적인 "산업"으로의 이행을 연구하는 것이다.

　　이런 경우 차이는 (양쪽이 모두 잉여가치를 획득하므로) 형식적 층위가 아니

라 물질적 층위에 위치한다. 생산의 새로운 기술학적 "방법"(마르크스가 자주 한 말)이 그것이다. 매뉴팩처에서는 "도구"가 사용되는 반면, 기계제 공장 또는 기계 작업장에서는 "기계"가 사용된다.[20] 따라서 마르크스는 이 문제의 제목으로 "노동과 기계 작업장의 분할. 도구[21]와 기계장치"라고 쓴다.

자본주의적 "생산양식"의 완전한 편성을 가능케 한 "기술학 혁명" 또는 그 "물질적 기반(Basis)"은 "도구"로부터 "기계장치"로의 변증법적 이행이다. 이는 유물론적 발견이며, 마르크스는 1861년 1월 이 발견에 몹시 기뻐했다.

실은 기술학에 관해 마르크스는 자문한다.

기계를 도구로부터 구별해주는 것이 무엇인가? 이 질문에 대한 답은 이렇다. 도구 자체가 기계장치를 통해 구동될 때, 다시 말해 일하는 사람의 도구 즉 그의 용구가 — 용구의 효율은 일꾼 자신의 기술에 의지하며, 이뿐만 아니라 용구는 일꾼의 노동을 작업 과정에서 매개물로 필요로 하는데 — 기계장치의 도구로 전환될 때, 기계는 도구를 대체했다. (MECW.33 : 423 ; MEGA : 1950)

이 발견에 도달하기 위해서, 마르크스는 〈1851년의 기술학·역사 노트〉[22]에 인용한 문장들을 주의 깊게 다시 읽었다(그리고 〈노트XX〉에다 상당한 분량을 베껴 썼다). 그런데 1851년에는 자본주의 "생산양식"에 대한 이 주제의 혁명적 중요성이 고려되지 않은 채였다. 마르크스는 도구로부터 기계장치로의 변증법적 이행이 원동기로 이루어지는 게 아니라(이것이 그토록 강력하고 심지어는 인간의 힘을 대체함에도 불구하고), 작업 과정에서의 인간적 변형 운동을 이것이 수행할 수 있는지, 다시 말해 인간의 관여가 전혀 없이 이것이 도구를 다룰 수 있는지 여부로 이루어진다는 주장을 고집한다. 인간적 형태가 아니라 기계적 형태로 이루어지는 도구의 운동, 조작, 처리야말로 "생산양식" 혁명의 물질적 본질이다. 이 혁명을 통해서 (생산물과 그 사용가치에서) 물질적으로도 또 (임노동을 매개로 잉여가치를 생산하므로) 형식적으로도 저 생산양식은 사상 처음으로 본질에서 자본주의적이며, 이제 실제적으로 산 노동을 포섭한다. 즉 형식적이면서도 물질적인 포섭이 이루어진다.

매뉴팩처에서는, 물질적 수준이 본질적으로 변형하지 않았을 때 노동자는 형식적으로 포섭되었다.[23] 그런데 지금은 물질적 구조가 변화하였으므로 노동자는 실제적으로 포섭된다. 따라서 "생산의 사회적 관계" 자체가 변화한다. 마르크스는 자본주의적 노동이 늘 갖는 (고립된) 사회적 성격이[24] 이제 "노동자와 기계장치" 관계 속에서, 즉 "사회적인" 노동–자본 관계의 물질적이거나 "냉혹한" 얼굴 앞에서 증대하고, 공고해지고, 확고히 성립함을 보여준다.

> 정확히 보아 자본주의적 생산의 성격적 특색은, 생산력을 높이는 노동의 사회적gesellschaftlich 성격이 노동 자체에 낯선fremd 위력으로, 노동 바깥에 놓인 조건 Bedingungen으로, 노동 자체가 아닌 것의 소유Eigenschaften이자 상황Bedingungen으로 나타난다는 사실이다 — 동료 노동자들과의 사회적 연계 바깥에서, 노동자는 항상 고립된vereinzelt 개별자로서 자본과 마주하기 때문에 — 사회적 노동의 대상적 조건과 관련해서 이런 사실은 점점 더 명명백백한 사건prima facie der Fall 25이다. (MECW.33:478; MEGA:2013)

다르게 말해, 공장에서 기계는 "반공동체적" 노동을 즉 고독한 인간으로서 노동자들의 고립을 편성하는 일을 완수한다. 그것은 노동자와 대면하는 (인격적 자본가를 대신하는) 사물 즉 기계장치로 이루어진 자본의 "물신"을 완성한다.

> 다른 한편 기계 작업장에서는 (즉 여기서 고려 중인, 기계장치 체계로 발전한 작업장에서는) 그 집적된 몸체 즉 기계 형태로 인간 외부에 있는 몸체, 자율적 기계장치에 대해, 인간은 산 부속품이 된다. 그런데 전체 기계장치는 그 부분들을 형성하는 기계들로 이루어진다. 여기에서는 인간이 무의식적이되 통일적으로 작동하는 기계장치의 산 부속품이자 의식 있는 부가물에 불과하다. (MECW.33:489; MEGA:2022)[26]

이제 마르크스는 전문가의 주체적 기술이 절멸하는 중에 노동자를 얽매는 "수동성"을, 기계에 의해 노동자에게 부과되는 치명적 권태를 비판한다. 이는 "산 노동" 위에 선 "과거의 대상화된 노동"(자본으로서 기계장치)의 결정적이고 실제적인 지배이다. "삶" 위의 "죽음"이다. 이제 우리는 왜 마르크스가 1863년 1월 28일 엥겔스에게 편지를 썼는지 이해할 수 있다.

> 기술학과 역사에 대한 내 발췌문들을 다시 읽고 나서 다음과 같은 결론에 도달하게 되었네. 화약, 나침반, 인쇄술의 발명을 — 부르주아지 발전의 필수적 전제였던 것들을 — 제하고도, 16세기부터 18세기 중반 사이 즉 제조업이 수공업에서 온당한 대공장으로 진화했던 기간에, 제조업 영역에서 기계화된 산업을 위한 준비 작업이었던 두 가지 물질적 기초는 시계와 방앗간(애초는 제분소인데 더 특정하자면 수력제분소)이었다는 사실일세. 이 둘은 다 고대로부터 물려받은 것이지. … 시계는 실용적 목적을 위해 이용된 최초의 자율적 장치였고, 규칙적 운동의 생산에 대한 전체 이론은 바로 이것으로부터 진화되어 나오네. (MECW.41:450)

11.2 잉여가치 유형들 사이의 관계. 형식적 포섭과 실제적 포섭. 생산적 노동과 물신

(MECW.34:61~170; MEGA:2090~2207)

〈노트XX〉 끝부분에서부터 〈노트XXII〉 첫 페이지까지, 마르크스는 양쪽으로 향할 교차로에 접어든 것 같다. 하나는 이전 기획안(여기에서 "축적"은 "4"항이었다)이고, 다른 하나는 1863년 1월의 새로운 기획안이다 — 우리가 본서 제10장 5절, 〈그림 10.5〉에서 보았던 것과 같다. 이 페이지들에서 그는 다섯 가지 질문을 분석한다. 첫 번째, "h"항 즉 상대적 잉여가치와 절대적 잉여가치 사이 관계에 대해서는[27] 단 한 면만을 할애했는데 이것은 이전에(우리 책의 제3장 1절) 전반적으로 연구했던 내용이다. 두 번째, "임금과 잉여가치 사이 관계"라는 주제.[28] "기획안"에서는 "임노동"(Lohnarbeit)이라고 쓴 마르크스였지만 여기에서는 놀랍게도 "임금"(Arbeitslohn)이라고 쓴다 — 이 사실은 아직 잘 알려지지 않았지만, 마르크스가 임금에 대한 논점을 체계적인 자리에서 처음으로 다루고 있음을 보여준다. 이것 뒤에 "노동능력의 가치와 노동의 가격"에 관한 중요한 구별이 잇따른다.[29] 세 번째, 마르크스는 "i"항 즉 "자본 아래로 노동의 실제적 포섭과 형식적 포섭"의 문제를, 여기에서 좀 더 깊이 다룬다.[30] 네 번째, 1863년 1월의 기획안을 차례차례 따라서, 마르크스는 "k"항 즉 "자본의 생산성, 생산적 노동과 비생산적 노동"이라는 주제를 연구한다.[31] 우리가 짚어야 할 것은, 조금 이상한 일인데, 1863년 1월 기획안에서 이 주제를 다루는 자리가 두 군데 — 이곳과 또 "9"항에 — 있다는 점이다. 다섯 번째, 수많은 발췌문을 동반한 보론이 있고[32], 이것은 논의했던 주제들을 언급한다.

첫 번째 항목에서 마르크스는 상대적 잉여가치가 — 특히 기계장치 덕분에 — 절대적 잉여가치를 없애지 않을 뿐만 아니라 증대시키기도 한다고 주장한다. 다시 말해 노동일은 절대적으로 늘어날 수 있으며, 이에 더하여 높은 생산성 때문에 상대적으로 늘어날 수도 있다. 그런데, 이와 동시에 마르크스는 저 범주["상대적 잉여가치와 절대적 잉여가치 사이 관계"]의 자리를 자본 "개념의 전개" 속에서(즉 체계상 자본의 "자리"에서) 발견한다. 그리고 노동능력의 가치는 떨어진다. 다시 말해 "평균임금"(Durchschnittsarbeitslohn)이 하락한다. 이렇게 해서 우리는 두 번째 항목으로 넘어가게 된다.

"필요시간"이 (또 기술학의 변동 때문에 식품의 가치도) 저하할 때, 더 많은 "잉여가치"가 획득되며 "노동능력의 가치"는 떨어진다. 달리 말해 "생산물 가치"의 저하는 (어떤 면에서 이는 노동능력의 재생산비용을 낮추는데)[33] "평균 임금"을 하강시킨다. 많은 사람들이 믿었던 것과는 반대로 임금은 "꾸준한 크기"(constante Grösse) [34]를 갖지 않고, 다만 여타 모든 상품처럼 등락한다. 교환 속에서, 임금은 현실의 다른 측면과 동등하다.

마르크스는 분명히 밝힌다.

이제까지 우리는 노동의 가치에 대해 이야기하지 않고 노동능력의 가치에 대해서만 이야기해 왔다. 더 많은 노동을 더 적은 것과 직접 교환하는 일이 상품 교환의 법칙과 모순일 것이기 때문이었다. … 과정으로서의 노동은 실제로는in actu 가치의 실체Substanz이자 척도이지, 가치가 아니다. 그것은 오직 대상화된 노동으로서만 가치이다. (MECW.34:71 ; MEGA:2099)

이 인용문은 가장 명확하고 심지어 그 철학적 정확성 때문에 새롭기까지 한 표현들 중 하나이다(여기에서 "실체" 개념은 엄밀하게 헤겔적이다. 즉 이것은 현실의 원인으로서, 현실적 결과, 이 경우에는 가치라는 효과를 산출한다). 나 개인적으로는, 마르크스가 자신의 가장 위대한 발견을 잉여가치 범주의 편성이거나 추상적 노동과 구체적 노동 사이 구별로 생각했다고 믿지만, 이 두 발견 모두는 다음과 같은 점에 의존한다(단언컨대 이 점은 무엇보다 가장 중요한 내용인데도 마르크스 자신은 그 중요성을 아마 완전히 알지는 못했던 것 같다). 가치 실체이면서 가치를 "갖지 않는" 산 노동과, 가치를 "띤" 대상화된 노동 사이의 차이가 그것이다. 그런데 산 노동이 가치를 갖지 않는다는 사실이 — 상품들 즉 음식, 의복, 주택 등의 소비를 통해 재생산되는 — "노동능력"도 가치를 갖지 않음을 의미하진 않는다. 실제로 노동능력은 (가변적) 가치를 가지며, 따라서 "노동능력의 가치"는 "가격"을 가진다. 은유적으로metafóricamente 말해 "노동 가격"(Preiss der Arbeit)을 갖는 것이다.[35]

우리는 "가격은 애초에 가치의 화폐적 표현에 지나지 않는다."[36]라는 사실을 안다. 따라서 임금은 엄밀히 말해 노동능력의 가치의 가격이며, 따라서 "노동의 가격"은 부적절하게 말한 것이다(실제로 산 노동은 가치를 갖지 않기 때문에 가격을 가질 수 없다). 앞서 말한 내용에 여타 관련된 계기들(잉여가치, 가변자본, 잉여노동과 필요시간)을 추가하면[37], 이미 우리는 마르크스주의 임금 이론을 위한 토대를 마련하게 되는데, 이 이론은 여기에서는 — 『자본』에서 그렇지 않았듯이 — 별개 부분으로 전개되지 않았고, 다만 (지대, 신용 등과 같이) "자본의 개념"을 명료하게 만들기 위해 필요했던 만큼만, 일반적으로, 추상적으로, 그 핵심에서 연구되었다.

[명칭의] 역사에 관한 간주곡을 마쳤으니, 세 번째 항목을 논의하도록 하자. 포섭subsunción이라는 논점은 이제까지 적어도 두 번(본서 제3장 2~4절, 제11장 1절) 다뤄졌는데, 생산과정에서의 기술학적 혁명과 언제나 관련을 맺고 있었다.

> 화폐와 노동 ― 또는 자본과 노동 ― 간의 첫 공식적formelle 교환 행위는 대상화된 노동이 낯선 산 노동을 잠재적으로 전유하는 것일 뿐이다. 실제wirkliche 전유 과정은 생산과정에서 처음 발생하며, 이 과정은 자본가와 노동자가 순전한 상품 소유자로 서로를 대면하는, 구매자와 판매자로 서로가 관계 맺는 첫 공식 거래에 뒤이은 것이다. (MECW.34:153;MEGA:2190)[38]

구체적 생산과정(매뉴팩처 혹은 산업적 공장)에 물질적으로 현존하는 이 실제의 전유 속에서, 형식적인(이는 위의 인용문에서 언급한 "공식적 교환"과는 아무런 관련이 없다) 혹은 실제적인 포섭이 일어난다. 이런 측면은 여기에서 이미 분석되었고, 마르크스 스스로가 자신이 도달한 입장을 요약하고 있다. 그러니 우리는 중심 텍스트를 인용할 뿐이다.

> 자본 아래로 노동의 실제적 포섭은 상대적 잉여가치 즉 절대적인 것과 대립된 잉여가치를 생산하는 모든 형태가 전개된 것이다. (MECW.34:105;MEGA:2142)[39]

(매뉴팩처에서 또 절대적 잉여가치를 획득하는 형태에서 나타나는) 형식적 포섭을 분명히 밝혔으니, 실제적 포섭의 몇몇 측면만을 상기하도록 해야겠다.

> 자본 아래로 노동의 실제적 포섭과 더불어, 우리가 논의해 온 모든 변화가 기술학적 과정, 노동과정 속에서 발생하고, 이와 동시에 노동자가 저 자신의 생산 및 자본과 맺는 관계에서 변화들이 나타난다 ― 그리고 최종적으로는 노동의 생산력 발전이 일어나며, 그런 가운데 사회적 노동의 생산력들이 발전함으로써, 오직 이

런 시점에만 직접적 생산에 대규모 자연력을, 과학과 기계장치를 적용하는 일이 가능하게 된다. 따라서 여기에는 형식적 관계〔형식적 포섭〕에서의 변화만 있는 게 아니라 노동과정에서의 변화도 있다. 한편으로 자본주의 생산양식은 — 최초로 **독특한**sui generis 생산양식으로서 나타나는 이것은 — 물질적materiell 생산의 형상Gestalt에서 변화를 창조한다. 다른 한편 물질적 형상에서의 이런 변화는 자본 관계의 발전을 위한 기초를 형성하는데, 그 발전의 온당한 형상은 따라서 물질적 생산력의 특수한 발전 수준에 상응할 뿐이다. (MECW.34:106; MEGA:2142)

우리가 앞서 언급했듯, 이것은 마르크스 유물론의 핵심이다 — 마르크스를 따라 과학[또는 학문]의 의미를 이해한다면(우리 책 제12장을 참조하라), 이것은 "과학적" 유물론이다. 이것은 실은 이 장 1절에서 논의했던 내용에 직접 이어지는 것으로서, 산업 공장에서 기계장치의 기술학적 혁명이 자본과 노동 사이 사회적 관계에서 변화를 가능케 한다는 내용이다.

수공업 장인과 매뉴팩처 작업에 대한 탁월한 묘사가 있는데,[40] 이 부분에는 기계장치에 부속된 것으로 생산 주체의 "자율성"이 상실되는 양상이 보인다. 그리고 이것이야말로 마르크스가 생산적 노동 및 비생산적 노동과 관련해서 연구하는 대상이다.

산 노동이 — 자본과 노동자 사이의 교환을 통해 — 자본에 합입되기 때문에, 산 노동이 자본에 귀속된 활동으로 나타나기 때문에, 노동과정이 시작하자마자 사회적 노동의 모든 생산력은 저 자신을 자본의 생산력으로 제시하는데, 이는 마치 화폐 가운데서 노동의 일반적인 사회적 형태가 사물의 성질로 나타나는 것과 마찬가지다. 따라서 사회적 노동의 생산력 및 그 종별적 형식은 이제 저 자신을 자본의, 대상화된 노동의, 대상적 **노동** 조건들의 생산력 및 형식으로 제시하며, 이것은 — 이렇게 자립한 형태로서 — 자본가로 인격화되어 산 노동과 대면한다. 여기에서 다시 한 번 관계의 전도와 마주치는데, 우리는 화폐의 본성을 고찰할 때 이미 이런 전도의 표현을 물신이라고 특징지었다. (MECW.34:122; MEGA:2160)

노동자는 이제 더 이상 주체가 아니고 다만 자본의 한 계기일 뿐이다. 물신은, 최종 심금에서는, 노동자 자신을 향해 있다. 그 자신의 노동이 자본에 귀속되는 것이다.

> 사실 분리는 이미 현존한다. 즉 노동으로부터 소유의 이런 분리는 이미 있는 것이다. … 이 노동에서 자본가의 낯선 소유는 그 소유를, 독립적 단독성에 있되 유일자 아닌 존재(Nicht-Einzelnen)의 소유 다시 말해 연합한 사회적 개인의 소유로 바꿈으로써만 지양될 수 있다. 이것은 생산물이 생산자의 소유주가 되는 물신적 상황을 … 노동의 모든 사회적 형태를 왜곡하고 이 형태들을 서로 대립한 것으로 제시하는 모순을 … 자연스럽게 끝장낸다. (MECW.34:109;MEGA:2145)

생산적 노동은 생산된 것, 종속된 것으로 해석된다.

11.3 축적 혹은 잉여가치의 자본으로의 재전환

(MECW.34:11~61, 178~247, 327~329;MEGA:2039~2090, 2214~2288, 2372~2379)

화폐의 "회귀" 혹은 - 헤겔식 표현을 쓰자면 - "반성"이 아니라 혹은 화폐의 "재전환"(Rückverwandlung)이 아니라(이 내용은 기획안에서 "자본과 이윤"에 관한 III장 즉 『자본』 제3권의 주요 주제가 될 것이었다.)[41] "잉여가치"의 재전환에 대해 말하는 것은 문제를 역으로 다루는 것과 같고, 따라서 마르크스는 이 주제를 전체 연구조사의 서두(본서 제1장)에서 화폐가 자본으로 형태변환되는 것에 관한 주제를 다룰 때와 같은 방식으로 분석한다.

다른 한편, 역설적이게도 마르크스는 이 논점을 『자본』에서 그런 것처럼 뒤집힌 순서로 연구한다. 본원적 축적이 끝에 있고,[42] 축적의 핵심 문제가 두 번째 자리에 있으며,[43] 첫 번째 자리에는 마지막에 나왔어야 할(그러나 마르크스가 상대적 잉여가치와 기계장치를 논하는 중이었기 때문에 그 나름의 순서를 해명해주기는 한다) 재생산으로서의 축적, 특히 불변자본 즉 기계장치의 확대된 재생산으로서의 축적이 놓인다.[44] 이렇긴 하지만 우리는 이 세 부분을 그 논리적 순서대로 주석해야 하겠다.

우리는 "본원적 축적"에 관한 마지막 몇 페이지를[45] 통해 우리가 "자본주의 생산양식을 역사적으로 주어진 것"으로 전제한다는 사실을, "자본과 임노동으로서의 노동" 사이의 "사회적 관계 즉 생산관계"를 전제로 받아들인다는 사실을 떠올리게 된다. 그리고 이러한 전제는 "계속 재생산된다." 하지만 역사적으로,

> 자본의 발전은 창세기와 더불어 시작한 게 아니며, 태초부터ab ovo 시작한 게 아니다. 사실은 16세기 및 17세기에 와서야 자본은 세계를 지배하고 사회의 전체 경제 구성체를 장악한 어떤 것이 되기 시작한다. 이 시기는 자본의 유아기이다. 따라서 우리는 아주 가까운 과거의 조건들로 되돌아갈 필요가 있을 뿐이다. 실은 자본주의 생산양식은 대규모 산업과 더불어서야 완전한 발전에 이를 뿐이며, 따라서 그 총체성으로 보면 18세기의 삼분의 이 정도의 시기로 거슬러 올라간다(심지어 그때까지도 여기저기 산재한 채 발전했을 뿐이다). (MECW.34:327;MEGA:2375)

최초의 화폐 축적이 축장으로서, 자본주의 생산양식의 결과일 수 없었을 것이라는 점은 명백하다. 그런데 이 축적은 프루동이 믿었던 것같이 전前경제의 급등도 "경제 영역 바깥"(ausserökonomisch)도 아니었고, 그저 토지의 사적 소유권의 경우와 같이 "전前 부르주아적"인 것이었을 뿐이다.

두 번째 자리에서 이제 잉여가치의 자본으로의 "재전환"이라는 핵심 논점에 관해 언급하면서 마르크스는 이렇게 쓴다.

> 자본주의적 생산과정의 ─ 생산과정에서 비지불 노동 혹은 잉여가치 흡수의 ─ 최초의 결과물은 생산과정에 들어가기 이전에 품었던 자본보다 더 높은 가치를 품고 있는 **생산물**이다. (MECW.34:178;MEGA:2214)

하지만 질문은 남는다.

그러면 어떻게 해서 잉여가치가 자본으로 전환되는가? 이 과정의 조건들은 다음 분절Abschnitt에서 좀 더 상세히 검토될 것이다. 여기에서 우리는 다만 순수하게 형식적 측면만을 검토해보자. … 잉여가치는 물질적stofflich 시각에서 고찰하는 한 어떻게 해도 본래의 자본과 구별되지 않는다. 그것은 본래 자본과 동일한 생산물이다. (MECW.34:180;MEGA:2216)

차이는 물질적인 게 아니라 형식적(formelle)인 것이다. 후자의 경우, 그것은 지불노동만이 아니라 비지불노동도 포함한다. 생산물 가치의 일부는 "노동 수단"에 상응하고 다른 일부는 "노동능력"에 상응한다.[46] 어쨌든 축적은 유일무이한 주제를 가진다.

유일하게 잉여가치만이, 자본가가 전유하는 낯선 비지불 노동을 재현했다. 이제〔첫 번째 과정[47]은 애초에 수행되었고〕두 번째 과정에서는 자본 자체가, 갱신한 자본으로 전환된 화폐가 대상화되고 낯선, 비지불 노동으로 나타나며 이것은 더 많은 잉여노동을 전유할 수단 역할을 한다. (MECW.34:183;MEGA:2219)

"본원적 축적"과 "자본주의적 축적" 사이 차이는, 정확히 말해 후자가 "낯선 비지불 노동"(fremde unbezahlte Arbeit)을 전유한다는 데 있다.

잉여가치가 자본으로 이렇게 전환되는 것을 자본의 축적이라고 일컫는다. (MECW.34:184;MEGA:2220)

잉여가치가 형식적 (그 추상적 핵심에서) 자본이 되는 한 이 잉여가치의 전환 논점은 지금 이 자리(기획안에서 "자본의 생산"에 관한 I장 혹은 미래 『자본』 제1권)에서 다뤄져야 하고, 잉여가치가 이윤으로 나타나고 따라서 화폐로 실현되는

한, 이 논점은 이후에("다음 분절" 혹은 다음 장에) 다뤄져야 한다.[48]

변증법적 담론 논리에 따라, 이제 마르크스는 자본과 노동 즉 자본가와 노동자의 근본적인 일대일 대면[49]으로 되돌아가야 한다. 다만 노동이 가치를 창조하는 자신의 주체성을 판매했던 순간(계약 혹은 "포섭"[50] 이전)으로 돌아가는 게 이젠 아니다. 여기에서 소외alienación는 노동으로서 그의 주체성의 양도가 아니라, 그의 삶 곧 "산 노동"이 대상화된 것으로서 그의 생산물의 양도이며, 잉여노동, 잉여가치, 잉여생산물의 양도이다. 주체의 양도(포섭)가 아니라, 대상의 양도(그의 존재 즉 그의 삶의 축적, 일컬어 소외)이다.

> 노동의 이런 실현 과정은 동시에 노동의 미실현 과정Entwirklichungsproceß이다. 노동은 저 자신을 대상적으로 정립하지만, 자신의 대상성Objektivität을 그 자신의 비존재Nichtsein로, 혹은 비존재의 —즉 자본의— 존재das Sein ihres Nichtseins로 정립한다. 노동은 다만 가치를 정립할 또는 가치증식할 잠재성으로서 저 자신에게로 복귀하는데, 왜냐하면 현실적 부의 총체는, 현실적 가치들의 세계는, 또 이와 마찬가지의, 노동 자체의 실현을 위한 현실적 조건들은 노동과 마주한 독립적 실존으로 정립되기 때문이다. 산 노동 자신의 태내에 잠자는 가능성들[51]은 노동에 낯선fremd 현실들로 현존하기에 이르며, 노동에 대립한 부를 편성한다. (MECW.34:202~203;MEGA:2239)

보다시피, 여기에서 마르크스는 대단히 정확하게 또 뚜렷이 철학적이고 존재론적인 견지에서, 젊은 시절 『1844년의 경제학 철학 초고』의 주제들을 표현한다. 그런데 당시 주제들이 다만 "직관"에 의한 것이었다면 지금 주제들은 과학적·변증법적 범주들을 통해 "개념이 전개된 것"이다. 이것은 마르크스 최고의 존재론적 텍스트 중 하나다.[52]

모든 것은 "소유와 노동의 절대적 분리"와 더불어 시작하며, 따라서,

> 화폐 형태(즉 가치 형태)로, 물질적으로는 생산 자본의 형태 … —즉 자본으로서의

현존Dasein — 형태로 독립해 있는 가치의 대자Fürsichsein를 통해 볼 때, 산 노동능력과 마주한 노동 조건들의 낯선 분리Fremdheit를 통해 볼 때, … 소유와 노동 사이, 가치와 가치 창조 활동 사이의 저 절대적 분리 — 다시 말해 이와 더불어 발생하는, 노동의 내용도 노동자 자신에게 낯선 것이라는 사실 — 는 즉 이런 분열은 이제 노동 자신의 생산물로 즉 노동 자체의 계기들의 대상화로 나타난다. (MECW. 34 : 201 ; MEGA : 2238)

철학자로서 마르크스는, 자신이 끊임없이 되풀이하기를 좋아한 표현들 속에서 그 모든 천재적 재능을 내비친다.

산 노동의 대상적 조건은 분리된 가치들로 나타나며, 산 노동능력에 대립한 주체적 현존Dasein으로서 독립적으로 된다. … 재생산되고 새롭게 생산되는 것은 산 노동의 이런 대상적 조건의 현존Dasein만이 아니라, 독립된 가치들로서 즉 낯선 주체에게 귀속되어 산 노동능력과 대면하는 가치들로서 노동자에 대해 낯선 그 현존Fremdes Dasein이기도 하다. 노동의 대상적 조건은 산 노동능력에 대립하면서 주체적 실존을 얻는다. … 노동능력이 작업 대상으로 삼는 소재는 타인 소유의 소재다. … 그의 노동은 소재나 도구의 부속물로 나타날 뿐이다. … 산 노동 자신도 그 자신의 노동이자 삶의 발현Lebensäusserung인 산 노동능력에 마주 선 낯선 것으로 나타난다. (MECW.34 : 243~245 ; MEGA : 2284)[53]

축적을 노동자가 부정되는 계기라고 존재론적으로 간주할 때, 축적은 노동자의 실제적 절멸, 그의 대상적 외화이다. 그는 자신의 생산물이 "낯선 소유로, 노동자의 노동의 생산물이되 그에게 맞서 이미 독립적으로 된 것으로, 그의 과거 노동이 인격화된 존재"로 나타난다는 사실에 의해 "외화되어 있다."(wird entäussert) [54] 이 과거 노동이 인격화된 존재는 잉여가치를 전유하는 주체 혹은, 축적의 주체로서 자본가라는 인격이다. 다르게 말해보자면,

자본 편에서의 소유권은, 타인 생산물들에 대한 권리로 혹은 타인 노동의 소유권 즉 등가물 없이 타인 노동을 전유할 권리로 변증법적 형태변환을 이룬다. 반면에 노동자 편에서 소유권은, 노동자 자신을 자기의 노동 및 타인 소유물로서의 노동 생산물과 관계 맺을 의무로 형태변환한다. (MECW.43 : 233 ; MEGA : 2267)

세 번째 자리에서 이제 축적 문제의 최초 처방[55]에 대해 이야기해보자. 축적이란 잉여가치가 (증대한 잉여 자본으로서) 자본으로 복귀 혹은 "반성"한 것인 한, 이와 동시에 (형식적으로가 아니라 물질적으로) 축적은 재생산과정이다. 여기에서 마르크스는 여타 주제들 중에서도 불변자본의 성장하고 증대하는 재생산을 다룬다. 말하자면 "생산력 증가"[56]나 "필요시간 감소"[57] 혹은 "노동능력의 가치저하"[58] 같은 것인데, 이 모든 것은 "기계장치의 적용" 때문에 일어난다.[59] 이런 "생산 양식에서의 혁명"은 이미 『요강』에서 분석된 바 있었다.[60] 이제 자본과 노동의 모순은 절정에 다다른다.

> 여기에서 자본과 임노동 사이의 대립관계Gegensatz는 완전한 모순으로 발전해 간다. 그 속에서 자본은 산 노동능력을 평가절하하는 수단일 뿐만 아니라, 이것을 과다하게überflüssig 만드는 수단, 즉 이것을 특수한 [생산] 과정들에 대해서는 완전히 과다하나 전체적으로는 가능한 한 최소로 줄이기 위한 수단이기도 한 것으로 나타난다. 여기에서는 필요노동이 과다한 것으로서 — 과잉인구로서 — 직접적으로 정립된다. … 따라서 우리는 여기에서 소외Entfremdung를 만나게 되는데, 그 내용은 노동의 대상적 조건이 — 과거 노동이 — 산 노동을 일종의 직접적 대립물로 상정한다는 것이다. 이런 점에서 과거 노동은, 다시 말해 자연력과 과학을 포함하여 노동이 지닌 일반적인 사회적 힘은 직접적인 무기로 나타나며, 이 무기는 한편으로 노동자를 잉여주체Surplussubject로 … 정립하는 데 … 이용된다. (MECW.34 : 28~29 ; MEGA : 2056~2057)

잉여가치가 자본으로의 재전환을 통해 축적됨에 따라, 확대재생산이 이루어짐에 따라, 불변자본은 가변자본에 대해 비례적으로 성장한다. 그리고 유기적 구성이 증가할 때, "상품들의 가격"[61]은 ─ 그 가치가 저하하기 때문에 ─ 하락하는 경향을 띤다. 기계장치는 "철로 만든 인간"[62]이 되어 산 노동과 마주하는데, 이는 "산 노동 위에 선 과거 노동의 지배"다.[63] 자본의 "사회적 진실"이란 자본가와 노동자 사이의 관계이다. 반면에 그 "기술학적 진실"(technologische Wahrheit)[64]은 최고도로 폭력적인 대면, 즉 기계장치, 기술학, 과학의 매개를 통해 자본이 노동자를 "실제로 포섭"하는 상황의 표현이다.

실은 여기에서 마르크스는 "과학의 착취 즉 인류의 이론적 진보의 착취"라는 주제를 광범위하게 다룬다. "자본은 과학을 창조하지 않지만, 과학을 착취하고 과학을 전유하여 생산과정에 이용한다."[65] 마르크스는 소위 과학혁명 및 기술혁명에 대한 이론적 기초를 전개한다.

> 자연과학을 직접적 생산과정에 최초로 이용한 것은 자본주의 생산양식이며, 이와 동시에, 생산의 발전은 거꾸로 자연을 이론적으로 정복하기 위한 수단을 제공한다. 과학의 과업은 부의 생산을 위한 수단이자 비옥함의 수단이어야 할 것으로 된다. 자본주의 생산양식은 과학적으로만 풀 수 있는 실질적 문제들이 제기되는 최초의 생산양식이다. (MECW.34:32; MEGA:2060)

여기에서 마르크스는, 1863년 3월 24일 자 『타임』 지로부터의 인용문같이, 이후 『자본』에서 이용하게 될 여러 텍스트를 논한다.[66]

11.4 페티로부터 시작한 역사비판적 독해

(MECW. 34:146~178, 247~327, 329~336; MEGA:2184~2214, 2288~2372, 2379~2384)

1863년 5월 동안, 마르크스는 〈노트XXII〉에 관해 작업했다(이 〈노트〉는 "우리 친구 페티"에 관한 역사적 고찰과 더불어 연대순으로 시작한다).[67] 그리고 〈노트XXIII〉[68]을 작업하는 동안 그는 "63년 6월"이라고 쓰고, 약간 뒤에 『타임』 지

6월 2일판을 이용한다.[69] 런던의 여름이 다가오자, 2년이 걸린 작업을 수행한 후에, 마르크스는 연구했던 논점과 관련된 몇몇 주제들의 간략한 발췌문과 정리장들을 서둘러 베껴 쓴다. 그의 기획이 65명 저자를 읽는 것이었던 것은 분명하다. 그런데 그는 더 많은 저자를 다뤘다. 마르크스의 경로를 한 발짝씩 따르는 것은 불가능하다. 우리는 다소 일반적인 내용만을 언급해야 할 것이다.

그런데 마르크스가 종종 자신의 〈인용구 노트〉Zitatenheft 나 〈노트A〉부터 〈노트H〉Exzerpthefte까지, 혹은 ("두꺼운 노트, 98페이지"라고 말할 때) 자신의 여타 노트로부터 베꼈다는 점은 짚어 두어야 하겠다.

마르크스는 윌리엄 페티에 대해 『정치경제학 비판을 위하여』(1859)에서 논의한 바 있었다. 〈초고〉에서 마르크스는 페티의 저작 중 『조세공납론』(런던, 1667)을 연구한다. 마르크스에 따르면 페티는 인구 이론을 맬서스보다 더 잘 표현하며,[70] 차액지대에 대한 페티의 이론은 스미스의 이론보다 더 완전하다.[71] 페티는 "먼저 자문한다. 가치란 무엇인가?" 그리고 답하기를, 가치는 "짧은 시간" 내에 생산된 생산물 또는 상품의 "자연 가격"이라고 한다. 그렇다면 "같은 시간" 내에 생산되었던 것은 같은 가치를 가진다. 이런 식으로 "노동의 가치"는 "필수적 생활수단"[72]을 통해 측정된다.

페이지를 넘겨 〈노트XXII〉에서, 마르크스는 같은 주제로 되돌아가[73] 페티를 더들리 노스(1641~1691) ─ 마르크스의 연구 대상은 이 사람의 『무역론』(런던, 1691)이다 ─ 및 존 로크 ─ 이 경우 마르크스의 참조 대상은 『이자 감액 및 화폐 가치 증대의 여러 결과에 대한 고찰』(1691, 런던, 1851)이다 ─ 와 비교한다. 노스는 이자의 본성 문제와 관련해서 로크보다 더 옳다. 그런데 페티는 그 밖의 많은 문제에서 옳다. 예를 들어 "노동"의 정체성을 "가치의 원천으로" 규정한다든지, 이에 더해 "가치를 사회적 노동의 형식으로" 규정함으로써 말이다.[74] 마르크스는 페티의 저작을 둘 더 분석한다. 『정치경제학 비판을 위하여』(1859)에서 이미 언급했던 『인류의 배증에 관한 에세이』(1682), 또 『아일랜드의 정치적 해부』(런던, 1691)가 그것이다.

이 직후에, 마르크스는 방대한 저자 명부를 제시하기 시작하고, 이들로부터 몇몇 요소를 착출해서 부분적 고찰에 이용한다. 이 고찰은 지대에 관한 것,[75] 불변자본 및 가변자본에 비례한 잉여가치에 관한 것,[76] 노동의 가치에 관한 것[77] 등이다. 우리는 다만, 어떤 순간 마르크스가 니콜라스 바르봉(1640~1698)을 비판하며 썼던 내용을 상기하길 바란다. 마르크스는 "가치란 절대적이거나 내재적이지 않다."라고 썼는데, 이것은 바르봉과 대립한 내용으로서 바르봉은 "사람들은 가치를, 우리가 형성한 판단으로부터 독립적으로 사물들에 내재한 절대적 성질로 간주하려는 편"[78]이라고 했다. 또 다른 순간에 마르크스는 그가 흔히는 쓰지 않는 표현인 "자본주의 이데올로기"에 대해서든지[79] 혹은 "여러 식민지의 핵심인 토양의 무상 비옥함"에 대해서[80] 말한다.

끝으로 〈1861~63년 초고〉가 이자 문제에 관한 몇 면의 수학 내용[81]으로 마무리된다는 사실을 지적하고 싶다. 이는 마르크스의 〈수학 초고〉[82]를 떠올리게 하며, 이 측면에 관해 그가 빠져 있던 어려움을[83] 상기시킨다.

마르크스는 1863년 7월에 〈1861~63년 초고〉의 〈노트XXIII〉을 재개한다. 8월 15일 그는 엥겔스에게 편지를 썼다.

> … 내 작업은 (출판사를 위한 초고 준비는) 잘 진행 중이네. 내 생각에 최종 교정본에서 그 내용은 대중적 형태로 받아들여질 만할 것이 될 걸세 … 좌우간 이것은 첫 번째〔『정치경제학 비판을 위하여』〕보다 100퍼센트 더 납득할 수 있는 게 될 것이네. (MECW.41:488; MEW.30:368~369)

진실은 마르크스가 맨체스터에 있는 자기 친구에게 재차 확신을 주고자 했을 뿐이라는 것인데, 왜냐하면 실제로는 그해 8월 마르크스는 출판업자를 위한 결정본을 쓰지 않았고(게다가 그 후 2년 동안은 쓰지 못할 것이고) 납득할 만한 "대중적 문제"로 쓴 것도 전혀 아니었기 때문이다. 마르크스는 엥겔스가 저 책의 정치적 충격에 관심이 있다는 사실을 알고 있었다. 그런데 외려 마르크스는 과학적 충격에 일차적으로 관심이 있었고, 우리가 보아 왔다시피, 대중적 수준이란 시간이 흘러 어쩌면 다른 글과 사람들을 통해 채워져야 할 것인 데다가 … 수월한 부분이기도 했다 — 학문을 하는 사람들이 흔히 생각하는 만큼 수월하진 않더라도 그렇다. 어쨌든 마르크스는 자신의 조사에서 많은 것을 진전시켰지만, 그래도 그는 다음과 같이 외칠 수밖에 없었다.

따라서 자본은 그토록 신비한 존재mysteriöser Wesen로 된다. (MECW.34:125;MEGA:2163)

자본이 점점 더 자본 자신을 숨겨 감추는 물신 문제를 언급하며, 마르크스는 이렇게 썼다.

심지어 이런 단순한 관계조차, 모종의 전도, 즉 사물의 인격화이자 인격의 물화이다. … 저 관계는 갈수록 더욱 복잡하게 – 또 명백히 더 불가사의하게 – 된다. (MECW.34:123;MEGA:2161)

그는 미래 작업의 "두 번째 초안"을 완결했지만, 실제로는 여전히 수많은 의심이 남아 있었다. 1867년의 『자본』을 향하려면 여전히 "세 번째 초안" 즉 〈1863~65년 초고〉가 필요했고, 이것은 나의 또 다른 주석 대상일 것이다.[84]

제4부
새 이행

이전 저작(두셀 1985a) 끝에서 분석했던 이행과 유사하게 이 "새 이행"이 의도하는 바도, 〈1861~63년 초고〉에 관한 이 주석 및 마르크스의 뒤이은 작업(〈1863~65년 초고〉, 『자본』 제1권)에 관한 주석(두셀 1990)을 몹시 특수하게 라틴아메리카의 현실과 연결할 다리 즉 저 주석들을 일반적으로는 현실의 철학이요 특수하게는 해방철학인 것과 연결할 다리를 놓는 일이다.

우리는 기성의 마르크스주의와 관련해서 몇몇 논쟁적 언급을 제시해야 할 것이라고 믿는다. 라틴아메리카 혁명을 향해 마르크스주의를 개방하여, 그 혁명이 우리 라틴아메리카 대륙에 알맞을 역사적 마르크스주의를 요구하도록 만들기 위해서다.

제12장

〈1861~63년 초고〉와 해방철학

현실의 발전reale Entwicklung은 부르주아 정치경제학에게 현저히 이론적인 표현을 부여하는데, 그 동일한 발전이 이 정치경제학 속에 들어 있던 현실의 모순을, 특히 영국 국민의 점증하는 부와 노동자들의 점증하는 곤궁 사이의 모순을 펼쳐냈다. ··· 프롤레타리아를 위해 규합한 사상가들이 이 모순에 달려든 것은 자연스러웠고, 저들은 이에 대한 이론적 기반이 이미 준비되어 있다는 사실을 알게 되었다. 노동은 교환가치의 유일한 원천Quelle이며 사용가치의 유일하게 활동적인 창조자Schöpfer이다. ··· **자본은 전부다**das Capital ist alles라고 당신은 말하고, 노동자는 아무것도 아니거나 다만 자본의 생산비용이라고 말한다. 당신은 스스로를 반박해버린 것이다. 자본은 노동자를 사취하는 것에 지나지 않는다. **노동이 전부다.**Die Arbeit ist alles. 1 사실은 이것이야말로 프롤레타리아의 이해관계를 옹호하는 모든 저술이 가진 최종적 의미이다. (MECW.32:394;MEGA:1390)

앞에서 언급했던 것처럼, 제12장의 목표는 라틴아메리카에 중요한, 또 우리의 사상가와 혁명가들 사이의 철학적 논의에 중요한 몇몇 관심사를 전개하는 것이다.

12.1 마르크스에게 "과학"이란 무엇인가?

"정상적" 과학ciencia의 의미로 즉 통용되는 — 말하자면 포퍼식ㅊ의 — 과학의 의미로 마르크스를 판단한다면 우리는 마르크스의 과학적 합리성에 대해 아무것도 이해하지 못할 것이다. 누군가 과학의 "결과"를 묻는다면, 그리고 이 물음도 과학의 통용되는 의미에서 나온 것이라면, 마르크스의 의도는 과거에 그랬듯 지금까지도 세계사의 혁명이 아니었다. 그는 아주 다른 학을 만들었고, 이것은 훨씬 더 중요하다.

경제의 과학과 경제학의 합리는 마르크스에 따를 때 다음과 같다. (1) 있을 법한 모든 정치경제학(특히 자본주의 정치경제학)의 전반적 틀에 대한 초월론적이고 정초적인 비판. (2) 산 노동 일반(및 특별히는 자본이 된 대상화된 노동)에 대한 개념의, 비약 없이 논리적인 전개. (3) 있을 법한 모든 정치경제학(특정하게는 자본주의 정치경제학)에 대한 해명의 체계가 최소한으로 요구하게 될 여러 범주의 편성. (4) 있을 법한 모든 정치경제학에 대한 윤리적 판단(이는 언제나 산 노동을 참조해야 할 것임). (5) 프롤레타리아 계급의 의식(객관적, 혁명적, 실천·정치적 기능). 우리는 이상의 측면들을 그 순서대로 논의할 것이다. 이 장 2절에서는 비판, 3절에서는 개념의 발전이라는 주제, 4절에서는 범주들의 편성, 5절에서는 정치적 윤리적 규약estatuto 및 구체적·역사적 규약을 논의한다.

마르크스 입장에서 과학의 의미가 먼저 분명히 밝혀져야 한다. 확실히 그는 과학의 개념을 그 "정상적" 의미에서 즉 생산성을 증대시키기 위해 생산과정에서 활용되는 지식과 기술로 사용한다. 과학은 — 상대적 잉여가치 획득의 층위에서는 — "생산하는 힘" 또는 "위력"이라는 계기로 나타난다.[2]

생산과정이 과학적 앎의 응용Anwendung der Wissenschaft이 되는 것과 동일 방식으로, 정반대로 보면, 과학이 생산과정의 요인이자 소위 생산과정의 기능이 된다. … 과학의 착취, 인류의 이론적 진보의 착취. 자본은 과학을 창조하는 게 아니라 다만 과학을 전유하여 생산과정에 이용한다. (MECW.34 : 32~33 ; MEGA : 2060)

정신적 노동geistige Arbeit의 생산물 ― 과학 ― 은 언제나 그 가치보다 한참 밑에 놓이는데, 왜냐하면 이 생산물을 재생산하는 데 필요한 노동시간이 그 애초의 생산에 요구되었던 노동시간과 아무런 관련이 없기 때문이다. 일례로 학교의 학생은 이항二項 정리를 한 시간에 배울 수 있다. (MECW.34:87;MEGA:2117)

이 내용은 이해 가능할 뿐만 아니라, 마르크스 안에서 구체적 이론에 대한 설명이 이루어질 수 있게 해준다. 추상적으로 보아, 과학[즉 학문]으로서의 과학은 인식론 학자들에 의해 규정되고 과학자들에 의해 실천된다. 대조적으로 마르크스는 구체적 자본으로서의 과학, 말하자면 실천적, 현실적, 역사적 인간의 총체 내에 포섭된 과학, 즉 오늘의 세계에서는 상대적 잉여가치(및 기술학) 증대 수단으로서 자본에 의해 포섭된 과학에 관심이 있다.3 그런데 이것은 마르크스 자신이 실천하는 과학이 아니다. (그런데 많은 마르크스주의자들과 오늘날의 수많은 인식론 학자들에게 이런 점은 주로 익숙하지 않다.) 그는 "과학"을 완전히 다른 방식으로 실천한다.

자네는 내가 하는 것 같은 이런 작업에서 … 구성Komposition 즉 구조Zusammen-hang야말로 독일 과학deutsche Wissenschaft의 승리라는 점을 이해할 것이네.4

독일적 의미의im deutschen Sinn 과학으로서의 경제학은 아직 성취되어야만 하오.5

내가 이론적으로 입증해야 할 전부는 가치법칙을 부정하지 않고 존재할 절대지대의 가능성이네.6

마르크스에게 "과학"의 의미는 일상적인 것이 아니다. 독일 문화의 의미에서 "지식"(Wissen)으로서의 "과학" 관념은 한참 위로 거슬러 올라간다. 우리는 야콥 뵈메7, 칸트8, 피히테9, 셸링10에게로, 또 확실히 헤겔에게로 되돌아갈 수 있을 것이다. 헤겔은 『정신현상학』에서 이렇게 쓴다.

> 학문[과학]은 참되지 않은 지식에 대해, 이것이 사태에 대한 속류적 시각이라고
> 생각한다는 이유 따위로 그 지식을 거부할 수는 없다. 반대로 이것[과학]은 완전
> 히 상이한 종류의 앎이다. (헤겔 1952:66)

속류적 의식의 경험이 무효인 것으로 거부되어서는 안 된다고 한다면, 속류적 과
학 역시, 심지어는 옹호론적 과학이더라도 거부되지 않아야 할 것이다. 이 때문에
마르크스는 자신보다 앞선 여타 경제학자들의 결과물을 진지하게 생각할 무한
한 인내심을 가졌었다 - 물론 마르크스의 분석에서 이 경제학자들이 "과학"자라
고는 - 혹은 속류적 의미에서 다만 학자라고도 - 언급되진 않지만 말이다.

> 스튜어트는 과학적 형태로 [사고한다.] (MECW.30:348; MEGA:333)

> 바스티아의 … 여전한 특징은 학식의 부족과 과학Wissenschaft에 대한 더없이 피
> 상적인 앎이다. (MECW.32:501; MEGA:1500)

> 리카도가 프롤레타리아 계급을 기계장치나 짐 끄는 축생이나 상품과 동일한 수
> 준에 둘 때 이는 비열한 짓이 아닌데, 왜냐하면 (그의 관점에서는) 저들은 순전
> 히 기계장치나 짐 끄는 축생으로 있음으로써 "생산"을 촉진하고befördert, 부르주
> 아적 생산에서 저들은 실제로 상품에 불과하기 때문이다. 이 생각은 냉정하고
> stoisch, 객관적이고, 과학적이다. 이런 생각이 그의 과학에 반하는 죄를 수반하지 않
> 는 한, 리카도는 그가 실천에서도 그랬던 것과 꼭 같이 언제나 박애주의자이다.
> (MECW.31:349; MEGA:771)

> 요컨대 리카도의 가차 없음은 과학적으로 정직한 것이었을 뿐만 아니라 그의 관점
> 에서는 과학적 필연이기도 했다. (MECW.31:348; MEGA:678)

물론 마르크스가 모든 "과학자들"에 대해 같은 내용을 말하지는 않는다. 모든 고전적 경제학자나 속류 경제학자들에 대해서 이렇게 말하지는 않고, 특히 옹호론자들에 대해서는 전혀 그렇지 않다.[11] 우리는 "문제를 과학적으로 공식화했다"는 점에서 아주 존중할 만한 퀸시의 경우를[12] "과학의 묘실"을 파헤치는 맬서스의 자기변명적 물신의 경우와[13] 혼동하지 말아야 한다. 후자는 마르크스가 과학에 새기고자 했던 의미와는 완전히 멀리 떨어져 있기 때문이다. 마르크스에게 과학은 물신과 대립한다. 고전 경제학 이래 물신은 속류적이고 옹호론적인 경제학을 거치면서 점점 증대하다가, "사회주의자들의 환상에 관해서도 마찬가지로 우월한 태도로 폄하하는… 그 교수직 형태(Professoralform)"에서 끝난다.[14]

마르크스에 따라 "과학"의 의미를 이해하게 되는 때는 그가 "과학적으로" 행동하려고 하면서도 혼란에 빠지는 사람들을 비판하는 것을 통해서이다. 핵심적으로, 마르크스는 고전파 학자들(스미스, 리카도 등)을 "사이비" 과학이라고 비판하는데 이들 스스로가 분석한 개념들을 이들이 적절하게 "전개하지" 않기 때문이며, 범주 혹은 계기들을 뛰어넘고 "생략"한[15] 탓으로 갖가지 모순에 빠져들기 때문이다.

〔리카도는〕잘못된 결과들에 이르는데 그 이유는 몇몇 핵심적 연결고리들을 생략하고 또 경제 범주들 서로 간의 정합성을 직접 증명하려 하기 때문이다. (MECW.31:390;MEGA:816)

리카도는 추상작용-abstracción이 지나쳐서가 아니라 적절한 추상작용이 없는 탓에 비과학으로 빠져든다.[16] 비과학이란 모순에 빠져든다는 것을 의미한다.

[스미스는] 몇몇 단락에서 옳게 − 잉여가치의 원천을 일반적 형태로 추적할 정도로 − 알아내었다. … 하지만 그 뒤에 그는 이와 대립되는 경로를 택하여, 상품들의 가치를 (임금과 이윤을 상품들의 가치로부터 추론했는데도) 임금의 자연 가격, 이윤, 지대와 모두 더함으로써 반대로 추론하려고 한다. (MECW.30:402;

MEGA：387)

당시에는, 또 몇 년을 지나서도 마르크스가 보기에 "모든 과학은, 사태의 현상형태(Erscheinungsform)가 그 본질(Wesen)과 직접적으로 일치한다면 불필요한 잉여분이었을" 것이다.[17] [그런데 현상형태와 본질이 일치하지 않으므로]

> 가시적이고 명백한〔즉 현상적인erscheinende〕운동을 내적인 실제 운동innere wirkliche Bewegung으로 환원하는 것은 과학의 과업 중 하나다. (마르크스 1981b：428；MEW.25：324[『자본』 III-1：411])

달리 말해 마르크스에게 과학은 일차적으로 외양(상품 세계의 표면 즉 유통에 나타난 순수한 현상)에 대한 비판이며, 이런 외양을 내적인 실제 운동(이 경우에는 자본 가치의 가치증식)의 본질적 세계로 보내는 것이자, 그곳으로부터 자본의 "개념"을 범주들을 관통하여 전개하는 것이다.

12.2 "산 노동"이라는 외부로부터의 "비판"

"외양에 대한 비판"은 물신에 대한 비판이다. 이 주제는 두 가지 정초적 측면을 가진다. 첫째는 마르크스에게서 "비판"이 갖는 의미라는 측면이고, 둘째는 마르크스의 비판이 "어디로부터"desde-dónde 만들어졌는지를 보여주는 곳(말하자면 근본적이고 본래적인 마르크스의 사유 전부의 "출발점")이라는 측면이다. 모든 것은 다음의 원천적 대립 ─ 마르크스주의 변증법을 생성하는 대립 ─ 으로부터 출현한다는 점을 강조해야 하겠다.

> 산 노동lebendige Arbeit을 과거vergangt 노동이 대면한다는 사실, 활동을 생산물이 대면하고, 인간을 사물이 대면하고, 노동을 낯설고 독립적이고 자족적인 주체이자 인격화된 것Personnificationen으로, 줄여 말해 다른 누군가의 소유로서 물질

화된 노동 자신의 조건들이 대면하며, 이런 형태에서 노동 자체의 고용주이자 명령자로서 노동 자신의 조건들이 노동에 전유되는 대신에 노동을 전유한다는 사실.… 생산의 전제조건으로서의 자본은… 모순Gegensatz이다. 여기에서 노동은 자신보다 이전의 낯선 노동으로 발견되고 여기에서 노동 자체는 노동에 대해 낯선 소유로 제시된다. (MECW.32:473~474 ; MEGA:1473~1474)

이제 이 결정적인 주제를 최대한 상세히 분석해보자.

몇몇 사상가들은 비판이 젊은 마르크스의 이론적 입장에 불과하다고 믿는다. 하지만 누구도 무시할 수 없는 사실은 마르크스가 이 〈초고〉에 "정치경제학 비판을 위하여(Zur Kritik)"라는 명칭을 붙였고, 1859년 출판된 책도 같은 제목을 달았으며, 심지어 『자본』은 그 설명적 부제가 "정치경제학 비판"이었다는 점이다. 이 중 『자본』의 경우, 마르크스는 그 책이 비판을 "위하여"(zur) 진행된 작업이 아니라 자신이 약속했던 "비판"이라고 생각했다. 이에 더하여, 마르크스의 작업은 적극적constructivo이라기보다는 비판적이었다고 말할 수 있을 것이다. 그것은 구체적인 경제 행위를 인도할 법한 "실증적"positivo 경제 이론이 아니라 외려 비판이었다. 마르크스의 작업은 정초적인 경제적 비판이다. 즉 경제학 그 자체가 상정하는 것들에 대한 비판이고 토대이다.

마르크스가 칭찬을 아끼지 않았던 아리스토텔레스에 따르면, 변증법은 근본적으로 비판적이며, "비판적 검토를 수행할 자질capacdad"은 변증법 덕분에 손에 넣게 된다.[18] "오직 교양 있는culto 사람만이 비판(krísis)을 수행할 수 있다.… 그러한 사람은 이제 혼자서도 충분히 모든 것을 비판할 수 있다는 사실을 덧붙이자."[19] "변증법은 유용한데… 그 비판적이고 캐묻는 본성 까닭에 변증법이 모든 방법의 원리들로 가는 길을 열기 때문이다."[20]

마찬가지로, 칸트는 철학의 주된 과업이 비판이라고 생각했다(이로부터 그의 비판서들 즉 『순수이성비판』 등이 나온다). 이를 위해서는 "외양(Schein)의 논리"[21]를 탈구성하는desarticular 것이 필요했다. 변증법의 작업은 부정적인데, 왜냐하면 "그것은 이성의 선험적 판단들에 속한 착각을 기술하는 일에, 또한 동시에 그것들이 우리를 오도하는 것을 방지하는 일에 기쁨을 느낄 것"²²이기 때문이다. 다시 말해 "최소한 의심을 품고 비판에 우리 귀를 여는 것"²³이 필요하다. 비판은 "학문(Wissenschaft)의 안전한 경로"²⁴에 들어선다는 목표를 위한 예습이다.

피히테에게도 비판은 시작이었다. 그러나 그는 칸트에 반대하여 철학적 과학이 불가능함을 역설한다.

> 비판 철학의 본질은 더 고차적인 그 어떤 것에 의해서도 제약되지 않고 규정될 수 없는 절대적인 "나"의 절대적인 정립이다. 따라서 이 철학이 이러한 원리들로부터 출발하여 나아간다면 그것이 과학론Wissenschaftlehre이 된다.²⁵

출발점으로서의 절대적인 것 가운데 설치되고 나자, 셸링과 헤겔의 비판적 사고는 "과학의 도정"에 오를 수 있다. 그런데 마르크스가 만년의 셸링의 계승자라는 사실은 잘 알려져 있다. 적어도 1841년 베를린에서 헤겔을 비판했고, 헤겔 철학을 부정성으로 놓고 긍정적인 철학, "실존으로부터 출현한(von der Existenz aus) 철학, 실존으로부터, 말하자면 현실태actu 즉 현행 중임으로부터 출현한 철학"²⁶을 단언했던 셸링의 계승자가 마르크스이다. 여기에서는 실제적 관계가 정초적이다. "인격은 인격을 추구하는 까닭이다."(Denn Person sucht Person) ²⁷ 개념 너머는 현실이다. 만년의 셸링에 힘입어 포이어바흐는 반헤겔주의적 비판을 개시하고 다음과 같이 쓸 수 있었다.

> 새로운 철학은 이성에 의지하여 저 자신을 지탱한다. … 그런데 인간이 본질적으로 소유한 이성에 … 인간의 혈액으로 가득 찬 이성에 의지한다. 요컨대, 고대 철학은 이렇게 말한다. 이성적인 것이 참이고 현실이다. 이와 대조적으로 새로운 철학은 이렇게 단언한다. 인간만이 참이고 현실이다.²⁸

> 참된 변증법은 고독한 사상가가 저 자신과 독백하는 것이 아니라 나와 당신 사이의 대화이다.²⁹

나는 다른 인간과 더불어 있는 인간이다.(Mensch mit Mensch) 30

마르크스는 포이어바흐의 감각적 유물론이 갖는 직관적 혹은 인지적 의미를 비판하지만, 오직 "공동체(Gemeinschaft)가 해방이고 무한하다"는 사실,31 또 무엇보다 "참된 것은 인간의 삶과 본질의 총체다"32라는 사실을 잊지 않아야 했다. 이에 따라, 우리가 살펴보게 되겠지만, 마르크스는 노동자로서, 즉 노동한다는 생생한 행위의 주체적 인격으로서 인간의 현실적 외재성을 긍정하고 "노동이 전부다"라고 쓴다. 이 문장은 그가 오래된 비판적 전통 속에, 그러나 이제는 반헤겔주의적 초월성과 더불어 있음을 전제한다.

마르크스는 이중의 비판을 수행한다. 그는 (고전 경제학이나 속류 자본주의 경제학의) 텍스트에 대한 비판을 수행할 뿐만 아니라, 다른 무엇보다 자본주의 현실에 대한 비판을 수행한다. 다른 한편, 모든 "비판"은 특정 입지점"으로부터" 수행된다. 구체적으로 즉 역사적 또 사회적으로는 (자본에 의해 착취되고 포섭되는) 프롤레타리아 계급으로부터 수행된다. 그러나 본질적으로는 ─ 그리고 여기야말로 마르크스가 이 〈초고〉에서 저 자신을 이론적으로 또 인식론적으로 위치시키는 층위인데 ─ "산 노동"으로부터 수행된다. 마르크스는 있을 법한 정치경제 과학33 전부에 대한 비판을 (가장 단순한 범주인, 또 가장 추상적이고 현실적인 원리인) "산 노동"으로부터 출발하여 수행하며, 따라서 결과적 현실인 자본 그 자체에 대한 비판을 수행한다(마르크스에게 저 현실은 여타 텍스트들의 매개를 통한 것일 뿐만 아니라, 그 자신의 연구와 또 "산 노동"으로부터 출발한, "자본 개념의 전개"이다). 확립되고 만연한 정치경제학에 대한 비판은 파괴적이다. 마르크스 자신의 담론 전개와 구축은 (이어질 3절과 4절을 보자면) 긍정적이다. 양쪽 계기 모두에서 "산 노동"은 발생적generativo 출발점이다.

"산 노동"은, 인격으로서 주체성의 현실화이자 인격의 존엄성의 표명인 인간 노동으로서, 외부에, 너머에, 초월하여 그렇게, 혹은 우리가 다른 여러 작업34에서 명명했던 것처럼 자본의 외부exterioridad에 위치한다. "산 노동"은 "대상화된 노동"이 아니다. 전자는 인간인 그/그녀 자신, 활동, 주체성, "가치의 창조적 원천"인데 반해, 후자는 사물, 생산물, 생산된 "것"(Dasein)이다. 따라서 (총체로서) 자본에 대한 비판은 "산 노동"이라는 외재성으로부터 수행되어야 할 것이다. 산 노동은 자본의 존재(Sein) 너머, (결과적 사물인) 가치 너머의 선험적, 현실적 외재성이다. "비자본"의 "현실성"(본서 제1장 2절 a 내용을 떠올려 보라) 영역에서는 저 자신을 가치증식하는 가치(운동하는 사물)에 대한 비판, 즉 자본에 대한 비판이 달성된다.

대상화된 노동(저 자신을 가치증식하는 가치인 자본)이 산 노동과 맺는 비관계no-relación는 모든 물신의 원천이다. 따라서 마르크스에게 무비판적인 것은 물신적인 것을 의미하며, 이는 산 노동과 어떤 관계도 없이 즉자대자적으로 절대화되어버린 무엇이다(이론의 경우 이런 물신은 모든 오류, 혼동, 사이비 과학적 착각들의 원인이고, 현실의 경우 물신은 저 자신 내부로부터, 무로부터 생산하는 자본이라는 주장 즉 이윤, 지대, 이자 등등이다). (〈그림 12.1〉을 보라.)

〈그림 12.1〉 산 노동의 외재성으로부터의 "비판"

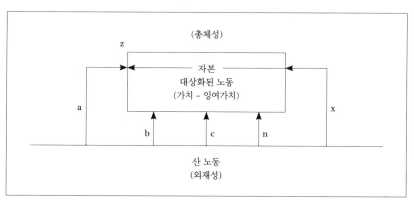

설명 : x = 화폐 또는 노동 조건(또는 재생산 과정)의 전자본주의적 기원, 항상 대상화되는 산 노동 / z = "대상화된 노동"(자본)과 "산 노동"(화살표 a) 사이의 대면 / 화살표 b, c, n = 산 노동의 (자본 개념의 전개와 범주들의 편성 속에서의) 서로 다른 비판 위치들

마르크스주의 전통에서 이 측면은 많은 이들에게 주목받지 못한 채로 있는데 (창조하는 외부이자 포섭될 수 있는 외부인) 산 노동과 (임금 가치를 통해 저 자신을 재생산하는 순수한 능력인) 노동능력을 다음과 같은 것들과 혼동해 왔기 때문이다. 산 노동과 노동능력은 (자본이 포섭하고 소모하는 산 노동인) **노동력**

또는 생산하는 힘potencia productiva, (추상적 개념이자 따라서 규정되지 않은 채 모호한) 노동, (엄격히 말해 잉여가치를 생산하는 유일한 노동인) 생산적 노동, (임금과 교환되어 포섭된 노동인) 임노동 등과 흔히 혼동되어 왔다. 그러면 이제 마르크스가 "경제적 범주들의 전체 체계에 대한 일반적 비판"[35]을 수행할 필요가 있다고 쓸 때, 그가 무엇을 의미하는지를 이해할 수 있다. 또는 좀 더 이른 시기, 즉 1858년 2월 22일 라살레에게 보낸 편지에서 다음과 같이 썼을 때 무엇을 의미했는지를.

> 현재로서 내가 관심을 둔 작업은 경제 범주들의 비판이라오. 아니면 부르주아 경제학 체계의 비판적 폭로kritisch dargestellt라고 해도 좋겠소. (MECW.40:270; ME W.29:550)

이렇다면 애초에 비판의 과업은 "과학" 또는 합리적 담론을, 비판의 전개 즉 그 실정적 "해명"이 바로 거기로부터 시작 가능해지게 된 (부르주아의 것이 아닌) "장소" 또는 지평에 "가져다 놓는" 것이다. 그런데 우리가 앞으로 보겠지만 이런 "해명"이 시작되고 나면, 산 노동이라는 외부에 대한 참조는 담론이 "물신"에 떨어지는 것을 방지하게 될 것이다. 마르크스에게 비판과 과학의 대립물은 이데올로기가 아니라 앞서 자주 말했듯 물신, 그리고 "물신적 형태"이다.

> 요컨대 자본 자체로부터 따라서 자본의 단순한 소유권으로부터 솟아오른 가치의 창조Wertschöpfung로 나타나는 것은 이윤이 아니라 이자이다. 결과적으로 이것은 자본이 창조한 특별한 수입Revenue으로 간주된다. 속류 경제학자들은 바로 이런 형식 가운데 이자를 파악한다. 이 형식에서 매개적 연결고리들은 죄다 소거되고, 자본의 물신적 형태Fetischgestalt가 자본물신Capitalfetisch의 개념으로서도 완성된다. (MECW.32:458; MEGA:1460)

자본을 물신으로부터 벗어나게 만들 유일한 방법은, 실제적 인격이고 산 노동이되 자본 입장에서는 단지 "잉여주체"(Surplussubject) 36로만 생각되는 "살과 피를 가진 인간"이 "철로 만든 인간"과37 맺는 명시적 관계를 재확립하는 것이다. 이 "산 노동"은, "이" 구체적 노동자는, 외부로서의 "이" 노동하는 계급은 모든 가치의 "창조적 원천"이다.38 마르크스의 유물론은 역사적, 생산적, 인간학적 유물론이다. 따라서 "견고한 물질적 부 전부는 다만 사회적 노동의 일시적 대상화이자, 생산과정의 결정화일 뿐이며, 이런 생산과정의 척도는 운동 자체의 척도인 시간이다."39 그리고 마르크스는, 이후에 올 스탈린주의의 마르크스주의인 체하는 우주론적 유물론과 대립하면서, 이렇게 결론을 내린다.

> 누군가는 여기에서 부르주아적 생산 관계를 단지 역사적인 관계…즉 단순히 인간의 활동인 것으로 간주함으로써 정치경제의 진정한Wirklich 과학이 어떻게 끝나게 되는지를 볼 수 있다. 인간 활동 즉 노동의 결과물이 아닌 모든 것은 자연이며, 그렇기에 사회적 부가 아니다. 재화들로 이루어진 세계의 망령Phantom은 희미하게 사라지고, 단순히 끊임없이 사라지고 끊임없이 재생산되는 인간 노동의 재생산인 것으로 보인다. (MECW.33 : 345~346 ; MEGA : 1860)

인간과 자연의 관계는 일차적이지 않고, 구체적으로는 마르크스가 보기에 가장 중요한 관계도 아니다. 인간, 언제나 인간이 비판적 출발점이다. 모든 대상화된 노동, 모든 물질화된 제도의 조건으로서, 또 이런 노동의 결과인 모든 것들의 조건으로서 (자본 그 자체이자 총체로서) 인간이 말이다.

자본 즉 대상화된 노동의 총체가 극빈자pauper 40로서의 산 노동이라는 외재성과 맺는 관계는 두드러진par excellence 윤리적 관계이다. 이 외부의 포섭은 부정의하고 불평등한데, 자본의 핵심에 착취의 "사회적 관계"로서 설치된다(만연한 부르주아 도덕에서 이런 사실[극빈자를 임노동자로 포섭]은 정의로 나타나며, 이것은 자본 자체의 여러 요구를 "선한 양심"을 수단 삼아 채워준다).

살펴보았던 것처럼, 마르크스의 "비판"은 부르주아 정치경제학의 불가능성 (및 자본의 똑같은 불가능성)을 예증하는 것을 의도할 뿐 아니라, 더 근본적으로, 가능한 모든 정치경제학(및 심지어 가능한 모든 경제 체계)에 대해 외재성으로서의 산 노동으로부터 출발한 "비판"을 지향한다. 다르게 말해, 산 노동으로부터 출발하여, "모든 가치의"(즉 가능한 모든 경제의 생산물이 갖는 가능한 모든 교환가치의) "창조적 원천"이기 때문에 비가치인 인간 주체로서, 그/그녀는 모든 경제의 정초적 구조에 대한 "비판"을 수행한다. 산 노동이 대상화된 노동을 문제 삼을 수 있다는 점에서 이는 초월론적 비판이다.[41] 그리고 구석기 시대부터 역사의 종말에 이르기까지, 그 어떤 가능한 경제 체계든 간에 그것은 항상 구체적 형태로 구축된 "대상화된 노동"이다. 앞 내용을 통해 우리는 옛날의 "현실에 현존하는 사회주의"에 비해서라도 마르크스는 "비판적인 유보지역"(임레 라카토쉬)을 가지고 있다는 사실을 가리켜 보이고자 했다. 따라서 사회주의적 계획으로부터 조직되었더라도 대상화된 노동은 산 노동의 관점으로부터 비판될 수 있다. "현실 사회주의"에 대한 "마르크스주의적 비판"은 이전 어느 때보다 오늘날 더 필요하다. "현실 사회주의"에서 이자율은 경제 조절의 규준으로서 자신의 자리를 생산율에 내어줄 수 있다. 대상화된 노동은 다른 어떤 형태로 조직될 수 있지만, 결코 산 노동 자체이지 못할 것이다. 따라서 그것은 불가피하게 (적어도 가능성으로서는, 그리고 이 가능성만으로도 비판을 수행하기에는 충분한데) 물질화되고 자립화된 노동이다. 물론 이제는 자본에 의해 외화된 게 아니라, 다른 이들의 비민주적인 계획에 따라 결정되고, 다른 이들에 의해 통제되고, 다른 이들에 의해 시장에 나오게 되지만 말이다. 이 다른 이들이 산 노동 자신이 아니라면, 즉 민주주의 체계 속의 노동자들인, 억압받는 계급인, 인민인 산 노동이 아니라면, 항상 비판을 위한 이유는 있어야만 할 것이다. "현존하는 사회주의들"에도 이런 이유들은 확실히 있다![42]

12.3 본질로의 이행 혹은 개념의 "전개"

물신적 외양에 대한 모든 비판은 — 이 비판이 정치경제학으로부터 이루어지든 아니면 자본의 결과적 또는 현상적 현실로부터 이루어지든 — 이제 우리를 본질로, 저 개념으로 이끈다. 즉 다른 측면에서의 "과학"으로.

몇 년 후 『자본』에서 마르크스는 이렇게 썼다.

> 모든 현상형태가 그 배후에 숨겨진 배경과 구별되는 것처럼, 현상형태Erschei-
> nungsform와 관련한 "노동의 가치 및 가격" 혹은 "임금"은, 이런 현상으로 표명되
> 는 본질적wesentlich 관계 즉 노동력의 가치 및 가격과 구별된다. 현상형태는 통
> 상적 사고 방법처럼 직접적이고 즉흥적으로 나타난다. 본질적 관계는 우선 과
> 학에 의해 밝혀져야 한다. (마르크스 1977:682; MEW.23:564[『자본』 I-2:744])

현상적인 것 즉 표면상에 나타나는 것이라면 그게 무엇이든 유통으로 현시되
는 것 속에서 저 자신을 표명한다. 반면에 숨겨진 배경(substratum) 즉 정초적이
고 본질적인 것은 인간 노동 즉 산 노동이라는 생산의 층위에서 비가시적으로
발생한다.

> 자본주의적 생산에서 당연한 것으로 상정된 이윤이 나타나는 최종적 상태에서
> 는, 그 셀 수 없는 변형이 또 그것이 통과하는 상호개입적 단계들이 말소되어 알
> 아볼 수 없게 되며, 이런 결과로 자본의 본성 또한 말소되고 알아볼 수 없게 된
> 다. (MECW.32:486; MEGA:1482~1483)

> 따라서 이 상태는, 대량의 비가시적인 매개적 연결고리에 의해 그 내적 본질
> Wesen로부터 분리되어, 훨씬 더 외부화된 형태에, 아니 오히려 이자 낳는 자본의
> 경우엔 절대적인 소외 형태에 도달한다. (MECW.32:487; MEGA:1487)

가시적인, 표면상에 있는 무언가로부터 "숨겨진 수수께끼"[43]로 향하는 이행은 마
르크스가 과학을 이해한 바에 따르면 사실 "과학"의 과업이다.[44] 이렇다면 다음
과 같은 질문은 불가피하다. 과연 역사적으로 1845년 이래 마르크스의 담론을
인도했던 것은 경제적 "문제구성"(알튀세르)이었나? 아니면 엄격하게 존재론적인 "도

식"이나 "틀" 혹은 "패러다임"이 마르크스의 성찰을 이끌었나? 마르크스의 "과학"
은 가능한 모든 경제학에 대한 "초월존재론"transontología의 비판이다(이러한 용
어에 우리가 부여했던 초월론적 의미로는 "형-이상-학/메타자연학"meta-physics이
다).45 이런 이유로 『임금, 가격, 이윤』에서 마르크스는 다음과 같이 썼다.

> 과학적 진리는, 단지 사태의 거짓된 외양täuschender Schein만을 포착하는 일상적
> 경험으로 판단할 때엔, 언제나 역설이다. (MECW.20:127; MEW.16:129)

현상에서 본질로의 이행이란 "개념"의 발견이다. 실제로 헤겔에게 "과학"은 "개념의
전개"이다. 피히테에겐 이미 "어떤 개념이든 그것의 모든 대립은 차이의 토대를 표
현하는 더 상위의 개념 영역에서 합치한다. 말하자면 종합synthesis이 전제되어 있
다는 것이다."46 이 경우는, 전체 체계("과학의 학설" 즉 "지식"(Wissen)의 학설)가
연역되어 나온 시발점de donde인 "절대적 자기" 개념의 "전개"와 관련되었다. 헤겔에
게서 "전개"(Entwicklung)는 우선 "해명"(Explikation) 즉 "펼침"(Entfaltung)과 더불어
시작한다.

> 존재의 구역에서 개념Begriff의 해명Explikation은 존재의 총체성 및 이 총체성 때
> 문에 발생하는 존재의 직접성 즉 그러한 존재 형태의 포섭Aufhebung[지양] 양쪽
> 다로 된다. (헤겔 1971, vol.8:181)

여기서 우리는 "전개"의 기원을 발견한다. 곧 "존재"(Sein)와 "현존재"(Dasein) 사이
근본적 차이가 (마르크스식으로 바꾼다면 "산 노동"과 "대상화된 노동" 사이의
근본적 차이이자 — 마르크스가 말했을 단어로는 — 괴리Diremtion47 즉 — "일자"가 "둘"
로 쪼개지는 — 분리Entzweiung가) 표명된 기원적 파열을 발견한다. 헤겔에게는 현
실, 본질, 개념, 방법이 모두 동일한 하나, 절대적 동일성이다.

> 여기에서 방법으로 간주되어야 하는 것은 오직 개념의 운동Bewegung des Begriffs

그 자체이다. … 그 방법은 개념이 전부alles이며 개념의 운동〔즉 변증법〕은 절대적으로 보편적인 활동이라는 사실〔을 기억하는 일이다〕 … 왜냐하면 그 활동 Tätigkeit이 바로 개념이기 때문이다. (헤겔 1971, vol.6:551~552)

마르크스는 1858년에 헤겔의 『논리학』을 읽었다. 이뿐만 아니라 우리는 그가 이 책을 1860년에 한 번 더 연구했다는 사실을 안다. 1858년 1월 16일 [엥겔스에게 보낸] 편지에서 그는 쓰기를, "가공 방법에 관해 내게 엄청나게 유용했던 것은 헤겔의 『논리학』이었다네. 그저 우연이었네만,[48] 나는 그 책에서 또 다른 시야를 얻었네."[49]라고 했다. 마르크스에게 현실이 개념이 아닌 것은 명백하다. 개념은 "머릿속에" 품게 되며, 따라서 마르크스는 『요강』에 다음처럼 썼다.[50]

구체적 총체성은 사유들의 총체성, 사유에서의 총체성이며, 사실상 사고Begreif-fen와 이해의 생산물이다. 그렇다고 해서 이것이 관찰과 개념파악의 밖에서나 위에서 스스로 사고하고 생성하는 개념의 생산물은 절대 아니고, 외려 관찰을 가공하고Verarbeitung 개념들로 파악해가는 일의 생산물이다. 두뇌 속에 사고들의 총체로 나타나는 저 총체성은 사고하는 두뇌의 생산물이다. 이것은 이 세계에 대한 예술적, 종교적, 실용적, 정신적 전유와는 상이한 방식으로, 자신이 할 수 있는 유일한 방식으로 세계를 전유한다. (마르크스 1973:101;Grundrisse:22[『요강』 I:72])

보다시피, 마르크스에게 현실은 사유가 아니다. 개념은 이론적 작업의 "가공"의 결과물이다. 마르크스는 개념의 "가공 방법"이 요구됨을 깨달았는데, 이는 바로 개념이 "전개"되는 변증법적 경로이다.[51] 그렇다면 마르크스에게, 외양으로부터 본질에 이르는 비판을 성취하는 과학은 과학 자신의 담론을 이 심오한 층위에서, 상식적 의식에 대해 (심지어는 "부르주아적 시야" 내부에 위치하기에 제한되고 모순적인 과학에 대해서조차도) 감춰진 층위에서 가공하고, 개념을 전개한다.[52](이는 사물 자체의 실제적 전개가 아니라 다만 사물에 "상응하는" 것이다.)

이러한 한에서만, 단순한 것에서 복잡한 것으로 상승하는 추상적 사유의 경로는[53] 현실의 역사적 과정과 상응하게 될 것이다.(마르크스 1973 : 101 ; Grundrisse : 23 [『요강』 I : 74])

개념의 "전개"는 범주들의 체계를 편성하여, "전개의 여러 상이한 국면에서 현실적, 형태적 과정을 개념화한다(begreifen)."[54] 혹은 더 나아가, 자본 개념의 이해를 요구하는 '발생론적 서술'(genetische Darstellung)을 수행할 수 있기 위해 "상이한 형태들을 유적으로 전개한다(entwickeln)."[55]

그렇다면 알려지는 사실은 이러하다. 마르크스에게, 가능한 모든 정치경제학의 범주 체계에 대한 과학적이고 비판적인 혹은 합리적인 서술은 다만 "산 노동" 개념의 전개에 지나지 않으며, 그 속에서 "자본" 개념의 전개는 이차적 계기이자 기초후의 계기이다. "노동이 전부다."[56] 노동은 가치의 창조적 원천이니, 가치의 실체이다. 가치, 상품, 화폐 같은 것들은 "산 노동"의 여러 양태이고, 대상화된, 물질화된, "죽은", 그러나 어쨌든 "산 노동"이다. 비록 과거의 노동이긴 하지만 말이다. 전부가 노동이다. 그러니 자본은 노동에 지나지 않는다. 순수하고 완전히 대상화된 산 노동인 것이다. "산 노동"의 (그리고 이차적으로 펼쳐진 "자본"의) "개념의 전개"는 (실제 산 노동의 현실적 전개는 아니지만) 우리가 마르크스의 "과학적 생산"이라고 온당하게 부를 수 있는 작업(『요강』, 이 책에서 살핀 〈1861~63년 초고〉, 〈1863~65년 초고〉, 『자본』 제1권 및 1882년까지의 남은 〈초고〉들) 속에 그의 이론적 생산의 총체를 흡수했다.

"산 노동이라는 개념의 전개"(또 자본 개념의 전개)에서 첫 단계는 절대적 단순성의 제일범주(따라서 "편성 불가능" 범주, "개념형성의 주체"이지만 선험적a priori으로 규정 불가능 범주)인 산 노동 자체로부터 출발하는 것이다. 엄청난 간극이 "산 노동"과 "대상화된 노동" 사이에 있다. 수많은 차이와 더불어, 헤겔의 (규정되지 않고 본래적인) "존재"가 그런 것처럼, "산 노동"은 (자율적으로 또한 심지어는 독립적인 힘으로서) 저 자신 바깥에 자신의 생산물을 "대상화된 노동"으로 ("현존재"로) 정립한다. 이는 원천적 괴리(Diremtion)(쪼개져 나와 "현존재"로 전락함)이다. 이후 "대상화된 노동"이 바로 저 "산 노동"을 "화폐"로서 마주 대할 때(본서 제1장 2절에서 설명했던 임노동 계약 이전의 "마주함"에서), "산 노동"은 "임금노동"으로 포섭된다. 대상화된 산 노동(화폐)은 산 노동을 그 생활에 필요한 자원과 "동등한" 무언가로 편성한다. 화폐도 생활수단도 둘 다 대상화된 노동이다. 원천적이고 분화 없는 "산 노동"과 "임금노동" 사이의 차이는 그렇다면 "산 노동 개념의 (또 자본이라는 두 번째 계기의) 전개"에서 (화폐로 대상화된 노동과 산 노동 사이의 모순 이후) 세 번째가 되는 계기이다. 그리고 계속해서, 우리는 저 개념의 다종다양한 계기 각각을 "전개"할 수 있을 것이다. 그런 전개를 "해명"하는 방식은 모든 가능한 정치경제학, 특별하게는 부르주아 경치경제학의 범주 체계에 대한 "비판적 서술exposición"이다.

12.4 범주들의 편성

개념은 범주를 통해 전개되거나 가공된다.[57] 개념은 분석적으로 범주들을 통과해서, 발생적, 변증법적, 합리적으로 전개된다. 그런데 "비판 및 개념화"[58]는 개념을 편성하는 규정들(Bestimmungen)을 통해 이루어진다. 따라서 자본으로서의 화폐, 상품, 그 외 등등은 자본의 규정들이자 범주들로서, 그 각 하나씩 내에 개념이 있다. 이 결과로, "화폐"라는 자본의 규정 즉 범주 역시 자신의 개념을 전개할 수 있다. 따라서 "화폐로서의 화폐"는 하위의 계기를 편성하며, 그러고는 저 자신을 초월하여 자신의 개념이 더 상위로 전개된 "자본으로서의 화폐"로 되는데, 이것 또한 다른 규정으로 (따라서 범주로) 이어져 나간다. 화폐자본에서만 아니라, 자립적인 이자 낳는 자본에서도.[59]

그러므로 그 본질에서 "개념의 내부 운동"은 범주들을 통해 연속적으로 기술될 수 있다. 각 범주는 합리적으로 다른 범주를 요구한다. 범주들이 아무 간극도 없는 체계를 조직할 때까지 각 범주가 다음 범주로 잇달아 합리적으로 연결되는 일은 무언가 대상의 핵심적 계기를 편성하며, 마르크스는 이 대상을 "과학"을 통해 이해한다.

리카도의 방법은 다음과 같다. 그는 노동시간을 통한 상품의 가치 크기 규정 (Bestimmung)으로 시작해서, 여타의 경제적 관계들이 이런 가치규정과 모순되는지를, 또는 그런 경제적 관계들이 이 규정을 어느 정도나 조정하는지를 검토한다. (MECW.31:390; MEGA:816)

이 〈1861~63년 초고〉에서는 이러한 방법론적 지침이 제법 빈번하다. 보다시피 이 경우 오류는 필요한 규정들을 발견하지 않은 것, 개념이 전개됨에 따라 요구되는 합리성 내에서 범주들을 구축하지 않은 것으로 이루어진다. 어떤 계기(규정, 범주)를 "뛰어넘는" 것은 "추상하는 힘이 없음"을[60], 분석이 불충분함을 뜻한다.

또 다른 오류는 두 개의 범주를 하나로 혼동한 것으로 이루어진다.

아담 스미스는 잉여가치에 대한 실체적 분석을 발전시키지만entwickelt, 이것을 그 (표명의) 특별한 형식들로부터 구별할 특정 범주Categorie 형식으로 뚜렷이 제시하지 않기 때문에, 그래서 이것을 이윤이라는 더 전개된 형식entwickelte Form 과 직접적으로 뒤섞는다. (MECW.30:395; MEGA:381)

이제 볼 수 있게 된 사실은 — 여전히 전개되기를 기다리는 중인, 마르크스의 범주들에 기초한 미래 이론을 위해서 — 한편으론 잉여가치라는 "개념"의 전개가 (가장 단순하고 핵심적인 잉여가치 그 자체로부터, 표면적 현상적 수준에선 이윤이라는 가장 복잡한 것까지 이르는 전개가) 최소한 [두 범주 사이] 관계를 통해, 잉여가치 자체(잉여노동 및 필요노동으로부터 즉 다른 범주들로부터 편성되는 범주)와 이윤 사이의 관계를 통해 만들어진다는 점이다. 양쪽 범주 모두는 (가치라는 단일 개념이 전개될 때의 두 계기 모두는) 단 하나의 범주로 융합해서는 안 된다. 스미스의 오류는 여럿이다. 그는 잉여가치 범주를 뚜렷이 편성하지 않았다. 이에 따라 그는 그 개념을 전개할 수 없었고, 그래서 잉여가치라는 핵심적 계기를 이윤 등의 그 현상형태와 혼동하였다.

〈1861~63년 초고〉에서 마르크스의 관심사는 『요강』보다 훨씬 큰 자의식하에서 만들어졌다. 우리가 보아왔다시피 이 초고 전반에서 그의 관심사는 필수적 규정 및 범주 전부를 통해 "자본 일반의 개념"을 전개하는 것이다. 어떤 범주의 "필요성"은 정확히 그것의 "합리성"을 표시한다. 개념에 대한 담론 혹은 서술(Darstellung)은 (객관적 지성Verstand의 처리행위인) 범주들의 적확한 편성에 대한 (변증법적 이성Vernunft의 처리행위인) 합리적 규정을 수행한다.

따라서 다음 두 가지를 서로 구별하는 게 문제가 된다. 하나는 경제학의 역사적 구조(혹은 범주들의 체계)의 외적인 진화. 이는 마르크스가 (페티 및 중농주의자들로부터 출발해서) 연구하고자 하는 것이다(〈그림 12.2〉의 화살표 x). 또하나는 우리 목적에 몹시 중요한 것으로서 (이 지점에서 카우츠키는 틀렸고, 이〈초고〉에서 마르크스가 이후에 저술하려고 했던 역사적 설명을 찾아낸 사람들도 마찬가지로 틀렸는데) 범주들의 "틀"(즉 개념)의 내적인 전개. 이는 비판적 대면이 진전함에 따라(〈그림 12.2〉의 화살표 z) 더욱 적확하고 획기적으로 된다. 〈노트V〉(본서 제3장)에 이르기까지 활용된 범주적 "틀"(혹은 〈그림 12.2〉 A지점에서의 개념의 전개)에서부터, 마르크스는 비판적 대면들(〈그림 12.2〉의 화살표 a, d,

〈그림 12.2〉 개념의 전개와 범주들의 편성

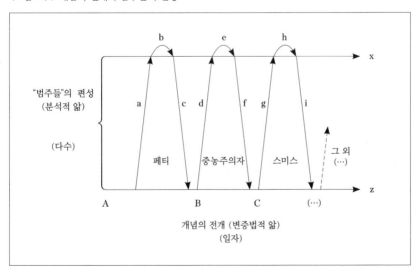

설명 : A, B, C = 범주들 / a, d, g = 비판 / b, e, h = 범주의 편성 / c, f, i = "범주적 틀"(개념) 속으로 새로운 범주를 통합 / x = 외부의 연대기적 역사 / z = 개념의 내적 전개(심층의 운동)

g, …)을 개시한다. 각 경우에서 연구된 저자(페티 등의 저자)는 반드시 가장 흥미로운 사람이어야 하는 게 아니다. 비판의 저 과정에서 가장 중요한 것은 마르크스가 그토록 자주 새로운 범주들의 편성(화살표 b, e, h)을 필요로 한다는 점이다. 이 "새로운" 범주들은 이전의 범주적 "틀"로 통합되고(화살표 c, f, i), 그 "틀"은 성숙하고, 성장하고, 조정된다(A지점으로부터 B, C, … 으로의 운동). 이에 따라 범주적 "틀"(즉 개념)의 "전개"(화살표 z가 표시하는 방향)는 완수된다. 실제에서 마르크스에게 "잉여가치론"은 역사를 기술할 동기에서 나온 게 전혀 아니며, 심지어는 하나 혹은 몇 가지 잉여가치 이론의 기술이라는 목적을 띤 것조차 아니다. 근본에서 실질적으로 일어난 일은 "개념의 전개" 혹은 범주적 "틀"의 전개다. 이 경제학자들(즉 이들의 이론)과, 또 마르크스로 하여금 새로운 범주들을 편성하도록 몰아세운 자본의 현실과 비판적으로 대면함을 통해, 또 저 새로운 범주들을 체계화하여 출발점에 있던 범주적 "틀" 혹은 "개념"을 성숙시키고 조정함에 의해 펼쳐진 저 전개야말로 〈초고〉에서 정말 일어난 일이다. 그렇기에 우리는 사적史的 해설에 큰 관심이 없었고, 다만 마르크스가 자신의 비판을 만들어간 방식, 그가 계속해서 자신의 범주들을 축조해간 방식에 관심을 두었다. 우리의 과업은 영속적인 "인식론적 주목"(지향성intention)에서 비롯된 범주들의 "고고학" 같은 것이었다.

헤겔에게 "자기"Self는 "단순한 범주"61 즉 가장 단순한 것이었다. 『1844년 초고』에서부터 마르크스에게는 인간 즉 피와 살, 근육, 욕망, 욕구로 만들어진 인간이 출발점이었다. "대상화된 노동"의 근본적 대립으로서 "산 노동"이라는 출발점. "산 노동"은 가장 단순하고, 가장 구체적이며, 그러면서도 자본(대상화된 노동)과 관련해 그 외부에 놓인, 이후 펼쳐질 모든 전개의 의무적 준거la referencia obligada이다.

이 〈1861~63년 초고〉에서 마르크스는 주로 "가치" 및 "잉여가치" 범주들을 "생산가격" 범주와 연결 짓는 특정한 전개에서 진전을 이룬다. 이 범주들은 『요강』까지는 제대로 가공되지 않았으므로, 목적을 위해서는 다른 범주들이 전제되어야만 했다. 평균이윤, 절대지대와 차액지대, 상업이윤과 이자로의 잉여가치 배분, 생산수단에 소모된 가치의 재출현 방식, 축적 본래의 운동, 단순재생산과 확대재생산, 그리고 중심적으로는 생산물 가치가 경쟁을 통해 생산가격 및 시작 가격으로 결정되기까지 생산물 가치가 겪는 형태변환이 그런 범주들이다. 이것들은 이 〈초고〉를 통틀어 가공, 편성된 범주 중 몇 가지로서, 우리 책 제2부의 도입부에 있는 〈그림 4.1〉(잉여가치와 이윤 사이의 매개적 범주들)에서 도식적으로 제안되었다.

마르크스에게 산 노동이라는 개념(및 대상화된 노동으로서 자본 개념)의 전개는 합리적이다. 각각의 범주는 앞선 범주를 정합적이고 논리적으로, 비약 없이 뒤따르기 때문이다. 가치가 대상화된 노동이라는 점이 (그리고 부당한 잉여가치는 지불되지 않은 산 노동이라는 점이) 전제되고 나면, "가치 법칙"은 항상 모순 없이 시행될 것이다. 마르크스는 비합리적인 모순들(일례로 본서 제7장 2절 및 3절 지대의 경우, 혹은 제7장 4절 "비용가격"의 경우) 중 어느 것도 해소하지 않고[62] 심지어 자본주의적 담론에 대해서조차 유기적 일관성을 부여하는데, 덕분에 그는 담론 자체가 상정한 것들로부터 그 불가능성(이윤율의 하락을 이유로 한 자본주의의 본질로서의 위기crisis에 따른 것만이 아니라, 주되게는 잉여가치와 이윤의 현실적 원천을 제시할 능력이 없다는 데 따른 불가능성)을 예증할 수 있다.

12.5 〈1861~63년 초고〉와 "해방철학"

마르크스는 전체 이론을 가공하되, 개념을 전개할 범주들의 편성을 즉자적 목적으로서도 아니고 무시간적 본질에 대한 관조contemplación로서도 아니라, 실천적, 정치적, 역사적, 구체적 과업으로서 수행한다.

부르주아 경제학자들의 오류는 이들이 저 경제 범주들을 영원한 법칙으로 간주한 채, 주어진 역사상의 발전에만 적용되는 역사적 법칙이라고 생각하지 않는다는 점입니다.[63]

현실의 경제 체계, 따라서 자본주의 정치경제학을 역사적으로 만드는 일은 이것의 보편성을, 영원성의 주장을 탈물신화한다는 것을 의미하며, 이것 자체를 "사물의 본성 자체"와 혼동하게끔 하려는 그 의도를 비판한다는 것을 의미한다. 그런데 자본주의의 (현실적 또 이론적인 자본주의) 경제 체계 총체를 (산 노동으로부터 비롯하여) 그 총체를 둘러싼 현실성의 단지 한 계기로 두려는 이러한 의도는 마르크스로 하여금 윤리적 판단을 표명하도록 만든다. 비트겐슈타인이, 총체로서의 세계 위에 더해진 외부가 전혀 없다면 판단 의식도 없을 것이라고 말할 때, 또 "윤리적인 것은 신비한 것이다."[64]라고 말할 때 그는 옳다. 마르크스는 이와 반대로 자본주의적 세계의 총체가 (현실과 이론 양쪽에서) 의식을 가진다고, 그런데 부당하고 왜곡된 윤리적 의식을 가진다고 간주한다. 달리 말해, 자본주의적 세계의 총체로부터 (현실적으로는 생산 층위에서 산 노동의 착취에 기초하여 만들어지지만, 이론적으로는 자신의 모든 이론을 오로지 상품들의 세계 위에 기초하기를 원하기 때문에 자신의 원천을 숨기는 세계로부터) 떨어져 서 있기에 마르크스는, 프롤레타리아 계급의 이해관심과 연대를 이루어 비판적, 윤리·실천적, 이론·과학적 판단을 가할 수 있고, 프롤레타리아 계급에게 정치·혁명적 의식을 제공할 수 있다.

> 자본주의자는 자본의 본질Wesen에 대해 아무것도 알지 못하며, 그의 의식 가운데서 잉여가치는 오직 이윤의 형태로만 있다. (MECW.33:71;MEGA:1602)

> 따라서 자본주의적 생산의 참여자들은 [노동자들도 마찬가지로] 마법 걸린 세계에 살고 있으며, 이들에게 저 자신들의 관계는 사물들이 소유한 속성, 생산의 물질적 원소들이 소유한 속성으로 나타난다. (MECW.32:514;MEGA:1511)

> 저 팸플릿은 이론적 논문이 전혀 아니다. [그것은] 저 시대의 고통과 국민적 어려움에 대해 경제학자들이 내세운 거짓 논거에 대한 항의다. 결과적으로 그 팸플릿은 잉여가치를 잉여노동으로 개념파악한 것이 경제 범주들의 전체 체계에 대한 일반적 비판을 수반한다는 주장을 내세우지 않을 뿐만 아니라, 이로부터 이런 일반

적 비판이 기대될 수도 없다. 저자는 외려 리카도적 토양 위에 서 있기에 한결같이 체계 자체가 내포한 결과 중 하나에 대해서만 진술할 뿐이고, 이것을 자본에 대립하는 노동 계급의 이해관심Interesse 속에서 진전시킨다. 이것 말고는, 이 저자는 그가 찾은 경제 범주들에 사로잡힌 채 있다. (MECW.32:388;MEGA:1385)

사실 이것이 [리카도의 관점에서] 프롤레타리아 계급의 이해관심을 옹호하는 모든 저술에 속한 최종적 의미이다. (MECW.32:394;MEGA:1390)

훨씬 더 많은 사례를 제시할 수 있겠지만, 계속하기를 멈추고 마르크스의 또 다른 텍스트를 집어넣고 싶다.

만약 자본주의적 생산에서 ─ 따라서 그 이론적 표현인 정치경제학에서 ─ 다만 노동을 위해 노동 자신이 창조한 받침대 등등의 것으로만 과거 노동을 마주치게 된다면, 그토록 논란 많은 쟁점은 떠오르지 않았을 것이다. 그런 쟁점은 자본주의적 생산의 실제적 삶에서, 또한 그 이론에서도, 물질화된 노동이 저 자신 즉 산 노동에 모순으로 나타나기 때문에 존재할 뿐이다. (MECW.32:409:MEGA: 1409~1410)

자본의 비윤리적 본질은 잉여가치 자체의 존재에, 이윤이 비지불 노동으로부터 획득된다는 사실(본서 제2장과 제3장을 보라)에 기초를 두며, 후자는 부정의의 명확한 사례가 된다 ─ 이는 도덕철학에서 내내 다뤄졌으며 그 범위는 플라톤의 『국가』나 아리스토텔레스의 『정치학』으로부터, 중세를 거쳐 제2차 스페인 스콜라주의 운동, 일례로 프란치스코 수아레즈의 『법과 정의』 논고[65]나 아담 스미스의 도덕론에까지 이른다. 산 노동과 대상화된 노동(자본으로서의 화폐) 사이의 교환(본서 제1장 3절)은 불평등하다. 윤리적으로 또 인류학적으로 "산 노동이 수단이 되어 여기에서 대상화된 노동은 보존되고 증대한다."[66] 타자를 즉 인격을 수단의 자리에 놓는 것은 비윤리적이다(그러나 이는 현재 지배적인 도덕의 입장에서는 "도덕적"일 수 있다). 그러한 불평등, 부정의, 도둑질에 대해 "의식은 아무것도 알지 못"하는데 이미 말했듯 이런 의식은 자본가의 의식만이 아니라 노동자의 것이기도 하다. 그에게 저 자신의 산 노동은 대상화된 노동에 불과한 것으로 신비화되며, 말하자면 노동은 단지 "임금의 원천"이 된다.[67] "계급 적대"[68]는 현실의 구조와 일치한다. 산 노동, "가치의 창조적 원천"은(본서 제1장 2절 a를 보라) 단지 (임금의 등가물인) 노동능력 즉 (산 노동이 이미 포섭되어버렸을 때의) 임금노동과 뒤섞인다se confunde. "프롤레타리아 계급의 이해관심", 다시 말해 생산물 속에 대상화된 (또 자본이 즉 자본가가 전유한 잉여가치로서 상실된) 삶을 회복할 힘은 마르크스 이론의 의도를 떠받치는 실천적, 역사적, 정치적 토대이다. 자본이 헤게모니를 행사하는 각 국민이나 세계 전반에서 개별자로서 또 계급으로서 노동자가 자본의 본질인 은폐되고 신비화되고 물화된 부정의를 의식하게 되는 일이 마르크스 이론의 과학적 가공 전체의 구체적 목적인 한에서는 그렇다.

자본의 본질에는 실천적이고 도덕적인(윤리적인 게 아닌) 규약estatuto이 있다. "사람과 자연"의 관계는 생산적인 데 반해, "사람과 사람"의 관계는 실천적이기에 도덕적(현존 체제처럼)이거나 또는 윤리적(외부로부터 "호명하는" 타자처럼) 윤리적이다.[69] 마르크스가 보기엔, 의심할 여지없이, 순진한 유물론과는 반대로 윤리적 관계가 생산 관계를 결정하고 또 구체적으로 편성한다.

자연에서 인간의 소유는 공동체, 가족, 부족 등의 구성원으로서의 실존을 통해, 즉 자연에 대한 그의 관계를 결정하는 다른 인간에 대한 그의 관계를 통해 매개된다. (MECW.33:301; MEGA:1818)

누군가는 여기에서 어떻게 정치경제의 진정한Wirklich 과학이, 부르주아적 생산관계를 단지 역사적인 관계로, … 인간에 대한 긍정으로 간주하게 되는지를 볼 수 있다. 인간 활동 즉 노동의 결과물이 아닌 모든 것은 자연이며, 그렇기에 사회적 부가 아니다. (MECW.33:345; MEGA:1860)

마르크스주의 전통에서 "생산의 사회적 관계"가 언급될 때, 흔히 잊게 되는 사실은 사회적 "관계"가 첫째, 사람들 사이의 "관계"(실천적, 정치적, 윤리적 관계 즉 정당할 수도 부당할 수도 있고, 바를 수도 왜곡될 수도 있는 관계)라는 점이고, 둘째, 저 관계의 "사회적" 계기는 자본주의의 이미 왜곡된 본성("고립"되고, 비공동체적인 노동 등등)을 나타낸다는 점이다. 더 나아가 이러한 실천적인 — 따라서 윤리적인(자본주의에서는 정의롭지 않은) — 사회적 관계는 "생산" 관계이다. 다시 말해 이는 도구와 노동을 통한 자연과의 관계를 포함한다. 그러나 그런 "자연과의 관계"는 이미 윤리적, 역사적, 현실적으로 매개되고, 정초되고, 규정된다. 이것은 "생산의 대리자"가 사회적으로, 부당하게 맺은 자연과의 관계이며, 그 속에서 누군가는 그의 노동 전부("가치의 창조적 원천")를 판매하고, 다른 누군가는 임금(노동자의 필요 생활수단만큼만 즉 그의 노동능력 재생산만큼만 지불할 정도의 화폐)에 대상화된 노동만을 지불한다. 저 (윤리–실천적) "사회적 관계"는 "생산관계"를 규정한다. 마르크스는 자본의 비윤리적 본질(그러나 부르주아 도덕에 따르면 완벽하게 "도덕적인" 본질)을 해방의 윤리[70]라는 절대적 원칙으로부터 비판한다. 이 해방은 물질과 정신 모두에서 노동자의 주체성의 현실성인 노동자의 삶 즉 산 노동의 해방이다.

마르크스주의 전통 내의 몇몇 그룹은 현실 사회주의 경제라는 새로운 절대적 규준을 물신으로 구성하는 일로 전락하고 말았다. 그러한 규준은 "절대적"인 것이 되었는데,

우리 만물박사님은[71] 물신에 얼마나 깊이 빠져들었는지. 또 상대적인 것을 실정적인[절대적인] 것으로 어찌나 변형시키는지. (MECW.32 : 316 ; MEGA : 1317)

다른 어떤 항목에 대해서도 상대적이지 않고 절대적인 유일한 것은 인간의 공동체, 인격, 산 노동이며, 이렇기에 마르크스의 유물론은 역사적 혹은 생산적 유물론이다. 말하자면 그 물질성은 노동자의 "육신성"corporalidad(그의 몸, 그의 기초적 욕구, 그의 감각 — 칸트나 포이어바흐 식의 인식 이론상의 직관이 아니라, 필요의 감각, 굶주림의 감각 — 같은 것)인데, 경제적인 것 모두는 이로부터 출현하고, 모든 경제

과학은 이로부터 사유해야 한다. 산 노동의 이 현실적이고 감각적인 육신성으로 부터는 모든 것이 윤리적으로 판단되어야 할 것이다.

마르크스에게 자본에 대한 모든 비판의 (또 현실의) 원천이 산 노동이라면, 비판적 이론의 수취인은 "프롤레타리아의 의식"이다. 비판적 이론이 프롤레타리아의 의식에 알리려는 내용은 모든 자본이 산 노동에 불과하다는 사실이다. 그런데 이 것["모든 자본"]은 가치로서가 아니라, 즉 전유한 것을 공동체 형태에서 가설적으로 서로 나눌 수 있는 가치로서가 아니라, 소외되고 도둑맞은 잉여가치("비지불노동")72, 즉 산 노동으로부터 또 노동자로부터 부당하게 탈취한 잉여가치로서 있다.

자본의 현상적이고 물신화된 외양에 관한 것만이 아니라 자본의 본질에 관한 "프롤레타리아의 의식"의 그러한 "앎"(Wissen)은, 마르크스의 의미에서 과학(Wissenschaft)의 효과적인 역사적 실현이다.

앎이 산 노동, 열세 계급, 역사적 인민의 의식의 비판적 현행화로 시행되지 않는 한, 그 지식은 엘리트주의적 과학 즉 학술적인, 물신화된, 불모의, 불필요한 "쓸데없는 지식", 순수한 "형식적 앎"이다. 지식이 "의식" 즉 계급의식, 인민의식이 될 때, 오직 이런 경우에야 지식은 "진정한 앎"이 된다. (역사"의" 과학만이 아니라) "역사로서의 과학"이 되는 것이다.

라틴아메리카의 해방철학은 마르크스로부터 배울 것이 매우 많다. 마르크스의 "과학"은 유럽의 19세기 후반, 임금노동으로서 자본에 소외된 산 노동의 "해방철학"이었다.

오늘날 "해방철학"은, 저발전 주변부 민중 계급의 소외된 산 노동에 대한 과학을 통해, 그리고 국민적이고 민중적인 변형 과정 중에 중심부와 주변부의 전지구적 자본주의에 맞서 투쟁하는 소위 제3세계 사람들에 대한 과학을 통해, 21세기의 서두에도 마찬가지로 구성되어야만 한다.

자본을 넘어선 "새로운 유토피아 사회"는 여전히 라틴아메리카에서 가장 적실성 있는 화두다.73 비판으로서의 과학을 가능하게 만드는 어느 정도의 윤리적 외재성을 ─ 비참한 지역 공동체들의 빈곤한 대중에게 속한 미래의 조국으로서 ─ 이 화두가 유지하기 때문이다.

제13장

〈1861~63년 초고〉와 "종속 개념"

이 장은 "종속 문제"를 다시금 제기하는 것을 목표로 삼으며, 마르크스로 돌아가는 것이 몹시 필수적임을 역설한다. 그러니 이 작업은 마르크스가 서서히 가공했던 범주들을 이용해서 현재를 해석하려는 "실천" 혹은 "방법"으로 보아야 할 것이다.

마르크스는 "잉여가치론"을 비유의 방식으로, 여기에서 재생산되는 테제와 함께 시작했다. 그는 "모든 경제학자들은 오류를 공유한다."라고 썼다.[1] 나라면 수많은 경제학자, 역사가, 사회학자들이 종속 문제를 국민간의 사회적 관계로서가 아니라, 또 세계 질서 속 경쟁의 틀에서 상이한 유기적 구성을 띤 국민적 자본들의 총체 사이에 이루어지는 잉여가치 이전으로서가 아니라, 그 특수한 형태들을 통해서 또는 이차적 현상에 불과한 측면들을 갖고서 검토하는 오류를 공유한다고 말하겠다. 요컨대 저들은 본질을 외양과 혼동한다. 나아가 저들은 개념을 다듬거나 추상적, 논리적, 본질적 층위에서 필수 범주들을 먼저 구축하거나 하지도 않고, 외려 혼란하고 비과학적이고 삽화적인 종속의 역사에 빠져 길을 잃는다.

출발점에서 우리는 종속에 관한 토론에서 흔히 눈에 띌 정도로 마르크스는 없었다고 진술할 수 있겠다. 몇몇 경우, 후이 마우루 마리니의 탁월한 작업에서처럼, "잉여가치의 이전"이라는 논점이 특별히 뚜렷이 다뤄진 적도 있다.[2] 하지만 다음에는 저런 이전에 대한 보상이 (말하자면 보상은 잉여가치 이전이라는 본질에 기초를 둔 이차적이고 파생적인 기제인데도) 종속의 본질로 되고 말았다. "거기에서 뒷받침되는 중심 명제 … 는 종속의 토대가 노동의 초착취superexplotación라는 점이다."[3]

어떻게 잉여가치 이전의 결과 또는 보상이 종속의 토대(본질)일 수 있는가? 정초적, 본질적 층위에서는 잉여가치의 이전이 종속 자본으로 하여금 자신의 임금노동을 반드시 초과착취하도록 만든다. 초과착취는 결과이다. 마르크스라면 "혼동"이라고 부를 이런 실수의 이유는 "개념"의 ─ 마르크스가 이에 부여한 의미에서 "개념"의 ─ 명확한 정의가 앞서 있지 않기 때문이다.

13.1 "종속론"[4]

이 절에서는 다양한 "종속 이론"을 제시하며 과업의 서두를 마련하려고 하겠지만, 완성된 작업을 구성하는 것은 결코 아니다.

『제국주의, 자본주의의 최고 단계』[5](레닌 1964)에서 레닌은 자신이 단지 경제적 관점으로부터 비롯된 "대중적 개요"를 저술 중이라는 사실을 알고 있었다. J.A. 홉슨(1902) 역시 제국주의의 역사적 정치적 측면들을 다루기 시작했으나 잉여가치 범주도 따라서 "잉여가치의 이전"이라는 범주도 전혀 이용하지 않았다. "초과이윤"superprofits[6]에 대한 언급이 있지만, 상품 가치, 비용가격이나 생산가격, 시장가치, 시장가격 등과 같은 범주들에 대해서는 전혀 언급이 없다. 그 정초적 테제는 옳은 이야기인데, "경쟁은 독점으로 변형된다"는 것이다.[7] 다른 식으로 말하자면, "구래의 자유 경쟁"[8]은 더 높은 수준의 경쟁에 자리를 내준다는 것이다 (후자는 구래의 경쟁에 대비할 때 "독점"이지만, 이는 자본의 크기와 유기적 구성 모두에서 더 고도로 집중된 자본들 사이의 "새로운" 경쟁이다).[9] 레닌은 이렇게 쓴다.

실은 자본가들은 … 철도 건설을 십억의 (식민지와 반半식민지) 인민을, 다시 말해 종속된 나라들에 거주하는 지구 인구의 절반 이상을 억압하는 도구로 … 전환시켰다. 자본주의는 … 한 줌의 "앞선" 나라들이 … 식민지를 억압하는 세계 체제로 성장하였다. (레닌 1964 : 190~191 [『제국주의론』 : 32~33])

식민지를 소유하는 나라들과 식민지 자체라는 두 주요 그룹뿐만 아니라, 정치적으로 보아 형식상 독립했으나 실상은 재정적이고 외교적인 종속의 그물에 걸려들어 있는 종속된 나라들의 다양한 형태 역시 존재한다. … 그 한 사례는 … 아르헨티나가 제공한다. (레닌 1964 : 263 [『제국주의론』 : 118])

레닌은 "불균등 발전"[10]이 있다는 사실을 의식한다. 레닌은 가장 앞선 나라들에서(그는 영국, 미국, 독일 혹은 일본의 사례를 제시하는데) 금융 자본이 충분한 수준("산업 자본가들의 독점적 연합 자본과 융합한 소수의 거대 독점 은행들의 은행 자본")에 도달한 후에, 또 세계의 분할 후에, "완전히 분할되어버린 세계 영토의 독점적 소유라는 식민적 정책으로의" 이행이 있다는 사실을 안다. 레닌은 ─ 식민지의, 반식민지의, 형식적으로는 독립적이되 실제로는 종속적인 나라들 등의 ─ "종속"에 대해 되풀이하여 말한다. 그는 자본의 (그 생산 수준 혹은 화폐 수준에서의) 독점적 집중이, 또 다른 수준에서 이루어지는 (국민적 권력들과 응집한 자본들 사이의) 새 유형의 경쟁을 방지하지 못한다는 사실을 안다. 그가 기술하지 않는 것은 남·북 관계이다(다만 제국주의로부터 종속된 지역들로 향하는, 북·남 관계를 언급할 뿐이다). 종속된 나라들로부터 앞선 나라들 쪽으로는 어떤 종류의 부, 가치, 잉여가치 이전이 일어나는가? (추상 속 자본 가치의 수준에서) 본질적 구조는 무엇이며, (교환 속 가치로부터 가격으로의 전형 등의) 표면적 기제는 무엇인가? 이 중 어떤 것도 레닌은 다루지 않는다. 따라서 레닌의 이 "대중적 개요"를 두고 종속 "개념"을 비판하거나 기초하려고 했던 수많은 저자들은 마르크스 자신에게로 되돌아가지 않았기에, 단단한 지반 위에 서지 않았던 셈이다 ─ 이 때문에 저 모든 혼란, 오류, 비약 등등이 일어났다.

로자 룩셈부르크도 『자본의 축적』의 "국제 차관"에 관한 장에서[11] 중심부 자본이 그 잉여가치(차관, 철도부설권 등) 실현을 위해 확장하려는 경향을 지적했다. 그녀는 잉여가치가 주변부로부터 착출된다는 사실을 주시하고 자신의 사례로 아시아 터키의 독일 자본을 제시했다.[12]

독일에서 잉여가치를 "실현한다"는 것은 무엇보다 먼저 그 잉여가치가 중심부 나라로 이전된다는 사실을 의미한다. 룩셈부르크는 종속 문제에 몹시도 중요한 "상대 임금의 경향적 저하 법칙"[13]을 발언enunciado했을 때 훨씬 더 창의적이었던 것 같다.

또 다른 고전적 저술가인 헨릭 그로스만은 마르크스의 문헌들이 "국제적 교환에서 가격의 가치로부터의 일탈" 문제를 체계적으로 다룬다고 보지 않았고, 이 문제가 "힐퍼딩이나 다른 누군가가 수행한 마르크스 체계의 총체적 구축에 삽입되는" 것으로 보지 않았으며, "따라서 자본주의에서의 외국 무역의 기능에 대한 더 심오한 분석 역시 간과되었다."고 했다.[14]

이에 대한 이유는 이해할 만하다. 마르크스는 자본 일반을 연구했기 때문이다. 그는 세계시장 부분에서야 그로스만이 제기했던 문제를 다룰 수 있었을 것이다.[15] 그로스만은 꽤 올바르게 또 정확히 마르크스주의적으로 다음과 같이 주목한다.

국제 무역에서는 등가물 교환이 없는데, 국내시장과 마찬가지로 이윤율 균등화 경향이 있고, 따라서 고도로 발전한 자본주의 국가, 다시 말해 자본의 유기적 구성의 평균 정도가 더 높은 국가의 상품들이 팔리는 생산가격은 언제나 그 가치보다 더 크기 때문이다. 다른 한편 자본의 유기적 구성의 정도가 더 낮은 나라들의 상품이 자유경쟁하에서 팔리는 생산가격은 그 가치보다 낮아야 할 것이다. … 이렇게, 세계시장의 유통 영역 내부에서 저발전 국가에서 생산된 잉여가치의 이전이 발생한다. 잉여가치 배분이 고용된 노동자 수에 따라 이루어지는 것이 아니라 기능하는 자본[16]의 크기에 따라 이루어지기 때문이다.[17]

그로스만은 이 문제를 극도로 정확한 방식으로 연구할 뿐만 아니라 라틴아메리카 사례를 분석하기까지 하며, 거기에서 쿠바는 북미로 향하는 잉여가치 이전으로 인해 약탈당했다고 결론을 내린다.[18] 심지어 오토 바우어조차 이렇게 썼다. "국민들이 생산에 동일 노동량을 요구하는 상품들을 서로 교환한다는 말은 참이 아니다. 가격은 교환에서 비롯된 이윤과 손실을 감추기 때문이다. 발전한 산업을 가진 나라들은 농업이 중심인 나라들의 희생으로 교환에서 이윤을 얻는다."[19]

나라들 사이 교환이라는 주제에 관한 로만 로스돌스키의 논평은 이렇다. "한 나라 안에서 노동 강도와 노동 생산성은 균형을 이루어 평균적 수준을 구성한다. 그런데 동일한 일이 세계시장에서는 일어나지 않는다. … 이 결과 서로 다른 국가들 사이에 불균등 교환이 발생함으로써 … 가난한 나라는 자신의 국민적 노동의 일부를 끊임없이 넘겨주어야만 한다."[20]

1962년에 프랑스 경제학자 아르기리 엠마뉘엘은 이와 동일한 범주들 중 몇 개를 사용했는데, 아마 라틴아메리카 경제학자들의 영향을 받은 듯하다. 그는 "불균등 교환"의 사례로 "국제적 가치"라는 논점을 제기했고, 자본의 더 높은 유기적 구성이 불균등 교환의 주원인이라는 생각을 부정했다.

임금에서의 차이를 강조함에 따라 엠마뉘엘이 국경 즉 "불연속의 절대적인 문턱을 편성"하는[21] 한계를 진지하게 받아들여야만 했다는 점이 중요하다. 그는 마르크스가 자본 일반의 개념을 연구하면서는 다룰 수 없었던 화제를 발전시킨다. 샤를 베텔하임은 훨씬 더 균형 잡힌 입장을 그 자신의 관점에서 표현한다. 베텔하임은 엠마뉘엘의 결론을 부분적인 것으로 받아들이면서, 상이한 유기적 구성이 ─ 마르크스, 그로스만, 그리고 거의 모든 저자들이 생각했던 대로 ─ 정초적 현상임을 지적하고 임금 차이는 이로부터 파생되는 것임을 보여준다.[22] 이 논쟁으로부터 얻은 바는, 국가 자본들의 유기적 구성 사이에서의 차이는 몹시 중요하지만 그 차이만큼이나 국가의 평균 임금 차이도 살펴볼 필요가 있다는 점이다.

1970년에 크리스티앙 팔루아는 모든 사실이 경제학으로 하여금 "노동 가치로부터 생산가격으로의 이행"을 고찰하기를 요구해 왔다는 점에 주목했다.[23] 우리가 이제까지 보아 왔듯이, 마르크스에 의해 〈1861~63년 초고〉에서 처음으로 뚜렷하게 다뤄졌던 게 바로 이 논점이다. 팔루아는 "생산과정 자체 안에서, 국제적 가치의 규정은 국가적 토대(노동시간)을 가진다. 세계적 생산가격이 세계라는 평면 위에서 모종의 가치형태를 실현하면서 있다면 … 이론적 문제는 국제적 가치로부터 세계적 생산가격으로의 이행을 수행하는 데 있다."고 진술했다.[24]

이전에 개별 자본, 자본 분야, 자본 일반과 관련하여 사용된 범주들은 국가 간 수준에 유비적으로 적용되어, "국제적[국민간의] 가치", "세계적 생산가격"이 된다. 멕시코와 미국에서 (독점 상황은 부정의 방식일지라도 경쟁으로부터 축조되기 때문에) 경쟁 속에서 생산된 생산물의 경우, 생산물의 "국민적 가치", (멕시코와 미국에서의) 국민적 가격을 국제적 평균가격으로부터 구별할 필요가 있다. 세계적 평균이윤의 결정은 국민적 평균이윤을 (상이한 생산 분야들 가운데서) 결정하는 것과 동일한 방식으로 처리된다. 같은 식으로, 국민적 노동능력의 가치(멕시코에서든 미국에서든)는 혹은 그 국민적 가격(그 임금)에 대해서는, 한쪽이 "가설적" 세계 평균 이상이고 다른 한쪽이 평균 이하라는 결론을 내리도록 만들어줄 것이다. 팔루아는 상이한 유기적 구성의 결과인 불균등 교환은 저발전 국가와 발전 국가들에서 상이한 잉여가치율 혹은 상이한 임금 가치를 규정한다고 주장한다.[25] (이 두 번째 유형의 교환[국내에서의 교환에 대비되는 국민들 사이의 상품 교환]은 그전의 여러 불평등을 두드러지도록 만든다. 곧 이 교환은 불평등을 제거하지 않을 뿐만 아니라 이 교환이 새로운 모순적 현상인 것도 아니다.)

이상의 전체 논쟁에서 언급할 만한 점은, 저 범주들이 마르크스가 구축했던 그대로, 엄밀히 사용되거나 명확히 개념화되어 사용된다는 사실이다.

라틴아메리카에서는 이와 대조적으로 사태가 뚜렷이 다른 방식으로 제기된다. 세 가지 비판적 조류가 있었다(이들은 공히 사회학적이거나 역사적이었지만, 소수만이 진정으로 철학적, 경제적이다. 즉 엄격한 의미에서 마르크스주의적인 조류는 거의 없다).

최초의 비판적 시야는 역사적인 것이었다. 진정한 개척자인 세르히오 바구는 일찍이 1949년에 루주이스파노 아메리카[26] 식민 경제 체제의 봉건적 성격을 문제 삼기 시작했다(바구 1949). 몇 년 후 그는 "봉건 주기를 부활시키기는커녕, 루주이스파노 아메리카는 놀랄 만한 속도로 상업자본주의 주기로 들어섰다.”고 썼고, 심지어는 “루주이스파노 아메리카는 저 주기에 커다란 정력을 부여하는 데 힘써서, 몇 세기 후 산업자본주의 주기의 시작을 가능하도록 만들었다.”라고 쓰기도 했다.[27] 이렇다면 식민지 자본주의에 대해 말하는 게 가능해진 것은 바구를 통해서였던 셈이다.

방법론적으로 보자면, 카를로스 셈팟 아사두리안이 “하나의 추상에서 또 다른 상상적 추상을 향해”[28] 가서는 안 된다고 말할 때 그는 옳다. 그렇지만 안드레 군더 프랑크와 함께 시작할 때, 우리는 경제적 문제들이 개념도 전개하지 않고 필요한 범주들도 없이 논의되었다고 말할 수도 있다. 충분한 범주적 틀 없이 구체적인 역사적 내용으로 이행하는 경우가 있었고, 이는 막다른 길에 다다랐다.

마르크스에게는, 엥겔스에게조차도, 처음으로 해야 할 일은 범주들을 편성함으로써 개념 전개의 논리를 기술하는 것이다. 역사가 출발점이라면 우리는 순전히 “경험적인 외양”(empirischen Schein)에 빠져들고 만다.[29] 유익한 한 논의에서, 쿤츠는 다음과 같은 내용을 명확히 한다.

세계 시장 및 세계 시장에 내재적인 관계들에 대한 분석은 우선 역사적 성격이 아니라 논리적 성격을 띠어야 한다. 그리고 여기에서 우리는 종속의 역사적 기원들을 어쨌든 유효하게 찾으려고 생각 중이다. … 몇몇 국가들이 다른 국가들을 지배하는 경우의, 〔이런 지배의〕 내부적 기능작용의, 그 정초적 규정들의 본질적, 추상적, 종별적 본성에 관한 지식이 자명하게 결여된 채로 시작한다면, 과연 저 일이 가능할까? 마르크스의 시야로부터 이것을 떠올릴 수나 있을까?[30]

종속의 “역사”에 관한 논의 대부분은 그것이 채용한 범주들과 관련하여 부정확한 가설들을 출발점으로 삼았다. “경험적 외양”에 대한 접근은 혼란스러웠으며 따라서 아주 약간의 결론만을 이끌어낼 수 있었다.

두 번째 길은 “이원성”dualismo에 대한 사회학적 비판이었다(부커 1953 및 람베르트 1953을 참조할 것, 그리고 이 입장에 대한 비판으로는 팔레토 1964 및 스타벤하겐 1968, 그리고 "내부의 식민주의" 가설을 지지하는 카사노바 1963를 볼 것). 이 입장은 (특히 식민지 혹은 주변부 세계에서) 시골을 도시와, 전통적 전자본주의 사회를 현대 자본주의 사회와 대조하였다. 다시 말해 이 입장은 외부의 식민주의가 실존함을 긍정했다. 이런 접근은 문제해득을 진전시켰지만 이후 논쟁의 핵심에 초점을 맞추지는 못한 것 같다.

이것과는 반대로, 발전이론에 대한 비판은 (라틴아메리카에서 이것은 압도적으로 사회학적이고 역사적이었는데) 가장 풍요로운 이론적 유산을 남긴 것 같지만, 이것도 마찬가지로 막다른 길에 이르게 되었다. 따라서 문제를 새롭게 재개할 필요가 있다.

라울 프레비시는 비록 발전론자였지만, 라틴아메리카 경제위원회ECLA 내부의 자기 입장으로부터 일찍이 1949년에 "세계의 커다란 산업 중심부는, 생산성 향상에 거의 참여하지 못하는 새로운 체제의 광대하고 이종적인 주변부로 둘러싸여" 있다는 것을 지적했다.[31] 1964년까지 문제상황은 더욱 나빠졌다. 1950년에서 1961년 사이에 라틴아메리카는 "상대적 가격의 하락으로 거의 134억 달러"의 손실을 입었다. 더 나아가, 외국 자본이 96억 달러를 원조했지만 라틴아메리카의 해외송금액은 134억 달러에 달했다.[32]

미하우 칼레츠키는 "외부 시장"의 관념을 진전시켰고(일례로 칼레츠키 1971을 보라), 반면에 월트 휘트먼 로스토(1952)는 경제 발전 이론을 입안했다. 그런데 안드레 군더 프랑크를 겨냥한 그 모든 비판에도 불구하고, 우리는 바로 그에게 종속 문제의 중심 가설을 빚지고 있다. 처음부터 프랑크의 관심사는 "발전의 사회학"이었다.[33] 이미 1963년에 그가 반反기능주의적인 "변증법적 총체"를 명확히 의식하고 있었다는 것은 확실했다.[34] 덜 발전한 나라들의 저발전의 기원에 대한 탐사를 수행하면서, 세계 체제를 저발전 국가 국민 경제의 변증법적 총체 자리에 위치시킨 바로 그 기간 동안 그는 종속 문제를 공식화하기 시작했다(프랑크 1965, 1969, 1970c, 1971을 참조하라).

프랑크가 자신의 논변을 이끌면서 언제나 역사적 접근방식을 취한다는 점은 명확하다. 하지만 이르게도 1965년에 그는 이론이 필요하다는 점을, 그런데 그 이론이 아직 공식화되지 않았다는 점을 의식하고 있었다.[35] 그러나 그의 접근방식은 언제나 역사적이었기 때문에 그는 결코 이론에 도달할 수 없었다. 마르크스가 여러 번 말했듯이 논리는 역사에 선행해야 한다. 이상이 바로 프랑크가 가치, 생산가격, 잉여가치 이전 같은 정초적 범주들을 사용하지 않았던 이유이다 ─ 그런데 그의 비판자 다수도 이런 범주들을 사용하지 않았다.

페르난두 엔히키 카르도주와 엔초 팔레토는 발전론에 대한 비판인 『라틴아메리카의 종속과 발전』(1970, 1979)을 공저했다. 이들의 결론은 이렇다. "경제적 과정, 구조적 조건, 역사적 상황들 사이의 관계가 명확히 만들어 주는 바는, 현재 발전한 나라들에서 자본주의 사회가 형성된 것에 관한 이론적 도식이 라틴아메리카 나라들의 상황을 이해하는 일에 하등 쓸모가 없다는 사실이다."[36] 정확히 동일한 내용을 이 두 사람의 저작에 대해 말할 수 있을 것이다. 약점은 분명하다. 텍스트 전반에 걸쳐 마르크스의 비판적 정치경제학 담론의 핵심적 범주들은 단 하나도 사용된 일이 없다는 점. 이 책이 선택한 접근방식은 또다시 역사적인 것이고, 명료함은 빠져 있다. 도입되는 것은 혼란이며, 결과도 혼란 외에 다른 것일 수 없다. 우리가 『라틴아메리카의 정치적 경제적 종속』(자과리비 외 1970)에서 테오토니오 도스산토스의 작업을 생각해내고 어떤 범주들이 사용되었는지를 자문해 본다면, 본질적 범주들은 또다시 찾지 못하고 다만 발전 과정을 해명하기 위해 역사적 조건들에 의존하는 내용을 보게 된다.[37]

도스산토스의 논문에는 첫째로 역사적 기술이 나온다. 둘째로 비판에 대해 ─ 이후 보겠지만 이는 잘못된 것인데 ─ 도스산토스 자신을 방어하면서 종속이 단순히 외부적 요인이 아니라고 한다. 셋째로 그는 종속을 덜 발전한 국민적 총자본 자체에 대한 "규정"determinación이 아니라 그것의 "조건" 수준에 놓는다. 바냐 밤비라는 그녀 자신의 입장에서 종속 이론을 옹호하면서, 이 이론을 겨냥하는 다양한 비난 내용을 거론한다. [반대 입장에서 종속 이론은] "신마르크스주의적 관념으로서, 부르주아의 분석 범주들을 이용하고, 계급투쟁을 없애고, 경제주의적이고, 발전론의 이론틀과 문제구성을 넘어서지 않고, 이 이론에서 종속은 국민적 개념이며, … 종속이 외부적 현상으로 간주된다."는 것이다.[38]

하지만 [반비판을 수행하는] 밤비라가 사용한 범주들을 고찰해보면, 우리는 그녀가 가치, 잉여가치, 잉여가치 이전 등의 범주들을 결코 활용하지 않았음을 볼 수 있다. 그녀의 논변은 마르크스 자신이 주조했던 (그리고 이 장에서 내가 이용하고 있는) 것에 외적인 범주들로 이루어졌다. 그런데 그녀가 다른 라틴아메리카 저자들과 공유하는 극도로 중요한 시각이 하나 있다. 그녀에게는 종속의 상황을 분석하는 것이 문제인데,

> [이런 분석은] 당연히 자본주의 생산양식의 일반이론이라는 의미에서가 아니다. 이런 일반이론은 마르크스가 행했던 것이기 때문이다. 종속적 자본주의 생산양식이라는 의미에서도 아니다. 이것은 실존하지 않기 때문이다. 오히려 [이런 분석은] 종속적 자본주의 사회경제 구성체에 대한 연구[라는 의미에서], 다시 말해 더 낮은 추상 수준에서의 분석이다. … 내 판단으로 종속 이론은 마르크스레닌주의의 창조적 적용으로 이해되어야 한다.[39]

이 시각은 여러 가지 이유에서 극도로 심각한 이론적 문제다. 첫째로, 마르크스가 자본주의 생산양식에 대한 이론을 (알튀세르적 의미에서? 혹은 마르크스 자신의 의미에서?) "행했"다(완료했다)는 표현은 사실과 다르다. 마르크스는 자신의 이론을 시작했을 뿐이었고, 기획된 세 부분 중 첫 번째 부분(그의 전체 기획의 72분의 1만 대표했던 부분)을 출판할 당시까지도 이것은 미완성 상태였다.[40] 저렇게 쓰는 것은 마르크스의 기획에 대한 무지를 나타낸다. 더 나아가, 저발전의 혹은 주변부의 종속된 국민적 총자본의 정초적 본질에 속한 개념을 전개하고 필수적 범주들을 구축하는 일은 완벽히 가능하다. 혹은 그렇지 않다면 적어도 이런 일들이 불가능함을 증명하기 위해 강력한 논변을 만들었어야 한다. 저 시각은, 마르크스 자신의 담론이 자본의 일반 개념 수준에 머무른 채 미완성 상태인데도 불구하고 그 담론의 전개인 종속 "이론"이 불가능하다고 역설하는 적들이 옳았다고 인정하기를 요구할 수도 있다. 마지막으로 저 시각은 역사적 사회구성체에 대한 "연구"가 절대로 종속에 대한 이론일 수는 없음을 나타낸다. 저 시각에 따

른 연구는 오로지 주변부의, 종속된, 저발전 국가 국민적 총자본의 시공간 속 발전에 대한 현상적 기술일 수 있을 뿐이다. 미완성된 – 마르크스의 것 같은 – 이론을 "적용하는" 과제만을 내게 부여하는 것은, 수긍할 수 없는 "과학적이고 문화적인 종속"의 자리에 나 자신을 가져다 놓는 일일 따름이겠다.

이제 마르크스가 문제들을 다루었던 방식에 가장 가까이 갔던 논문들의 저자 몇몇으로 옮겨 가보자. 후이 마우루 마리니는 종속을 연구하면서 "불균등 교환"에 관심을 가졌던 저자들의 접근방법을 대체로 따라간다. 마리니는 자본의 유기적 구성, 가치와 생산가격과 시장가격 등등의 차이 같은 범주들에 대한 정확한 사용에 기초해서 "잉여가치의 이전"을 이해한다.[41] 그렇지만 "보상 기제"[42]를 본질적 규정과 혼동할 때 그는 실수를 범한다. "라틴아메리카는 노동자에 대한 초착취superexplotación에 기초한 축적을 통해 보상을 성취해야 했다. 이 모순 속에 라틴아메리카의 종속의 본질이 놓여 있다."[43] "종속의 토대에 대한 중심 테제는 노동의 초착취이다."[44] 실제로 종속에서 (마르크스라면 이런 식으로 말했을 텐데) 그 본질 혹은 토대는 덜 발전한 국민적 총자본으로부터 더 발전한 국민적 총자본으로 향하는 잉여가치의 이전이다. [덜 발전한 국민적 총자본이 입은] 이런 손실에 대해서는 주변부의 산 노동으로부터 더 많은 잉여가치를 착출함으로써 보상하는 것이 필요하다. 따라서 종속적 자본은 임금 가치를 노동능력을 재생산하는 데 필요한 가치 이하로 몰아붙인다 – 알려진 여러 결과에도 불구하고 말이다. 이와 동시에 종속적 자본은 임금의 가치를 재생산하는 데 필요한 시간을 상대적으로 또 새로운 방식으로 감소시킴으로써 이 노동의 사용을 강화한다. 시작하면서 언급했던 것처럼 마리니는 본질을 그 효과와 혼동하면서 실수를 범한다. 이 점은 라틴아메리카에서 결정적으로 중요했는데, 왜냐하면 누구도 종속의 본질에 관해 일관되게 명료하지 못했기 때문이다.

이에 대한 최고의 증거는 1974년의 사회학 대회Sociology Congress다. 거기에서 아이티의 지식인 제라르 피에르샤를은 종속을 "중심부의 이익을 위한 잉여가치 착출"이라고 규정했지만,[45] 다른 사람들과 마찬가지로 그 역시 여기에 큰 중요성을 두지 않는 것처럼 지나치듯 몹시 단순하게 규정했을 뿐이고, 자신이 본질적이라고 믿는 내용, 즉 "지배적 생산양식 수준에서, 또 각 국가 사회마다 상이하게 우세한 생산양식들의 수준에서 이루어지는 점진적 구체화 및 점진적 접근 과정"으로 옮겨 갔다.[46] 그 후 그는 "일반적"(추상적 혹은 라틴아메리카적) 이론 너머로 나아가지 않았던 사람들을 비판했다. 요는 최소한의 또 필수적인 범주들의 틀에 관해 모종의 명료성에 도달하지 않은 채로 논의가 구체적인 것, 국민적인 것으로 되돌아가야 했다는 점이다. 이에 따라 잉여가치 이전을 규정하려는 시도는, 지나치는 길에 언급되었으므로 결코 다시는 없었다.

또 다른 걸출한 라틴아메리카 사회학자인 아구스틴 쿠에바는 "국민적 모순"[47]이 마르크스주의자의 관심사가 아니며, 마르크스주의자라면 오직 "계급 모순"에만 관심을 가져야 한다고 믿는다. 국민들 사이의 모순을 분석하는 것이 부르주아 국민주의 분석의 특징이자 계급 분석에 상반된다는 사실은 명백하다. 쿠에바가 쓰기를, "마르크스주의적 종속 이론이 머무를 수 있는 이론적 공간이란 없다. … 게다가 종속 이론은 외부와 내부 사이 관계를 비변증법적으로 취급한다는 또 다른 문제를 현시한다. 착취에 대한 종속 범주의 우위, 계급에 대한 국민 범주의 우위가 모든 것을 아우르게 되는 것이다."[48]

쿠에바에게는 종속 또는 착취가 있고, 한 나라의 다른 나라에 대한 지배 또는 한 계급의 다른 계급에 대한 지배가 있다. 어떤 가상적 종속주의자들이 보기엔 전자가 후자를 배제하겠으나, 쿠에바가 보기엔 후자가 전자를 배제한다. 그러나 마르크스의 입장에서는 하나가 다른 하나를 어느 쪽도 배제하는 게 아니며, 그는 이러한 점을 명시적으로 말한다.

이윤이 잉여가치보다 더 적을 수도 있다는 사실로부터 … 개별 자본가들만이 아니라 국민들도 마찬가지로 … 교환에서 서로 균등하게 이익을 얻는 일 없이 계속 교환을 행할 수 있다. 여기[국민간의 교환]에서 척도는 자본가와 노동자 사이의 교환에서와 같지 않다는 점을 제외한다면, 한 국민은 다른 국민의 잉여가치 일부를 전유하면서도 그것과 아무것도 교환해 주지 않는 일을 계속할 수 있는 것이다. (MECW.29:244[『요강』 III:178])[49]

확실히, 우리가 보게 되겠지만, 자본주의 국가들 사이의 관계는 경쟁 관계이다(착취 관계가 아니라 종속 관계이며, 더 강한 자본에 의한 잉여가치의 착출과 더 약한 자본에 의한 이전의 관계이다). 그런데 이런 사실은 다른 계급이 한 계급을, 자본이 노동을 착취하는 상황과 대립되지 않고, 외려 그것에 완벽하게 딱 들어맞을 수 있다. 이 후자의 경우 잉여가치의 이전은 없지만 정확히 말하자면 잉여가치의 전유가 있다. 그런데 수직적인 자본 노동 관계(착취 관계)에서 자본이 전유한 잉여가치는 수평적 수준(경쟁, 종속)에서 더 약한 자본으로부터 더 강한 자본으로 이전될 때의 원천이다. 요약하자면 우리는 종속을 무비판적으로 옹호하는 입장을 가진 비마르크스주의적 비평을 본다. 마르크스가 본질적 이론을 완료했으며 그 이론을 적용하기 위해 구체적 역사로 나아갈 필요가 있을 뿐이라고 생각할 때, 이런 일은 일어난다. 이렇게 생각하는 것은 이미 말해 왔던바 마르크스 자신의 이론이 갖는 개방적 성격을 또 이 이론을 계속해나갈 필요성을 이해하는 일에 실패한 것이다.

살로몬 칼마노비츠는 외부와 내부(외부의 자본 종속과 내부의 국민적 산업구조) 사이의 잘못된 이율배반antinomia을 넘어설 수 있었지만, 역사적 담론에 다시 빠져들게 된다.[50] 그는 종속 모형을 해명할 아주 많은 변수들을 깔끔하게 내놓지만, 본질은 다시금 그를 빗겨 있다. 그래도 칼마노비츠는 논점을 의식한다. 그가 다음과 같이 쓰고 있으니 말이다. "마르크스가 세계경제, 세계 무역, 국민들 사이의 투쟁의 문제들에 접근했을 법한 방식을 재구축하려는 시도는 불가능한 과업일 것이다. 그렇지만 누구든 확신할 수 있는 점은 마르크스라면 세계의 총체적 운동 법칙을 이해하기 어렵게 할 범주들을 사용할 리가 없다는 것이다."[51]

이것[마르크스적 접근 방식의 재구축]이 "불가능"하다면, 우리의 이 책은 낭비일 것이다. 나는 이것이 어렵지만 불가능하지 않다고 생각한다. 마르크스라면 본질적이고 정초적인 것을 단순하게 표현했으리라, 이렇게. 종속은 덜 발전한 국민적 총자본으로부터 더 발전한 쪽으로 향하는 잉여가치 이전으로 구성된다.

13.2 "경쟁", 종속의 이론적 중심지

마르크스의 의미에서 종속 일반의 "개념" 혹은 그 본질을 이해하기 위해서는, 이 개념을 "경쟁"과 함께 전개하기 시작할 필요가 있다. "독점"이 경쟁 개념의 전개 과정에 있는 부정적 계기에 불과하다는 점을 처음부터 말해 두어야 하겠다. 즉 독점을 경쟁 내부로부터의, 경쟁의 본질로부터의 한 "가능성"으로 이해할 수 있다는 것이다.

나는 이후 종속의 "본질"에 관한 3절에서 종속의 추상적 개념을 다루기 위해 엄격히 마르크스주의적인 방법을 사용할 것이다. 그런데 종속의 현상에 관한 이 절에서, 구체성 가운데서 문제는 훨씬 더 복잡해질 것이다. 하지만 그 전개는 역사적 분석 속에서가 아니라 논리적 분석 속에서 도달할 결론들에 기초를 두어야 하겠다. 마르크스의 사유가 그랬듯이.

1846년 12월 28일 엥겔스에게 보낸 편지에서, 마르크스는 이렇게 썼다.

독점은 괜찮네. 경제적 범주이니. … 경쟁도 경제적 범주니 괜찮네. 좋지 않은 것은 독점의 현실과 경쟁의 현실이네. 그리고 더 나쁜 것은 독점과 경쟁이 서로를 집어삼킨다는 것일세. 이것에 관해 무얼 해야 하겠나? … 그런데 현실 생활에 잠깐 눈을 돌려 보게. 오늘날의 경제적 생활에서 자네는 경쟁과 독점만이 아니라, 그 둘의 종합, 어떤 공식이 아니라 어떤 운동인 둘의 종합을 보게 될 걸세. 독점은 경쟁을 낳고, 경쟁은 독점을 낳는다네. (MECW.38:101; MEW.27:458)

그럼에도 불구하고, 마르크스는 경쟁 문제를 엄밀히 말해 결코 다루지 않았다. 이 문제는 [일곱으로 나뉜 연구 중] 첫 번째 연구tratado의 두 번째 편에서, 즉 자본 편의 뒤, 신용 및 주식회사 편 앞에 놓일 것이었기 때문이며, 이것은 심지어 『자본』에서도 명확하다.[52] 이런 이유 때문에, "경쟁"에 관한 마르크스의 학설은 산개해 있고 따라서 그의 작업 전반을 통틀어 추적되어야 한다.

종속은 자본의 경쟁 속의 한 계기이다. 경쟁에 관해 말하자면, 이것은 자본의 본질 자체에 속한 측면들인 가치저하와 위기의 가능성 위에 만들어진다(본서 제8장 4절을 보라). 경쟁의 수행은 (따라서 종속은) 약탈당한 자본들 속 위기와 가치저하의 한갓 가능성이 현실적으로 실존하는 계기이다.

확실히, 상품이 화폐로 형태변환하게 되는 운동은 자본의 본질에 내재적이다. 자본의 실현에도 그렇다. 상품과 화폐 사이 갈라짐은 결국 사용가치임과 동시에 교환가치여야 할 상품의 모순에서 만들어진다. 이 본래적 갈라짐 속에 경쟁 및 종속의 가능성이 들어 있다. 달리 말하자면, 종속은 사용가치와 교환가치 사이 본래적 모순이 없었다면 가능하지 않았을 것이고, 한 자본의 또 다른 자본으로부터의 가치 착출도 불가능했으리라.[53]

위기는 자본에 고유하고 본질적인 두 항목(일례로 상품과 화폐, 과잉생산과 과소소비) 사이의 불비례desproporción이다. 위기는 둘 중 한 항목의 가치저하이다. 국제적인 경쟁을 매개로 삼아, 지배적 자본에 비교한 종속 자본의 가치저하 속에서, 위기는 명백하고 현실적인 것이 되어 간다. 위기는, 종속 자본에서는 가능성일 뿐만 아니라 상존하는 현실이다. 경쟁에서 종속 자본의 영속적 가치저하는 이것["종속 자본"]을 본질적으로 모순적인 것으로, 혹은 모순들이 항상 현실적으로 존재하는 자본의 한 분야로 표시한다.

다르게 말하자면, 자본의 본질 속에서, 위기는 가능성으로서 필수적인 계기이다. 더 이상 가능성에 그치는 게 아니라 현실인 경쟁 속에서, 자본의 실존에 필수적인 매개고리가 발생한다. "자유 경쟁은 자본이 다른 자본으로서의 저 자신과 맺는 관계이다. 즉 자본으로서의 자본의 현실적 행동이다."[54]

일반적으로, 저 자신과 관계 맺는 한 개 자본의 경우에서처럼, 자본은 상품이 상품으로서 부정되고 화폐로서 긍정될 때에야 저 자신을 실현한다(현실적으로 된다). 하지만 화폐는 기존의 자본이 아니라 또 다른 항목으로부터, 즉 자본의 구매자거나 개별 소비자로부터 솟아난다. 화폐는 스스로 저 자신을 실현할 수 없다. 따라서 단일한 세계 자본이라는 관념(경험적 관념)은 자본의 개념에 대해 모순에 빠진다. 일반적으로 자본은 저 자신을 또 다른 자본으로서 대면한다. 구체적으로는, 경쟁 때문에 "다수의" 자본들이 서로를 대면한다. 경쟁은 자본이 구체적으로 현실에서 존재함의 운동 자체이다. 경쟁은 자본들의 "밀어냄과 끌어당김"[55]이다. 다시 말해, 자본들은 저 자신을 실현하기 위해 다른 자본들을 필요로 하고

(끌어당김), 그러나 서로를 가치저하시키기 위해 서로 대면한다(밀어냄).

> 자유경쟁하에서 자본이 서로에 대해 행하는 상호적 밀어냄은 … 자본으로서의
> 부의 자유롭고 동시에 현실적인 전개이다. (MECW. 29 : 39[『요강』 II : 317])

> 경쟁은 자본의 내적 법칙을 시행한다. 경쟁은 개별적 자본에 대해서 이 법칙들
> 을 강압적 법칙으로 전환하지만, 경쟁이 법칙들을 창안하지는 않는다. (MECW.
> 29 : 136[『요강』 III : 19])

확실히, 경쟁은 자본의 법칙을 창조하는 것도 아니거니와 그 어떤 가치도 창조하지 않는다. 다만 본질에, 가치에 이미 존재하는 무엇이 가치 법칙에 따라 실현되었을 뿐인 것이 경쟁이다.

경쟁 일반은 두 항목(추상에서는 두 자본) 사이의 활동적 관계이며, 이는 둘 사이의 통일 즉 교통을 가능케 함으로써 둘을 포괄하는 종합을 구성한다. 따라서 ─ 프랑크가 보았던 것처럼 ─ 어느 한쪽이 다른 쪽을 통해 혹은 다른 쪽의 매개에 의해 가치증식할 가능성을 가질 때, 모순적 긴장 속의 **총체**가 구성된다. (현실에는 두 가지 가능성이 있다. 상호 간의 가치증식이 없는 단순한 물물교환이 ─ 동등한 자본들 사이 등가물의 교환이 ─ 있거나, 다른 쪽의 손해를 ─ 더 약한 자본의 가치저하와 위기를 ─ 통해 가치증식하는 한 자본이 있거나.) 마르크스가 보기에 이 모든 것은 "가치 법칙"의 완수인데, 이 법칙 속에서 가치(혹은 잉여가치)는 비약 없이 한 자본에서 다른 자본으로 유통한다. 〈1861~63년 초고〉에서 마르크스는 새로운 범주들을 편성했고, 따라서 이제 그는 모든 경쟁의 "정초적 법칙"을 『요강』에서보다 더 명확히 언명할 수 있다. 『자본』 제3권에서 마르크스는 이렇게 쓴다.

> 자본가는 심지어 상품을 그 가치 이하에 판매하더라도 이윤을 붙여 팔 수 있다.
> 그 상품의 판매 가격이 그 가치 이하일지라도 그 비용가격을 상회하는 한, 그 상

품에 함유된 잉여가치의 일부는 항상 실현된다. 즉 이윤이 성립된다. … 자본주의적 경쟁의 기본 법칙은 … 상품들의 가치와 비용가격 사이의 이런 차이 및 이로부터 파생되는 가능성 즉 그 가치 이하로 이윤을 붙여 상품들을 판매할 가능성에 … 의지한다. (마르크스 1981b : 127~128 ; MEW.25 : 47[『자본』 III-1 : 53~54)

지대의 경우가 모범적paradigmático 사례처럼 되며, 이것은 마르크스로 하여금 다음과 같은 범주들, 즉 상품의 가치, 평균이윤, ("비용가격"과 대비해서 그 명명에 관해 수많은 의구심을 가졌던 후에) 생산비용과는 상이한 생산가격, 시장가치, 시장가격이라는 범주들을 구축할 수 있게 해주었다. 지대의 경우는 경쟁의 가능한 여러 층위 중 하나이다(본서 제7장 4절을 보라).

확실히, 마르크스에게 경쟁은 다양한 수준에서 상이한 방식으로 작용하는 것이었다. 개별 자본들과 자본 부문들 사이에서는, 경쟁이 동일한 형태로 작용한다. 이는 마르크스가 〈1861~63년 초고〉에서 발견한 것이었다. 『자본』 제3권에서 마르크스는 경쟁이 "동일한 시장가치와 시장가격의 성립"을 이끌어내지만 "오로지 상이한 영역들에서 자본들 사이의 경쟁만이, 그 영역들 사이에서 이윤율을 균등화하는 생산가격을 낳는다."라고 썼다.[56] (하나 또는 몇 개 부문들에서) 개별적 자본들 사이의 경쟁이 있고, 상이한 생산 영역들 사이의 경쟁이 있고(지대의 경우가 바로 이것이고), 국민들 사이의 경쟁이 있다. 우리의 흥미를 끄는 것은 이 세 번째 경우다.

이렇게 해서 우리는 일련의 여러 경우들을 얻게 되는데, 우리는 이것들을 동일한 하나의 자본이 연속적으로 변화하는 조건에서 작용하는 것으로 고찰할 수도 있고, 아니면 예를 들어 상이한 산업부문들이나 상이한 나라들로부터 비교를 목적으로 가져온, 동시에 나란히 존재하는 상이한 자본들로 고찰할 수도 있다. (마르크스 1981b : 145 ; MEW.25 : 63[『자본』 III-1 : 74)[57]

하나의 부문, 하나의 나라에 속한 추상적이고 일반적인(왜냐하면 그 내용이 하나이므로) 자본 개념은, 이제 보다 더 구체적 수준에서(비록 여전히 추상적이지만) 두 개의 자본들로 방법론상 갈라져야만 한다. 두 개별 자본, 두 부문, 두 나라. 이 자본들의 행동은 비교해볼 때 유비적이거나 유사하다. 자본 일반에 대한 본질적 수준에서 말해졌던 것은 이제 자본들 사이의 경쟁에 활용된다. 그렇다면 이제 우리는 새로운 범주들을 구축해야만 하거나, 종속 개념을 전개할 합리적이고 과학적인 담론을 ─ 마르크스적 의미에서, 범주들을 통해 이루어지는 이론의 비약 없는 절차를 ─ 공식화하기 위해 개념들을 규정하고 명명해야만 한다.

『자본』 세 권과 〈1861~63년 초고〉에서 마르크스가 추상적인 자본 개념만을 (비록 1867년의 작업[『자본』 제1권]에서 훨씬 더 구체적인 시도가 있었기는 하나) 연구했다는 사실은 분명하다. 그는 결코 종별적으로 경쟁 개념을 연구하지 않았고, (기획안 IV부인) 국가도, 여러 국가 사이의 외부적 관계도, 세계 시장도 연구하지 않았다.[58] 이 논점들을 포함했던 기획안에서는 마르크스가 헤겔식의 순서를 다시 한 번 따른다.[59]

자본 일반은 그 개념에서 이제 둘로 갈라진다. 여기에는 정밀함이 있어야 하겠다. "덜 발전한 국민들", "나라들" 등에 대한 말은 흔하다. 이후로부터 우리는 "국민"이나 "나라"가 구체적인 사회구성체라는 점을 분명히 해야 할 것이다.[60] 그러나 "국민적 총자본"[61]에 대해 이야기하는 것이 좀 더 정확하고 엄밀할 텐데, 그 이유는 우리가 종속 일반의 개념이라는 추상적 수준에 처해 있기 때문이다. 한 "국민적 총자본"이 좀 더 발전한 다른 자본과 관련된 경쟁에서 종속되어 있기 때문에, "총자본"을 품거나 "총자본"에 의해 규정되는 나라 혹은 국민이 저발전 "국민"nación, 종속 "국민" 등으로 불리게 되며, 그 역은 성립하지 않는다.

그렇다면 추상적으로, 종속 개념은 세계 시장에서 국민적 총자본들 사이의 경쟁을 통해 전개된다 ─ 그리고 지금 우리는 국가[62]에 대해, 국가의 외부적 국민 관계들에 대해, 나라들에 대해 이야기하는 게 아니다.

세계 시장에서 한 국민의 외부적 영역은 바로 그 국민의 내적 영역만큼이나 세계 시장에 대해 내부적이다. 따라서 어떤 국민의 외부적 측면으로 종속을 이야기하는 것은 비변증법적이다.

이렇게 시장이 대체로 저 자신을 국내 시장과 외국 시장으로 분할하는 것처럼…세계 시장은, 내부 시장의 반대물로 있는 모든 외국 시장들과 관련해서 내부 시장일 뿐만 아니라, 이와 동시에 [세계 시장 입장에서의] 국내 시장의 구성 성분인 모든 외국 시장으로 이루어진 내부 시장이다.(MECW.28:210[『요강』I:284)

"세계 시장" 내부에는 (총잉여가치가 총이윤과 동등하게 되는 ― 자본 "일반" 혹은 추상적 자본과 동격인 ― 유일무이한 하나로서) "세계적 총자본"이 있고, 이 세계적 총자본을 이루는 각 부분들이 "국민적 총자본"이다. 국제적 경쟁은, 이런 (단일한 자본이 아니라 모든 현실 자본들의 합계로서의) "세계적 총자본" 내에서, 세계의 (최소한 자본주의 국가들의) 총잉여자본을 평준화하고 배분하는 자신의 역할을 완수한다.

경쟁은 생산된 잉여가치의 평준화 혹은 배분이라는 역할만을 사후적으로post festum (상품들의 유통에서) 수행하는 것만이 아니라, 재생산과정에 (사전적으로 ante festum) 간섭하기도 한다. 따라서 종속 문제는 다만 유통상의 계기일 뿐만 아니라 재생산상의 계기이기도 하다. 즉 종속 문제는 항상 "세계적 총자본"의 영역 내부에 있는데, 이 영역 안에서 저발전 "국민적 총자본"은 수출과 수입을 통해서만이 아니라 "국민적 총자본"을 그 모든 계기에서 어떤 "전체" 속에 포섭된 "일부"로 절합하는 여타 다양한 기제들을 통과하면서 환류한다.

"국민적 총자본" 나름으로는 정당히 말해 저 자신의 생산상 계기를(공장 생산 같은 것들을), 또 자신의 유통상 계기를 ("국민적 시장"에서) 가진다는 점은 강조할 만하다. 양쪽 총자본 영역 모두 각각 나름의 일관성이 있다(국경과 관세 정책 때문만이 아니라, 국가, 군대, 역사, 국민적 문화, 평균 임금 등 때문에도 그렇다). 그러나 이런 일관성은 상대적인 것이지 절대적인 것이 아니다. "국민적 총자본"은 세계적 총자본 내부에서 상대적 자율성이 있다. 이 자율성은 추상적이고 착각에 불과한 "계급투쟁"의 국제주의에 의해 부정된다. 반면 동일한 자율성이 포퓰리즘적 부르주아 국민주의에 의해 절대화된다. 요컨대, 더 발전한 국민적 총자본의 지배에 대비될 덜 발전한 국민적 총자본의 종속은, 세계적 총자본의 내적 경쟁이라는 맥락 속에서 우리가 명확히 규정하지 않으면 안 될 논점이다.

마지막으로, 여기에서 우리는 ─ 세계 규모의 자유롭고 유동적인 경쟁 운동이라는 가정에 반대하여 ─ 비경제적 요인들에 의해 규정되는 "국민적인 것"의 중요성을 강조하고 싶다.

> 국가 개입은 자연적 경제 관계를 그르쳤다. 따라서 상이한 국민적 임금을 계산할 때에는 조세 형태로 국가에 가는 금액 중 일부가 노동자 자신에게 거둬들인 것이었다는 점을 상정할 필요가 있다.… 자연과 이성의 영원한 법칙은, 이 법칙의 자유롭고 조화로운 작용을 방해하는 것은 오직 국가의 개입이었다.… 국가의 개입은, 즉 국가에 의한 자연과 이성의 법칙의 수호, 일명 보호 체제는 필수적인 것이 되었다. (마르크스 1977:705; MEW.23:587, 『자본』 I-2:771)[63]

그러나 일단 국가가 부르주아 나라 안에 제도적으로 편성되면, 마르크스가 지적하듯 그 경계선은 군사적이고 정치적인 것에 더해 문화적이고 역사적인 것이 된다. 국가는 국민적 임금 평균에 영향을 미칠 뿐만 아니라 세계적 평균 문제를 감지하게 해주기도 한다. "세계 시장에서, 생산력이 더 높은 국민이 경쟁 때문에 상품 판매 가격을 그 가치보다 낮추도록 강요당하지 않는 한, 해당 국민의 노동은 더 강도 높은 노동으로 계산된다."[64]

객관적으로 또는 상대적으로 덜 발전한 국민적 자본의 생산물은 노동 가치를 더 큰 몫으로 (더 높은 노동 가격을) 함유한다. 비록 주관적으로 또는 절대적으로 노동자는 달마다 더 적은 몫을 ("낮은 임금"을) 받긴 하지만 말이다. 더 발전한 나라에서 노동자는 주관적으로 1인당 더 많은 임금을 (보다 더 큰 내부 시장을 창조하면서) 받지만, 상품의 가치는 더 적다(이 상품은 임금 가치의 몫을 [비례적으로] 더 낮게 갖는데, 생산 단위당 더 적은 필요시간이 들어가기 때문이다).

마찬가지로, 산업혁명 이래 확립된 보호주의(독점의 한 형태) 때문에(여기에서 논쟁할 여지없는 거장은 영국인데) 기술의, 인구의, 총체적 자본의 세계 전파에서 유동성이 사라진다. 이렇다면 임금에서도 자본의 유기적 구성에서도 국민적

평균이 나타난다.[65]

결론짓자면, 경쟁은 세계시장 속 한 나라의 상품들, 혹은 한 나라의 여러 부문 중 한 부문의 상품들, 혹은 한 부문의 상품들에 속한 다종다양한 가치가 가격을 얻게 되는 현실적 중심지이다. 이렇게 모든 가치들이 하나의 가격으로 평준화되는 것은 각 상품 속, 각 부문 속, 각 나라 속 잉여가치가 제각각 시장들의 여타 구성성분 사이에서 배분되었으리라는 점을 상정한다. 바로 이런 가격들의 평준화 가운데서 우리는 종속 현상을 확인할 수 있을 텐데, 이는 곧 경쟁의 구체적이고 특정한 영역에 불과하다. 그렇다면 애초부터 일반적인 것으로서 경쟁에 관해 말해질 수 있는 모든 내용은, 유비적으로, 특수한 것으로서 종속에 대해 적용할 수 있는 셈이다. 경쟁은 종속의 "이론적 중심지"이다. 많은 사람들과는 반대로, 우리는 이 문제에 대한 마르크스의 엄밀한 논의 속에, 라틴아메리카 사회과학에 그토록 중심적일 "이론적 공간"이 존재한다고 말할 수 있다. 공간이 존재할 뿐만 아니라 마르크스 자신이 이 공간을 뚜렷이 답파했었다. 그러나 요청되는 일은 우리가 이 문제를 이론적으로 계속해가는 것이다. (마르크스가 이론적 논의를 완료했고 우리에게는 그것을 적용할 일이 맡겨져 있다고 생각하는 것은 잘못이다.)

13.3 종속의 "본질", 국민들 간의 사회적 관계의 결과로서 잉여가치의 이전

이 절에서는 종속 개념의 역사적이거나 발생적인, 부분적이거나 확립된 요인 또는 결정요소들을 다루지 않고, 오직 마르크스의 의미에서 본질적인 결정요소들을 다룰 것이다. 이런 문제는 아주 명백하기 때문에 단순해 보이지만, 실제로는 전혀 주목받은 적이 없었다. 종속의 피상적인, 현상적인, 명백한, 심지어 (원인 또는 결정요소는 본질 자체가 아니므로) 인과적 결정요소들로부터 종속의 "본질"을 명료하게 만드는 일 없이는, 종속 그 자체의 개념에 관한 선차적 합의란 — 자기네를 마르크스주의자라고 부르는 사람들 사이에서조차 — 존재할 수 없을 것이다.

종속의 본질적 개념에 대한 문제를 그렇게 넘겨버리고 나자, 논의는 종속의 이차적 결정요소들에 집중되었다. 이런 이차적 결정요인들 속에서, 즉 발생·역사적이고 구체적인 평면상의, 현실의 역사적 구성체들 속에서 문제는 훨씬 더 복잡해지기 때문에 1975년 즈음엔 막다른 길에 도달하게 되었다. 말 그대로 더는 앞으로 나아갈 수 없게 되었고, 종속에 대한 질문은 이론적 문제로서는 단 한 번도 해소되었던 적 없이 포기되었다. 이 오류는 그 이전 1960년대 중반, 종속의 본질을 그 다양한, 현상적인, 역사적인 외양들과 혼동함으로써 궁지에 다다를 경로가 선택되었을 때 범해졌던 것이다. 그러니까 방법론의 문제였던 것인데, 논쟁이 벌어지는 가운데 철학자가 아무도 없었던 것이다.

현재의 외부 부채에 대한 쟁점이 이자 지불을 통한 잉여가치 이전의 기제라는 생각을 우리가 견지하는 한, "종속 문제"를 올바르게 다루고 그 개념을 명료하게 만드는 사회과학을 재출발시키는 것은 중요해 보인다. 그렇다면, 새롭게 시작해 보자.

마르크스의 담론을 "적용하는" 것이 아니라 계속해 나가는 게 문제이다. 바냐 밤비라가 생각하는 것과 반대로 말이다. "각각의 국민적 사회"의 사회구성체의 구체성으로 직접 나아가야 하는 (제라르 피에르샤를이 제안한 것 같은) 게 아니라, 추상의 특정 수준(자본 일반보다는 더 구체적이되, 구체적 사회구성체보다는 추상적인 수준)에 머물러야 한다. 이렇게 적절한 추상 수준에서, 종속 개념을 본질적으로 결정하는 것(아구스틴 쿠에바는 절대적으로 그 존재를 부정하는 것)의 기술이 가능한 장소로서 "이론적 공간"을 어떻게 한정할지 알 필요도 있다. 마지막으로, 사전에 더 구체적인 변수들로써 (칼모노비츠가 그렇듯) 논점을 복잡하게 만들지 않고 가장 단순한 본질로 나아갈 필요가 있겠다.

가장 추상적 의미에서, 종속 그 자체를 본질적으로 결정하는 것에 대해 이야기할 셈이라고 해도, 심지어 잉여가치의 이전조차 선차적 현실에 기초를 둔 계기라는 사실을 망각할 순 없다. 분명 마르크스에게는 여러 경제적 사실이 모든 인간 위에 있지만, 또한 그 사실들은 인간들의 관계이다.

다르게 말해, 사적인 개별 노동은 노동생산물 사이에서 또 생산물을 매개로 삼아 생산자들 사이에서 확립되는 교환 관계를 통해서만 저 자신이 사회적 총노동의 한 부분임을 보인다. 따라서 생산자들에게 자기네의 사적 노동 사이의 사회적 관계gesellschaftliche Verhältnis는 [그들 눈에 보이는] 사실 그대로 나타난다. 즉 저 관계는 그들의 작업에서 인격들 사이의 직접적인 사회적 관계로 나타나는 게 아니라, 인격들 사이의 사물적dinglich 관계이자, 사물들 사이의 사회적 관계로 나타난다. (마르크스 1977 : 165~167 ; MEW.23 : 87[『자본』 I-1 : 135])

자본과 노동의 관계[66]는 무엇보다 먼저 인격들 사이의 관계(대면적 관계)이다. 이것이 "사회적" 관계인 것은 저 두 인격이 공동체를 이루지 않고 고립되고 추상적인 관계 가운데 있는 한에서다.[67] 생산물들이 단순 상품 교환에서 "물신화"할 수 있다면, 고도로 물신화한 자본들이 경쟁하고 있는 때에 그것은 강화될 수 있다. 즉 자본은 ─ 그 자체로 또 자본가의 눈에는 ─ 그것의 본질이 가치인 사물이다. "두" 자본이 경쟁할 때, 관건은 그저 두 가치 있는 사물일 것이다 ─ 가치는 자본인 사물에 고유한 것이 되는 셈이다. 경쟁을 통해, 한 자본으로부터 다른 자본으로 향하는 잉여가치 이전은 양측 모두의 눈앞에 사물들 사이의 사회적 관계로 나타난다. 자본들이 경쟁하고, 그 생산물들의 가격은 평준화되고, 자본들은 그 잉여가치를 한쪽에서 다른 쪽으로 이전한다. 인간적인 것은 아무것도 일어나지 않는 것 같다. 아니 오히려, 물신화한 자본 자체가 교환의 실행에서 산 인격적 주체들의 얼굴 모습을 덮어쓰게 되었다.

그러나 경쟁 중인 두 자본은, 모순 속의 "두" 자본가가 가진, 전유한, 소유한 사물에 지나지 않는다. 두 자본에 대해, 두 자본가에 대해, 두 자본가 계급에 대해 이야기하는 것은 여기에서는 유비적으로 동일하다(더 추상적인 수준에서 더 구체적인 수준으로 향하는 것이다).

그러니까, 경쟁 중인 "두" 국민적 총자본에 대해 이야기할 때, 실제로 우리는 양측 자본의 전유 주체인 사회적 계급 사이의 사회적인(앞서 공동체를 편성하지 않은 인격들 사이의) 관계를 가리키는 중이다. [여기에서는] 서로 대면하는 국민적 부르주아지가 문제다(사회구성체 사이 경쟁에 대한 이보다 구체적인 고찰에는 반드시 들어가게 될 국가 및 여타 행위자들을 일단 제쳐둔다면 그렇다. 그리고 이런 경우의 경쟁은 국민적 총자본 사이의 경쟁과 동일하지 않다).

일찍이 지적했던 바 있지만, 애당초 자본과 노동의 (수직적이라고 불러야 할) 사회적 관계는 착취의 한 관계이다. 바로 이 관계 속에서 노동은 새로운 가치를 창조하고 잉여가치를 생산한다. 경쟁 속에서 더 발전한 국민적 총자본을 소유한 국민적 부르주아지가 덜 발전한 국민적 총자본을 소유한 부르주아지와 맺는 국민간의 사회적 관계는 착취의 한 관계가 더 이상은 아니고, 이제 이것은 수평적이다. 우리는 이것을 국민간의 지배라고 불러야 할 것이며, 바로 이 관계 속에서 경쟁을 경유하여 잉여가치는 이전된다(하지만 잉여가치가 창조되지는 않는다).

[기획안 I부의] 경쟁에 관한 편 즉 자본 일반에 관한 것 뒤에 배치될 두 번째 편에서라면 마르크스가 이런 질문, 즉 경쟁에서 한 자본의 다른 자본에 대한 지배와, 이런 지배가 더 약한 자본으로부터 더 강한 자본으로 향하는 잉여가치의 이전을 낳는다는 질문을 다루었을지도 모른다. 말했다시피 이런 이전은 지배의 효과이다. 한 계급이 다른 계급을 (쌍방이 부르주아 계급이라 할지라도) 지배하는데 쓰는 실천적(윤리적) 관계는 역사 속에서 국가장치들(군대, 해상 전력 등)을 통해 실현된다. 국가는 마르크스가 그의 기획안 IV부로 ([II부] 지대와 [III부] 임금 뒤에, 그리고 국민적 총자본들의 국제적 경쟁을 다루려고 했던 세계시장은 기획안의 VI부가 될 것이었는데) 다룰 작정이었다고 할 때, 마르크스가 우리의 질문["잉여가치 이전"]을 금방 연구하려고 하진 않았을 것이라는 점은 명백하다. 어쩌면 이 질문은 VI부의 한 챕터가 되었을지도 모르고, 아니면 심지어 기획된 적도 없긴 하지만 그냥 VII부였을 수도 있다.[68]

그렇지만 서로 다른 발전 수준에 있는 국민적 총자본 사이에서의 경쟁은 양측 다의 동등한 자발성을 통해 자연적으로 벌어지는 일이 아니다. 산 노동이 (이전에 그의 삶을 재생산하던 방식의 소멸과, 필요한 경우 자행된 부르주아 국가의 직접적 억압 행위에 대해 보호를 제공할 수 있었던 제도들의 파괴를 경유하여) 저 자신을 판매하도록 폭력적으로 강압당한다면, (비록 자본-노동 착취로서는 아니고 자본-자본 지배이기는 하나) 유비적인 방식으로, 덜 발전한 자본은 강압당하여(예를 들어 1870년 파라과이[69]에서, 1954년 이후 과테말라의 아르벤스

망명 사건[70] 같은 라틴아메리카 포퓰리즘하에서, 혹은 1987년 니카라과[71]의 경우에서처럼, 많은 경우 폭력적으로) 국민간의 경쟁에 들어갈 수밖에 없게 된다.[72] 덜 발전한 자본의 자연적 반응은 경쟁을 거부하고, 경계선을 강화하고, "국민주의적인" (내부에서는 국민내의intra-nacional 경쟁이 있을지도 모르는) 국민적 독점을 확립함으로써 저 자신을 보호하는 것이다. 이런 것이 자본을 축적하고 자립적으로 발전할 유일한 자본주의적 방식일 것이다. 하지만 더 발전한 자본은 덜 발전한 자본의 보호주의적 장벽 전부를 절멸시키고 그 자본을 경쟁의 구덩이에 거만하게 밀어 넣으려는 경향을 띤다. 일단 경쟁에 들어서면 더 발전한 자본은 덜 발전한 자본으로부터 잉여가치를 착출하게 될 것이다.

이렇다면, 국민적 부르주아지 사이에서 맺는 국민간의 지배의 사회적 관계는 세계적 경쟁 속 가치의 이전을 규정한다. 경쟁의 정초적 법칙, 혹은 종속과 관련하여 이런 자본 이전의 정초적 법칙은 무엇인가?

이 법칙은 가치 법칙 및 경쟁 법칙 일반의 특수한 적용이라는 점을 상기해야 한다. 종속에서 가치 법칙은 충족되며, 이는 몇몇 사람들이 (심지어 마르크스주의자들조차 리카도가 실수했던 길을 뒤따르면서) 생각하는 것과는 반대다. 분명히, 리카도는 "이윤"의 이전이 한 나라 안에서만 일어난다고, 나라들 사이에서는 균등한 교환밖에 없다고, 혹은 한 국민적 자본이 다른 자본에 대한 자신의 우위로부터 이득을 얻을 수 없다고 생각했다.

만약 이윤에서 그 어떤 차이라도 있다면 자본은 런던에서 요크셔로 빠르게 이전übertragen할 것이지만, 만약 자본과 인구가 성장한 결과 임금이 증가하고 이윤이 하락한다면, 이것 때문에 자본과 인구가 영국으로부터 [영국보다] 이윤이 더 높을 것인 네덜란드, 스페인, 러시아로 반드시 옮겨지는 않을 것이다. … 자본의 (한 나라로부터 다른 나라로의) 이민은 상상적이거나 현실적인 자본의 불안정성에서 장애물을 발견하는데, 이런 불안정성은 누구든 그가 태어나 관계 맺던 장소를 포기하고 기존의 모든 습관들을 가진 채로 낯선 행정부와 새로운 법률에 저 자신을 맡기면서 자연적으로 느끼는 조심스러움과 더불어 그 자본이 소유자의

직접적 통제 아래 있지 않을 때 생겨나는 것이다. (리카도, 마르크스의 재인용[73]
1974b:811, 812)

"상이한 나라들이 관건"[74]일 때엔, 리카도에 따르자면, 우리는 교환에서 "어떤 가치도 창조할 수 없기"[75] 때문에 순수하고 단순한 물물교환의 상황 속에 있는 것으로 나타날 것이다. 이는 리카도로 하여금 "외국 무역을 통해서는 가치가 결코 증가할 수 없다."는 결론으로 이끈다.[76] 마르크스는 이에 동의하지 않고, 교환에 이점이 있다고 본다. 더 강한 나라가 성취한 이윤은 소비되는 수익에 비생산적으로 쓰이기만 하는 게 아니다. 성취된 자본이 "새로운 가치를 가진 새로운 노동을 움직이고, 따라서 새로운 가치들을 발굴"하기 위해 투자될 수 있다.[77] 이렇다면 마르크스에게 가치 법칙은 국민간의 관계를 계속해서 규율하는 것이며, 따라서 국민들 사이 교환에는 이윤이 존재할 수 있다. 이 교환을 규율하는 법칙은 무엇인가? [이런 물음은] 경쟁 일반의 경우에서도 동일하다.

마르크스의 답변을 연구하려면 방법론적으로 보다 구체적인 『자본』의 두 개장,[78] 즉 자본 일반의 (또는 즉자적 개념의) 극도로 추상적인 수준에 놓인 게 아니라, 다수 자본들이 서로 대면하는 수준에 놓인 장들을 살펴보아야 한다(이것["다수 자본의 대면"]은 경쟁에 관한 [자본 일반 다음 차례의] 저술되지 않은 두 번째 편이거나, 세계시장에서의 교환에 관한 훨씬 뒤의 부에 배치되었어야 할 것이었다). 확실히, 종속의 정초적 법칙 혹은 국민간 수준의 경쟁 일반의 정초적 법칙(저마다 부르주아지의 국민간의 사회적 관계로부터 파생된 규정)을 이해하기 위해서는, 특정한 조건들이 우선 갖춰질se cumplir 필요가 있다. 첫째, 한 생산물에 (예를 들어 휴스턴에서와 멕시코에서) 상이한 가치들이 있다는 조건, 둘째, 이 차이가 관련된 자본들(미국의 더 발전한 국민적 총자본과 멕시코의 덜 발전한 국민적 총자본)의, 물질적이고 객관적인 수준에서, 즉 그 가치와 관련해서 생산양식의 기술학적 규정으로 인해서 나타난 상이한 유기적 구성 정도의 결과물이어야 한다는 조건, 셋째, 앞선 조건들과 함께 규정되는 (팔루아가 지적했듯, 변증법적으로 한데 얽힌) 것으로서, 상이한 임금들이 — 더 발전한 자본에서 (각 노동자가 얻게 되는) 더 높은 절대적 또는 주관적 임금과, 덜 발전한 자본에서 (각 생산물에 함유된 임금 가치의 비율에서) 더 높은 상대적 또는 객관적 임금이 ─ 있다는 조건, 넷째, 유기적 구성과 임금 둘 다가 국민적 맥락 속에서 확립된다는 조건(흔히 망각되는 것이지만, 구체적 수준에서 이 규정은 정초적이다 ─ 총자본은 국민적이다).[79]

특정한 상품들이 상이한 가치(상품 가치)를 가질 수 있지만, 그러나 동일한 가격(〈1861~63년 초고〉 서두에서는 "비용가격"이고, 마르크스의 결정적 명명으로는 "생산가격"[즉 불변자본＋가변자본＋평균이윤])이라는 사실은 이 명백한 이율배반의 이론적 해결책이다.[80]

첫 번째 측면, 즉 상이한 가치들을 가진 생산물 또는 상품들의 존재라는 측면을 좀 더 자세히 살펴보자. 마르크스가 이 측면을 다루는 것은 유기적 구성이 "더 높아질수록" 상품의 가치는 "더 낮아진다"고 말할 때이다. 이것은 엠마뉘엘에 대립하는 베텔하임의 입장이며, 옳은 입장이다. 이것은 (유기적 구성에서의 차이만을 통해) 불균등 교환의 첫 번째 유형을 규정한다. 이 경우에서 우리는 잉여가치율이나 이윤율에 관심을 두고 있는 게 아닌데, 추상적 방식으로 단지 생산물의 총가치만을 고찰하는 중이기 때문이다.

다른 한편 생산물은 임금에서의 차이 때문에 상이한 가치들을 가지기도 한다. 이 측면을 단독적으로 부각시킨 것은 엠마뉘엘이며 (그리하여 팔루아가 이 측면이 앞의 것을 보충한다는 점을 보여줄 때 그도 옳은데) 이것은 불균등 교환의 두 번째 유형을 (엠마뉘엘의 입장에서는 엄밀한 불균등 교환을) 규정할 것이다.

[임금 법칙의] 운동 속에서 임금이 일련의 상이한 조합을 이루며 나타나는 양상이, 상이한 나라들 사이에서는 간에서는 국민적 임금 수준의 동시적 차이로 나타날 수 있다. 〔…더 발전한 자본주의 생산양식을 가진〕 전자의 국민에게서 일급 또는 주급이 [덜 발전한 자본주의를 가진] 후자보다 더 높은 반면에, 임금의 상대적 가격 다시 말해 잉여가치 및 생산물 가치 양쪽 모두와 비교되는 노동의 가격은 전자보다 후자에서 더 높은 경우는 흔히 발견될 것이다. (마르크스 1977 : 701, 702 ; MEW.23 : 584 [『자본』 I-2 : 766, 768])

바로 이런 점에서, "자연적이고 역사적인 발전"[81]으로부터 비롯한 조건들 즉 국민, 국가의 역사적 현실은 자본이 쉽게 초월할 수 없는 국민적 경계선을 설립한다. 자본의 유동성fluidez(비록 후에는 옳지 않게도 부정하게 되었지만 1970년 저술에서 팔루아[82]가 지적했던 것 같은 유동성)은 총체적인 게 아니다. 자본은 "런던에서 요크셔"까지 가는 것과 동일한 속도로 "영국에서 네덜란드까지" 갈 수는 없다. 오늘날 라틴아메리카에는 매우 자세히 연구해야 할 정초적인 장벽, 즉 국민적 경계선이 존재한다. 이것은 법률적 혹은 지리적 경계선에 그치는 게 아니다. 이 경계선은 역사적, 사회적, 문화적, 기술학적이고, "소비 양식"(국민적 부르주아지 국가)에 따른 것이고, 군사적이며, 근본적으로는 경제적이다. 국민적 총자본의 한 계기인 국민적 시장은 몇몇 추상적인 국제주의 마르크스주의자들에게 홀대받아 왔다. 마르크스는 우리에게 "평균 임금"에 대해 이야기할 뿐만 아니라,[83] "국민적 평균 임금"에 대해서도 이야기한다. 이 지점을 연구한 엠마뉘엘은 우리로 하여금 임금의 국민적 측면뿐만 아니라, "국민적 총자본" 전체에 대해서도 발견하게 해 준다. 이 국민적 총자본 내부에서 어떤 나라의 (절대적으로 또는 주관적으로) 더 낮은 국민적 임금 평균은 자본의 낮은 유기적 구성도와 관련 있고, 국민간의 지배의 사회적 관계(식민지들에 대한 본국 국가 혹은 종속 국민들에 대한 제국주의 국가들이 세계시장에 내부적이면서 종속된 국내 시장에는 외부적인 강압을 행사하기 때문에 나타나는 정치적, 실천적, 윤리적 관계)와 관련 있다.

국민간의 질서에서 상이한 유기적 구성의 결과로든 상이한 임금 수준의 결과로든 상품들이 그 가치는 상이하되 그 가격은 동일할 수 있다는 입장을 받아들일 때, 우리는 종속의 법칙을 다룰 수 있다. 생산물 혹은 상품들의 가치에서 보이는 다양성을 전제한다면, 경쟁에 들어서는 순간에 특수한 현상이 발생한다.

외국 무역에 투하된 자본은 더 높은 이윤율을 달성할 수 있는데, 그 이유는 우선 이 자본이 덜 발전한 생산 설비를 가진 다른 나라들에서 생산된 상품들과 경쟁하며, 이럼으로써 더 많이 앞선 나라는 그 재화를 그 가치 이상으로, 그러나 자신의 경쟁자들보다 여전히 더 싸게 판매하기 때문이다. … 유리한 조건에 있는 나라는 더 적은 노동의 대가로 더 많은 노동을 수령한다. 비록 이 차액이 … 특수한 계급의 주머니로 들어가긴 하지만 말이다. (마르크스 1981b:344~345; MEW.25:247~248[『자본』 III-1:315~317])

이 "특수한 계급"은 더 발전한 나라의 국민적 부르주아 계급이다.

경쟁은, 즉 두 국민적 총자본이 서로 대면하는 운동은 가치를 창조하지 않고, 외려 가격 균등화를 경유하여 가치를 배분한다. 요컨대, 가치를 창조하고, 가치를 배분하는(즉 이전하는) 것은 가격들을 균등화하는 것과 동일하지 않다. 이런 것은 다시금 가치로부터 가격으로의 이행에 대한 전체적 문제이다.

되풀이해보자. "종속 개념의 전개"는 범주들의 편성과 서술에 질서를 요구한다. 첫 번째 측면은 상이한 가치를 지닌 생산물 혹은 상품들의 현존 가능성이다. 두 번째 측면은 이 생산물들을 경쟁에 위치시키는 것이다. 이렇게 서로가 마주할 때 (실제로는, 국민간 가치의 불균등 교환을 물화하지 않으려면, 서로 마주하는 게 생산물이 아니라 상응하는 부르주아 계급이라고 해야 하겠지만) 균등화가 발생하고, 이는 (결코 균등화할 수 없는) 가치가 아니라 가격을 그렇게 하는 것이다.[84] 가치 법칙이 이 균등화를 규제 혹은 통제한다. 〈1861~63년 초고〉에서 로트베르투스에게 반대했던(지대에 관한 본서 제7장) 마르크스는 "평균이윤"이라는 범주를 발견한다. 우리가 이를 국민간 층위에 적용한다면, 경쟁, 균등화, 가치 배분의 토대적 법칙을 진술하게 되고, 이에 따라 잉여가치의 이전인 한에서의 종속의 법칙에 대해서도 언명할 수 있을 것이다.

상이한 발전 수준의(다시 말해 상이한 유기적 구성과 상이한 국민적 평균임금을 가진) 국민적 총자본의 생산물로서의 상품들이 국민간에 교환될 때, 더 발전한 자본의 상품은 더 낮은 가치를 가질 것이다. 그렇지만 경쟁은 양쪽 상품들의 가격을 단 하나의 평균가격으로 균등화한다. 이런 식으로 (더 발전한 국민적 자본의) 더 낮은 가치를 지닌 상품은 그 가치보다 더 큰 가격을 획득하고, 이 가치는 [덜 발전한 국민적 자본의] 더 높은 가치를 지닌 상품으로부터 잉여가치를 착출하면서 실현된다. 따라서 덜 발전한 자본의 상품은, 설령 그것이 (그 가격이 국민간의 평균가격보다 낮다면) 어떤 이윤을 실현할 수 있을지 몰라도, 국민간의 평균가격이 해당 상품의 국민적 가치보다 낮기 때문에 잉여가치를 이전하게 된다.

이 토대적 법칙은 다양한 형태로 마르크스에게 명시적이며, 일례로 그로스만의 저작(1979) 같은 고전적 마르크스주의에서도 통상적이다. 요컨대 우리는 마르크스 자신의 사유의 논리에서 종속은 반박 불가능한 개념이라는 결론을 내릴 수 있겠다. 그러므로 이 논점을 둘러싼 라틴아메리카의 전체 논쟁은 방법론적 철저함의 결여를 드러내 보였던 셈이다. 다시 말해, 종속은 추상적, 본질적, 정초적 층위에 현존하며, 또한 종속은 상이한 발전 정도의 국민적 총자본을 소유한 부르주아 계급들 사이의 국민간의 사회적 관계이다. 경쟁의 틀 가운데서, 덜 발전한 국민적 총자본은 저 자신이 사회적으로 지배당함을 깨닫게 되며(인격들 사이의 관계), 최종 분석에서, 덜 발전한 국민적 총자본은 더 발전한 자본에 잉여가치를 이전하여(본질적인 형식적 계기) 그 자본이 이것을 특별 이윤으로서 실현하게끔 만든다.

누군가는 이런 사실이 명백하다고, 누구도 이를 부정하지 않았다고 말할지도 모르겠다. 하지만 그렇지 않다. 이런 명백하고, 본질적이고, 추상적인 질문들을 사전에 규정하지 않았고, 논의가 (본질적인 논리를 향하는 대신) 역사를 향해 직접 진행되었기 때문에, 수많은 실수와 혼동이 불거졌고 온당한 마르크스주의의 입지점에서 그것은 천진난만한 짓이었다.

그러므로 좀 더 구체적이고 복잡한 층위를 살펴보고, 논의할 수 있고 또 해야 할 몇몇 문제들을 살펴보자. 아직 여기에 관해서는 서로 대립하는 여러 입장이 있을 수 있겠지만, 어쨌든 종속이라는 추상적 개념을 문제 삼지는 못할 것이다.

13.4 종속의 현상과 필수적 범주들

헤겔 또는 마르크스의 엄밀한 언어사용에서 "현상"이란, 그저 드러난 것apa-rente, 실재에 상응하지 않는 것, 실재 즉 본질인 것처럼 "나타나는" 것을 의미할 수 있다. 우리는 이 용어를 두 번째 의미로 사용하고 싶다. 종속은 경쟁의 세계에서 그 "현상"으로 "나타나며", 이런 "현상"은 피상적이고 이차적이거나, 그것의 본질에 기초를 둔다. 하지만 이는 심오한 본질이 아니고 — 마르크스가 그렇듯 우리 자신을 표현할 때 — "뒤에 감춰진" 것이 아니다. 종속의 본질에서 비롯한 현상은 토대 위의fundado 이차적인 종속 규정들을 매개로 해서 심오한 구조를 표명한다. 따라서 덜 발전한 국민적 총자본에서 더 발전한 자본으로 향하는 잉여가치의 이전은 역사로서 발생론적으로 연구될 수 있으며, 아니면 그 자체의 고유한 규정(축적 및 재생산 양식, 그 유기적 구성의 진보나 그 상이한 임금 지위의 양식, 초과착취, 독점 등)에서 연구될 수 있지만, 우리 자신이 토대 위의 해명의 평면상에 있다는 점을 알기도 해야 한다. (〈그림 13.1〉을 보라.)

〈그림 13.1〉 국민간 경쟁을 통한 잉여가치 이전

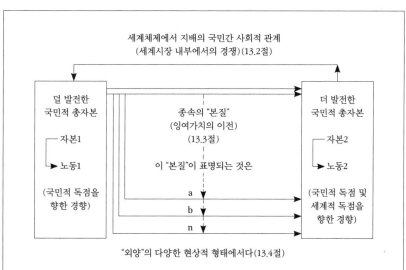

설명 : 자본1 = 주변부의 국민적 자본 / 노동1 = 주변부의 국민적 노동 / 자본2 = 중심부의 국민적 자본 / 노동2 = 주변부의 국민적 노동 / 화살표 a, b, n = 잉여가치 이전의 다양한 형태들

종속의 여러 현상적 "표지"는 종속의 법칙이나 종속의 본질에 대한 규정들과 — 마르크스가 그렇듯 우리 자신을 엄격히 표현할 때 — 이제는 혼동되어서는 안 되겠다. 헤겔이라면 이렇게 말할 것이다. "법칙은 현상과 저 자신의 이런 단순한 동

일성이다."[85] "현상적(erscheinend) 세계는 본질적(wesentlich) 세계에서 그 부정적 통일을 이룬다. … 그리고 그것["현상적 세계"]의 토대로서 복귀한다."[86]

이는 다시금 "과학"에 대한 질문이다(본서 제12장을 보라).

> 자본의 짜임은 … 따라서 사회의 표면상에 나타나는 형태에, 상이한 자본들의 서로에 대한 행위 즉 경쟁의 형태에, 생산 담당자 자신들의 일상적 의식의 형태에 점차 가까워진다. (마르크스 1981b: 117; MEW.25: 33 [『자본』 III-1: 41~42])

> 이것은 자본주의 생산양식 자체의 본성에서 파생되는, 자명한 필연성이다. (마르크스 1981b: 329; MEW.25: 223 [『자본』 III-1: 285])

> [이윤율 저하가 현실에서 일어나지 않도록] 상쇄작용을 하는 요인들이 반드시 있다. 이것들은 일반 법칙의 효과를 억제하고 취소하면서 법칙에 그저 경향적인 성격을 부여한다. (마르크스 1981b: 339; MEW.25: 242 [『자본』 III-1: 308])[87]

> 따라서 저 법칙은 그저 어떤 경향으로 작동하며, 그 효과는 오직 오랜 기간에 걸친 어떤 특수한 정황 아래에서만 결정적으로 된다. (마르크스 1981b: 346; MEW.25: 249 [『자본』 III-1: 317])

자본에서 이윤율이 경향적으로 하락하는 경우와는 반대로, 덜 발전한 국민적 자본에서 더 발전한 쪽으로의 잉여가치 이전은 (토대적 법칙의 효과는) 법칙에 대한 반작용으로 인해 저하하기만 하는 게 아니라 증가하기도 한다. 이는 경쟁(지칭된 이전의 핵심적 성분)이 독점에 의해 무효화된다는 사실 때문에 발생하는데, 독점은 덜 발전한 자본으로부터의 잉여가치 착출량을 줄이는 대신에 잉여가치의 비율을 막대하게 늘리기 때문이다. 이것은 지배를 배가하지만, 여전히 종속 법칙의 본질인 가치법칙의 실행을 기초로 삼는다. 그러면 이제 세계 질서 속의 잉여가치 이전이 법칙으로서가 아니라 경향으로서 두드러지게 됨을 보게 될, 복잡한 현상적 세계에서의 문제를 고찰해 보자.

예를 들어, 저발전 나라들의 수출품이 높은 유기적 구성을 가진 기업들에서 생산된다는 현상적 사실은 종속의 토대적 법칙과 모순되는 것처럼 보인다(이는 사미르 아민이 엠마뉘엘의 입장을 지지할 때 내세운 논변이다).[88] 우리가 더는 본질의 추상적이고 보편적인 층위에 있지 않기 때문에, 다른 규정들이 작용 속에 들어오는 것을 보게 된다. 주변부 국가의 발전한 자본의 생산물이 (더 발전한 나라에서는 생산되지 않기 때문에) 경쟁을 성립시키는 일 없이 수출된다고 해도, 구매자로서 중심부 나라의 독점이 작용할 수 있다. 유일한 구매자인 더 발전한 나라는 생산물의(일례로 커피의) "국제적 독점 가격"을 상품의 가치보다 더 낮게 설정한다. 다른 한편 상품이 경쟁에 들어오게 되면, 더 발전한 나라는 다양한 조치를 취할 수 있다. 그 나라는 세관을 통해 덜 발전한 나라의 생산물에 관세를 부과하는 식으로 자국의 국민적 생산물들을 보호할 수 있다. 또 재정 혜택이나 장려금으로, 즉 재정을 자국 내부의 가격을 떨어뜨리는 데 할당함으로써 국민적 생산을 촉진할 수도 있고, 혹은 덜 발전한 나라들의 수출 기업들에, 가령 멕시코의 국영 석유 회사(페트롤레오스 멕시카노스 즉 페멕스)에 그랬듯이 신용으로 자본을 대출할 수도 있다(이자 지불을 통해 잉여가치를 착출하면서 말이다). 심지어 저들의 생산수단에 대해 그 가치 이상의 독점가격을 설정하고 (생산수단은 발전한 나라에서만 생산되므로) 그럼으로써 모든 경쟁을 없애기도 한다. 이 모든 예시는 사미르 아민이 제시한 사례가 법칙을 무효화하는 것으로 나타나는 경우들 중 특수한 하나라는 점을 지적한다. 현실에서는 [종속 법칙의] 실효라고 말해지는 것에 반작용할 수 있는 수많은 조치들이 실존하며, 그 결과로 종속의 법칙은 경향적으로 완수된다.

예를 들어, 로자 룩셈부르크는 주의 깊게 고찰해야만 할 또 다른 현상을 지적한다. 그녀가 우리에게 말하기를,

축적은 전적으로 자본주의적인 환경에서는 불가능하다. … 오직 새로운 생산 영역으로의 또 새로운 [비자본주의] 나라들로의 영속적 확장을 통해서만 이제까지

자본주의의 발전은 가능했다. 따라서 폭력, 전쟁, 혁명, 요약하여 대재앙은 자본주의의 시작부터 종말까지 그 사활적 지반이다. (룩셈부르크 1967 : 450 [『자본의 축적』 II권 : 966])

확실히, 비자본주의 체제로부터 부 혹은 가치의 착출은 중심부 자본의 본원적 축적과 영속적 축적의 계기이다. 그런데 그 본질에서 종속은 엄밀하게는 산업 자본주의적 경쟁을 통한 잉여가치의 착출이다. 출발점은 인간이지 유인원이 아니다. 따라서 종속의 본질을 발견하기 위해서는 그 창세기를 고찰하려고 (16세기 쪽으로) 시간을 거슬러 보기 전에, 상이한 발전 수준에 있는 국민적 총산업자본 사이의 경쟁을 (예를 들어 1950년 미국에 대비하여 멕시코나 브라질 혹은 아르헨티나를) 살펴보아야만 한다. 안드레 군더 프랑크를 위시해서 수많은 전문가들이 시도했듯이 거꾸로 돌아가서는 안 될 것이다. 폭력, 전쟁, 재앙은 비자본주의 체제와 관련한 사회적 관계 유형인 것만은 아니다. 이런 폭력의 관계는 지배의 국민간 사회적 관계인 종속에도 특유한 것이다. 한 나라가 경쟁으로부터 (1987년에 니카라과가 그랬듯 자본주의 세계 시장으로부터) 탈출하려고 할 때, "경쟁 속 자유"의 체제로 복귀하라는 폭력적이고 군사적인 강압이 있다. 그것이 지배적 권력에게는 "민주주의"이다. (그리고 그것은 19세기 라틴아메리카 자유주의의 "해방"이기도 한데, 이 문제는 다시 깊이 연구되어야 할 것이다.)

다른 한편, 본원적 축적의 문제를 기존에 편성된 자본들 사이 경쟁에서 특별이윤 획득이라고 보아야 알맞을 축적과 혼동해서는 안 된다. 이점에서도 사미르 아민은 (발전한 국민적 총자본이 비자본주의 체제와 마주하는) 본원적 축적과 (비록 서로 상이한 유기적 구성 및 임금 수준을 가지더라도 이미 편성된 자본들 사이의 잉여가치 이전인) 종속에서의 경쟁을 통한 축적 사이의 관계를 잘 규정하지 못한다.

도식화하자면, 종속이 (그 법칙을 관철하면서도cumplir 훨씬 더 막대한 이전을 통해 자신을 경향으로서 두드러지도록 만들면서) 작동할 때 횡단하는 몇 가지 층위 또는 기제가 있다고 생각한다.

첫 번째 기제는 종속의 개념 또는 그 법칙이 그 자체로 나타나는, 구체적인 즉 현상적인 불균등 교환 유형에서 찾게 된다. 다시 말해 첫 번째 기제는 덜 발전한 나라의 총자본뿐만 아니라 더 발전한 나라의 총자본이 생산하기도 한 상품들 사이의 그야말로 교환이 있을 때 발견된다. 이 경우엔 전술된 법칙에 따라 잉여가치의 착출 또는 잉여가치 이전이 존재한다. 이 층위가 경험적으로 (수량에서나 성질에서나) 가장 중요할 필요는 없다. 이것이 다른 층위들의 작용을 위한 토대라는 점이 중요하다.

두 번째 기제는 주변부 나라의 덜 발전한 자본이 전적으로 생산하는 그런 상품들(일례로 커피)의 경우다. 이 경우에는 위에서 지적했던 것처럼 더 발전한 나라가 경쟁을 무효화시키고 (잉여가치 이전의 법칙이나 가치 법칙을 무효화시킬 수는 없지만) "구매자의 독점"을 조직할 수 있다. 그 "독점 가격"은 더 발전한 국민적 총자본의 편의에 따라 설정되며, 바로 이런 것이 정확히 석유와 관련해서 오늘날 벌어지는 일이다(대량으로 비축되어 있기 때문에 석유에 낮은 "독점 가격"이 설정될 수 있다).[89]

세 번째 기제는 더 발전한 자본이 전적으로 생산하는 그런 상품들(일반적으로는 생산수단)에 작용한다. 이 상품들에도 "독점 가격"이 설정되지만, 이 경우 가격은 상품 가치보다 높다. 구매자는 (주변부 나라의 자본은) 더 적은 것에 대해 더 많은 대상화된 노동을 지불한다(또한 필수적 생산수단을 구매하면서 잉여가치를 이전한다).

네 번째 기제는 주변부 나라들로 확장된 국민간 신용의 이용이다. 잉여가치는 지불해야 할 이자를 통해 또 다시 이전된다.

1955년경 이래로, 다른 일들 중에서도 주변부의 잉여가치 착출을 위한 다섯 번째 기제가 존재해 왔다. 초국적trasnacionales 기업[90]이 바로 그것인데, 이것은 단일한 세계적 총자본의 직접적 현존이 어쨌든 아니고, 외려 중심부 나라들의 총자본의 일부로서 이 일부는 덜 발전한 국민적 자본을 가진 나라들 속에서 자신[소위]의 생산적 자본(공장 등)을 통해 작동한다. 여기에도 역시 초국적 자본들의 "받침대인 중심부 나라들"로 향하는 잉여가치 이전이 있다. 이런 기업들은 국민적 실체를 억압하지 않는다. 외려 발전의 상이한 수준에 놓인 국민적 총자본이 없다면 초국적 기업이 현존하지 않을 것이니만큼 국민적 실체들을 상정한다. 초국적 기업은 분명 잉여가치를 중심부로 이전하는데, 주변부 자체 내에 있는 이런 초국적 기업은 저개발 나라들의 경쟁 자본들보다 (그 더 높은 유기적 구성도로 인해) 더 낮은 가치의 상품들을 생산하기 때문이다. 초국적 기업들이 주변부에서 가져온 특별 이윤들은 중심부의 한 나라에서 실현되는데, 이는 어떤 초국적 기업이 중심부의 단지 국민적이기만 한 자본들과의 경쟁에서 성취한 특별 이윤 덕분이며, 또 그 생산물의 가치구성 중 임금의 가치성분이 더 작으므로 (이 경우에서는 주변부 나라의 주관적인 또는 노동자당 임금이 중심부 나라보다 더 낮으므로) 그 생산물 가치가 더 낮기 때문이다. 초국적 기업은 이제까지 우리가 지적했던 모든 내용을 이해하는 데 최고의 사례를 제공한다. 베텔하임과 그로스만의 경우엔 유기적 구성이 종속 또는 잉여가치 이전의 기초이다. 엠마뉘엘과 사미르 아민의 경우엔 (주관적이거나 절대적인) 저임금이 그 생산물의 더 낮은 가치의 원인이기도 하다. 초국적 기업은 고임금 중심부 자본과 낮은 유기적 구성을 가진 저개발 자본 사이의 차이를 이용한다. 초국적 기업은 통상 이윤을 얻을 뿐만 아니라 이에 더해 두 부류의 특별 이윤을 얻는다. 먼저 통상 이윤은 주변부의 노동으로부터 잉여가치를 창조하면서 파생되고, 다음으로 특별 이윤은 첫째, 주변부에서의 국민적 경쟁에서 가치 이전을 통해 잉여가치를 착출함으로써, 또 둘째, 중심부의 국민적 시장 내부의 경쟁을 통해 잉여가치를 착출함으로써 얻어진다.

요컨대 한 유형의 생산물들에서도 생산물에 가능한 세 가지 가치량이 있다. 주변부 총자본의 생산물은 (국제적 "생산가격"을 상회하여) 가장 큰 가치량을 가진다. 더 발전한 국민적 총자본의 생산물은 국제적 "생산가격" 보다 적은 가치량을 가진다. 그리고 초국적 기업들의 생산물은 심지어 임금이 높은 중심부 나라에서 생산된 발전한 자본의 생산물이 갖는 가치보다도 더 적은 가치량을 가진다.

이럼으로써 중심부와 주변부 양쪽에서 혹은 국민간의 불균등 교환 관계 자체에서 자본이 독점적이라도, 종속 개념과 그 법칙은 현상 수준에서 여전히 유효하다.

여기야말로 "종속 이론"에 대한 다양한 반대 견해들을 고찰하고, 각 입장들이 내보이는 범주들의 결여, 혼동, 오류들의 분석을 진행할 자리이다. 예를 들어 보도록 하자.

마리니가 제시한 초과착취는 잉여가치 이전에 대한 보상으로 완벽하게 해명될 수 있다. 해마다 이전량이 늘어나는데 주변부 자본은 꾸준한 이윤율을 얻으려고 함에 따라, 생산물은 그 가치를 유지해야 하고, 그 잉여가치는 증가해야 하며, 생산물에 대상화된 임금 가치는 상대적 관점에서는 저하해야 한다. 초과착취는 초이전의 대응항목contrapartida이다. 주변부 노동자의 노동능력의 가치가 하락함에 따라, 이전이 증가하는 데 비해서 그의 가격 또는 그의 임금은 하락한다.[91]

또한 종속 개념 일반에 대해 그것이 라틴아메리카의 각 국민을 그 국민적 역사를 통해 해명해야 한다는 요구도 있었다. 이 개념이 모든 것을 외부적인 (종속 같은) 항목들로 해명하고자 한다고 말해졌고 이에 대한 응답은 모든 것을 내부적 항목들로 해명하려고 (그럼으로써 종속을 부정하려고) 하는 것이었다. 실상 종속은 덜 발전한 국민적 총자본을 (혹은 그런 자본의 주체인 국민이나 나라를) 세계시장에, 자본이 필연적으로 관여하게 되는 경쟁 내부에 그저 위치시킬 따름이다. 이를 부정하는 것은 그냥 자본의 실존을 부정하는 것이다. 이 현상이 구체적 층위 전부를(모든 국민적 역사들을) 해명하리라고 기대하는 것은 『자본』 세 권을 종속된 나라의 구체적 상황에 직접 적용하려는 일만큼이나 천진난만하다. 후자도 기초적 오류이기 십상이다. 다시 말해 마르크스가 이론적 담론 전체를 완료했다고 생각했기에, 구체적 역사를 기술하는 일만 남았다고 했던 것 말이다. 이에 따라 종속 개념에 대한 이론적 공간은 존재하지 않았는데, 『자본』과, 가능한 이론 전부와, 구체적인 역사 사이에 공간이 하나도 없었기 때문이다. 이런 오류는 (마르크스가 되풀이해서 지적하듯 『자본』 이후의 이론적 공간이 아주 많기에) 종속의 이론(추상적인 게 아니라 구체적 이론이라고 해석되었던 것)에 대한 요구, 전반적 해명을 제공하는 이론에 대한 요구로 이어졌다. 하지만 그것은 있을 수 없다. 종속에 대해 추상적으로 이것이 줄 수 있는 내용 이상을 요구해서도 안 되고, 이것이 줄 수 있는 것을 없애 버려서도 안 된다. 종속은 주변부 총자본으로부터의 구조적인 잉여가치 이전이 증가하는 상황에 질문을 던지고, 따라서 주변부 총자본의 오랫동안 반복되는 위기, 가치저하, 생육불능inviabilidad[지속불가능성]에 질문을 던지기 위해 이용하는 개념이다.

주변부로부터 중심부로 향하는 잉여가치 이전에 대해 말하는 것은 대상화되는 인간적 삶의 도둑질에 대해 말하는 것이다. 이는 빈곤한 나라들에서, 약탈당하기 때문에 빈곤한 곳에서 착출한 산 노동을 도둑질하는 짓에 대한 것이다. 덜 발전한 곳뿐만 아니라 더 발전한 국민적 총자본의 모든 가치도 그 창조적 원천은 산 노동이다. 정초적으로 정치적이고 윤리적인 질문의 자리는 정확히는 포퓰리즘의 손에서 종속 개념을 탈물신화할 원초적primera 필요성에 놓인다. 포퓰리즘은 주변부 나라들의 국민적 부르주아지 계급이 희생자인 것처럼 만드니 말이다. 정반대로 저 부르주아 계급은 국민적 산 노동으로부터, 참된 희생자로부터 착취와 초과착취를 통해 잉여가치를 착출해 왔는데, 이러한 착취들이 국민적이면서도 인민적인 해방을 요구한다.

13.5 새로운 정치적 결론, "국민적"이면서도 "인민적"인 해방

앞서 나는 "종속 이론"에 관한 토론이 막다른 길에 도달했다고 말했다. 예전의 이론적 오류는 종속 개념의 추상적 본질과 그 토대적 법칙을 주의 깊게 다루지 않았던 데 있었고, 이는 그 현존의 부인이나 그 중요성의 망각으로 이어졌다. 현재의 위기들에 대해서는—국제적인 외부의 부채와 중앙아메리카에서, 카리브해 지역에서, 그리고 점점 더 라틴아메리카의 다른 부분들에서 이루어지는 해방의 프락시스에 들어맞는 혁명적 이론의 필요성에 대해서는—해명할 그 어떤 이론도 없다(마르크스가 남겨 준 그대로의 마르크스주의로는 충분치 않다). 이론과 프락시스 사이 모순은 이렇게 간추려진다. 즉 (자본가와 프롤레타리아 간의) 국제적 계급투쟁만이 유일한 가능성으로 언명되면서, "국민적" 혹은 "인민적" 해방을 겨냥한 모든 시도가 포퓰리즘적이라고 낙인찍혔던 것에 있다. "종속에 대한 질문"은 주변부의 국민적 자본가들에게만 관심사인 부르주아적 문제 같았다. 그러나 자본주의를 극복할 혁명은 직접적인 세계 혁명도 아니고, 공장 수준에서 이루어지지도 않는다.

프롤레타리아는 국가 권력poder del estado을 접수함에 따른 국민적nacional 혁명을 통해서만 자본가 계급으로부터 자신들을 해방시킨다. 혁명적 전위 운동들은 흔히 오직 프롤레타리아적인 것만이 아니라 농민과 소부르주아적이기도 했었다 (마르크스나 레닌 이래로 마오, 아고스티뉴 네투[92], 보르헤 사령관[93]에 이르기까지 그랬고, 또 피델 카스트로와 엥겔스는 엄밀히 말해 앞 사람은 젊은 시절에, 뒤는 평생 동안 부르주아였다). "억압받는 사회적 집단bloque"으로서 주변부의 지배당하는 "국민"과 착취당하는 "인민"이라는 개념은 (이 둘은 재생산의 구체적 수준에서는 복잡하고 정치적인 범주들인데) "계급"이라는 (좀 더 추상적인) 범주를 포섭한다. 이 모든 범주는 종속 개념이 올바르게 전개되었다면 이론적으로 정초될 수 있었을 것이다. 국민적이고 인민적인 해방의 과정은 덜 발전한 국민적 총자본으로부터의 영속적이고 증가하는 잉여가치 이전의 기제들을 없애버릴 유일한 방법이다. 이것은 자본주의 자체의 극복을 상정하는데, 상이한 발전 수준의 국민적 총자본 사이 경쟁 속에서 발생하는 잉여가치의 이전에는 잉여가치의 착취가 (자본과 산 노동 사이 관계가) 결합해 있기 때문이다. 주변부 자본의 취약성(잉여가치의 구조적 이전으로 인한 것)은 곧 전체 인구가 임금 취득 계급으로 포섭될 수는 없다는 사실을 의미한다. 따라서 가장자리 인민의 막대한 대중이 변화 과정에서 주도적 역할을 수행한다. 인민 운동과 인민 조직은 정치적 급선무가 된다.

해방을 이야기할 때엔 지배 상황과 관련해서 그것을 생각하는 것이다. 종속은 세계 자본주의 체제에서 이런 지배 상황을 대표한다. 생각건대, 엄격한 의미에서 종속 관계에는 두 개의 산업자본(중심부의 한 자본과 주변부의 다른 자본)이 필요하다. 그렇지만 우리는 종속의 역사(라틴아메리카 전체의 역사도 각 국민 단독의 역사도 아닌 것)에 상이한 여러 기간이 있을 수 있다고 생각하며, 이 기간들은 시간상 다섯 계기로 이루어진다. 본질적인 수준에서 우리의 출발점은 인간이며, 그 뒤에 유인원을 향해 옮겨간다. 일단은 (무엇이 인간인지 선험적으로 알지만) 역사적으로 우리의 시작 지점은 유인원이며, 그 뒤에 인간을 향해 가자.

첫 번째 계기는, 중심부로 보자면 중금주의적이다가 차츰 매뉴팩처 주도의 중상주의로 향하는 때(16, 17세기)라고 칭할 수 있을 텐데, 라틴아메리카가 정복의 시대이자, 귀금속(마르크스식으로는 귀중품으로서의 화폐이고, 더하게는 세계화폐인 것) 및 그 밖의 식민지 생산물들을 착출당하던 시대인 종속의 선사를 살던 기간이다. [이 기간에는] 부의 착출이 있다. 몇몇 오브라헤(모직물 작업장)나 광산 혹은 아시엔다(대농장)에는 임금 체계가 있었고, 따라서 엄밀히 말해 잉여가치의 이전 같은 게 있었다. 생산물(일례로 노예 노동으로써 제당소에서 생산된 설탕)은 중심부 자본주의 시장에서 상품으로 형태전환될 수도 있었고 이윤 실현조차 할 수 있었다.[94]

산업 자본주의의 "첫 번째 형태"로 (예를 들어 스페인의 독점을 이어받은 영국 방식으로) 종속을 예비하던 두 번째 계기는 부르봉 개혁 시기로부터 엄격한 의미에서 제국주의의 출현 때까지(18세기 중반부터 거의 1880년까지) 발생했다. [주변부] 원료와 [중심부] 산업 생산물의 불균등 교환과 국제적 신용에서의 이자 지불을 통해 [이 기간에는] 이미 잉여가치 이전으로의 어떤 구조적인 출발이 있다.

세 번째 계기는, 엄밀한 의미로 첫 번째 종속으로서, 자본주의의 "두 번째 형태" 즉 제국주의 기간(1880년경부터 1929년 위기까지)이다. [이 기간에는] 기왕의 기제들이 한층 강화된다. 예를 들어 철도는 신용 채무(이자 지불을 통한 잉여가치 이전)이자 동시에 (가치뿐만 아니라 잉여가치도 포함하는) 부의 착출에 이용되는 기술학적 매개물이었다.

네 번째 계기는 포퓰리즘 체제하의 종속 기간(아르헨티나의 이폴리토 이리고엔, 브라질의 제툴리우 바르가스, 멕시코의 라사로 카르데나스, 아르헨티나의 후안 도밍고 페론 집권기 즉 1930년에서 1955년까지의 고전 시대)이자, 주변부 자본주의가 중심부 자본과의 "경쟁"에 들어서고, 전술했던 토대적 법칙에 따라 (혹은 종속 경향을 마련하는 기제들을 통해) 잉여가치가 이전되던 때이다. 저 포퓰리즘들은 국민적 자본주의의 독점을 겨냥한 시도였으며, 중심부 자본주의가 국제적 지배권을 위한 다툼 속에 있을 때 (1914년부터 1945년까지 사이에) 모종의 기회를 얻기도 했다. 새로운 권력(미국)이 주변부 종속을 새로운 방식으로 재조직하자 저들은 모든 기회를 상실한다.

다섯 번째 계기, (과테말라에서 하코보 아르벤스에 대항한 쿠데타가 있던) 1954년 혹은 (아르헨티나에서 후안 페론이 몰락한) 1955년부터 이어지는 기간은 온당히 말하자면 "발전론적" 정책으로서 종속주의 단계가 시작됨을 표시한다. 발전 이론들은 "국민간의 경쟁"에 뛰어들기를 충고한다. 금융 및 생산 자본들의 침투는 정당하게 말할 때 초국적 기업들과 늘어나는 채무를 위한 무대를 열어젖힌 것이다. 1964년에는 (브라질의 "국민 안보" 쿠데타와 더불어) 형식적으로 민주적이고 발전론적인 종속주의로부터 (골베리 두 쿠오토 이 시우바[95]에서 피노체트까지 이르는 이데올로기 아래의) 군대 유형의 발전론적 종속주의로 이동했다. 이것이 우리 자신이 현재 처한 상태이다. (네오포퓰리즘, 신발전주의, 국민주의적이거나 종속주의적인 독재, 그리고 최근의 각양각색 민주화의 "서막"apertura을 거쳐서 말이다.)

요컨대 종속 개념의 입지점으로부터 볼 때 우리는 스페인에게서의 첫 번째 탈각emancipación이 다만 스페인령으로서 종속적이고 독점적인 자본의 식민지 상태에서 벗어나 영국(또는 해당되는 시대의 여타 권력들)에 직접적으로 종속되는 상태로 향하는 것을 의미할 뿐이라는 사실을 알 수 있다. 포퓰리즘(1930~1954)은 몇몇 보호주의 조치 또는 독점 조치를 통해 국민들 간의 경쟁을 방해함으로써 국민적 자본주의를 발전시키려고 했다. 이 조치들은 미국에 의해 손쉽게 제거되었고 포퓰리스트들은 도미노처럼 쓰러졌다(1954~1959).

오직 쿠바(1959년 이래로)만이, 현재는 니카라과(1979년 이래로) 및 엘살바도르에서의 투쟁만이 자본의 국민간 경쟁의 변증법으로부터 빠져나오려고 시도했다. 미국 자본이 자신에 맞서 선포했던 침략 전쟁 가운데서 니카라과가 겪고 있는 고통은 경쟁의 경기장에 들어서지 않은 죗값인데, 니카라과는 초국적 자본과 종속 기제가 깊이 침투한 라틴아메리카의 나머지 모든 나라들처럼 저 경쟁 속에서 자신의 잉여가치를 구조적으로 더 많이 이전해야만 했다.

그렇다면 관건은 두 번째 탈각이다. 종속의 개념은 우리 라틴아메리카의 국민들이 오늘날 처한 지배의 상황을 정치적으로 이해하기 위한 이론적 틀을 제공할 수 있는 유일한 개념이다. (이 김에, 아프리카 및 아시아의 국민들에게도 똑같은 내용이 맞다는 점을 말해야 하겠다.) "계급투쟁"의 개념은 정초적 진단을 내리기에 충분치 않다. "투쟁적 경쟁"[96]이 주변부 나라들에 아주 분명히 자리 잡게 되어, 이 나라들의 취약한 자본주의, 취약해진 자본주의가 해방의 과정들엔 적당하다는 점을 망각해서는 안 될 것이다. 그 해방은 (국민적 부르주아지 및 나라의 총자본을 경유한 국민적 지배인) 종속으로부터의 해방이며, 국민 내의 억압받는 인민의 (자신들의 노동 즉 임금노동이나 가용 노동을 통해 저 모든 이전 가능한 가치와 잉여가치를 창조하는 사회 집단의) 해방이다.[97]

산디노주의 국민해방전선FSLN이 스스로를 국민적이고 인민적 해방 운동이라고 규정한 이유는 이 때문이다.[98] 한편으로 자본주의적 종속을 극복함으로써 그 나라가 노동자들의 노동의 결과물을 저 자신의 부로 축적할 수 있다는 점에서 국민적이다. 다른 한편 지나간 자본주의에 억압받던 계급들만이 아니라 니카라과의 국민적 총자본의 입장에서 아무것도 아닌 자였던 모든 사람들(실업자, 민족적 소수자, 가장자리의 인구 등)조차도, 저들 자신의 문화에 ─ 또한 저들의 인민적 문화의 일부인 저들 자신의 종교에(두셀 1986을 보라) ─ 기초해서, 역사적이고 구체적인 산 노동의 외재성에 대한 긍정으로서 해방된 삶의 새로운 방식을 조직할 수 있다는 점에서 인민적이다.

마르크스의 이론적 담론을 라틴아메리카를 넘어 계속해나가되 그의 담론의 (이것이 "개방"되어 있고 "미완"인 탓이었기에 생겨난 오류인) 단순한 적용에 그치지 않게 하는 것과, 마르크스의 이론적 담론 가운데서 국민적 해방이라는 인민의 프락시스에 기초하고 "다수의 논리"(그러나 해방의 역사의 주체로서의 다수의 논리)에 기초하는 새 가능성들을 발견하는 것은, 해방철학의 과업이다.

따라서 종속의 개념은 (국민적이면서도 인민적인 해방의 올바른 실천에서의) 정치적 시야로부터나 (해방의 과정으로서 라틴아메리카의 현실을 방법론적으로 사고하는 해방철학에서의) 이론적 시야로부터나 정초적이다. 정치경제학의 층위에서 종속 개념은 해방의 개념으로 향할 출발점 자체다.

이것은 이론적 계기로서 우리의 대륙에서 해방의 과정은 바로 이 계기로부터 ex quo 발원한다.

부록

:: 부록 1 : 상이한 텍스트(초고 원본, 판본, 번역본)들의 페이지 대비표[1]

〈노트〉	주제	〈노트〉 원본	MEGA II분야 3권	MECW	〈1861~63 년 초고〉	『資本論草稿集』	『잉여가치 학설사』
I (1861년 8월)	I 자본의 생산 과정	1	1분책 5	제30권 9	제1분책 33	제4권 5	
	1 화폐의 자본으로의 전화	1	5	9	33	5	
	a G-W-G. 자본의 보편적 형태	1	5	9	33	5	
	b 가치의 본성에서 비롯되는 여러 어려움	7	16	20	45	23	
	γ 노동과의 교환	15	29	33	59	47	
	노동능력의 가치	21	37	42	67	61	
	노동능력과 화폐의 교환	25	44	50	75	67	
	노동 과정	28	48	54	79	83	
	가치증식 과정	34	58	66	91	104	
	양자의 통일	49	82	92	116	145	
II (1861년 9월)	(계속)	54	90	101	123	159	
	두 구성 부분	55	93	103	127	163	
	보록	71	121	137	157	215	
III (1861년 10월)	2 절대적 잉여가치	95	149	172	188	265	
	a 잉여가치와 임금	95	149	172	188	268	
	b 잉여가치와 필요시간	99	158	180	197	279	
	c 과다 노동의 이득	101	162	185	202	288	

---

1. * 〈1861~63년 초고〉는 MEGA를 번역하여 2021년 출판된 한국어판 『정치경제학 비판을 위하여 : 1861~63년 초고』의 제1분책, 제2분책을 가리킨다. 『資本論草稿集』은 일본 大月書店에서 1981~94년 MEGA를 번역한 『マルクス資本論草稿集』 1~9권 중 〈1861~63년 초고〉에 해당하는 제4~9권을 가리킨다. 『잉여가치학설사』는 북한 조선노동당출판사에서 1966년 번역 출판한 『칼 맑스 잉여가치학설사 자본론 제4권』 제1~2부를 재출판한 판본을 가리킨다. 이 페이지 대비표의 제1부는 백의출판사(1989) 판본의 페이지이고, 제2부는 이성과 현실(1989) 판본의 것이다.

〈노트〉	주제	〈노트〉원본	MEGA II분야 3권	MECW	〈1861~63년 초고〉	『資本論草稿集』	『잉여가치학설사』
	d 동시적 노동일	102	163	185	203	289	
	e 잉여노동의 성격	104	167	190	208	296	
	보록	106	170	193	211	301	
	잉여가치율	124c	207	229	248	366	
IV (1861년 10월~ 1862년 3월)	3 상대적 잉여가치	138	211	229	253	374	
	a 협업	143	229	255	272	407	
	b 노동 분할[분업]	138a	237	264	281	422	
V (1862년 3월)	(계속)	175	273	299	316	481	
	생산적 노동에 관하여	182	280	306	325	496	제1부 531
	γ 기계장치. 자연 위력과 과학의 적용	190	292	318	336	512	
VI (1862년 3월)	5 잉여가치론	220	2분책 333	348	제2분책 49	제5권 6	
	a 제임스 스튜어트	220	333	348	49	6	제1부 7
	b 중농주의자들	222	337	352	54	11	제1부 12
	c 아담 스미스	243	363	376	81	51	제1부 50
VII (1862년 4월)	(아담 스미스에서 계속, 재생산 문제)	273	401	412	120	111	제1부 105
	생산적 노동과 비생산적 노동	299	438	제31권 7	161	170	제1부 170
	존 S. 밀, G. 가르니에	318	465	35	190	214	제1부 215
VIII (1862년 4월)	(J. S. 밀에서 계속)	332	483	55	210	244	
	맬서스, 페티, 가르니에, 샤를 가닐	345	503	77	231	277	제1부 247
IX (1862년 4월부터)	(계속)	377	549	126	286	352	제1부 262
	수입과 자본의 교환	379	553	131	291	359	제1부 289
	페리에, 그 외	391	574	151	313	391	제1부 321
	d 네케르, 슈말츠	419	620	200	370	469	제1부 406
X (1862년 5월, 6월)	〈경제표〉	422	624	204	374	475	제1부 411
	e 랭게	438	657	241	416	528	제1부 465
	f 브레이	441	662	245	423	537	
	g 로트베르투스	445	3분책 673	250		제6권 5	제2부 15
XI (1862년 7월)	(계속)	490	756	334		139	제2부 110
	이른바 리카도 지대법칙의 역사에 관한 의견	495	765	344		155	제2부 125
	h 리카도:가격, 이윤율, 평균가격과 비용가격 등	522	813	387		228	제2부 181
	리카도에서 지대 이론	560	880	457		337	제2부 267

〈노트〉	주제	〈노트〉 원본	MEGA II분야 3권	MECW	〈1861~63 년 초고〉	『資本論草 稿集』	『잉여가치 학설사』
XII (1862년 8월 중순 까지)	(계속)	581	910	490		385	제2부 311
	스미스에서 지대 이론	619	968	551		475	제2부 397
	리카도에서 잉여가치론	636	1001	제32권 9		530	제2부 439
	리카도에서 이윤론	666	1049	60		604	제2부 501
XIII (1862년 9월 말 까지)	(계속)	670	1056	67		612	제1부 509
	축적 이론	694	1093	103		666	제2부 557
	리카도에 관한 잡록	732	1165	174		765	제2부 647
	i 맬서스	753	4분책 1207	209		제7권 5	
XIV (1862년 10월)	(계속)	771	1241	239		59	
	k 리카도 학파의 해체 (토런스, 그 외)	782	1260	258		95	
	l 경제학자들에 대한 반대론	851	1370	373		287	
XV (1862년 11월)	(계속)	862	1390	394		317	
	호지스킨	863	1395	397		324	
	수입과 그 원천	891	1450	449		404	
	탐욕에 반대한 루터	937	1526	531		522	
	(이른바 "잉여가치론" 마침) 상거래자본	944	5분책 1545	제33권 9		제8권 5	
XVI (1862년 12월)	세 번째 장[III장], 자본과 이윤	973	1598	69		87	
	1 잉여가치와 이윤	973	1598	69		87	
	2 이윤이 잉여가치를 항상 과소하게 표현함	977	1607	76		102	
	3 비율이 숫자상 달라짐	978	1607	76		103	
	4 동일한 잉여가치가 상이한 이윤율로 표현될 수 있음, 그 외	978	1607	77		103	
	5 잉여가치와 이윤의 관계는 가변자본의 총자본에 대한 관계와 같음	978	1608	77		104	
	6 생산의 비용	979	1609	78		107	
	7 이윤율 하락의 일반 법칙	999	1632	104		143	
XVII (1862년 12월 ~ 1863년 1월)	노동과정과 가치증식 과정	1022	1675	146		210	
	상거래자본, 화폐거래자본	1029	1682	154		222	

〈노트〉	주제	〈노트〉원본	MEGA II분야 3권	MECW	〈1861~63년 초고〉	『資本論草稿集』	『잉여가치학설사』
	삽입. 자본주의적 재생산에서 화폐 환류 운동	1038	1701	171		246	
XVIII (1863년 1월)	이자	1066	1746	222		329	
	자본주의적 재생산에서 화폐 환류 운동		1750			337	
	상거래자본 (계속)	1075	1761	239		356	
	l 리카도에 기초한 프롤레타리아적 반대론, 4 호지스킨	1084	1773	253		381	
	m 램지	1086	1776	255		388	
	n 셰르불리에	1102	1802	285		439	
	o 리처드 존스	1121	1835	320		491	
V·XIX (1863년 1월)	3 상대적 잉여가치	211	6분책 1895	372		제9권 11	
	γ 기계장치, 활용 등	211	1895	372		11	
	노동 분할과 기계장치 작업장	1159	1913	387		35	
XX (1863년 3월 ~ 5월)	(계속)	1242	2023	489		209	
	기계장치를 통한 노동의 대체	1251	2036	제34권 8		228	
	축적	1253	2039	11		233	
	h 상대적 잉여가치와 절대적 잉여가치	1283	2090	61		311	
	노동능력의 가치와 노동의 가치 또는 가격	1288	2098	70		326	
	잉여가치, 가변자본, 잉여노동	1293	2107	78		329	
	보록. 흄과 J. 매시	1291a	2117	86		352	제1부 497
XXI (1863년 5월)	(계속)	1300	2122	91		362	
	i 노동이 형식적이고 실제적으로 자본에 포섭	1301	2126	93		367	
	j 노동이 실제적으로 자본에 포섭	1301	2126	93		367	
	k 자본의 생산성, 생산적 노동과 비생산적 노동	1316	2159	121		409	제1부 534
	보록	1331	2184	146		447	
XXII (1863년 5월)	(계속) 페티	1346	2206	170		484	제1부 481, 510

〈노트〉	주제	〈노트〉 원본	MEGA II분야 3권	MECW	〈1861~63 년 초고〉	『資本論草稿集』	『잉여가치 학설사』
	4 잉여가치의 자본으로의 재전환 (α) 잉여가치의 자본으로의 재전환 (β) 소위 본원적 축적	1395	2280	243		499	
	보록	1397	2288	247		601	제1부 490, 522
XXIII (1863년 6월, 7월)	(계속)	1407	2302	261		626	제1부 502, 518
	2 본원적 축적	1461	2372	327		742	
	이자의 계산	1464~72	2379~84	329~36		746~754	

이제 노동능력Arbeitsvermögen을, 화폐 형태로 이와 대면하는 상품에 대해 노동
능력이 취하는 반정립 속에서 살펴보도록 하자. 혹은 화폐 소유자나 자본가에
게서 인격화되어 이 인격 속에서 그 자체가 자기 의지, 대자존재Fürsichsein, 의식
적 자기목적으로 되어 버린 대상화된 노동 즉 가치에 대해 노동능력이 취하는
반정립 속에서 이것을 살펴보자. 노동능력은 한편으로 절대적 빈곤으로 나타난
다. 〔 … 교환가치는〕 낯선 상품이자 낯선 화폐로서 이것과 대면하는 반면에, 노
동능력 자체는 다만 노동의 가능성, 노동자의 산 육신성 내부에서 가용하고 그
내부에 제한된, 그 실현의 대상적 조건들로부터 분리되고 따라서 그 자신의 현
실로부터 분리된, 이런 조건들을 박탈당하여 이것들에 대해 독립적으로 있는
가능성이다. (MECW.30:39~40;MEGA:34[〈초고〉 1분책:64])

루카치, 코지크, 블로흐에 따르면 "총체성"은 마르크스의 사유에서 정초적 범주이
다. 이것이 "정초적" 범주인 이유는 이것을 존재 지평으로 이해하고 현존재들이
그 내부에 터를 잡는다고 보기 때문이다. 따라서 저 자신을 가치증식하는 가치
로서 ─ 마르크스는 "자본이 몹시 신비한 존재Wesen"1로 전개된다."라고 쓰는데 ─ 자본
이라는 존재는, 화폐나 상품 등등을 존재론적으로 정초한다(또한 인식론적으로
해명한다). "총체성"은 모든 존재론의 두드러진por excelencia 범주인데, 존재ser란 주
어진 세계 또는 체제의, 일례로 자본의 총체성의 지평이라는 점에서다.

마르크스주의 학자들의 모든 전통과 대립하여 우리가 주장하는 바는, 마르
크스에게 두드러진 범주란 "총체성"이 아니라 "외재성"이라는 것이다. 그러나 분

---

1. MECW.34:125;MEGA:2163.

명, 어떤 사상가의 사유의 "시발점"desde-donde이 그/그녀에게 뚜렷이 사고되는 경우는 거의 없다. 이 "장소"는 전제이고, 명백히 출발점으로 받아들여진 곳이고, 모든 것에 대한 사고가 이루어지는 비非의식적 원천이다. 우리가 주장하는 바는, 자본에 대한 존재론적 분석(그것의 토대, 그것이 표명되는 현상형태의 원천으로서 본질 혹은 존재ser의 정체를 발견하는 일)을 즉 "저 자신을 가치증식하는 가치"에 대한 분석을 보이는 것은 오직 비판적인 위치(우리가 존재론적이라기보다는 형이상학적이라고 불렀던 위치)에서만 가능하다는 점이다. 자본에 대한 존재론적 비판은 자본주의의 실천적práctico "바깥"으로부터 가능하다. 요컨대 (대상일 수 없으므로 내 세계의 지평이 되지 않는) 자본의 "총체성"을 "주된 내용"objeto de análisis 으로 편성함으로써 말이다. "외재성"은 자본의 "총체성"이 비판 아래 놓이도록 만들어주는 실천적 조건이다. 그런데 이에 더하여, 이와 같은 "외재성"은 타자의 현실realidad이 있는, 자본 아닌 것이 있는, 산 노동자가 자본이 아직 포섭하지 않은 자기 육신으로 있는 장소이기도 하다.

내 생각을 이런 식으로 표현하면 비마르크스주의자나 마르크스주의자 양쪽의 몇몇 사람들을 불필요하게 혼란스럽게 할 것 같다. 이 주제에 대한 이어질 논의에서는 마르크스 자신의 "어휘들"(및 개념들)을 사용하려고 해보겠다.

1. 마르크스의 최초 저술들에서의 외재성

더 앞선 간접적 전거들을 인용할 수도 있겠지만, 우리는 다만 정초적인 텍스트들, 가장 중요한 것들만을 가리켜 보이고자 한다. 1843년 말 즈음, 어쩌면 1844년 벽두에, 확실히 파리에서 자신의 단절ruptura의 시기에, 마르크스는 이렇게 썼다.

> 그렇다면 독일 해방의 실정적 가능성은 어디에 있는가? … 그 보편적 고통에 따른 보편적 성격을 띤 영역의 … 구성 가운데 … 독일 국가의 전제조건들에 대한 전적인 반정립 가운데 … 특별한 신분으로서 사회의 이러한 해소는 프롤레타리아들인데 … 이들은 자연적으로 발생한 빈민이 아니기 때문이다. … 그때까지 현존하는

세계의 해소를 선포함으로써 프롤레타리아 계급은 저 자신의 현존의 비밀을 언명할 따름인데, 이 계급은 사실은 저 세계 질서의 해소이기 때문이다.[2] (MECW.3 : 186~187 ; MEW.1 : 390~391 [『저작선집』1 : 14~15])

이 텍스트에는 우리가 논의하고자 하는 문제의 본질적 측면이 이미 나타나 있다. 직관적으로. 한편으로 우리는 모종의 보편적 질서를, 현재의, 확립된 "총체성"을, 요컨대 그 해소 이후에 도래할 질서에 "앞선" 무엇을 발견한다. 다른 한편 이 총체성에 절대적으로 지배당하는 존재로서 프롤레타리아 계급은 그와 동시에 이것의 절대적 대립항이다. 이들은 확립되고 지배적인 세계의 지평에 실정적으로 "넘어서" 있는 모순이다. 이들의 현행의 현실은 하지만 빈곤의 상태다. 이들의 실존(세계의 본질 바깥으로부터 나타나는 것)에 대한 단순한 긍정afirmación만으로도 이 세계의 지배에 대한 부정negación이 주장된다. 그런데 이러한 부정은 긍정된 실정성 positividad에서 나온다.

2. 존재 "너머"에 있는 "아무것도 아닌 것"

1844년의 같은 기간에, 분명 엥겔스가 영국에서 부친 경제학 관련 논문을 받은 후에, 마르크스는 경제를 철학적으로 논하기 시작했다. 동일 년도의 두 번째 초고에서 그는 이렇게 쓴다.

따라서 정치경제학은 미고용 노동자 즉 노동하는 인간을, 그가 어쩌다 이런 노동 관계 바깥에 있는 한엔 인식하지 않는다. 불량배, 사기꾼, 거지, 실업자, 굶주린 자, 비참한 범죄자인 노동하는 사람 — 이런 여러 인물형상은 정치경제학의 시야로는 현존하지 않고, 다만 다른 자들의 눈앞에 즉 의사, 판사, 장의사, 추심꾼 등의 눈앞에나 있다. 저 형상들은 정치경제학의 영역 밖에 있는 유령들이다. (M

---

2. 칼 마르크스, 「헤겔 법철학의 비판을 위하여, 서설」, 『칼 마르크스 프리드리히 엥겔스 저작선집』 1, 최인호 옮김, 박종철출판사, 2000.

ECW.3 : 284 ; MEW.1 : 523~524 [『경제학·철학초고』 3 : 70])

몇 줄 뒤에 덧붙이길,

> 매일같이 자신의 아무것도 아님Nichts으로부터 절대적 무Nichts로4, 사회적인 비
> 실존이자 따라서 현실적인 비실존으로 전락할지도 모를, 단순한 **노동자**로서 인
> 간의 추상적 실존. (MECW.3 : 285 ; MEW1. : 607 [『경제학·철학초고』, 71])

다르게 말하자면 마르크스가 보기에, 노동의 주체로서 인간은, 임노동 즉 자본
에 포섭된 노동이 아닌 인간은, 자본에 자신의 노동을 판매하지 않았을 때엔 자
본에 대해 현존하지 않는 "유령"의 형상이다. 그는 살 수도 있고 죽을 수도 있지만,
자본은 상관하지 않는다. 그는 한낱 "아무것도 아닌 것"이다. 이런 초월존재론적
의미에서 (즉 자본의 총체성의 지평 너머의 것으로서) 자본에 대해 실질적으로 노
동이 아닌, 인간으로서의 인간은 누구라도 "바깥에" 있는 "외재성"이자, "쓸모없이
아무것도 아닌 것"이다. 그가 "임금노동"으로서 자본에 합입될 때는 당연히, 이제
"절대적으로 아무것도 아닌 것"으로 변형되는데, 그가 자립적 인간으로 존재하기
를 멈추었고 자본 즉 다른 무엇의 한 계기, 외화되고, 팔리고, 부정된 계기로 바뀌
기 때문이다.
　이미 이 텍스트들에는, 심지어 동일한 어휘로써, 몇 년 전 내가 『해방철학』에
서 제안했던 주체가 뚜렷하게 있다. "총체성"과 다른 "타자", "외재성" 속의 타자는
체제의 존재에 대해 아무것도 아닌 것이지만, 그러나 여전히 현실적이다. 타자의 "현
실"은 총체성의 "존재" 너머로부터 저항한다. 총체성으로서의 자본에서 외부적인,
현실적인, 비非임금노동이 외재성이다.

---

3. 칼 마르크스, 『경제학·철학초고』, 김문환 옮김, 이론과실천, 1987.
4. 여기에서 마르크스는 독일 어휘 "Nichts" 즉 "아무것도 아님", "무"를 사용한다. 영어 번역은 이것
　의 의미를 전해 주지 못하며 이 점은 내게 중요하다.

3. 긍정적 외재성으로서의 "자본 아닌 것"

어떤 사람들은 이러한 문제 구성이, 심지어 그 용어법조차, 여전히 너무나 헤겔적인 마르크스의 것이며 특히 포이어바흐식의 것이라고 반대 견해를 표명할 수 있을 것이다. 13년이 지나 1857년 런던에 있을 때 『요강』의 〈노트III〉에서 마르크스는 아직도 다음과 같이 쓴다.

> 자본 아닌 것 자체로서 정립된 노동은, 첫째로, 부정적으로 생각된 비대상화된 노동으로서, … 원료 아닌 것, 노동 도구 아닌 것, 일차제품 아닌 것이고 … , 그 실질적 현실(이자 비가치)에 속한 이런 측면들이 추상된 것으로서 현존하는 산 노동이고, 모든 대상성을 박탈당한 이렇게 완전한 벌거벗음으로서의 … , 절대적 빈곤으로서의 노동이고 … 그 직접적 육신성Leiblichkeit과 일치하는 한낱 대상성이다. … 이것은 둘째로, 긍정적으로 생각된 비대상화된 노동이자 비가치로서, … 활동으로서의 노동, … 가치의 산 원천으로서의 노동이다. … 따라서, 노동이 한편으로 대상으로서 절대적 빈곤이고, 다른 한편 주체이자 활동으로서 부의 일반적 가능성이라는 사실은 전혀 모순이 아닌데 … 그러한 사실은 자본에 의해 자본의 대립물이자 자본에 대한 모순적 실존으로 전제되고, 반대로 이번에는 그렇게 자본을 전제한다. (마르크스 1973 : 295~296[『요강』 I : 298~299])

마르크스의 성숙한 담론에서 이미 결정적 자리를 차지한 이 텍스트에서는, 산 노동 즉 노동자가 임금을 대가로 자기 노동능력을 판매하는 불평등 계약 전에, 산 노동을 화폐에 이미 대상화된 노동과 교환하기 이전에 자본과 마주 대면하는 계기가 더 많이 전개된다. 이 교환 이전에 노동자는 말하자면 자본과 다른 "타자"이되, 이미 해소되어버린 이전 생산양식의 산 잔여물로서 모든 대상들을 박탈당한 한낱 신체(팔, 두뇌, 노동능력)에 불과한, 절대적 빈곤인 저 자신을 발견한다. 그런데 다른 한편 자본과 다른 "타자"로서, 노동자는 아무것도 아닌 자본으로부터 (마르크스가 흔히 말하듯 **무로부터**ex nihilo) 자본의 가치를 만들어내는 창조자이다. 그 긍정성 가운데서, 산 노동의 외재성은 (자본과 다르되 아직은 포섭되지 않았기에) 자본의 가치증식의 가능한 원천이다. 생산적이거나 혹은 (자본 자체의 내부적 규정으로) 포섭된 "임금노동"이기만 한 것이 아니라 인간이기도 한 노동자의, 산 노동의 저 본성 즉 (총체성으로서 자본 너머의) 형이상학적이고 초월존재론적인 본성을 우리는 "타자성"alteridad이라고 명명했다.

자본에 포섭되지 않은 것인, 타자성의 확인인, 외재성의 자발적 입장auto-posición인 산 노동의 긍정성의 확인에서 비롯해야만 부정의 부정이 (혹은 자본이 규정하고 포섭하는 노동의 소외의 해방이) 가능하다.

산 노동의 (비실제의 또는 착각 속의 현실인 자본의 존재 너머의) "실제적 현실"―마르크스는 이를 동어반복적으로 말한 게 아니다― 의 장소로부터, (『1844년 초고』에서 썼던 것같이) "다른 자들의 눈앞에서" 즉 비판의 눈으로, 세계내부적인 현존재들을 이해하는 지평으로서가 아니라 현존재 혹은 대상을 분석할 수 있는 지평으로서 자본의 총체성을 "편성"하는 게 가능하다. 외재성을 노동자의 벌거벗은 육신성에 실천적으로 절합하는 일은 비판 이론을 위한 조건이다.

4. "창조적" 실체로서 노동자 즉 극빈자의 외재성

『요강』의 마르크스는 해당 기간 동안 헤겔의 『논리학』을 재독했기 때문에, 여전히 헤겔의 유해한 영향력 아래 있었다는 반대 주장이 제기될 수도 있겠다. 하지만 1861년 8월, 〈1861~63년 초고〉의 〈노트I〉에서 마르크스는, 이번에는 그 자신의 담론의 결정적으로 체계적인 장소에서, 동일한 주요 내용을 동일한 어휘로 또 동일한 뜻으로 논의한다.

대상화된 노동의 유일한 반정립은 대상화되지 않은, 산 노동이다. 전자는 공간에 현존하고 후자는 시간에 현존하며, 전자는 과거 속에 있고 후자는 현재 속에 있으며, 전자는 사용가치 속에 이미 구현되어 있고 후자는 과정 중의 인간 활동으로서 자기 대상화 과정에 지금 참여하는 상태이며, 전자는 가치이고 후자는 가

치를 창조한다werthschaffend. (MECW.30:35;MEGA:30[〈초고〉1분책:60])

자본은 주어진, 과거의 총체이자 축적된 노동이다. 산 노동은 (아무것도 아닌 자본으로부터) 실제적 가치를 창조하는 현실성으로서, 산 육신성, 활동으로서의 주체성이자 자본과는 다른 외재성이다.

> 한편으로 노동능력은… 화폐 소유자 가운데 재현되는 대상화된 노동과…, 자본가를 통해 인격화된 가치와 [대면하는] 노동자의 산 육신 가운데 절대적 빈곤으로 나타난다. … 이렇기에 개념상으로 말하자면 그는 극빈자pauper이면서, 또 그는 그의 대상성으로부터 고립되어 홀로 존재하는 이 능력의 인격화이자 저장고이다. (MECW.30:39~40;MEGA:34~35[〈초고〉1분책:64~65])

이 텍스트들에 대한 상세한 언급은 우리를 너무 멀리 데려갈 것 같다. 이 짧은 부록의 목적을 위해 우리는 『요강』에서 시작한 성찰들과 그 기간의 정초적 발견으로의 회귀 사이의 유기적 연속성만을 지적할 수 있겠다. 다시 말해 노동자 즉 자본과 다른 타자는 저 자신을 실현할 수단을 박탈당한 만큼 "가난"하지만, 형이상학적으로는 (이미 주어진 가치와 미래 잉여가치 양쪽에서) 자본의 모든 가치의 창조적 원천이다. 자본의 모든 가치는 "동일한 것"으로부터 생산되고, 아무것도 아닌 것으로부터 창조된다. 즉 그것은 자본과 다른 "타자"로부터, 비자본으로부터 창조된다. 자본의 물신은 자본 자체로부터 가치가 창조된다는 주장으로 이루어진다. 반면 실제로는, 자본에 의한 잉여가치 생산은 가치의 창조적 원천인 외재성을 즉 산 노동을 포섭한다는 사실로부터 나온다. 이 노동은 팔리지 않으면 안 된다. 가난하기에 ("가난"한 사람은 아직은 계급이 아닐 뿐만 아니라, 필요시간이 저하하는 경향 탓에 고용되지 못한 채 저 계급으로부터 "축출"될 때, 그는 다시금 가난해질 것이므로) 이 사람은 임금 없이 생활을 이어나갈 수 없기 때문이다.

5. 육신성의 거죽이 "무두질"당하는 때

회의적인 데카르트처럼, 몇몇 알튀세르주의자들은 〈1861~63년 초고〉에서 모종의 왜곡된 철학적 헤겔주의를 찾아내고야 말지도 모를 일이다(당시 마르크스는 이미 45세였으니 더는 "젊은 마르크스"라고 간주되지 않기를 나는 바라지만 말이다). 그런데 『자본』에 관한 한, 그 누구도 저렇게 할 수 없을 것이라고 나는 생각한다. 『요강』 및 1861~63년간의 자기 작업과 동일한 논리적 자리에, 동일한 개념을 가리키고 이따금 동일한 단어를 사용하면서까지, 마르크스는 명확히 이렇게 쓴다.

> 자신의 사용가치가 곧바로 가치의 원천이면서 동시에 그것의 현실적 소비가 곧 노동의 대상화이자 가치의 창조Werthschöpfung가 되는 그런 상품인 … 노동능력은 … 인간의 육신성Leiblichkeit 5 속에, 즉 산 인격lebendige Personlichkeit 속에 현존한다. (마르크스 1977:270; MEW.23:181 [『자본』 I-1:251])

마르크스는 바로 이 『자본』 제1권 제4장[〈화폐의 자본으로의 전화〉]에서 이제까지 우리가 논의해온 논제, 즉 "자본가와 노동자", 총체성과 외재성이 "마주한" 대면을 제시한다. 노동자의 외재성은 아직은 부정되지 않았고, 아직은 포섭되지 않았다. 그렇지만 그것은 팔려야 하며, 그것이 팔리고 나면, 연극이 시작된다.

> 이전에 화폐소유자였던 사람은 자본가가 되어 앞장을 서고 있고, 노동력의 소유자는 자본가의 일꾼으로서 그의 뒤를 따라간다. 앞선 자는 거만하게 웃음을 띠면서 바쁜 듯이 가고, 뒤에 선 자는 머뭇머뭇 마지못해, 마치 자신의 가죽을 팔아버렸기에 이제는 무두질당하는 것 말고는 아무것도 남지 않은 사람처럼 따라간다. (마르크스 1977:280; MEW.23:191 [『자본』 I-1:262])[6]

---

5. 이 텍스트에서 "Leiblichkeit"의 영어 표준 번역("육신성"〔corporeality〕이 아니라 "물리적 형태"〔physical form〕라는 번역)은 틀렸다.
6. 더 상세한 논의를 위해서는 두셀 1985b를 보라.

총체성(자본, 자본가)이 외재성(산 노동, 노동자)을 포섭하는 그 순간부터 마르크스의 논의는 자본에 즉 총체성에 고유한 모든 규정을 보여주기 시작한다. 이에 따라, 총체성이 마르크스의 이후 거의 모든 담론(『자본』의 남은 세 권 분량의 담론)을 흡수하기 때문에, 총체성은 궁극적 범주로 여겨질 수도 있다. 그러나 우리가 보아 왔듯, 산 노동의 외재성으로부터 모든 것이 시작되며, 어쨌든 마르크스는 계속해서 가치의 창조적 원천의 외재성에 관해 언급한다. 이와 같은, 노동자의 실제적 타자성이 (비록 임금노동으로서 자본에 의해 포섭된 것이 사실이기는 하지만) 갖는 외재성의 긍정을 결코 망각하지 않는다는 점이야말로 마르크스의 비판성의 받침점을 편성하는 것일 테다. 산 노동의 외재성은 체제 바깥의 받침점이며 따라서 아르키메데스가 [지렛대의 받침점을] 요구하듯 자본이 아닌 것 즉 과거의 대상화된 노동 너머의 현실이 요구하는 그런 지점이다. 이것은 해방철학의 받침점이기도 하며, 피상적 험담꾼들이 무지로 인해 이를 부정한다고 해도 그렇다.[7]

"총체성"의 단일 범주만으로는 자본 내부에서 억압받는 피억압자들은 한낱 착취당하는 계급일 뿐이다. 외재성의 범주도 함께 편성된다면, 인격이자, (임금노동이 아닌) 인간이자, 대상화되지 않은 산 노동인 피억압자들은 (개별자로는) 빈자면서 (공동체로는) 인민일 수 있을 것이다. "계급"은 자본에 의해 (총체성에) 포섭되는 피억압자들이 속한 사회적 조건이다. 반면에 "인민"은 외재성으로서의 피억압자들이 속한 공동체적 조건이다.

---

7. 두셀 1973 Vol.II, 93~94쪽에서 나는 이렇게 썼다. "이 무로부터(ex nihilo), 그의 자유(최초의 무 자체)로부터, 창조자이자 경합 소송 제기자인 타자는 정의를 요구하면서 터져 나온다." 두셀 1979, 76쪽에선 "어떤 구별이 '피억압자로서의 피억압자'와 '외재성으로서의 피억압자' 사이에서 이루어져야 하겠다."라고 썼다. "전자의 경우 그[피억압자로서의 피억압자]는 체제에 속해 기능하는 한낱 부분이고, 후자의 경우 그[외재성으로서의 피억압자]는 체제에 대해 외재적인 하나의 계기이다. 인민이라는 관념은 양 측면 모두를 포함한다. 다시 말해 [인민이라는 관념은] 피억압자에게 체제가 동화시킨 무엇이면서 체제와 구별되는 존재로서 피억압자의 긍정이다." 그 작업에서 나는 "다름"을 통해 포섭된 것을 의미했고 "구별"을 통해 외재하는 것을 의미했다. 달라진 것은 자본의 규정으로서의 임금 노동이고, 구별되는 것은 비자본으로서의 산 노동이다. 더 초기의 우리 범주들은 추상적이기는 하나 정확했다. 당시 나는 그런 내용들이 마르크스의 것과 동일하다는 사실을 알지 못했다.

내 중조부 요하네스 카스파 두셀(1840. 8. 13. ~ 1913. 2. 18)에게 이 책을 드린다.
중조부는 독일 슈바인푸르트 태생으로 1870년에 라틴아메리카로 이민 온 사회
주의자였고,
〈전진!〉출신 동무들과 함께 그 목공 솜씨로 우리 대륙 첫 번째였던 부에노스아
이레스 "인민의 집"용 가구를 만들었다. 당대 사회주의자 회합의 중심지였던 그
곳은 5월 거리에 있었다.

또 니카라과 인민들에게 이 책을 드린다.
이 사람들은 산디노주의 혁명 덕분에
마르크스주의의 새 판본을 실천하는 일에 진력하고 있다.
　 ―『미지의 마르크스를 향하여』스페인어판(1988) 책머리 글

1. 엔리케 두셀의 여정 : 철학으로부터 마르크스를 거쳐 윤리와 정치에 이르기까지[1]

　엔리케 두셀은 거대한 학자다. 1963년『라틴아메리카의 프로테스탄티즘』을
시작으로 2020년『해방의 철학에 대한 7편의 에세이 : 탈식민적 전회의 정초를
향하여』에 이르기까지 철학, 역사학, 신학 분야에서 71권의 방대한 저서를 집필
했으며, 2012년부터 출판되기 시작한 그의 선집[2]만 해도 38권(44책)에 이른다.

---

1. Eduardo Mendieta, "Introduction", Enrique Dussel, *Beyond Philosophy : Ethics, History, and
　Liberation Theology*, ed. by Eduardo Mendieta (Rowman & Littlefield, 2003)에서의 표현
　("From ontology, though Marx, to discourse")를 참조함.

그러니 그의 사유를 한마디로 줄이는 일은 무모하겠으나, 두셀의 자서에 따를 때 이를 "해방철학"이라는 명칭으로 집약할 수 있겠다.3 해방철학에 초점을 맞출 때 두셀의 사유는 "해방"과 "타자"라는 이념에 천착하면서 『해방철학』(1977), 『해방윤리』(1998), 『해방정치』(2007)라는 궤적을 그려온 것으로 이해할 수 있다.

유학 이후 라틴아메리카의 자각, 그리고 망명

두셀은 1934년 아르헨티나 라파즈에서 태어났다. 쿠요 국립대학에서 수학한 후 1957년 유럽으로 떠나 마드리드 콤플루텐세 대학(마드리드 국립대학)에서 철학 박사 학위(1959년)를 받고, 1861년까지 2년간 이스라엘에서 노동자로 살면서 아랍어와 히브리어를 공부했다. 이후 프랑스 파리에서 신학을 공부한 뒤 소르본 대학에서 역사학 박사 학위(1967년)를 받았다.

두셀은 자신의 유학 과정에서 라틴아메리카를 발견했다고 말한다. 라틴아메리카 대학의 교육방법은 전적으로 유럽중심적이기 때문에, 라틴아메리카에서 철학을 공부한 사람에게 유럽중심주의에 대한 비판은 자신을 형성한 모든 것을 비판하는 셈이 된다. 유학 기간 중간에 이스라엘로 잠시 떠났던 이유도 "유럽 철학을 해체하기 위해서였고, 또 유럽 사상의 유일한 근간이 되는 그리스철학을 비판하기 위한 것"4이었다. 두셀은 유학을 통해 "자신만의 고유한 것을 생각하고 그 고유한 것에서 철학을 시작하며, 유럽철학을 도구로 삼되, 자신의 고유한 전통을 알고 현실을 인식하도록 요구"해야 함을 깨달았다고 한다.

1967년 아르헨티나로 돌아와 레시스텐시아 국립대학에서 윤리학 교수로 재직했다. 이 시기 그는 종속이론을 알게 되었고 레비나스의 저작을 연구했는데 이

---

2. *Obras Selectas de Enrique Dussel*, Sección I : Tomo 1~30, Sección II : Tomo 1~8, Buenos Aires : Editorial Docencia, 2012~2018.

3. Enrique Dussel, "En búsqueda del sentido (Origen y desarrollo de una Filosofía de la Liberación)"[의미를 찾아서(해방철학의 발단과 전개)](*Revista anthropos : Huellas del conocimiento*, Nº 180, Barcelona, Proyecto A Ediciones, 1998, pp. 13~36.) 이 글은 이후 확장되어 같은 제목의 책으로 출판되었다.

4. 엔리케 두셀 외, 「인터뷰 – 엔리케 두셀을 만나다」, 웹진 『트랜스라틴』 4호, 2008, 125~141쪽.

둘은 이후 그의 사유에 깊이 영향을 미쳤다. 아르헨티나가 결국 군부 독재로 치닫게 되는 탄압 기간에 그는 폭탄 테러까지 포함한 위협에 직면했고 대학에서도 쫓겨나서 1975년엔 멕시코로 망명하였다. 멕시코에서 그는 메트로폴리탄 자치대학 이스타팔라파 캠퍼스 철학과 교수로 봉직하며 멕시코 자치국립대학에서 학생들을 가르쳐왔다.

해방과 타자의 사유

두셀은 라틴아메리카 해방철학의 주창자 중 한 사람으로, 그 자신의 말에 따르면, 해방신학과 해방철학은 공히 종속 이론에서 출발하여 독재에 대항하고 민중의 참여를 중시했다는 공통점이 있지만, 해방신학은 기독교 신자들의 담론이 될 수밖에 없는 반면 해방철학은 더 지속적으로, 억압받는 자들의 입장에서, 모든 종류의 억압을 검토할 수 있는 보편적 사유의 성격을 띤다. 두셀과 마찬가지로 라틴아메리카 곳곳으로 망명을 떠났던 동료 철학자들과 함께 저술한 『라틴아메리카 해방철학을 향하여』(1973)에는 해방철학이야말로 유럽 바깥에서 가능한 유일한 철학이라는 선언이 등장한다.

> [유럽이 아닌 곳에서] 유일하게 가능한 철학은, 억압된 자를 감추는 철학을 파괴하는 철학이다. 이러한 철학은 해방의 실천이라는 측면에서 보면 건설적이기도 하다. 가난하고 소외된 민중이, 국제 관계·국내 관계·개인 관계에서 정의가 실현되는 인간적인 미래의 체계에 접근할 수 있는 현실적 범주들을 명확하게 만들기 때문이다.[5]

1977년 『해방철학』을 출판하고 10여 년간 두셀은 마르크스의 원전을 정교하게 다시 읽는 우회로를 거친다. 이후 두셀은 자신의 사유(해방의 사유이자 타자의 사유)에서 현상학적, 해석학적인 것을 경제적인 것, 정치적인 것과 결합할 수

---

5. 엔리케 두셀 외, 「해방철학 선언문(1973)」, 박병규 옮김, 웹진 『트랜스라틴』 16호, 2011, 105쪽.

있게 되었다.

마르크스 원전 연구 이후 1990년대 두셀은 하버마스나 아펠의 담론 윤리를 탐사하면서 해방윤리와 해방정치를 모색해갔다. 이 시기 두셀은 의사소통적 합리성이나 보편적 담론윤리의 기획이, 기존 존재론의 시야로는 아무것도 아님에 머무를 수밖에 없는 타자를 포함하지 못함을 밝히고, 전지구적 자본주의의 타자인 라틴아메리카, 라틴아메리카 내의 타자인 극빈자, 여성, 아이들, 원주민이 담론 공동체의 숙의과정 − 생존의 안전을 보장받는 물질적 공동체의 의사결정과정 − 에 참여할 수 있는 원리를 정립하려고 했다. 즉 해방의 윤리와 해방의 정치의 절합 원리를 찾고자 했다.[6] 종속 이론을 다룬 본서 제13장에서도 그 실마리가 드러나다시피, 두셀 사유의 독특한 지점은 이론적 보편성을 배제하지 않은 채로 타자 문제를 다룬다는 데 있다고 하겠다.

해방의 윤리와 해방의 정치로 두셀의 관심이 옮겨가는 시기, 두셀은 전지구적 자본주의의 "희생자의 구체적 현실에 주목하면서도, 이 희생자의 해방의 가능성을 국지적 실천뿐만 아니라 근대민주주의정치의 형식적 제도, 규범, 권력관계를 재구축하는 시점에서도 고찰한다."[7] 『해방윤리』는 마르크스의 원전에 대한 독해와 재해석 이후, 또 하버마스와 아펠의 담론 윤리가 갖는 유럽중심주의에 대한 비판적 고찰 이후, "삶의 재생산을 중심가치로 한 윤리학의 기본원리를 이론화"[8]하기 위한 근본적 저작이며, 이후 『해방정치』를 시작으로 근대 서구의 정치철학을 라틴아메리카의 현실 지평과 그 인민의 시야에서 재구축하는 실천적 기획으로 나아갈 기초 작업일 것이었다.

유럽중심 시야로부터의 완전한 타자를 탐구하며 출발한 두셀 사유의 여정은 『해방철학』 저술을 첫 번째 표석으로 남겼고, 마르크스의 《정치경제학 비

---

6. 두셀이 해방의 윤리와 해방의 정치를 적극적으로 이론화하면서 하버마스의 성찰적 이성론 또는 아펠의 담론 윤리를 재해득한 양상을 간략히 정리한 글로는 두셀 자신의 「의미를 찾아서」 외에, 양운덕의 「두셀의 해방철학과 트랜스모던」을 참조할 수 있다.

7. 中野佳裕, 「ポスト3・11 生存の倫理の再構築を目指して」(『PRIME』 Vol.35, 明治学院大学国際平和研究所編, 2012.3), 16.

8. 같은 글.

판》 전체에 대한 완전한 주석서들을 디딤돌로 삼아 결국 『해방윤리』(1998; 영어판 2013)와 『해방정치 I』(2007; 영어판 2011), 『해방정치 II』(2009)에 이르게 되었다고 하겠다. 이렇게 보면 그의 마르크스 독해는 해방철학의 발전 과정에서 이론과 현실을 한데 엮는 고리 역할을 했던 셈이다. 두셀은 어째서 마르크스 원전 독해로 나아가게 되었던 걸까? 다음 절에서는 두셀 사유의 궤적에서 마르크스 연구라는 우회로를 거칠 수밖에 없었던 이유와 두셀의 마르크스학의 의미에 대해 살펴보자.

두셀의 마르크스 연구 계기와 특징

두셀 자신의 서술에 의하면, 1970년대 중반 망명지 멕시코에서 체계적으로 마르크스를 연구하게 된 첫 번째 계기는 무엇보다 라틴아메리카 대륙의 증대하던 비참함 때문이었다. 라틴아메리카 대륙 전체는 자본주의 체제가 배척하는 대상이 되었고, "생산 및 분배 시스템의 '외부'에서의 '극빈'은 (1968년부터 1992년까지) 전례 없이 가혹한 '사실'이었다."[9] 그런 궁핍의 유일한 원인이 자본주의이므로, 자본주의를 비판할 수 있어야만 해방철학은 경제적이고 정치적인 실천으로 나아갈 수 있었다. 마르크스의 《정치경제학 비판》 기획에 따른 텍스트들은 해방철학의 이론적 받침대가 될 수 있었다.

두셀은 1977년 멕시코 국립자치대학UNAM의 세미나에서 마르크스의 경제학 비판 저작들을 1835년 고등학교 졸업 시험 답안부터 연대순으로 읽기 시작했다고 한다. 당시엔 라틴아메리카 좌파가 마르크스 저작을 직접 제대로 읽고 자신들의 힘을 키워야 했던 시기였다. 그와 더불어 교조적 스탈린주의로부터 마르크스를 해방하면서 동시에 마르크스의 사유를 그들 자신의 사유로 파묻은 서구 마르크스주의 전통으로부터 마르크스를 해방하는 일도 필요했다. 라틴아메리카의 종속의 상황으로부터 마르크스의 사유를 근본적으로 재구축하려는 것이 당시의 목표였으므로, 학문적 과업은 마르크스의 이론 생산 전체 — 마르크스 저작

---

9. Dussel, "En búsqueda del sentido."

에서 1857년부터 1882년에 이르는, MEGA 제II부에 포함된 텍스트 - 를 다시 읽는 일이어야 했다. 두셀은 마르크스에 대한 진지하고 통합적이고 창의적인 연구가, 유럽과 북미의 "위대한" 철학자들이 수행한 마르크스 연구의 부담으로 인해 그쳐 있음을 알아차리게 되었다. 그가 보기에 마르크스는 자본주의로부터도, 스탈린주의로부터도 받아들여지지 않는 상태였다.

두셀은 다른 마르크스 학자들이 텍스트의 담론의 해석학의 긴 길을 걸었던 것처럼 자신은 경제학적 철학의 긴 경로를 밟을 필요가 있었다고 말한다. 20세기의 사유를 지배한 언어적 전회는 정초적인 것이었지만, 주변부의 궁핍한 세계에서는 특히나 더 마르크스의 핵심 저작 전부를 재축조하는 일이 마찬가지로 정초적인 작업이었다. 두셀은 라틴아메리카 철학의 목표가 해방철학이 그렇듯 "제작"poética 즉 "기술학적인 것"tecnológica을 관통하여 "경제적인 것"을 보강하는 일이었다고 파악한다. 그러나 동시에 라틴아메리카 철학의 목표는 종속 개념을 재사유하여 전지구적 차원에서 남북 문제의 원인을 기술하는 일이기도 했다(마르크스 독해를 통해 종속 문제를 근본적으로 고찰하는 흐름은 우리 책의 장별 구성에도 반영되어 있다). 이러한 고찰의 결과 두셀은 마르크스가 『자본』을 네 번 저술했다는 결론에 도달했다. 그는 마르크스의 독일어 원전을 연구하고 구절마다 상세한 주석을 달기 시작했다. 물론 라틴아메리카의 해석학적·철학적 해방의 의도를 갖고서, "범주들"의 생산 과정을 재구축하려 애쓰고, 범주들의 "체계"에 주의를 기울이면서 말이다.

마르크스 저작에 대한 범주적·해석적·철학적·연대기적 재독해 과정에서 두셀은 전통적인 독해 가설을 뒤집을 필요성이 부과되는 순간에 도달했다고 한다. 두셀이 도달한 결론은 "가장 인간학적antropológico이고, 윤리적이며, 비유물론적인 마르크스는 청년 마르크스(1835~48)가 아니라, 결정된 마르크스, 즉 『자본』의 네 초안의 마르크스(1857~82)"[10]라는 것이었다. 라틴아메리카 좌파의 눈앞에 위대한 철학·경제학자가 떠올랐다.

---

10. 같은 글.

두셀의 마르크스 원전 읽기가 갖는 독특함은 이렇다.[11]

무엇보다 먼저, 두셀의 마르크스 연구가 전례 없이 완전한 마르크스 텍스트들의 분석을 바탕으로 이루어졌다는 게 중요하다. 두셀은 출판된 저작들만 아니라,《정치경제학 비판》기획 전체에서 마르크스가 작업한 노트와 초안들을 다 섭렵했다. 이를 주석하고 재구축함으로써 두셀은 해방철학과 관련될 마르크스만을 발견한 게 아니라, 이제까지 알려지지 않았던 마르크스를 발견했으며 이를 통해 이제까지의 마르크스 수용을 비판적으로 평가하게 만들어 주었다.

다음으로, 『자본』의 초안들에서 몇몇 핵심 범주들이 출현하는 과정을 세심하게 재구축함으로써 두셀은 마르크스가 헤겔 좌파였을 뿐만 아니라 셸링의 후계자이기도 했다는 결론을 내렸다는 점이다. 두셀에 따르면 마르크스의 정초적 방법은 변증법이 아니라 두셀이 "초超변증법"analectics이라고 부르는 것이다. 다시 말해 동일자 내의 변증법이 아니라 동일자 밖 절대적 타자의 변증법이라는 것이다. 두셀이 생각하기에 마르크스 저작의 철학적, 방법론적 통찰의 핵심은 가치의 원천이 산 노동이라는 데 있다. 두셀은 산 노동으로서 노동자라는 타자의 삶에 대한 존경과 인정이야말로, 마르크스의 방법론을 헤겔적인 것이 아니라 셸링적인 것으로 만들어준다고 본다. 헤겔적 변증법이 총체 내에서의 운동이라면, 후기 셸링의 경우는 전적인 타자성을 세계의 기초로 받아들이기 때문이다. 셸링에게서 동일자와 비동일자의 동일성은 동일자와 비동일자의 비동일성으로 대체된다. 존재는 전적인 타자의 비존재 즉 아무것도 아닌 존재 뒤에 오는 것이다. 두셀의 독해에 따라 읽을 때, 아무것도 아닌 산 노동 이후에야 잉여가치를 통한 자본의 현존이 가능함을 보인 마르크스의 『자본』 초안들은 셸링적이다. 레비나스의 영향력이 여기에 추가될 수 있겠다. 따라서 "두셀이 발견한 마르크스는 헤겔·셸링·레비나스적 마르크스"이다.[12]

결과적으로 두셀의 마르크스는 알튀세르가 말했던 단절을 겪은 마르크스가 아니다. 청년 마르크스와 원숙한 마르크스의 구별은 없다. 인간주의적이고 변증

---

11. Mendieta, "Introduction"의 정리 참조.
12. 같은 글.

법적인 마르크스와 과학적이고 유물론적인 마르크스를 구별하는 것은 마르크스를 정확히 읽어낸 게 아니다. 외려 두셀은 마르크스를 형이상학적이고 인간주의적으로, "헤겔, 아리스토텔레스, 플라톤적 총체성의 비판자"로 읽어내야 한다고 본다.[13] 『자본』을 통해 우리는 경제에 대한 학문과 대면하는 게 아니라, 노동자 삶의 착출을 위한 체제를 생산하는 정치경제학에 대한 비판과 대면한다. 레비나스에게 제일철학은 윤리학이었다. 이런 의미에서 두셀에게 『자본』은 윤리학을 묘사하는 제일철학이다. 두셀은 윤리적 마르크스를 발견하고 이를 바탕으로 해방철학을 윤리 및 정치와 범주적으로 결속하는 단계로 건너간다.

마르크스를 관통한 이후 두셀은 마르크스의 저작을 라틴아메리카의 입장에서 재해석하는 과업을 개시할 수 있게 되었다. 그는 마르크스의 사유와 해방철학 사이에서, 특히 담론의 원천으로서 극빈자의 외재성이라는 점에서, 커다란 유사성을 발견하고 놀라지 않을 수 없었다고 말한다. 마르크스 전체를 조망한 이후 두셀은 해방철학에 요청될 범주들을 정밀하게 축조할 수 있게 되었고, 그 결과는 앞서 서술했듯 『해방윤리』와 『해방정치』의 저술로 실현되었다.

2. 『미지의 마르크스를 향하여』: 〈1861~63년 초고〉의 주석

두셀은 마르크스주의 연구의 역사에서 전례 없이 완전하게 마르크스의 경제학 초고 전체를 살펴보았다. 마르크스 자신이 『자본』 제1권 출판 이전 세 개의 초안(〈1857~58년 초고〉, 〈1861~63년 초고〉, 〈1864~65년 초고〉)을 집필했으므로 두셀도 세 권의 책을 썼는데, 『미지의 마르크스를 향하여』는 이 세 권의 주석서 중 두 번째 책이다. 첫 번째 초안인 『요강』에 대해서는 잘 알려진 로만 로스돌스키의 주석서가 있고, 안토니오 네그리의 주석서(『맑스를 넘어선 맑스』)도 있다. 그런데 『미지의 마르크스를 향하여』는 〈1861~63년 초고〉의 MEGA판이 1980년이 지나서야 출판되었음을 고려할 때 해당 〈초고〉 전체를 완전히 주석한 거의

---

13. 같은 글.

최초의 책이다. 영어판 편집자 서문에 전반적인 내용과 주안점이 잘 정리되어 있으므로, 책 소개를 반복할 필요는 없을 것이다. 여기에서는 번역과 관련해서 우리 책 제1부의 제목과 제10장, 제11장 제목에 옮긴이가 문구를 추가한 이유를 밝히고, 내용과 관련해서 두셀이 강조하는 비판적 대면의 의의만을 짚어보려고 한다.

마르크스의《정치경제학 비판》작업은 두셀이 말한 것처럼 전체 기획의 72분의 1만을 출판한 것으로 끝났고, 그 작업의 개요는 마치 이〈초고〉에서 마르크스 자신의 범주들이 계속된 대면과 편성의 과정을 거쳤듯 끊임없이 재편성되었다. 그래서 마르크스 자신이 "장"Capitel이라고 부르는 범주들 자체도 계속 바뀌고, 같은 범주에 붙인 항목의 층위도 때로는 "분절", 때로는 "부", 때로는 "절", 때로는 "분책"과 같은 식으로 계속 바뀐다.

복잡한 개요 재편성 과정을 모두 반영한 번역어 선택이 불가능했기에, 이 번역서에서는 책의 주인공인〈1861~63년 초고〉에 해당한다고 판단한 경우만은 "챕터"라고 음역해서 구분 짓고자 했다. 다시 말해. 우리 책 264~265쪽의 개요를 기준으로, "I부. 자본"의 "1편. 자본(일반)"의 "I챕터. 상품"과 "II챕터. 화폐"는 1859년 출판한 『정치경제학 비판을 위하여』의 내용에 해당하므로,〈1861~63년 초고〉는 III챕터인 셈이다. 따라서 원래는 "제III챕터의 핵심〈노트〉 – 자본의 생산과정"이었던 본서 제1부의 제목을 " '제III챕터 : 자본 일반'의 핵심〈노트〉 – 자본의 생산과정"이라고 바꾸었다.

그리고 두셀의 논의에 따르면 위의 개요를 기준으로 III챕터 아래의 "분절"Abschnitt이었던 "1분절. 자본의 생산과정", "2분절. 자본의 유통과정", "3분절. 자본과 이윤의 통일"은 마르크스 자신의 개요 재편성 과정에 따라 "장"으로 또 "분책"으로 지칭되었다고 한다. 본서 제3부의 제10장과 제11장 제목에 나온 "II장"과 "III장", "I장"은 바로 이 범주들을 지칭하는 것이며, 따라서 제10장과 제11장의 제목 역시 원서에는 없었던 장별 내용을 추가하여 각각 " 'II장 : 자본의 유통과정'과 'III장 : 자본과 이윤의 통일'을 향해", " 'I장 : 자본의 생산과정'에 대한 새로운 명료화"로 옮기게 되었다.

이제 마르크스가 수행했던 "대면"의 의의를 생각해보자. 이 책에서 두셀이 강조한 내용 중 하나는 〈초고〉의 상당 부분을 차지하는 "잉여가치론"의 원칙이 비판적 대면에 있다는 점이다.

> 이것은 "비판"이었다. 즉 자신의 가설을 맞춰 보고 시험하고 출범시키면서, 다른 경제학자들에게나 그 자신에게 답하고 또 시험대에 놓을 능력을 검증하는 문제였다. 거의 이론적 격투라 할 만한 이 대면을 통해, 마르크스는 이미 구축된 자기 범주들의 저항력 및 위력을 입증해야 했을 뿐만 아니라, 새로운 범주를 전개해야 할 처지에 놓였다. 이론들 즉 범주들의 이런 비판적 대면은 (따라서 이것은 잉여가치의 역사도 아니고 이론 그 자체도 아닌데) 마르크스의 지적 일대기에서 엄청난 중요성을 띤다. 그의 이론적 가설, 그의 해석 범주들의 구조, 그의 (본질적으로는 추상적인) 정치적이고도 경제적인 패러다임은 "승인"을, "시험"의 "합격증"을 얻어야만 했다. (본서 109쪽)

"잉여가치론"은 두셀의 주장으로는, 잉여가치 학설"사"가 아니다. 마르크스가 고전적 부르주아 경제학자들의 이윤론을 이렇게 포괄한 것은 경제의 이론사를 재구성하기 위해서가 아니라, 이 이윤론들과 자신의 이론을 비판적으로 대면시키기 위해서였다. 두셀의 추정에 따르면[14], 이 부분을 『자본』 제4권에 해당하는 "역사"라고 이해했던 것은 마르크스와 마르크스주의에서 일어났던 일종의 해프닝이라 할 만하다. (물론 이 해프닝을 그저 마르크스의 유고 뭉치를 오해한 결과로 치부할 것이 아니라, 그 자체로 마르크스주의 및 19세기 이후 프롤레타리아 운동의 역사적 영향력에서 발생한 필연으로 받아들이는 게 맞겠다. 『자본』이 미완성이 아니었다면, 20세기 초 세계자본주의 또는 제국주의 자체의 결정적 위기와 그로부터 설립된 실제적 사회주의 국가의 역사가 아니었다면, 자본주의의 지속적이고 반복적인 한계와 그것을 넘어서려는 프롤레타리아 운동의 실천이 없었

---

14. 〈1861~63년 초고〉를 카우츠키가 수령하여 이것을 『잉여가치학설사』라는 제목으로 출판하게 되는 과정에 관해서는 정문길이 『니벨룽의 보물』(문학과지성사, 2008)에서 집요하게 추적해 보여주는 마르크스 유고의 궤적을 참조할 수 있겠다.

더라면, 『자본』 제4권을 마르크스의 유고 더미에서 파내고 명명하고 "공식화"할 이유도 없었을 것이다.)

두셀은 "잉여가치론"을 "잉여가치 학설사"와 완전히 분리하였기에, 〈1861~63년 초고〉에서 진정 흥미로운 국면을 찾아낼 수 있었다. 비판적 대면을 통한 범주적 틀의 발전이 바로 그것이다. 일례로 〈초고〉의 〈노트VI〉에서 마르크스가 스튜어트와 대면할 때, 두셀은 마르크스가 무엇을 비판하는지만이 아니라, 어떤 내용으로 새로운 범주를 전개하는지에도 주목한다. 즉 비판의 수행이 무슨 범주의 출현과 함께 이루어지는지 인식론적으로 주목하는 것이다. 이 경우 마르크스가 본래 서술한 독일어 "단어들"이 중요해지며, 단어들에 주목할 때에도 그 의미론적 "내용"에 대한 추적이 반드시 이루어져야 한다.

마르크스의 대면들에 주목하는 이유는 각 범주를 둘러싼 저 대면 각각이 이런 의미론적 내용의 변동을 추적할 실마리이기 때문이기도 하다. 두셀은 〈1861~63년 초고〉에서 마르크스가 발견한 정초적 범주가 "생산가격"이라고 본다. 이 범주를 통해 마르크스는 절대지대를 해명할 수 있게 되었다는 것이다. 이처럼 마르크스 자신이 서술한 문구들을 통해 그의 인식 과정에 주목함으로써, 두셀은 〈1861~63년 초고〉를 통해 마르크스가 『자본』 제1권의 핵심 내용(잉여가치), 제3권의 핵심 내용(경쟁이라는 더 구체적 시야에서 본 생산가격과 절대지대 문제), 제2권의 핵심 내용(재생산)에 관한 범주들의 편성에 도달하게 되었다고 해석할 수 있게 되었다.

3. 유럽 마르크스주의와의 비판적 대면

자본의 총체성의 절대적 타자인 산 노동의 외재성

두셀은 유럽 마르크스주의자들의 해석이나 현실사회주의의 교조주의와 다르게, 마르크스를 해방철학의 시야에서 라틴아메리카 현실의 지평에 놓고 해석하고자 한다. 차이는 "총체성"을 중심으로 볼 때 두드러진다.

유럽 마르크스주의에서 총체성을 매개로 헤겔과 마르크스를 서로 연결하려는 기획은 두셀이 이 책에서 지목한 루카치부터 시작해서 최근에는 지젝까지 이어진다. 지젝은 『자본』 제1권 출간 150주년을 기념하는 한 글[15]에서 헤겔적 총체성을 이렇게 규정한다. "총체성은 전체성이 아니고, 전체성과 그 전체성을 왜곡시키는 잉여들의 합이라는 점을 우리는 인식해야 한다. … 마르크스에게 자본주의의 '총체성'은 내적 계기로서 위기를 포함한다. … 헤겔적 총체성의 공간이란 바로 ('추상적') 전체와 비록 그 전체에 의해 생겨난다 할지라도 그 통제를 벗어나는 세부 사이의 상호작용이 일어나는 공간이다. … 만일 당신이 전지구적 자본주의에 관해 말하고 싶다면, 당신은 혼란에 처한 국가인 콩고를 포함시켜야만 할 것이다."(강조는 인용자, 88~89쪽) 여기에서 헤겔적 총체성은 매끈하게 통일되는 전체가 아니라 이질적 요소를 그 안에 품고 있는 어떤 것으로 정리되었다. 그리고 이처럼 이질적 요소를 내부에 이미 품고 있는 것으로서 총체라는 관념은 헤겔 이래로 마르크스 자신에게나 또는 루카치에게나 익숙한 변증법적 인식 방법에 따라 파악된 것이다.

이렇게 보면 두셀은 루카치와 크게 다른가? 인용문에서처럼 "오늘날의 전지구적 자본주의에 대해 말하려면 전지구적 질서의 외부에 있는 것처럼 여겨지는 콩고에 대해서도 말해야만 한다."고 서술할 때의 시각과 두셀의 시각에 큰 차이가 있는가?

서로 다른 점을 굳이 찾고자 한다면 주목해야 할 지점은 "외재성" 또는 "외부"에 있을 것이다. 지젝의 규정대로라면 총체성 내부의 전체성을 해치는 이질적인 것은 "내적" 계기이고 "전체에 의해" 생겨난다. 그런데 두셀이 이 책에서 다시 주목한 마르크스의 "산 노동"은 자본의 "내적" 계기도 아니고 자본 "전체에 의해" 생겨난 것도 아니다. 그것은 자본의 바깥에 이미 있던 것이었다. 따라서 자본주의 체제를 기술하기에 "총체성"은 적절하지 않다. 이 개념은 외재성을 도외시하고 모든 것을 자본적 일자의 자기분열 또는 자기모순의 작용으로 환원할 것이기 때문이다. 외재성에 초점을 맞출 때, 종속이론이 문제가 될 것이고, "이른바 본원적 축

---

15. 슬라보예 지젝, 「마르크스, 객체 지향적 존재론을 읽다」, 『다시, 마르크스를 읽는다』, 최진석 옮김, 문학세계사, 2019.

적"이 문제가 될 것이다. 외재적인 것을 형식적으로 또 폭력적으로 포섭하는 데서부터, 나아가 "산 노동"을 "대상화된 죽은 노동"이 실제적으로 이제 비윤리적으로 포섭하는 데서부터 자본의 총체성이 성립하고 작동하기 때문이다. 자본 내의 모순적 요소를 찾는 데에서 그치는 게 아니라 ― 이 경우엔 변증법적 운동에 의해 자본 자체의 총체성 범위는 끝없이 팽창할 따름이다 ― 애초에 자본 바깥에 자본과 완전히 별개의 질서로 있어 온 외재적 요소, 그러나 자본이 형식적으로 실제적으로 포섭한 요소를 찾으려고 한 것이야말로, 그리고 그럼으로써 자본주의를 폭파할 혁명의 씨앗을 자본의 작용 내부에 이론적으로 또는 형식적으로 심어 둔 것이야말로 두셀이 우리 책에서 주목하는 마르크스적 정치경제학(마르크스적 경제 과학)의 진정한 교훈이다.

알튀세르의 마르크스와 두셀의 마르크스[16]

마르크스와 헤겔 사이의 관련에 대해 한편으로 완전히 헤겔주의적인 마르크스 해석을 대표하는 사람이 루카치라면, 완전히 반헤겔주의적 해석을 대표하는 사람은 알튀세르일 것이다. 알튀세르에게서 "표현적 총체성"과 "구조" 사이의 구별이 이루어진 것도, 헤겔식 변증법과 중층결정(또는 과잉결정)을 대비시킨 것도 헤겔을 겨냥한 것이라고 할 수 있다. 알튀세르는 속류 마르크스주의나 경제주의와 대립하는 것은 물론이요, 마르크스 속에서 철학적 헤겔주의를 제거하고자 했다. 그런데 두셀은 알튀세르의 마르크스 해석과 명시적으로 대립한다.

두셀의 알튀세르 비판은 마르크스 텍스트 자체를 논의의 대상으로 삼은 1977년 이전 알튀세르의 마르크스주의로 한정된다. 우선 두셀은 알튀세르가 마르크스의 무엇을 읽었고, 어떻게 읽었느냐를 따져 본다. 알튀세르는 『마르크스를 위하여』에서 청년 마르크스 저작 전반과 1857년 『정치경제학 비판 요강』의 서문을 뜯어 읽었다. 『자본을 읽자』에서는 출판된 『자본』 외에 마르크스의 서신이나

---

16. 이 절의 기본 내용은 두셀이 자신의 저서 『최종적 마르크스』의 제8장 「마르크스 저작에 대한 철학의 해석들」의 5절 "알튀세르"에 서술한 내용을 바탕으로 한 것이며, 특별한 표기가 없는 한 괄호 속 숫자는 이 책의 페이지를 가리킨다.

난외 주석 등을 주요 텍스트로 삼았다. 알튀세르는 마르크스가 말한 바에 기초해서 고찰의 대부분을 수행한다. 두셀은 알튀세르가 마르크스 사유의 발전 자체에 대한 분석에 기초하지 않았음을 지적한다. 마르크스의 과학적 방법을 논구하면서 마르크스 자신의 연구 초안 전체가 아니라 제한적 텍스트를 대상으로 했고, 초안을 직접 살펴본 것이 아니라 간접적 텍스트에 근거했기 때문에 알튀세르는 마르크스의 방법론상의 전개를 제대로 해석하지 못했다는 것이다.

첫째, 유명한 "인식론적 단절"에 관해서 알튀세르는 1845년의 ―「포이어바흐 테제」와 『독일 이데올로기』 집필을 통한 ― 단절을 언급하지만, 두셀은 우리 책의 「부록 2」에서도 정리했듯 마르크스가 1844년 ―『1844년의 경제학 철학 초고』― 부터 경제학을 실천했으며, 거기에 드러난 헤겔적 포이어바흐적 문제구성은 잠재되긴 해도 결코 방기된 적이 없었다고 해석하고, 헤겔의 영향력이 1857년 『요강』의 집필 너머까지 이어진다고 본다. 두셀은 만약 헤겔에 대한 전도가 있었다면 1844년이 아니라 1857년이 계기였다고 하는데, 이때부터 마르크스는 엄격히 철학적이고 헤겔적인 문제구성을 이용하여 자본의 개념을 전개했고 비판적 경제적 범주들을 편성했기 때문이다.

둘째, 마르크스의 과학의 방법론에 관해 알튀세르는 이렇게 쓴다. "겉모습과는 반대로, 또는 기대와는 반대로, 『자본』에서 마르크스의 방법론적 고찰은 마르크스주의 철학의 대상에 대해 전개된 개념이나 명시적 개념을 주지 않는다."[17] 이런 인식에 따라 알튀세르가 취한 전략은 "증상적 독해"를 채택한 것이었다.

반면 마르크스의 경제학 관련 문헌들을 모두 섭렵한 후 두셀은 이렇게 결론을 내린다. 마르크스는 결코, 그 유명한 『요강』 서문에서조차도, 자신의 철학을 분명히 제시하지 않은 것은 물론이고, 자신의 경제학 체계를 편성하는 고유의 범주들도 제시하지 않았다. 초안들을 통해서만 접근 가능할 마르크스의 명시적 사유는 필수적 범주들을 구축함으로써 자본의 개념을 "전개하는 것"이었을 뿐이다. 자본 개념의 이런 전개야말로 구체적인 과학적 조사를 수행할 "범주적이고

---

17. 루이 알튀세르 외, 『자본론을 읽는다』, 김진엽 옮김, 두레, 1991, 92쪽.

이론적인 틀"이라고 부를 수 있는 것이며, 두셀은 이것이 바로 『자본』이라고 불리는 텍스트의 정체라고 파악한다.(『최종적 마르크스』306~317쪽, 이하 『최종』으로 표기)

〈1861~63년 초고〉는 마르크스의 과학 방법과 관련해서 알튀세르가 제기하는 문제에 대해 두셀의 관점에서 대응하는 근거 텍스트가 된다. 출판된 『정치경제학 비판을 위하여』와 『자본』만을 대상으로 할 때, 마르크스는 스미스와 리카도의 용어를 그대로 사용함으로써 자신의 과학이 무엇을 대상으로 한 것인지를 명시하지 않는 것처럼 보인다.

> 『자본』은 마르크스가 대상과 개념을 계승한 고전 정치경제학을 단순히 연장시키거나 심지어 완성시킨 것인가? 『자본』은 그 대상이 아니라 오로지 그 방법, 즉 마르크스가 헤겔로부터 빌어온 변증법에 의해서만 고전경제학과 구별되는가, 아니면 반대로 그 대상과 이론 및 방법에서 진정한 인식론적 전환을 이루는 것인가?[18]

알튀세르는 이론적 생산의 교의로 나아가면서 마르크스의 모호함을 모호한 채로 두었다고 할 수 있겠지만, 두셀은 마르크스가 같은 어휘들을 사용해서 새로운 개념과 새로운 범주들을 표현했다고 보면서 《정치경제학 비판》 전체에서 마르크스의 비非의식적 과학 방법을 재편성하려고 한다. 일례로 〈1861~1863년 초고〉에는 단어가 같은데 내용이 다른 경우도 있고, 같은 내용인데 "비용가격"과 "생산가격"으로 단어가 바뀌는 경우도 있다. 이런 머뭇거림과 변주들은 마르크스가 생각하기에 중요한 어떤 범주가 구축 중임을 알려 준다. 즉 해당 범주는 충분히 성숙하지 않았다. 두셀은 마르크스가 범주 구축을 끝내면 개념에 결정적 명칭을 부여했다는 사실을 밝혀낸다. 따라서 마르크스는 "잉여가치"라는 명칭을 부여한 뒤, 다른 경제학자들에 대해 이렇게 "비판"할 수 있게 된다.

---

18. 같은 책, 15쪽.

모든 경제학자는 잉여가치를 잉여가치 그 자체, 순수한 형태로가 아니라 이윤과 지대라는 특수한 형태로 검토한다는 오류를 공유한다. (본서 108쪽)

두셀에 따르면 여기에서 잉여가치라는 명칭은 한 가지 개념을 가진다. 피상적이고 보다 복잡한 "상품들의 세계"에서 이것이 나타나는 현상 "형태"가 이윤과 지대이다. 마르크스에게 잉여가치, 이윤, 지대는 분리하고 구별해야 할 개념들인데도 경제학자들은 서로 다른 개념들을 한 개념으로 융합해버림으로써 이것들을 혼동하기에 이른다.

보다시피 『요강』에서나 〈1861~63년 초고〉의 첫 다섯 개 〈노트〉의 작업 소재 전체에서나, 마르크스는 우선 잉여가치와 이윤 사이 차이를 만들려고 했다. 하지만 이 두 항목 사이에는 실질적으로나 ─ 경제적 현실에서나 ─ 또 이론적으로나 ─ 엄청난 수의 범주가 명료해지거나 구성되어야 한다는 점에서나 ─ 거대한 공간이 입을 벌리고 있었고 그 속에서 이제 마르크스는 고전적 부르주아 경제학자들과 대면을 시작해야만 했다. 어떤 면에서 보자면, 생산 층위에 있는 잉여가치라는 깊숙한 범주를, 다시 말해 자본의 본질을 마르크스가 정치경제학 사상 최초로 발견한 후에, 이제는 이 범주의 관점으로부터 나아가서 혹은 이 관점을 넘어서서 이윤의 범주로 향할 필요가 있었다. 화폐라는 매개가 없이는 노동시간이나 가치로부터 직접 상품의 가치 측정으로 나아가거나 넘어설 수 없었던 것과 마찬가지로, 우리는 ─ 수많은 매개가 요청되기 때문에 ─ 잉여가치로부터 직접 시장가격 및 판매에서의 그 실현인 이윤으로 나아갈 수 없다. 만약 이 둘이 차별되지 않는다면 즉 이윤과 잉여가치가 같게 생각된다면, 엄청나게 많은 혼동이 나타날 것은 명백하다(두 항목은 동일하기 때문에 불명료함은 필연적 결과다). 매개들 사이 차이를 만들기 위해서는 그전에 이 관계의 두 항목 사이 차이가 먼저 만들어져야만 했다. (본서 110~111쪽)

마르크스의 사유에는 "유기적 전체가 표현되는 라이프니츠적, 스피노자적 총체성이라는 통념"(『최종』 317쪽)이 빠져 있으며, 따라서 헤겔을 부인한다고 할 수도 있다. 헤겔식의 "본질의 표현"이라는 통념 역시 마르크스의 사유에 없다. 두셀은 마르크스의 사유에서 헤겔과 다른 것을 본다는 점에서 알튀세르에게 동의하지만, 알튀세르가 마르크스 원전 독해를 통해 도달 가능한 해석의 범위를 넘어서 "알튀세르의 맑스를 '창안'했다"(『최종』 318쪽)는 점은 문제가 있다고 말한다. 알튀세르의 마르크스 독해는 마르크스로부터 읽어낼 수 없는 것을 대상화함으로써 결국 마르크스의 텍스트 자체를 배반하고 만다. 알튀세르의 의도 중 하나가 마르크스를 헤겔과 완전히 분리하고자 하는 것이라 할 때, 이는 마치 "토마스 아퀴나스에게서 아리스토텔레스의 현존을 부정하거나, 하이데거에게서 후설을 부정하는 것만큼이나 불가능한"(『최종』 318쪽) 기획이지만, 이 기획은 마르크스 자신의 저작들에 대한 정교한 독해를 통해 이루어져야 할 것이다.

마지막으로, 헤겔과 마르크스 사이의 관계에 대한 알튀세르와 두셀 사이의 입장 차이는 마르크스의 "총체성"에 대한 이해를 매개로 마르크스의 "생산양식" 관념을 살필 때 가장 극명하게 드러난다. 또한 생산양식 관념을 이해하는 양상에서 알튀세르와 두셀 사이의 차이는 유럽과 라틴아메리카의 입장 차이이기도 할 것이다.

두셀이 보기에 알튀세르가 말하는 "생산양식"은 다수 규정들의 총체인 "자본 일반의 개념"을 대체하는 것으로서, 마르크스가 사용했던 범주를 비틀고 부풀린 것이다. 예를 들어 생산양식과 체제의 동일시 문제를 보자.

『요강』에서 마르크스는 "소비양식", "분배양식", "교환양식"에 대해, 그리고 "생산양식"에 대해서도 이야기했다. 후자는 노동하는 "양식"이자 생산하는 "양식"이며, "노동과정"의 방법 혹은 기술이다. 물질적 계기야말로 (노동의 생산물 혹은 노동의 결과물을 성취하거나 현실로 만드는 일과 관련해서) 기술과, 즉 기술학과, 즉 제조물의 사용가치 생산과정에 선행하는 것들과 언제나 연계되어야 한다. "생산양식"을 (알튀세르가 그렇게 하듯) 자본주의 체제의 구조적 총체와 동일시하거나, 아니면 이런 입장에 따라 다양한 [경제적, 정치적, 이데올로기적] "심급들"

로 편성된 자본 그 자체와 동일시하는 것은 몹시 해로웠다(경제적, 정치적, 이데올로기적 심급? 마르크스에게 그토록 핵심적이었던 "기술학적 심급"은 어디에 있나? 이 구조주의는 반ℝ유물론적, 반기술적, 반기술학적 관념론인 걸까?). 마르크스에게는 이런 종류의 것이 하나도 없다. 마르크스는 "생산양식"을, 비록 이 개념이 자주 뒤틀리기는 해 왔지만 정확한 방법으로 고려했다. (본서 275쪽, 강조는 인용자, 이하 동일)

이하의 모든 명칭, 즉 "생산력", "생산과정", (자본주의 총체 혹은 추상적 자본의 총체가 아닌) "생산양식" 및 "임금노동" 같은 것들은 자본에 속한 범주와 규정들의 이름이다. 자본 속에 설립되고, 총체 내화된 범주들인 것이다. 이와는 대조적으로, "산 노동" 같은 범주들은 자본 속 외재성의 지속적 현존을 가리킨다. 이들을 혼동하고 통일하는 것은 마르크스가 외재성에 부여했던 의미를 잃어버린다는 뜻이며, 이후 마르크스주의 전통의 대부분이 그랬다. 모든 범주는 종종 총체화되며, "현실에 존재하는 사회주의" 건설에 요청되었던 범주들조차 그러했다.(본서 71쪽)

두셀의 입장에서, 자본주의 "생산양식"을 하나의 전체로서 받아들이고, 그런 생산양식의 "구조"에서 "최종심급"을 중시하는 교의는 마르크스 자신의 사유라기보다는 엥겔스의 사유이다. 두셀이 보기에 "마르크스는 알튀세르적 의미에서 '심급'에 대해 결코 말한 적이 없고, 외려 그것은 [상이한 산업 부문들이 서로 작용하는]'재생산' 개념에 포섭된다."(『최종』 314쪽)

마르크스 자신의 텍스트에서 생산양식이 제한적 의미로 사용된다는 점을 두셀이 강조한 것은 생산양식을 일종의 총체적 구조로 간주하는 순간, 자본=총체성=외재성의 소거라는 공식으로 되돌아갈 수밖에 없다는 점을 고려한 독해 전략일 수 있겠다. 두셀은 알튀세르가 총체(또는 구조) 자체를 그대로 둔 채 그 구성 및 구성에 대한 인식을 어떻게 조정할 것인가라는 문제에 머무르고 말았다고 비판하게 된다. 그리고 이는 유럽의 포스트마르크스주의 일반에 대한 비판일 수 있다. 해방과 타자의 관점에 설 때에는, 포스트마르크스주의자들의 마르크스 독해가 생산양식 ─ 두셀이 비판하는 것은 이 관념이 현존하는 세계 전체와 동일시되는 총체(성)로 이해되고 있다는 점인데 ─ 의 재생산 메커니즘에 초점을 맞추면서, 해방 의 주체를 현시하는 일을 지나치게 난해하게 만들고 있다는 점이 문제다. 유럽의 근대가 출현하면서 은닉한 타자의 관점은 이런 난해함 가운데서 여전히 은폐되 기 때문이다.

이상에서 살펴보았듯, 두셀은 유럽 마르크스주의와는 다른 관점, 해방과 타 자의 관점에서 마르크스를 이해하고자 하며, 이는 유럽 마르크스주의와의 비판 적 대면이라는 결과로 나타났다. 그는 억압받는 자들의 입장에서 모든 종류의 억 압에 대해 생각하고 이 피억압자들을 권력의 원천인 민중으로 사유하려는 사람 이다. 그에게는 해방된 타자라는 이념, 유럽적 근대성을 비판하되 "상대주의에 빠 지지 않는 세계적인 이성"과 결합한 주체의 형상이 여전히 중요하며, 따라서 두셀 의 해방철학은 윤리와 정치를 봉합한다.[19]

4. 지금 여기에서 『미지의 마르크스를 향하여』

이 책에서 두셀은 마르크스의 노트 순서대로 주석을 단다. 마르크스의 사유 와 두셀의 사유는 교차하며 뒤섞인다. 책에는 초고를 집필할 당시 마르크스가 어떤 상황에 처했는지를 묘사하는 부분들이 드문드문 엮여 있는데, 옮긴이에게 는 그런 묘사야말로 『미지의 마르크스를 향하여』가 갖는 미덕으로 읽혔다. 두셀 이 몇 번이나 강조하는 것처럼, 초고 집필 당시 마르크스는 생애에서 가장 어려

---

19. 두셀의 해방철학-해방윤리-해방정치의 결속은 "희생자라는 생성적 주체"(el devenir-sujeto de la victim)의 형상을 통해 강력한 실천적 호소력을 갖지만, 브루노 보스틸스는 두셀의 이런 사유 가 희생자화와 주체화를 구별하지 않는 오류를 범했다고 비판한다. 두셀은 "윤리적인 것"을 라틴 아메리카 현실뿐만 아니라 정치와 경제의 새로운 상에 가장 정초적인 원리로 정립하는데, 이 과 정에서 "희생자에 대한 윤리적 책임"이라는 기획이 해방의 정치 그 자체, 혁명 그 자체를 집어삼 키고 지워버린다는 점이 문제라는 것이다. 그래서 보스틸스는 『라틴아메리카의 마르크스와 프로 이트』(2012)의 에필로그에서 두셀을 전면적으로 다루되, "윤리가 끝나고 정치가 시작하는 지점" 을 찾아야 한다고 끝맺는다.

운 시기를 통과하던 중이었다. 1848년 혁명이 좌절되고, 10년도 더 전에 동지들과 친구에게 약속했던 경제학 연구는 돌파구를 찾기가 쉽지 않고, 어디에서도 "돈" 나올 데라고는 만나기 힘든 처지에서 그는 이 초고를 써 내려갔다. 초고의 문장들에서는 그런 곤궁과 불안을 읽을 수 없고 두셀의 묘사를 통해서도 강조되는 것은 그의 의지와 "윤리적 감각"이지 심리적 난관이 아니다. 이럼에도 불구하고 이 책 곳곳에서 두셀이 밝혀 놓은 사실들 — 곤궁 한가운데 있었다는 점, 취직을 시도했다는 점, 빌린 책들을 돌려달라는 편지를 받았다는 점 등등 — 때문에, 기묘하긴 하지만 마르크스의 초고 문장과 두셀의 주석 문장이 교차해 얽히는 자리 어디쯤에서 우리는 마르크스의 인격적 구체성을 감지할 수 있다. "이제 런던의 이 근면 성실한 학자는 진정한 불안과 곤궁의 한가운데에서 자신의 '평균이윤' 이론과 지대로부터 출발하는 '생산가격' 이론을 발견한다."(본서 162쪽) 같은 문장이 그렇다. 초고가 "대면"으로 이루어져 있다는 사실이 그런 기운을 자아내는 것이겠다.

이 책 제7장은 두셀의 말에 따르자면 〈1861~63년 초고〉의 가장 핵심을 다루는데, 여기에서 우리는 범주를 편성하는 마르크스의 학문적 분투를 목격할 수 있다.

〈1861~63년 초고〉에서 마르크스는 변증법적 담론이 요구하는 새로운 범주들을 편성했다. 변증법적 담론은 현실에 즉 현실의 본질적 구조에 진입하여 저 자신의 개념을 전개하는 담론이며, 따라서 새로운 해석 도구를 필요케 한다. 우리 편에서 이 범주들의 "필연성"을 발견하는 것은 그야말로 마르크스를 이해하는 것이며, 즉 그의 범주들의 내용과 질서를, 그의 방법을 발견하는 것이다. 이러한 작업은, 마르크스가 그렇게 했듯이, 라틴아메리카의 철학자들과 경제학자들이 우리의 독특하고 독자적인 현실이(이 "독자적임"은 철학이 아니라 현실과 이어져야 할 표현인데) 요청하는 새로운 범주들을 "전개"할 수 있게 해주리라.(본서 46쪽)

두셀은 여기에서 특수성은 철학이 아니라 현실과 이어져야 한다고 말한다. 언어를 통해 사유하는 제각각의 (언어 집단 내) 사람들에게, 자기네가 속한 공동체의 현실은 언제나 특수한 현실일 것이다. 지금은 마르크스의 철학이 적용 불가능하므로 특수한 철학을 새로 찾아야 하는 시대가 아니다. 반대로 마르크스의 철학과 사유를 적용해야 할 특수한 현실 속에 우리가 처해 있는 것이며, 이 특수한 현실의 본질을 꿰뚫고 저 자신의 개념을 전개하는 그런 담론은 이미 우리에게 주어져 있는 셈이다. 두셀은 마르크스를 이해함으로써 우리의 특수한 현실을 해부하는 게 여전히 가능하다고 믿는다.

> "필요"와 "화폐를 소지한 후의 욕구"는 같지 않다. 이것은 20세기 말 제3세계와 관련해서 자본이 가진 절대적 한계이다. 필요에 시달리는 그러나 지불 능력이 없는(실업 상태거나, 불완전 고용 상태거나, 형편없는 임금을 받거나, 빈곤하고 극빈 상태이기 때문에 화폐가 없는) 다중이 있다. 절대적 필요를 절대적 생산과 동등하게 만들 때에만, 현존하는 생산물로써 "지불 가능한 필요들"을 (증대하는 생산 및 상대적 과잉생산의 없앰을 통해) 만족시키는 완전한 고용(화폐로 지급되는 완전한 임금)이 이루어질 때만, 한 체제는 정의로울 수 있을 것이다. 오직 이런 의미에서야 "부분적 과잉생산도 일반적 과잉생산도 없고, 전자는 후자에 대립하지 않는" 셈이다. (본서 208쪽)

알튀세르와의 비교에서 드러나듯 두셀의 입장에서 생산양식이란 자본주의 전체를 가리키는 범주가 될 수 없다. 생산양식 그 자체는 자본주의적인 사회적 생산을 가리키는 말이긴 하지만, 자본주의 전체는 언제나, 현행적으로, "산 노동"이라는 외재성과 함께 있기 때문이다.

외재성으로서 산 노동은 언제나 있고, 어디에나 있고, 늘 현행적이며, 늘 결정적crisis이다. "삶과 죽음의 경계"가 나뉘는 분기로서 "비판"의 출발점이자 "위기"의 시발점이라는 의미에서다. 기계가 인간 신체의 노동력을 대체하고, 컴퓨터가 인간 지성의 노동력을 대체하고, A.I.가 인간 이성의 노동력을 대체한다고 하더라도, 달리 말해 데이터 기반 딥러닝 알고리즘이 지적 숙련 노동을 대체하는 시대에 우리가 살고 있다고 생각하더라도, 그런 시대에 현행적으로 서류 없는 이들과 함께, 몫이 없는 부분과 함께, 프롤레타리아와 함께 지금 여기의 세계는 유지 중인 것이며, 그렇게 국민 밖의 외재성 또 국민 내의 외재성에 눈을 돌리지 않더라도 임금을 받고 일하는 우리 모두는 "산 노동"을 노동–생산과정에 투입 중인 셈이다.

두셀이 지금 한국 사회에서 의미를 가질 수 있다면, 그것은 그가 우리에게 "외재성을 고려하라"고 말해주기 때문일 것이다. 우리 각자는 가치 생산과 체제의 작동이 외재성에 달려 있다는 사실을 알아야 한다. 라틴아메리카와 한국 사이의 거리가 멀고 정치·사회·경제적 조건이 달라서 두셀이 강조하는 해방에 초점을 맞추기 어려울 수 있겠지만, 두셀이 이 책에서 제안하는 종속이론 비판이든 그가 이 책 이전과 이후로 구축해 온 해방철학이든 그 기초원리는 체제 생성(과 지속)의 핵심 관건을 외재성으로 파악하는 데 있다는 사실을 기억한다면, 발생 중인 수많은 논란 중에서 (미디어가 비춰 주는 탈소외적 삶 바깥에서) 핵심적 "문제"들을 식별할 수 있을 것이라 믿는다. 바로 어제도 한국에서 어떤 노동자는 노동 현장에서 목숨을 잃었다.

두셀은 마르크스의 "두 번째 세기"(1983~2183)를 언급한다. 그가 〈1861~63년 초고〉에서 만나는 마르크스는 자본주의적 경제학을 비판적으로 해체한 후 책임 있게 참여하는 개별자들이 공동체 속에서 연대하면서 스스로를 완전히 실현하는 민주적 전망을 통해 인간학적으로 또 윤리적으로 경제학을 재구축하는 철학자이자 경제학자인 마르크스이다. 이 마르크스는 두셀이 이 저술을 집필할 당시까지 (어쩌면 지금까지도) 제대로 알려지지 않았기에 미지의 마르크스이지만, 두셀이 예측하건대 이후의 한 세기를 지배할 미래의 마르크스이기도 했다. 오늘날 미지의 마르크스로부터 미래의 마르크스로 향할 때 중요한 과제 중 하나는 마르크스의 자본주의 비판의 시작점이 되었던 그의 과학의 틀 전반을 파악하고 서술하는 일이겠다. 두셀이 말하듯 가능한 모든 미래 경제 체제를 비판하는 일은 그 틀로부터 시작해야 하기 때문이다. 그것을 학으로써 읽어내고 편성할 것이냐, 아니면 윤리나 정치로써 읽어내고 편성할 것이냐는 앞으로 닥칠 특수한 현실 속에서 결정해야 할 문제다.

후기를 쓰는 중에 〈1861~63년 초고〉 중 1분책과 2분책의 한국어 완역판이 출판되었다는 반가운 소식을 접했다.[20] 나머지 분책도 올해 안에 출판 예정이라고 한다. 알려지지 않았던 마르크스 초고들의 출판을 통해, 똑같이 미지였던 엔리케 두셀의 마르크스 연구를 통해, 한국 마르크스학의 관심 지평이 조금 더 넓어지는 계기가 만들어지면 좋겠다.

---

20. 카를 마르크스, 『경제학 비판을 위하여 : 1861~63년 초고』 제1분책, 제2분책, 마르크스-엥겔스 전집, 김호균·강신준 옮김, 길, 2021.

:: 참고문헌

김도형,「엔리케 두셀의 철학적 여정과 레비나스」,『인문사회과학연구 제22권 제1호, 2021.

두셀, 엔리케 외,「해방철학 선언문(1973)」, 박병규 옮김, 웹진『트랜스라틴』16호, 2011.

_____,「인터뷰: 엔리케 두셀을 만나다」, 웹진『트랜스라틴』4호, 2008.

송상기,「엔리케 두셀의 해방철학과 전지구화 시대의 비판윤리」,『이베로아메리카』제10권 1호, 2008.

알뛰세르, 루이, 이종영 번역,『맑스를 위하여』, 백의, 1997.

_____, 김진엽 번역,『자본론을 읽는다』, 두레, 1991.

양운덕,「두셀의 해방철학과 트랜스모던」, 웹진『트랜스라틴』15호, 2011.

이원영 편저,『현대 프랑스 철학의 성격 논쟁』, 갈무리, 1999.

Bosteels, Bruno, "Epilogue : Ethics of Liberation or Liberation from Ethics?", *Marx and Freud in Latin America*, Verso, 2012.

_____, "The Ethical Superstition", *The Ethics of Latin American Literary Criticism : Reading Otherwise*, ed. Erin Graff Zivin, Palgrave Macmillan, 2007.

Dussel, Enrique, "The four drafts of Capital : towards a new interpretation of the dialectical thought of Marx", *Rethinking Marxism*, 2001.

_____, "En búsqueda del sentido (Origen y desarrollo de una Filosofía de la Liberación)", Revista anthropos : Huellas del conocimiento, Nº 180, Proyecto A Ediciones, 1998.

_____, "INTERPRETACIONES FILOSÓFICAS DE LA OBRA DE MARX", *El ultimo Marx (1863-1882), y la liberacion latinamericana*, Siglo XXI, 1990.

Mendieta, Eduardo, "Introduction," in Enrique Dussel, *Beyond Philosophy : Ethics, History, and Liberation Theology*, ed. by Eduardo Mendieta, Rowman & Littlefield, 2003.

Zizek, S.,「마르크스, 개체 지향적 존재론을 읽다」,『다시, 마르크스를 읽는다』, 최진석 번역, 문학세계사, 2019.

中野佳裕,「ポスト3・11 生存の倫理の再構築を目指して」,『PRIME』Vol.35, 16, 明治学院大学国際平和研究所編, 2012.

영어판 저자 서문

1. * Herbert Marcuse, "Neue Quellen zur Grundlegung des Historischen Materialismus", *Die Gesellschaft* 9 (1932), 136~174.

2. * Karl Marx, *Zur Kritik der politischen Ökonomie (Manuskript 1861-1863)*, MEGA, Abteilung(분야) II, Band(권) 3, Teil(분책) 1 (1976)~Teil(분책) 6 (1982), Berlín, Dietz Verlag. 〈1861~63년 초고〉의 MEGA판은 색인, 연구 자료, 상이한 문구 목록 등을 정리한 일곱째 책을 빼고 여섯 분책으로 나뉘어 있지만, 페이지는 모든 분책에서 이어지므로, 이후 마르크스에게서 인용한 텍스트의 MEGA판 페이지 표기에는 분야, 권, 분책을 따로 표시하지 않고 MEGA로 통칭하였음을 미리 밝혀 둔다.

3. * 1905년에서 1910년 사이, 칼 카우츠키는 〈1861~63년 초고〉의 주요 부분을 차지하는 『잉여가치론』을 독립된 표제로 편집해서 출판했는데 이 편집본은 순서와 항목을 다소 자의적으로 편집했다고 한다. 이후 마르크스 레닌주의 연구소가 책임 편집하여 MEW(마르크스 엥겔스 전집) 26.1~3권으로 1965년에서 1967년 사이에 출판한 판본이 있으며, 한국어판 『잉여가치학설사』 제1부, 제2부는 바로 이 판본의 1권과 2권을 북한에서 번역한 것이다(맬서스와 속류 경제학자들에 대한 논의로 시작하는 제3권은 한국어 번역본이 있는지 확인할 수 없다).

4. "MEGA"는 원본 언어(주로 독일어)로 출판된 마르크스와 엥겔스 저작들의 권위 있는 모음집인 『마르크스 엥겔스 총서』를 가리킨다. [MEGA의 분야 II는 『마르크스 엥겔스 총서』 중에서도 『자본』과 그 준비과정의 초고들을 모두 묶은 것이다. 분야 II의 Band 1은 마르크스가 1857년부터 작업한 『요강』이고, Band 2는 1859년에 출판한 『정치경제학 비판을 위하여』와 준비과정의 초고들이다. 이렇게 마르크스와 엥겔스의 작업 연도순으로 마지막인 Band 15는 1894년 엥겔스가 편집한 『자본』 제3권이다. 각 Band는 또 그 안에서 서로 다른 권이나 분책으로 나뉜다. 따라서 "MEGA, II, 3, 1"이라는 표기는 『마르크스 엥겔스 총서』 II 분야의 제3묶음에 속한 제1분책을 가리키는 셈이다. 앞서 언급한 대로 우리 책에서는 〈1861~63년 초고〉만을 중심적으로 다루므로 MEGA "II, 3, 1~6"을 모두 생략하고 MEGA 뒤에 바로 페이지를 표기하였다.]

5. * MEGA, II, 3, 1~6분책(1976~82년).

6. MECW. 30~34권(1988~94년).

7. 두셀, 『마르크스의 이론 생산』(1985)을 참조하라. 우리 책은 바로 이 책의 2부에 해당한다. [『마르크스의 이론 생산』은 이후로 "두셀 1985a"라고 표기하겠다.]

8. 두셀, 『최종적 마르크스와 라틴아메리카의 해방』(1990)을 참조하라. 앞으로 이 책 역시 영어로 번역되어 나오기를 바란다. [『최종적 마르크스와 라틴아메리카의 해방』은 이후로 "두셀 1990"이라고 표기하겠다.]

9. 이들의 연구는 우리의 주제에 관한 독특한 작업이다.

10. MECW.41:341;MEW.30:214, 마르크스의 일상생활에 관해서는 롱게의 책 『카를 마르크스,

내 증조부』 130쪽 이하 내용을 참조하라.

11. MECW.41 : 380; MEW.30 : 248.

12. MECW.42 : 366; MEW.30 : 542. [두셀이 인용하면서 중간에 생략한 문장은 다음과 같다. "이 해명이 답으로 충분하기를 바라오. 나는 소위 '현실적인' 사람들과 그들의 지혜를 비웃었소."]

13. *『포크트 씨』(MECW.17 : 21~329)를 가리킨다. "1859년에 [카를] 포크트는 마르크스를 1848년 봉기에 참여한 사람들을 협박하여 살아가는 집단의 우두머리로 묘사했을 뿐 아니라 음모를 꾸민 혐의로 제소했다. 그래서 마르크스는 자신의 명예를 지키기 위해 자신을 방어할 의무를 느꼈다. 이것은 포크트에 관한 가능한 모든 서류를 입수할 목적으로 1848년과 그 이후에 정치적 관계를 맺었던 투사들과의 정력적인 서신 교환을 통해 이루어졌다. 그 결과물이 200페이지에 달하는 논쟁적 소책자『포크트 씨』다."(마르셀로 무스토,「카를 마르크스의 재발견」,『마르크스주의 연구』7(3), 2010. 8., 182~210쪽.)

14. *「임금」에 관한 짧은 글과『신 라인 신문』에 마르크스가 연재한 논설들은 이후『임금노동과 자본』으로 묶이게 된다.

15. Marx 1972 : 23[『정치경제학 비판을 위하여』 : 9].

16. 나는 마르크스의 모든 저작에서 비평판에 수록된 원래 독일어 철자법을 존중하려고 한다.

17. *"쥐들의 비판"이란『정치경제학 비판을 위하여』「서문」에 나오는 표현으로서, 그가 1845~46년에 엥겔스와 공저한『독일 이데올로기』를 1859년까지 출판하지도 않은 채 원고 상태로 내버려둔 일을 언급할 때 이 표현을 사용했다.

18. 두셀 1985a : 2장 4절, 60 이하를 참조하라.

19. *MECW의 편집자 주에 따르면, 이는『정치경제학 비판을 위하여』의 초고를 가리킨다.

20. *이 기획안의 상세한 체제에 관해서는 우리 책 제10장 5절 첫머리에 두셀이 정리한 기획안을 참조할 것.

21. 두셀 1985a : 16장 3절, 329 이하를 참조하라.

22. *여기에서 "정치경제학 비판을 위하여, III챕터, 자본 일반"까지는 〈노트I〉의 표지 바깥 면에, "A. 1861년 8월. III챕터, 자본 일반"은 〈노트I〉의 표지 안쪽 면에 쓰여 있다. 안쪽 면의 문구 중 알파벳 "A"는 마르크스가 23권의 노트를 완성한 뒤, 내용 묶음을 위해서 붙여 놓은 것으로 여겨진다고 한다. (MECW. 30 : 455 미주1, 미주2 참고.)

23. *〈1861~63년 초고〉의 한국어 번역본의 페이지는 이후로도 여기에서처럼 "〈초고〉 분책 : 쪽 숫자" 형식으로 표기하겠다.

24. *"나는 부르주아 경제 체제를 다음 순으로 고찰한다. 즉, 자본, 토지소유, 임금노동, 그리고 국가, 해외무역, 세계시장의 순서로 고찰한다. 앞의 세 제목 아래 나는 근대 부르주아 사회를 나누고 있는 3대 계급의 경제적 생활 제조건을 연구한다. 다른 세 제목 사이의 연관은 바로 눈에 띈다. I부에서는 자본을 다루는데 그 가운데 제1편은 다음 챕터들로 구성된다. 1챕터, 상품 ; 2챕터, 화폐 또는 단순유통 ; 3챕터, 자본 일반. 앞의 두 장이 이 소책자의 내용을 이룬다."(『정치경제학 비판을 위하여』, 김호균 옮김, 중원문화, 1988.)

25. MECW.29 : 518~532. [MECW. 29 : 550의 미주 108번 참조할 것.]

26. *(생산을 통해) 상품이 된 화폐가 (판매를 통해) 화폐로 옮겨 가는 경우를 가리키는 번역어로 "이행"을 쓴다." 단순상품유통에서도 W-G에서 G-W로의 이행이 외부적 요인에 의해 중단됨으로써 종종 발생한다."(강신준 옮김,『자본』 2 : 99.)

27. *위에 두셀이 정리해서 명시한 것 뒤에 "II. 자본의 유통과정"(MECW.29 : 514), "III. 자본과 이

윤"(MECW.29:516), "IV. 그외(varia)"(MECW.29:516)가 이어진다. 이를 본서 제10장 5절의 기획안과 비교해볼 수 있을 것이다.

28. MECW.41:435; MEW.30:639, 이 편지에서 마르크스는 "자본 일반은 … 핵심(Quintessenz)이요"라고 쓴다.

29. 우리 책 10장 5절을 참조하라.

30. 이 문제들은 내가 『최종적 마르크스와 라틴아메리카의 해방』(1990)에서 논의하였다.

31. Wolfgang Focke, "Zur Geschichte des Textes, seiner Anordnung und Datierung (Manuskript 1861~63)", *Der zweite Entwurf des 'Kapitals'* (Berlin 1983), p. 30 이하를 참조하라.

32. MECW.30:1~346; MEGA II, 3, 1분책.

33. MECW.30:347~MECW.32; MEGA II, 3, 2~4분책.

34. MECW.33, MECW.34; MEGA II, 3, 5~6분책.

35. MECW.34:355~466.

36. *두셀이 스페인어로 이 책을 썼던 1988년까지 마르크스의 〈1863~65년 초고〉 전체는 출판된 적이 없었다. 엥겔스가 편집한 『자본』 제3권의 유일한 초안인 〈1864~65년 초고〉는 독일어로 1993년에야 출판되었으며(MEGA, II, 4.2), 영어 번역은 2015년에 와서야 이루어졌다(*Marx's Economic Manuscript of 1864-1865*. Trans. Ben Fowkes, Ed. Fred Moseley, Brill Academic Pub).

37. *〈그림 2〉를 참조할 것.

38. MECW.50:463; MEW.30:639. [이 문구는 사망하기 얼마 전인 1895년 3월 12일, 엥겔스가 콘라드 슈미트에게 보낸 편지의 일부분이다.]

39. MECW.31:78~79; MEGA:504.

40. *"가설추론"(abduction)이란 연역 추론이나 귀납 추론과 달리 가설들 중에서 진실에 가장 근접해 보이는 것 하나를 선택하여 추론하는 경우를 가리킨다. 현상을 가장 잘 설명해줄 가설을 선택하는 경우를 가리키며, "귀추법"이라고 번역되기도 한다.

41. 생산적 노동과 비생산적 노동이라는 "두 개 규정은 뒤죽박죽 혼동된다(durcheinander laufen)."(MECW.31:8; MEGA:439).

42. MECW.30:352; MEGA:337~338, ["대상적인 구성요소"가 언급된 문장을 조금 더 길게 인용하면 다음과 같다. "우선 그들[중농주의자들]은 노동과정이 진행되는 기간에 자본이 존재하며 그리고 또 그것이 분해되는 다양한 대상적인 구성요소들을 분석했다. 중농주의자들이 그들의 모든 후계자들과 마찬가지로 자본의 이 대상적인 존재 형태들—도구, 원료 등등—을 그것들이 자본주의 생산에서 나타나는 사회적 조건들과 분리시켜 자본으로서 보고 있다고 하여, 요컨대 그것들이 노동과정의 사회적 형식과는 독립하여 노동과정 일반의 요소들이라는 형태에서 보고 있다고 하여 중농주의자들을 비난할 수는 없다."(『잉여가치학설사 제1부』, 백의판, 12쪽).] 여기에서 "다양한 대상적인 구성요소들"은 노동 도구, 원재료 등 자본 생산과정에 투입되는 여러 가지 생산 요소들을 가리킨다.

43. 두셀 1985a의 "규정들의 추상"(49~51)과 두셀 1990의 "범주들의 질서"(405~424)를 참조할 것

44. MECW.30:402; MEGA:387, 영어로 번역된 단어는 정확하지 않을 때가 종종 있다. "관찰"(observation)은 "외양"과 같은 의미가 아니고, "현상"은 발현의 "기초가 되는"(founded) 것이 아니다.

45. MECW.30 : 353 ; MEGA : 338.

46. 이 서문은 1988년에 스페인어로 출판되었던 내용을 이번 영어판에 맞춰 갱신한 것이다.

제1부 "III챕터 : 자본 일반"의 핵심 <노트> ― 자본의 생산과정

1. 두셀 1985a의 제3부 "자본의 생산과정"(5~12장)을 참조하라. [편집자 서문과 저자 서문에서 밝혀졌다시피, 마르크스의 초고에 대한 두셀의 주석서는 세 권으로 이루어져 있고, 우리 책은 그중 두 번째 책이다. 두셀이 이 주석에서 지칭하는 책(1985a)은 『요강』에 대한 주석서인 『마르크스의 이론 생산』이다.]

2. 일례로 평등주의, 자유, 소유에 관한 이데올로기 문제(두셀 1985a, 5장)를 다루지 않으며, 이 주제는 『자본』에 단 한 페이지로 들어가 있다. 또 "가치저하"(위의 책, 10장)나 "전유 양식"(본서 제10장) 문제도 다루지 않는다.

3. MECW.30 : 311 ; MEGA : 285

제1장 화폐가 자본이 됨 ― 외재성으로부터 총체성으로

1. MECW. 30 : 9~171 ; MEGA : 4~149. [마르크스가 작성한 초고의 페이지는 1면부터 1472면까지 쭉 이어지는데, 이 페이지 곳곳을 구획하여 23권의 〈노트〉를 묶은 것이다. 이후로 초고 〈노트〉의 원래 페이지는 위에서처럼 "면"으로 표기하도록 하겠다.]

2. *MEGA 한국어판은 향후 마르크스 엥겔스 연구의 정본이 되어야 마땅할 것이다. 그러나 본서 저자인 두셀이 마르크스 텍스트를 인용하며 생략하거나 첨언한 부분이 있고, 〈초고〉를 주석하며 본서에서 부각한 범주 명칭이 특수하다는 점을 고려하여 우리 책에서는 한국어판(『경제학 비판을 위하여(1861~63년 초고)』 제1분책, 제2분책, 김호균·강신준 옮김, 길, 2021)의 문장을 똑같이 따르지 않았음을 밝혀 둔다. 본문에 인용된 마르크스 텍스트의 경우는 위와 같이 한국어판 〈1861~63년 초고〉의 1분책과 2분책 페이지를 "〈초고〉 1분책", "〈초고〉 2분책"이라는 표기 뒤에 숫자로 병기했다.

3. Karel Kosík, *The Dialectics of the Concrete : A Study of Problems of Man and the World* (Boston : D. Reidel, 1976), 17~18. [카렐 코지크, 『구체성의 변증법』, 박정호 옮김, 지만지, 2014.]

4. Georg Lukács, *History and Class Consciousness* (Cambridge MA : MIT Press, 1968), 10. [게오르그 루카치, 『역사와 계급의식』, 조만영 옮김, 거름, 1999].

5. Georg Lukács, *Zur Ontologie des gesellschaftlichen Seins. Die ontologischen Grundprinzipien von Marx* (Darmstadt : Luchterhand, 1972), 34. [게오르그 루카치, 『사회적 존재의 존재론』 1~4권, 권순홍, 이종철, 정대성 옮김, 아카넷, 2016~2018.]

6. 두셀 1985a, 7장을 참조하라.

7. 〈원천텍스트〉는 『요강』의 영어 번역판에 포함되진 않았으나, 『마르크스 엥겔스 저작선집』 29권에는 포함되었다(MECW.29 : 430~507). [이 〈원천텍스트〉는 『정치경제학 비판을 위하여』 제2장과 제3장 서두 내용의 준비자료에 해당한다.]

8. MECW.29 : 421~423.

9. MECW.29 : 518~532.

10. 이하 괄호 안의 숫자 붙은 단어는 〈그림1.1〉에 표기된 것을 가리킨다. [이 절 끝까지 인용문 속

대괄호는 모두 두셀이 기입한 내용임을 알린다.]

11. 이렇게 명시했다는 사실을 통해 마르크스가 아직은 교환가치와 다른 가치 그 자체의 개념에 (여기에서 전자는 후자의 "표현"인데) 관해 완전한 명료성에 도달하지 않았음을 (1871년까지는 그러지 못함을) 알 수 있다.

12. MECW.30:26;MEGA:21.

13. MECW.30:25;MEGA:21.

14. MECW.30:32;MEGA:26.

15. 기타 텍스트에 해당하는 MECW.30:131~137 및 170~171;MEGA:116~121 및 146~149를 찾아볼 것.

16. 바로 아래 인용문 가운데 이 문구들이 있다.

17. 이 텍스트를 마르크스가 베껴 내면서 조정한 『요강』(마르크스 1973:295~296 [『요강』 I : 298~299]) 속 내용과 비교해보라. 또 〈원천텍스트〉의 유사한 구절도 참조하라(MECW. 29:504~506).

18. "절대적 빈곤"은 『요강』에서는 노동에 할당된다. 그곳에서는 지금처럼 노동이 "순수한 가능성"으로 고려되지 않는다. 이 구절들을 단어마다 비교함으로써 그 차이에 관해 성찰하는 일도 가능할 것이다.

19. MECW.30:44;MEGA:39.

20. 〈초고〉의 이 부분에는 마르크스주의 임금 이론에 대한 중요한 지침들이 있다. 마르크스는 노동자의 "생산비용"을 (주관적 의미에서) 노동능력이라고는 가끔 지칭하는데, 그것["노동자의 생산비용"]을 생산물의 "생산비용"이라고 지칭하지는 않는다. 관련해서 MEGA편 37, 38, 43, 103, 171, 172, 262쪽 등을 참조할 것.

21. MECW.30:47;MEGA:41

22. * 두셀은 이 책에서 자본과 노동 사이 관계의 양상을 가리키기 위한 말로 "enajenater"와 "alienar"를 혼용해 쓴다. 이 두 단어는 독일어 "Entfremdung"이나 영어 "alienation"과 마찬가지로 "양도", "외화", "낯설게 만들기", "소외"라는 뜻을 다 가질 수 있다. 우리 책에서는 텍스트의 맥락에 따라 위의 뜻 중 하나를 선택하여 번역했으나, "외화"나 "양도"가 나올 때 그것이 자본-노동 관계에서 "소외"와 관련 있다는 점을 기억하길 바란다.

23. * 『자본』 제1권 제2편 "화폐의 자본으로의 전화"의 마지막 장면이 바로 이에 해당한다. "옛날에 화폐소유자였던 사람은 자본가가 되어 앞장을 서고 있고, 노동력의 소유자는 자본가의 노동자로서 그의 뒤를 따라간다. 전자는 의미심장하게 웃음을 띠면서 바쁘게 가고, 후자는 머뭇머뭇 마지못해서 마치 자기의 가죽을 팔아버리고 이제 무두질당하는 것 말고는 아무것도 기대할 수 없는 사람처럼 뒤따라간다."(강신준 번역, 262쪽) 이 내용과 관련해서 본서의 「부록 2」 또한 참조할 것.

24. MECW.30:50;MEGA:44.

25. * 마르크스는 『자본』 제1권 제1편 제3장 "화폐 또는 상품유통"에서 화폐의 기능을 가치척도, 가격의 도량기준, 유통수단, 가치표지, 축장수단, 지불수단, 세계화폐의 순서로 정리하였다(강신준 번역, 160~220쪽). 화폐의 지불수단 기능이란 여러 명의 구매자와 판매자가 화폐 없이 여러 번 상품거래를 수행한 뒤 장부상 남은 액수를 정산하는 것 같은 경우에 작용한다. 화폐의 기능에 대한 논의는 『요강』과 『정치경제학 비판을 위하여』에도 포함되어 있는데, 거기에서 화폐의 기능을 가리키는 범주들의 순서가 『자본』과는 달랐던 점에도 주목할 수 있을 것이다.

26. * propiedad는 누군가에게 고유하게 속한 것으로서 "재산"이라는 뜻과 "속성" 혹은 "고유성"이
   라는 뜻을 둘 다 가질 수 있으며, 두셀은 이 책에서 이 말의 양의성을 적극적으로 활용한다. 이
   번역에서는 맥락에 따라 "재산"이나 "고유성" 중 하나를 택해 옮겼음을 밝혀 둔다.

27. * 마르크스가 사용한 독일어 어휘 "노동능력"(Arbeitsvermögen)을 두셀은 스페인어로 "capaci-
   dad de trabajo"로 번역해 썼고, 반면 "노동력"(Arbeitskraft)은 "fuerza de trabajo"라고 썼다. 두
   셀은 전자를 산 노동과 관련된 잠재력으로 파악하고, 후자를 대상화된 노동 혹은 자본과 관련
   된 효과로 파악한다.

28. 마르크스에게서 기술학이라는 주제와 관련해서, 나는 그의 〈1851년의 기술학 역사 노트〉를 해
   당 주제에 대한 예비적 연구와 함께 스페인어로 편집하여 출판했다. E. Dussel edt., *Cuaderno
   tecnológico-histórico* (London, 1851), Puebla, UAP.

29. MECW.30 : 81 ; MEGA : 72 이하.

30. MECW.30 : 89 ; MEGA : 79.

31. MECW.30 : 103 ; MEGA : 92.

32. MECW.30 : 161 ; MEGA : 145.

33. "생산과정"을 "작업과정"이나 "노동과정"과 혼동해선 안 된다. 정당히 말해 전자는 자본주의적
   이며, 반면 후자는 모든 유형의 사회 형식에서 행해질 수 있다.

34. 임노동은 그 노동능력의 가격이 자본인 화폐로만 지불됨으로써 자본에 포섭되는 노동을 가리
   키는 새로운 범주이자 새로운 이름이다. 산 노동, 노동능력, 임금노동, 생산적 노동, 대상화된 노
   동[이라는 "노동"에 관한 각각의] 범주들은 명확히 구별되어야만 한다. 마르크스주의 전통에서
   이 범주들은 그런데 흔히 혼동되고 있다.

35. 생산양식은 몹시 중요하면서도, 알튀세르주의에서 그렇듯 모든 것을 포괄하진 않는 범주이다.
   이 범주와 관련해서는 우리 책 11장 1절을 좀 더 참조하라.

36. 여기에서의 "사회적 양식"(gesellschaftliche Weise)이란, 자본주의에서 (모든 "공동체" 밖에서)
   노동자의 추상적이고 고립된 노동이 생산되는 방식을 뜻한다.

37. MECW.30 : 117 ; MEGA : 104

38. MECW.30 : 105 ; MEGA : 93.

39. MECW.30 : 114 ; MEGA : 101.

40. MECW.30 : 116 ; MEGA : 103.

41. 산 노동이 자본 아닌 것이라 한다면, 마르크스에게 이 구절(MECW.30 : 115 ; MEGA : 102)의
   의미는 산 노동이야말로 자본 너머의 실제적 외재성, 즉 내재적 초월성이라는 점을 알아야 할 것
   이다. 두셀 1985a : 2장 4절 2.4(p. 53) 및 2장 4절 8(pp. 60~61)을 참조하라.

42. MECW.30 : 128 ; MEGA : 113.

43. MECW.30 : 126 ; MEGA : 112.

44. MECW.30 : 133 ; MEGA : 118.

45. MECW.30 : 131, 133 ; MEGA : 116, 118.

46. 두셀 1985a, 7장 1절 a1을 참조하라.

제2장 절대적 잉여가치

1. MECW.30 : 172~232 ; MEGA : 149~211.

2. 두셀 1985a, 8장을 참조하라.

3. 이 초고는 『자본』 제1권의 빈티지 출판사판(1977년)에 이르러서야 처음 영어로 출판되었다.

4. MECW.30：178；MEGA：156.

5. *『요강』에서 마르크스는 노동과 자본의 현상적 등가 교환으로부터 생산 과정 내에서의 잉여 가치 발생으로 넘어가는 자리에서, 잉여생산물 일반에 관해 역사적으로 간략히 논의했다. 『요강』 I：332 이하를 참조할 것.

6. *여기에서 "더 적은 노동"이 가리키는 "노동"은 노동자의 일을 말하는 게 아니라, 대상화된 노동 즉 화폐를 말하는 것으로 이해해야 한다. 2장 첫머리의 인용문에서 "임금에 대상화된 노동시간 이, 생산과정에서 이를 대체하는 산 노동시간보다 더 적"다고 언급할 때의 노동을 말하는 것이다. 반면 1장에서 이미 밝혔다시피 "산 노동"이 가리키는 "노동"은 이렇게 총체 내화된, 대상화된 노동 으로 규정할 수 없다. 같은 노동이지만, 둘은 다르다.

7. MECW.30：173；MEGA：150.

8. MECW.30：176；MEGA：157.

9. *"계급"이라고 표제를 붙인 『자본』 제III권 제7편 제52장을 말한다. 그런데 MEGA II의 4(〈1863~1867 초고〉)를 확인해 보면, 이 내용은 마르크스 자신이 제7장 5절로 이미 포함시켰던 것임을 확인할 수 있다(Chris Arthur, "Review：*Towards an Unknown Marx：A Commentary on the Manuscripts of 1861-3*", *Historical Materialism*, Vol.11-2, 2003 참조). 출판된 『자본』 제3권 끝에 엥겔스의 〈보유〉(補遺)가 있긴 하지만, 그 글에서 주로 다룬 주제는 소위 전형 문제(가치와 가격의 차이 문제)이다.

10. MECW.30：25；MEGA：20.

11. MECW.30：25；MEGA：21.

12. MECW.30：185；MEGA：162.

13. MECW.30：237；MEGA：214.

14. MECW.30：237；MEGA：214.

15. MECW.30：189；MEGA：161.

16. MECW.30：174；MEGA：153.

17. MECW.30：176；MEGA：154.

18. MECW.30：177；MEGA：154.

19. "das capital variable"(MECW.30：295；MEGA：269). 마르크스가 "das *variable Capital*"이라 는 표현을 다섯 번 사용하는 MECW.30：165(MEGA：321~322)에서 그는 가변자본이라는 명칭 을 분명히 파악했던 것 같다. 그가 이전에 그 개념을 발견했기 때문에 여기에서 그 명칭이 이토 록 명확한 것이겠지만, 우리는 여기에 와서야 마르크스가 해당 범주의 편성을 끝냈다고 말할 수 있겠다. "잉여노동"에 관한 이 부분(MECW.30：164~168；MEGA：321~327)은 몹시 중요하다. 마르크스는 이 부분을 〈노트I〉을 끝마친 다음에 썼다.

20. *두셀이 생략한 부분은 "노동자가 그 자신의 생산물을 되살 수 없다는 프루동 씨의 명제, 또는 생산물 부분에 해당하는 가격(Preiß des Produettheils), 등등"이다.

21. MECW.30：181；MEGA：158.

22. MECW.30：185；MEGA：162, 마르크스는 이 〈초고〉에서 "사회적(gesellschaftlich) 필요노동 시간"(197；173)이라는 표현 또한 사용하는데, 다만 이 표현은 (주체적으로) 노동능력을 재생산 하는 데 필요한 평균 시간이 아니라, (대상적으로) 생산물을 제조하는 데 필요한 평균 시간이라

는 뜻이다.

23. MECW.30 : 185 ; MEGA : 162, 마르크스는 "잉여노동시간"(Mehrarbeitszeit)에 관해 말하기도 한다.

24. MECW.30 : 185 ; MEGA : 163.

25. MECW.30 : 188 ; MEGA : 165.

26. 여기에서 마르크스는 "초(über)"라는 표현을 여러모로 활용한다. 즉 "Überarbeit(초과노동)", "Überbau(초과 구축, 상부구조)." 정당히 말해 이 용어들은 범주가 아니라 은유다.

27. * 표도르 바실레비치 콘스탄티노프(1901~1991)는 소비에트 연방의 철학자로서, 마르크스레닌주의 철학과 역사적 유물론에 대한 교과서격 서적들의 집필에 책임을 맡은 인물이다.

28. * 이 인용문에서 두셀은 문장 두 개를 생략했는데, 이 두 문장에서 마르크스는 이렇게 자연적 필요를 뛰어넘는 노동을 수행하라고 강제하는 충동이 지배계급의 것이라는 점을 명확히 했다.

29. MECW.30 : 197 ; MEGA : 174.

30. MECW.30 : 199~219 ; MEGA : 175~207.

31. MECW.30 : 229 ; MEGA : 207.

32. 여기에서 "의식"은 독일어로 Gewissen(양심)이지, 루카치가 쓴 바 있는 Bewusstsein(인식)이 아니다.

제3장 상대적 잉여가치

1. MECW.30 : 233~346 ; MEGA : 211~321.

2. 두셀 1985a, 8장 2절~8장 4절을 보라.

3. MECW.30 : 238 ; MEGA : 215.

4. MECW.30 : 234 ; MEGA : 211.

5. MECW.30 : 234 ; MEGA : 212.

6. "Productivkraft"는 "생산하는 힘"(potencia productiva)이라고 번역할 수 있겠다. 특히 마르크스 자신이 아담 스미스의 영어 어휘 "생산적인 힘"(productive *power*)에서 시작한다는 점을 염두에 둘 때 그렇다(MECW.30 : 254 ; MEGA : 228). 따라서 "Productivkraft der Arbeit"(노동의 생산하는 힘)(MECW.30 : 254 ; MEGA : 229)은 "Kraftpotenz"(작용력)이기도 하다 (MECW.30 : 258 ; MEGA : 232). 이와 함께, 이후의 마르크스주의에서는 "산 노동", "노동능력", "노동력"을 "생산력"(*fuerza* productiva)과 동일시하려는 경향이 있다는 점을 지적해야 하겠다. 이런 혼동은 심각한 결과를 낳았다. 실은 "생산력"(fuerza *productiva*)이란, 엄밀한 의미에서, "잉여가치를 생산하는 힘" 다시 말해 자본에 의해 자본 속으로 포섭된 산 노동을 뜻한다. 자본주의에 앞선(예로 봉건 시대의) "산 노동"이나 자본주의 이후(예로 실제적 사회주의) "산 노동"은 엄밀한 의미에서 "생산력"이라고 불릴 수 없으며, 노동의 "위력"이나 "힘" 즉 실질적으로 일하는 노동이다. 실제적 사회주의에는 (전유 법칙의 전도로 인한 타인의 사적 잉여가치 생산이 아니라) "사회적 가치"를 생산하는 "힘"이나 "위력"이 있다. 그런데 우리가 "사회적 가치"라고 말할 때, 우리는 이것이 아직은 직접적으로 "공통의 가치"(valor *común*)가 아님을 (부정적으로) 표현하고 싶어 한다. 하지만 그것["공통 가치"]이 비가치는 아니다. 그것은 사적 잉여가치는 아니나, 여전히 가치이다. "생산하는 힘"이라는 용어를 통해 우리는 나름의 방식으로, 이후의 순진무구한 마르크스주의의 몇몇 표현들에서 "Productivkraft"의 잘못된 개념파악을 탈신비화하고자 한다. [이 주석에서 두셀이 설명

하는 내용에 대해서는 우리 책의 12.2절 내용을 더 참조할 수 있겠다.]

7. MECW.30:241;MEGA:218.

8. 『자본』 제1권 제14장["절대적 상대적 잉여가치의 생산"]에서 이런 식의 여러 비교를 찾아보라.

9. 두셀 1985a:제10장을 참조할 것. 여기에서 "종속"의 개념도 찾을 수 있다. 〈1861~63년 초고〉에서 마르크스는 이 문제["자본주의의 위기"]를 MECW.30:247;MEGA:223 이하부터 다루기 시작한다.

10. *노동일이 주어져 있을 때, 노동의 생산하는 힘이 두 배씩 발전해서 필요노동시간이 계속 절반씩 줄어든다고 해도, 잉여노동시간은 매번 두 배씩 늘지 않는다. 필요노동 8:잉여노동 4→필요 4:잉여 8→필요 2:잉여 10→필요 1:잉여 11 … 보다시피 상대적 잉여가치의 경우, 잉여가치 증가는 결국엔 극소 단위로 수렴된다.

11. MECW.30:255;MEGA:229.

12. MECW.30:258;MEGA:232.

13. 이는 공동체 없이 고립되고 단독적인 상황이다(두셀 1985a:12장 3절 d, 7장 1절 b-c, 4장 2절 내용을 참조하라).

14. MECW.30:267;MEGA:243.

15. MECW.30:265;MEGA:241.

16. 두셀 1985a, 12장을 참조할 것.

17. *두셀이 생략한 부분은 다음과 같다. "일차적으로는 두 번째 분업이, 여타의 모든 생산력과 마찬가지로, 특수한 사용가치에 요구되는 노동량을 줄임으로써 사회적 노동의 새로운 부문에 참여할 수 있도록 노동을 자유롭게 하는 한에서 그렇다."

18. *매뉴팩처에서의 분업은 "전문화된 부분노동자"들의 분업이다. 두셀이 여기서 다루고 있는 맥락과 관련해서는 〈초고〉 1분책의 해당 페이지 외에, 『자본』 제1권 제12장 "분업과 매뉴팩처" 내용을 참조하라.

19. MECW.30:270;MEGA:245.

20. MECW.30:270;MEGA:245.

21. 두셀 1984b를 참조할 것.

22. "gesellschaftliches Productionsverhältniss." MECW.30:278;MEGA:253.

23. *결합노동이 이루어지면서 이제 "자본주의 생산양식이 노동의 실체를 장악하여 변형시켰"다고 보기 때문에 마르크스는 "노동자가 낯선 자의 지휘와 감독 아래서 다른 누군가를 위해 작업한다는 사실"(MECW.30:279;MEGA:253)을 그저 형식적인 것으로 본다.

24. 일례로 MECW.30:285;MEGA:259를 보라.

25. MECW.30:294~295;MEGA:268~270.

26. MECW.30:300;MEGA:274.

27. MECW.30:306;MEGA:280 이하.

28. MECW.30:311;MEGA:285.

29. MECW.30:321;MEGA:294.

30. *마르크스가 1851년 9월부터 10월 사이에 집필했던 기술학사에 관한 발췌 노트를 가리키는 것으로 보인다. 1851년 그는 리카도의 지대론과 관련해서 농학과 기술학을 연구했고, 그 해 열린 런던 박람회를 통해 기술학을 연구할 동기를 얻었다고 한다. 이 노트는 주로 포페의 『기술학의 역사』(*Geschichte der Technologie* 1~3, Göttingen, 1807~11)에서 발췌한 내용으로 이루어져

있으며, 그 밖에 포페의 다른 책들, 유어 및 베커만의 책들에서 약간씩 발췌한 것들이 포함되어 있다.(Fumikazu Yoshida, "J.H.M.POPPE'S 'HISTORY OF TECHNOLOGY' AND KARL MARX", 1983, *HOHUDA ECONOMIC PAPERS*, 13, 23~38 참조.)

31. 마르크스는 "Werth der Waare(상품의 가치)"라고 말하는데, 이는 생산물 가치와도 상품 가격과도 동일시될 수 없다. 이 모든 "새로운" 범주들 가운데서도 "평균"(Durchschmitt)이라는 개념이 우리의 주목을 끌어당긴다. 바로 여기에서부터 "평균이윤"과 경쟁의 여타 많은 "균등화하는" 효과들이 출현하게 될 것이다.

32. 마르크스는 "gesellschaftliche nothwendige"(사회적 필요)라고 쓴다. 이미 지적한 바와 같이, 마르크스에게 "필요노동시간"은 주체와 관련해서 노동능력의 재생산을 가리킨다. 다른 한편 "사회적 필요노동시간"이라는 표현은 대상과 관련해서 생산물 혹은 상품 가치의 생산을 지칭하는 데 사용되는 편이다. 즉 어떤 생산물을 생산하기 위한 "평균" 시간이나 "평균" 가치, 또는 "사회적으로" 요구되는 가치를 지칭하는 것이다.(MECW.30:330;MEGA:302)

33. 마르크스는 이 "생산가격" 범주를 "주체와 관련해서" 사용하고 있다. 여기에서 이것은 (대상과 관련해서) 생산물의 생산비용 문제가 아니라, (생산 주체의 작업하는 "능력"인) 노동능력의 생산비용 문제다.

34. MECW.30:322;MEGA:295, 또 두셀 1985a의 7장 3절부터 8장 4절까지를 참고하라.

35. MECW.30:322;MEGA:295.

36. MECW.30:325;MEGA:298.

37. MECW.30:326;MEGA:299.

38. MECW.30:328;MEGA:301.

39. MECW.30:329 이하;MEGA:302, 303 이하를 참조할 것.

40. MECW.30:333;MEGA:305.

41. MECW.30:335;MEGA:307.

42. MECW.30:338;MEGA:310.

43. MECW.30:339;MEGA:310.

44. MECW.30:340;MEGA:312.

45. MECW.30:340;MEGA:312.

46. MECW.30:342;MEGA:314.

47. MECW.30:342;MEGA:314.

48. MECW.30:344;MEGA:316.

49. 두셀 1985a:13장 5절을 참조할 것.

제2부 범주들의 전체 체계의 비판적 대면 — 이른바 "잉여가치론"

1. 이 중단은 좀 더 일찍 이루어졌다고 믿는다. 211면에 이르기 전에 〈노트V〉가 (초고 190면 정도부터는) 그 사용하는 범주들의 측면에서 1862년에 마르크스가 가졌을 법한 것보다 더 높은 수준의 성숙함을 보여주기 때문이다.

2. MECW.30:348 ; MEGA:333, "잉여가치론"은 MEGA II분야 3권 2~4분책에 해당한다. [MECW판으로는 30~32권에 해당하며, 페이지 표시는 이전과 마찬가지로 MECW와 MEGA판을 병기하도록 하겠다.]

3. 본래 기획안에서 "4"항은 축적을 포함했다(MECW.29 : 513~514). 그런데 〈노트V〉에는 "상대적 잉여가치 이후, 절대적 잉여가치와 상대적 잉여가치를 결합해서 고찰할 것"이라고 적혀 있으므로 (MECW.30 : 311 ; MEGA : 285), 이것이 "4"항이 될 것이다.

4. 여기의 "III장"은 『정치경제학 비판을 위하여』(1859)에서 따와 〈노트I〉 서두(MECW.30 : 4~5 ; MEGA : 4)에 챕터 I(상품), 챕터 II(화폐)를 뒤이어 나오는 "챕터 III"이 아니다. 현재 마르크스는 자본 일반이라는 주제에 관해 다룰 세 개 장에 관해 생각해 보려고 한다. 이후 보겠지만 1863년 1월에 이 인용문에서 언급한 "III장"은 "세 번째 분절"(dritte Abschnitt)로 바뀌게 될 것이며 (MECW.33 : 346 ; MEGA : 1861) 그 내용은 이후 『자본』 제3권에 해당할 것이다.

5. 1865년 7월 31일 엥겔스에게 보낸 편지에서(MECW.42 : 173 ; MEW.31 : 132) 마르크스는 "역사"를 구성할 필요에 대해 말하는데, 1867년 4월 30일 마이어에게 보낸 편지에서는 (MECW.42 : 367 ; MEW.31 : 543) 『자본』의 제4권을 언급한다. 이로부터 〈1861~63년 초고〉의 잉여가치 이론들에 관한 이 〈노트〉들이 마르크스가 언급한 역사라고 생각하는 실수가 빚어지게 되었다.

6. * "잉여가치와 이윤의 이론"이라는 표제가 붙은 내용을 가리킨다. 원서에 표기된 1973년 영어판 『요강』의 페이지 곁에 MECW.28, 29권의 해당 부분 페이지와 한국어판 페이지를 병기했다.

7. Marx 1973 : 549~618 ; MECW.28 : 473~537[『요강』 II : 188~275].

8. Marx 1973 : 618 ; MECW.29 : 7[『요강』 II : 276.] ["Retournons maintenant à nos moutons."]

9. 우리는 "도덕"을 현행의 확립된 지배적 체제(자본주의)의 실천 및 이론 체계로 이해하며, 반면 "윤리"를 현행 체제의 외재성에서 비롯된 비판적 영역이라고 규정한다(마르크스에 따르면 산 노동은 펴내된 "부르주아 도덕"에 대한 윤리적 비판의 출발점이다).

10. MECW.30 : 347~32 : 543 ; MEGA : 333~1538.

11. 두셀 1985a의 7장 5절을 참조하라. 1858년 4월 2일의 기획안은 그 책 158쪽에서 고찰했다. 해당 기획안에서는 이 문제를 "B" 항목("경쟁")에서 구체적으로 다룬다. "경쟁"에 관해 그 책 418쪽에 실린 〈그림 38〉을 보라. 이 기획안과는 대조적으로, 『자본』 제3권 첫 페이지에는 "자본들은 모종의 구체적 형태로 서로 대면한다"고 진술된다(마르크스 1981b : 117 ; MEW.26 : 33[『자본』 III-1 : 41]). 이것은 경쟁 일반에 관한 것이다.

12. "비용가격"과 "생산가격"은 아직은 서로 구분되지 않는다.

13. 이 문제에 대해서는 우리 책 제5장 3절과 제6장 4절을 보라. 잉여가치를 구분해내기 위해서는 생산물 가치 가운데서 불변자본에 해당하는 가치 부분을 식별하는 일이 필요했다.

제4장 제임스 스튜어트 및 중농주의자들과의 비판적 대면

1. MECW.30 : 347~376 ; MEGA : 333~363.

2. * 여기에서 마르크스가 지칭한 "이런 형식"을 설명한 문장은 이 인용문 바로 앞에 있다. 그 내용은 "잉여가치는 노동자가 임금으로 받게 되는 노동의 수량을 뛰어넘어 자본가에게 건네주는 초과노동으로 구성된다"는 것이다.

3. MECW.30 : 351 ; MEGA : 334 [이 부분에서 마르크스는 스튜어트가 "실정적 이윤"(positive profit)과 "상대적 이윤"(relative profit)을 비교해서 제시하고 있으며, "실정적 이윤"의 의미에 주목했다는 점에서 그를 "과학적" 경제학자로 간주한다.]

4. * 마르크스 자신이 인용한 텍스트에서 스튜어트는 "상품의 실제 가치(real value)와 양도 이윤

(profit upon alienation)"이 상품 가격 안에 포함되어 있음을 지적한다.

5. MECW.30:348;MEGA:333.

6. MECW.30:351;MEGA:334.

7. MECW.30:348;MEGA:333.

8. MECW.30:352;MEGA:337.

9. MECW.30:351;MEGA:334.

10. MECW.30:352;MEGA:337.

11. MECW.30:348;MEGA:333.

12. MECW.30:360;MEGA:346.

13. MECW.30:354;MEGA:341.

14. * 본서 제7장에서 두셀은 마르크스 지대 이론이 〈1861~63년 초고〉에서 어떻게 정교해졌는지를 논의할 것이다.

15. MECW.30:353;MEGA:338.

16. MECW.30:353;MEGA:338.

17. MECW.30:353;MEGA:338.

18. MECW.30:357;MEGA:338.

19. MECW.30:362;MEGA:348.

20. * 케네는 중상주의자들과는 달리, 유통 중에 잉여가치가 발생하는 게 아니라, 생산에서 이미 잉여가치가 만들어짐을 간파했다.

21. * 이 인용문은 마르크스가 서술한 게 아니라, 그가 〈초고〉에서 인용한 튀르고 텍스트의 재인용문이다. 본래 출전은 다음과 같다. *Réflexions sur la formation et la distribution des richesses* (1766), Turgot , 〈Oeuvres〉, édit. Daire, Vol. I, Paris, 1844, p. 11.

22. MECW.30:365;MEGA:351.

23. MECW.30:360;MEGA:346.

24. MECW.30:367;MEGA:353. [이 인용문은 튀르고의 논의에 관해 마르크스가 〈초고〉에서 직접 정리한 문구이다. 즉 이 문장 자체는 튀르고의 것이 아니다.]

25. MECW.30:368;MEGA:353.

26. * 마르크스가 인용한 가르니에의 텍스트는 이렇다. "농업 노동자는 자기의 노동 생산물 자체로써 국가를 부유하게 한다. 반대로 매뉴팩처 및 상업 노동자는 그들 자신의 소비를 희생으로 한 절약에 의하지 않고서는 국가를 부유하게 할 수 없다."(MECW. 30:371;MEGA:358) 이로부터 마르크스는 "절약을 통한 축적이라는 아담 스미스의 이론이 중농주의적 기초에 의지하고 있다는 점을, 가르니에는 무엇보다도 정당하게 밝힌다."라고 쓴다.(MECW 30:372;MEGA:359;『학설사 제1부』;40~42).

27. MECW.30:373;MEGA:360.

28. * 수와 에퀴는 당대의 프랑스 동화와 은화이다.

29. MECW.30:375;MEGA:363.

30. MECW.30:376;MEGA:363.

31. MECW.30:374;MEGA:361.

1. MECW.30 : 376~451 ; MEGA : 363~438.

2. MECW.30 : 408 ; MEGA : 392.

3. 노동능력(Arbeitsvermögen)은 『요강』의 중심 범주이다.

4. * "여기"가 가리키는 것은 스미스를 인용한 다음 문장이다. "재화는 일정한 노동의 양의 가치를 함유하며, 우리는 이를 당시 동등한 양의 노동의 가치를 함유한다고 상정한 것과 교환한다."(MECW.30 : 382 ; MEGA : 369[『학설사 제1부』 : 59])

5. [여기에서 말하는] 노동은 (부정적 의미로) "사회적"이기는 하나, (어떤 공동체도 없이) 고립되어 있으며 부등가로 판매하도록 강제당한다.

6. * 이 인용문은 마르크스가 자신의 범주들로 스미스의 결론을 정리한 것이지, 스미스 자신의 원문이 아니다.

7. MECW.30 : 388 ; MEGA : 375.

8. MECW.30 : 388 ; MEGA : 375.

9. MECW.30 : 380 ; MEGA : 367.

10. MECW.30 : 402 ; MEGA : 387.

11. MECW.30 : 396 ; MEGA : 382.

12. MECW.30 : 396 ; MEGA : 382.

13. MECW.30 : 398 ; MEGA : 383.

14. MECW.30 : 396 ; MEGA : 382.

15. MECW.30 : 400 ; MEGA : 385. [맥락을 분명하기 하기 위해, 두셀이 인용한 문장에 바로 이어지는 한 문장을 추가했음을 밝혀 둔다.]

16. "평균가격"(Durchschnittspreiss)이라는 이 범주 명칭은 그 의미가 여전히 모호하다.

17. 각각의 경우에서 이 범주들의 명칭에 주의하기 위해서는 약간의 "인식론상의 주목"이 요청된다. 일례로 "비용가격"은 〈1861~63년 초고〉에서 네 가지 서로 다른 의미를 띤다. (1) "생산비용"(C + V)으로서. (2) 생산물 가치의 총합(C + V + 잉여가치)으로서. (3) "생산가격"(C + V + 평균이윤)으로서. (4) 심지어는, 통상적 의미에서 노동을 재생산하기 위해 요구되는 것(주체와 관련해서, 노동능력의 재생산비용)으로서.

18. 마르크스는 『요강』에서 불변자본을 발견했다. 1862년 여기에서 그는 그때보다 더 심오한 방식으로 재생산 문제의 발견을 향해 간다. 로스돌스키의 『마르크스의 자본론의 형성』의 제30장을 참조하라. 우리는 제6장 4절에서 이 주제로 돌아올 것이다.

19. MECW.31 : 240 ; MEGA : 656.

20. 마르크스 1973 : 373.

21. MECW.30 : 437 ; MEGA : 425.

22. MECW.30 : 408 ; MEGA : 392.

23. MECW.30 : 451 ; MEGA : 438.

24. MECW.30 : 445 ; MEGA : 433.

25. MECW.30 : 447 ; MEGA : 435.

26. MECW.30 : 436 ; MEGA : 422.

27. MECW.30 : 446 ; MEGA : 433.

28. MECW.30:408;MEGA:392.

제6장 생산적 노동

1. MECW.31:7~250;MEGA:438~668.
2. MECW.31:8;MEGA:440.
3. MECW.31:9;MEGA:440.
4. MECW.31:9;MEGA:440.
5. 이렇다면, 어떤 노동이 생산적으로 되는 것은 초과분을 생산하기 때문이 아니라는 점을 언급해 둘 만하겠다. 단순교환에서도 새로운 가치는 형성될 수 있지만, 핵심은 사회적 관계의 유형에 있다. 진정한 생산적 노동은 노동과 자본 사이 사회적 관계로부터 형식적으로 규정된다. 따라서 양복장 이는 새로운 가치를 창조할 수 있지만, 형식적으로 그 작업이 [주문자 자신의 이용을 위해] 수익 과 교환될 때 이것은 생산적 노동이 아니다. [스페인어본에 있는데 영어 번역본에서 빠진 문장은 이렇다. "이것은 직접 '생산적'이지는 않지만, 그 집이 팔릴 때는 간접적으로 그럴 수 있다."]
6. MECW.34:143;MEGA:2182.
7. MECW.31:20;MEGA:451.
8. 이 페이지들에서 마르크스가 "노동능력의 활동"(Thätigkeit)(MECW.31:21;MEGA:451)이라 는 표현을 사용한다는 점을 강조하고 싶다. 이 표현은 정확히 "잠재력" 혹은 "노동하는 힘"[노동 력(Arbeitskraft), 다시 말해 자본이 실질적으로 포섭하고 이용하는 능력의 현실성(=힘)을 지칭 할 수 있을 것이다. ("작업 과정"으로서) "노동하는 힘"과 ("생산과정"으로서) "잠재력" 혹은 "생산 하는 힘"은 같은 게 아니다. "생산하는 힘"은 형식적 계기인 데 반해, "노동하는 힘"은 물질적 계기이 다. 그리고 [이 범주들과 구별되는] "노동능력"은 현실화되지 않은 가능성 혹은 잠재성이다.
9. MECW.31:31;MEGA:461.
10. MECW.31:80;MEGA:505.
11. MECW.31:82;MEGA:507.
12. MECW.31:83;MEGA:508.
13. MECW.31:34;MEGA:463.
14. MECW.31:77;MEGA:503.
15. MECW.31:36;MEGA:466.
16. "생산비용" 문제에 대해서는 〈초고〉의 서로 다른 몇몇 구절들을 통해 접근할 것이다. 마르크스 가 "실제(wirklich) 생산비용"(MECW.30:163;MEGA:145)이라고 명명하는 것은 생산물에 "함 유된 노동시간의 합계"(C + V + 잉여가치)이며, 그냥 "생산비용"이라고 명명하는 것은 자본가에 의해 주어진 총량(C + V)이다.
17. MECW.31:38;MEGA:468.
18. MECW.31:40;MEGA:470 이하 내용.
19. MECW.31:55;MEGA:483.
20. MECW.31:60;MEGA:488.
21. MECW.31:61;MEGA:489.
22. MECW.31:63;MEGA:490.
23. MECW.31:70~74;MEGA:497~500.

24. MECW.31:77; MEGA:503.

25. MECW.31:77; MEGA:503.

26. MECW.31:94; MEGA:518.

27. MECW.31:80; MEGA:514.

28. MECW.31:93; MEGA:517.

29. MECW.31:94; MEGA:518.

30. MECW.31:98; MEGA:521.

31. MECW.31:99; MEGA:522. [마르크스는 인용한 문장에 뒤이어서, 교환되는 생산물들이 스스로를 사회적 노동으로 나타낼 수 있어야 하므로 서로 교환할 상품들이 풍부해야 하고 따라서 무역을 통한 시장의 확장이 중요하긴 하지만, 가치 크기는 교환을 통해 부여되는 게 아니라고 쓴다.]

32. MECW.31:110; MEGA:532.

33. 영국 박물관에서 조사하는 동안 나는 (BM8207.a.29에 위치한) 『정치경제학 논고』를 보았는데 이것은 1817년 조지타운에서 출판된 영어 저본의 프랑스어 번역판이다. 또 "이데올로기 요론 (Éléments, 원본은 t가 빠진 'Élémens'라고 표기되어 있는데)" 관련해선 『이데올로기 요론 기획』(파리, 1818)이 있다. 이 책에서 데스튀는 이렇게 쓴다. "혹자는 내가 경제와 윤리를 동시에 다루는 것을 보고 경악할지도 모르겠다. 누구든 그 기초적 토대를 관통할 때, 나는 사태의 이런 두 질서를 분리하는 일이든 그 원리들로부터 이 두 질서를 분리하는 일이든 가능하리라고 생각하지 않는다. … 이 둘은 실은 밀접하게 통일되어 있다."(164쪽) 오늘날, 경제가 윤리로부터 완전히 떨어져 나온 시대에, 우리는 이런 본래의 직관들로 되돌아가야만 하겠다!

34. * 로자 룩셈부르크는 『자본』 제2권에 나오는 재생산 도식의 문제점을 지적하면서 국민적 자본이 그 자체로 축적과 재생산을 반복할 수는 없다는 내용을 자신의 『자본의 축적』에서 전개했다.

35. MECW.31:133; MEGA:556.

36. * 생산물의 원료가 아니라, 윤활유처럼 생산 도구를 운용하는 데 필요한 원료들이 이에 해당할 것이다.

37. MECW.31:144~146; MEGA:568~570.

38. MECW.31:172; MEGA:594.

39. MECW.31:175; MEGA:597.

40. * 라트비아 태생의 러시아 경제학자, 그의 『경제학 강의』는 1815년 상트페테르부르크에서 프랑스어로 출판한 책이다.

41. MECW.31:182; MEGA:603. 영어로는 [독일어 "geistig"에 대해] "지성적"(intellectual)이라는 번역어를 제안하는데, 둘의 뜻은 같지 않다.

42. MECW.31:182; MEGA:603.

43. MECW.31:197; MEGA:617.

44. MECW.31:189; MEGA:609.

45. MECW.31:189; MEGA:608.

46. MECW.31:192; MEGA:613.

47. MECW.31:197~198; MEGA:617~618.

48. MECW.31:199; MEGA:620.

49. MECW.31:204;MEGA:624.

50. 마르크스 1973:328[『요강』 I:310] 이하.

51. 마르크스 1973:354~358[『요강』 I:369~384].

52. A, B, C, D, E로 구성된 첫 번째 "도표"는 저 "결벽증적 계산" 직후에 나온다. (『요강』 II:61.)

53. 그 토대가 될 텍스트는 다음 부분에 있다. 마르크스 1973:571~608, 616~626, 673~785[『요강』 II:146~ 276].

54. MECW.34:238~240;MEGA:2274~2276. 이 장 마지막 부분을 보라.

55. 두셀 1990, 3장과 6장을 보라.

56. MECW.31:212;MEGA:631.

57. * 마르크스가 이 인용문에서 다루고 있는 "거래"는 차지농과 불모의 계급(케네의 입장에서 "불모의 계급"이며, 〈그림 6.1〉에 언급되었듯 마르크스의 관점에서는 산업 자본가로 보아야 한다) 사이에서 이루어지는 것이다. 차지농과 지주 사이의 거래에서 지주가 차지농에게 받은 농업 생산물은 지주의 단순 소비의 대상이지만, 차지농과 비생산적 계급(즉 산업 자본가) 사이의 거래에서 산업 자본가가 화폐를 주고 받아낸 상품(농업 생산물)은 이제 생산수단으로서 즉 "저 자신의 생산요소들로" 재생산과정에 투입된다.(〈그림 6.1〉의 c)

58. * les fermiers(프)

59. * les propriétaires fonciers(프)

60. 우리 책 제1장의 〈그림 1.1〉을 보라. 관계 (a)["차지농-지주 관계"]는 화폐1-상품1-상품2-화폐2로 연결되는 관계이다. 차지농의 2,000밀리온은 "지불의 원천"(화폐2)인 선물(지대)인 것 같고, 따라서 차지농은 지주에게 상품2(1,000밀리온)를 동일한 화폐로 판매하며, 화폐 2로써 차지농(주체1)은 자신의 화폐(=가치2)를 만회한다.

61. 반면에, 지주는 다만 W-G-W[상품-화폐-상품] 정식을 확립할 뿐이다. 이번 경우에 물론 시작은 화폐(〈그림 1.1〉의 화폐2)와 더불어, 그의 상품(상품1)의 판매가 아니라 지대와 더불어 이루어진다. 어쨌든 화폐2("구매 수단")은 (이 도표에서 주체3에 의한 상품2의) 소비에 소모된다.

62. 〈그림 1.1〉로 돌아가자면, 자본가는 주체1이고 노동자는 주체2이다. 그리고 (〈그림 1.1〉에서) "구매" 관계는 이하와 같다. 자본가는 화폐1을 가지고 "노동"(〈그림 1.1〉의 상품1)을 구매하며, 이는 G-W-G′정식이 된다(G=화폐1, W=상품1과 상품2, G′=화폐2).

63. MECW.31:212;MEGA:631.

64. MECW.31:213~218;MEGA:632~636. [두셀이 언급한 부분에서 마르크스는 자본가와 노동자 사이의 대화를 연극 대본처럼 구성하여 펼쳐 보인다. 타인 노동의 전유를 경제적으로 정당화하고 자본가로서 자기 권리와 몫을 주장하는 "자본가"를 "노동자"가 똑같은 정당화 논리를 사용하여 논파하는 것이 그 대략의 내용이다.]

65. 『요강』에 등장한 도식에 대한 논의로는 두셀 1985a, 14장 2절을 보라. 이제 정식은 W-G-W가된다(뒤의 W는 〈그림 1.1〉로 보면 주체2 즉 노동자의 산 노동이다. 즉 상품1-화폐1-화폐2-상품2가 되는데, 여기에서 상품1-화폐2의 관계는 노동의 판매이며 화폐2는 임금이다. 화폐2-상품2는 생활수단의 구매이며 상품2는 생활수단이다). 화폐2는 가치2(증가한 가치 즉 가치1<가치2)가 되어 자본가에게 "역류"한다.

66. MECW.31:225;MEGA:642.

67. * 두셀이 괄호 속 괄호를 사용했기 때문에 바깥 괄호를 제거했다.

68. MECW.30:376;MEGA:363.

69. MECW.31:240;MEGA:656.

70. 우리의 목적에 비춰볼 때 그다지 중요하지 않기 때문에 (MECW:31:241~250;MEGA:656~668에서 등장하는) 랭게(Linguet)와 브레이(Bray)에 관해서는 언급하지 않도록 하겠다.

71. MECW.34:238~240;MEGA:2273~2283.

72. MECW.34:288;MEGA:2337~2338.

73. MECW.41:483~487;MEW.30:362~367.

제7장 지대 이론

1. MECW.31:250~578;MEGA:673~1001.

2. 이 논점은 "종속 이론"에 결정적이다.

3. 마르크스는 "절대지대는 결코 가치법칙을 위반하지 않는다"라고 쓴다. (MECW.31:389; MEGA:815) 본래 기획안에 따르자면 〈노트X〉은 "(g) 리카도" 항목으로 시작했어야 한다는 사실은 별로 중요치 않다. 1862년 6월 2일 편지에서 라살레는 마르크스에게 자기 소유의 요한 칼 로트베르투스 저서를 돌려달라고 했다. 마르크스는 동년 6월 14일 편지에서 (MECW.41:377~8;MEW.30:626 이하) 그 책을 돌려주기 위해 즉각 로트베르투스를 연구하겠다고 답했다. 이후 그는 이전 항목의 내용을 지우고 "(g) 로트베르투스"라고 썼다.

4. MECW.31:326;MEGA:748.

5. MECW.41:394;MEW.30:263 이하.

6. MECW.31:250;MEGA:673 이하

7. "가능성"(Möglichkeit) 개념을 이해하려면 헤겔 1971:Vol.6, 202~217을 보라. "가능성"은 "현실의 실정성"에 속한 부정적 "본질"이다.

8. 두셀 1985a:158(1858년 6월 2일 엥겔스에게 보낸 편지를 기억하면서) 및 418을 보라. 로스돌스키는 (로스돌스키 1977:41~50[『마르크스의 자본론의 형성』1:79~91])『자본』제3권이 다수 자본의 층위에 위치한다고 생각하는 오류를 범한다. 특정 주제(임금, 신용자본, 지대 등과 같은 문제들)에 대한 "예견"은 이런 다수 자본 층위가 아니라 더 "추상적"인 층위에 있으며, 이는 자본 그 자체의 개념을 명료하게 만들기 위해 필요하다. 이것과 같은 유형의 "경쟁"이 『자본』제3권에서 — 항상 일반적, 추상적 본질로 — 다뤄질 것이었다. 마르크스는 "경쟁 문제가 여기에서 분석될 수는 없다."고 계속 되뇌었는데, "경쟁은 그의 기획안의 두 번째 부분에서 연구할 것이었기" 때문이다. 이 문제에 관해서는 우리 책 제11장 2절과 3절을 미리 참조하라.

9. 두셀 1985a:3장 4절, 79 이하의 논의를 참조하라.

10. MECW.31:260;MEGA:682.

11. 두셀 1985a:10장 1절~2절, 192 이하 내용 및 14장 2절, 282 이하 내용을 보라.

12. "종속 이론"의 입장에서 이 문제는 저개발 주변부 국민적 총자본들에게 예기치 못한 결과를 낳는다. 최종심급에서 총자본은 세계 전체를 아우른다. 따라서 세계적 평균이윤율은 언제나 주변부 이윤율보다 낮다. 경쟁은 (중심부 국가들의 군사력에 기초하여 최종심급에 설립된 순수한 독점이라는 단순한 경우가 아닐 때) 잉여가치의 이전(Übertragung)을 수행하는데, 우리가 앞서 말했듯 흔히 "독점 가격"으로서 (중심부에 유리한, 즉 판매 시엔 그 가치보다 높고 구매 시엔 그 가치보다 낮은 가격으로서) 그렇게 한다. 우리 책 제13장 3절을 보라.

13. MECW.31:264;MEGA:686.

14. MECW.31 : 270 ; MEGA : 691.

15. "나타난다"라는 표현이 사용될 때의 의구심에 유의하라. 농업에서 더 낮은 자본의 유기적 구성에 관해서는 MECW.31 : 464 ; MEGA : 886~887을 보라.

16. MECW.31 : 271 ; MEGA : 692.

17. MECW.31 : 274 ; MEGA : 695, 여기에서 "생산비용"은 이미 "지출된 자본의 합계"가 된다(〈그림 7.1〉에 나온, 가변자본 2 + 불변자본 2 = 4를 참조하라). 여기에서 마르크스는 "생산비용의 가격"(MECW.31 : 274 ; MEGA : 695)에 대해 말하거나 간단히 "비용가격"에 대해 말하지만, 아직 "생산가격"을 말하지는 않는다. 이 범주들을 통한 구축 과정이 핵심 문제다.

18. * 이 인용문의 경우, 영어판과 그 저본인 스페인어판 사이에 차이가 있다. 두 판본을 검토한 결과, 영어판에서 마르크스 텍스트를 인용할 때 문장을 빠뜨림으로써 맥락이 안 맞게 되었다고 판단하여, 마르크스의 본래 텍스트대로 번역했다. 스페인어본 기준으로 두셀이 인용한 부분은 다음과 같다. "독점으로부터 지대를 도출하는 사람들은 정당한데, 이는 자본의 독점이 자본가에게 잉여노동을 쥐어짜낼 가능성을 허락하는 것과 같다. … 독점은 … 상품 가치를 그 평균가격 이상으로 유지하고, 상품을 그 가치 이상으로가 아니라 그 가치대로 판매할 수 있게 해준다."

19. 두셀 1985a : 7장을 참조하라. 또 『요강』 관련해선 같은 책 3장 2절~3절도 참조하라.

20. MECW.31 : 278 ; MEGA : 700.

21. MECW.31 : 278 ; MEGA : 701, "토지를 사적으로 소유하는 지주는 자본주의적 생산 내부의 필수적 작인은 아니다."(31, 379 ; 803). 그것은 "파생되어 나타나는"(31, 380 ; 804) 무엇이다.

22. 이 페이지에서 마르크스는 "상부구조"(superstructure)(MECW.31 : 327 ; MEGA : 749)라는 표현을, 본래의 마르크스주의적 의미인 "위에 있다"라는 뜻으로, 어떤 범주를 편성하려는 의도 없이 사용한다. [위의 인용문에 바로 이어지는 문장은 다음과 같다. "나아가 그 명제는, 리카도 자신도 어쨌든 자의적이었을 뿐이었고 그 자신의 내용제시에서 필수적이지도 않았던 상부구조 즉 농업이 점점 덜 생산적으로 된다는 것도 내쫓는다."]

23. MECW.31 : 296 ; MEGA : 719.

24. * MEGA II분야 3권은 일곱 분책으로 출판되었다. 이 중 1~6분책은 〈1861~63년 초고〉 본문이고, 일곱째 책에 색인, 연구자료, 상이한 문구 목록 등이 수록되었다.

25. 『자본』에서 마르크스는 "c"가 아니라 "k"를 넣어서 "Produktionspreiss"라고 쓴다. 철자법상의 이런 차이를 통해 우리는 마르크스 저술들의 시간 순서에 대한 모종의 결론에 도달할 수 있다.

26. MECW.31 : 560 ; MEGA : 979에서 마르크스는 "생산가격 혹은 비용가격"이라고 말한다(그는 아직 둘을 혼동하고 있다). 반면에 33, 299 ; 1817에서 그는 "가치의 생산가격으로의 전화"라는 새로운 정식화에 다다른다.

27. "… 평균가격, 혹은 우리가 앞으로 부르게 될 말로 비용가격은 가치 그 자체와는 다른 것이며, 상품의 가치에 의해 직접 규정되는 것이 아니라 상품 생산에 선대된 자본에 평균이윤이 더해진 것이다. … 이런 평균적 비용가격(Kostenpreisse)은 상품들의 가치와 다르다."(MECW.31 : 402 ; MEGA : 827) 마르크스는 이 용어["비용가격"]를 이미 30, 401 ; 387에서 사용했으나, 정확한 개념 없이 썼다. 31, 442 ; 865에서 마르크스는 "생산비용"과 "비용가격"을 여전히 동의어로 취급한다.

28. 예를 들어 MECW.30 : 400 ; MEGA : 387에서, 또 그보다 더 뒤에서(31, 253 ; 675) 그렇다.

29. 〈그림 7.1〉에서 두 개 층위에 걸친 "평균가격"이라는 말의 애매한 사용에 유의하라. "평균가격"이라는 개념은 미래의 몇 가지 범주들을 포함한다. 이것은 평균적 비용가격인가? 생산의 평균가격

인가? 아니면 평균적 시장가격인가?

30. MECW.31 : 344 ; MEGA : 765 [1. 앤더슨에 의한 차액지대법칙의 발견] 이하.

31. MECW.31 : 373 ; MEGA : 798.

32. MECW.31 : 346~349 ; MEGA : 767~772.

33. MECW.31 : 351 ; MEGA : 773.

34. * 마르크스는 이 인용문의 생략 부분에서 평균가격을 "상품의 생산에 들어간 총자본(불변자본 + 가변자본) + 평균이윤에 함유된 노동시간"이라고 정의했다.(MECW.31 : 359 ; MEGA : 780)

35. * 마르크스 자신이 언급한 이 "잘못된 결론"이란, "더 비옥한 토지들의 경쟁이, 이전에 지대가 있던 토지라도 덜 비옥한 토지를 경작에서 몰아낸다"는 내용이다.(MECW.31 : 359 ; MEGA : 780)

36. * 마르크스가 직접 언급한 내용은, "가장 나쁜 토지는 어떤 지대도 가져오지 않는다"라는 가설, "최초에 경작된 토지는 지대를 낳지 않는다"라는 가설이다.(MECW.31 : 359 ; MEGA : 780)

37. * 로트베르투스는 1835년에 포메라니아 지방의 토지를 구매한 바 있다.

38. MECW.31 : 382 ; MEGA : 806.

39. MECW.31 : 361 ; MEGA : 782.

40. 이 논점과 관련해선 〈1861~63년 초고〉의 몇몇 참조 지점(MECW.31 : 361 ; MEGA : 779, 782 및 MECW.32 : 484~486 ; MEGA : 1483~4 등)을 보라.

41. 〈노트XV〉 912면 ; MECW.32 : 486 ; MEGA : 1484.

42. MECW.31 : 466 ; MEGA : 887.

43. MECW.31 : 362 ; MEGA : 785 이하.

44. MECW.31 : 365 ; MEGA : 790 이하.

45. MECW.31 : 369 ; MEGA : 794 이하.

46. MECW.31 : 442 ; MEGA : 864.

47. 지대와 관련한 이 실수들은 MECW.31 : 387 ; MEGA : 814 이하에 설명되어 있다.

48. MECW.31 : 360 ; MEGA : 781.

49. * 이 인용문에서 두셀은 "형태"를 부연하는 다음 문구를 생략했다. "교환가치를 창조하거나 저 자신을 교환가치로 제시하는 것인, 노동의 특수한 규정."

50. MECW.31 : 419 ; MEGA : 843.

51. * MECW.31 : 470~521 ; MEGA : 891~940 [『학설사 제2부』 : 276~349].

52. MECW.31 : 457~470 ; MEGA : 880~891.

53. MECW.31 : 458 ; MEGA : 881.

54. 우리는 이 대목에서 마르크스의 유럽중심적 입장을 볼 수 있다. 아메리카 인디언이나, 아프리카인이나 아시아인들에게는 그 어떤 유형의 토지 소유도 없었던가?

55. MECW.31 : 460 ; MEGA : 882.

56. MECW.31 : 463 ; MEGA : 885.

57. MECW.31 : 463 ; MEGA : 885.

58. [이처럼 리카도가 옳지 않으므로] "따라서 여기에서 가치 법칙의 보편적 타당성을 명백해진다"(같은 곳). 두셀 1990 : 10장 3절 d, 424~429 "가치 법칙"을 보라.

59. MECW.31 : 521 ; MEGA : 940 이하.

60. "제한"(Grenze) 개념에 대해서는 헤겔 1971 : Vol.5 142을 보라.

61. MECW.31 : 524 ; MEGA : 943.

62. 다시 말해, 시장가격은 불변자본에 임금, 평균이윤, 지대를 더한 값과 같다. 이 모든 것의 합계는 비용가격보다 더 많은 가치를 가진다.

63. MECW.31:529; MEGA:948 이하.

64. MECW.31:537; MEGA:955.

65. MECW.31:541; MEGA:958.

66. 예를 들어 MECW.31:536; MEGA:954에 실린 표를 보라.

67. 초과 수요가 있는 어떤 경우에는 "시장가격이 시장가치보다 높아질 수 있다"(MEGA:908~909). 여기에서의 [마이너스] 초과분(〈그림 7.4〉의 z)은 잉여가치의 이전을 이루거나, 자본의 절대적 손실을 이루거나(가치3 > 시장가격), 시장가격이 ("시장 상태 즉 수요와 공급 상태의 결과로" MEGA:908) 초과수요 때문에 평균보다 높아져서 회수된다(가치3 = 시장가격). 형식적으로, "시장가치와 생산물의 개별 가치 사이의 차이는 따라서 오직 생산성의 상이한 정도에만 관련될 수 있다"(MEGA:908). 마르크스는 이런 차이(x)를 "차액 가치"(MEGA:900)라고 부른다. 이 장 6절에서 이 모든 경우를 보게 될 것이다.

68. MECW.31:552; MEGA:969.

69. MECW.31:560~561; MEGA:978~979.

70. MECW.31:552; MEGA:969.

71. * 합법적 마르크스주의자로 알려진 세르게이 불가코프를 가리키는 듯하나, 정확히는 알 수 없다.

72. 룩셈부르크 1967:368[『자본의 축적』 II권(황선길 옮김, 지식을만드는지식, 2013):773]. 로자 룩셈부르크가 많은 측면에서 옳기는 하지만, 수많은 저작에서 나타났던 바와 같이 그녀는 실수들도 저질렀다.

73. MECW.31:487; MEGA:908.

74. 마르크스 1973:376~386 및 434~488.

75. 본서 제5장 3절 및 제6장 4절.

76. 『자본』 제2권 제3편 제21장.

77. 로스돌스키 1977:제30장을 보라.

78. * 위에서 언급한 다섯 개 표를 가리킨다. 『잉여가치학설사 제2권』 293~297쪽에 실려 있다.

79. * "차액가치"(Differentialwert)는 마르크스가 시장가치와 개별 가치 사이의 차이를 가리키기 위해 쓰는 표현이다. 차액지대가 주어진 부류 중의 총생산물에 대해 규정되는 데 비해, 차액가치는 단위생산물에 대해 규정된다. (『잉여가치학설사』 제2부 708쪽 편집자 주 참조.)

80. * "생활수단과 원료의 가치(따라서 또 기계장치의 가치)의 변동이 자본의 유기적 구성에 미치는 영향의 고찰"(MECW.31:492~503[『학설사』 제2부:313~328]).

81. MECW.31:472; MEGA:893 이하.

82. MECW.31:480~484; MEGA:901~905.

83. MECW.31:489; MEGA:910 이하.

84. MECW.31:504; MEGA:923 이하.

85. 카리브해 지역 문제와 관련해서, 자본주의에서의 노예 농업에 관한 흥미로운 기록이 MECW.31:516; MEGA:936 이하에 실려 있다.

1. MECW.32 : 9~208 ; MEGA : 1001~1199.
2. MECW.32 : 9 ; MEGA : 1001.
3. MECW.32 : 10 ; MEGA : 1002 이하.
4. MECW.32 : 32 ; MEGA : 1020 이하.
5. 두셀 1985a : 13장 1절 302 이하 내용을 참조하라.
6. MECW.32 : 11 ; MEGA : 1003.
7. * 여기에서 두셀이 인용하는 마르크스의 텍스트는 다음과 같다. "그러나 높거나 낮거나 이 윤율 일반은 분명 자본가 계급 전체의 자본이 고용한 노동 총량에, 또 고용된 비지불 노동의 비례 량에, 마지막으로 노동에 채용된 자본과 생산수단으로서 단지 재생산되는 자본 사이 비례에 의존한 다."(MECW.32 : 11 ; MEGA : 1003)
8. MECW.32 : 20~21 ; MEGA : 1011~1012.
9. MECW.32 : 21 ; MEGA : 1012 이하.
10. MECW.32 : 22 ; MEGA : 1013 이하.
11. MECW.32 : 29 ; MEGA : 1018.
12. MECW.32 : 30 ; MEGA : 1019.
13. MECW.32 : 41 ; MEGA : 1029.
14. 마르크스는 "Zwischenglieder vermittelt"라고 쓴다. (MECW.32 : 61 ; MEGA : 1050)
15. MECW.32 : 62 ; MEGA : 1052를 보라.
16. MECW.32 : 71 ; MEGA : 1062.
17. MECW.32 : 70 ; MEGA : 1061.
18. MECW.32 : 71 ; MEGA : 1062.
19. MECW.32 : 70 ; MEGA : 1061 이하.
20. MECW.32 : 72 ; MEGA : 1063.
21. 헤겔에 따르면 "법칙"(Gesetz) 개념은 특수한 존재론적 의미를 띤다. "현상의 법칙", "법칙은 현 상이 저 자신과의 동일성 가운데 반성된 것이다. … 법칙의 왕국은 현상 세계의 고정된 이미지이 다."(헤겔 1971 : Vol.6 153)
22. MECW.32 : 101 ; MEGA : 1089.
23. MECW.32 : 73 ; MEGA : 1064.
24. MECW.32 : 74 ; MEGA : 1064 이하.
25. 마르크스가 자신의 결론에 도달하거나 자신의 적수를 반박하는 (과학적이라면 무슨 의미에서 일까?) 이 길을 인식론적으로 상세히 분석해내는 게 필요할 수도 있다. 저 부분 전체(MECW.3 2 : 74~100 ; MEGA : 1064~1088)는 이런 점에서 매우 흥미롭다. 일례로, 드 퀸시의 공적이 "문제 를 과학적(wissenschaftlich)으로 정식화하는 일"(32 : 92 ; 1081)이라는 것은 무슨 의미일까? 본서 후반 제12장을 보라.
26. MECW.32 : 93 ; MEGA : 1081.
27. MECW.32 : 89 ; MEGA : 1078.
28. MECW.32 : 91 ; MEGA : 1080.
29. 우리 책의 제5장 3절에 해당하는 부분에서, 마르크스는 아담 스미스에게서의 재생산이라는 논

점을 이미 다루었다. 축적에 관해서는 두셀 1985a : 11장 4절 22 이하 내용을 보라.

30. MECW.32 : 109 ; MEGA : 1101.

31. 〈그림 5.2〉를 참조하라. "방적기"와 "기계제작 공장" 사이 교환은 화폐를 통해 이루어지지만, 그 실현은 최종적인 "소비 가능" 생산물에서[가치가 실현됨으로써]만 가능하다.

32. MECW.32 : 164~177 ; MEGA : 1155~1169. [『과세의 원리』에서 무슨 장을 몇 회 인용했는지에 관한 두셀의 서술이, 스페인어본과 영어본에서 서로 다르다. "축적과 그 결과라는 순서"로 논의를 따라갔음을 고려하여 우리 번역본은 스페인어본을 기준으로 삼았다. 참고로 영어본에서는 "제5장(2회), 제6장(2회), 제7, 8, 9, 20, 22장(2회)과 제26장, 제32장으로부터"라고 되어 있다.]

33. 두셀 1985a : 10장 191~211 및 특히 9장 4절 188~190 내용을 참조할 것.

34. 헤겔 『논리학』(II, 3, 2, A : "우발성 혹은 현실성, 가능성과 형식적 필연성" 등)에서, 또는 『엔치클로페디』 §143~145에서, "가능성"은 본질의 한 계기(마르크스가 곧잘 쓰곤 하는 그리스어 표현대로 두나메이[dynámei]잠재태])라고 생각할 수 있다.

35. 위기 개념의 "전개"는 자본의 본질 속 일반적이고 추상적인 한낱 가능성으로 시작해서, 이후에 "현상"으로 실존하는 사물이라는 그 "현실성"에 도달하기까지 "전개된다." 그리고 다만 사용가치와 교환가치의 관계에서 또는 상품과 화폐 사이 관계에서보다 훨씬 더 전개됨으로써, 위기는 "덜 발전한 국민적 총자본"과 경쟁(잠재적이거나 현실적인 위기) 속에 있는 "더 발전한 국민적 총자본"의 관계에서 출현한다. 이는 종속의 문제다. 마르크스는 "덜 발전한 나라들"(minder entwickelte Länder)이라고 쓴다. (MECW.32 : 170 ; MEGA : 1161)

36. "… zufällig … Zufall"(MECW.32 : 143 ; MEGA : 1133). 즉 "우연한 것." "가능성"과 "우연성"은 아직은 다만 가능한 채 현실적 실존을 구하는 본질 속의 두 가지 계기이다. (헤겔의 경우엔 『엔치클로페디』 §145에 "형식적 규정은 내용(Inhalt)과 다르며, 한 사물에 대해 우연하고 가능하다는 사실은 내용의 결과에 달려 있다"라고 나온다. 그런데 마르크스의 경우 위기 일반은 가능성으로서 아직 "내용이 없다"는 사실을 고려하는 것이 필요하다.)

37. 헤겔 『엔치클로페디』 §146을 참조할 것. "다른 것들의 가능성인 것이 곧 조건(Bedingung)이다." 마르크스는 이렇게 쓴다. "이것이 화폐 위기의 실제적 형식이다. … 위기의 일반적 가능성이 현실성(Wirklichkeit)으로 되는 이유를 조사하는 중에, 또 위기의 조건들(Bedingungen)을 조사하는 중에, …" (MECW.32 : 145 ; MEGA : 1137).

38. "본질론"(특히 『엔치클로페디』 §112~149)은 동일자 및 토대가 차이로, 현상으로, 실존하는 것(마르크스의 경우 "상품")으로 "이행"하는 것을 설명한다.

39. 마르크스는 이렇게 쓴다. "… 위기의 일반적 가능성이자, 따라서 현실적(wirklich) 위기의 형식 즉 추상적 형식이다. 이런 가능성 속에서, 위기의 현존재(Dasein)는 그 가장 단순한 형식으로 나타나며(erscheint), 이 형식 자체는 위기의 가장 단순한 내용인 한에서 그 가장 단순한 내용(Inhalt)으로 나타난다. 하지만 그 내용은 아직 설립되지(begründet) 않았다."(MECW.32 : 142 ; MEGA : 1133) 자본의 본질은 있는 사물로 (상품, 화폐 등으로) 실현될 "가능성"이다. 이렇게 있는 것은 토대로부터, 즉 가치증식할 뿐만 아니라 이에 모순되게 가치저하하기도 하는 가치인 자본으로부터 설립된다. 이는 자본의 본질이자 토대로서 위기의 "가능성" 즉 위기의 "근거율"(Satz der Grund)이다(여기로부터 하이데거의 존재론으로 가기는 어렵지 않다).

40. 헤겔은 (또 마르크스는) "Realität"라는 말을 본질에 또 있는 것(Dasein)에 속한 계기의 가능성들이라는 뜻으로 사용하고, 반면에 "Wirklichkeit"(독일어로 "현실성")라는 말을 잡다한 현상으로부터 사태(Ding)로 생성되는 실제적 실존이라는 뜻으로 사용한다. 마르크스는 "Realität"

또는 "실현"이라는 표현을 상품의 화폐로의 이행을 나타내는 일반적인 데에 놓아두고, 구체 속에서 또는 경쟁 속에서는 독일어 어근인 Verwirklichung("구체 속의 실현")을 사용한다.

41. * 여기에서 두셀이 나눠 본 "종속" 문제를 다룰 두 가지 방식은 이후 제13장에서 좀 더 본격적으로, 구체적 종속 이론가들을 "비판적으로 대면"하는 가운데 논해질 것이다.

42. MECW.32:124; MEGA:1114.

43. MECW.32:124~125; MEGA:1114.

44. 마르크스는 20세기 말 자본주의의 한계 혹은 장벽인 핵심적 사실을 지적하고 있다. 시장은 단지 "필요"(Bedürfnisse)만으로 이루어지는 게 아니다. 외려 "화폐를 가진 필요" 즉 "구매 능력"과 동반되는 소화력을 통해 이루어진다. 굶주린 노동자("수십만 노동자가 아사할 지경까지 굶주리고 있다면") 또는 헐벗은 노동자("그리고 방적 노동자들이 몸에 걸칠 쪼가리가 없다면", MECW.32:186; MEGA:1177)가 화폐를 갖고 있지 않다면 이들은 "시장"을 이루지 않는다. 오늘날 제삼세계는 순수한 필요이며, 자본에 대해서 보자면 일상적으로 낮은 소화력이다. 다시 말해 이들은 절대적 비실존(배제된 극빈)에 처한 무다.

45. MECW.32:188; MEGA:1179.

46. MECW.32:144; MEGA:1137.

47. MECW.32:123; MEGA:1114.

48. MECW.32:131; MEGA:1123.

49. MECW.32:129; MEGA:1121.

50. MECW.32:134; MEGA:1125.

51. MECW.32:134 ; MEGA:1125.

52. MECW.32:137; MEGA:1128.

53. MECW.32:137; MEGA:1128.

54. MECW.32:141; MEGA:1132.

55. 이 문제에 대한 『요강』 속 논의를 위해선 두셀 1985a:10장 1절 192 이하 및 6장 4절 131 이하 ("과정으로서의" 자본)를 보라.

56. MECW.32:144; MEGA:1134 이하.

57. MECW.32:145; MEGA:1137.

58. MECW.32:144; MEGA:1138.

59. MECW.32:145; MEGA:1138.

60. MECW.32:153; MEGA:1145.

61. MECW.32:162; MEGA:1153.

62. MECW.32:178; MEGA:1170 이하.

63. MECW.32:203; MEGA:1194.

64. 두셀 1985a:2장 2절 53~54를 참조하라. [위의 내용이 나온 곳은 『정치경제학 비판 요강』의 "서설"이다.]

65. MECW.32:206~207; MEGA:1197~1198.

제9장 통속적, 옹호론적 경제학의 물신

1. MECW.32:209~541; MEGA:1207~1538.

2. 더 뒤에 〈노트XVIII〉 초고 1084~1156면(MECW.33:253~371;MEGA:1773)에서 마르크스는 지칭한 저자들 모두를 연구한다. 이 저자들은 우리 책 제10장 4절에서 논의할 것이다.

3. MECW.31:344;MEGA:765 이하에 그와 같은 내용이 있었다. 맬서스를 겨눈 비난 중 어떤 것들은 지나칠 정도다. 마르크스가 보기에 맬서스는 "옹호론자"였다(본서 제7장 3절을 참조하라). 반대로 케인즈가 보기에 맬서스는 리카도를 뛰어넘는 천재였다.

4. MECW.32:211;MEGA:1211.

5. MECW.32:216;MEGA:1216.

6. MECW.32:215;MEGA:1215.

7. MECW.32:215;MEGA:1215.

8. 마르크스가 여기에서 "비용가격"을 말할 때, 어떤 때는 비용(가변자본+불변자본)을 의미하고 다른 때는 "비용 + 평균이윤"("선대 자본 더하기 이윤" MECW.32:224;MEGA:1224)을 의미한다. 맬서스의 경우 "노동 임금 + 평균이윤 = 통상적 노동량을 구매할 수 있는 화폐의 합계"이다 (MECW.32:225;MEGA:1224). 이렇다면 "잉여노동"은 구매자가 부여해주는 게 될 것이다.

9. 우리 책 제6장 2절에서 존 스튜어트 밀을 이미 분석했음을 잊지 말자. [〈초고〉의 이 부분에서 마르크스는 존 스튜어트 밀의 아들 제임스 밀에 대해 다루는데, 두셀은 아버지 밀을 이미 다루었다는 사실을 상기했다.]

10. 헤겔에게서 "절대"의 문제를 보라(『논리학』 II, 3, 1, "절대적인 것", 『전집』(헤겔 1976) Vol.6, 186 이하를 참조할 것). "절대" 문제는 "현실성"(Wirklichkeit)에 대한 질문을 개시하는 장에 있다. "현실성은 본질과 실존의 통일이다"(같은 책:186) 그리고 현실성은 마르크스에게서 물신 문제를 이해하기 위해 핵심적이다. ("현실성"에 관한 장 속의) "실체"에 대한 질문은 인과론의 층위에 놓여 있다. "실체는…원인(Ursache)이다."(같은 책 II, 3, 3, B , Vol.6:222) 본질적으로 "실체성"은 "절대적 관계" 속에 위치한다. (같은 책 A, 219 이하) 마르크스가 정당히 보기에, 가치와 그 실체 (노동) 사이, 또 가치와 그 수취자(그 "판매 가능성") 사이 실제 "관계"를 망각하는 것, 심지어는 자본과 노동 사이의 본래적 관계(본서 제1장 2~3절)를 망각하는 것은 "상대적인 것"에 "자립성"을 준다. 그러나 "가치는 절대적인 게 아니다, 실체(entity)로 받아들여지지 않는다."(MECW.32:317;MEGA:1317).

11. * 두셀은 독일어 selbständig의 스페인어 번역어로 autonomía를 택했다. 따라서 영어본에서 independent로 번역한 것들을 "자립" 혹은 "자율"로 옮겼다.

12. 이미 언급된 바 있는 사무엘 베일리.

13. 두셀 1985a에서 (노동 공동체와 대립하는) 노동의 "사회적" 지위에 관한 내용(4장 2절 및 17장 4절)을 참조하라.

14. 두셀 1993:1~5장 내용을 보라.

15. 두셀 1985a:6장 2절 124~128 및 16장 321 이하 내용, 또 두셀 1993:3장 1절 내용을 참조하라.

16. MECW.32:269~273;MEGA:1272~1276을 보라.

17. MECW.32:262;MEGA:1264.

18. MECW.32:501;MEGA:1499.

19. MECW.32:264;MEGA:1263.

20. MECW.32:269;MEGA:1272 이하.

21. MECW.32:277~288;MEGA:1279~1288을 참조하라.

22. MECW.32:277~278;MEGA:1279.

23. MECW.32:279;MEGA:1281.

24. MECW.32:458;MEGA:1460.

25. MECW.32:288;MEGA:1289 이하.

26. MECW.32:290;MEGA:1290.

27. MECW.32:299;MEGA:1301.

28. MECW.32:312~353;MEGA:1303~1350.

29. * MECW에서는 이 독일어 단어를 영어 단어 "구현"(embodiment)으로 번역했지만, 여기에서는 두셀이 주목한 바대로 헤겔 『논리학』의 맥락에서 "현존재"라고 번역하였다.

30. MECW.32:315;MEGA:1315.

31. 헤겔의 입장에서 "정도" 혹은 크기(Grösse)는 질과 양이 동일화된 것이다. 질, 양, 크기는 "있는 것" 즉 "현존재"(Dasein)의 세 가지 규정이다(『논리학』 I, 1~3 "Qualität … Quantität … Grösse"). "척도"(Mass)가 종합을 이루는데, 따라서 사용가치(질), 교환가치(양), 화폐(척도)가 된다.

32. 헤겔의 전문적 표현으로 "seztzen" 즉 "거기 두다." 이 표현은 저 위대한 변증법 철학자의 저술 곳곳에 있다. "정립"은 절대적인 것 즉 "존재"로부터, 본질로부터 출발하는 행위이다. "정립된 것"은 "현존재" 즉 "사물"이며, 이로부터 귀결하는 행위가 되돌아감, 반성, 즉 "Aufhebung"(지양)이다.

33. MECW.32:318;MEGA:1318.

34. MECW.32:353;MEGA:1350.

35. MECW.32:353;MEGA:1350.

36. MECW.32:371;MEGA:1368.

37. * 이 책 전반에서 이미 밝혀왔듯이, 두셀은 마르크스가 〈1861~63년 초고〉의 "잉여가치론" 부분에서 사용한 서술 전략을 "대면"(la confrontación)이라는 술어로 일컫는다.

38. MECW.32:374;MEGA:1370.

39. MECW.33:253;MEGA:1773. 노동자에 대한 이 저자들의 역설적 지지를 마르크스는 다음과 같이 표현한다. "부르주아 정치경제학에 이렇게 충격적인 이론적 표현을 부여해 준…똑같은 현실의 발전이, 그 속에서 실제적 모순들을 특히 영국의 늘어나는 국민적 부와 노동자들의 늘어나는 곤궁 사이의 모순을 펼쳐낸다. … 이론적 기초는 이미 준비되었다는 사실을 알았으므로, 프롤레타리아 계급 편에 집결한 사상가들이 이 모순을 포착했던 것은 자연스럽다. 노동은… 교환가치의… 유일한 원천이며 … 유일하게 활동하는 사용가치의 창조자이다. … 자본이 전부이며… 노동자는 아무것도 아니라고, 자본의 생산비용에 불과하다고 말하는 당신은 당신 자신을 반박한 셈이다. 자본은 노동자를 사취하는 것 이외 아무것도 아니다."(MECW.32:394;MEGA:1390)

40. MECW.32:500;MEGA:1499.

41. MECW.32:397;MEGA:1370.

42. MECW.32:229;MEGA:1388.

43. MECW.32:234;MEGA:1395.

44. MECW.32:394;MEGA:1390.

45. 헤겔은 "개념이 전부다"라고 말했다(『논리학』 II, 3, 『전집』 Vol.6, 551, "Der Begriff [ist] alles"). 이와 달리 마르크스는 반대되는 것을 안다. "Die Arbeit ist alles"(노동이 전부다). 사실 본서 제12장에서 보겠지만, "과학"은 "노동 개념의 전개"다. [『정신현상학』의 "Das Wahre ist das Ganze"와도 관련될 이 문장은 다양하게 번역 가능할 것이다. 헤겔의 짧은 글 「누가 추상적으로 사유하

는가?』를 번역한 백훈승은 『정신현상학』의 저 문구를 "참된 것은 완전한 것이다"라고 옮겼는데 (헤겔, 백훈승 역, 『누가 추상적으로 사유하는가?』, 서광사, 2017), 헤겔 자신의 뜻을 이해하기에 는 이 번역이 적절해 보이지만, 여기에서는 "완전"이 아니라 "전부"로 바꿔 번역했다.]

46. * 1988년에 출간된 이 책의 스페인어본에서, 시간과 상황은 각각 "20세기 말", "전혁명적"(pre-rrevolucionaria)이었다.

47. MECW.32:374;MEGA:1371.

48. MECW.32:377;MEGA:1375.

49. 종속 문제를 고려할 때 MECW.32:377;MEGA:1375 이하 내용은 흥미롭다.

50. MECW.32:389;MEGA:1386 이하.

51. 앞의 제5장 3절, 제6장 4절, 제8장 3절을 참조하라.

52. MECW.32:385;MEGA:1382.

53. MECW.32:386;MEGA:1383.

54. * 이 이름은 가명이며, 이 사람의 진정한 정체는 여전히 미지의 상태이다. 데이비드 리카도 전집 의 편집자인 피에로 스라파는 리차드 풀러(Richard Puller, 1789~1831)의 필명 중 하나가 Ra-venstone이었다는 증거를 통해 그가 바로 레이븐스톤일 것이라고 주장했다고 한다. (J.E. King, "Utopian or scientific? A reconsideration of the Ricardian Socialists", n2., *History of Political Economy* 15:3, Duke University Press, 1983.)

55. MECW.32:394;MEGA:1390.

56. 두셀 1983, 307~327과 본서 제12장 5절을 보라.

57. MECW.32:399~400;MEGA:1398.

58. MECW.32:449;MEGA:1450.

59. MECW.32:403~449;MEGA:1402~1450.

60. 본서 제1장 2절 a 내용을 참조할 것.

61. "잉여가치론"에서 이 문제는 항목 (4) 또는 (5)였다. "제III챕터"의 ("자본 일반"의) 첫 세 부분은 다음처럼 되어 있었다. (1) 화폐의 자본으로의 전화, (2) 절대적 잉여가치, (3) 상대적 잉여가치.

62. MECW.32:418;MEGA:1421.

63. MECW.32:424;MEGA:1426.

64. MECW.32:427;MEGA:1431.

65. "다양한 형태들이 어떻게 발생하는지"라는 번역은 뉘앙스를 충분히 표현하지 못한다.

66. 두셀 1985a:2장 3절 54~60을 참조할 것.

67. "과학"[혹은 "학"]에 관해서는 우리 책 제12장 1~4절을 참조하라.

68. * 몰록 혹은 멜렉은 기독교 성경에도 언급된 고대 가나안 지방의 신으로, 몰록 종교의식에서는 어린아이를 포함한 희생물을 바쳤다고 알려져 있다.

69. MECW.32:502;MEGA:1501.

70. 본서 제12장 2절을 참조할 것. 마르크스가 『요강』에 썼던 것을 기억하라. "자본의 개념(der Begriff des Kapitals)이 … 전개되어야 할 것(entwickeln)"(『요강』 I:340~341).

71. MECW.32:449;MEGA:1450.

72. MECW.32:512;MEGA:1509.

73. "'토지 지대', '자본 이자'란 부조리한 표현이다."(MECW.32:519;MEGA:1515) 우리는 마르크 스가 MECW.32:512~513;MEGA:1509~1510에서 다음 셋을 구별한다는 점을 가리키고자 한

다. (1) 선대자본으로서의 "비용가격", (2) 선대자본에 평균이윤을 더한 "생산가격", (3) "대상화되거나 물질화된 노동의 실제량"인 "가치." 생산비용은 "생산가격"과 유사하게 규정된다. "생산가격"은 "다양한 영역들 상호 간의 자본 배분"을 이해할 수 있게 만들어준다. 다음 단계로의 진전은 〈노트XVIII〉에서 결정적으로 일어난다.(MECW.33 : 299 ; MEGA : 1817)

제3부 새로운 발견

1. 내가 이 문장을 썼을 때는 1986년이다. 〔당시 이 텍스트들은 MECW 33권, 34권에 번역되었다. ─ 영어판 편집자〕 [한국어로는 MEGA 한국어판 출판 계획에 따라 2021년에 출판될 예정이라고 한다.]
2. *본서 제10장 5절에서 보다 자세히 살펴보겠지만, 이 II장과 III장은 체제상 "자본 일반"에 관한 논의에 들어갈 세 분절(Abschnitts) 중 "2 자본의 유통", "3 자본과 이윤"에 해당하는 내용이 된다.
3. MECW.33 : 371 ; MEGA : 1894.
4. MECW.33 : 372~34 : 336 ; MEGA : 1895~2384.

제10장 "II장 : 자본의 유통과정"과 "III장 : 자본과 이윤의 통일"을 향해

1. MECW.33 : 9~371 ; MEGA : 1545~1888.
2. MECW.33 : 69 ; MEGA : 1598.
3. MECW.33 : 69 ; MEGA : 1598.
4. 두셀 1985a : 15장 3~4절, 314 이하를 보라. *Grundrisse*로는 789쪽 이하 및 840쪽 이하[『요강』 III : 11~52]에 해당한다.
5. MECW.32 : 450 ; MEGA : 1453 이하.
6. MECW.32 : 464 ; MEGA : 1465.
7. MECW.32 : 464 ; MEGA : 1465.
8. MECW.32 : 465 ; MEGA : 1466.
9. MECW.32 : 472 ; MEGA : 1473~1474.
10. MECW.32 : 464 ; MEGA : 1465.
11. MECW.32 : 465 ; MEGA : 1465.
12. MECW.32 : 451 ; MEGA : 1453.
13. [영어판 편집자 주] MECW.33의 시작 부분.
14. 『자본』 제1권 제1장 및 제3장, 제3권 제16장부터 제36장까지 내용.
15. MECW.33 : 63 ; MEGA : 1594.
16. MECW.33 : 15~16 ; MEGA : 1550~1551.
17. MECW.33 : 14 ; MEGA : 1549.
18. MECW.33 : 11 ; MEGA : 1547.
19. MECW.33 : 17 ; MEGA : 1552 이하.
20. MECW.33 : 17 ; MEGA : 1552.
21. MECW.32 : 465~466 ; MEGA : 1466~1467.
22. MECW.33 : 10 ; MEGA : 1546 이하.

23. MECW.33:12;MEGA:1548.

24. MECW.33:13;MEGA:1549,.포섭에서 이 "이행"에 관한 다른 논의로는 MECW.33:15~16 및 42;MEGA:1550~1551 및 1574를 보라.

25. MECW.33:44~45;MEGA:1576.

26. * 초고 원문에서 마르크스는 인용된 이 부분에서 동일하게 commercial capital과 moneyed capital이라는 영어 단어를 쓰고 그 뒤에 서로 다른 독일어를 덧붙여 의미를 구별하고 있다. 이 번역본에서는 이 두 단어에 대해, 마르크스가 사용한 독일어 의미에 따라 우리말로 옮기되, 영어 단어와 독일어 단어를 함께 병기하도록 하겠다.

27. 두셀 1985a:14장 1절 278 〈도표 26〉을 참조할 것. (d.2층위의) "형식적 규정"은 『요강』에서 이미 언급되었지만 다른 의미다. 여기에서 "형식"은 "본질적인 것"을 가리킨다. 화폐 "과정"(G–W)이나 유통 "과정"(W–G)은 (아직 불확정적인 용어로) 생산적 또는 산업적 자본의 "국면"(Phasen)(일 례로 58쪽), "경기장"(Stadien) 또는 "기능"(64쪽), "영역"(64쪽)이다.

28. MECW.33:14;MEGA:1550.

29. * 영어본과 스페인어본에서 인용된 마르크스 텍스트가 서로 다른데, 우리 번역에서는 스페인어 본을 기준으로 인용문을 정했다.

30. MECW.33:61;MEGA:1593.

31. MECW.33:62;MEGA:1594.

32. MECW.33:61;MEGA:1593.

33. 이제 [I챕터 상품, II챕터 화폐 이후의] "III챕터"가 세 분절로 [I 자본의 생산과정, II 자본의 유 통과정, III 자본과 이윤으로] 나뉘게 되었다. 이는 자본 개념의 "기획안"에서 새로운 전개이다.

34. 『요강』의 여러 경우에서(마르크스 1973:319, 620, 745) 이 구절은 같은 방식으로 표현된다. 두 셀 1985a:15장 1절 301 이하를 참조하라. 『요강』에서 "상거래자본" 문제는 거의 중요하게 다뤄지 지 않은 채 짧게 연구된다. (두셀 위의 책 15장 4절 314 이하 내용을 참조할 것.)

35. "현실성은 본질과 실존의 통일이다."(헤겔 1971[『논리학』 II, 3, Werke]:Vol.6 186) "현실성은 본 질과 실존으로부터의 또는 내부와 외부로부터의 직접적 통일이다. 현실성의 외화는 현실 그 자 체이다."(『엔치클로페디』 §142)

36. MECW.33:70;MEGA:1604.

37. 본서 제12장 2절을 보라.

38. MECW.33:73;MEGA:1604.

39. MECW.33:73;MEGA:1604.

40. MECW.33:79;MEGA:1609.

41. MECW.33:82;MEGA:1613.

42. 예를 들어 "종속 이론"의 입장에서, 주변부의 부르주아 계급은 자기들이 잉여가치를 잃는 방식 으로 판매하게 될 수 있지만, 여전히 약간의 이윤을 얻게 된다.

43. MECW.33:84;MEGA:1614. ["평균 잉여가치"라는 범주 명칭은 〈1861~63년 초고〉 전체를 통 틀어 거의 등장하지 않는다.]

44. MECW.33:90;MEGA:1620.

45. MECW.33:100;MEGA:1629.

46. 이 "경쟁에 관한 장"은 "자본에 관한 장" 뒤에 올 완전한 "논문"일 것이었다. 마르크스는 이 "논 문"을 전혀 쓰지 못했다

47. * 두셀이 지금까지 보았던 것처럼, 마르크스는 이 초고에서 "비용가격"(Kostenpreis 또는 Kostpreis)이라는 단어를 여러 의미로 쓴다. 여기에서 "비용가격"은 생산비용이라는 의미로서, 불변자본 비용과 가변자본 비용의 합계를 가리키며, 따라서 "비용가격"은 잉여가치가 합산된 상품의 가치와 결코 같을 수 없다. 반면 "생산가격"은 이런 비용가격에 마르크스 자신의 표현으로 "상품에 최종 형태를 부여하는 자본" – 이것은 본질로는 잉여가치이지만 자본가의 의식에서는 평균이윤으로 현상한다 – 이 합해진 것을 의미하므로, 특수한 경우에는 상품의 가치와 같아질 수 있다. 이 "특수한 경우"를 이해하기 위해 위의 인용문(MECW.33 : 232 ; MEGA : 1755에 바로 이어지는 마르크스의 서술을 옮겨 보면 다음과 같다. "우연의 일치로 (1) 상품에 최종 형태를 부여하는 자본[즉 잉여가치]과 (2) 기계와 원료를 제공하는 자본[즉 불변자본] 양쪽 다가 평균적인 유기적 구성(AVERAGE ORGANIC COMPOSITION[마르크스 자신의 영어 표기])을 가진다면 그렇다."

48. MECW.33 : 232 ; MEGA : 1755.

49. 독일에서 MEGA를 출판한 사람들도 "용어상의 진화"를 언급하지 않고 그 결과 『자본』의 어휘들을 물신화하는 경향이 있으며, 그 시원을 고찰하지 않으므로 이 때문에 마르크스를 탈역사화하게 된다. 그들은 "산 노동"이나 "노동능력"에 대해 말하지 않고, 또 그들의 분석은 "생산비용", "비용가격", "생산가격"을 거의 배제하고 처음부터 "생산가격"을 언급한다.

50. MECW.33 : 70 ; MEGA : 1601 이하.

51. MECW.33 : 108 ; MEGA : 1636 이하.

52. MECW.33 : 112 ; MEGA : 1640.

53. MECW.33 : 115~161 ; MEGA : 1642~1671.

54. * 이 인용문과 바로 다음 인용문의 대괄호 속 항목들은 모두 두셀의 서술로서, 〈그림 10.4〉의 표기를 따른 것이다.

55. * 〈그림 10.4〉를 참조하라. 판매-구매 관계는 가운데의 정삼각형으로, 또 왼쪽의 역삼각형으로 넓어진다.

56. MECW.33 : 200 ; MEGA : 1727 이하.

57. MECW.33 : 232 ; MEGA : 1755 이하.

58. MECW.33 : 229 ; MEGA : 1752.

59. MECW.33 : 235 ; MEGA : 1757.

60. * 화폐 생산 즉 귀금속의 유통과 관련한 마르크스의 상세한 연구는 『요강』에도 상당 분량 포함되어 있다. 『요강』 I : 157~231을 참조할 것.

61. MECW.33 : 276 ; MEGA : 1795.

62. MECW.33 : 256~257 ; MEGA : 1778.

63. MECW.33 : 278 ; MEGA : 1797.

64. MECW.33 : 261 ; MEGA : 1782.

65. MECW.33 : 280 ; MEGA : 1798.

66. MECW.33 : 285 ; MEGA : 1803.

67. 기획안 관련 첫 논의가 되는 이 자리에서는 "3편(Theils)의 두 번째 장(Capital)"이라고 일컫는데, 더 뒤에서는(우리 책의 제10장 5절, MECW.33 : 346 ; MEGA : 1861) "세 번째 분절(Abschnitt) 자본과 이윤. 우리는 이 문제를 향후 다룰 것이다"라고 말하게 된다는 점은 흥미롭다. 어쨌든 이 순간 마르크스가 자기 앞에 둔 기획안은 이후 자신의 〈노트XVIII〉 〈초고〉의

1139~1140면(MECW.33:346;MEGA:1861~1862)에 베껴 쓴 그것이었다. 그가 [총자본과 연관된 세 번째 분절의] "1장(ch.I)"(MECW.33:299;MEGA:1816)의 내용을 이야기한다는 점에서다.

68. MECW.33:299;MEGA:1816~1817.

69. * 위 인용문이 다루는 셰르불리에의 텍스트(MECW.33:299~300)는, 생산과정에 선대된 자본들 사이의 비례관계와 생산물에 사용된 자본들 사이의 비례관계가 다르므로 이윤을 배분할 기준이 이중적임을 지적하는 내용이었다. 마르크스가 "일반 이윤율의 형성"이라고 한마디로 표현한 것을 셰르불리에 자신은 "[이윤] 분할의 이중적 법칙"(dual law of division)이라고 불렀는데, 이것은 결국 자본이 이윤(잉여가치)을 얼마나 전유할 것인가를 결정하는 법칙이 된다.

70. MECW.33:301;MEGA:1818.

71. MECW.33:304;MEGA:1820.

72. MECW.33:320;MEGA:1835.

73. MECW.33:322;MEGA:1837.

74. MECW.33:338;MEGA:1853.

75. MECW.33:341;MEGA:1856.

76. * MECW의 편집자 주에는 마르크스가 초고에 쓴 사실과 달리 존스만 성직자였다는 언급이 있다.

77. [스페인어본 저자 주석] MEGA, II, 3, 7 (Apparat, p. 406;cf. Witali Wygodski, "Zur Erarbeitung der Struktur der ökonomischen Theorie durch Marx in den Jahren 1859~1861", en *Arbeitsblätter zur Marx-Engels Forschung* (Halle), 14 (1982), pp. 5~10.

78. * 1859년 출판한 『정치경제학 비판을 위하여』를 가리킨다.

79. * I챕터와 II챕터가 바로 앞 인용문의 I묶음 즉 1859년 출판된 『정치경제학 비판을 위하여』에 해당한다.

80. 두셀 1985a:2장 4절 60 이하, 7장 5절 156 이하, 16장 4절 333 이하 내용을 보라.

81. MECW.41:394~397.

82. 독일어판 편집자들은 언제나 "생산가격"을 언급하지만, 왜 마르크스가 열일곱 권의 〈노트〉 동안 "비용가격"이라는 용어를 쭉 사용하는지를 묻지 않는다. 이들에게는 범주들의 "고고학"에 대한 인식론적인 의식이 부족하다("잉여가치론"이 갖는 인식론적 지위에 관해서는 본서 제12장 4절을 참조할 것).

83. * 두셀이 생략했지만, 마르크스가 여기에 써 놓았던 항목을 명시하면 다음과 같다. "a. 단순 협업 b. 노동 분업 c. 기계장치 등."

84. * 마르크스 자신은 한 줄로 이어서 정리했지만, 두셀은 이를 숫자별로 나눠 놓았다. 이 책에서는 그 편집 체제를 따랐다.

85. * 본서 제11장 3절을 참조할 것.

86. MECW.34:61;MEGA:2090 이하 내용.

87. MECW.34:64;MEGA:2092 이하 내용.

88. MECW.34:93;MEGA:2126 이하.

89. MECW.34:121;MEGA:2159 이하.

90. "미출간된 제VI장"이 1863년 1월 기획안의 "5"항에서 연구된 중심 내용을 언급한다는 점을 가리키는 지표들은 많이 있다. 예를 들어 마르크스가 "미출간된 제VI장"에서 실제

적 포섭에 관해 말할 때 그는 동일 주제를 다룬 〈노트XXI〉에 들어간 A.영을 인용한다 (MECW.34:106; MEGA:2142). 같은 문제에 관해 "미출간된 제VI장"은 존 웨이드의 텍스트 (MECW.34:127; MEGA:2165의 인용문과 동일 텍스트)를 인용하기도 한다. 달리 말해 소위 "미출간된 제VI장"은 [〈1861~63년 초고〉의]〈노트XXI~XXII〉에 들어간 원재료를 사용했다. 집 필 순서는 1863~65년 동안에 바뀐 것일까? "미출간된 제VI장"은 왜 "7"항이었던 것일까?

91. MECW.34:178; MEGA:2214 이하.

92. 두셀 1990:1~4장 33~131, 뮐러 1978:98 이하, 1863년 8월 15일 엥겔스에게 보낸 편지(MECW .42:488~490; MEW.30:368), 1867년 6월 27일 엥겔스에게 보낸 편지(MECW.42:391~395; M EW.31:312~313), 1868년 4월 30일 편지(MECW.43:20~25; MEW.32:75)를 참조할 것.

93. * 이 절 맨 처음 제시된 기획안을 참조할 것.

94. * 세 단락 아래 인용한 세 번째 분절의 구성안(MECW.33:346~347)을 참조할 것.

95. 1월의 기획안은 "임노동"(Lohnarbeit)이라고 말하는 반면(MECW.33:347; MEGA:1862), MECW.34:64; MEGA:2092에서 마르크스는 "노동임금"(Arbeitlohn)이라고 쓴다. 로스돌스 키 1977 53~62[『마르크스의 자본론의 형성』1:101~109]의 논쟁 부분을 보라. 뮐러 1978:131 이 하에서는 마르크스가 『자본』 제1권의 추상 수준을 조정했기 때문에 임금에 대한 주제를 제1권 에 두었다고 주장한다. 즉 "자본 일반"으로부터 더 구체적인 "자본의 개념"으로 조정했다는 것이 다.

96. 두셀 1990:3장과 6장을 보라.

97. MECW.33:299; MEGA:1816. [우리 책 제12장 5절의 첫 번째 기획안에서 "자본과 이윤의 통 일"은 "자본 일반"에 관한 III챕터의 세 번째 "분절"(Abschnitts)이라고 표기되었으나, 〈초고〉의 이 부분에서 마르크스는 "자본과 이윤"을 3"편"(Theils)이라고 표기한다.]

98. 이 기획안에서 "2항"은 미래에 『자본』의 세 번째 부분(제3권)의 "제2편"["이윤의 평균이윤으로 의 전화"]이 될 것이었다. [기획안의] 1항에서 마르크스는 "자본의 유기적 구성"을 강조하는데, 이 는 엥겔스가 편집한 『자본』 제3권에서 [제2편] 제8장의 주제가 될 것이다.

99. 『자본』 제3권에 지대를 포함하게 되었다는 문제에 관해서는 1862년 8월 2일에 엥겔스에게 보낸 편(MECW.41:394; MEW.30:263)를 참조해야 한다. "결국에 와서 이제 나는 이 분책에 지대 이론에 관한 별도의 장을 포함하기를 제안하네. 그러니까 나 자신의 초기 명제들에 대한 '소묘'를 경유해서 말일세."

100. MECW.41:488; MEW.30:368.

101. MECW.42:179; MEW.31:132.

102. * 대괄호 속의 숫자는 쿠겔만에게 보낸 편지에서 마르크스 자신이 말한 내용("1분책은 앞의 두 권을 포함할 거요. 내 생각엔 제3권이 2분책을 채울 것이고 제4권이 3분책이 될 거요")에 따 라 두셀이 추가한 것이다.

제11장 "I장 : 자본의 생산과정"에 대한 새로운 명료화

1. MECW.33:372~34:336; MEGA:1895~2384.

2. "피와 살"은 "한 사람 전체"에 대한 히브리식 표현이다.

3. 나의 스페인어 번역본(두셀 1984:241~242 및 18~27)을 보라. 이 번역에는 마르크스의 기술학이 라는 주제에 관해 내가 쓴 "입문 연구"가 들어가 있다(같은 책:1~78). 그중에서 "마르크스의 기술

학에 대한 일반 이론"을 보라(같은 책: 29~78).

4. 두셀 1985a: 14장 3절 286 이하, 15장 2절 308 이하를 참조할 것.

5. MECW.33: 372; MEGA: 1895.

6. MECW.34: 257; MEGA: 2299.

7. MECW.41: 474.

8. 두셀 1985a: 1장 3~4절 34~47, 14장 3절 286 이하를 참조할 것. 앞은 고정자본과 관련되고, 뒤는 상대적 잉여가치와 관련된다.

9. 알튀세르를 다룬 더 많은 논의를 위해서는 두셀 1990: 8장 5절 312 이하 내용을 볼 것.

10. 마르크스의 〈1851년의 기술학·역사 노트〉 스페인어 번역에 들어간 내 서설을 보라(마르크스 1984: 53~54).

11. * 카를 마르크스·프리드리히 엥겔스, 『독일 이데올로기』 1, 2권, 이병창 옮김, 먼빛으로, 2019.

12. * 앞의 세 인용문은 생활 양식에 초점이 맞춰져 있고 뒤의 두 인용문은 기계장치에 초점이 맞춰져 있지만, 이 인용문들을 통해 두셀은 마르크스의 생산양식 개념이 아주 초기 저작부터 『자본』에 이르기까지 언제나 사회적 형태와 물질적 활동이라는 이중적 계기를 가진다는 점을 강조하고자 하며, 따라서 이 인용문들 모두는 생산양식이라는 "이 주제"를 다룬 것이라고 볼 수 있을 것이다.

13. * 카를 마르크스, 『철학의 곤궁』, 이승무 옮김, 지만지, 2018.

14. * 『칼 맑스 프리드리히 엥겔스 저작선집』 1~6권(박종철출판사, 1991).

15. MECW.33: 376; MEGA: 1901.

16. MECW.33: 442; MEGA: 1973.

17. MECW.33: 444; MEGA: 1975. 마르크스는 "물질적 기초"(die materielle Basis)라는 표현을 생산 기술 문제의 경우에서만 사용한다. 마르크스주의 유물론의 측면에서 "기계장치의 본질"(MECW.33: 425; MEGA: 1951)이자, "기술학의 진리"를 다루면서 말이다.

18. MECW.34: 107~108, 27, 29~30〔세 군데 중 마지막 부분에서는 마르크스가 "잉여 주체"에 관해 말하는데, 영어번역은 이를 "잉여 대상"으로 오역했다. — 영어판 편집자〕; MEGA: 2144, 2055, 2058.

19. MECW.33: 481; MEGA: 2015.

20. MECW.33: 387; MEGA: 1913 이하.

21. * 스페인어본의 이 단락에서는 "도구"와 "공구"를 구별하지 않고 instrumento라는 동일 단어를 사용하고 있다. 바로 아래 단락도 동일하다. 마르크스 자신은 "Werkzeug"와 "Instrument"를 혼용하는데, 주로 "Werkzeug"라고 쓴다. 영어에서 두 단어를 tool과 instrument로 구별해 쓰는 것처럼, "도구"/"공구" 혹은 "기구"/"도구"라고 구별할 수도 있겠지만, 구별이 두드러진 게 아닌 한, "도구"로 통일해서 옮겼다.

22. 두셀 1984b에서 나는 이 저작을 스페인어로 번역 출판했으며, 그래서 우리가 이것과 〈초고〉의 텍스트를 예를 들어 "방적기"(MECW.33: 293; MEGA: 1918), "제분기" 등의 논점에서 비교할 수 있다. 또 [두 텍스트를 비교할 때] 여기에서 마르크스가 자신의 〈기술학·역사 노트〉(1845)를 인용 중임을 깨달을 수 있게 된다.

23. 앞으로 돌아가 우리 책 제3장 2절 및 4절을 참조할 것. 당시에는 (가치의 관점에서) 더 형식적이고 (노동자의 입장에서) 더 사회적으로 다루었던 반면, 여기에서는 더 물질적이고 기술학적으로 다룬다.

24. 두셀 1985a:4장 2절 88 이하, 14장 4절 291 이하, 17장 4절을 참조할 것. "기술학" 문제 다음에 는 "유토피아" 문제가 따라 나온다. MECW.33:442; MEGA:1973을 보라. "생산하는 힘에서의 혁명은 기술학적 항목들로 나타나게 되는데, 이것이 완수되고 나면 – 생산관계에서의 혁명 또 한 개시된다."

25. * 이 독일어 문구(prima facie der Fall)는 법정 용어와 관계있는 것으로 "언뜻 보기에 증거가 확 실해서 승소가 확실시되는 사건"을 의미한다고 한다.

26. "자동 작업장" 관련해서는 MECW.33:481~489; MEGA:2015~2022를 참조할 것. "기술학적 관계"에 관해서는 MECW.34:204; MEGA:2241을 보라.

27. MECW.34:61; MEGA:2090 이하.

28. MECW.34:64; MEGA:2092 이하.

29. MECW.34:70; MEGA:2098 이하.

30. MECW.34:93; MEGA:2126 이하.

31. MECW.34:121; MEGA:2159 이하.

32. MECW.34:146; MEGA:2184 이하.

33. MECW.34:65; MEGA:2093.

34. MECW.34:65; MEGA:2093.

35. MECW.34:70; MEGA:2098 이하.

36. MECW.34:72; MEGA:2100.

37. MECW.34:78; MEGA:2107 이하.

38. 다음과 같은 차이점이 있다는 사실에 유의할 것. 역사적으로 첫 번째인 교환에서는 "화폐"는 있으나 아직 "자본"은 없다. 자본의 존재가 전제되고 나서야 "자본"과 "노동" 사이 교환이 있다.

39. 이 텍스트는 『미출간된 제VI장』의 것(MECW.34:439)과 동일하지만, 거기에서는 농업 관련한 A영의 텍스트가 들어가는 순서를 뒤바꾸었다. 따라서 마르크스는 〈1861~63년 초고〉를 구성하 는 〈노트〉를 참조용으로 사용한 셈이다.

40. MECW.34:96; MEGA:2131 이하.

41. 이 문제는 본서 제10장 3절에서 논의하였다.

42. MECW.34:243; MEGA:2280 이하.

43. MECW.34:178; MEGA:2214 이하.

44. MECW.34:11; MEGA:2039 이하.

45. MECW.34:327~329; MEGA:2372~2379. 『요강』에서 본원적 축적 문제와 관련해 언급했던 내용을 보라(두셀 1985a:11장 4절 222 이하 및 6장 1절 118 이하를 참조할 것). 마르크스는 이 페이지 이전에 MECW.34:243; MEGA:2280에서 이 논점을 논의한 뒤였다.

46. MECW.34:182; MEGA:2218.

47. "화폐의 자본으로의 이행"(본서 제1장).

48. MECW.34:180; MEGA:2216.

49. 본서 제1장 2절 a를 보라.

50. "포섭"(subsumtion)이라는 단어는 헤겔의 "지양"(Auf-hebung)을 라틴어 어원에 따라 번역한 것(Auf[위로]=sub[밑에서 위로], hebung[들어올림]=assumptio[승천, 떠맡음])이다.

51. "ruhenden Möglichkeiten." 이 표현에는 "고요"(Ruhe)의 헤겔적 의미가 두드러진다. 고요하게 "즉자"(an sich)로 있는 것은 모험 이전에 머무르면서 "평화로움", "평화", 평정, 고요 가운데 있다.

즉자는 아직 바깥에 놓이지 않았다. 즉 실존하며, 외재화되어, 소외되어 있지 않다.

52. 두셀 1990 9장 1절 336 이하("비존재로부터 존재에로")를 볼 것.

53. 마르크스는 『미출간된 제VI장』이 아니라 바로 여기에서 "생산과정의 결과 … 전 유 법칙에서의 변화"를 (1863년 1월 기획안의 항목 "7"로서) 다룰 수 있었다고 말한다 (MECW.33:347; MEGA:1862).

54. MECW.34:214; MEGA:2250.

55. MECW.34:11; MEGA:2039 이하.

56. MECW.34:15; MEGA:2043.

57. MECW.34:18; MEGA:2047.

58. MECW.34:15; MEGA:2043.

59. MECW.34:27; MEGA:2055.

60. 두셀 1990 14장 3절 286 이하 및 15장 2절 308 이하를 참조할 것.

61. MECW.34:19; MEGA:2048.

62. MECW.34:30; MEGA:2058.

63. MECW.34:31; MEGA:2059.

64. MECW.34:31; MEGA:2059. 독일어로 "Wahrheit"(진실)이며, "validity"(유효성)이 아니다.

65. MECW.34:33; MEGA:2060.

66. MECW.34:49~51; MEGA:2079 이하. 마르크스 1977:720~723; MEW.23:602[『자본』 I-2:790~792].

67. MECW.34:170; MEGA:2207.

68. 〈초고〉의 1,407면; MECW.34:261; MEGA:2302.

69. MECW.34:315; MEGA:2360.

70. MECW.34:170; MEGA:2207 이하.

71. MECW.34:172~176; MEGA:2209~2213.

72. MECW.34:172; MEGA:2209.

73. MECW.34:247; MEGA:2288.

74. MECW.34:248; MEGA:2291.

75. MECW.34:251; MEGA:2294 이하.

76. MECW.34:254; MEGA:2296.

77. MECW.34:254; MEGA:2296.

78. MECW.34:303; MEGA:2350.

79. MECW.34:323; MEGA:2369.

80. MECW.34:325; MEGA:2370.

81. MECW.34:329~336; MEGA:2379~2384.

82. 마르크스 1974a:7~49를 참조할 것. 1846년 브뤼셀에 체류했을 때 이래로 마르크스는 수학을 공부했다(마르크스 1973:366~370을 참조할 것). 1858년 1월 11자 편지에서 그는 "나는 산수가 편했던 적이 한 번도 없네."라고 썼다(MECW.40:256; MEW.29:256). 1873년 5월 31일 자 편지 에 이보다 더한 하소연들이 있다(MECW.44:504; MEW.33:82).

83. 일례로 라그(Lagueux) 1981을 참조하라.

84. 두셀 1990을 보라. 그 책에서 마르크스의 세 번째 초안(9~131)[〈1863~65년 초고〉]와 네 번째

초안(133~293)[『자본』제1권]은 내가 새로운 결론(295~450)에 도달할 수 있게 해주었다.

제12장 <1861~63년 초고>와 해방철학

1. 헤겔에게 이 표현은 "진리는 전체다"(Das Wahre ist das Ganze) 또는 "개념은 전부다"였다. 마르크스는 이런 헤겔식 표현을 두드러지게 참조하면서도 모든 것(상품 세계와 경제 전부)에 "노동"을 관련짓는다(본서 제9장에서 말했던 내용을 기억하라). 요컨대 근본적 기원은, 마르크스가 자신의 담론 구조물 전부를 바로 그곳으로부터 건축하는 자리는 "산 노동"이다.
2. MECW.30 : 255, MECW.31 : 31, MECW.33 : 361~362, 399, MECW.34 : 18, 32, 123;MEGA:229, 461, 1876~1877, 1924, 2047, 2060, 2161 등을 보라.
3. 우리가 기술학에 관해 이야기했던 내용으로부터 유추하여 여기에서 과학에 대해서도 되풀이할 수 있겠다(두셀 1984b : 29 이하). 사람들은 다음과 같은 내용을 이야기할 수 있을 것이다. 첫째 (추상적으로 그 "정상적" 의미에서) "과학 일반"과 이 대상을 연구하는 "과학의 철학", 둘째 "생산의 매개로서 과학"(앞의 책 43 이하의 내 서문), 셋째 "자본으로서의 과학" 즉 (가)"불변자본으로서의 과학" (나)"상대적 잉여가치 증가의 매개로서의 과학" (다)"자본의 회전에서의 과학", 넷째 "자본의 유기적 구성에서의 과학", 다섯째 "주변부 나라들의 종속에서의 과학", 여섯째 "인류를 위한 과학의 해방" 등이다.
4. 1866년 2월 20일 엥겔스에게 보낸 편지, MECW.42:232;MEW.31:183.
5. 1858년 11월 12일 라살레에게 보낸 편지, MECW.40:355;MEW.29:567.
6. 1862년 8월 9일 엥겔스에게 보낸 편지, MECW.41:403;MEW.30:274.
7. 알렉상드르 쿠아레 1929를 보라. 뵈메는 "독일 철학"의 창시자 중 한 명이었다(두셀 1974:44 이하를 참조할 것).
8. "이성의 업무에 속하는, 인식들을 취급하는 일이 학문[과학]의 안전한 길을 걷고 있는가의 여부는 그 성과로 곧 판정이 나게 된다. … 어디에선가 이런 안전한 길을 발견한다는 것은 이미 이성을 위한 공적이다. … 그러면 여기에서 [곧 형이상학에서] 여태껏 학문의 안전한 길이 발견될 수 없었던 까닭은 어디에 있을까?"(칸트 『순수이성비판』 B판 VII~XV ; 백종현 번역 1권 176~181).
9. 피히테는 뵈메의 발자취를 따라 또 칸트식의 "순수 자기"의 "초월론적 통각"으로부터 출발해서, 학문의 길을 자기의식의 절대적 동화(introjection)["나를 통해서 내 안에서 이루어지는 것"]라고 제시한다. "이것(A=A)["나는 나다"라는 명제]는 나에게 주어지는데, 이외의 어떤 기초도 없이 절대적으로 주어지므로, 이것은 자기에게 주어진 것이어야만 한다."(『인식론』(Grundlage der gesamten Wissenschaftslehre, 1794) 1절, 피히테 1971 Vol.1:92~94).
10. 셸링에게도 ― 그에게는 유한한 자기가 아니라 절대적인 자기가 출발점이지만 ― 학문은 변증법적 경로를 따라가는 일을 의미한다. "[학문 중에서도] 경험적이지 않으므로 어떤 경험 자료든 그 원리로부터 배제해야만 할 모든 학문은 자신의 대상을 이미 존재하는 것으로 전제하는 게 아니라 생산되는 것으로 간주한다."(셸링 1972 Vol.III, 369) 이렇게 "자신을 생산하는 일은 자기에게 영원하고 절대적인 대상/목표이다."(같은 책, 371) 셸링이 변증법을 통해 또 과학을 통해 이해한 것은 "철학의 모든 부문을 하나의 연속으로 취급하고, 모든 철학을 있는 그대로 즉 자기의식이 발전하는 역사로, 경험에서 얻은 자료가 기억과 기록으로만 그에 기여하는 그런 역사로 취급하는 것"이다.(같은 책, 331) 위의 인용문은 명백히 첫 번째 셸링에게서 비롯된 것이다.
11. MECW.31:348~352;MEGA:767~772.

12. MECW.32:92;MEGA:1081.

13. MECW.32:501;MEGA:1500.

14. MECW.32:501;MEGA:1500. 우리 책 제9장 4절에서 다뤘던 내용을 보라.

15. 독일어 "überspringt"은 "건너뛰기", "생략"이다.

16. MECW.32:10;MEGA:1002 이하. 추상작용을 적절히 사용한 용례로는 〈1861~63년 초고〉 MEGA판의 83, 88, 131, 210, 252, 253, 1131, 1265, 1266, 1461, 1494, 2150, 2215, 2261을 보라. 부르주아 경제학에서 추상작용이 부적절하게 사용되는 것과 관련해서는 MEGA판 88, 134, 137, 338, 341, 343, 381, 383, 759, 816, 840, 908, 1002, 1063, 1118, 1122, 1123, 1141, 1279, 1324, 1487, 1518, 1525, 1630, 1785을 보라.

17. 마르크스 1981b:956;MEW.25:825[『자본』 III-2:1091].

18. 아리스토텔레스, *Opera*, I.(Bekker (ed.), Volumes 1, 1960):172. (「소피스트적 논박」).

19. 아리스토텔레스, *Opera*, I.(Bekker (ed.), Volumes 1, 1960):639. ("De Partibus Animalium").

20. 아리스토텔레스, *Opera*, I.(Bekker (ed.), Volumes 2, 1960):101.

21. 칸트 『순수이성비판』 B 86, A 61.

22. 칸트 『순수이성비판』 B 354, A 297.

23. 칸트 『순수이성비판』 B 785, A757.

24. 칸트 『순수이성비판』 B XVIII.

25. 피히테 1971 Vol.I:119~120, 두셀 1974:51 이하를 참조할 것. 피히테는 "우리는 모든 인간적 지식으로부터 전혀 제약되지 않는 절대적 제일원리를 추구해야만 한다."라고 말한다(같은 책:47). 마르크스에 따르면 모든 생산과 경제의 무조건적 제일원리는 (데카르트에서 헤겔에 이르기까지의 관념론이 내세운 "순수 자기"가 아니라) "산 노동"이다.

26. 이런 내용은, 엥겔스나 루카치의 논의에도 불구하고, 명백히 만년의 셸링, 반관념론자로서의 셸링이다. (F. W. J. 셸링, Werke, v:745~746.)

27. * F. W. J. 셸링, Werke, v:748. (영어본에 누락되어 있던 스페인어본 주석을 추가함. 아래 포이어바흐의 서지사항도 마찬가지.)

28. * 포이어바흐, *Grundsätze der Philosophie der Zukunft* (『미래 철학의 근본 원리』, 1843), II, Section 50;Werke, Vol. II:313.

29. * 포이어바흐, *Grundsätze der Philosophie der Zukunft*, II, Section 62:319

30. * 포이어바흐, *Grundsätze der Philosophie der Zukunft*, II, Section 61:318

31. * 포이어바흐, *Grundsätze der Philosophie der Zukunft*, II, Section 60:318

32. * 포이어바흐, *Grundsätze der Philosophie der Zukunft*, II, Section 61:318

33. * 마르크스 당대에는 오늘날 경제학을 가리키는 economics라는 단어가 일상적이지 않았다. 마르크스가 "politischen Ökonomie"라고 쓸 때, 이 단어의 지시대상은 오늘날 관점의 "경제학"이라는 단어의 지시대상과 크게 다르지 않다고 보아야 할 것이다. 마르크스 자신의 어휘 선택과, "과학"에 대한 두셀의 문제의식을 존중하려는 목적에서 "정치경제 과학" 또는 "정치경제의 과학"이라는 낯선 단어로 옮겼지만 오늘날의 일상적 의미에서 "경제학"을 일컫는 것으로 받아들여도 무방하겠다.

34. 두셀 1974:199 이하, 두셀 1985a:2장 4절, 두셀 1973 Vol.I:3장 이하 내용 등을 참조할 것. "비존재"로서의 산 노동이 표현되는 인용문 하나는 이렇다. "이것은 자신의 대상성을 자본 자체의 비존재로 또는 자본의 비존재의 있음으로 정립한다."(MECW.34:202;MEGA:2239) 마르크스

에게 "존재는 〔자본으로〕 있고, 비존재는 〔산 노동의〕 현실이다."

35. MECW.32:388;MEGA:1385.

36. MECW.34:29;MEGA:2058.

37. MECW.34:30;MEGA:2058.

38. "대상화된 노동"에 대립하는 "산 노동" 관련으로는 〈초고〉 MEGA판의 30, 34~36, 42, 53~57, 66~69, 85, 99~102, 110, 116~120, 148~150, 300, 536, 803, 1396, 1406~1417, 1423, 1604, 1619, 1635, 1631, 1665~1667, 1680, 1742, 1900, 1901~2015, 2053, 2059, 2099, 2171, 2229, 2231, 2247, 2267, 2284, 2355을 참조할 것. "창조적 원천(Quelle)"으로서 "산 노동"에 관해서는 MEGA판 35, 36, 66~70, 86, 101, 142~143, 148, 178, 370, 599, 622, 623, 2232, 2265 등을 참조할 것.

39. MECW.33:346;MEGA:1860.

40. 마르크스 1985:107~121에 포함된 "빈자" 문제와 관련해서 〈1863~65년 초고〉 스페인어 번역본의 해당 부분을 보라.

41. *칸트의 비판 철학 이래 비판의 기획과 위치와 관련된 단어인 "trascendental"은 알다시피 경험에 앞서 경험의 가능 조건과 관련된 것들을 가리키기 위해 사용된다. 그 뜻을 직접 옮긴다면 "초월적"이라고 해야 하겠으나 앞에서는, 두셀이 이 장 2절 전반부에서 논의한 바와 같은 맥락에서, 나타난 외양 즉 현상적 경험과 나타나지 않는 외양의 구조 즉 선험적 조건을 구별한다는 뜻으로 "선험적"이라고 옮겼다. 그러나 이 부분에서 trascendental은 명확히 "정초적 구조에 대한" 것, "산 노동이 대상화된 노동을 문제" 삼는 상황에 대한 것임이 밝혀졌으므로 경험 이전에 가능하다는 뜻이 강한 "선험적"이 아니라, 초월적 조건에 관한 것이라는 뜻을 담은 "초월론적"으로 옮겼다.

42. 나는 이 문장을 〔유럽에서 현실 사회주의가 붕괴하기 전인〕 1987년에 썼다.

43. MECW.32:486;MEGA:1484.

44. "본질과 현상"(Wesen-Erscheinung)의 모순과 관련해서는 〈초고〉 MEGA판의 10, 11, 16, 17, 48, 49, 61, 66, 86, 93, 94, 99, 148, 149, 159, 379, 451, 727, 759, 803, 816, 817, 862, 1047, 1123, 1264~1266, 1283, 1284, 1315, 1325, 1450, 1453, 1454, 1460, 1464, 1474~1477, 1482~1487, 1490, 1493~1495, 1548~1551, 1601~1607, 1630, 1818, 1907, 2100, 2106, 2111, 2117, 2163, 2181, 2190, 2248, 2249, 2262, 2372을 보라. 단순한 "외양"(Schein)과 관련해서는 MEGA판 97, 134, 146, 289, 290, 345, 688, 863, 1284, 1317, 1450, 1501, 1509, 1574, 1603, 1749, 1810, 2267, 2293을 보라. 헤겔은 다음과 같이 썼다. "참된 진리의 실존을 향해 저 자신을 몰아대면서, 의식은 자신의 외양(Schein)을 제거할 단계에 도달할 것이며 … 표명된 것이 본질(Wesen)과 동등하게 되는 지점에 도달하고, 또 그 결과 … 그것의 그러한 본질을 대자적으로 포착할 때 … 그 서술이 정신에 대한 진짜 학문에 속한 이 지점과 정확히 일치하는 곳에 도달할 것이다."(*Phänomenologie des Geistes*, op. cit., p. 75)

45. "Metá"는 무언가를 넘어서 있다는 뜻이고 "physiká"는 세계의 지평이라는 뜻이다. 따라서 "초월 존재론" 혹은 "형-이상-학/메타자연학"이 된다. (두셀 1985b:3장 4절 5항, 2장 4절 9항 외, 두셀 1974:25장 17 이하, 두셀 1985a:17장 1절 337 이하 등을 참조할 것.)

46. 피히테 1971 Vol.I:118.

47. *"Diremtion"은 마르크스 이전의 독일 관념론 전통에서 사용되던 단어라고 한다. 마르크스 자신은 이 단어를 『요강』에서 사용한 바 있다. (마르크스 1973:300)

48. *마르크스는 이 편지에서 바쿠닌 소유였던 헤겔의 책 몇 권을 마침 프레일그라트가 찾아서 자

기에게 주었다고 썼다.

49. MECW.40:249;MEW.29:260.

50. 두셀 1985a:2장 52 이하, 두셀 1974:19절 137 이하.

51. 1858년 1월 16일 엥겔스에게 보낸 편지에서 마르크스는 "이제까지 제기된 이윤 이론을 완전히 무너뜨렸네"라고 썼다.(MECW.40:249;MEW.29:260)

52. 『요강』의 다음 문구를 참조하라. "자본의 개념(der Begriff des Kapitals) 형성에서 전개해야 할 (entwikeln) 제삼의 계기는 … "(『요강』 I:327). "산 노동 개념의 전개"는 "대상화된 노동 개념의 전개"를 불러일으켜 저 자신의 계기로 삼는다는 점을 고려해야 하겠다. "자본 개념을 전개"할 필요성은 바로 후자에 있다. "부르주아적 생산의 모든 모순은 근본적 가정〔자본〕에 대한 적확한 개념파악"으로부터 "도출되어야만 한다."(『요강』 I:341)

53. "경로" 또는 "길"(Gang)은 칸트에 대한 참조다.

54. MECW.32:500;MEGA:1499.

55. MECW.32:500;MEGA:1499.

56. MECW.32:394;MEGA:1390.

57. "범주들의 편성"에 관해서는 〈초고〉 MEGA판의 146, 242, 375, 451, 613, 817, 989, 1346, 1488, 1522, 1603, 1676, 2180, 2376 등을 참조하라.

58. MECW.32:500;MEGA:1499.

59. 중세적 수전노에게 속한 화폐로서의 화폐로부터 온전히 자본주의적인 신용자본으로 향하는 "화폐자본"의 전개를 보라(본서 제10장 1절).

60. MECW.31:416;MEGA:840.

61. 헤겔 1971, Vol.3:181.

62. 본서 제4장 1절 이하에서 또 특히 제7장 2절에서 표현했던 모종의 방법론적 성찰들을 참조할 것.

63. 1846년 12월 28일, 파벨 바실리예비치 안넨코프에게 보낸 편(MECW.38:100;MEW.27:457).

64. 루트비히 비트겐슈타인, 『논리·철학 논고』 6.41~6.45 (비트겐슈타인 1973:197~201 [2006:112~115]).

65. * 제2차 스페인 스콜라주의 혹은 "이베리아 스콜라 학파"는 16세기에서 17세기 사이 살라망카와 코임브라 지역의 대학들에서 발생한 지식 운동으로 알려져 있다. 프란치스코 수아레즈 (1548~1617)는 이 학파의 중심적 인물이었다고 한다. (오세혁, 「비토리아와 수아레즈의 만민법 사상」, 『법학논문집』 34집 제2호, 2010 참조.)

66. MECW.30:112:MEGA:99.

67. MECW.32:449:MEGA:1453.

68. MECW.30:196:MEGA:173.

69. 두셀 1985a:17장, 다섯 권으로 구성된 나의 작업 『라틴아메리카 해방의 윤리에 대하여』(*Para un aética de la liberación latinoamericana*, 1973~80년), 두셀 1996:19~63, "타자의 이성 — 발화 행위로서의 호명"에서 "타자"와의 관계가 갖는 윤리적 지위를 볼 것.

70. 두셀 1998 4장 1절. 이것은 Duke University Press에서 2001년 후반기나 2002년 전반기에 출판될 예정이다. [*Ethics of Liberation : In the Age of Globalization and Exclusion* (Duke University Press Books, 2013)]

71. * "Observations on Certain Verbal Disputes in Political Economy"(런던, 1821)의 익명 저자

를 가리킨다.

72. MECW.33 : 346 ; MEGA : 1860.

73. 본서 제10장 4절 존스의 말에서 지칭되었던 내용을 참조할 것. "이 분석은…아주 멀리 나아가서 부의 독립된 물질적 형태가 사라지고 부는 다만 인간들의 활동으로 나타나기에 이른다.…그러나 이 순간부터 부르주아적 생산양식은 역사적인 것으로 인식되고…새로운 사회, 사회의 〔새로운〕 경제적 구성체의 전망이 열린다."(MECW.33 : 345~346 ; MEGA : 1860~1861)

제13장 <1861~63년 초고>와 "종속 개념"

1. MECW.30 : 40 ; MEGA : 333.

2. 마리니 1973 : 37.

3. 마리니 1973 : 101.

4. * 두셀은 "잉여가치론"이라는 마르크스의 명명법을 좇아 이 절 제목을 붙였다.

5. * 블라디미르 일리치 울리야노프 레닌, 『제국주의론』, 남상일 옮김, 백산서당, 1988.

6. 레닌 1964 : 193 [1988 : 38]("이 이윤은 자본가들이 '자국의' 노동자들로부터 착취하고 있는 이윤 이상으로 획득하는 것이므로 초과이윤이다.").

7. 레닌 1964 : 205 [1988 : 53].

8. 같은 곳.

9. 레닌은 자본의 더 큰 유기적 구성을 가치나 가격 문제와 관련짓지 않았지만, 기술학 논점에 대한 언급은 많이 있다.

10. 레닌 1964 : 241 [1988 : 94].

11. 룩셈부르크 1967 : 325 이하 [2013 : 685~731].

12. 같은 책 : 343 [같은 책 : 721].

13. 룩셈부르크 1951(『연설문 및 저술 선집』) : 100

14. 그로스만 1979(『축적의 법칙과 자본주의 체제의 붕괴』) : 277.

15. 두셀 1985a : 18장을 참조하라.

16. * "기능하는 자본"이란 유통 영역이나 생산 영역에서 가령 "일부는 상품으로 시장에 나가 있으며…또 다른 일부는 화폐로(그 형태가 무엇이든) 존재하면서 생산조건으로 재전화하려 하고…또 다른 마지막 일부는 생산 영역 내부"(『자본』 III-1 : 152)에서 "자본주의적 생산과정을 끌어냄으로써…자본의 전체운동"(『자본』 III-1 : 451)에 기여하는 모든 자본 형태를 가리킨다.

17. 그로스만 1979 : 278~279(로스돌스키 『마르크스의 자본론의 형성』 1 : 437에서 재인용).

18. 그로스만 1979 : 303.

19. 바우어 1956(『경제학 입문』) : 311(로스돌스키 『마르크스의 자본론의 형성』 1 : 437~438에서 재인용).

20. 로스돌스키 1977 : 311 [『마르크스의 자본론의 형성』 1 : 436~437].

21. 엠마뉘엘 1971 : 17.

22. 베텔하임 1971 : 34.

23. 팔루아 1971 : 105.

24. 팔루아 1971 : 113.

25. 팔루아 1971 : 16.

26. * 루주이스파노 아메리카란 포르투갈과 스페인 식민지였던 아메리카 지역들을 말한다.

27. 바구 1977:107. 같은 책에 L. Vitale, R. De Armas, A.Gunder Frank 및 다른 저자들의 글이 있다. 또 프랑크 외 1972 및 셈팟 아사두리안 외 1973을 보라. 이 모든 작업에 "생산가격"이나 "세계가치"에 대한 논의는 한 번도 없다. 범주들은 다소 모호하다. "생산양식" 개념은 대체로 알튀세르적이고, "잉여가치"에 대한 이야기는 있지만 "잉여가치 이전"에 대한 이야기는 전혀 없다.

28. 아사투리안 1973, 마르크스가 이미 "추상적" 범주들의 집합을 구축해 놓은 이래로, 새로운 상상적 추상을 피하기 위해서는 라틴아메리카에선 오직 구체적인 역사적 연구들만 필요할 수 있으며 — 이야말로 프랑크의 연구가 되기로 했던 바였다.

29. 〈1861~63년 초고〉 MEGA:387.

30. 쿤츠 1985:158~159.

31. 프레비시 1951:3.

32. 프레비시 1964:30.

33. 프랑크 1970b:17.

34. 프랑크 1970a:84 이하.

35. 프랑크 1981:xi.

36. 카르도주·팔레토 1970:161;1979:172.

37. 자과리비 외 1970:153~154, 174, 180. 이것은 종속의 정의에까지 이르는 것이다. 도스산토스는 그의 귀중한 저서 『제국주의와 종속』에서 "저들의 경제는 조건에 좌우된다"고 말한다(도스산토스 1978:305). 단지 조건인가?

38. 밤비라 1978:34.

39. 밤비라 1978:26.

40. 내 저작에서 마르크스의 기획안에 관해 쓴 내용(두셀 1985a:2장 4절 및 26장 4절)과, 본서 저자 서문과 제10장 5절을 보라.

41. 마리니 1973:37. 마리니는 같은 책의 35쪽과 또 다른 곳에서 "가치 이전"이라고 쓴다.

42. 마리니 1973:35.

43. 마리니 1973:49.

44. 마리니 1973:101.

45. 피에르샤를 1979:49.

46. 피에르샤를 1979:47.

47. * nación은 대부분 "국민", "국민적"으로 번역했다. 여기에서 아구스틴 쿠에바가 언급한 "contradicciones nacionales"은 우리에겐 알다시피 "민족 모순"으로 번역되어 온 관념이지만 굳이 "국민적 모순"이라고 번역한 이유는 한반도의 상황에서 "민족" 관념의 지시대상이 라틴아메리카 상황에 그대로 적용되기 힘들다고 판단했기 때문이다.

48. 쿠에바 1979:81, 92.

49. 두셀 1985a:371을 참조할 것. 최근 글에서 쿠에바가 "이렇게 구별된 창조자 무리를 통해〔라틴아메리카의〕 마르크스주의는 국민과 인민을 불가분하게 융합하게 되었다. 이런 사실의 부각은 유용하다."(쿠에바 1986:28)고 말한다는 점은 우리에게 중요하게 여겨진다. 그러니까 "국민"과 "인민"은 규정하고 사용해야 할 범주들이다.

50. 칼마노비츠 1983:32 이하.

51. 칼마노비츠 1983:29.

52. 『자본』 제3권을 보라. 마르크스는 이렇게 쓴다. "이것[끊임없는 불균등의 끊임없는 균등화] 에 대한 더 자세한 논의는 경쟁에 관한 특수 연구에 속한다."(마르크스 1981b : 298 ; MEW. 25 : 207[『자본』 III-1 : 262]) 이렇다면 『요강』으로부터 이어지는 기획안이 이 지점에서 계속 힘을 쓰 고 있던 것이다. 『요강』에서 "경쟁"을 논의할 때 마르크스는 거기에서도 "더 나아간 분석은 경 쟁에 관한 절에 속한다."고 자주 언급했다(MECW. 28 : 364[『요강』 III : 53]). 그 뒤로도 그는 "이 문제는 우리가 '자본들 사이의 경쟁'에 들어설 때 논의해야 할 측면이다"라고 쓴다(MECW. 33 : 280 ; MEGA : 1799).

53. 쿤츠 1985 : 100 이하.

54. MECW. 29 : 38[『요강』 II : 316].

55. MECW. 29 : 38[『요강』 II : 317]을 참조하라. 〈1861~63년 초고〉에서는 "경쟁"에 관하여 각각 다음 부분을 보라. 경쟁 일반 : MEGA판의 3, 164, 215, 246, 286, 자본의 실현 형식으로서 경 쟁 : MEGA판 1603, 1605, 1630, 2273, 종속적인 국민적 총자본에 중요한, 자본의 강압적 법칙 으로서 경쟁 : MEGA판 261, 307, 1603, 1604, 1606, 1677, 1678, 자본주의 나라들 사이의 경 쟁 : MEGA판 674, 677, 자본가들 사이의 경쟁 : MEGA판 722~724, 727, 853, 990, 1107, 1443, 1275, 1273, 1276, 1501, 1506, 1597, 경쟁과 평균이윤 : MEGA판 684~686, 722~724, 854~856, 1513, 1568, 경쟁과 상품 가치 : MEGA판 750, 906, 939, 940, 1568, 1904, 경쟁과 상품 가 격 : MEGA판 750, 754.

56. 마르크스 1981b : 281 ; MEW. 25 : 190[『자본』 III-1 : 242] ; 뮐러 1978 : 103~180 참조.

57. 이 문제에 관해서는 두셀 1985a : 18장에 제시한 시각을 보라.

58. 이 점에 관해서는 두셀 1985a : 18장 1절 내용을 보라.

59. 마르크스에게서 국가 문제는 헤겔의 시민사회에 해당한다(헤겔 1942 『정신현상학』 §182~250). 마르크스에게서 국가들 사이의 외부적 관계는 헤겔에게서 같은 문제에 해당한다(§ 330~349). 마르크스에게서 세계시장은 헤겔의 "세계사" 문제를 가리킨다(§ 341~360).

60. 마르크스는 "덜 발전한 나라들"(minder entwickelte Länder)에 대해 이야기한다(MECW. 32 : 170 ; MEGA : 1161).

61. 마르크스는 흔히 "한 국민의 총자본"(Gesamtkapital)이라는 표현을 사용한다 (MECW. 29 : 227[『요강』 III : 152]를 보라). "우리가 단일한 자본을 상정하거나, 한 나라의 다종 다양한 자본들을 여타 나라들의 것과 구별될 하나의 자본(국민자본〔Nationalkapital〕)으로 취 급한다면"(MECW. 29 : 52[『요강』 II : 330]), 마르크스는 또 "국민적 임금"(마르크스 1977 ; 제22 장 : MEW. 23 : 583[『자본』 I-2 : 766])이나 "국민적 자본"(MECW. 29 : 621)에 대해서도 이야기한 다.

62. * nación의 번역어에서 "국민"을 선택했기 때문에, país의 경우는 통일해서 "나라"로, estado는 통일해서 "국가"로 번역했다. 이 세 스페인어는 각각 영어로 nation, country, state에 대응하는 단어다.

63. 마르크스에게서 "국민적 문제"는 정확히 이 층위에서 제기되어야 한다. 국가를 동반한 "국민들" 의 존재야말로 경쟁이 완전해지기를 가로막는 것(다시 말해 경제외적인 "정치적" 사실로서 독점 의 현존)이라는 점에서 말이다. 보존 및 재생산에서 전체적 자본의 조건은 국민적 장벽들에 (이 장벽들이 어느 정도 깨지는 일도 잦지만) 상대적으로 막힌다. 사미르 아민은 이런 점을 정확히 짚 는다. "경제학 이론이 무시하고자 하는 국민적 사실의 현존으로부터, 국제적 발전에 대한 질문이 나온다는 점은 명백하다. 자본주의 체제는 비록 그것이 세계를 통일했을지라도, 불균등하게 발

전한 국민들에 기초해서 통일해 왔다."(아민 1974:86) "국민적 사실"의 현존은 종속을 전혀 부정하지 않으며, 반대로도 마찬가지이다. 양자는 함께 있다. 한쪽은 부분적 실체로서(한 국민으로서), 다른 한쪽은 경쟁 속의 연계로서(따라서 한 "국민"으로부터 다른 국민으로 더도 덜도 않게 잉여가치가 이전됨을 해명하면서).

64. 마르크스 1977:702;MEW:584[『자본』 I-2:767].

65. 자본의 유기적 구성 또는 노동의 생산력 정도는 발전한 나라들에서 노동능력 "평균" 가치의 객관적인 상승을 가능케 한다. 임금도 생산수단도 국민적 또는 독점적 "평균들"을 갖거나 저 자신의 장벽들을 가진다. 세계 시장 속 개별 자본들 또는 자본 부문들 사이에서 "경쟁"은 완전하지 않다. 경쟁은 국민적 총자본들이 서로 다른 "평균들"과 대면함에 따라 매개되고 조정된다.

66. 두셀 1985a:7장 2절을 참조할 것.

67. 두셀 1985a:4장 2절 및 17장 4절을 보라.

68. 두셀 1985a:18장, 특히 1절을 참조하라.

69. * 1870년은 브라질, 아르헨티나, 우루과이의 삼국 동맹이 파라과이를 상대로 벌인 삼국 동맹 전쟁이 끝난 해이다.

70. * 1944년부터 1954년까지를 과테말라 "10년의 봄"이라고 일컫는다고 한다. 1944년 집권한 아레발로 정부에서 아르벤스 정부로 이어진 개혁은 결국 1954년 CIA의 사주를 받은 카를로스 카스티요 아르마스 대령이 쿠데타를 일으켜 합법적 선출 대통령인 하코보 아르벤스를 쫓아낸 것으로 끝났다.

71. * 소모사 가문의 3대에 걸친 독재는 산디노주의 민족해방전선의 끈질긴 투쟁 끝에 1979년에 끝장났지만, 이후 레이건의 미국이 반혁명군(Contrarrevolución 또는 "콘트라")을 지원하여 니카라과 혁명정부에 대한 반란을 부추기면서 1980년대 니카라과는 외부 충격에 의한 내전 상태에 빠졌다. 1987년은 중앙아메리카 5개국 대통령이 각국의 내전 종식을 위해 중앙아메리카 평화 협정(Acuerdo de Esquipulas)을 체결하고 서명한 해이며, 이 협정에 서명한 나라들의 상황은 서로 달랐다. 니카라과의 경우는 반혁명군 게릴라가 문제였다면, 엘살바도르와 과테말라는 게릴라 활동으로 혁명을 강제하는 일이 문제였기 때문이다.

72. "이 나라들은 훨씬 더 발전한 다른 나라들과 경쟁하도록 강압당한다."(MECW.31:251 ; MEGA:674).

73. * 마르크스가 재인용한 리카도의 책은 『정치경제학과 과세의 원리』의 내용이다. 『요강』 MEW 판의 편집자 주에 따르면, 마르크스는 1851년 런던 초록 노트에 리카도 책의 대외 무역에 관한 챕터 주요 부분을 발췌하고 비판적 주석을 달았다고 한다.

74. 마르크스 1974b:811 [『요강』 I:323 서술을 참조할 것].

75. 마르크스 1974b:809.

76. 마르크스 1974b:810 쿤츠 1985:124 이하에 이 내용 전부가 자세히 나와 있다.

77. 이렇지 않다면 "네덜란드 사람들같이 본래는 빈곤한 국민이 외국 무역을 통해 교환가치를 얻고 부르주아적으로 부유해지게 될 수가 결코 없었을 것이다."(마르크스 1974b 810).

78. 이미 인용했듯 이 둘은 『자본』 제1권 제20장과 제3권 제14장이다. 기획안에 따르자면, 이 두 장은 양쪽 다 방법론적으로나 깨우침을 위해서나 이후에 다루어야 했던 더 구체적인 문제들을 앞당겨 쓴 것이다.

79. 우리가 지적했듯 "국민적 문제"야말로 그 본질에서 국제적 경쟁에 토대인데도, 종속에 관한 논쟁에서는 흔히 그런 방식으로 다뤄지지 않았다.

80. 이런 결론은 명백하게도 1862년 6월부터 8월 사이 이루어진 마르크스의 이론적 작업으로부터 범주들의 관점에서 끌어낸 것이다. 지대에 관해 다룬 우리 책 제7장을 보라.

81. 마르크스 1977:701; MEW.23:583[『자본』 I-2:766].

82. * 팔루아, "La cuestión del intercambio desigual. Una crítica de la economía política"(1971). (스페인어본의 주석 추가.)

83. 두셀 1988 3장 4절을 보라.

84. 이 문제는 『자본』 제3권 제10장에서 다뤄진다.

85. 헤겔 1971 Vol.6 (『논리학』): 156.

86. 헤겔 1971 Vol.6 (『논리학』): 159.

87. "법칙"(Gesetz)과 "경향"(Tendenz)의 차이를 통해 우리는 헤겔에서 "본질 세계"와 "현상 세계"의 차이를 떠올린다.

88. "주변부 수출품의 사분의 삼은 높은 생산성을 갖춘 현대적 분야로부터 비롯한다."(아민 1971:68, 같은 논점으로 아민 1979:79를 보라.)

89. 폴 바란과 폴 스위지의 1966년 저작을 보면, 동유럽의 어떤 나라 학생들은 "독점이 무엇이냐?" 라는 질문에 전혀 대답할 수 없었다는 사실을 밝혀 놓은 곳이 있다. 이 사실은 흥미롭다. 저자 들 자신은 독점의 정의를 전혀 제공해 주지 않는다. 이들의 저작에서 우리 주제에 가장 가까운 것은 아마 "독점 가격"의 결정일 것이다(바란·스위지 1968:48~66). 이 주제는 〈1861~63년 초 고〉의 다음과 같은 부분들에서 가볍게 언급된다. "독점" 일반(MEGA판:99, 116, 117, 147, 148), 자본의 독점(MEGA판:749, 1682), 사적 소유(MEGA:749, 754, 806, 814, 956, 1470), 경쟁 (MEGA판:1682), 독점 가격의 문제(MEGA판:691, 749, 814, 960). 독점이 경쟁이 부정인 것은 명확하지만, 또 다른 수준에서 경쟁을 복원하기 위한 것이다. 따라서 자본주의적 "국민주의"(보 호주의)는 국민적 수준에서 독점이지만, 국경선들에서 경쟁을 조직한다. 다른 한편 강력한 국민 적 총자본은 "세계 경쟁"을 허용하도록 국민적 장벽을 철거하는 데 관심이 있다.

90. * 이 번역서에서는 total national capital을 "국민적 총자본"으로 번역해 왔으므로, 초국적 기업 의 transnational이라는 단어 역시 "국민횡단적"으로 옮길 수 있었겠으나, 굳이 새로운 단어를 더할 필요가 없다고 판단하여 기존 관행대로 "초국적"이라고 번역하였다.

91. MEGA판의 2149 이하에서 노동능력의 가치와 임금 가치 사이의 차이를 볼 것. 주변부의 임금 은 절대적으로 하락할 수 있으며 노동능력의 가치는 최소 생존 수준의 곤궁으로 축소될 수 있다.

92. * 안토니우 아고스티뉴 네투(1922~1979)는 시인이자 앙골라 해방인민운동의 지도자, 앙골라 인 민공화국 초대 대통령이다.

93. * 니카라과 산디노주의 국민해방전선의 지도자 중 한 사람인 토마스 보르헤 마르티네스 (1930~2012)를 가리킨다.

94. 이매뉴얼 월러스틴의 방대한 작업의 첫 두 권(1979)은 이 역사의 탁월한 사례를 보여준다.

95. * 골베리 두 코우투 이 시우바(Golbery do Couto e Silva, 1911~1987)는 브라질의 군인이자 정 보부 수장으로 국민 안보 관념을 경제 발전 논리와 결합한 이데올로그였다고 한다.

96. 마르크스 1981b:353; MEW.25:267[『자본』 III-1:338].

97. "국민" 개념에 관해서는 두셀 1984를 보라, "인민"이라는 범주에 관해서는 두셀 1985a:18장 6절 을 보라.

98. 아르체 1985를 참조할 것. 이 책 어딘가에서 그는 "이 경험은… 국민주의… 기독교… 마르크스 주의 사이의 융합으로 제시될 수 있다"라고 쓴다(아르체 1985:9).

:: 참고문헌

본서 참고문헌 목록

Amin, S. (1970). *L'accumulation à l'échelle mondiale ; critique de la théorie du sousdéveloppement*. Dakar : IFAN.

_____. (1971). 'El Comercio internacional y los flujos internacionales de capitales', in Imperialismo y comercio internacional. México : Siglo XXI.

_____. (1974). *Accumulation on a World Scale ; a Critique of the Theory of Underdevelopment*. New York : Monthly Review Press. [사미르 아민, 『세계적 규모의 자본축적』 1, 2, 김대환 · 윤진호 옮김, 한길사, 1986].

Arce, B. (1985). 'En Nicaragua se juega el destino de América Latina,' *Pensamiento Propio*. 18~20 (February) : 1~11.

Aristotle. (1960). *Aristoteles Opera*. I. Bekker (ed.). Volumes 1~2. Berlin : Walter de Gruyter.

Bagú, S. (1949). *Economía de la sociedad colonial ; ensayo de historia comparada*. Buenos Aires : El Ateneo.

_____. (1977). 'La economía de la sociedad colonial,' in *Feudalismo, capitalismo, subdesarrollo*. Madrid : Akal.

Bambirra, V. (1978). *Teoría de la dependencia*. México : Ediciones Era.

Baran, P. and Sweezy, P. (1966). *Monopoly Capital. An Essay on the American Economic and Social Order*. New York : Monthly Review Press.

Bauer, O. (1956). *Einführung in die Volkswirkschaftslehre*. Vienna : Verlag der Wiener Volksbuchhandlung.

Bettelheim, C. (1971). 'Intercambio internacional y desarrollo regional,' in *Imperialismo y comercio internacional (El intercambio desigual)*. Córdoba : Pasado y Presente.

Boeke, J.H. (1953). *Economics and Economic Policy of Dual Societies, as Exemplified by Indonesia*. New York, International Secretariat, Institute of Pacific Relations.

Cardoso, F. (1979). *Dependency and Development in Latin America*. Translated by Urquidi, T.M. Berkeley : University of California Press.

_____. and Faletto, E. (1970). *Dependencia y desarrollo en América Latina*. México : Siglo XXI.

Casanova, P. (1963). 'Sociedad plural, colonialismo interno y desarrollo,' *América Latina* VI : 3.

Cueva, A. (1979). 'Problemas y perspectivas de la teoría de la dependencia,' in *Debates sobre la teoría de la dependencia*. San José, Costa Rica : EDUCA.

_____. (1986). 'Itinerario del marxismo latinoamericano,' *Nexos* 102 (June) : 25~37.

De Giovanni, B. (1984). *La teoría política de las clases en 'El capital'*. México : Siglo XXI.

Dos Santos, T. (1978). *Imperialismo y dependencia*. México : Ediciones Era.

Dussel, E. (1973). *Para una ética de la liberación latinoamericana*. Buenos Aires : Siglo XXI.

_____. (1974). *Método para una filosofía de la liberación*. Sígueme, Salamanca.

_____. (1983). *Praxis latinoamericana y filosofía de la liberación*. Bogotá : Nueva América.

_____. (1984a). 'Cultura latinoamericana y filosofía de la liberación,' *Latinoamérica* (México) 17 : 77~128.

_____. (1984b). *Cuaderno tecnológico-histórico (London, 1851)*. Puebla : UAP.

_____. (1985a). *La producción teórica de Marx. Un comentario a los 'Grundrisse'*. México : Siglo XXI.

_____. (1985b). *Philosophy of Liberation*. Orbis Books : New York.

_____. (1986). 'Cultura nacional, popular y revolucionaria,' in *Casa de las Américas* (Havana), 155~6 : 68~73.

_____. (1988). *Hacia un Marx Desconocido. Un comentario de los Manuscritos del 1861-63*. México, Siglo XXI.

_____. (1990). *El Marx definitivo (1863-1882) y la liberación latinoamericana*. México : Siglo XXI.

_____. (1993). *Las metáforas teológicas de Marx*. Navarra : Editorial Verbo Divino.

_____. (1998). *Etica de la liberación*. Trotta, Madrid.

Emmanuel, A. (1962) (1971). 'El intercambio desigual,' in *Problèmes de planification* París, 2 and in *Imperialismo y comercio internacional : El intercambio desigual*. Córdoba : Pasado y Presente.

Faletto, E. (1964). *Dualismo estructural*. Santiago : ILPES.

Feuerbach, Ludwig (1959~60). *Grundsätze der Philosophie der Zunkunft*. Frankfurt : Klostermann.

_____. (1967). *Sämtliche Werke*. Bolin, W. and Jodl, F. (eds). Stuttgart : Frommann.

Fichte, I.H. (1971). *Fichtes Werke*. Berlin : Walter de Gruyter.

Focke, W. (1983). 'Zur Geschichte des Textes,' in Wolfgang and Müller (1983).

Frank, A.G. (1965). *Capitalismo y subdesarrollo en América Latina*. Buenos Aires : Siglo XXI.

_____. (1969). *América Latina subdesarrollo y revolución*. México City : Era.

_____. (1970a). 'Fonctionalisme et dialectique,' in *Le développement du sous-développement*. Paris : Maspero.

_____. (1970b). 'Sociologie du développement, sous-développement de la sociologie,' in *Le développement du sous-développment*. Paris : Maspero.

_____. (1970c). *Desarrollo del subdesarrollo*. México : ENAH.

_____. (1971). *Lumpenburguesía : lumpendesarrollo*. Barcelona : LAIA.

_____. (1972). *América Latina : subdesarrollo y revolución*. México : Era.

_____.(1981). *Crisis in the Third World*. New York : Holmes and Meier.

_____. et al. (1972). *América Latina : ¿feudalismo o capitalismo?*. Bogotá : Oveja Negra.

Giorgetti, G. (1978). *Teorie sul plusvalore*. Roma : Editori Riuniti.

Gonzalez C. (1963). 'Sociedad rural, colonialismo interno y desarrollo,' *América Latina* 6(3).

Grossmann, H. (1979). *La leyde la acumulación y el derrumbe del sistema capitalista*. México : Siglo XXI. (Translation from *Das Akkumulations — und Zusammenbruchsgesetz des kapitalistischen Systems*. New York : B. Franklin, 1970.)

Hegel, G.W.F. (1942). *Philosophyof Right*. Translated by Knox, T.M., Oxford : Clarendon.

_____. (1952). *Phänomenologie des Geistes*. Hamburg : Meiner.

_____. (1971~79). *G.W.F. Hegel Werke in zwanzig Bänden. Theorie Werkausgabe*. Volumes 1~20, Frankfurt : Suhrkamp.

Hobson, J.A. (1902). *Imperialism. A Study*. London : K. Nisbet & Co. [J.A. 홉슨, 『제국주의론』, 신흥범 · 김종철 옮김, 창작과 비평사, 1982].

Jaguaribe, H., et al. (1970). *La dependencia político-económica de América Latina*. México : Siglo XXI.

Kalecki, M. (1971). *Selected Essays on the Dynamics of the Capitalist Economy*. Cambridge : Cambridge University Press. [미하우 칼레츠키, 『자본주의 경제 동학 에세이 : 1933~1970』, 조복현 옮김, 지만지, 2010].

Kalmanovitz, S. (1983). *El desarrollo tardío del capitalismo*. Bogotá, Siglo XXI.

Kant, I. (1968). *Kant Werke*. Volumes 1~10. Frankfurt : Theorie Werkausgabe, Suhrkamp.

Klimosky, E. (1985). *Renta y ganancia*. México : UAM.

Kosík, Karel. (1976). *The Dialectics of the Concrete : A Studyof Problems of Man and the World*. Boston : D. Reidel. [카렐 코지크, 『구체성의 변증법』, 박정호 옮김, 지만지, 2014].

Koyré, Alexandre. (1929). *La philosophie de Jakob Böhme*. Paris : J. Vrin.

Kuntz, S. (1985). *Presupuestos metodológicos de la cuestión de la dependencia en Marx en los Grundrisse y El Capital*. Thesis, Facultad de Ciencias Políticas, Univesidad Nacional Autónoma de México.

Lagueux, M. (1981). 'A propos d'une erreur d'interpretation d'un exemple numérique dans l'édition allemande des Grundrisse,' *Économies et Sociétés*. 6~7.

Lambert, J. (1953). *Le Brésil ; structures socials et institutions politiques*. Cahiers de la Fondation Nationale des Sciences Politiques (44). Paris : A. Colin.

Lenin, V.I. (1964). *Imperialism, the Highest Stage of Capitalism*. A Popular Outline, in V.I. Lenin, *Collected Works*. Vol. 22. Moscow : Progress Publishers. [V. I. 레닌, 『제국주의, 자본주의의 최고 단계』, 이정인 옮김, 아고라, 2017].

Levinas, E. (1980). *Totalité et Infinit*. Den Haag : Nijhoff. [에마뉘엘 레비나스, 『전체성과 무한 : 외재성에 대한 에세이』, 김도형 · 문성원 · 손영창 옮김, 그린비, 2018].

Longuet, R-J. (1979). *Karl Marx, mein Urgrossvater*. Berlin : Dietz Verlag.

Lukács, G. (1968). *History and Class Consciousness*. Cambridge MA : MIT Press. [게오르그 루카치, 『역사와 계급의식』, 조만영 옮김, 거름, 1999]

_____. (1972). *Zur Ontologie des gesellschaftlichen Seins. Die ontologischen Grundprinzipien von Marx*. Darmstadt : Luchterhand. [게오르그 루카치, 『사회적 존재의 존재론』 1~4권, 권순홍, 이종철, 정대성 옮김, 아카넷, 2016~2018]

Luxemburg, R. (1951). *Ausgewählte Reden und Schriften ; mit einem Vorwort von Wilhelm Pieck*. Vol. 2. Berlin : Dietz.

_____. (1967). *La acumulación del capital*. México : Grijalbo. [로자 룩셈부르크 『자본의 축적』 I, II, 황선길 옮김, 지만지, 2013].

Malthus, R. (1986). *Principles of Political Economy*. Fairfield NJ : Augustus M. Kelley.

Marcuse, H. (1987). *Hegel's Ontology and the Theory of Historicity*. Cambridge MA : MIT Press.

Marini, R. (1973). *Dialéctica de la dependencia*. México : Ediciones Era.

Marx, K. (1972). *A Contribution to the Critique of Political Economy*. New York : International Publishers. [칼 맑스, 『정치경제학 비판을 위하여』, 김호균 옮김, 중원문화, 2017].

_____. (1973). *The Grundrisse*. New York : Vintage Books.

_____. (1974a). *Mathematische Manuskripte*. Kronberg : Scriptor Verlag.

_____. (1974b). *Grundrisse* (German edition). Berlin : Dietz. [칼 맑스, 『정치경제학 비판 요강』, 김호균 옮김, 그린비, 2007].

_____. (1977). *Capital. A Critique of Political Economy*. Volume 1. New York : Vintage Books. [카를 마르크스, 『자본』, 1-1, 1-2권, 강신준 옮김, 길, 2008~2010].

_____. (1981a). *Capital. A Critique of Political Economy*. Volume 2. New York : Vintage Books. [카를 마르크스, 『자본』, 2권, 강신준 옮김, 길, 2008~2010].

_____. (1981b). *Capital. A Critique of Political Economy*. Volume 3. New York : Vintage Books. [카를 마르크스, 『자본』, 3-1, 3-2권, 강신준 옮김, 길, 2008~2010].

_____. (1984). *Manuscritos historico-tecnologicos (London, 1851)*. Puebla (México), Universidad Autónoma de Puebla.

_____. (1985). 'Cara-a-cara del capitalista y el trabajador.' translated by Sánchez, J. and Kunts, S. from MEGA, II, 3, 1 : 33~42 ; 131~132 and 170~171. *Dialéctica* x : 17.

_____. (1989). *Manuscripts of 1861-63*. English edition : Economic Manuscript of 1861~1863, in *Marx-Engels Collected Works*, vols. 30~34. German edition : *Zur Kritik der politischen Ökonomie (Manuskript 1861-1863)*, in MEGA, II, 3, 1 (1976) – 6 (1982), Berlin : Dietz. [카를 마르크스, 『경제학 비판을 위하여 : 1861~63년 초고』, 제1분책, 제2분책, 김호균, 강신준 옮김, 길, 2021].

Marx, K. and Engels, F. (1956). *Marx-Engels Werke* (MEW). Vol. 1- . Berlin, Dietz.

_____. (1975a). *Marx-Engels Gesamtausgabe* (MEGA). Sect. I, Vol. 1-, Berlin : Dietz.

_____. (1975b). *Marx-Engels Collected Works*. Vol. 1-. New York : International Publishers.

_____. (1975c). *Marx-Engels Selected Correspondence*. Moscow : Progress.

Müller, M. (1976). *Wirtschaftswissenschaft*. 1 : 1,634~59.

_____. (1977). 'Die Vorbereitenden Materialien für Marx' Ökonomisches Manuscript von 1861~1863,' *Beiträge zur Marx-Engels-Forschung* (Berlin). 1 : 95~102.

_____. (1978). *Auf dem Wege zum Kapital : zur Entwicklung des Kapitalbegriffs von Marx in den Jahren 1857-1863*. Berlin : Das Europäische Buch.

Neubauer, F. (1979). *Marx-Engels. Bibliographie*. Boppard am Rhein : Harald Boldt Verlag.

Palloix, C. (1971). 'La cuestión del intercambio desigual. Una crítica de la economía política,' In *Imperialismo y comercio internacional*. México : Siglo XXI.

Pierre-Charles, G. (1979). 'Teoría de la dependencia,' in *Debates sobre la teoría de la dependencia*. San José, Costa Rica : EDUCA.

Prebisch, R. (1951). *Estudio económico de América Latina*, 1949, New York : United Nations.

_____. (1964). *Nueva política comercial para el desarrollo*. México City : Fondo de Cultura Económica.

Projekgruppe (1975). 'Projekgruppe Entwicklung des Marxschen Systems,' *Der. 4. Band des 'Kapital', kommentar zu dem 'Theorie über den Mehrwert'*. Berlin : VSA.

Ricardo, D. (1984). *Principles of Political Economy and Taxation*. London : Everyman's Library. [데이비드 리카도, 『정치경제학과 과세의 원리에 대하여』, 권기철 옮김, 책세상, 2010].

Rosdolsky, R. (1977). *The Making of Marx's 'Capital'*. London : Pluto Press. [로만 로스돌스키 『마르크스의 자본론의 형성』 1, 2, 정성진 옮김, 백의, 2003].

Rostow, W.W. (1952). *The Process of Economic Growth*. New York : Norton.

Sacristan, M. (1984). 'El trabajo científico de Marx,' *Dialéctica*, VIII. 14~15 : 108~121.

Schelling, F.W.J. (1927). *Werke. Müncher Jubiläumsdruck*. M. Schröter (ed.). München : C.H. Beck.

Schrader, F. (1983). 'Karl Marxens Smithkommentar von 1861~1862 im Heft VII', *International Review of Social History*, XXVIII : 50~90.

Sempat-Assadourian, C., et al. (1973). *Modos de producción en América Latina*. Córdoba : Pasado y Presente.

Stavenhagen, R. (1968). 'Seven Fallacies on Latin America,' in *Latin America : Reform or Revolution?*. New York : Fawcett.

Tuchscheerer, W. (1968). *Bevor 'Das Kapital' entstand*. Berlin : Akademie Verlag.

Van Leeuwen, A. (1984). *De Nacht van het Kapital*. Nijmegen : Sun.

Wallerstein, I. (1979). *The Modern World-System*.Volume 1, New York : Academic Press. [이매뉴얼 월러스틴, 『근대세계체제』 제1권, 나종일, 박상익, 김명환, 김대륜 옮김, 까치, 2013].

Wittgenstein, L. (1973). *Tractatus logico-philosophicus*. Madrid : Alianza Editorial. [루트비히 비트겐슈타인, 『논리-철학 논고』, 이영철 옮김, 책세상, 2006].

Wolfgang, J. and Müller, M. (1983). *Der zweite Entwurf des 'Kapital'. Analysen, Aspekte, Argumente*. Berlin : Dietz Verlag.

Wygodski, W.S. (1965). *Die Geschichte einer grossen Entdeckung*. Moscow : Myal Verlag.

_____. (1978). *Das Werden der ökonomischen Theorie von Marx*. Berlin : Dietz.

_____. (1982). 'Zur Erarbeitung der Struktur der ökonomischen Theorie durch Marx in den Jahren 1859~1861,' *Arbeitsblätter zur Marx-Engels Forschung* (Halle) 14 : 5~19.

마르크스 인용문 참고문헌 목록

가닐, 샤를(Ganilh, Charles). *La Théorie de l'économie politique* (『정치경제학 이론』), 제I, II권, 파리, 1815.

노스, 더들리(North, Dudley). *Discourses upon Trade* (『무역론』), 런던 1691.

다브낭, 샤를(D'Avenant, Charles). "An Essay upon the Probable Methods of Making a People Gainers in the Balance of Trade" (「사람들을 무역 수지에서 소득을 얻는 자로 만들 가능한 방법에 관한 에세이」), 런던, 1699.

_____. *Discourses on the Public Revenues* (『공공 수입에 관한 논의』), 런던, 1698.

데스튀 드 트라시, 앙투안 L.C.(Destutt de Tracy, Antoine L. C.). *Traite d'économie politique* (『정치경제학 논고』), 파리, 1823.

_____. *Éléments d'idéologie* (『이데올로기 요론』), 파리, 1826.

_____. *Projet d'éléments d'idéologie* (『이데올로기 요론 기획』), 파리, 1818.

드 라 리비에르, 메르시에(de la Rivière, Mercier). *L'ordre naturel et essentiel des sociétés politiques* (『정치적 회합의 자연적 및 본질적 질서』), 런던, 1767.

램지, 조지(Ramsay, George). *An Essay on the Distribution of Wealth* (『부의 분배에 관하여』), 에딘버러, 1836.

레이븐스톤, 퍼시(Ravenstone, Piercy). *Thoughts on the Funding System and its Effects* (「차입 정리법과 그 효과에 관한 생각」), 런던, 1824.

로더데일, 제임스(Lauderdale, James). *An inquiry into the nature and origin of public wealth* (『공적 부의 본성과 원천에 대한 조사』), 런던, 1804.

로셔, 빌헬름 G. F.(Roscher, Wilhelm G. F.). *Grundlage der Nationalökonomie* (『국부 이론』), 슈투트가르트, 1858.

로시, 펠레그리노(Rossi, Pellegrino). *Cours d'économie politique* (『경제학 강의』), 브뤼셀, 1842.

로크, 존(Locke, John). *Some Considerations of the Consequences of the Lowering of Interest and the Raising the Value of Money* (『이자 감액 및 화폐 가치 증대의 여러 결과에 대한 고찰』), 1691(런던, 1851).

맬서스, 토머스(Malthus, Thomas). *An inquiry into the nature and progress of rent* (『지대의 본성과 발전에 대

한 조사』), 런던, 1815.

밀, 제임스(Mill, James). *Elements of Political Economy* (『정치경제학 요론』, 런던, 1821.

밀, 존 스튜어트(Mill, John Stuart). *Essays on Some Unsettled Questions of Political Economy* (『정치경제학의 몇 가지 미결정 문제들에 관한 에세이』), 런던, 1844.

바턴, 존(Barton, John). *Observations on the Circumstances which Influence the Condition of the Labouring Classes of Society* (『사회의 노동계급 상태에 영향을 미치는 환경에 대한 논평』), 런던, 1817.

배비지, 찰스(Babbage, Charles). *On the economy of machinery* (『기계장치 경제에 관하여』), 런던, 1832.

베리, 피에트로(Verri, Pietro). *Meditazioni sulla economia politica* (『경제학에 관한 성찰』), 밀라노, 1804.

베일리, 사무엘(Bailey, Samuel). *A critical dissertation on the nature, measures and causes of value* (『가치의 본성, 규준들 및 원인들에 관한 비판적 논문』), 런던, 1825.

브레이, 존 프랜시스(Bray, John Francis). *Labour's Wrongs and Labour's Remedy* (『노동의 잘못과 노동의 치료』), 리즈, 1839.

블랑키, 제롬 A.(Blanqui, Jerôme A.). *Histoire de l'économie politique* (『경제학의 역사』), 브뤼셀, 1839.

세, 장밥티스트(Say, Jean Baptiste). Traité d'économie politique (『경제학』, 파리, 1817.

세르불리에, 앙투안 E.(Cherbuliez, Antoine E.). *Richesse ou pauvreté. Exposition des causes et des effets de la distribution actuelle des richesses sociales* (『부 혹은 궁핍 ― 사회적 부의 현실적 분배의 원인과 결과』), 파리, 1840.

슈말츠, 테오도어 A. H.(Schmalz, Theodor A. H.). *Économie politique* (『경제학』), 번역서, 파리, 1826.

슈토르흐, 안드레이(Storch, Henri). *Cours d'économie politique* (『경제학 강의』), 파리, 1823.

스카르벡, 프리데릭(Skarbek, Fryderyk). *Théorie des richesses sociales* (『사회적 부의 이론』), 파리, 1839.

스털링, 패트릭 제임스(Stirling, Patrick James). *The Philosophy of Trade* (『무역의 철학』), 에든버러, 1846.

시니어, 나소 W.(Senior, Nassau W.). *Principes fondamentaux de l'économie politique* (『경제학의 근본 원리』), 파리, 1836.

앤더슨, 제임스(Anderson, James). *Essays relating to agricultural and rural affairs* (『농업 및 농촌 문제에 관한 논집』), I-III권, 에든버러, 1775~1796.

웨이크필드, 에드워드 기번(Wakefield, Edward Gibbon). *England and America* (『영국과 미국』), 제1, 제2권, 런던, 1833.

유어, 앤드류(Ure, Andrew). *Philosophie des manufactures* (『매뉴팩처의 철학』), 브뤼셀, 1836.

존스, 리처드(Jones, Richard). *An Essay on the Distribution of Wealth* (『부의 분배에 관하여』), 런던, 1831.

＿＿＿＿. *An Introductory Lecture on Political Economy* (『정치경제학 입문 강의』), 런던, 1833.

＿＿＿＿. *Textbook of Lectures on the Political Economy of Nations* (『국가들의 정치경제학에 관한 강의 교과서』), 런던 1852.

퀸시, 토머스(Quincey, Thomas). *The logic of political economy* (『정치경제학의 논리』), 에든버러, 1845.

토런스, 로버트(Torrens, Robert). *An essay on the production of wealth* (『부의 생산에 관한 에세이』), 런던, 1821.

튀르고, 안느 R. J. (Turgot, Anne R. J.). *Réflexions sur la formation et la distribution des richesses* (『부의 형성과 배분에 관한 성찰』), 파리, 1766.

파올레티, 페르디난도(Paoletti, Ferdinando). *I veri mezzi di render felici le società* (『사회 행복의 진정한 수단』), 밀라노, 1804.

페리에, 프랑수아 L. A.(Ferrier, François L. A.). *Du gouvernement considéré dans ses rapports avec le commerce*

(『상업과의 관계에서 고찰한 정부에 대하여』), 파리, 1805.

페티, 윌리엄(Petty, William). *A Treatise of Taxes and Contributions* (『조세공납론』), 런던, 1667.

_____. *An Essay Concerning the Multiplication of Mankind* (『인류의 배증에 관한 에세이』), 런던, 1682.

_____. *Political Anatomy of Ireland* (『아일랜드의 정치적 해부』), 런던, 1691.

프레보, 기욤(Prévost, Guillaume). *Quelques observations du traducteur sur le système de Ricardo* (『리카도 체계의 번역에 대한 몇 가지 관찰』), 파리, 1825.

호지스킨, 토머스(Hodgskin, Thomas). *Labour Defended against the Claims of Capital* (『자본의 주장에 대항하여 노동을 옹호함』), 런던, 1825.

_____. *Popular Political Economy* (『인민의 정체경제학』), 런던, 1827.

_____. *The Natural and Artificial Right of Property Contrasted* (『자연적 소유권과 인위적 소유권의 대비』), 런던, 1832.

홉킨스, 토머스(Hopkins, Thomas). *Labour Defended against the Claims of Capital* (『자본의 요구들에 반해 옹호되는 노동』), 런던, 1825.

익명 텍스트

Observations on Certain Verbal Disputes in Political Economy (『정치경제학의 몇 가지 입씨름에 관한 논평』), 런던, 1821.

An inquiry into those principles, respecting the nature of demand and the necessity of consumption, lately advocated by mr. Malthus (『수요의 본성 및 최근 맬서스 씨가 옹호한 소비의 필요성에 관한 원리들의 탐구』), 런던, 1821.

"The Source and Remedy of the National Difficulties, deduced from principles of political economy in a letter to Lord John Russell" (「국민적 어려움의 근원과 치료책」), 런던, 1821.

∷ 인명 찾아보기

:: 용어 찾아보기

261~263, 267~269, 273~276, 279~294, 298, 299,
303, 304, 306~312, 314, 315, 318~324, 326, 329,
335, 337, 344, 346~348, 350, 351, 353, 355, 359,
360, 362~364, 366, 368, 369, 371, 373, 375~378,
380, 381, 388, 392~394, 398, 399, 402, 403, 408,
410~413, 416~418, 420, 421, 424, 426, 429, 430,
432, 434, 435, 438, 440, 441, 443, 447
노동능력(labour capacity) 27, 45, 52, 57, 58, 60~66,
68~73, 75~80, 85, 90~92, 95, 98, 102, 103, 105,
117~119, 126~130, 135, 137~139, 142, 143, 146, 148,
152, 157, 174, 195, 198, 210, 223, 225, 262, 268, 282,
283, 288, 290, 291, 307, 322, 323, 330, 335, 361,
373, 377, 379, 380, 410~413, 415, 418, 419, 434, 447,
448
노동력 26, 42, 43, 45, 60, 66, 76, 98, 104, 245, 307,
311, 380, 402, 410, 411, 413
노동 생산성 15, 87, 90, 104, 206, 211, 274, 329
노동일(working day) 15, 62, 68, 75, 79, 80, 83, 85~89,
101, 104, 105, 195, 199, 224, 267, 282, 369, 414
노동일의 길이 15
노동자의 소비(consumption) 151, 256
농업(agriculture) 97, 118~124, 130, 156, 161~163, 165,
166, 170, 171, 179, 182~185, 189, 197, 199, 200, 204,
244, 329, 417, 421, 423, 425, 438
니카라과(Nicaragua) 349, 358, 365, 366, 382, 447,
448

ㄷ

도덕(morality) 29, 30, 309, 321, 323, 416
독일(Germany) 38, 52, 162, 173, 182, 274, 300, 327,
328, 374, 376, 382, 434, 440, 442
『독일 이데올로기』 82, 152, 276, 395, 407, 437
독점(monopoly) 23, 32, 33, 161, 166, 182, 183, 185,
326, 327, 330, 338, 344, 349, 355~357, 359, 360,
364, 365, 422, 423, 446~448

ㄹ

리카도 학파(Ricardian school) 20, 25, 219, 221, 222,
370
리카도 학파의 와해 219, 221, 222

ㅁ

마르크스의 과학 개념 27
마르크스의 최초 저술들 374
멕시코(Mexico) 10, 11, 48, 330, 350, 357, 358, 364,
384, 386
무역(trade) 145, 224, 229, 328, 337, 350, 352, 420, 447
물신(fetishism) 13, 20, 21, 24, 27, 173, 213, 214, 219,
220, 224, 226, 233~235, 244, 251, 261, 280, 281,
285, 286, 295, 302, 303, 307, 308, 310, 323, 379, 429

ㅂ

발전론(theory of development) 332, 333, 365
방법론적 여담 168
범주들(categories) 16, 19, 20, 22, 28, 40, 43~48, 71,
87, 107, 109, 112, 113, 116~118, 120, 126, 128, 130,
131, 161, 162, 168, 169, 175~177, 180, 195~198, 223,
229, 231, 233, 235, 241, 246, 254, 260, 266, 271,
289, 299, 302, 303, 307, 308, 314~321, 325, 326,
329~331, 333~337, 340~342, 353, 354, 361, 363,
381, 384, 387~389, 391, 392, 395, 396, 399, 401,
408, 410, 411, 415, 418, 423, 435, 443, 445, 448
범주들의 편성 28, 43, 130, 241, 266, 299, 307, 315,
317~319, 353, 392, 443
변증법(dialectics) 29, 43, 46, 47, 50, 53, 76, 121,
224, 233, 248, 253, 260, 261, 278, 279, 289, 291,
303~305, 313, 315, 317, 332, 336, 342, 350, 365,
388, 389, 393, 394, 396, 401, 430, 440
분업 43, 85, 93~100, 102, 128, 140, 276, 369, 414, 435
불변자본(constant capital) 17, 70, 75, 78, 89, 90, 97,
101, 102, 132~136, 141~147, 149, 153, 155, 158, 159,
168, 175, 176, 184, 185, 188, 192, 193, 200~203,
206, 230, 252, 254, 257, 259, 262, 267, 277, 286,
291~293, 351, 416, 418, 423~425, 429, 434, 440
브라질(Brazil) 358, 364, 365, 447, 448
비용가격(cost price) 19, 21, 22, 47, 112, 113, 131, 161,
162, 168, 169, 173, 175~185, 187~190, 192, 194,
196~198, 207, 218, 220~222, 224, 239, 247, 248,
250, 252, 254, 258, 260, 265, 266, 319, 326, 340,
341, 351, 369, 396, 416, 418, 423, 425, 429, 432,
434, 435
비판적 대면(critical confrontations) 15, 16, 19, 233

기타